JÖRG ULRICH

EUSEB VON CAESAREA UND DIE JUDEN

1749
Walter de Gruyter
250
Berlin · New York
1999

PATRISTISCHE TEXTE UND STUDIEN

IM AUFTRAG DER

PATRISTISCHEN KOMMISSION

DER AKADEMIEN DER WISSENSCHAFTEN
IN DER BUNDESREPUBLIK DEUTSCHLAND

HERAUSGEGEBEN VON

H. C. BRENNECKE UND E. MÜHLENBERG

BAND 49

WALTER DE GRUYTER · BERLIN · NEW YORK
1999

EUSEB VON CAESAREA UND DIE JUDEN

STUDIEN ZUR ROLLE DER JUDEN
IN DER THEOLOGIE DES EUSEBIUS VON CAESAREA

VON

JÖRG ULRICH

WALTER DE GRUYTER · BERLIN · NEW YORK
1999

∞ Gedruckt auf säurefreiem Papier,
das die US-ANSI-Norm über Haltbarkeit erfüllt.

Die Deutsche Bibliothek — CIP-Einheitsaufnahme

Ulrich, Jörg:
Euseb von Caesarea und die Juden : Studien zur Rolle der Juden in
der Theologie des Eusebius von Caesarea / von Jörg Ulrich. — Berlin ;
New York : de Gruyter, 1999
  (Patristische Texte und Studien ; Bd. 49)
  Zugl.: Erlangen, Nürnberg, Univ., Habil.-Schr., 1997
  ISBN 3-11-016233-4

ISSN 0553-4003

© Copyright 1998 by Walter de Gruyter GmbH & Co., 10785 Berlin

Printed in Germany
Druck: Werner Hildebrand, Berlin
Buchbinderische Verarbeitung: Lüderitz & Bauer-GmbH, Berlin

Meinem verehrten Lehrer

Hanns Christof Brennecke

zum 15.2.1997

Vorwort

Daß die vorliegende Arbeit ausgerechnet am 15. Februar 1997 der theologischen Fakultät der Universität Erlangen als Habilitationsschrift vorgelegt wurde, darf nicht auf eine der zweifellos zahlreichen Zufälligkeiten im Lauf der Geschichte zurückgeführt werden. Mit der Abgabe der Arbeit an jenem Tage habe ich vielmehr meinem Lehrer Hanns Christof Brennecke auf eine nicht allzu alltägliche Art und Weise zu seinem 50. Geburtstag gratulieren und ihm zudem meinen herzlichen Dank für das in sechs Jahren Erlanger Assistentenzeit Empfangene aussprechen können. Die mir durch ihn zuteil gewordene wissenschaftliche Förderung, seine Freundlichkeit und seine Geduld machten das Entstehen dieser Arbeit möglich. Aus diesem Grunde ist die nun erschienene Druckfassung ihm in tiefer Dankbarkeit gewidmet.

Für die gründliche kritische Durchsicht der Erstfassung danke ich: Frau Prof. Dr. Oda Wischmeyer, die das Erlanger Zweitgutachten verfaßte, den Prof. Dr. Ekkehard Mühlenberg und Friedrich Winkelmann, die die Gutachten für PTS erstellten, den Prof. Dr. Christoph Markschies und Wolfgang Wischmeyer, die zusätzlich die Mühe der Lektüre auf sich nahmen. Allen Gutachtern verdanke ich wertvolle Hinweise, die in die Druckfassung eingegangen sind.

Für Belehrung in Fragen des Hebräischen danke ich StD Dr. Hans Werner Hoffmann, für Hinweise auf Mängel in meiner griechischen Übersetzung OStR Ekkehard Weber, cand. theol. Annette von Stockhausen und stud. theol. Sandra Hubel. Letztere beide halfen freundlicherweise auch beim Korrekturlesen mit. Für einige technische Hilfe beim Umgang mit dem Computer danke ich StR Manfred König.

Meine Frau Sabine hat mich abermals drei lange Jahre in den Höhen und Tiefen der Anfertigung einer größeren Arbeit ertragen. Täglich neu hat sie die atmosphärischen Voraussetzungen geschaffen, die für ein Gelingen von entscheidender Bedeutung sind. Darüberhinaus hat sie die gesamte Arbeit Korrektur gelesen und mir bei der Anfertigung der Register geholfen. Ich danke ihr sehr.

Bamberg, zu Ostern 1998   Jörg Ulrich

Inhalt

1. Einleitung

Für die wichtige Frage nach dem Prozeß der Auseinanderentwicklung von Christen und Juden in der Geschichte und den Folgen dieses Prozesses kann die Bedeutung der Gestalt des Bischofs und Theologen Eusebius von Caesarea kaum hoch genug eingeschätzt werden. Immerhin hat Euseb in nicht eben geringem Maße zur Entwicklung der spätantiken christlichen Theologie und Geschichtsschreibung beigetragen und gilt unbestritten als Höhepunkt der griechischen christlichen Apologetik wie auch als »Vater der Kirchengeschichte«.[1] Als Bischof der Metropole Caesarea war ihm die christlich-jüdische Begegnung mit all ihren Chancen und Schwierigkeiten gerade im palästinischen Raum des frühen vierten Jahrhunderts bestens vertraut. Hinzu kommt, daß Euseb über gute Kontakte zu Kaiser Konstantin verfügte und als Metropolit in Caesarea politisch durchaus einflußreich war. Dabei befindet er sich mit seinem Leben und Werk genau an jener historischen Schnittstelle, die wir als die »Konstantinische Wende« zu bezeichnen gewohnt sind und die als Auslöser und Beginn der Entwicklung der christlichen Kirche zur Staatsreligion im imperium Romanum (mitsamt den tatsächlichen oder vermeintlichen Folgen für das christlich-jüdische Verhältnis in der Spätantike) angesprochen werden muß.

Die heute weitgehend übliche Bestimmung des Verhältnisses des Eusebius von Caesarea zu den Juden seiner Zeit und zur Geschichte und Theologie des jüdischen Volkes wird man kaum als besonders positiv bezeichnen können. Für N.R.M. DE LANGE sind »die Schriften des Eusebius (...) durchtränkt von antijüdischem Eifer«.[2] Für M. GÖDECKE liegt bei Euseb eindeutig »Antijudaismus«[3] vor; wenn dieser auch vom modernen »rassisch« geprägten Antisemitismus zu unterscheiden sei, so habe doch Euseb »Anteil am Arsenal, auf das spätere Verfolger gegen die Juden zurückgreifen konnten.«[4] Für H.

---

[1] So der Untertitel der Eusebmonographie F. Winkelmanns: Euseb von Kaisareia. Der Vater der Kirchengeschichte, Berlin 1991, 24. Als »Vater der Kirchengeschichte« hatte schon H. Doergens Euseb bezeichnet: ThGl 29 (1937) 446-448.

[2] TRE 3 (1978) 135.

[3] Geschichte als Mythos. Eusebs »Kirchengeschichte«, EHS.T 307, Frankfurt/M. 1987, 125.

[4] L.c. 126.

SCHRECKENBERG ist Euseb ein »Judenfeind«.[5] Und auch die teilweise etwas
älteren Arbeiten zum Verhältnis von Christentum und Judentum in Antike
und Spätantike gehen fast unisono von einer grundsätzlich antijudaistischen
Haltung des Eusebius aus.[6] Die Frage ist dabei allerdings, ob die Anwendung
der der Kategorie des »Antijudaismus« beziehungsweise eine Debatte über das
Für und Wider einer solchen Einordnung Eusebs für unsere Versuche eines
Verständnisses seiner Haltung zu den Juden als besonders hilfreich anzusehen
ist, namentlich dann, wenn in der Forschung ganz offensichtlich kein erkennbarer Konsens darüber besteht, worin die maßgeblichen Kriterien für das
Vorliegen eines solchen »Antijudaismus«[7] eigentlich zu sehen seien.[8] Schon
von daher nimmt sich gegenüber den eingangs zitierten Urteilen die Meinung

---

[5]   Die christlichen Adversus-Judaeos-Texte und ihr literarisches und historisches Umfeld
      (1.-11. Jhdt.), EHS.T 172, Frankfurt a.M. ³1994, 264.
[6]   So zum Beispiel G.F. Chesnut, The First Christian Histories. Eusebius, Socrates,
      Sozomen, Theodoret, and Evagrius, Paris 1977, 98f.; D. König-Ockenfels, Saec. 27
      (1976) 359; besonders scharf urteilen M. Avi-Yonah, Geschichte der Juden im Zeitalter
      des Talmud, Berlin 1962, 170; J. Parkes, The Conflict of the Church and the Synagogue.
      A Study in the Origins of Antisemitism, London 1934, 161f.; J.E. Seaver, Persecution
      of the Jews in the Roman Empire 300-425, Univ. of Kansas 1952, 25f. – Vorsichtiger
      R. Ruether, Nächstenliebe und Brudermord. Die theologischen Wurzeln des Antise-
      mitismus, ACJD 7, München 1978, in deren (ansonsten bisweilen allzu pauscha-
      lisierender) Überblicksdarstellung über die christliche Adversos-Iudaeos-Literatur (l.c.
      113-168) Euseb meines Erachtens zu Recht eine eher marginale Rolle spielt (der einzige
      von R. Ruether für den Antijudaismus Eusebs angezogene Beleg D.e. I 1 [l.c. 136]
      spricht übrigens mitnichten von einer ewigen Verwerfung der Juden) sowie E. Abel,
      The Roots of Anti-Semitism, London 1975 (auch hier spielt Euseb für die Geschichte
      des christlichen Antisemitismus fast keine Rolle, vgl. l.c. 140. 144. 163), M. Simon,
      Verus Israel. Étude sur le relations entre chrétiens et juifs dans l'empire romain (135-
      425), Paris ²1964, 272 und B. Kötting, Die Entwicklung im Osten bis Justinian, in:
      Kirche und Synagoge I, hg. von K.H. Rengstorf/S. von Kortzfleisch, Stuttgart 1968,
      153-155.
[7]   Was »Antijudaismus« eigentlich ist, ist eben immer auch eine Definitionsfrage. – Eine
      solide Basis für die Diskussion um Antijudaismus und Antisemitismus bilden der
      gründliche Artikel »Antisemitismus« von T. Nipperdey/R. Rürup in: Geschichtliche
      Grundbegriffe. Historisches Lexikon zur politisch-sozialen Sprache in Deutschland I,
      hg. von O. Brunner/W. Conze/R. Koselleck, Stuttgart 1972, 129-153 und H. Greive,
      Geschichte des modernen Anitsemitismus in Deutschland, Darmstadt 1988, vii-ix. –
      Zum Gegenbegriff des Philosemitismus vgl. W. Kinzig, ZKG 105 (1994) 202-228. 361-
      383 (dort auch weitere Literatur).
[8]   Für die Alte Kirche sollte man auf keinen Fall hinter die von M. Simon (siehe Anm.
      6) 489-495 vertretene und ausführlich begründete Sicht zurückgehen, daß zwischen
      antijüdischer Polemik einerseits und Antijudaismus/Antisemitismus andererseits zu
      unterscheiden sei. Demnach ist letzteres Phänomen gekennzeichnet durch eine grund-
      sätzlich feindliche Haltung gegenüber den Juden, die sich in unseriösen, diskreditieren-
      den Anschuldigungen und tendenziösen Falschdarstellungen äußert. Freilich *kann* christ-
      liche antijüdische Polemik solche antijudaistischen Züge annehmen; sie tut es aber
      keineswegs immer und grundsätzlich.

des großen Eusebkenners F. WINKELMANN, die er 1991 in seiner Biographie des Caesareners über dessen Haltung gegenüber den Juden gefällt hat, eher moderat aus: Eusebs Theologie, besonders die »Demonstratio evangelica«, so formuliert WINKELMANN, »enthält sehr kritische Anfragen an die Juden.«[9]

Das Vorliegen teilweise äußerst harscher und negativer Urteile über Eusebs Haltung zu den Juden steht nun aber in einem auffällig spannungsvollen Verhältnis zu dem faktischen Fehlen einer detaillierten wissenschaftlichen Untersuchung über eben jene Thematik. Seitdem M. SIMON in seiner bis heute unerreichten Monographie über die christlich-jüdischen Beziehungen in der antiken und spätantiken Zeit[10] auch auf das Werk Eusebs eingegangen war,[11] haben sich vor allem J. SIRINELLI[12] und G. RUHBACH[13] im Rahmen ihrer Eusebmonographien mit der Fragestellung »Euseb und die Juden« beschäftigt. Eine ausführliche Behandlung des Themas war freilich in keinem der drei genannten Werke beabsichtigt oder auch nur angelegt: Während sich SIMONS Text auf einen mehrere Jahrhunderte umfassenden Zeitraum erstreckt und schon von daher von der detaillierten Einzeluntersuchung einer bestimmten Gestalt abzusehen gezwungen war, konzentrierten sich die Arbeiten SIRINELLIS und RUHBACHS in je ihrer Weise auf den geschichtlich-apologetischen beziehungsweise christologischen impetus Eusebs und sprachen von daher das Thema »Euseb und die Juden« eher am Rande mit an. Der 1992 erschienene, von H.W. ATTRIDGE und G. HATA herausgegebene Sammelband »Eusebius, Christianity, and Judaism«[14] bietet eine Fülle von neuen Aufsätzen zur Theologie Eusebs und dabei auch zu einigen Aspekten seines Verhältnisses zu den Juden, ohne eine geschlossene Bearbeitung des Themas »Euseb und die Juden« bieten zu können und zu wollen. So bleibt es dabei, daß eine gründlichere monographische Behandlung bislang fehlt, ein Befund, der angesichts der eingangs angesprochenen Bedeutung des Eusebius von Caesarea ebenso verwundert wie angesichts der Tatsache, daß Untersuchungen über das Verhältnis anderer großer christlicher Theologen der Alten Kirche zu den Juden durchaus vorliegen.[15]

---

[9] Siehe den Anm. 1 genannten Titel, 24. – Ein umsichtiges (wenngleich primär auf Basilius bezogenes) Votum jetzt bei V.H. Drecoll, Die Entwicklung der Trinitätslehre des Basilius von Cäsarea. Sein Weg vom Homöusianer zum Neunizäner, FKDG 66, Göttingen 1996, 11 Anm. 37. Vgl. meine Rezension zu Drecolls Buch in ThLZ 112 (1998) 158-160.

[10] Siehe Anm. 6.

[11] Ebd. 90. 107f. 272.

[12] Les vues historiques d'Eusèbe de Césarée durant la période prénicéenne, Paris 1961.

[13] Apologetik und Geschichte. Untersuchungen zur Theologie Eusebs von Caesarea. Diss. masch. Heidelberg 1962.

[14] StPB 42, Leiden 1992.

[15] Zu Origenes: N.R.M. de Lange, Origen and the Jews. Studies in Jewish-Christian Relations in Third Century Palestine, UCOP 25, Cambridge 1976; H. Bietenhard,

Die vorliegende Arbeit beabsichtigt zunächst einmal nicht mehr und nicht weniger als eine das Material zur Fragestellung »Euseb und die Juden« aus den Quellentexten erhebende und kritisch würdigende Bestandsaufnahme. Es geht darum, Eusebs Stellung zu den Juden herauszuarbeiten als Zeitgenosse, als Bischof Caesareas, als christlicher Historiker, Apologet und Exeget. Es geht um den Problembereich, dessen Begrenzungen gezogen sind von den Fragen, welche Rolle die Juden im theologischen Konzept Eusebs spielen, welche jüdischen Traditionen und Argumente er kennt und wie er dieselben rezipiert, wie er sich mit den Juden seiner Zeit auseinandersetzt und was wir aus der Beantwortung dieser Fragen an Rückschlüssen auf seine Haltung zu den Juden ziehen können. Dabei ist es methodisch unabdingbar, den historischen und kulturellen Kontext zu berücksichtigen und dabei vor allem auch die Heiden und die Christen als die zu den Juden unerläßlichen Komplementärgruppen in Eusebs Konzeption mit in Betracht zu ziehen, weil sich erst so ein theologisch wirklich vollständiges Bild der Problematik entwerfen läßt.

Im ersten Teil seines großen apologetischen Doppelwerkes, der Praeparatio evangelica, formuliert Euseb in bezug auf die geschichtliche Herkunft des den Christen zuteil gewordenen Heils, daß

> »aber ganz und gar nichts bislang bei irgendwelchen Völkern gefunden worden ist von der Art wie das Gute, das uns von den Hebräern her zugewendet worden ist« ...[16]

Caesarea, Origenes und die Juden, FDV 1972, Stuttgart u.a. 1974; G. Sgherri, Chiesa e sinagoga nelle opere di Origine, SMP 13, Mailand 1982; R. van den Broek, Origenes en de joden, in: Ter Herkenning 13 (1985) 80-91; J.A. McGuckin, Origen on the Jews, in: Christianity and Judaism. Papers Read at the 1991 Summer Meeting an the 1992 Winter Meeting of the Ecclesiastical History Society, ed. D. Wood, SCH(L) 29, Oxford 1992, 15-32; J.S. O'Leary, Origène face à l'altérite juive, in: Comprendre et Interpréter. La paradigme herméneutique de la raison, ed. J. Greisch, Paris 1993, 51-82. – Zu Chrysostomus: R.L. Wilken, John Chrysostom and the Jews. Rhetoric and Reality in Late 4th Century, Berkeley 1983; M. Simon, La polémique antijuive de S. Jean Chrysostome et le mouvement judaisant d'Antioche, in: AIPh 4 (1936) 403-429; A.M. Ritter, Erwägungen zum Antisemitismus in der Alten Kirche: Johannes Chrysostomus, »Acht Reden wider die Juden«, in: Bleibendes im Wandel der Kirchengeschichte. Kirchenhistorische Studien, hg. B. Moeller/G. Ruhbach, Tübingen 1973, 71-91; ders., Chrysostomus und die Juden – neu überlegt, in: KuI 5 (1990) 109-122; zuletzt die eingehende Kommentierung in der von R. Brändle und V. Jegher-Bucher besorgten BGL-Ausgabe der Judenreden (BGL 41), Stuttgart 1995. – Zu Kyrill von Alexandrien: R.L. Wilken, Judaism and the Early Christian Mind. A Study of Cyril of Alexandria's Exegesis and Theology, New Haven 1971. – Zu Aphrarat: J. Neusner, Aphrarat and Judaism, StPB 19, Leiden 1971. – Zu Augustin: B. Blumenkranz, Vie et survie de la polémique antijuive, in: StPatr 1 (1957) 460-476; ders., Augustin et le Juifs, Augustin et le Judaism, in: RechAug 1 (1958) 225-241; J. Alvarez, St. Augustine and Antisemitism, in: StPatr 9 (1966) 340-349.

[16] P.e. VII 1, 3: Τὸ δὲ μηδέν πω μηδ' ὅλως παρά τισιν εὑρῆσθαι τῶν ἐθνῶν οἷον τὸ παρ' Ἑβραίων ἡμῖν ἀγαθὸν πεπορισμένον ... (GCS Euseb 8, I 366, 15-17 Mras/Des Places)

Die Schlußwendung dieses Satzes, die man freier und meines Erachtens auch besser mit »Das Heil,[17] das von den Hebräern her zu uns kam«[18] wiedergeben könnte, ist deswegen signifikant, weil sie einerseits das Problem des heilsgeschichtlichen Gesamtkonzepts Eusebs berührt und andererseits die Frage nach der Identität jener Gruppe aufwirft, die bei Euseb als die »Hebräer« bezeichnet wird. Wenn in dieser Arbeit die Frage nach der Rolle der Juden aufgeworfen wird, ist also zugleich ein terminologische Spannungsfeld zwischen Hebräern und Juden umrissen, dessen genaue Auslotung die erste und unabdingbare Voraussetzung für die Beantwortung der Frage nach der Haltung Eusebs gegenüber den Juden sein muß.

Aus diesem Grunde bietet die hier vorliegende Arbeit im wesentlichen zwei große Hauptteile, einen terminologischen (4.) und einen theologischen (5.), wobei in ersterem eine Verhältnisbestimmung der für das Konzept Eusebs zentralen Begriffe Hebräer – Heiden – Juden – Christen, in letzterem eine Würdigung der heilsgeschichtlichen, christologischen und exegetischen Optionen Eusebs, sofern sie für die Frage nach der Rolle der Juden in seiner Theologie relevant sind, unternommen wird. Diesen beiden Hauptteilen sind zwei Kapitel vorangestellt, die den historisch-lokalgeschichtlichen Kontext umreißen (2.) beziehungsweise eine knappe Einführung in die Schriften Eusebs unter besonderer Berücksichtigung des apologetischen Doppelwerks geben (3.). Den beiden Hauptteilen sind sodann zwei Kapitel nachgestellt, von denen das erste die Frage nach einem möglichen Zusammenhang zwischen der Haltung Eusebs zu den Juden und der Konstantins d.Gr. stellt, wobei hierher natürlich auch der Problemkreis der Judengesetzgebung im christlich werdenden imperium Romanum gehört (6.), das zweite hingegen den Versuch einer Einordnung der Aussagen Eusebs über die Juden in die ihm vorliegende christliche apologetische Tradition, vor allem in die origeneische Tradition unternimmt (7.), um so auch noch einmal zu einer Verhältnisbestimmung von mehr rezeptiver und eher eigenständiger Leistung in Eusebs Gesamtwerk zu gelangen.

Die Arbeit bietet sämtliche Texte Eusebs und die meisten anderen Zitate in deutscher Übersetzung mit dem griechischen Original im Anmerkungsapparat. Die Übersetzungen versuchen, den schwierigen Mittelweg zwischen einer möglichst großen Treue zum griechischen Text und möglichst guter Lesbarkeit im Deutschen zu gehen. Eine allzu enge Anlehnung an die griechischen Konstruktionen kam bei einem Autor wie Euseb von vornherein nicht in Frage – sie hätte jedes Bemühen um auch nur halbwegs gute Lesbarkeit ad absurdum geführt. Auf der anderen Seite sollte

---

[17] Das ἀγαθός bei Euseb oft theologisch gefüllt mit »Heil« übersetzt werden muß, zeigen Stellen wie D.e. I 4, 7; II prooem. 2. 3; 1, 1; 3, 39.

[18] Die aktive Wiedergabe ist im Deutschen flüssiger und besser lesbar als eine wörtliche Übersetzung des etwas umständlichen passivischen πεπορισμένον.

auch eine ganz freie Art der Übersetzung, wie sie in der Vergangenheit gerade bei Euseb aus guten Gründen immer wieder einmal versucht worden ist,[19] in dieser Arbeit vermieden werden, um nicht durch einen allzu paraphrasierenden Zugriff auf die Texte die häufig genug eben doch im sprachlichen Detail liegenden Feinheiten der Argumentation Eusebs aus dem Blick zu verlieren.

Die Abkürzungen der Zeitschriften, Serien, Lexika und Quellenwerke folgen dem IATG²,[20] die Abkürzungen der Kirchenväter und ihrer Schriften dem Lexikon von Lampe[21] für die Griechen und dem von Blaise[22] für die Lateiner, wobei zum Zwecke der Vereinheitlichung die Schriften der Griechen gegen Lampe mit Großbuchstaben beginnen. Die nichtchristlichen Autoren und ihre Schriften richten sich nach dem Abkürzungsverzeichnis von Liddell/Scott,[23] die (dort nicht erfaßten) Philoniana nach H.A. Wolfson.[24] Die Talmudstellen richten sich nach den Frankfurter judaistischen Beiträgen.[25] Die alttestamentlichen Bibelstellen sind nach LXX aufgeführt.

---

[19] Zu nennen sind hier insbesondere die beinah paraphrasierend übersetzende englische Wiedergabe der Demonstratio evangelica durch W.J. Ferrar, New York 1920 (2 vol. / siehe hierzu unten unter 3.1.) sowie die deutsche Übersetzung der Kirchengeschichte durch P. Haeuser (in der 2. Aufl. durchgesehen von A. Gärtner) in der von H. Kraft herausgegebenen Ausgabe Darmstadt 1984 (=München ²1981). Neue deutsche Übersetzungen der H.e. und der D.e. sind in den Fontes Christiani in Vorbereitung, die der H.e. durch H.C. Brennecke und die der D.e. durch mich.

[20] S. Schwertner, Internationales Abkürzungsverzeichnis für Theologie und Grenzgebiete, Berlin New York ²1992.

[21] G.W.H. Lampe, A Patristic Greek Lexikon, Oxford 1987 (=ND der 1. Auflage 1961).

[22] A. Blaise, Dictionnaire Latin-Français des Auteurs Chrétiens, Turnhout 1954.

[23] H.G. Liddell/R. Scott/H. St. Jones, A Greek English Lexicon, Oxford 1983 (=ND der 1. Auflage 1968).

[24] H.A. Wolfson, Philo. Foundations of Religious Philosophy in Judaism, Christianity, and Islam, 2 vol. Cambridge/Mass. ⁴1968; das Abkürzungsverzeichnis vol. II, 460.

[25] FJB 2 (1974) 67-73.

2. Historischer Kontext

Es gehört zweifellos zu den großen Vorzügen der Eusebmonographie F. WIN-
KELMANNs, daß die Darstellung konsequent von dem kulturellen, geistigen,
sozialen, wirtschaftlichen und religiösen Milieu Caesareas im späten 3. und
frühen 4. Jhdt. ausgeht und sowohl die Texte als auch die Biographie Eusebs
entschlossen von hier her interpretiert.[1] In Übereinstimmung mit dieser von
WINKELMANN getroffenen methodischen Vorentscheidung soll im folgenden
der historische Hintergrund der Schriften Eusebs und die soziale und religiöse
Situation Caesareas, beleuchtet werden, soweit unsere literarischen und materialen Quellen hier nähere Aussagen erlauben. Dabei soll ein Schwerpunkt auf
das in dieser Arbeit besonders interessierende Verhältnis von Christen und
Juden gelegt werden.

2.1. Heiden, Juden, Samaritaner, Christen: Palästina zur Zeit Eusebs

Wie eigentlich überall im spätantiken imperium Romanum gilt auch für
Palästina oder für die Stadt Caesarea zur Zeit Eusebs, daß auch nur einigermaßen gesicherte Angaben über die Bevölkerungszahl kaum möglich sind.
Einschlägige, im Blick auf die äußerst spärliche Quellenlage mit großer Behut-
samkeit vorgenommene Bemühungen gehen neuerdings von deutlich geringe-
ren Zahlen aus, als es noch in den sechziger Jahren in der Forschung der Fall
gewesen ist:[2] Demnach wäre (bei aller Vorsicht) die Gesamtbevölkerungszahl
Palästinas diesseits des Jordan zur Zeit Eusebs auf nicht mehr als 500.000

---

[1]   F. Winkelmann, Euseb von Kaisareia. Der Vater der Kirchengeschichte, Berlin 1991,
      16-26. 160.
[2]   M. Avi-Yonah, Geschichte der Juden im Zeitalter des Talmud, Berlin 1962, 19f., geht
      für das Jahr 140 von 2.500.000 Einwohnern Palästinas einschließlich des Ostjordanlandes
      aus. Es ist ganz unsicher, ob man dieser Schätzung Zutrauen entgegenbringen darf, und
      noch unsicherer ist es, diese Zahl mit Hinweis auf die Bevölkerungszunahme in der
      (relativ) prosperierenden Zeit unter den Antoninen und Severern und mit Hinweis auf
      die (ja vor allem den Westen des Reiches betreffende) Abnahme der Bevölkerung in der
      ausgesprochenen Krisenzeit in der Mitte des 3. Jahrhunderts auf die Situation an der
      Wende vom 3. zum 4. Jahrhundert zu übertragen.

anzusetzen.[3] Wie hoch im Verhältnis hierzu die Einwohnerzahl der für Rom sowohl strategisch als auch politisch so bedeutsamen[4] Provinzhauptstadt Caesarea gewesen ist, ist ungewiß,[5] J. RINGELs Schätzung von etwa 70.000 Einwohnern Caesareas im 3. und 4. Jahrhundert[6] scheint fast ein wenig zu hoch gegriffen.

Auch was die Frage nach der Verteilung der einzelnen religiösen Gruppen innerhalb der Bevölkerung Palästinas angeht, lassen uns unsere Quellen weitgehend im Stich. Zwar hat die Monographie G. STEMBERGERs über »Christen und Juden im Heiligen Land«[7] die Situation für das 4. Jahrhundert wesentlich aufgehellt und dabei ältere Forschungsmeinungen gründlich korrigiert;[8] Rückprojektionen dieser Ergebnisse auf das dritte Jahrhundert erweisen sich jedoch methodisch als äußerst riskant, sind wir doch für die vorkonstantinische Zeit auf eine noch wesentlich schmalere Quellenbasis angewiesen.

Die christliche Kirche muß noch bis zum Anfang des 4. Jahrhunderts in Palästina wie auch in vielen anderen Teilen des imperium Romanum (aber ganz anders etwa als im ja nicht allzu weit von Palästina entfernten Syrien!) in einer relativen Minderheitensituation gewesen sein: Die Schrift über die Mär-

---

[3] So die Schätzung von G. Stemberger, Juden und Christen im Heiligen Land. Palästina unter Konstantin und Theodosius, München 1987, 24. Stemberger bezieht sich auf die Untersuchung von M. Broshi, BASOR 236 (1979) 1-10, der unter Berücksichtigung der Wasser- und Getreideversorgung Palästinas für das späte 5. Jahrhundert eine Zahl von etwa 1.000.000 errechnet. Auch hier ist es fraglich, ob man unter Hinweis auf die Krise des 3. Jahrhunderts und vor allem auf die erst im 4. und 5. Jahrhundert einsetzende rege Bautätigkeit, die in der Tat eine erhebliche Vergrößerung der Bevölkerungszahl voraussetzt, diese Zahl etwa halbieren darf, um zu einer Aussage über den uns interessierenden Zeitraum zu gelangen.

[4] Vgl. hierzu H.K. Beebe, JNES 42 (1983) 195-207.

[5] Die in einer späten arabischen Quelle begegnende Zahl von 100.000 oder 200.000 (!) Juden, die zur Zeit der arabischen Eroberung in der Stadt gelebt hätten (Al-Baladuri, Futuh al-buldan, ed. M.J. Goejé, Leiden 1865, 141), ist äußerst ungenau, sicher viel zu hoch gegriffen und nicht in unsere Epoche transponierbar. – Eine methodisch behutsame und mit Zahlenangaben entsprechend zurückhaltende Situationsbeschreibung für das Caesarea des 3. und 4. Jhdts. findet sich bei L.I. Levine, Caesarea under Roman Rule, SJLA 7, Leiden 1975, 46-60.

[6] J. Ringel, Césarée de Palestine: Étude historique et archéologique, Paris 1975, 91.

[7] S.o. Anm. 3.

[8] Nach G. Stemberger, l.c. 237-251, wären weder ein konsequentes Gegeneinander von Kirche und Synagoge noch antijüdischen Maßnahmen der Christen im 4. Jhdt. noch einschlägige Gesetzgebung der christlichen Kaiser in dem Maße festzustellen, wie es in der älteren Geschichtsschreibung häufig geschah. Die wissenschaftliche Auswertung der zur Verfügung stehenden Quellen wird demnach, wie von Stembergers Buch unbedingt zu lernen sein wird, einer Verharmlosung von Judenfeindlichkeit in der Geschichte (u.U. in falsch verstandener christlicher Apologetik) ebenso entschlossen zu wehren haben wie der unkritischen Produktion einer undifferenzierten jüdischen Leidensgeschichte, die Klischees und Typisierungen als Tatsachen re-konstruiert!

tyrer in Palästina[9] macht angesichts von »nur« 37 Hingerichteten einen allzu großen Anteil von Christen an der palästinischen Gesamtbevölkerung bis in die Zeit der diokletianischen Verfolgung wenig wahrscheinlich, selbst wenn Euseb in der Kirchengeschichte für die Phase nach dem Gallienusedikt ein Aufblühen und eine erhebliche zahlenmäßige Vergrößerung der christlichen Gemeinden bezeugt.[10] Die Bischofslisten des Konzils von Nizäa verzeichnen bei leichten, auf die unterschiedliche Überlieferung der Listen zurückzuführenden Unsicherheiten, knapp 20 Bischöfe aus Palästina, darunter Euseb von Caesarea.[11] Damit ist der palästinische Raum auf dem Konzil vergleichbar stark repräsentiert wie auch andere Regionen des Ostens. Das Onomasticon Eusebs läßt innerhalb Palästinas an eine stärkere Verbreitung von Christengemeinden in den hellenistischen Städten und auch in Dörfern des judäischen Südens denken.[12] Archäologisch haben wir leider für die vorkonstantinische Zeit über die Verbreitung des Christentums in Palästina praktisch keine Nachweise,[13] zumal es sich bei den Kirchengebäuden um äußerlich nur schwer von Privathäusern zu unterscheidende Hauskirchen handelte.[14] Zwar ist das Entstehen einer speziellen kirchlichen Funktionsarchitektur unter Adaption bestehender architektonischer Formen für das dritte Jahrhundert gesichert;

---

[9] De martyribus Palestinae, ed. E. Schwartz, GCS Euseb II 2, Leipzig 1902, 195-223.

[10] Eus., H.e. VIII 1, 5. – Vgl. M. LeQuien, Oriens Christianus, 3 vol., Graz 1958 (ND der Ausgabe Paris 1740).

[11] Sicher bezeugt sind als Bischofssitze: Caesarea, Nikopolis, Jamnia, Lydda, Eleutheropolis, Aschkalon, Aschdod, Jericho, Skythopolis, Jerusalem, Sebaste, Neapolis, Zabulon (=Gabalon? Kabul? Vgl. G. Stemberger, l.c. 50f.); hinzu kommen wohl die allerdings nicht durchgängig bezeugten Gaza, Aila und Maximianopolis. Zu den Listen der Teilnehmer von Nizäa vgl. Patrum Nicaenorum Nomina, ed. H. Gelzer/H. Hilgenfeld/ O. Cuntz, Stuttgart Leipzig 1995 (mit einem Nachwort von C. Markschies versehener ND der ersten Auflage von 1898). Es sei hierzu vermerkt, daß es natürlich methodisch nicht gerechtfertigt ist, von der Existenz eines Bischofssitzes automatisch auf eine vergleichsweise große christliche Gemeinde oder gar auf einen größeren christlichen Anteil an der Gesamtbevölkerung zu schließen.

[12] Vgl. G. Stemberger, l.c. 25.

[13] Das wenige verwertbare archäologische und epigraphische Material zur Verbreitung der Christen in vorkonstantinischer Zeit präsentiert die Arbeit von G.F. Snyder, Ante pacem. Archaeological Evidence of Church Life Before Constantine, Macon 1985. Es bleiben für den Gesamtraum des Römischen Reiches eigentlich nur die Hauskirche von Dura Europos, die Katakomben Roms und einige kleinasiatische Inschriften, die allesamt für die hier behandelte Region nichts austragen. Vgl. zum Problem W. Wischmeyer, Von Golgatha zum Ponte Molle. Studien zur Sozialgeschichte der Kirche im dritten Jahrhundert, FKDG 49, Göttingen 1992, 192f.

[14] Dies beweist nun gerade die Kirche von Dura Europos, die ohne die malerische Ausgestaltung ihres Umbaus kaum einer christlichen Gemeinde zuzuweisen wäre. Vgl. hierzu den abschließenden Grabungsbericht von C.H. Kraeling, The Christian Building: The Excavations at Dura-Europos, Final Report VIII/2, ed. C. B. Welles, New York 1967, außerdem O. Eissfeldt, RAC 4 (1959) 362. 365-367.

aber wie etwa die im Zusammenhang des Marinusmartyriums nach 270 für
Caesarea literarisch bezeugte und doch wohl von den herkömmlichen christ-
lichen Versammlungshäusern (οἰκοδόμησις) deutlich zu unterscheidende
Kirche (ἐκκλησία) ausgesehen hat, wissen wir leider nicht, abgesehen von der
Information, daß sie einen Altar mit Evangelium hatte.[15]

Der Bevölkerungsanteil der Juden im Heiligen Land muß nach den Katastrophen des jüdischen Krieges und des Bar-Kochba-Aufstandes bereits unter
den Antoninen und Severern wieder erheblich gewachsen sein. Literarische
und materiale Quellen ermöglichen es, dabei einen Schwerpunkt in Galiläa
(Tiberias)[16] sowie starke jüdische Ansiedlungen im Hauran, Golan und im
Streifen von En Gedi bis Aschkalon nachzuweisen.[17] Die Städte Tiberias und
Sepphoris hatten wahrscheinlich eine jüdische Mehrheit, ihre Stadträte waren
(vermutlich schon seit um 200) jüdisch dominiert.[18] In Skythopolis und Lydda
gab es ebenfalls starke jüdische Gemeinschaften. Eine Sonderstellung nahm
natürlich Jerusalem ein: Wenn auch das Edikt Hadrians, daß Juden sich
prinzipiell nicht in Jerusalem aufhalten durften, im Lauf der Zeit sicher nicht
mehr so streng durchgehalten wurde, blieb Aelia Capitolina doch für die Juden
auch im 3. und 4. Jahrhundert im Grunde verbotene Stadt, wie der Pilgerbericht des Anonymus aus Bordeaux aus dem Jahre 333 noch ganz deutlich
zeigt.[19] Hingegen können wir zur selben Zeit von einer sehr bedeutenden

---

[15]　Eus., H.e. VII 15, 4f. – Zur unterschiedlichen Terminologie Eus., H.e. VIII 1, 5. Der
　　　Begriff ἐκκλησία als Bezeichnung für ein christliches gottesdienstliches Versamm-
　　　lungsgebäude findet sich schon Clem. Alex., Strom. VII 5. Zu dem wenigen, was wir
　　　über den christlichen Kirchenbau des dritten Jahrhunderts sagen können, siehe W.
　　　Wischmeyer, l.c. 80-85.

[16]　Für Tiberias ist ein jüdischer Stadtrat im 3. Jahrhundert gesichert, vgl. Y. Dan, The
　　　City in Eretz-Israel During the Late Roman and Byzantine Periods (hebr.), Jerusalem
　　　1984, 73.

[17]　Zu den für das 3. und 4. Jahrhundert nachgewiesenen Synagogen vgl. den Sammelband
　　　Ancient Synagoges Revealed, ed. L.I. Levine, The Israel Exploration Society, Jerusalem
　　　1981, hierin besonders die Beiträge von E.M. Meyers, l.c. 70-74 (Horvat Shema'); L.I.
　　　Levine, l.c. 78-81 (Horvat ha-'Amudim); D. Barag u.a., l.c. 116-119 ('En-Gedi); M.
　　　Dothan, l.c. 63-69 (Hammath-Tiberias); außerdem F. Hüttenmeister, Die antiken
　　　Synagogen in Israel. Teil 1: Die jüdischen Synagogen, Lehrhäuser und Gerichtshöfe,
　　　BTAVO.B 12/1, Wiesbaden 1977 und G. Stemberger, l.c. 105-131.

[18]　Vgl. G. Stemberger, l.c. 25. 34f.

[19]　Itinerarium Burdigalense (CChr.SL 175, 1-26 Geyer/Cuntz). Dieser Pilgerbericht setzt
　　　einen alljährlichen eintägigen Klageritus der Juden in Jerusalem voraus, nach dessen
　　　Vollzug »sie wieder fortgehen« (Itin. Burg. 591, 6: sic recedunt, 16, 7 Geyer/Cuntz).
　　　Auch Eusebs Texte setzen das Verbot für die Juden, nach Jerusalem zu kommen,
　　　selbstverständlich als gültig voraus, es spielt in der Argumentation in der Demonstratio
　　　evangelica eine erhebliche Rolle, vgl. D.e. I 3, 3; 6, 36; III 2, 1. Wie steht es dann aber
　　　mit der einen verbliebenen Synagoge, von der der anonyme Pilger aus Bordeaux 333
　　　weiß: »Von den sieben Synagogen, die sich hier befanden, ist nur eine übriggeblieben;
　　　die anderen sind umgepflügt und besät, wie der Prophet Jesaja gesagt hat« (Übersetz-
　　　ung nach H. Donner, Pilgerfahrt ins Heilige Land. Die ältesten Berichte christlicher

jüdischen Gemeinde in der Provinzhauptstadt Caesarea ausgehen, in der sich seit der ersten Hälfte des dritten Jahrhunderts auch eine angesehene rabbinische Schule befand.

Die Samaritaner haben, weit über das eigentliche Samaria hinausgehend, vom 2. bis zum 6. Jahrhundert eine wichtige Rolle für die palästinischen Provinzen gespielt und sicher einen beträchtlichen, wenn auch schwer genauer zu beziffernden Anteil an der Gesamtbevölkerung gehabt.[20] Mit ihrem Siedlungsschwerpunkt in der Küstenebene waren sie dabei in Caesarea in noch stärkerem Maße präsent als andernorts. Euseb setzt eine größere samaritanische Gemeinschaft in Gaza voraus.[21] Die der wohl im 14. Jahrhundert enstandenen sogenannten samaritanischen Chronik II entstammende Geschichte des Reformators Baba Rabba ist zwar im einzelnen historisch durchaus unzuverlässig, kann aber doch generell auf eine bedeutende geistige und geistliche Aktivität[22] der Samaritaner gedeutet werden, die, wenn man der von J.M. Cohen vorgenommenen vorsichtigen historischen Einordnung folgen will, ziemlich genau in die Zeit Eusebs fiele.[23]

Wahrscheinlich die größte und im 3. Jahrhundert auch einflußreichste Gruppe in Palästina machte jedoch das religiös und soziologisch ja ausgespro-

---

Palästinapilger, Stuttgart 1979, 58. Der lateinische Text lautet: Et septem synagogae, quae illic fuerunt, una tantum remansit, reliquae autem arantur et seminantur, sicut Isaias propheta dixit. [Itin. Burg. 592, 6f.; 16, 21-25 Geyer/Cuntz]) und die auch Epiphanius (De pond et mens 14) noch erwähnt? Man wird hier in Anlehnung an J. Wilkinson, PEQ 108 (1976) 87 vermuten müssen, daß jene eine Synagoge – anders als die sechs »umgepflügten« – noch stand oder wenigstens doch in ihren Resten sichtbar, wenn auch nicht mehr in Gebrauch war. G. Stemberger, l.c. 44 meint, daß mit den Notizen beim Anonymus aus Bordeaux und bei Epiphanius gar »nichts anzufangen« sei.

[20]   Vgl. hierzu H.G. Kippenberg, Garizim und Synagoge, RVV 30, Berlin New York 1971, 151-155.

[21]   Eus., M. P. VIII 10.

[22]   Eine Gesamtdarstellung der Theologie der Samaritaner bietet J. MacDonald, The Theology of the Samaritans, NTLi, London 1964. Vgl. ferner die Beiträge in dem von A.D. Crown herausgegebenen Sammelband The Samaritans, Tübingen 1989.

[23]   J.M. Cohen, A Samaritan Chronicle, StPB 30, Leiden 1981, 225: »On the basis of our conclusion that the duration of Baba's ministry was no more than 20 years, we may state that, purely on the basis of the internal reckoning of our Chronicle, his ministry should be dated circa 308-328 A.D.« (Kursivdruck J.M. Cohen) – An den von J.M. Cohen angegebenen Jahreszahlen hat G. Stemberger, l.c. 179 mit Anm. 466 kritisiert, daß die Argumente nicht für eine so präzise Datierung ausreichten. Selbst wenn man dem folgt, können doch nach den Untersuchungen Cohens an einer groben zeitlichen Einordnung in die erste Hälfte des vierten Jahrhunderts kaum noch Zweifel bestehen. – Übersetzte Auszüge zu Baba Rabba aus der Chronik II finden sich bei J. Zangenberg, ΣΑΜΑΡΕΙΑ. Antike Quellen zur Geschichte und Kultur der Samaritaner in deutscher Übersetzung, TANZ 15, Tübingen 1994, 210-213. Zu den samaritanischen Chroniken insgesamt siehe D. Stenhouse, The Samaritan Chronicles, in: The Samaritans, ed. A.D. Crown, Tübingen 1989, 218-265.

chen heterogene Heidentum[24] aus, das sich besonders in den Garnisons- (Aelia Capitolina!) und Verwaltungsstädten und somit v.a. auch in der Provinzhauptstadt Caesarea fand. Doch nicht nur in den Zentren, auch außerhalb der Städte Palästinas war das Heidentum durchaus stark vertreten: G. STEMBERGER hat unter Hinweis auf den Jerusalemer Talmud und auf CTh VII 20, 3-4 eindrucksvoll gezeigt, wie zu Beginn des vierten Jahrhunderts auch der Landbesitz in Palästina weitgehend in heidnische Hände übergegangen war, v.a. durch Landerwerb römischer Beamter und Veteranen.[25]

2.2. Caesarea am Meer.
Sozialgeschichtliche Beobachtungen und archäologische Befunde

In der Provinzhauptstadt Caesarea, der »urbs clarissima«[26], deren Prosperität und Schönheit die verschiedensten antike Quellen übereinstimmmend bezeugen,[27] dürfen wir eine massive Präsenz sowohl von Heiden[28] als auch von Christen, Juden und Samaritanern voraussetzen.

Für die Christenheit war die Stadt immerhin eine ihrer ältesten Gemeinden überhaupt.[29] Seit der Zeit des Origenes, der hier zwischen 230 und 250 eine große Anzahl seiner Schriften abgefaßt (Mart., Comm. in Joh. außer 1-5; Comm. in Is., Comm. in Ezech., Comm. in Cant. 6-10; Comm. in Mt.; Cels. und den verlorenen Kommentar zum Dodekapropheton)[30] und als opus

---

[24] Angesichts der außerordentlichen religiös-kultischen Vielfältigkeit der paganen Kreise ist es immer mehr fraglich, ob man mit dem Begriff »Heidentum« überhaupt sachgerecht arbeiten kann, denn der angesichts der einheitlich gehandhabten Begrifflichkeit möglicherweise naheliegende Schluß, es handele sich auch nur um eine halbwegs geschlossene Gruppe, ist sicher unzutreffend. Euseb redet von den Heiden gleichwohl ziemlich einheitlich (er benutzt primär den Begriff »Griechen«, vgl. unten unter 4.1.2.): es handelt sich um all die, die weder »Hebräer« noch Christen noch Juden noch Samaritaner sind.

[25] G. Stemberger, l.c. 25.

[26] Eutropius, Brev. VII 10, 4 (44, 20 Santini).

[27] Amm. Marc., Hist.Rom. XIV 8, 11; Exp. totius mundi 26; j Ket XII 3, 35 b.

[28] Zu den in Caesarea durch Münzfunde sicher nachgewiesenen unterschiedlichen heidnischen Kulten siehe unten Anm. 56.

[29] Acta 10f. berichtet immerhin die erste Taufe eines Heidenchristen überhaupt aus Caesarea. Im Osterfeststreit tritt Bischof Theophilos von Caesarea in leitender Position in Verbindung mit Neronias von Jerusalem (Eus., H.e. V 23, 3); er ist hier offensichtlich schon eine Art Metropolit, was die hohe Bedeutung der christlichen Gemeinde der Stadt innerhalb der Gemeinden Palästinas zeigt. Auch zur Zeit des Origenes tritt der Bischof von Caesarea, Theoktistos, als regionaler Kirchenleiter auf, neben Alexander von Jerusalem, und zwar im Konflikt mit Demetrius von Alexandrien (H.e. VI 19, 17). Über die Geschichte der christlichen Gemeinde in Caesarea siehe M. LeQuien, Oriens Christianus III, Graz 1958 (ND der Ausgabe Paris 1740), 530-574.

[30] Eus., H.e. VI 28; 32, 1f.; 36, 1f.

magnum die Hexapla kompiliert hatte, war Caesarea für die Christen zu einem der geistigen Zentren überhaupt geworden. Mit dem Namen des Origenes untrennbar verbunden war der gewaltige Aufschwung der christlichen Schule, eigentlich einer Art »Universität« Caesareas,[31] und eine unmittelbare Folge seines Wirkens war die Errichtung jener berühmten, archäologisch allerdings bislang nicht identifizierten Bibliothek[32] unter Pamphilus,[33] die dann unter Euseb, Acacius und Euzoius stetig erweitert wurde[34]. Seit nach 270 dürfen wir

---

[31] Vgl. Eus., H.e. VI 19. Zum Curriculum an der Schule des Origenes Greg. Thaum., Paneg. 7-15 (die traditionelle Zuweisung dieser Lobrede an Gregor den Wundertäter ist seit den Untersuchungen P. Nautins, Origène. Sa vie et son œuvre, CAnt 1, Paris 1977, 183-197, zustimmend A.M. Ritter, Dogma und Lehre in der Alten Kirche, HDThG 1 [²1988] 117; W. Wischmeyer, l.c. 33; eher ablehnend R. Williams, TRE 25 [1996] 401f., umstritten, was jedoch am historischen Wert dieser aus den unmittelbaren Schülerkreisen des Origenes entstammenden Quelle nichts ändert). Vgl. J. Ringel, Césarée de Palestine. Étude historique et archéologique, Paris 1975, 130. Zur Schule insgesamt H. Crouzel, BLE 71 (1970) 15-27.

[32] Skeptisch hinsichtlich aller Möglichkeiten, jene Bibliothek zu identifizieren, äußert sich T.D. Runia, Caesarea Maritima and the Survival of the Hellenistic-Jewish Literature, in: Caesarea Maritima. A Retrospective after two Millennia, ed. A. Raban/ K.G. Holum, DMOA 21, Leiden 1996, 477: »The chances are surely very slight«. – Das im Ausgrabungssektor C der »Joint Expedition« ausgegrabene große Gebäude wird mittlerweile als byzantinisches Archivgebäude angesprochen. Abraham Negev hatte noch vorgeschlagen, in ihm die berühmte Bibliothek Caesareas zu sehen. Er berief sich dabei vor allem auf die beiden Röm 13,3 zitierenden Mosaikinschriften. Doch bittet eine der Inschriften in dem Gebäude (SEG 32 no. 1498) um Christi Hilfe für χαρτουλάριοι sowie für einen νουμεράριος, und diese Terminologie scheint doch eher für ein Archivgebäude oder ein Sekretariat als für eine Bibliothek zu sprechen. Kritisch gegenüber Negev auch J.A. McGuckin, Caesarea Maritima as Origen Knew It, in: Origeniana Quinta: Papers of the 5th International Origen Congress, 14.-18. Aug. 1989, Louvain 1992, 20. K.G. Holum/A. Raban, Art.: Caesarea. The Joint Expedition's Excavations, Excavations in the 1980s and 1990s, and Summary, in: The New Encyclopaedia of Archaeological Excavations in the Holy Land, ed. E. Stern, Jerusalem 1993, 285, meinen inzwischen, für das Gebäude einen Benutzungszeitraum von etwa 300 bis 600 annehmen zu können, wobei mir angesichts der Tatsache, daß es sich doch um ein offizielles administratives Gebäude mit so dezidiert christlicher Ausstattung handelt, ein etwas späterer Termin für die Entstehung und den Beginn seiner Benutzung noch besser einleuchten würde.

[33] Eus., H.e. VI 32. – Vgl. hierzu R. Cadiou, RevSR 16 (1936) 474-483.

[34] Hier., Ep. 34, 1. Euseb berichtet H.e. VI 32, 3 von einem Bestandskatalog für diese Bibliothek, der in der Pamphilosbiographie nachzulesen sei, die uns leider nicht erhalten ist. Ob die Angabe des Isidor von Sevilla, Etym. VI 6, 1, daß die Bibliothek in Caesarea über 30.000 Bände verfügt habe (Hic enim in bibliotheca sua prope triginta voluminum milia habuit [Z. 23f. Lindsay]), zutrifft (skeptisch F. Winkelmann, Euseb, 23, weniger kritisch P. Collinet, Histoire de l'école de droit de Beyrouth, Études historiques sur le droit de Justinien 12, Paris 1925, 28), muß offen bleiben. Eine eigene Untersuchung erfordern würde die interessante Frage, *was* die Bibliothek zur Zeit Eusebs enthielt. Sicher fehlten die Tragiker und Komiker (Euripides, Menander), die von Euseb nirgends zitiert werden, und auch Aristoteles, der stets nur sekundär zitiert

in der Stadt auch eine baulich von den zuvor bestehenden christlichen Versammlungshäusern klar zu unterscheidende Kirche annehmen.[35]

Die im 3. und 4. Jahrhundert kontinuierlich anwachsende Gemeinde wird man sich, der »kosmopolitischen« Situation einer Provinzialhauptstadt entsprechend, weder soziologisch noch dogmatisch allzu homogen vorstellen dürfen, wie die von der Zeit des Origenes an relativ zahlreich vorhandenen Quellen klar belegen.[36]

Für die jüdische Gemeinde ist die Existenz mindestens einer Synagoge für das dritte Jahrhundert literarisch und archäologisch gesichert.[37] Sie ist gewiß nur eine von mehreren in der Stadt gewesen, denn Caesarea war seit dem dritten Jahrhundert Ort einer sich stetig vergrößernden und auch sehr begüterten jüdischen Gemeinde,[38] was sowohl gegenüber der Situation im zweiten Jahrhundert als auch angesichts der schon seit der Frühzeit der Stadt bekannten, auf der faktischen Konkurrenz zu Jerusalem beruhenden jüdischen Vorbehalte gegen die typisch römisch-hellenistische herodianische Gründung[39] eine einschneidende Veränderung markiert.[40] Im dritten Jahrhundert muß Caesarea geradezu als geistiges Zentrum des Judentums angesprochen werden: Die zur Zeit Eusebs von R. Abbahu geleitete rabbinische Schule in der Stadt existierte bereits seit etwa 230.[41] Die Mitglieder dieser Schule werden im

---

wird (hierzu K. Mras, GCS Euseb VIII 1, LVIII Anm. 1), sicher enthielt sie Philo, Josephus, die christlichen Texte der ersten Jahrhunderte, die alten Historiker, die Platoniker und auch Platon selbst (zu letzterem vgl. den Exkurs unter 4.1.2.). Vgl. hierzu auch T.D. Barnes, Constantine and Eusebius, Cambridge/Mass. 1981, 93f. 333.

[35] S.o. Anm. 15.

[36] Von Holzarbeitern, Schustern und Wäschern in der christlichen Gemeinde erfahren wir C. Cels. III 55. Andererseits zeugen Origenespredigten (durchaus in polemischer Zuspitzung) von außerordentlich begüterten Christen in Caesarea, Hom. in Gen. XI 2; Hom. in Ex. XIII 3; Hom. in Jer. XII 8 u.ö. – Dogmatisch richten sich die Warnungen vor Irrlehre gegen Marcioniten sowie Anhänger des Basilides und Valentin, Eus., H.e. VI 38; VII 12; M.P. X 3, vor allem aber gegen judaisierende Christen, Orig., Cels. I 22; II 1; V 48. 61. 65; Comm. in Mt. XVI 12.

[37] Zum archäologischen Befund vgl. M. Avi-Yonah, Caesarea. The Excavation of the Synagogue, in: The New Encyclopaedia of Archeological Excavations in the Holy Land, ed. E. Stern, Jerusalem 1993, 278f. Vgl. J. Ringel, l.c. 118f.

[38] Eine Anzahl sozioökonomisch relevanter Beobachtungen zur jüdischen Gemeinde Caesareas bei L. I. Levine, Caesarea under Roman Rule, SJLA 7, Leiden 1975, 68-70. Vgl. auch I.M. Levey, Caesarea and the Jews, BASOR.S 19 (1975) 43-78 sowie B. Lifshitz, ANRW II.8 (1977) 490-518.

[39] Zur herodianischen Gründung Jos., AJ XV 8, 5. Zu den jüdischen Vorbehalten gegen Caesarea als »Tochter Edoms« (=Roms) vgl. L. I. Levine, l.c. 63f.

[40] Über die Gründe für diesen Wandel vgl. L.I. Levine, l.c. 65-68.

[41] Über die Entwicklung des Rabbinats in Caesarea unterrichtet L. I. Levine, l.c. 86-106; vgl. J. Ringel, l.c. 120-122. Über die Geschichte der Schulen Palästinas im 3. und 4. Jhdt. siehe immer noch W. Bacher, MGWJ 43 (1899) 345-360. Erste Ansätze, das Problem der Schulen in Palästina neu zu bearbeiten, bietet H. Lapin, Jewish and Christian Academies in Roman Palestine. Some Preliminary Observations, in: Caesarea

Jerusalemer Talmud immer wieder kollektiv als »die Rabbinen von Caesarea« angesprochen.[42] Das Einstellung der Rabbinen zur Synagoge muß sich im Laufe des 3. Jahrhunderts gerade in Caesarea merklich verbessert haben,[43] wobei sie allerdings von manchen ihrer Vorstellungen schmerzhafte Abstriche machen mußten. »In den Tagen von R. Yohanan fing man an, die Mauern mit Bildern zu bemalen, und er hinderte sie nicht«, heißt es j AZ III 3, 42d.[44] Auch ein rabbinischer Versuch, im Synagogengottesdienst das Beten des Schema in hebräischer Sprache durchzusetzen, scheiterte ziemlich kläglich:[45] Die Sprache, auch die kultische »Amtssprache« der jüdischen Gemeinde Caesareas ist das Griechische gewesen.[46]

An der Gestalt des jüdischen Schulleiters R. Abbahu[47] (etwa 250-320)[48] wird zugleich die Heterogenität innerhalb des Rabbinats in Caesarea deutlich:

Maritima. A Retrospective after two Millennia, ed. A. Raban/K.G. Holum, DMOA 21, Leiden 1996, 496-512.

[42] Zum Beispiel j Dem II 1, 22c. – Insgesamt finden sich etwa 140 Belege, vgl. hierzu W. Bacher, MGWJ 45 (1901) 304 Anm. 4. Zu den religionsgesetzlichen Optionen der Gelehrten Caesareas siehe ebenda 307-310. Zur Stellung der Rabbinen als Richter, als lokaler und sittlich-moralischer, aber auch als supranaturaler Autorität siehe J. Neusner, Judaism in Society. The Evidence of the Yerushalmi, Chicago 1983, 120-177.

[43] Rabbinische Predigt und Lehre in der Synagoge: j Ber III 1, 6a; j Naz VII 1, 56a. Vgl. hierzu G. Stemberger, l.c. 220f.

[44] ביומיו דר' יוחנן שרון ציירין על כותלא ולא מחי בידייהו. Übersetzung nach Wewers, 101.

[45] Der Grund dafür, daß das Shema in der Synagoge in Caesarea griechisch gebetet wurde, bestand einfach darin, daß viele Juden offenbar gar kein Hebräisch konnten und nicht einmal dieses grundlegende jüdische Gebet in der Originalsprache beherrschten (j Sot VII 1, 21 a.b).

[46] R. Abbahu erlaubte die Benutzung griechischer Bibeln. Inschriften aus der Synagoge in Caesarea indizieren den Gebrauch der LXX (vgl. L.I. Levine, Caesarea, 70f. und ders., Synagogue Officials: The Evidence from Caesarea and Its Implications for Palestine and the Diaspora, in: Caesarea Maritima. A Retrospective after two Millennia, ed. A. Raban/K.G. Holum, DMOA 21, Leiden 1996, 392f.). Origenes bemerkt, daß Juden, die kein Hebräisch konnten, den Aquilatext präferierten, weil dieser dem Originaltext am nächsten komme (Orig., Ep. 1,4 – nach Eus., H.e. VI 31, 1 in Caesarea entstanden!) Ausführlich über die Verwendung des Griechischen im palästinischen Judentum S. Lieberman, Greek in Jewish Palestine, New York 1942 und ders., How much Greek in Jewish Palestine? in: Biblical and Other Studies, ed. A. Altmann, Cambridge 1963, 123-141. – Für den Befund in Tiberias, der von dem in Caesarea durchaus signfikant abweicht, siehe den oben (Anm. 17) genannten Beitrag von M. Dothan, 67.

[47] Hierzu G. Perlitz, MGWJ 36 (1887) 60-88. 119-126. 269-274. 310-320; R.T. Herford, Christianity in Talmud and Midrash, New York 1966 (ND der Auflage London ¹1903), 266-278; S.T. Lachs, JQR 60 (1970) 197-212; L.I. Levine, R. Abbahu of Caesarea, in: Christianity, Judaism and other Greco-Roman Cults, Studies for M. Smith IV, ed. J. Neusner, SJLA 12, Leiden 1975, 56-76; S. Lieberman, AIPh 7 (1939-44) 397-435; ders., Greek in Jewish Palestine. Studies in the Life and Manners of Jewish Palestine in the II-IV Centuries C.E., New York ²1965, 21-26 und J. Maier, Jesus von Nazareth in der talmudischen Überlieferung, EdF 82, Darmstadt ²1992, 80-90.

[48] Zu den Lebensdaten siehe S.T. Lachs, JQR 60 (1970) 197 mit no. 1f.

Seine ausgeprägte hellenistische »Inkulturation«[49] wurde zum Teil argwöhnisch registriert und ihm mehr als einmal zum Vorwurf gemacht[50] und führte durchaus auch einmal zu Konflikten mit dem Patriarchen in Tiberias.[51] Andererseits brachte sie ihm hohe Anerkennung und gute Kontakte bei der römischen Stadtverwaltung ein und befähigte ihn zu einer Art politischen Mittlerposition, die sich andere Rabbinen bisweilen durchaus zunutze machen konnten.[52] Die ausgesprochene intellektuelle und politische Führungsrolle Caesareas innerhalb des palästinischen Judentums am Ende des 3. Jhdt.s ist jedenfalls nicht zuletzt auf diese ganz aus dem hellenistischen Kontext zu verstehende Führungspersönlichkeit zurückzuführen.

Die Blütezeit des Judentums in Caesarea war aber keineswegs auf das 3. Jahrhundert beschränkt. Daß die Stadt auch im 4. Jahrhundert noch ein bedeutendes geistiges Zentrum des Judentums ist, verrät die wohl um die Mitte des Jahrhunderts wahrscheinlich in Caesarea anzusetzende Redaktion

---

[49] Vgl. beispielsweise die von ihm überlieferten griechischen Wortspiele wie GenR 14, 2 oder liberale Tendenzen wie die Befürwortung, das Buch Esther in einer anderen als der hebräischen Sprache zu lesen (j Meg II 1, 73a) oder seine Bereitschaft, auch auf einem mit Mosaiken und Bildern geschmückten Fußboden niederzuknien, was das Verbot Lev 26,1 betreffen könnte (j AZ IV 1, 43d); vergleichbar auch seine Option für die Nichtgeltung des Fastengebots bei gesundheitlichen Zweifelsfällen (j Jom VIII 4, 45b) oder über die Möglichkeit des Vorübergehens an Eßbarem j Dem III 3, 23 c.

[50] Vgl. nur den Konflikt zwischen R. Yehoshua sowie R. Simeon bar Wawa einerseits und R. Abbahu andererseits über die Frage, ob man seine Söhne und Töchter das Griechische erlernen lassen solle, j Pea I 1, 15c:

ותלמוד תורה. שאלו את רבי יהושע מהו שילמד אדם את בנו יוונית. אמר
להם ילמדנו בשעה שאינה לא יום ולא לילה דכתיב והגית בו יומם ולילה. (...) רבי אבהו
בשם רבי יוחנן מותר לאדם ללמד את בתו יוונית מפני שהוא תחשיט לה. שמע שמעון בר
ווה אמר בגין דו בעה מלפה בנתיה הוא תלי ליה בר' יוחנן יבא עלי אם שמעתיה מר' יוחנן

»(Mischna:) Das Studium der Tora (hat keine Begrenzung). Man fragte Rabbi Yehoshua: darf ein Mensch seinen Sohn Griechisch lernen lassen? Er sagte zu ihnen: er darf ihn lernen lassen in der Stunde, die weder Tag noch Nacht ist (also nie). Denn es steht geschrieben: *und du sollst Tag und Nacht darüber nachsinnen* (Jos 1, 8). (...) Rabbi Abbahu im Namen von Rabbi Yohanan: es ist einem Menschen erlaubt, seine Tochter Griechisch lernen zu lassen, weil das ein Schmuck für sie ist. Shim'on-bar-Wawa hörte das (und) sagte: weil er (=Rabbi Abbahu) seine Töchter lernen lassen will, hängt er diese (Ansicht) an Rabbi Yohanan! Es möge (Unheil) auf mich kommen, wenn ich es von Rabbi Yohanan (selbst) gehört habe!« (Übersetzung Wewers, 12, 7-15; Kursivdruck Wewers).

[51] j Meg III 3, 74a; j San I 2, 19a.

[52] Vgl. hierzu L.I. Levine, R. Abbahu, 66-76; S.T. Lachs, JQR 60 (1970) 197f. – L.I. Levine hat aus diesem Grunde den jüdischen Gemeinden in den hellenistischen Städten Palästinas jüngst eine »Brückenfunktion« zugesprochen: Synagogue Officials ..., in: Caesarea Maritima. A Retrospective after two Millennia, ed. A. Raban/K.G. Holum, DMOA 21, Leiden 1996, 400.

des Traktates Neziqin aus dem ansonsten in Tiberias redigierten palästinischen Talmud.[53]

Was die heidnische Bevölkerung in Caesarea angeht, ist eine ganze Anzahl von Tempeln in der Stadt in den literarischen Quellen von Josephus[54] bis Eusebius[55] unzweifelhaft belegt. Lokale Münzfunde sichern die religiöse Verehrung von Zeus, Poseidon, Apollo, Heracles, Dionys, Athene, Nike und Demeter.[56] Archäologisch ist bislang ein Mithrasheiligtum nachgewiesen, von welchem auf Grund der Ausgrabungsbefunde anzunehmen ist, daß es im späten dritten und frühen vierten Jahrhundert in Benutzung war.[57] Ferner bestand in Caesarea eine im dritten Jahrhundert gegründete Rhetorenschule,[58] die noch weit über die Zeit Eusebs hinaus als eine Art Bollwerk des Heidentums galt, sowohl, was die Unterrichtsinhalte als auch was die religiöse Orientierung des Lehrpersonals anging. Diese Schule muß – wenigstens für palästinische Verhältnisse – von hoher Attraktivität gewesen sein: Von einer Notiz bei Libanius wissen wir, daß das Unterrichten in Caesarea im Vergleich zu anderen Rhetorenschulen auch finanziell überdurchschnittlich lukrativ war.[59]

Der anonyme Verfasser der *Expositio totius mundi et gentium* lobt noch in der Mitte des vierten Jahrhunderts an Caesarea besonders den Zirkus und die Schauspielqualitäten der von dort herkommenden Pantomimen.[60] Einen ähnlich hohen Stellenwert hatten die eng mit den heidnischen Kulten verbundenen athletischen Wettbewerbe und Spiele.

Die Samaritaner spielten in der Stadt Caesarea zur Zeit Eusebs ebenfalls eine wichtige Rolle. Selbst wenn man bei der Aussage des R. Abbahu, daß die

---

[53] Vgl. hierzu G. Stemberger, l.c. 231-234. – Diese im Grunde auf Lieberman zurückgehende, lange akzeptierte These hat allerdings unlängst einige Einwendungen erfahren: Vgl. M. Assis, Tarb. 56 (1986/7) 155-157.

[54] Jos., Bell. I 413-415.

[55] Eus., M.P. IV 8.

[56] Vgl. hierzu L. Kadman, The Coins of Caesarea Maritima, CNP 2, Tel Aviv 1957, 56f., und D.T. Ariel, The Coins, in: Excavations in Caesarea Maritima, ed. L.I. Levine/E. Netzer, Qedem 21, Jerusalem 1986, 137-148; die Befunde zur heidnischen Präsenz in Caesarea zusammenfassend, J. Ringel, l.c. 110-116.

[57] Vgl. L.I. Levine, The Archeological Finds and their Relationship to the History of the City, in: Excavations at Caesarea Maritima, ed. L.I. Levine/E. Netzer, Qedem 21, Jerusalem 1986, 182 und 284.

[58] Vgl. hierzu F. Schemmel, PhWS 45 (1925) 1278f.

[59] Libanius berichtet, ein Rhetor habe eine Stelle in Caesarea einer in Antiochien (!) wegen der besseren Besoldung vorgezogen: οὗτοι φορητὸν οὐδὲ συγγνώμην ἔχον Καισαρέων Ἀντιοχέας ἥττον εἶναι φιλολόγους δόξαι. ἐκεῖνοι σοφιστὴν ὑμέτερον (sc.: Priscio; Vf.) ἐπαγγελιῶν μεγέθει τὴν ἐλάττω πόλιν τῆς μείζονος ἔπεισαν ἀνελέσθαι, καὶ νῦν ἔχει τὰς ὑποσχέσεις. Lib., or. XXXI 42 (Libanius Opera III, 144, 4-9 Foerster).

[60] Expositio totius mundi et gentium 26. – Zum archäologischen Befund vgl. J.H. Humphrey, Roman Circuses, London 1986, 477-491.

Besatzung (!) Caesareas mehrheitlich samaritanisch sei,[61] den Faktor einer
möglichen polemischen Übertreibung mit einbeziehen sollte, wenn man an die
sich zu jener Zeit gerade in Caesarea dramatisch verschlechternden Beziehungen zwischen Juden und Samaritanern denkt,[62] so kann die Stelle doch ohne
methodische Bedenken immerhin als Beleg für starke samaritanische Präsenz
und auch Einfluß gerade in der Provinzhauptstadt angesehen werden. Diese
muß sich im Laufe der Zeit noch weiter verstärkt haben, denn für die Mitte
des vierten Jahrhunderts behauptet Abba Mari eine Mehrheit der Samaritaner
in der Stadt: Nur Juden und Nichtjuden zusammen seien zahlreicher als
jene.[63] Archäologisch gelangt man leider nicht zu Resultaten, die diese Aussagen präzisieren könnten: Gefunden wurden in Caesarea bislang lediglich eine
Anzahl von Lampen mit samaritanischer Inschrift und ein Bronzearmband
mit samaritanischer Aufschrift.[64] Die Existenz samaritanischer Synagogen ist
bislang nur für Salbit nachgewiesen, bei den ausgegrabenen Synagogen in Beth
Schean und im Bereich des Garizim bleiben hingegen Unsicherheiten.[65] Selbst
wenn man ein solches samaritanisches Gotteshaus für Caesarea angesichts der
klar belegten starken samaritanischen Präsenz in der Stadt begründet voraussetzen kann, muß man doch immer noch mit der von J. BOWMAN diskutierten
Möglichkeit rechnen, daß die Entstehung solcher Synagogen mit in das Reform-
programm Baba Rabbas gehört[66] und demzufolge kaum früher als 320 anzusetzen wäre.

Es ist somit gerade für die Situation in der Hauptstadt der römischen
Provinz Palaestina I. ein bemerkenswert dichtes Nebeneinander verschiedener,
je für sich zahlenmäßig starker, in sich durchaus heterogen strukturierter
Gruppierungen vorauszusetzen, die sämtlich Caesarea als eines der Zentren
ihres religiösen und geistigen Lebens ansahen. Damit stellt sich die Frage,
welche Informationen uns hinsichtlich der konkreten Ausgestaltung des
Mit-, Neben- oder Gegeneinanders dieser Gruppen zur Verfügung stehen.

---

[61]   j AZ I 2, 39c. – Gemeint ist natürlich die hohe Zahl von samaritanischen Mitgliedern
       im officium, hierzu S. Lieberman, AIPh 7 (1939-44) 405f.
[62]   Siehe hierzu unten S. 25f.
[63]   j Dem II 1, 22c.
[64]   Hierzu V. Sussmann, Caesarea Illuminated by Its Lamps, in: Caesarea Maritima. A
       Retrospective after two Millennia, ed. A. Raban/K.G. Holum, DMOA 21, Leiden
       1996, 354-357. Außerdem I. Ben-Zvi, IEJ 11 (1961) 139-142 und A. Hamburger, IEJ 9
       (1959) 114-116. Vgl. auch H.G. Kippenberg, Garizim und Synagoge, RVV 30, Berlin
       New York 1971, 155f.
[65]   Vgl. G. Reeg, Die antiken Synagogen in Israel. Teil 2: Die samaritanischen Synagogen,
       BTAVO.B 12/2, Wiesbaden 1977, 572-577. 635-637.
[66]   Vgl. hierzu J. Bowman, Samaritanische Probleme, Stuttgart 1967, 36. – Eine knappe
       Übersicht über die Neuordnungsmaßnahmen unter Baba Rabba im 4. Jhdt. bei H.G.
       Kippenberg, l.c. 162-171.

Die reichhaltigen Kontakte zwischen Christen und Juden im Caesarea zu der Zeit des Origenes hat H. BIETENHARD eindrucksvoll herausgearbeitet.[67] Origenes hat bereits in seiner Zeit in Alexandrien immer wieder bei Juden um Belehrung hinsichtlich der Auslegung der Schrift nachgesucht und dies auch nach seinem Übergang nach Caesarea so gehalten.[68] Das Verhältnis von Juden und Christen scheint dabei im Ganzen durchaus positiv gewesen sein: Die genaue Beobachtung des Gesetzes durch die Juden wird von Origenes ausdrücklich und mit großer Anerkennung erwähnt,[69] ebenso das Naziräergelübde.[70] Die Synagoge wird, in einem gegenüber der sonstigen altkirchlichen Einstellung völlig singulären Vergleich als Schwester der Kirche bezeichnet.[71] In einer Auslegung von Jer 3, 23 sagt Origenes, bezugnehmend auf Röm 11, 25f., daß, wenn die Vollzahl der Heiden (sc.: zur Herrlichkeit Gottes) hineingegangen sein wird, ganz Israel gerettet werde.[72] Aus solchen Sätzen ist leicht zu erschließen, daß von Origenes kein Weg zu irgendeiner Art von Antijudaismus führt, wie BIETENHARD treffend gesagt hat.[73] Diese positive Grundeinstellung zwischen Christen und Juden schloß aber, dies ist ausdrücklich festzuhalten, die Möglichkeit und das Faktum von Kontroversen, von Streitgesprächen und von Auseinandersetzungen über theologische Fragen wie etwa über das rechte Verständnis der Schrift und in diesem Zusammenhang dann auch wechselseitige Polemik in keinem Falle aus, sondern immer ein.[74] Solche

---

[67] H. Bietenhard, Caesarea, Origenes und die Juden, FDV 1972, Stuttgart u.a. 1974, 19-38.

[68] Vgl. Orig., In Ez. X 3; In Mt. XI 9; In Joh. I 34; Ep. 1, 4. 6-8; 12 sowie an zahlreichen Stellen in den Homilien zum Hexateuch: Hom. in Gen. II 2; III 1; XII 4; Hom. in Ex. V 1; Hom. in Lev. III 3; V 1; Hom. in Num. XIV 1; XXVII 12. Ferner Cels. I 55. – Über mögliche Verbindungen zwischen origeneischen und rabbinischen Texten siehe F. Baer, ScrHier 7 (1961) 99-122.

[69] Orig., Hom. in Psalm. xxxvi I 1 (PG 12, 1321 CD); V 3 (PG 12, 1361 CD).

[70] Orig., Hom. in Num. XXIV 2: »Ille vero, qui appellatur Nazaraeus, semet ipsum devovit Deo; hoc est enim votum Nazaraei, quod est super omne votum« (GCS Orig. 7, 229, 23f. Baehrens); Hom. in Lev. XI 1: »Vovet autem se unusquisque, verbi gratia, sicut Nazaraei faciebant tribus aut quattuor aut quot placuisset annis templo se consecrantes Dei, ut ibi semper vacarent observantes illa, quae de Nazaraeis scripta sunt;« (GCS Orig. 6, 449, 4-7 Baehrens).

[71] Orig., Hom. in Cant. II 3: »sorores sunt, ecclesia et synagoga« ... (GCS Orig. 8, 45, 24 Baehrens).

[72] Orig., Hom. in Jerem. V 2: »Das erste ist nun zu denen aus den Heiden gesagt: sodann, wenn ›die Vielzahl der Heiden hineingegangen ist, dann wird ganz Israel gerettet werden‹ (sc.: Röm 11,25f.), gemäß dem, was beim Apostel im Römerbrief gesagt ist.«: τὰ πρῶτα τοίνυν εἴρηται πρὸς τοὺς ἀπὸ τῶν ἐθνῶν· εἶτ᾽ ἐπεὶ ›ἐὰν τὸ πλήρωμα τῶν ἐθνῶν εἰσέλθῃ, τότε πᾶς Ἰσραὴλ σωθήσεται‹, κατὰ τὰ εἰρημένα παρὰ τῷ ἀποστόλῳ ἐν τῇ πρὸς Ῥωμαίους ἐπιστολῇ. (GCS Orig. 3, 31, 25-28 Klostermann).

[73] H. Bietenhard, l.c. 72.

[74] Orig., Ep. 1, 8f. – Zur polemischen Auseinandersetzung des Origenes mit seinen jüdischen Gesprächspartnern vgl. H. Bietenhard, l.c. 48-52; L.I. Levine, l.c. 82-85,

Auseinandersetzungen konnten dabei auch in der Form öffentlicher Diskussionen vor großer Zuhörerschaft stattfinden.[75]

Ist von der Begegnung des Origenes mit seinen jüdischen Gesprächspartnern die Rede, so ist darin natürlich vor allem der Kontakt mit jüdischen Gelehrten zu sehen, wobei zu bedauern ist, daß Origenes uns deren Namen (bei jener einen bekannten Ausnahme, die vielleicht Hillel meint)[76] nicht nennt. Aber trotz des Hinweises des Origenes auf eine relativ große Kluft zwischen den Intellektuellen und dem einfachen Volk in der christlichen Gemeinde in Caesarea[77] kann man davon ausgehen und anhand zahlreicher Stellen in den Origeneshomilien[78] auch nachweisen, daß Begegnungen zwischen Christen und Juden keineswegs nur unter Wissenschaftlern stattfanden, sondern praktisch auf allen Ebenen der Bevölkerung. Dies führte dazu, daß zwischen Kirche und Synagoge in Caesarea faktisch eine echte Konkurrenzsituation entstand, die schließlich (wohl in Einzelfällen) auch zu Konversionen führen konnte und führte: Christen wurden Juden,[79] Juden wurden Christen.[80] Viel mehr noch als das Problem solcher vollzogener Konversionen fiel jedoch die Tendenz zu »synkretistischen«[81] Übergangsformen zwischen Christentum und Judentum ins Gewicht: Wieder und wieder polemisiert Origenes gegen judenchristliche Gruppierungen wie Ebioniten und Elkesaiten,[82] darüber-

---

N.R.M. de Lange, Origen and the Jews. Studies in Jewish-Christian Relations in Third-Century Palestine, UCOP 25, Cambridge 1976, 89-121; R. van den Broek, Ter Herkenning 13 (1985) 80-91; H. Schreckenberg, Die christlichen Adversos-Iudaeos-Texte und ihr literarisches und historisches Umfeld (1.-11. Jhdt.), EHS.T 172 , Frankfurt u.a. ³1994, 228-235; J.S. O'Leary, Origène face à l'altérite juive, in: Comprendre et Interpréter. La paradigme herméneutique de la raison, ed. J. Greisch, Paris 1993, 51-82. – Die gesamte »umgekehrte« Frage der jüdischen Auseinandersetzung mit dem Christentum in der Spätantike ist überblicksweise aufgearbeitet bei J. Maier, Die jüdische Auseinandersetzung mit dem Christentum in der Antike, EdF 177, Darmstadt 1982.

[75] Orig., Ep. 1, 9; Cels. I 45.

[76] Vgl. hierzu H. Bietenhard, l.c. 19f. und L.I. Levine, l.c. 205 Anm. 209.

[77] Orig., Hom. in Psalm. xxxvi IV 8 (PG 12, 1359 AB).

[78] Zu den Homilien siehe P. Nautin, Origène. Sa vie et son œuvre, CAnt 1, Paris 1977, 389-412.

[79] Orig., Com. ser. 114 in Mt. (GCS Orig. 11, 240 Klostermann/Treu); Ep. ad Rom. II 13.

[80] Orig., Hom. in Num. XIII 5 (GCS Orig. 7, 144 Baehrens); Hom. in Gen. III 5f. (GCS Orig. 6, 47 Baehrens); Hom. in Jer. XX 2 (GCS Orig. 3, 178 Klostermann).

[81] »Synkretismus« meint hier einfach Übergangslagen zwischen verschiedenen Religionen und Religionsformen. Der religionswissenschaftlich geprägte Begriff ist eine aus der konfessionellen Polemik des 19./20. Jhdts. übernommene, rückwirkend auf religiöse Phänomene des Hellenismus und der römischen Kaiserzeit angewendete Wortschöpfung, wie H.C. Brennecke, Frömmigkeits- und kirchengeschichtliche Aspekte zum Synkretismus, in: Im Schmelztiegel der Religionen. Konturen des modernen Synkretismus, hg. V. Drehsen/W. Sparn, Gütersloh 1996, 121-142, gezeigt hat.

[82] Eus., H.e. VI 38.

hinaus aber auch gegen eigene Gemeindeglieder, die den Synagogengottesdienst besuchen,[83] die Sabbatgebote halten,[84] an jüdischem Fasten teilnehmen[85] oder etwa das Passa mit ungesäuerten Broten begehen.[86] Solche judaisierenden Tendenzen müssen im Caesarea des 3. Jahrhunderts eine derart wichtige Rolle

[83] Orig., Sel. in Ex.: »Wenn du nämlich in der Kirche die Worte Gottes ißt, aber auch in der Synagoge der Juden ißt, so übertrittst du die Vorschrift, die sagt: ›in *einem* Hause wird gegessen werden‹. Wenn du aber Anteil nimmst an den Worten Gottes in dem einen Hause, nämlich der Kirche: sodann nimmst du (aber auch) an, indem du die Kirche verläßt, in der häretischen Synagoge an Gott Anteil zu nehmen, obgleich die Vorschrift sagt: ›in *einem* Hause wird gegessen werden‹, so ißt du nicht in *einem* Hause«: Εἰ γὰρ ἐν Ἐκκλησίᾳ ἐσθίεις λόγους Θεοῦ, ἐσθίεις δὲ καὶ ἐν Ἰουδαίων συναγωγῇ, παραβαίνεις τὴν λέγουσαν ἐντολήν· <Ἐν οἰκίᾳ μιᾷ βρωθήσεται.> Εἰ δὲ μεταλαμβάνεις λόγων Θεοῦ, ἐν οἰκίᾳ μιᾷ τῇ Ἐκκλησίᾳ· εἶτα καταλιτὼν αὐτήν, ὑπολαμβάνεις μεταλαμβάνειν Θεοῦ ἐν αἱρετικῇ συναγωγῇ, λεγούσης τῆς ἐντολῆς, <Ἐν οἰκίᾳ μιᾷ βρωθήσεται> σὺ οὐκ ἐσθίεις ἐν οἰκίᾳ μιᾷ. (PG 12, 285 D/288 A).

[84] Orig., Hom. in Jerem. XII 13, 13: »Und im Blick auf den Sabbat hören diejenigen Frauen, die nicht auf den Propheten gehört haben, nicht im Verborgenen, sondern sie hören im Offensichtlichen: Sie waschen sich nicht am Sabbattag, sie gehen zu »den elenden und schwachen Elementen« (sc.: Gal. 4, 9), als wenn Christus nicht hier gewesen wäre, der uns vollkommen macht und uns wegreißt von den gesetzlichen Elementen zur evangelischen Vollkommenheit«: καὶ περὶ σαββάτου γυναῖκες μὴ ἀκούσασαι τοῦ προφήτου οὐκ ἀκούουσι κεκρυμμένως, ἀλλὰ ἀκούουσι φανερῶς. οὐ λούονται τὴν ἡμέραν τοῦ σαββάτου, ἐπανέρχονται »ἐπὶ τὰ πτωχὰ καὶ ἀσθενῆ στοιχεῖα«, ὡς Χριστοῦ μὴ ἐπιδεδημηκότος, τοῦ τελειοῦντος ἡμᾶς καὶ διαβιβάζοντος ἀπὸ τῶν νομικῶν στοιχείων ἐπὶ τὴν εὐαγγελικὴν τελειότητα. (GCS Orig. 3, 100, 6-11 Klostermann).

[85] Orig., Hom. in Jerem. XII 13, 13: »Ihr alle, die ihr das jüdische Fasten beobachtet, als wenn ihr den Tag des Opfers nach dem Aufenthalt Jesu Christi nicht kennt, ihr habt nicht das Opfer im Verborgenen gehört, sondern nur das im Offensichtlichen. Denn das Hören im Verborgenen ist, zu hören, wie ›Gott Jesus zum Opfer gemacht hat für unsere Sünden‹ (sc.: Röm 3, 25) und daß ›er Opfer ist für unsere Sünden, nicht allein für die unseren, sondern für die der ganzen Welt‹ (sc.: 1. Joh 2, 2)«: ὅσοι τὴν νηστείαν τὴν Ἰουδαϊκὴν ὡς μὴ νοοῦντες τὴν τοῦ ἱλασμοῦ ἡμέραν τηρεῖτε τὴν μετὰ τὴν Ἰησοῦ Χριστοῦ ἐπιδημίαν, οὐκ ἠκούσατε τοῦ ἱλασμοῦ κεκρυμμένως, ἀλλὰ φανερῶς μόνον· τὸ γὰρ κεκρυμμένως ἀκοῦσαι τοῦ ἱλασμοῦ ἔστιν ἀκοῦσαι, πῶς »προέθετο ὁ θεὸς ἱλασμὸν περὶ τῶν ἁμαρτιῶν ἡμῶν« Ἰησοῦν καὶ ὅτι »αὐτὸς ἱλασμός ἐστι περὶ τῶν ἁμαρτιῶν ἡμῶν, οὐ περὶ τῶν ἡμετέρων δὲ μόνον, ἀλλὰ καὶ περὶ ὅλου τοῦ κόσμου«. (GCS Orig. 3, 100, 15-21 Klostermann). Vgl. zur selben Thematik auch den gesamten Passus Orig., Hom. in Lev. X 2 (GCS Orig. 6, 442-445 Baehrens).

[86] Vgl. noch einmal Orig., Hom. in Jerem. XII 13: »Wenn du über die ungesäuerten Brote liest, dann ist es möglich, die Vorschrift im Verborgenen zu hören, und es ist möglich, sie im Offensichtlichen zu hören. Ihr alle, die ihr nach dem (Brauch der) ungesäuerten (Brote) verfahrt (denn das Passafest steht nahe bevor), den leiblichen ungesäuerten, hört nicht die Vorschrift, welche sagt: ›Wenn ihr nicht im Verborgenen hört, so wird eure Seele weinen‹« (sc.: Jer 13, 17): ἐὰν ἀναγινώσκῃς περὶ τῶν ἀζύμων, ἔστιν ἀκοῦσαι κεκρυμμένως, ἔστιν ἀκοῦσαι φανερῶς τῆς ἐντολῆς. ὅσοι ἐν ὑμῖν (ἐγγὺς γάρ ἐστι τὸ πάσχα) ἄζυμα ἄγετε, τὰ ἄζυμα τὰ σωματικά, οὐκ ἀκούετε τῆς λεγούσης ἐντολῆς· ἐὰν μὴ ἀκούσητε κεκρυμμένως, κλαύσεται ἡ ψυχὴ ὑμῶν.« (GCS Orig. 3, 100, 2-6 Klostermann).

gespielt haben, daß Origenes aktive jüdische Missionierungsversuche unter den Christen dabei am Werk sah.[87]

Zur Zeit des Euseb hatte sich die bei Origenes relativ gut zu beobachtende differenzierte Lage zwischen Christen und Juden sicher nicht grundlegend verändert. Auf regen Kontakt zu jüdischen Gelehrten legte Euseb schon allein wegen seines wissenschaftlichen Bemühens um eine möglichst genaue Analyse des biblischen Textes großen Wert,[88] bei der Interpretation setzte er sich mit jüdischen gelehrten Auffassungen auseinander.[89] Aus jüdischen Kreisen hinwieder ist die Klage bekannt, daß die *minim* ihnen nahezu ununterbrochen Schriftstellen entgegenhielten.[90] Manche von R. Abbahu überlieferte Einwände gegen theologische Aussagen der *minim* lassen sich nur aus dieser unmittelbaren Auseinandersetzung mit den Christen heraus verstehen, und Gleiches gilt umgekehrt von Eusebs Einwände gegen die Juden, insbesondere in seinem apologetischen Doppelwerk.[91] Eine ausgeprägte Kultur der Streitgespräche zwischen Juden und Christen ist zur Zeit Eusebs sicher bezeugt: Gerade von seinem jüdischen Schulleiterkollegen R. Abbahu wissen wir über Auseinandersetzungen mit den Christen auf dem Marktplatz von Caesarea.[92] Daß es im

---

[87] Orig., Comm. ser. 16 in Mt. (über Mt 23, 15): »Diese Worte sind angemessenerweise nach der Ankunft Christi zu den Schriftgelehrten und Pharisäern der Juden gesagt, welche gern an vielen Orten der Erde herumlaufen, um die Reisenden dazu zu bringen, das Judentum anzunehmen«: Haec convenienter dicuntur post adventum Christi ad scribas et Pharisaeos Iudaicorum verborum, qui diligenter circumeunt plurima loca mundi, ut advenas iudaizare suadeant. (GCS Orig. 11, 29, 6-8 Klostermann/Treu).

[88] Stellen bei J. Stevenson, Studies in Eusebius, Cambridge 1929, 31f. und S. Lieberman, AIPh 7 (1939-44) 398 no. 21 und 22 sowie A. Kofsky, Eusebius of Caesarea and the Christian-Jewish Polemic, in: Contra Iudaeos. Ancient and Medieval Polemics Between Christians and Jews, ed. O. Limor/G.G. Stroumsa, TSMJ 10, Tübingen 1996, 65f. – Noch Hieronymus, Adv. Ruf. I 13, rechnet Euseb neben Clemens von Alexandrien und Origenes unter diejenigen, die auch von den Juden zu lernen bereit waren.

[89] Euseb, Is. I 83; II 15; Ecl. IV 4. Auch D.e. V prooem. 35f. setzt eindeutig eine intensive Auseinandersetzung mit den Juden um den Text und die Interpretation biblischer Stellen voraus, ähnlich D.e. II prooem. 2; I, 1.

[90] b Ber I 1,7a (ich bediene mich der Paraphrase bei M. Simon, Verus Israel. Étude sur les relations entre les chrétiens et juifs dans l'empire romain (135-425), Paris ²1964, 220 mit Anm. 20): R. Joshua b. Levi beklagt sich darüber, daß ein benachbarter *min* ihn durch fortgesetztes Schriftstellenzitieren nahezu wahnsinnig gemacht habe.

[91] Eine direkte wechselseitige Abhängigkeit zwischen Aussagen Eusebs und denen seines jüdischen Zeitgenossen und Caesareaner Kollegen R. Abbahu wird sich literarisch nicht mit letzter Sicherheit beweisen lassen, ist aber historisch ohne weiteres als wahrscheinlich anzunehmen; vgl. hierzu D. Rokeah, Jews, Pagans and Christians in Conflict, StPB 33, Leiden 1982, 77-83. – Man bedenke auch, daß Euseb M.P. IX 12 die legendarische Geschichte vom Weinen der Säulen in Caesarea auf Ereignisse der Christenverfolgung bezieht, während die Juden sie auf den Tod R. Abbahus deuteten: b M qat III 7,25b.

[92] b AZ I 1,4a (ich bediene mich der frz. Übersetzung und Paraphrase bei M. Simon, l.c. 220; vgl. auch L.I. Levine, Rabbi Abbahu of Caesarea, in: Christianity, Judaism, and other Graeco-Roman Cults. Studies for M. Smith IV, ed. J. Neusner, SLJA 12, Leiden

Zuge solcher Kontroversen auch einmal zu Verunglimpfungen und Herabsetzungen des jeweiligen Gegners kommen konnte, ist zwar belegt,[93] kann aber keine besonders wichtige Rolle gespielt haben: Zu gering ist der Nachhall solcher Phänomene im gesamten Werk des Eusebius.[94] Immer wieder einmal zu Konflikten kam es über das Problem von Konvertiten in der einen wie in der anderen Richtung, das um die Jahrhundertwende in Caesarea wie schon zu Zeiten des Origenes wie selbstverständlich vertraut ist.[95]

Was die Übertritte von heidnischer Seite her anbetrifft, scheint die Kirche nicht erst seit der Zeit Eusebs um einiges erfolgreicher gewesen zu sein als die Synagoge, obgleich auch das Judentum unter den Heiden eine nicht unbeträchtliche missionarische Wirkung entfaltete.[96] Jüdischerseits hat R. Abbahu solche Entwicklungen ausdrücklich begrüßt und auch zu fördern gesucht.[97] Gleichwohl hat im typisch römisch-hellenistischen Milieu Caesareas das missionarische Bemühen der Kirche offensichtlich die weitaus größere Anziehungskraft ausgeübt.[98] Zur Zeit Eusebs besteht der »Normalfall« darin, daß

1975, 61 no. 29): Der sich nur temporär in Caesarea aufhaltende R. Saphra wird von den *minim* öffentlich gehänselt, weil er spontan keine überzeugende Auslegung von Am 3, 2 vorbringen kann. Der scheinbar zufällig vorbeikommende R. Abbahu entschuldigt R. Saphra daraufhin mit der Auskunft, dieser sei in der mündlichen Tradition bewanderter als in der schriftlichen. Dann ergänzt R. Abbahu: אנן דשכיחינן גביכון – רמינן אנפשין ומעיינן, אינהו לא מעייני. (» Wir, die wir häufig mit euch zusammen sind, stellen uns selber die Aufgabe, sie (sc.: die Auslegung) sorgsam zu studieren. Die anderen aber (sc.: die Babylonier) studieren sie nicht so sorgfältig.«)

[93] D.e. X 8, 55: »Aber er (sc.: Jesus Christus) ist ein ›Verachteter des Volkes‹ aus der Beschneidung, wobei ihr ganzes Volk auch noch jetzt und heute gewohnt ist, ihn zu verspotten und zu verachten und vor ihm auszuspucken ...«: ἀλλὰ καὶ »ἐξουδένημα λαοῦ« ἐστιν τοῦ ἐκ περιτομῆς, παντὸς αὐτῶν τοῦ ἔθνους εἰσέτι νῦν καὶ σήμερον χλευάζειν καὶ ἐξουθενεῖν καὶ καταπτύειν εἰωθότος αὐτοῦ, ... (480, 29-32 Heikel).

[94] Zur Diktion Eusebs in seiner Auseinandersetzung mit den Juden, die sich von manchen christlichen Vergleichstexten durchaus positiv abhebt, siehe unten unter 5.6.

[95] Hier steckt sicher auch der aktuelle Anlaß und der konkrete Grund für das Gesetz CTh 16, 8, 1 (wohl vom Jahre 315), nach welchem Juden zum Christentum übergetretene ehemalige Juden nicht behelligen oder gar verfolgen dürfen. Siehe hierzu in dieser Arbeit unter 6.2.

[96] Das jüdische Bemühen um die Werbung von Proselyten geht aus jüdischen (hierzu L.H. Feldman, Jew and Gentile in the Ancient World. Attitudes and Interactions from Alexander to Justinian, Princeton 1993, 288-382; W.F. Braude, Jewish Proselytizing, Providence 1940, 34; L.I. Levine, Caesarea under Roman Rule, SJLA 7, Leiden 1975, 81f.) und christlichen (hierzu M. Simon, Verus Israel, Paris ²1964, 328f.) literarischen Quellen als auch aus epigraphischen Befunden (hierzu B. Lifschitz, RB 68 [1961] 115 no.2) hervor.

[97] L.I. Levine, l.c. 82f., zeigt, wie unter R. Abbahu eine Anzahl von Bibelstellen typischerweise zum Zwecke der Proselytenwerbung interpretiert und entsprechend eingesetzt wurden.

[98] Zu den sozialen Voraussetzungen und Umständen der missionarischen Aktivität der Kirche siehe H. Gülzow, Soziale Gegebenheiten der altchristlichen Mission, in: Die alte Kirche: KGMG 1, hg. von H. Frohnes und U.W. Knorr, München 1974, 189-226.

Heiden zum Christentum übertreten, wie Eusebs Texte, und dabei nicht zuletzt Praeparatio und Demonstratio evangelica ganz deutlich zeigen.[99] Von differenzierten Auseinandersetzungen und Konkurrenzlagen zwischen Heiden und Christen zeugt die antipagane Apologetik und Polemik eines Origenes[100] und auch Euseb.[101]

Was die Frage nach der Positionierung der Glieder der christlichen Gemeinde innerhalb des römisch-hellenistischen Gesellschaftssystems gerade im Milieu der Provinzialhauptstadt Caesarea angeht, ergibt sich ein hoch disparater Befund, der von einer erstaunlichen Integration der Christen in beinahe alle gesellschaftlichen Subsysteme[102] auf der einen bis hin zu den Christenverfolgungen des 3. und frühen 4. Jahrhunderts auf der anderen Seite reicht. Einige Opfer dieser Christenverfolgungen können wir auf Grund des Zeugnisses Eusebs gerade in Caesarea namhaft machen.[103] Die Stadt hat in diesem Zusammenhang auch insofern eine besondere Rolle gespielt, als einige Christen in der diokletianischen Verfolgung eigens zur Hinrichtung nach Caesarea transportiert wurden.[104]

Schwierig zu klären ist die Frage nach dem Verhältnis zwischen Christen und Samaritanern in Caesarea, da samaritanische Quellen kaum vorhanden und die wenigen erhaltenen auf Grund ihrer späten Entstehungszeit wie auch ihres literarischen Charakters historisch nur schwer auswertbar sind.[105] Immerhin wird man vermuten dürfen, daß die Bedeutung samaritanisch-christlicher Beziehungen kontinuierlich abnahm: Spielen Warnungen vor einer negativen Beeinflussung der christlichen Gemeinde durch Samaritaner bei Origenes immerhin noch eine gewisse, wenn auch vergleichsweise marginale

---

[99] Vgl. nur die unten S. 39 Anm. 45 zitierte Stelle Eus., P.e. I 1, 12.

[100] Orig., Hom. in Num. XX 3 (GCS Orig. 7, 192f. Baehrens).

[101] Eus., P.e. I 1, 11. 13; 2, 5; 5, 9; XV 62, 16; D.e. I 1, 15. 17; III 3, 8f.; 6, 39; 7, 3; V prooem. 6f. 9; H.e. I 1, 2; VIII 15, 1f.; IX 8.

[102] Für das Militär vgl. nur den offenbar zu großem Neid paganer Konkurrenten Anlaß gebenden Karriereerfolg des christlichen Soldaten Marinus, Eus., H.e. VII 15. – In der Zeit zwischen dem Tode des Origenes und der diokletianischen Verfolgung ist im Ganzen ein erstaunlich harmonisches Bild einer starken Integration der Christen in die römische Gesellschaft auszumachen.

[103] Natürlich ist zunächst an Origenes selbst zu denken, der an den in der decischen Verfolgung erlittenen Mißhandlungen verstarb. In die Zeit nach dem Gallienusedikt gehört die Eus., H.e. VII 15 mitgeteilte Episode des Soldatenmartyriums des Marinus. In der diokletianischen Verfolgung erleiden die Caesarener Christen Romanus und Alpheus (Eus., M.P. If.), die Pamphilusschüler Apphianus und Aedesius (M.P. IVf.), die Jungfrau Valentina (M.P. VIII 5-8) und Pamphilus selbst (M.P. XI) das Martyrium.

[104] So Prokop von Skythopolis (M.P. I 1-2), Zacchäus von Gadara (M.P. I 4) Timotheus von Gaza (M.P. III 1), Agapius und Thekla von Gaza (M.P. VI); Theodosia von Tyrus (M.P. VIII 1-2); Petrus von Eleutheropolis (M.P. X 2-3) Helenus und Eubulus von Batenaea (M.P. XI 29f.).

[105] Vgl. oben S. 11.

Rolle,[106] so ist im Gesamtwerk Eusebs von den Samaritanern kaum mehr die Rede, auch in der Kirchengeschichte und im apologetischen Doppelwerk haben sie nur geringe Bedeutung;[107] dieser Befund ist angesichts der gerade zur Zeit Eusebs und besonders in Caesarea virulenten samaritanischen Reformbewegung unter Baba Rabba immerhin bemerkenswert.[108]

Etwas anders liegen die Dinge im Blick auf das Verhältnis zwischen Juden und Samaritanern zu Anfang des 4. Jahrhunderts.[109] Über lange Zeit äußerst wechselvoll, müssen sich die Beziehungen nach einer Phase relativ friedlicher Koexistenz über weite Strecken des dritten Jahrhunderts gerade zur Zeit des Eusebius und offensichtlich im besonderen Maße in der Stadt Caesarea selbst außerordentlich verschlechtert haben. Aus einigen Aussagen des R. Abbahu geht hervor, daß die Samaritaner jüdischerseits fortan faktisch als Heiden betrachtet wurden (oder werden sollten). Gesellschaftliche Kontakte mit Samaritanern an den Tagen heidnischer Feste und auch Lebensmittelversorgung bei den Samaritanern waren plötzlich, anders als noch eine Generation zuvor, verpönt.[110] Das innerjüdische Zinsleihverbot wurde nun gegenüber den Samaritanern aufgehoben, die Samaritaner waren plötzlich als Götzendiener ver-

---

[106] Vgl. aber Orig., Hom. in Num. XXV 1 (GCS Orig. 7, 233 Baehrens) u.ö. die gängige Polemik gegen die samaritanische Verneinung des Glaubens an die Auferstehung.

[107] J. Zangenberg, ΣΑΜΑΡΕΙΑ. Antike Quellen zur Geschichte der Samaritaner in deutscher Übersetzung, TANZ 15, Tübingen 1994, hat eine Liste von Stellen zusammengestellt, an denen Euseb die Samaritaner nennt (l.c. 258-267). Es handelt sich hierbei aber fast ausschließlich um historische Reminiszenzen. – Im Onomasticon der biblischen Ortsnamen ist eine einzige auf die Gegenwart bezogene Nennung der Samaritaner zu finden, und zwar zu Thersila. Dazu heißt es: »Von dort stammt Menahem. Und heute befindet sich dort ein Dorf der Samaritaner mit Namen Tharsila in der Batanäa« (GCS Euseb 3/1, 102, 4f. Klostermann). Die Nennungen der Samaritaner in der Chronik beziehen sich alle auf die Zeit vor Christus, abgesehen von der völlig unklaren Aussage zur 244. Olympiade (=ad a. 197): »Der jüdische und samaritanische Krieg tobte« (Iudaicum et Samariticum bellum motum. GCS Euseb 7, 211, 19f. Helm). Die Nennungen Samarias in der Kirchengeschichte (H.e. II 1, 10; II 13, 3[=Justin]; III 26 [=Justin]; IV 22, 7 [=Hegesipp]) und Praeparatio evangelica IX 33, 1; 39, 5 [=Eupolemos]) tragen für eine Beurteilung der zeitgenössischen Situation zwischen Christen und Samaritanern rein gar nichts aus.

[108] Vgl. oben Anm. 23.

[109] Hierzu J.A. Montgomery, The Samaritans, New York 1968 (ND der Auflage Philadelphia [1]1907), 187-202 sowie H.G. Kippenberg, l.c. 138-143.

[110] j AZ V 4, 44d: כותייא דקיסרי בעו מר׳ אבהו אבותיכ׳ היו מסתפקין בשלנו. אתם מפני מה אינכם מסתפקין ממנו. אמר להן אבותיכם לא קילקלו מעשיהם. אתם קילקלתם מעשיכם.
Die Samaritaner von Caesarea fragten Rabbi Abbahu: Eure Väter ernährten sich von dem unsrigen, weshalb ernährt ihr euch nicht (mehr) von dem unsrigen? Er sagte zu ihnen: eure Väter machten ihre Taten nicht verdorben, (aber) ihr habt eure Taten verdorben gemacht (= seid zum Götzendienst abgefallen) (Übersetzung nach Wewers, 161, 54-57). – Typisch für die Zeit ist auch die Episode, daß R. Abbahu vom Erwerb von Bulbus-Zwiebeln in Caesarea abrät, weil diese mehrheitlich am Königsberg (Gebirge Ephraim) wachsen, der als samaritanisch gilt: j Dem II 1, 22c.

schrieen.[111] Daß es Konversionen vom Judentum zu den Samaritanern (und umgekehrt) gab, wissen wir;[112] nicht unwahrscheinlich ist es, diese Phase betonter Abgrenzung unter R. Abbahu als einen Versuch zu interpretieren, solchen Entwicklungen auf möglichst energische Weise entgegenzu-wirken.

Die Verbindungen zwischen den Juden und dem sich auf zahlreiche verschiedene Kulte verteilenden Heidentum in Caesarea scheinen demgegenüber außerordentlich rege, vielfältig und von im Ganzen friedlicher Atmosphäre getragen gewesen zu sein.[113] Intensive Handelsbeziehungen zwischen beiden Gruppen sind ebenso unzweifelhaft bezeugt wie häufiger jüdischer Besuch der heidnischen Spiele und Theateraufführungen.[114] Heiden richteten sich wiederum in bestimmten Fällen ganz gezielt an die jüdische Gerichtsbarkeit. Bekannt ist die Episode, daß sich eine heidnische Frau in einer Eidangelegenheit an R. Abbahu wandte.[115] Die jüdische Haltung zur heidnisch-römischen Stadtadministration war gerade in der Epoche R. Abbahus im letzten Viertel des 3. und in den ersten Dekaden des 4. Jhdts. im Wesentlichen positiv.

Unsere notgedrungen äußerst knappe Übersicht über die wichtigsten religiösen Gruppierungen innerhalb der palästinischen Provinzhauptstadt im 3.und frühen 4. Jahrhundert ergibt ein ausgesprochen vielschichtiges und buntes Bild: Das Caesarea jener Zeit ist durch und durch geprägt von den kulturellen Einflüssen der hellenistisch-römischen Welt und zeichnet sich durch ein bemerkenswert offenes, kosmopolitisches Klima aus, das wechselseitige Beeinflussungen und Anregungen quer durch alle religiösen und sozialen Gruppen wie selbstverständlich mit sich brachte. Diese Atmosphäre bewirkte nicht nur einen relativ heterogenen Zustand der jeweiligen religiösen Gruppierungen, sondern sorgte auch für zahlreiche, fließende Übergänge. Hervorgerufen durch die zahlreichen Möglichkeiten sozialer Kommunikation entstehen dynamische religiöse Konkurrenzlagen, auf die man keineswegs mit Abgrenzungsstrategien reagierte, die vielmehr alle Seiten je in ihrer Weise produktiv für sich zu nutzen suchten. Die Situation, daß alle ponderablen Gruppierungen (vielleicht abgesehen von den Samaritanern, für die es uns jedoch an Quellenmaterial fehlt) über eine bedeutende Ausbildungsstätte in der Stadt verfügten und offensichtlich sehr bewußt auch intellektuellen Austausch miteinander pflegten, führte nicht nur zu qualitativer Gleichwertigkeit, sondern auch insgesamt zu einem Klima der Gelehrsamkeit, der geistigen Vitalität und der anregenden intellektuellen Auseinandersetzung, in welchem eigentlich alle religiösen Richtungen gut gedeihen konnten. Bei den in solchem Milieu stattfindenden theologi-

---

[111] Vgl. j AZ I 2, 39c; j AZ V 4, 44d; zum Ganzen G. Stemberger, l.c. 177-179.

[112] Epiph., De mens. et pond. 16.

[113] Vgl. hierzu L.I. Levine, l.c. 57f. 85f.

[114] Vgl. nur j BM V 7, 10c. Ausführlich über diese Frage handelt Z. Weiss, The Jews and the Games in Roman Caesarea, in: Caesarea Maritima. A Retrospective after two Millennia, ed. A. Raban/K.G. Holum, DMOA 21, Leiden 1996, 443-453.

[115] j Naz IX 1, 57 c.

schen Streitgesprächen und Kontroversen sind ernste Konflikte zwischen Einzelnen oder Gruppen kaum überliefert; wenn sie stattfanden, waren sie jedenfalls die Ausnahme und nicht die Regel. Insofern dürfen wir folgern, daß im Caesarea des 3. und 4. Jahrhunderts bei allem Bestreben um klare Profilierung der jeweils eigenen Positionen auch in Unterscheidung von anderen im Ganzen eine Atmosphäre relativer Toleranz[116] geherrscht haben muß, die wir in den vielen Beipielen des Aufeinandertreffens verschiedener Religionen in späteren Jahrhunderten so kaum mehr kennen.

Es ist *diese* ganz hellenistisch geprägte, kosmopolitisch-intellektuelle, vom Bemühen um Profilierung eigener Position wie von Toleranz gekennzeichnete Atmosphäre, die wir als äußere Voraussetzung auch des apologetischen Doppelwerks des Eusebius vorauszusetzen und bei der Analyse und Interpretation seines Textes immer wieder mit zu berücksichtigen haben.[117]

---

[116] Natürlich wäre es anachronistisch, den modernen Toleranzbegriff als Maßstab für die Situation der Spätantike anzulegen und ggf. dann die einem solchen Maßstab nicht in allen Punkten entsprechenden Gegebenheiten als »intolerant« zu brandmarken. Toleranz meint für die Wende zum 4. Jhdt. nicht mehr (und nicht weniger) als jenes positiv-gedeihliche, entwicklungsfördernde Klima, das in vorliegendem Abschnitt nachzuzeichnen versucht wurde. In diesem Sinne nennt auch S. Lieberman, AIPh 7 (1939-44) 402 die wechselseitigen Beziehungen namentlich zwischen Christen und Juden in Caesarea »tolerably good«. A. Kofsky, Eusebius of Caesarea and the Christian-Jewish Polemic, in: Contra Iudaeos. Ancient and Medieval Polemics between Christians and Jews, ed. O. Limor/G.G. Stroumsa, TSMJ 10, Tübingen 1996, 67, zeichnet die Situation als ambivalentes Milieu zwischen Toleranz auf der einen und Spannungen und Konkurrenzlagen auf der anderen Seite.

[117] Vgl. noch einmal F. Winkelmann, Euseb, 26: »Prägend für Euseb blieb vor allem Kaisareia und das heißt: wirtschaftliche Prosperität, Kosmopolitismus, Selbstbewußtsein, Toleranz und Gelehrsamkeit. In diesem Milieu ist vordringlich der Schlüssel zu einem Verständnis und einer angemessenen Beurteilung von Leben und Werk Eusebs zu suchen und zu finden«.

3. Die Schriften Eusebs

Im Folgenden soll das Schrifttum des Eusebius von Caesarea, soweit es für die Frage nach der Stellung der Juden in seiner Theologie von Bedeutung ist, knapp gesichtet werden, wobei der Schwerpunkt auf dem apologetischen Doppelwerk liegen muß: In ihm nämlich trägt Euseb, im literarischen Gewande eines apologetischen Gesamtentwurfes, seine Sicht der heilsgeschichtlichen Zuordnung der verschiedenen Völker zueinander und vor allem dann eben zu den Christen vor. Anhand der hier erfolgenden Verhältnisbestimmungen kann man den Stellenwert der Juden in seinem heilsgeschichtlichen Entwurf in diesem Werk besonders gut studieren.

3.1. Das apologetische Doppelwerk Eusebs: Praeparatio und Demonstratio evangelica

Es waren nicht mehr jene frühen Texte eines Quadratus, eines Aristides, eines Justin, Tatian, Miltiades, Apollinaris, Melito, Athenagoras, Theophilos von Sardes, Theophilos von Antiochia und auch nicht die der Lateiner Minucius Felix oder Tertullian, mit denen sich christliche Apologetik[1] im beginnenden vierten Jahrhundert zu Worte meldete. Die Versicherung staatsbürgerlicher Loyalität, die Behauptung eigener moralischer Qualitäten, der Versuch philosophischer und exegetischer Widerlegung konkurrierender Religionen, die Aufstellung eigener theologischer Wahrheitsansprüche – all dies hatte natürlich Eingang gefunden in jene Tradition, die von Clemens Alexandrinus und Origenes fortgeführt worden war und an deren Höhepunkt der große apologetische Gesamtentwurf eines Eusebius von Caesarea steht. Aber so sehr Euseb von dieser Tradition abhängig ist und sich selbst auch stets als abhängig von ihr verstand, so sehr markiert sein apologetisches Doppelwerk eben doch auch einen grundlegenden Neueinsatz, ein eigenständiges Genre, das sich in

---

[1]   Zur altkirchlichen Apologetik vgl. den Artikel von L.W. Barnard, TRE 3 (1978) 371-411; übergreifende Gesamtdarstellungen: O. Zöckler, Geschichte der Apologie des Christentums, Gütersloh 1907; A. Hauck, Apologetik in der alten Kirche, Leipzig 1918; A. Wifstrand, L'église ancienne et la culture greque, Paris 1962; H. Chadwick, Early Christian thought and the classical tradition, Oxford 1966. Zu den Gattungen der apologetischen Texte neuerdings W. Kinzig, ZKG 100 (1989) 292-317.

Ansatz, Vorgehensweise, Argumentation, Umfang und in den zugrunde liegenden theologischen Voraussetzungen von den Vorgängern unterscheidet: Es
handelt sich um einen von der Schöpfung bis zur Gegenwart reichenden
Gesamtentwurf der Weltgeschichte als Geschichte des Logos-Gottes mit den
Menschen, in den alle Ereignisse, alle Denkansätze und alle Phänomene in
einer faszinierenden kosmologischen und soteriologischen Gesamtschau eingezeichnet und gedeutet werden. Eusebius hat diese Kontinuität und Diskontinuität seines Werkes zur früheren christlichen Apologetik selbst gesehen und
zu Beginn seines eigenen Textes auch angesprochen:

> Die meisten unserer Vorgänger haben sich auf weitaus andere Weise mit
> diesem Thema beschäftigt. Sie haben zum Teil Untersuchungen und
> Argumentationen zu den gegen uns gerichteten Schriften zusammen-
> getragen, sie haben zum Teil die gotterfüllten und heiligen Bücher durch
> Auslegungen und Predigten über einzelne Stellen erklärt, sie sind zum Teil
> in streitbarerer Art für unsere Lehren eingetreten. Demgegenüber verfolgt
> unser eigener Entwurf jedoch einen selbständigen Ansatz.[2]

Jener »eigene Entwurf«,[3] der aus zwei Schriften, Praeparatio evangelica und
Demonstratio evangelica, besteht, ist von vornherein als *ein* Werk geplant,
durchgeführt und aufgeschrieben worden. Konsequenterweise sollte man besser von zwei Teilen *einer* Schrift, *eines* Werkes sprechen. Es wäre ein grundlegendes Mißverständnis der Gesamtkonzeption Eusebs, wollte man einen
dieser beiden Texte für sich zu verstehen versuchen, ohne den jeweils anderen
sofort hinzuzuziehen. Euseb hat diese unauflösliche Verbindung beider Teile
seines apologetischen Werkes an mehreren Stellen explizit angesprochen,[4] und
seine eigene Einschätzung findet schon beim ersten Blick in den Text objektive
Bestätigung: Die Einleitung zur Praeparatio weist schon auf den Inhalt der
Demonstratio voraus,[5] der Beginn der Demonstratio nimmt umgekehrt direkt

---

[2]   P.e. I 3, 4f.: ἐσπούδασται μὲν οὖν πλείστοις τῶν πρὸ ἡμῶν πολλή τις ἄλλη
       πραγματεία, τοτὲ μὲν ἐλέγχους καὶ ἀντιρρήσεις τῶν ἐναντίων ἡμῖν λόγων
       συνταξαμένοις, τοτὲ δὲ τὰς ἐνθέους καὶ ἱερὰς γραφὰς ἐξηγητικοῖς ὑπομνήμασι καὶ
       ταῖς κατὰ μέρος ὁμιλίαις διερμηνεύσασι, τοτὲ δὲ τοῖς καθ᾽ ἡμᾶς δόγμασιν
       ἀγωνιστικώτερον πρεσβεύσασιν· ἡμῖν γε μὴν ἰδίως ἡ μετὰ χεῖρας ἐκπονεῖται
       πρόθεσις. (GCS Euseb 8, 1, 10, 22-28 Mras/des Places).

[3]   Euseb zeigt sich auch sonst bestrebt, einerseits die Eigenständigkeit und andererseits
       die Traditionsabhängigkeit seines jeweiligen Werkes streng voneinander zu unterschei-
       den, so etwa H.e. I 1, 3f. – Die Kirchengeschichte verfolgt am ehesten einen »ganz
       neuen« Ansatz (was Euseb auch entsprechend betont, ebd.), die exegetischen und
       apologetischen Arbeiten stehen hingegen, wiewohl sie in der Tat eigenständige Züge
       aufweisen, viel stärker im Rahmen vorgegebener Traditionen.

[4]   P.e. XV 1, 8f.; 62, 16-18. D.e. I 1, 17; 2, 1.

[5]   P.e. I 1, 1: »Durch die vorliegende Abhandlung, die von sich ankündigt, die Demonstratio
       evangelica (mit) einzuschließen ...«: διὰ τῆς προκειμένης πραγματείας τὴν
       εὐαγγελικὴν ἀπόδειξιν περιέξειν ἐπαγγελλομένης ... (5, 4f. Mras/des Places).

auf den Schluß der Praeparatio Bezug[6] und es finden sich viele Voraus-, Rück-
und Querverweise[7] und wechselseitige Bezugnahmen in beiden Teilen des
einen Entwurfes. Dieser Befund, so viel wird sofort klar, macht es methodisch
unabdingbar, beide Texte als ein Ganzes zu analysieren und zu interpretieren.

Euseb selbst hat seinem apologetischen Doppelwerk offensichtlich eine sehr
hohe Bedeutung beigemessen und es gleichsam als die Summe seiner apologetischen und historiographischen Arbeiten angesehen,[8] und die Kirchenhistoriker
des fünften Jahrhunderts wußten ihn gerade wegen dieses Werkes in den
höchsten Tönen zu loben.[9] Ungeachtet dessen ist in der Neuzeit die wissenschaftliche Beschäftigung mit Praeparatio und Demonstratio evangelica nicht
eben intensiv gewesen. Schon I. HEIKEL bemerkte in seiner auf das Jahr 1913
zurückgehenden GCS-Edition der D.e., das Werk verdiene »doch größere
Aufmerksamkeit, als der Arbeit bisher zuteil geworden ist«.[10]

An der von Heikel seinerzeit treffend diagnostizierten Situation, daß der
D.e. größere Aufmerksamkeit gebühre, als dem Werk bisher zuteil geworden
sei, hat sich bis heute nicht allzu viel geändert. Über die Gründe hierfür ließe
sich lange spekulieren: Man könnte fragen, ob die relative Vernachlässigung
der Schrift durch die kirchengeschichtliche Wissenschaft mit jener ausufernden Länge zusammenhängt, die übrigens in eigentümlicher Weise dem aus-

---

[6] D.e. I prooem. 1: »Siehe, göttliches Werkzeug der Bischöfe, Theodotus, heiliger Mann
     Gottes, dies große Werk wird von uns vollendet mit der Hilfe Gottes und unseres
     Retters selbst, des Logos' Gottes, nach dem ich unter vielen Mühen die erste Schrift,
     meine Praeparatio evangelica in allen fünfzehn Büchern abgeschlossen habe«: Ἰδοὺ δή
     σοι, θεῖον ἐπισκόπων χρῆμα, Θεόδοτε, ἱερὲ θεοῦ ἄνθρωπε, σὺν θεῷ καὶ σὺν αὐτῷ
     γε τῷ σωτῆρι ἡμῶν τῷ τοῦ θεοῦ λόγῳ, μετὰ τὴν πρώτην Προπαρασκευὴν τῆς
     Εὐαγγελικῆς ὑποθέσεως ἐν ὅλοις πεντεκαίδεκα συγγράμμασι διαπεπονημένην
     ἡμῖν, μέγα τοῦτο πρὸς ἡμῶν ἐξανύεται. (GCS Euseb 6, 2, 1-5 Heikel). Die Stelle
     nimmt natürlich auch die Widmung der Praeparatio an Theodotus wieder auf. Zu
     Theodotus von Laodicaea bei Euseb siehe H.e. VII 32, 23.

[7] P.e. I 1, 1. 11f.; 3, 2f. 12; – D.e. I 1, 7. 12f. 17; 2, 1. 14; III 3, 6. 10f.; IV 9, 10; 10, 2f.;
     V prooem. 6. 10. 19; VI 20, 9 u.ö.

[8] Hierfür spricht allein schon die Einleitung zur P.e.: Es geht Eusebius hier um nicht
     weniger, als »das Christentum, was es denn ist, darzustellen« (Τὸν χριστιανισμόν, ὅ
     τι ποτέ ἐστιν, (...) παραστήσασθαι [I 5, 3f. Mras/des Places]). Zum Verhältnis des
     apologetischen Doppelwerkes zu den anderen Schriften Eusebs siehe unten unter 3.3.

[9] Soz., H.e. I 1, 2 nennt Eusebius einen Mann, »aufs engste vertraut mit den heiligen
     Schriften und den Texten der griechischen Poeten und Historiker«: τῶν θείων γραφῶν
     καὶ τῶν παρ' Ἕλλησι ποιητῶν καὶ συγγραφέων πολυμαθέστατος (GCS.NF 4, 8,
     27f. Bidez/Hansen) – das bezieht sich natürlich konkret auf diejenigen Werke, deren
     Grundlage die Kompilation von Texten aus apologetischen Motiven war.

[10] I. Heikel, GCS Euseb VI, Einleitung IX. – Schon 1909 vermerkte E. Schwartz, PWRE
      6 (1909) 1388f., es sei ein Unrecht gegen Eusebius, wenn man die beiden Teile des
      apologetischen Doppelwerkes nur nachschlage und nicht im Zusammenhang lese –
      zudem geschehe bei der Demonstratio evangelica selbst das Nachschlagen kaum.

drücklichen Anliegen Eusebs, sich kurz zu fassen,[11] entgegensteht; ob vielleicht der »langatmige rhetorisch geschraubte Stil und die oft geschmacklose allegorische Auslegung«[12] Schuld an jenem relativen Desinteresse sind; ob möglicherweise die über die Jahrhunderte hinweg oft recht negative Gesamtbewertung des Theologen Eusebius[13] eine Beschäftigung mit seinem Werk als wenig lohnend erscheinen ließ oder ob schließlich – umgekehrt – die zweifellos überragende wirkungsgeschichtliche Bedeutung der Kirchengeschichte und doch wohl auch des Konstantinpanegyricus die anderen Texte Eusebs einfach in den Hintergrund treten ließ.[14] Wie dem auch sei: Es bleibt in jedem Falle zu konstatieren, daß (trotz Heikels seit 1913 vorliegender Edition der Demonstratio evangelica[15] und trotz des Erscheinens der von É. DES PLACES besorgten zweiten Auflage der in den 50er Jahren von K. MRAS in den GCS edierten Praeparatio evangelica[16])[17] eine gründliche monographische Behandlung *bei-*

---

[11]   D.e. I 1, 14: »Indem ich mich des göttlichen Gebotes:»Fasse viel in wenigem zusammen!« als Lehrer bediene, will ich bestrebt sein, ihm nachzueifern.«: διδασκάλῳ δὲ χρώμενος παραγγέλματι θείῳ φάσκοντι >κεφαλαίωσον ἐν ὀλίγοις πολλά<, τοῦτο ζηλῶσαι φιλοτιμήσεται ...(6, 18-20 Heikel).

[12]   I. Heikel, Einleitung IX.

[13]   Vgl. hierzu die Auflistung von F. Winkelmann, Euseb von Kaisareia. Der Vater der Kirchengeschichte, Berlin 1991, 9-15.

[14]   Hierfür könnte sprechen, daß auch die vehement in die trinitätstheologische Debatte eingreifenden späten Eusebschriften Contra Marcellum und De ecclesiastica theologia erst in neuerer Zeit gründlicher untersucht worden sind, wobei besonders die Arbeiten von G. Feige, Die Lehre Markells von Ankyra in der Darstellung seiner Gegner, EThS 58, Leipzig 1991, K. Seibt, Die Lehre des Markell von Ankyra, AKG 59, Berlin New York 1994 und auch M. Vinzent, Asterius von Kappadokien. Die theologischen Fragmente, SVigChr 20, Leiden 1993, die grundlegende Erkenntnis zu Tage gefördert haben, daß Euseb (entgegen der lange Zeit wie selbstverständlich vorausgesetzten Forschungsmeinung) auch als Theologe, also nicht nur als Historiograph, ernst genommen werden sollte.

[15]   Vgl. die Rezensionen zu Heikels durchweg freundlich aufgenommener Edition von C. Weymann, HJ 35 (1914) 192f. und ByZ 23 (1914-1919) 287-289; J. Gabalda, RB.NS 11 (1914) 145f.; P. Koetschau, ThLZ 41 (1916) 433-438; E. Preuschen, BPW 37 (1917) 1014-1017. Einige Briefe Heikels an die Mitglieder der Kommission der Preußischen Akademie der Wissenschaften im Vorfeld der Demonstratio-Edition, ausgelöst durch die Kritik von G. Pascali, GGA 171 (1909) 259-286 an Heikels Edition der V.C. von 1902, sind bei F. Winkelmann, Klio 67 (1985) 568-587, nachzulesen.

[16]   GCS Euseb 8, 1.2, Die Praeparatio evangelica, ed. K. Mras/É. des Places, Berlin ²1982. Vorbemerkungen zur GCS-Erstauflage von K. Mras in RMP 92 (1944) 217-236. Ausführungen von K. Mras über die Bedeutung die Praeparatio evangelica im antiken Schrifttum sind nachzulesen in AÖAW.PH 93 (1956) 209-217.

[17]   Einige knappe Bemerkungen zur Editionsgeschichte: Der Heikelschen D.e.-Edition von 1913 war in den Jahren 1544-1546 die Erstausgabe des Originaltextes (lat. Übersetzungen schon durch Georgius von Trapezunt 1470 P.e./Bernadinus Donatus 1498 D.e., letztere aufgenommen in die späteren Ausgaben einschl. Migne) durch Rob. Stephanus vorangegangen. Im Jahre 1628 erschien dann in Paris (ND Leipzig 1688) eine Ausgabe,

der Teile des apologetischen Doppelwerkes Eusebs bis heute aussteht,[18] daß ferner bislang keinerlei Übersetzungen der Texte ins Deutsche vorliegen, daß es an neueren Übersetzungen beider Texte ins Englische,[19] vor allem aber überhaupt an einer zuverlässigen englischen Übersetzung der Demonstratio[20]

---

die für die P.e. einen verbesserten Text, Erläuterungen, eine lat. Übersetzung und Indices durch Franziskus Viguier, für die D.e. den Stephanustext und die Donatusübersetzung bot. Die Ausgabe der P.e. durch Adolf Heinichen, Leipzig 1842f., kam eigentlich nicht über Viguier hinaus. Die ersten modernen Ausgaben schuf 1843 (P.e.) und 1852 (D.e.) Thomas Gaisford in Oxford mit Text, kritischem Apparat und den Übersetzungen von Viguier (P.e.) und Donatus (D.e.). Migne druckte den Text von Viguier für die P.e. und den von Gaisford für die D.e. ohne große Sorgfalt ab. Im Jahre 1867 erschien dann bei Teubner in Leipzig (ohne Apparat, aber mit Besprechung der Handschriften in der Praefatio) die Ausgabe von W. Dindorf, die für die P.e. in vielem auf Gaisford fußte und für die D.e. ihn bei leichten Verbesserungen wiederabdruckte. Für die P.e. entstand in Oxford 1903 eine ganz neu kollationierte Ausgabe mit englischer Übersetzung durch E.H. Gifford. Die Kirchenväterkommission der Berliner Akademie veranstaltete dann die kritischen GCS-Ausgaben der D.e. durch Heikel 1913 und die 1982 bereits in zweiter Auflage erschiene P.e. von Mras/Des Places. – Die Editionsgeschichte zeigt, daß trotz des unauflöslichen Zusammenhangs beider Schriften Eusebs doch der P.e. mehr Aufmerksamkeit zuteil geworden ist als der D.e. Das dürfte mit dem Inhalt der D.e. zusammenhängen, in der Euseb seine (i.w. doch als heterodox angesehene) Christologie entfaltet hatte (vgl. hierzu auch unten Anm. 28 sowie den Abschnitt 5.2.1. in dieser Arbeit). Schon Donatus hatte in seiner lateinischen Übersetzung der D.e. einschlägige dogmatische Glättungen vorgenommen.

[18] Zu nennen sind P. Henry, Recherches sur la Préparation Évangélique d'Eusèbe et l'édition perdue des œuvres de Plotin publiée par Eustochius, Paris 1935; J. Sirinelli, Les vues historiques d'Eusèbe de Césarée durant la période prénicéenne, Paris 1961. Zu verweisen ist natürlich auf die ausführlichen Kommentierungen von J. Sirinelli, É. des Places, G. Schroeder, O. Zink und G. Favrelle zur P.e. in den insgesamt neun Bänden der Sources chrétiennes (siehe unten Anm. 21).

[19] Zu nennen sind für die Praeparatio evangelica: Eusebii Pamphili Evangelicae Praeparationis libri XV, ed. E.H. Gifford, 3 vol., Oxford 1903 (TÜK) und für die Demonstratio evangelica: The Proof of the Gospel, translated by W.J. Ferrar, 2 vol., New York 1920 (Ü).

[20] Ferrars Übersetzung von 1920 ist zunächst einmal nicht am 1913 erschienen, relativ besten Heikelschen Text orientiert; sie ist zudem über weite Teile eher paraphrasierende Wiedergabe als Übersetzung, wobei man an einigen Stellen leider auch mit inhaltlichen und dogmatischen Sinnverschiebungen von erheblichem Gewicht rechnen muß, siehe hierzu zu D.e. II 3, 178 unten Anm. 61. Nur ein paar weitere Beispiele: D.e. II prooem. 2 (siehe unten Anm. 70) ist das οὐκέτι δίκαιον αὐτοῖς συγχωρεῖν bei Ferrar, 63, gar nicht übersetzt; D.e. III 2, 35 ist ὡς καὶ εἰς σήμερον Ἰουδαίους ὀνομάζεσθαι (101, 34f. Heikel) gar nicht übersetzt; D.e. IV 15, 57-61 ist bei der Übersetzung ein ziemliches Durcheinander entstanden (vgl. hierzu unten den Exkurs unter 5.2.3. (Anm. 313). Man muß auch konstatieren, daß hin und wieder durch Ferrars Übersetzung (und die von ihm gewählten Überschriften zu den einzelnen Kapiteln) ein antijudaisierender Zug in den Text hineinkommt, den das Griechische so nicht hat: D.e. VI 11 (Ferrar II 10) geht es nicht um »to cast off the Jewish nation«, wie die Überschrift Ferrars sagt: Im Text ist die Rede nur von ἀντιλογίαν τοῦ Ἰουδαίων λαοῦ (260, 22 Heikel). D.e. IV 16,

fehlt und daß nur für die Praeparatio evangelica eine allerdings sehr verdienst-
volle, mittlerweile abgeschlossene neue französische Übersetzung mitsamt
ausführlicher Kommentierung in den Sources Chrétiennes[21] greifbar ist: Im
Ganzen ist dies zweifellos eine höchst unbefriedigende Situation, bedenkt
man, daß es sich um ein immerhin in großer Übereinstimmung der gelehrten
Welt »zu den beachtenswertesten Leistungen«[22] christlicher Apologetik ge-
rechnetes Werk handelt, dessen Verfasser zudem ebenso einhellig als der
»wichtigste Vertreter der griechischen Apologetik des 4. Jahrhunderts«[23] überhaupt angesehen wird.

Das apologetische Doppelwerk Eusebs umfaßte im Ganzen fünfzehn Bücher der Praeparatio evangelica sowie zwanzig Bücher der Demonstratio. Kein
Zweifel besteht daran, daß Euseb das Gesamtwerk wie geplant vollendet hat;
dies ergibt sich schon aus der Einleitung zur Demonstratio evangelica.[24] Hieronymus kannte mit Sicherheit das Buch XVII der Demonstratio, er hat es in
seinem Hoseakommentar erwähnt und wohl auch benutzt.[25] Photios hatte alle
zwanzig Bücher der Demonstratio.[26] Heute sind leider nur die ersten zehn
Bücher sowie wenige Bruchstücke des Buches XV erhalten. In den verlorenen
Büchern ist die Darlegung des christlichen Lehrbestandes D.e. IIIff. und der
Erweis seiner Richtigkeit mit Hilfe alttestamentlicher Schriftbelege fortgeführt
worden. Inhaltlich muß es hierbei um Christi Passion und Sterben (im Anschluß an das Buch X), um seine Auferstehung und um die Erscheinungen vor
den Jüngern, weiterhin um die Ausgießung des Heiligen Geistes, die Himmel-
fahrt, die gemeinsame Regierung des Sohnes mit dem Vater und um die
Wiederkunft Christi gegangen sein, wie man aus einigen wenigen Bemerkun-

---

23-29 (Ferrar I 209f.) ist in *Eusebs* Text nicht von den Juden als »His Enemies« die
Rede, wie die Überschrift Ferrars glauben machen will: Euseb spricht hier gar nicht von
den Juden, er will lediglich die Geburt Jesu aus dem Stamm Davids mit Hilfe von Ps
131, 11 »beweisen«. Besteht möglicherweise ein Zusammenhang zwischen dieser Tendenz in der Ferrarschen Übersetzung und den eingangs erwähnten negativen Urteilen
über Eusebs Stellung zu den Juden, namentlich solchen aus dem angelsächsischen
Raum? – Trotz der offensichtlichen Probleme waren die Rezensionen zu Ferrars
Übersetzung recht positiv, so F.J. Foakes-Jackson, Theol. 5,26 (1922) 102-104 und auch
eine anonym verfaßte Rezension in Month. 138 (1921) 183f.

[21] SC 206, ed. J. Sirinelli/É. des Places, Paris 1974 (P.e. I); SC 228, ed. É. des Places, Paris
1976 (P.e. II-III); SC 262, ed. O. Zink, Paris 1979 (P.e. IV – V 1-17); SC 266, ed. É.
des Places, Paris 1980 (P.e. V 18-36 – VI); SC 215, ed. G. Schroeder/É. des Places, Paris
1975 (P.e. VII); SC 369, ed. G. Schroeder/É. des Places, Paris 1991 (P.e. VIII – X); SC
292, ed. G. Favrelle, Paris 1982 (P.e. XI); SC 307, ed. É. des Places, Paris 1983, (P.e.
XII – XIII); SC 338, ed. É. des Places, Paris 1987 (P.e. XIV – XV).

[22] So F. Winkelmann, Euseb, 46.

[23] So L.W. Barnard, TRE 3 (1978) 398.

[24] Vgl. oben Anm. 6.

[25] Hier., Os., Prol.: Et Eusebius Caesariensis in octauo decimo libro Εὐαγγελικῆς
ἀποδείξεως, quaedam de Osee propheta disputat (CChr.SL 76, 5, 128f. Adriaen).

[26] Photios, Bibl. 10.

gen im erhaltenen Teil des Werkes schließen kann.[27] Es ist gut vorstellbar, daß diese heute verlorenen Bücher untergingen, weil ihr Inhalt nicht orthodox erschien.[28] Doch kommt man über Vermutungen hier nicht hinaus.

Was den Aufbau des Eusebschen Doppelwerkes angeht, scheint sich die von J. SIRINELLI und É. DES PLACES vorgenommene Einteilung des Inhalts in vier große Hauptabschnitte inzwischen durchzusetzen:[29]

> Teil 1 (P.e. I-VI): Darstellung der griechischen Religion und die Frage, warum die Christen sich von dieser Religion ihrer Väter lossagen mußten; in diesem Zusammenhang Kritik an der Kosmogonie, der Götterlehre, den Orakeln usw.

> Teil 2 (P.e. VII-XV): Darstellung der alttestamentlich-jüdischen Religion und ihrer Vorstellungen, Vergleich mit den griechischen Kulten und ihren Ideen sowie der Erweis der Überlegenheit ersterer, sowohl nach Alter als auch nach Qualität.

> Teil 3 (D.e. I-II): Behandlung der Frage, warum die Christen angesichts jener Überlegenheit der alttestamentlichen Glaubensvorstellungen zwar die Schriften der Juden übernehmen, nicht jedoch die jüdische Religion.

> Teil 4 (D.e. III-XX [erhalten nur: D.e. III-X]): Darlegung der christlichen Lehre und Beweis ihrer Richtigkeit mit Hilfe alttestamentlicher Schriftbeweise.

Um das in dieser Arbeit primär interessierende Problem der Stellung der Juden im heilsgeschichtlichen Gesmtkonzept Eusebs zu bearbeiten, werden bei der Analyse des apologetischen Doppelwerkes also *zwei* Schwerpunkte zu berücksichtigen und in ein ausgewogenes Verhältnis zu setzen sein: Einerseits der Erweis der Überlegenheit jüdischer Traditionen und Überlieferungen im Blick auf das Heidentum, wie ihn Euseb in der Praeparatio unter Etablierung eines »klassischen« Altersbeweises[30] vornimmt, und andererseits die *unter der Vor-*

---

[27] D.e. I 1, 5-7; VII prooem.

[28] Vgl. hierzu auch oben Anm. 17. – F. Winkelmann, Euseb, 11-15, zeigt, wie Euseb eigentlich seit Hieronymus als »doppelter Ketzer«, nämlich als Arianer und Origenist angesehen wird, was sich dann im 8. und 9. Jahrhundert zu ziemlich verheerenden Urteilen über seine Orthodoxie verfestigte; über Baronius zieht sich diese negative Einschätzung im Grunde bis ins 20. Jhdt. durch. Erst in neuester Zeit scheint die negative Beurteilung der theologischen Ambitionen Eusebs einem differenzierteren Urteil zu weichen, vgl. hierzu auch meinen Artikel Eusebius von Caesarea, LACL (1998) 57-61.

[29] Vgl. die Einleitung zu SC 206, 46 und F. Winkelmann, Euseb, 48-50.

[30] Zu eben jenem Altersbeweis in der jüdischen Tradition siehe nur die Josephus-Schrift »Contra Apionem« (über diese Schrift jetzt neu C. Gerber, Ein Bild des Judentums für Nichtjuden von Flavius Josephus. Untersuchungen zu seiner Schrift Contra Apionem, Diss. München 1996). Zur Josephusrezeption Eusebs siehe den Exkurs unter 4.1.3. in dieser Arbeit. Über den Altersbeweis insgesamt P. Pilhofer, Presbyteron Kreitton. Der Altersbeweis der jüdischen und christlichen Apologeten und seine Vorgeschichte,

aussetzung eben jener Überlegenheit jüdischer Traditionen vorgenommene Auseinandersetzung mit den Juden, wie sie in der Demonstratio evangelica im Zentrum steht. Würde man sich allein auf die Demonstratio konzentrieren, bestünde die Gefahr, angesichts der engagiert geführten Auseinandersetzung Eusebs Wertschätzung der jüdischen Überlieferungen, wie sie in der Praeparatio evangelica gerade in Relation zu den Heiden zum Tragen kommt, unterzubewerten. Würde man hingegen allein auf die Praeparatio sehen, könnte man die Frage noch nicht beantworten, warum die Christen keine Juden wurden und werden.

Aus der Beachtung des Aufbaus des apologetischen Doppelwerkes und der beiden damit vorgegebenen Schwerpunkte ergibt sich somit für die Fragestellung dieser Arbeit folgender *Auslegungsgrundsatz*: Man muß, will man die Stellung der Juden in der Theologie Eusebs hinreichend erfassen, die in der Demonstratio an den Juden geäußerte Kritik unter der Prämisse der in der Praeparatio gefaßten positiven Aussagen über die Juden und die jüdischen Traditionen interpretieren, und man muß umgekehrt die Ausführungen über die Juden im ersten Teil des Doppelwerkes gleich im Horizont der im zweiten Teil herausgearbeiteten jüdisch-christlichen Differenzpunkte verstehen. Ein Gesamtbild von Eusebs Stellung zu den Juden kann nur durch die wechselseitige Interpretation der beiden Teile des Doppelwerkes überhaupt zustande kommen.

3.2. Datierung, Adressaten, Gegner, Charakter und Ziel der Schrift

Die Datierung des apologetischen Doppelwerkes, besonders die der Demonstratio evangelica, bereitet verhältnismäßig wenig Schwierigkeiten, denn es finden sich einige Bemerkungen im Text, die auf eine soeben zu Ende gegangene beziehungsweise zu Ende gehende Verfolgungssituation abheben. Als Beispiele seien genannt:

D.e. II 3, 155:

> Denn obwohl so viele das Wort Christi bedrängt haben und es auch jetzt noch bekämpfen, ist es doch über sie erhoben und stärker geworden als alle.[31]

WUNT 2/39, Tübingen 1990; das das Material im Überblick sichtende und gut zusammenfassende Werk Pilhofers beschäftigt sich allerdings ausschließlich mit den älteren Texten, die Praeparatio evangelica Eusebs kommt nur hinsichtlich ihrer Artapanos- und Philon (von Byblos)-Zitate vor, l.c. 157. 208, nicht als eigenes Werk. Zum Stellenwert des Altersbeweises in der antiken religiösen Argumentation und Polemik siehe L.H. Feldman, Jew and Gentile in the Ancient World. Attitudes and Interactions from Alexander to Justinian, Princeton 1993, 177-200.

[31] μυρίων γὰρ ὅσων τὸν Χριστοῦ λόγον θλιψάντων καὶ εἰσέτι νῦν πολεμούντων ὑπερήρθη καὶ κρείττων πάντων γέγονεν. (88, 12-14 Heikel).

D.e. IV 16, 3:

> Denn gar jetzt noch haben Völker, Nationen, Könige und Herrscher nicht
> aufgehört mit ihrem Angriff auf ihn und seine Lehre.[32]

Es verwundert nicht, daß in der Literatur die Demonstratio evangelica einhellig auf den Zeitraum von etwa 314 bis 318 (spätestens 323) datiert wird;[33] für die
Praeparatio ist dementsprechend eine frühere Entstehungszeit anzusetzen.

Für den Zusammenhang der hier behandelten Fragestellung ist festzuhalten, das die Position Eusebs zu den Juden, wie sie im apologetischen Doppelwerk erkennbar wird, aus chronologischen Gründen nicht mit einem unmittelbar aus der »Konstantinischen Wende« resultierenden christlichen
Triumphalismus in Verbindung gebracht werden kann.

An wen richtet sich das apologetische Doppelwerk Eusebs, mit wem setzt
es sich auseinander, welcher Art ist diese Auseinandersetzung und wie könnte
man das Ziel der Schrift näher bestimmen?

Auf diesen Fragenkomplex sind bislang immer wieder zwei teils miteinander kompatible, teils aber auch stark konkurrierende Antworten gegeben
worden. Man kann auf der einen Seite versuchen, die nach außen weisende
Stoßrichtung der Praeparatio und Demonstratio evangelica zu betonen und
sagen, daß sich die Schrift im wesentlichen an die Gegner des Christentums
wende. Demnach wäre davon auszugehen, daß sich die Praeparatio primär
gegen die Heiden, die Demonstratio dagegen primär gegen die Juden richte.[34]
Der Charakter der Schrift wäre somit, in beiderlei Stoßrichtung, ein pole-
misch-offensiver. Damit würde gleichzeitig auch stärker die Diskontinuität des
Werkes gegenüber den frühen apolgetischen Texten herausgehoben. Ziel der
Schrift wäre es demzufolge entweder, den heidnischen bzw. jüdischen Gegnern die Untauglichkeit ihrer Argumente vorzuführen oder gar, noch darüber
hinausgehend, sie zur Konversion zum Christentum zu veranlassen.

Man kann aber auf der anderen Seite auch versuchen, die nach innen
weisende Dimension der Schrift zu betonen und behaupten, daß sich Euseb

---

[32] εἰσέτι τε νῦν ἔθνη καὶ λαοὶ βασιλεῖς τε καὶ ἄρχοντες οὔπω παύονται τῆς κατά τε
αὐτοῦ καὶ τῆς διδασκαλίας αὐτοῦ συσκευῆς. (184, 12-14 Heikel).

[33] Vgl. F. Winkelmann, Euseb, 190: nach 313/314. Eine Auflistung weiterer, nur gering-
fügig abweichender Vorschläge ebenda.

[34] So beispielsweise H. Berkhof, Die Theologie des Eusebius von Caesarea, Amsterdam
1939, 52f.; vgl. N. de Lange, TRE 3 (1978) 134f., vgl. auch 130, der das apologetische
Doppelwerk Eusebs ganz in der Tradition der christlichen Adversos-Judaeos-Literatur
sieht; ähnlich K. Hruby, Juden und Judentum bei den Kirchenvätern, SJK 2, Zürich
1971, 63f., und, wenn auch vor allem auf die Demonstratio evangelica verweisend, D.
Rokeah, Jews, Pagans and Christians in Conflict, StPB 33, Leiden 1982, 72-76, bes.
74. – Viel differenzierter, aber doch auch die Außenwirkung des Doppelwerkes Eusebs
besonders betonend W. Kinzig, Novitas Christiana. Die Idee des Fortschritts in der
Alten Kirche bis Eusebius, FKDG 57, Göttingen 1994, 519f.

mit Praeparatio und Demonstratio evangelica vor allem an Christen wende. Man würde dann unterstellen, daß sein Entwurf als Befestigung im Glauben und als Verstehens- und Argumentationshilfe für von heidnischen und jüdischen Argumenten Verunsicherte gedacht sei. Der Charakter der Schrift wäre dann ein defensiver, eher ein im »klassischen« Sinne apologetischer.[35] Als Ziel wäre eine Stabilisierung und Profilierung der christlichen Gemeinden innerhalb des zu Anfang des vierten Jahrhunderts ja noch sehr vielschichtigen zeitgenössischen religiösen Umfeldes namhaft zu machen.

Es versteht sich von selbst, daß beide Positionen am Text Eusebs ihren Anhalt haben: Die erste Auffassung kann sich zunächst einmal auf den Anfang der Praeparatio berufen:

> Durch die vorliegende Abhandlung, die von sich ankündigt, die Demonstratio evangelica (mit) einschzuschließen, will ich das Christentum, was es denn ist, für diejenigen darstellen, die es *nicht kennen.*[36]

Auch sonst findet sich in Eusebs Text bisweilen die Bemerkung, er richte sich an Nicht-Christen, an »Ungläubige«.[37] Zum Eingang der Demonstratio werden sowohl die Juden als auch die Heiden daraufhin angesprochen, sich doch möglichst von der Argumentation Eusebs überzeugen zu lassen.[38] Für die These einer primär polemischen Ausrichtung des Eusebschen Doppelwerkes wäre weiterhin auf den Aufriß des zweiten Buches der Praeparatio evangelica zu verweisen, in welchem Euseb es unternimmt, die Theologien der Ägypter, Griechen und Römer darzustellen und gleichzeitig zu widerlegen.[39] Vergleichbares wäre unter Hinweis auf die Demonstratio evangelica von seinem Umgang mit den jüdischen theologischen Traditionen zu sagen, sowohl im Blick auf die polemische Auseinandersetzung um die Frage der Universalität des Heilswillens Gottes[40] als auch hinsichtlich der ausschließlich auf der (gemein-

---

[35] So beispielsweise F. Winkelmann, Euseb, 46. 50, ähnlich auch M.J. Hollerich, Eusebius as Polemical Interpreter of Scripture, in: Eusebius, Christianity, and Judaism, ed. H.W. Attridge/G. Hata, StPB 42, Leiden 1992, 588, und, in demselben Sammelband, A.J. Droge, The Apologetic Dimensions of the Ecclesiastical History, l.c. 502. Siehe auch L. Perrone, Eusebius of Caesarea as a Christian Writer, in: Caesarea Maritima. A Retrospective after two Millennia, ed. H. Raban/K.G. Holum, DMOA 21, Leiden 1996, 520-525.

[36] P.e. I 1, 1: Τὸν χριστιανισμόν, ὅ τι ποτέ ἐστιν, ἡγούμενος τοῖς οὐκ εἰδόσι παραστήσασθαι διὰ τῆς προκειμένης πραγματείας τὴν εὐαγγελικὴν ἀπόδειξιν περιέξειν ἐπαγγελλομένης ...(I 5, 3-5 Mras/des Places). Vgl. hierzu unten Anm. 61.

[37] D.e. II 3, 178: ὡς πρὸς τοὺς ἀπίστους (92,10 Heikel). Vgl. aber zur Interpretation dieser Wendung ebenfalls unten Anm. 61.

[38] D.e. I 1, 11f.

[39] P.e. II 1-8.

[40] D.e. II 1-3: Euseb »beweist« hier in Auseinandersetzung mit den Juden die Universalität

samen) alttestamentlichen Basis (gegen das jüdische Verständnis der Texte) vorgenommenen Beweisführung für die »Richtigkeit« des Christentums.[41] Eine Fülle von Stellen im apologetischen Doppelwerk zeigen ganz unzweideutig, daß es Euseb um die Widerlegung gegnerischer Positionen geht, so etwa um den Erweis der Wertlosigkeit heidnischer Orakel[42] oder um den Aufweis von Widersprüchen in der Argumentation der Juden.[43]

Aber auch die andere, mehr die Innenperspektive des Eusebschen Doppelwerkes heraushebende Interpretation kann mit Hinweis auf einschlägige Textstellen gut begründet werden: Am Ende der Einleitung zur Praeparatio verweist Euseb nämlich darauf, daß das Christentum keinesfalls einen unkritischen, »blinden« Glauben fordere,[44] sondern sehr wohl argumentativ zu vertreten sei und bestimmt vor diesem Hintergrund das Verhältnis von Praeparatio und Demonstratio evangelica wie folgt:

In dieser Weise wird sich nämlich, wie mir scheint, meine Argumentation wohlgeordnet auf die vollkommenere Lehre der Demonstratio evangelica zubewegen und auf ein Verstehen unserer tieferen Lehrwahrheiten, wenn mein vorbereitender Traktat [sc.: die Praeparatio evangelica; Vf.] als Wegweiser im Sinne einer Elementareinweisung und Einführung fungiert und *für die, die erst unlängst von den Heiden (zu uns) konvertiert sind,* bequem paßt. *Für diejenigen jedoch, die schon weiter fortgeschritten sind* und sich auf einem Stand befinden, auf dem sie für die Aufnahme höherer Wahrheiten vorbereitet sind, soll der folgende Teil (sc.: die Demonstratio evangelica) genaue Kenntnis der klarsten Beweise für die geheimnisvolle Ökonomie Gottes gemäß unserem Retter und Herrn Jesus Christus erbringen.[45]

---

des Heilswirkens Gottes in Christus, streitet den Gedanken einer ausschließlichen Erwählung allein der Juden ab und sucht zu belegen, daß der Untergang der Juden als Strafe für den Fall einer Ablehnung des göttlichen Logos in den Heiligen Schriften vorher angekündigt gewesen sei.

[41] Dies betrifft eigentlich die gesamte Beweisführung in den erhaltenen Büchern der Demonstratio, vor allem III-X.

[42] D.e. V prooem. 6.

[43] D.e. VII 3, 30f. Die Stelle ist ein Rückverweis auf die ausführliche Argumentation Eusebs in dieser Frage, die sich in P.e. IV-VI findet.

[44] Vgl. P.e. I 1, 10f.; I 5, 2f.

[45] P.e. I 1, 12: ταύτῃ γάρ μοι δοκῶ τὸν λόγον ἐν τάξει χωρήσειν εἰς τὴν ἐντελεστέραν τῆς εὐαγγελικῆς ἀποδείξεως διδασκαλίαν εἴς τε τὴν τῶν βαθυτέρων δογμάτων κατανόησιν, εἰ τὰ τῆς προπαρασκευῆς ἡμῖν πρὸ ὁδοῦ γένοιτο, στοιχειώσεως καὶ εἰσαγωγῆς ἐπέχοντα τόπον καὶ τοῖς ἐξ ἐθνῶν ἄρτι προσιοῦσιν ἐφαρμόττοντα· τὰ δὲ μετὰ ταῦτα τοῖς ἐνθένδε διαβεβηκόσι καὶ τὴν ἕξιν ἤδη παρεσκευασμένοις εἰς τὴν τῶν κρειττόνων παραδοχὴν τὴν ἀκριβῆ γνῶσιν παραδώσει τῶν συνεκτικωτάτων τῆς κατὰ τὸν σωτῆρα καὶ κύριον ἡμῶν Ἰησοῦν Χριστὸν τοῦ θεοῦ μυστικῆς οἰκονομίας. (I 8, 6-14 Mras/des Places).

Die Stelle zeigt klar, daß mit dem apologetischen Doppelwerk zunächst einmal Christen angesprochen sind,[46] wobei mit der Praeparatio evangelica eher
die »Anfänger«, mit der Demonstratio hingegen eher die »Fortgeschrittenen«
als Adressaten im Blick sind.[47] Dieser Eindruck bestätigt sich auch angesichts
der Tatsache, daß des öfteren die Christen von Euseb direkt angesprochen
werden, wobei sich an einigen Stellen sicher zeigen läßt, daß es sich um eine
echte Anrede, nicht etwa um eine rhetorische Figur handelt.[48] Ferner finden
sich zahlreiche Formulierungen nach dem Muster: »Wenn jemand aber einwendet, (...), so antworte ihm,.....« o.ä.,[49] die ganz deutlich machen, daß
Eusebs Text vor allem als Argumentationshilfe gedacht ist und sich mithin an
Mitglieder der eigenen Religionsgemeinschaft, also an Christen wendet. An
einigen wenigen Stellen leugnet Euseb sogar ausdrücklich jede polemische
Intention seines Werkes und bemüht sich, entsprechende Mißverständnisse
von vornherein abzuwehren. Die Demonstratio evangelica, so betont er, sei
gerade *nicht* als Angriff auf die jüdische Religion gemeint:

> Meine Schrift ereifert sich aber keineswegs, wie man möglicherweise an-
> nehmen könnte, gegen die Juden. Behüte, weit gefehlt![50]

In diesen Zusammenhang paßt auch die Beobachtung, daß die Gesamtanlage
des Eusebschen apolgetischen Doppelwerkes durchaus eher defensiv ausgerichtet ist, wie sich an einigen Stellen leicht ablesen läßt. Ausdrücklich betont
Euseb den *Antwort*charakter seiner Schrift.[51] Es geht im wesentlichen um die
Abwehr von Angriffen, die von außen her gegen das Christentum geführt
werden.[52] D.e. I 1, 15f. heißt es, die Praeparatio evangelica verteidige das
Christentum gegen die Vorwürfe der polytheistischen Heiden, während der

---

[46] Hier liegt natürlich auch eine Verbindungslinie zur älteren apologetischen Tradition
vor, die ja auch immer die Innenperspektive mitbetonte und so zur Konsolidierung
christlicher Gemeinden beitragen wollte und beigetragen hat.

[47] Vgl. auch P.e. I 5, 2f. – Ganz ähnlich die Unterscheidung in der Generalis elementaria
introductio, Ecl. I 1: βασιλεῦσι καὶ ἰδιώταις (PG 22, 1024). Ich teile deswegen die
Meinung von L. Perrone, l.c. 523 nicht, der die Introductio in stärkerem Maße als das
apologetische Doppelwerk innerchristlich verankert sehen will.

[48] D.e. VI 13, 26; VII 1, 112. 123. Schöne Beispiele für die bei Euseb ebenfalls häufig
vorkommenden rhetorischen Anreden sind etwa D.e. III 6, 26; IV 7, 3.

[49] Zum Beispiel P.e. I 5, 9; D.e. III 3, 9; III 4, 32. 35f.; IV 16, 5; VII 1, 123.

[50] Σπουδαιολογεῖται δέ μοι ἡ γραφὴ οὐχ, ὡς ἄν τις φαίη, κατὰ Ἰουδαίων. ἄπαγε,
πολλοῦ γε καὶ δεῖ. D.e. I 1, 11 (5, 36f. Heikel). S. Krauss, JQR 6 (1893/4) 82 ruft aus
mir unerfindlichen Gründen gerade diese Stelle als Beleg für seine These auf, daß die
Demonstratio evangelica »was avowedly written as a direct attack on the Jews.«

[51] D.e. I 10, 1.

[52] D.e. II prooem. 1: »Indem ich unseren Anklägern aus der Beschneidung eine ausführ-
lichere Antwort gebe, ...«: πρὸς τοὺς ἡμῶν κατηγόρους τῶν ἐκ περιτομῆς
δαψιλεστέραν τὴν ἀπόκρισιν ποιησόμενος (52, 7f. Heikel).

zweite Teil des Gesamtwerkes sich mit den von Seiten der Juden erhobenen Anklagen befasse.[53] Im Prolog des zweiten Buches der Demonstratio sagt Euseb, die vorliegende Darlegung der Wahrheit des christlichen Glaubens auf Basis der alttestamentlichen Schriften sei nötig geworden, damit man auf Angriffe der Juden zu reagieren vermöge, die den Christen jegliche mögliche Teilhabe an dem in ihren Schriften bezeugten und angeblich allein ihnen geltenden Heilshandeln Gottes bestreiten.[54] In D.e. III 3 setzt Euseb sich gegen all jene zur Wehr, die behaupten, daß Christus ein Lügner gewesen und daß somit die Lehre Christi eine Irrlehre sei.[55] Andernorts geht es darum, gegen Bestreitungen der Gottheit Christi angesichts seiner Passion und seines Todes zu argumentieren.[56] Diese Stellen scheinen deutlich zu zeigen, daß in Eusebs Text die Polemik nur insofern eine Rolle spielt, als es sich um eine notwendige, von außen aufgenötigte Auseinandersetzung mit gegen das Christentum konkret erhobenen Vorwürfen handelt, wobei dann in der Praeparatio evangelica die von heidnischer, in der Demonstratio hingegen die von jüdischer Seite geführten Angriffe behandelt werden.

Wie ist nun jener Befund zweier möglicher Interpretationen des Werkes Eusebs zu deuten und wie der Charakter von Praeparatio und Demonstratio evangelica zwischen apologetisch-defensivem und polemisch-offensivem Impetus genauer zu bestimmen, auch im Blick auf die Frage nach der Gesamtintention des Werkes?

Zunächst ist darauf aufmerksam zu machen, daß beide Interpretationsmöglichkeiten einander nicht grundsätzlich ausschließen: Bei Praeparatio und Demonstratio evangelica handelt es sich um einen heilsgeschichtlichen Gesamtentwurf aus christlicher Perspektive, dem es sowohl um eine Darlegung des christlichen Lehrbestandes und eine Verortung der christlichen Religion in der Geschichte der Religionen und in der gesamten Weltgeschichte geht; von da aus ergibt sich logisch der Zwang zu Vergleichen und Auseinandersetzungen mit konkurrierenden Entwürfen anderer Religionen. Insofern Euseb also eine Darlegung und Begründung der eigenen Religion unternimmt, hat seine Darlegung eher apologetischen Charakter, insofern bei der Darstellung der eigenen Religion das Feld der Auseinandersetzung mit anderen betreten ist, kommen neben der notwendigen Verteidigung in Zusammenhang mit von außen vorgetragenen Angriffen auch eigene polemische Ausführungen zum Zuge.

---

[53] Vgl. auch D.e. I 1, 18f.

[54] D.e. II prooem. 1. – Vgl. hierzu die Ausführungen über Eusebs Kritik an den Juden in dieser Arbeit unter 5.5.1.

[55] Vgl. auch D.e. III 6 die Auseinandersetzung mit der These, daß Christus ein Zauberer gewesen sei. Der Widerlegung dieser aus der antichristlichen Polemik heidnischer und jüdischer Provenienz geläufigen Auffassung dient auch der kleine apologetische Traktat Eusebs gegen Hierokles, SC 333 (des Places/Forrat), Paris 1986.

[56] D.e. IV 16, 4f.

Trotz dieser Möglichkeit, beide Interpretationsansätze für Eusebs Werk zu einem gewissen Ausgleich zu bringen, wird man aber doch noch eine deutlichere Akzentsetzung vornehmen müssen. Denn sowohl Text wie auch Aufbau bieten durchaus eine ganze Anzahl wichtiger Argumente dafür, daß das Werk noch entschlossener als bisher geschehen im Kontext (inner)christlicher Lehrbildung und Unterweisung gesehen und interpretiert werden muß. Zunächst ist in diesem Zusammenhang auf die wichtige und bislang wohl vor allem auf Grund der Überlieferungslücken wenig beachtete Tatsache aufmerksam zu machen, daß das Eusebs apologetisches Doppelwerk in seiner Gesamtanlage auf nichts weniger als auf die Darlegung einer christlichen Dogmatik in D.e. III-XX zuläuft, die, setzt man für die verlorenen Bücher XI-XX einen auch nur ungefähr gleichen Umfang wie bei den erhaltenen voraus, immerhin deutlich mehr als ein Drittel des gesamten Textbestandes des Doppelwerkes ausmacht. Der von J. SIRINELLI und É. DES PLACES für die Praeparatio evangelica sehr schön herausgearbeitete pädagogisch-katechetische und wissenschaftlich-beweisende Impetus[57] wird also in der Demonstratio nicht nur beibehalten, sondern sozusagen auf »höherer Ebene« fortgesetzt, ja, zum Ziele geführt, wie auch das oben angeführte Zitat aus P.e. I 1, 12 zeigt.[58] Dies bedeutet aber, daß die in beiden Teilen des Eusebschen Doppelwerkes auftretenden Auseinandersetzungen noch viel stärker von jener positiven Darstellung eigener Lehrbildung her zu verstehen sind, auf die das Gesamtwerk ausgerichtet ist: Das Ziel der Praeparatio und Demonstratio evangelica ist also in erster Linie so zu bestimmen, daß hier *christliche Theologie begründend dargestellt wird.*[59] Diese begründende Darstellung soll ihre (christlichen) Leser in die Lage versetzen, »zur Rechenschaft bereit zu sein gegenüber jedem, der uns nach dem Grund für die Hoffnung fragt, die in uns ist«,[60] wie Euseb unter Zitierung von 1. Petr 3, 15 sagt. Eindeutig sind als Adressatenkreis für beide Teile des Doppelwerkes Christen angesprochen. Diese sollen durch Eusebs Arbeit in die Lage versetzt werden, den Glauben, dem sie sich selber als zugehörig betrachten, auch argumentativ vertreten zu können.[61]

---

[57] Vgl. die Einleitung SC 206, 43-47; vgl. das Referat F. Winkelmanns, Euseb, 48f.

[58] S.o. Anm. 45.

[59] Vgl. den oben Anm. 8 aus dem Prooemium der Praeparatio zitierten Satz.

[60] P.e. I 3, 6: ἑτοίμους εἶναι πρὸς ἀπολογίαν παντὶ τῷ ἐπερωτῶντι ἡμᾶς λόγον περὶ τῆς ἐν ἡμῖν ἐλπίδος ... (I 11, 11f. Mras/Des Places).

[61] Mit dieser Option für einen christlichen Adressatenkreis ist natürlich die Frage aufgeworfen, wie denn dann das τοῖς οὐκ εἰδόσι aus P.e. I 1, 1 (vgl. oben Anm. 36) zu verstehen sei. Viel näher als die Deutung auf einen nichtchristlichen Adressatenkreis liegt meines Erachtens der Versuch, die Wendung von P.e. I 1, 12 her zu interpretieren: Die das Christentum »nicht kennen« bezieht sich dann auf diejenigen, »die erst kürzlich von den Heiden zu uns konvertiert sind« und die demzufolge noch äußerst geringe Kenntnisse vom Christentum haben, weshalb sie auch der in der Praeparatio evangelica vorgenommenen Einführungsunterweisung bedürfen. Es bleibt dann eigentlich für die These eines nichtchristlichen Adressatenkreises die Wendung ὡς πρὸς

Typisch für diesen Gesamtansatz einer begründenden Darstellung christlicher Theologie ist, daß Euseb sein Doppelwerk mit einer vorläufigen Definition dessen beginnt, was unter dem Begriff »Evangelium« eigentlich zu verstehen sei:

> Aber vor allem anderen ist es angebracht, deutlich zu sagen, was das, was wir Evangelium nennen, bedeuten will: Dieses verkündigt ja allen Menschen die Gegenwart des höchsten und größten Guten, lange voraus bekannt gemacht, unlängst für alle erschienen ...[62]

Diese Eingangsdefinition greift bereits präzise auf das voraus, was im vierten Hauptteil und eigentlichen Zielpunkt seines Doppelwerkes in D.e. III-XX (erhalten: III-X) ausführlich argumentativ von Euseb entfaltet werden wird[63] und was für ihn das Proprium christlichen Glaubens ist.[64]

Nur vor diesem Hintergrund werden die langen Passagen, in denen Euseb immer wieder andere Positionen zitiert, referiert und sich mit ihnen auseinandersetzt, überhaupt verständlich. Zwar geht es in den ersten beiden Hauptabschnitten seines Werkes[65] in der Tat über weite Strecken um »griechische« und danach um alttestamentliche Glaubensvorstellungen,[66] und auch die Demonstratio evangelica argumentiert fast nur von den Schriften des Alten Testaments her; doch stehen die alten griechischen Religionsvorstellungen von vornherein nur als Folie zur Debatte, um klarer zunächst die Überlegenheit

---

τοὺς ἀπίστους aus D.e. II 3, 178 (s.o. Anm. 37); W.J. Ferrar, Proof, 100 übersetzt: »which is addressed to unbelievers«; doch es erscheint mir fraglich, ob eine relative Übersetzung hier überhaupt in Betracht kommt. Setzt man einfach vergleichendes ὡς voraus, wäre durch den Einschub nicht mehr und nicht weniger gesagt als daß die Behandlung des Themas (hier: Die Inkarnation) gegenüber Gläubigen oder Ungläubigen auf gleiche Weise erfolgt; über den konkreten Adressatenkreis wäre dann von dieser Stelle aus gar nichts Näheres auszumachen.

[62] P.e. I 1, 2: ἀλλὰ γὰρ τί βούλεται τοῦτο δηλοῦν ὃ φαμεν εὐαγγέλιον, πρῶτον ἁπάντων διαρθρῶσαι καλόν. τοῦτο δὴ πᾶσιν ἀνθρώποις τὴν παρουσίαν τῶν ἀνωτάτω καὶ μεγίστων ἀγαθῶν, πάλαι μὲν προηγορευμένων, νεωστὶ δὲ τοῖς πᾶσιν ἐπιλαμψάντων, εὐαγγελίζεται (I 5, 9-12 Mras/des Places).

[63] Dieser Zusammenhang wird auch P.e. I 3, 2f. noch einmal deutlich gemacht.

[64] Eckwerte dieses Verständnisses sind a) die Universalität des Heils b) die Bestimmung des Heils als des höchsten und größten Guten c) die Vorausankündigung, namentlich in den alttestamentlichen Schriften, wie sie dann D.e. III-XX (erhalten III-X) im einzelnen nachgewiesen wird d) die Inkarnation des Logos, wie sie vor allem D.e. III entfaltet wird.

[65] Vgl. oben S. 35 mit Anm. 29.

[66] Die Begriffe lehnen sich an Euseb an. Natürlich ist es für das 4. Jhdt. angesichts der monotheistischen Tendenzen in den heidnischen Kulten nicht mehr sinnvoll, von »klassischen« »griechischen« Göttervorstellungen zu sprechen und dabei Polytheismen zu implizieren. Historisch noch viel problematischer ist die Differenzierung von »griechischen« und alttestamentlichen Glaubensvorstellungen, wenn man allein an die massiven hellenistischen Tendenzen im Alten Testament der Kirche, der LXX, denkt.

der alttestamentlichen Schriften herausarbeiten zu können, während die darauf folgende Debatte um jene alttestamentlichen Schriften gegenüber den Juden gerade die Angemessenheit des christlichen Verständnisses jener Schriften erweisen will, die Christen und Juden gleichermaßen als Heilige Schriften gelten. Die Auseinandersetzung mit anderen Positionen dient in Praeparatio und Demonstratio evangelica dem vorrangigen katechetisch-pädagogischen Ziel, die Spezifika eben der christlichen Religion nachvollziehbar herauszuarbeiten; darüberhinaus bilden sie den historischen Hintergrund und Zusammenhang, in den die christliche Religion faktisch eingetreten ist und nun durch Eusebs Darstellung eingezeichnet werden soll. Im Übergang von der Auseinandersetzung mit den Heiden in den Teilen 1 und 2 des Doppelwerkes zur Auseinandersetzung mit den Juden in den Teilen 3 und 4 liegt also allenfalls ein Wechsel der Blickrichtung in der Beweisführung Eusebs vor. Mißverständlich ist es, hier von einem Adressatenwechsel zu sprechen.[67] Keinesfalls ist im gesamten apologetischen Doppelwerk Eusebs ein polemisches, antiheidnisch oder antijüdisch ausgerichtetes Primärinteresse zu diagnostizieren.[68]

In diesem Zusammenhang fügt sich schließlich noch der wichtige Hinweis nahtlos ein, daß das apologetische Doppelwerk Eusebs trotz aller kritisch-argumentativen Auseinandersetzung mit den anderen Religionen von einer im Ganzen bemerkenswert irenischen Grundhaltung und auch durch einen trotz aller Differenzen versöhnlichen Ton gekennzeichnet ist. Diese Einschätzung wird jedenfalls durch Stellen wie die folgenden nahegelegt:

> Und nun, *mit einer Anrufung des Gottes aller, der Juden wie der Griechen, durch unseren Erretter,* wollen wir zunächst danach fragen, was der Charakter unserer eigenen Gottesverehrung ist.[69]

An anderer Stelle heißt es in der Demonstratio evangelica ähnlich:

> *In dem Punkte nun, der Christus Gottes bei ihnen* (sc.: den Juden) *angekündigt worden ist und seine Ankunft Rettung für Israel verkündigt, wollen wir keinesfalls widersprechen,* da ja dies offen zu Tage liegt, allgemein anerkannt, auf Grund ihrer (sc.: der Juden [!]) ganzen Heiligen Schrift In dem Punkte jedoch, daß die Heiden von den erwarteten Heilstaten Christi ausgeschlossen sein sollen, weil diese allein Israel, nicht aber auch den Heiden angekündigt worden sei, ist es nicht mehr recht, ihnen zuzustim-

---

[67] So aber die Kommentierung von J. Sirinelli und É. des Places, SC 206, 268 und, hierauf aufbauend, W. Kinzig, Novitas Christiana, 523f.

[68] Vgl. die oben Anm. 50 zitierte Stelle D.e. I 1, 11.

[69] D.e. I 1, 19: φέρε οὖν τὸν τῶν ἀπάντων Ἰουδαίων τε καὶ Ἑλλήνων θεὸν δι᾽ αὐτοῦ τοῦ σωτῆρος ἡμῶν ἐπικαλεσάμενοι, πρῶτον ἐκεῖνο διασκεψώμεθα, τίς ὁ τρόπος τυγχάνει τῆς καθ᾽ ἡμᾶς αὐτοὺς θεοσεβείας· (7, 13-16 Heikel).

men; das behaupten sie (sc.: die Juden) (nämlich) wider das Zeugnis der göttlichen Schriften.[70]

Die Stellen zeigen, daß der irenische Grundton in Eusebs Werk offenbar gerade von seiner Betonung der Universalität des in Christus verbürgten Heils herrührt, wie er es in D.e. I und II gegenüber den Juden so stark heraushebt; die Heilstat Gottes in Christus, angekündigt in den heiligen Schriften der Juden (sic!), gilt seiner Überzeugung nach prinzipiell allen, Juden wie Heiden. Gerade wegen dieser theologischen Grundentscheidung ist es Euseb nun aber verwehrt, in den Fragen der »göttlichen Ökonomie des Guten« irgendwelchen exkludierenden Modellen das Wort zu reden. Das hat dann natürlich auch für die Art und Weise der Auseinandersetzung Konsequenzen und hilft – bei allem erforderlichen Nachdruck in der Profilierung und Begründung der eigenen Positionen – manch unnötige Schärfe gegenüber anderen zu vermeiden.

Auf Grund der bisher vorgetragenen Überlegungen möchte ich vorschlagen, die Frage nach Adressaten, Gegnern, Ziel und Charakter der Praeparatio evangelica und Demonstratio evangelica des Euseb von Caesarea mit Hilfe der folgenden Definition näher zu bestimmen:

> Das apologetische Doppelwerk Eusebs ist eine argumentativ-»beweisende« Gesamtdarstellung des vom Logos-Christus ausgehenden und auf den Logos-Christus zulaufenden Heilshandelns Gottes in der Geschichte, welche in ihrem ersten Teil (Praeparatio evangelica) die Überlegenheit und Gültigkeit der alttestamentlichen Glaubensvorstellungen und Schriften gegenüber denen der Heiden insbesondere im Blick auf »Anfänger des Christentums« zu erweisen sucht, und die in ihrem zweiten Teil (Demonstratio evangelica) zur Unterscheidung von und in Auseinandersetzung mit den Juden die Universalität des Heils in Christus und damit die Ausdehnung des Heils auf die Christen ex gentibus begründen will, indem sie die Heiligen Schriften der Juden bzw. die alttestamentlichen Schriften der Kirche für die »Fortgeschrittenen im Christentum« als Beweis und Vorankündigung für Gottes Handeln in Christus auslegt.

Zum Abschluß dieser knappen allgemeinen Einführung in das apologetische Doppelwerk Eusebs bleibt noch die in der Literatur bisweilen begegnende Frage kurz in den Blick zu nehmen, ob und inwiefern Eusebs Werk in zeitgenössische religiöse Konkurrenz- und Konfliktsituationen eingreift oder

---

[70] D.e. II prooem. 2: τὸ μὲν οὖν παρ᾽ αὐτοῖς ἐπηγγέλθαι τὸν Χριστὸν τοῦ θεοῦ καὶ τὴν ἄφιξιν αὐτοῦ λύτρωσιν τῷ Ἰσραὴλ κηρύττειν, οὐδ᾽ ἂν ἡμεῖς ἀρνηθείημεν, ὁμολογουμένως διὰ πάσης αὐτῶν γραφῆς προδήλως τούτου παρισταμένου· τό γε μὴν ἀποκλείειν τὰ ἔθνη τῶν ἐπὶ τῷ Χριστῷ προσδοκωμένων ἀγαθῶν, ὡς ἂν μόνῳ τῷ Ἰσραὴλ οὐχὶ δὲ καὶ τοῖς ἔθνεσιν ἐπηγγελμένων, οὐκέτι δίκαιον αὐτοῖς συγχωρεῖν, παρὰ τὴν τῶν θείων γραφῶν τοῦτο φάσκουσι μαρτυρίαν. (52, 16-22 Heikel).

ob es sich nicht vielmehr um eine »rein akademische«, als literarische Auseinandersetzung mit führenden Denkern anderer Religionen und Philosophien
geführte Diskussion handelt.[71] Im Blick auf die Tatsache, daß Eusebs Werk
fast ein opus sui generis ist, bei dem man nicht nur die Kontinuität zur älteren
Apologetik sehen darf, sondern ebenso stark die Diskontinuität betonen muß,[72]
wird man mit einem Rückgriff auf formgeschichtliche Analysen der früheren
apologetischen Texte, wie sie etwa 1989 W. KINZIG[73] für die frühchristlichen
Apologien vorgenommen hat, hier kaum weiterkommen. Zu sehr liegen die
Dinge bei Eusebs Doppelwerk anders, nicht nur im Blick auf den zeitlichen
Abstand und die veränderte äußere Situation, sondern vor allem in Hinsicht
auf den Grundansatz.[74]

---

[71]   Was die generelle Einschätzung dieser Frage hinsichtlich der Texte christlicher Apolo-
      getik angeht, kann man im besonderen Blick auf die in dieser Arbeit primär interes-
      sierende Frage nach der Auseinandersetzung mit den Juden für die erste Auffassung M.
      Simon, Verus Israel. Étude sur les relations entre les chrétiens et juifs dans l'empire
      romain (135-412), Paris ²1964, namhaft machen. Simons Auffassung ist in jüngster Zeit
      von M.S. Taylor, Anti-Judaism and Early Christian Identity. A Critique of Scholarly
      Consensus, StPB 46, Leiden 1995, forschungsgeschichlich als »conflict-theory« einge-
      ordnet und ziemlich scharf angegriffen worden. Gegenüber Simons Sicht versucht
      M.S. Taylor – allerdings nur im Rückgriff auf die älteste Apologetik – zu zeigen, daß
      es sich bei der christlichen Apologetik i.w. um eine Auseinandersetzung mit einem
      »symbolischen« Judentum gehandelt habe, deren eigentliches Ziel die Ausprägung
      einer eigenen (früh)christlichen Identität gewesen sei. Die bewußt als Gegenthese zu
      Simon aufgebaute Sicht M.S. Taylors dürfte sich aber kaum durchsetzen: Eine Anzahl
      von sehr gewichtigen Einwänden hat bereits J. Carleton Paget, ZAC 1 (1997) 195-225,
      gegen Taylor formuliert. – Es liegt auf der Hand, daß eine Antwort auf diese Frage von
      entscheidender Relevanz nicht nur für unser Verständnis der christlichen Apologetik,
      sondern auch für die sozialgeschichtlichen Zusammenhänge der Auseinandersetzung
      des jungen Christentums mit den anderen Religionen ist. In J. Sirinellis/É. des Places'
      Kommentierung der P.e. des Euseb wird dieses Problem meines Erachtens zu Unrecht
      etwas marginalisiert, zum Beispiel angesichts der Frage, ob Euseb einen konkreten
      Gegner im Blick habe oder nur allgemein jüdische polemische Argumente aufnehme
      (SC 206, 230 zu P.e. I 2, 5).

[72]   S.o. Anm. 2.

[73]   ZKG 100 (1989) 291-317. W. Kinzig hat hier die Frage nach dem »Sitz im Leben« der
      ältesten kirchlichen Apologetik neu aufgerollt und dafür plädiert, die ersten Apologien
      wieder stärker als »echte« Petitionsschreiben an die jeweiligen Kaiser, also nicht nur als
      literarische Fiktion zu verstehen (l.c. 312-315); erst mit Tertullians Apologeticum setze
      eine Literarisierung der Apologie ein, durch welche diese, auch unter beträchtlichen
      formalen Verschiebungen, dann tatsächlich zur Fiktion werde (l.c. 316f.).

[74]   Bei Euseb wird die bis Tertullian ziemlich konsistente Terminologie (ἀπολογία) nicht
      benutzt (P.e. I 3, 6 ist Zitat von I. Petr 3, 15 und außerdem auch nicht als Angabe eines
      literarischen Genre verwendet), es fehlt vor allem jeder forensische Bezug. W. Kinzig,
      l.c. 299 mit Anm. 21 fragt mit Recht, ob jene Literarisierung der Apologie durch
      Tertullian nicht bereits den Weg eingeschlagen hat hin zu jenem erweiterten Verständ-
      nis von Apologetik im Sinne einer übergreifenden, systematischen Gesamtdarstellung,
      wie wir es dann etwa bei Laktanz, Inst. V 4, 3, in ausdrücklicher Abgrenzung von
      Tertullian finden: »Quamquam Tertullianus eandem causam plene perorauerit in eo

Beobachtungen zum Stil von Praeparatio und Demonstratio evangelica ergeben demgegenüber gute Anhaltspunkte für beide Auffassungen: Einerseits wird man angesichts der langen Zitierungen, der ausufernden Erwägungen, des intellektuellen Zuges und wegen des weitgehenden Verzichts auf dialogische Elemente zunächst in der Tat eher an eine theoretisierende Abhandlung denken.[75] Hinzu kommt die Tatsache, daß Eusebius bei einschlägigen Formulierungen von den verschiedenen Einwendungen seiner heidnischen bzw. jüdischen Gegner überwiegend im Optativ redet, was zunächst gegen die Annahme realer Konflikt- oder Dialogsituationen zu sprechen scheint:

> Dies aber sind also die Fragen, in denen ein beliebiger der Griechen (...) wohl begreiflicherweise im Hinblick auf uns im Zweifel sein dürfte. Aber auch die Söhne der Hebräer dürften wohl Einwände gegen uns haben ...[76]

Auf der anderen Seite zeigen jedoch der Schluß der Praeparatio P.e. XV 62, 18 und dann durchgängig auch die ersten beiden Büchern der Demonstratio evangelica, wie die Auseinandersetzung bis hinein in umstrittene Detailfragen der Auslegung,[77] bis hinein in konkrete Fragen des Kultus und der rechten Gottesverehrung,[78] bis hinein in die Diskussion um religiöse Verhaltensweisen,[79] eine äußerst konkrete Gestalt annimmt, so daß man kaum geneigt ist, die Debatte auf einen »rein theoretischen« theologischen Lehrstreit zurückzuführen; jene Stellen scheinen ganz im Gegenteil einen sehr direkten, aktuellen Gegenwartsbezug auch in der Gemeinde in Caesarea vorauszusetzen. Zudem haben bereits die in Kapitel 2 dieser Arbeit vorgetragenen Überlegungen zur historischen Situation in Caesarea zum Ende des dritten und Anfang des vierten Jahrhunderts deutlich gemacht, wie sehr die »interreligiöse« Diskussion ganz von dem konkreten »multikulturellen« Umfeld der Provinzhauptstadt

---

libro cui Apologeticum nomen est, tamen quoniam aliut est accusantibus respondere, quod in defensione aut negatione sola positum est, aliut instituere, quod nos facimus« ... (CSEL 19/1, 411, 22 – 412, 2 Brandt). Die oben Anm. 8 zitierte Stelle aus dem Prooemium zur Praeparatio evangelica zeigt, wie deutlich Euseb diesem »instituere« des Laktanz nahesteht und noch darüber hinausgeht, insofern er in seinem Werk nichts weniger als zeigen will, was das Christentum ist.

[75] W.J. Ferrar, Proof, xvii, schreibt: »Compared with the *Octavius*, the *Trypho* or the *Contra Celsum* the *Demonstratio* may seem cold and academic, for it lacks the charm and interest of the dialogue-form. Where they are redolent of the open air, and the market-place, it suggests the lecture-hall and the pulpit.« (Kursivdruck Ferrar).

[76] P.e. I 2, 5: ταῦτα μὲν οὖν εἰκότως ἄν τις Ἑλλήνων (...) πρὸς ἡμᾶς ἀπορήσειεν. ἐπιμέμψαιντο δ᾽ ἂν ἡμῖν καὶ Ἑβραίων παῖδες, ... (9, 16-18 Mras). Vgl. P.e. I 1, 11: »im Blick auf die Fragen, die mit Recht an uns gerichtet werden dürften«: περὶ τῶν ζητηθέντων ἂν πρὸς ἡμᾶς εὐλόγως (8, 4 Mras) oder auch P.e. I 3, 1 und D.e. III 7, 17. – Vgl. daneben auch futurische Formulierungen wie P.e. I 1, 13.

[77] D.e. I 10, 10f.

[78] D.e. I 3, 25; 6, 36; 10, 38f.

[79] D.e. I 3, 2f.; 7, 4f.; II 3, 38.

einschließlich der damit gegebenen religiösen Konkurrenzsituationen her zu verstehen ist. Mithin erscheint eine schlichte Zuordnung des Eusebschen Textes zu »lecture-hall and pulpit«[80] zumindest dann als eine bedenkliche Reduktion der mit der Abfassung des Werkes verbundenen Interessenlagen, wenn man damit gleichzeitig eine Abgehobenheit von den konkreten Fragen und Problemen in Caesarea (»redolent of the open air, and the market-place«)[81] unterstellen zu müssen meint.

In der Tatsache, daß sich für beide Auffassungen ernstzunehmende Hinweise namhaft machen lassen, könnte nämlich auch der Schlüssel zu einer Beantwortung der Frage liegen. Meines Erachtens sollte noch entschlossener als bisher auf die methodische Problematik aufmerksam gemacht werden, daß von der *Form* bzw. dem *Genre* eines Textes eben doch nicht allzu schnell und jedenfalls nicht unmittelbar auf die historische Situation oder Konkretion zurückgeschlossen werden darf. Denn von der Form her handelt es sich bei Eusebs Text in der Tat um eine theologische Abhandlung und der in ihr ausgeführte heilsgeschichtliche Entwurf ist zunächst einmal theoretisch-abstrakter Art. Dies schließt jedoch keineswegs aus, sondern in diesem Fall geradezu ein, daß diese Abhandlung dabei sehr wohl in konkrete Diskussions- und auch Konfliktlagen eingreift und auf höchst virulente Fragen reagiert und zu antworten versucht. Aus der systematisch-historischen Form der apologetischen Abhandlung, aus den Häufungen von Zitaten und den ausufernden exegetischen Begründungszusammenhängen auf eine von den Problemen der Gemeinde in Caesarea weitgehend unberührte (und diese nicht berührende) Gelehrtendiskussion zu schließen, verstellt das Verständnis dieses (und nicht nur dieses) Textes. Im Gegenteil: In Eusebs apologetischem Doppelwerk haben wir geradezu ein Musterbeispiel dafür, wie sehr eine in der Tat akademische, gelehrte, in vielen Teilen auch theoretische und in mancher Hinsicht abstrakte Abhandlung sehr wohl vor einem ausgesprochen praktischen, konkreten Hintergrund verstanden werden muß und eigentlich nur von dort her verstanden werden kann. Mit voreiligen Theorie-Praxis-Dualisierungen wird man diesem großen apologetischen Werk Eusebs ebensowenig gerecht wie manch anderen als »nur akademisch« oder »theoretisch« diskreditierten Arbeiten auch unserer Tage.[82]

---

[80] So W.J. Ferrar, s.o. Anm. 75.

[81] W.J. Ferrar, ebd.

[82] Wie schnell solche schlichten Theorie-Praxis-Dualisierungen zu weitreichenden Fehlurteilen auch in historischen Arbeiten führen können, hat C. Markschies, ZThK 94 (1997) 39-68 an einem dem Eusebschen Text gleichsam umgekehrten Problem eindrucksvoll gezeigt, nämlich an den Gemeindepredigten des Origenes: Weder das gängige Urteil, die Origenespredigten seien »für die Gemeinde im Ganzen nicht geeignet« (da zu theologisch, zu abstrakt, zu theoretisch) noch die Auffassung, man bekäme bei den Predigten »nur den halben Origenes« zu Gehör (da seine eigentliche, abstrakt-theologische Kompetenz hier nicht recht zu greifen sei) wird diesen Texten gerecht, wie man mit Hilfe einer Untersuchung zu Absicht und Wirkung der Predigten deutlich machen kann.

3.3. Das apologetische Doppelwerk im Zusammenhang mit anderen Schriften Eusebs

Zur Behandlung des Problems der Stellung der Juden in der Theologie des Eusebius sind neben dem apologetischen Doppelwerk als der Hauptquelle für unsere Fragestellung[83] auch noch andere Schriften Eusebs von Wert, die ergänzend mit herangezogen werden müssen; dieses Verfahren ist gerade bei einem Denker wie Eusebius methodisch notwendig, der wie kaum ein zweiter seine einmal erstellten schriftstellerischen Produktionen später immer wieder neu aufgenommen, ergänzt, überarbeitet und dabei Teile des Alten in neue Werke integriert hat. Auf die folgenden Texte, die für die Frage nach den Juden bei Euseb nicht unwichtig sind und die unter den verschiedenen Aspekten des Themas in der Arbeit berücksichtigt werden, sei im folgenden knapp eingegangen:[84]

3.3.1. Chronik (Chron.) und Kirchengeschichte (H.e.)

Eusebs gewaltiger Versuch eines chronologischen Entwurfes der gesamten Weltgeschichte, wie er uns in der Chronik vorliegt,[85] gehört zu den frühesten

---

[83] Siehe hierzu oben S. 29.

[84] Die einleitungswissenschaftlichen Fragen zu diesen Texten müssen im Zusammenhang der Fragestellung dieser Arbeit nicht en detail neu aufgerollt werden, da entsprechende Darstellungen vorliegen: Ich verweise hier und im folgenden auf die Arbeiten von F. Winkelmann, Euseb von Kaisareia. Der Vater der Kirchengeschichte, Berlin 1991; T.D. Barnes, Constantine and Eusebius, Cambridge/Mass. 1981; D.S. Wallace-Hadrill, Eusebius of Caesarea, London 1960 und den immer noch wichtigen PWRE-Artikel von E. Schwartz, PWRE 6 (1909) 1370-1439 (wiederabgedruckt in ders., Griechische Geschichtsschreiber, Leipzig ²1959, 495-598: Ich zitiere im Folgenden die PWRE-Ausgabe).

[85] CPG 3494; die Chronik im Original ist leider nicht erhalten; abgesehen von griechischen Fragmenten verfügen wir über eine armenische Übersetzung und über die lateinische Fassung des Hieronymus, die freilich mit Zusätzen versehen, mit einem selbständigen Schluß ergänzt und so in vieler Hinsicht nicht als authentisch eusebianisch anzusehen ist. – Editionen der Chronik in den verschiedenen Fassungen: GCS Euseb VIII, ed. R. Helm/U. Treu, Berlin ³1984 (lat. Übersetzung des Hieronymus und griechische Fragmente). – GCS Euseb V, ed. J. Karst, Leipzig 1911 (dt. Übersetzung der armenischen Version der Chronik). – I.B. Aucher, Eusebii Pamphili Chronicon bipartitum, nunc primum ex armeniaco textu in latinum conuersum, adnotationibus auctum, graecis fragmentis exornatum, Venedig 1818. – Wesentlich zum besseren Verständnis der Chronik und ihrer Systematik beigetragen hat die Arbeit von A.A. Mosshammer, The »Chronicle« of Eusebius and the Greek Chronographic Tradition, London 1979. Zur Chronik des Eusebius außerdem T.D. Barnes, l.c. 111-120, F. Winkelmann, l.c. 88-104 und E. Schwartz, PWRE 6 (1909) 1376-1384.

Werken des Caesareners;[86] es wird in P.e., H.e. und Ecl. bereits zitiert,[87] später auch im Jesajakommentar.[88] Aus überlieferungsgeschichtlichen Gründen wurde diesem Werk eine enorme Wirkungsgeschichte insbesondere im abendländischen Mittelalter zuteil.[89] Die von Euseb Χρονικοὶ κανόνες genannte Arbeit,[90] die stark auf Vorbildern anderer Autoren fußt,[91] berührt unser Thema in zweierlei Hinsicht: Zunächst dadurch, daß hier eine Art synchronistischer »Zahlentabelle« vorgelegt wird, die für das große apologetsiche Doppelwerk gleichsam das »chronologische Gerüst«[92] einschließlich der damit verbundenen Epocheneinteilung abgibt, so daß die vielen Aussagen der in Praeparatio und Demonstratio evangelica zitierten Philosophen, Historiker und Theologen zeitlich in etwa eingeordnet werden können; zweitens (und dies mit dem ersten Gesichtspunkt natürlich zusammenhängend) aber auch deshalb, weil in der Chronik mit dem Beginn der Weltgeschichte in der Gestalt des Adam (bzw. des Abraham), mit den militärischen Niederlagen Israels und Judas und vor allem mit dem endgültigen Fall Jerusalems im Jahre 70 n.Chr. zentrale Ereignisse der Geschichte der Juden als epochale Einschnitte der *gesamten* Weltgeschichte markiert und so in besonderem Maße hervorgehoben sind.

Das mit Abstand wirkungsträchtigste und deshalb auch bedeutendste Werk Eusebs, die Kirchengeschichte,[93] ist in gleichem Maße sowohl als historischer

---

[86] Nach T.D. Barnes, l.c. III. 187, wäre die zweite (und letzte) Überarbeitung dieses Werkes gegen 325 anzunehmen, der Erstentwurf hingegen ginge in die Zeit weit vor der diokletianischen Verfolgung zurück, wahrscheinlich in das Jahr 277. Vgl. aber auch D.S. Wallace-Hadrill, JThS.NS 6 (1955) 248-253.

[87] Ecl. I 27; P.e. X 9, 11; H.e. I 1, 6.

[88] Is. I 67.

[89] Eben durch die hieronymianische Fassung einschließlich der Fortführung bis 378.

[90] Ecl. I 27; H.e. I 1, 6.

[91] Zu nennen ist für Euseb vor allem Julius Africanus, den er allerdings wegen seiner chiliastischen Weltsicht und wegen der wissenschaftlichen Unzulänglichkeit seines Versuchs kritisiert; vgl. D. König-Ockenfels, Saec. 27 (1976) 352 und F. Winkelmann, Euseb, 82-85. 88-104.

[92] Umgekehrt kann man sagen, daß P.e. und D.e. gleichsam die folgerichtige Weiterentwicklung des in der Chronik begonnenen Ansatzes seien, vgl. hierzu J. Sirinelli, Les vues historiques d'Eusèbe de Césarée durant la période prénicéenne, Paris 1961, 135 und C. Kannengießer, Eusebius of Caesarea, Origenist, in: Eusebius, Christianity, and Judaism, ed. W. Attridge/G. Hata, StPB 42, Leiden 1992, 444.

[93] CPG 3495. – GCS Euseb 2, 1-3, ed. E. Schwartz, Leipzig 1903-1909; SC 31; 41; 55; 73, ed. G. Bardy, Paris 1952-1960. Deutsche Übersetzung: Eusebius von Caesarea, Kirchengeschichte, hg. H. Kraft, Übersetzung von P. Haeuser (BKV Euseb 2, Kempten 1932) neu durchgesehen von H.A. Gärtner, München ²1981. Die Erweiterung der vor der diokletianischen Verfolgung erstmals in Angriff genommenen H.e. auf 10 Bücher ist gegen 314 zu datieren (2. Revision), eine dritte Revision um 320, die vierte um das Jahr 325 (Damnatio memoriae des Licinius), vgl. T.D. Barnes, l.c. 150. 187 und die Tabelle in der Eusebbiographie von F. Winkelmann, l.c. 187-191.

als auch als apologetischer Text einzuordnen.[94] Schon von daher steht sie mit Praeparatio und Demonstratio evangelica in unmittelbarem Zusammenhang. Die Geschichtssystematik der Chronik ist dabei gleichsam die wissenschaftliche Voraussetzung für die H.e., ein Zusammenhang, auf den Euseb selber aufmerksam macht:[95] Aber als spezieller Teil der insgesamt heilsgeschichtlich verstandenen Weltgeschichte muß die Geschichte der Kirche noch eine ganz eigene, separate Darstellung erfahren.[96] Diese Darstellung gehört schon insofern unmittelbar mit in unseren Fragezusammenhang, als in diesem Text vor allem die Frühphase der Geschichte der christlichen Kirche gerade auch im synchronistischen Blick auf die sich parallel dazu ereignende Geschichte der Juden erzählt wird; nach dem berühmten Einleitungssatz der H.e. soll der Leser auch »über das, was das jüdische Volk unmittelbar nach seinem Anschlag auf unseren Erlöser getroffen hat«[97] informiert werden. Später, d.h. nach der Zeit Hadrians, spielen die Juden dann in der Darstellung der H.e. hingegen kaum mehr eine Rolle.[98] Unter Berücksichtigung der in der H.e. vorliegenden Tendenzen und methodischen Vorentscheidungen läßt sich anhand dieser Darstellung aber ein anschaulicher Eindruck von der Eusebschen Sicht der Juden gewinnen, der mit der Frage nach deren Stellung im theologischen Gesamtkonzept Eusebs in engstem Zusammenhang steht.

---

[94] Vgl. hierzu zuletzt A.J. Droge, The Apologetic Dimensions of the Ecclesiastical History, in: Eusebius, Christianity, and Judaism, ed. H.W. Attridge/G. Hata, StPB 42, Leiden 1992, 492-509; zuvor F. Winkelmann, l.c. 105-115; D. Timpe, Was ist Kirchengeschichte? Zum Gattungscharakter der Historia ecclesiastica des Eusebius, in: FS für R. Werner, hg. W. Dahlheim u.a., Xenia 22, Konstanz 1988, 171-204; W. Völker, VigChr 4 (1950) 157-180 und die Arbeit von M. Gödecke, Geschichte als Mythos. Eusebs »Kirchengeschichte«, EHS.T 307, Frankfurt/M. u.a. 1987, 88-94. Eine gute Gesamtdarstellung der historischen Arbeiten und Vorgehensweise Eusebs bietet das Buch von R.M. Grant, Eusebius as Church Historian, Oxford 1980, über das Schicksal der Juden nach der historisch-theologischen Theoriebildung der Eusebschen Kirchengeschichte siehe hierin 97-113.

[95] H.e. I 1, 6.

[96] Eusebius macht selber darauf aufmerksam, daß er mit *diesem* Genre (der Kirchengeschichte) eigentlich am wenigsten in vorgegebener Tradition steht, daß er hier am deutlichsten neue Wege beschreitet, weswegen er hier auch in besonderem Maße die Nachsicht des kritischen Lesers erbittet: H.e. I 1, 3-5.

[97] H.e. I 1, 2: πρὸς ἐπὶ τούτοις καὶ τὰ παραυτίκα τῆς κατὰ τοῦ σωτῆρος ἡμῶν ἐπιβουλῆς τὸ πᾶν Ἰουδαίων ἔθνος περιελθόντα ... (6, 9-11 Schwartz). Einen »kompliziert bebarteten Schlüssel« zur H.e. sieht zu Recht in diesem Einleitungssatz M. Tetz, Christenvolk und Abrahamsverheißung. Zum »kirchengeschichtlichen« Programm des Eusebius von Caesrea, in: Jenseitsvorstellungen in Antike und Christentum, Gedenkschrift für A. Stuiber, hg. von T. Klauser u.a., Münster 1982, 30. Die oben Anm. 94 genannte Monographie von R.M. Grant ist bis in den Aufbau hinein jenem Einleitungssatz verhaftet.

[98] Darauf hat M. Tetz hingewiesen: L.c. 38.

3.3.2. Die Introductio elementaria generalis (Ecl.), die Schrift gegen
Hierokles (Hier.) und die Theophanie (Theoph.)

Die Introductio elementaria generalis[99] bestand ursprünglich aus neun Büchern; erhalten sind nur die Bücher VI-IX, auch Eclogae propheticae genannt.[100] In dem Werk, auf das Euseb in der P.e. bereits verweist,[101] waren in
den ersten fünf Büchern die allgemeinen und ohne weiteres verständlichen
Beweise für die »Zeugnisse« über Christus zusammengestellt, in den letzten
vier finden sich alttestamentliche Auslegungen für »Fortgeschrittene«, also
wohl Katechumenen.[102] Das Werk ist mit Sicherheit aus dem Bereich der
praktischen christlichen Unterweisung hervorgegangen.[103] Der noch vor 311
entstandene Text[104] ist im Zusammenhang der hier zu behandelnden Themen-
stellung vor allem für die Frage nach der jüdisch-christlichen Kontroverse um
das rechte Schriftverständnis von Bedeutung.

Gegenüber dem stärker »religionspädagogischen« impetus der Introductio
zählt die etwa zeitgleich entstandene[105] Schrift gegen Hierokles[106] zu den ersten
aplogetischen Arbeiten des Eusebius und bildet dabei in vieler Hinsicht gleichsam die literarische und sachliche Voraussetzung für das wohl nur wenig später
begonnene große apologetische Doppelwerk: Andererseits ist Contra Hieroclem
viel stärker als Praeparatio und Demonstratio noch auf die Widerlegung einer
bestimmten gegnerischen Schrift, nämlich des Φιλαλήθης λόγος des Hierokles fixiert:[107] Das große apologetische Doppelwerk ist demgegenüber im
Aufbau viel freier, eigenständiger und in seinem impetus weniger defensiv
ausgerichtet.

---

[99] CPG 3475.

[100] PG 22, 1021-1262.– Vgl. T.D. Barnes, l.c. 167 mit no. 18 sowie 168f.

[101] P.e. I 1, 12.

[102] Diese Zweiteilung zeichnet natürlich die dann in P.e. und D.e. vorgenommene vor,
vgl. oben die Anmerkungen 45 und 61. Über die Zweiteilung der Introductio
elementaria generalis siehe auch D.e. VII 2, 52.

[103] E. Schwartz, PWRE 6 (1909) 1387 vermutet, daß Pamphilus ein der alexandrinischen
Katechetenschule vergleichbares, wenn auch etwas kleineres Unternehmen in Caesarea
eingerichtet hatte.

[104] Nach F. Winkelmann, l.c. 189: zwischen 293 und 303; nach D.S. Wallace-Hadrill, l.c.
57: zwischen 303 und 312; über den Text vgl. T.D. Barnes, l.c. 167-174 und E. Schwartz,
PWRE 6 (1909) 1385-1387.

[105] Wohl zwischen 311 und 313, denn Hierocl. IV 1 setzt die göttliche Strafe gegen die
Verfolger und damit den Tod des Galerius voraus: Vgl. F. Winkelmann, l.c. 189; D.S.
Wallace-Hadrill, l.c. 57, die Einleitung der SC-Ausgabe von M. Forrat (siehe nächste
Anm.). Die Schrift gegen Hierokles fiele dann mit dem Beginn der Arbeit am großen
apologetischen Doppelwerk zeitlich in etwa zusammen. Für eine frühere Datierung,
kurz vor das Jahr 303, plädiert T.D. Barnes, l.c. 165. 277.

[106] CPG 3485. – Edition mit französischer Übersetzung in SC 333, ed. E. des Places, frz.
Übersetzung M. Forrat, Paris 1986.

[107] So schon Hier. I 1; Vgl. auch Lact., Inst. V 2, 2 und ein Referat V 2, 12 – 3, 26.

Die Theophanie, deren griechisches Original fast vollständig verloren ist und die nur in einer syrischen Übersetzung erhalten ist,[108] ist für die hier leitende Fragestellung in zweierlei Hinsicht von besonderer Bedeutung; einerseits deshalb, weil hier eine Kurzfassung der apologetischen Hauptgedanken Eusebs vorliegt, die Schrift also inhaltlich die Praeparatio und Demonstratio evangelica voraussetzt,[109] sich dabei aber wohl an ein etwas breiteres Publikum wendet, und zum zweiten deshalb, weil es sich hier um eines der späteren Werke Eusebs handelt,[110] an das die Frage gestellt werden kann, ob und inwiefern sich seine Sicht der Juden im Vergleich zum apologetischen Doppelwerk möglicherweise verändert hat.

3.3.3. Jesajakommentar und Psalmenkommentar (Is./Ps.)

Es ist sicher kein Zufall, daß Euseb in der Spätphase seines Schaffens[111] sich ausgerechnet der kommentierenden Auslegung Jesajas und der Psalmen zuwandte – es waren die beiden alttestamentlichen Bücher, die am stärksten christologisch interpretierbar waren.[112] Die Kommentare sind mithin für die Frage nach seiner Exegese, nach der christologischen Auslegung der alttestamentlichen Schriften von zentraler Bedeutung.[113]

Im Blick auf Eusebs Jesajakommentar[114] ist für unser Problem der Stellung Eusebs zu den Juden genauer nach Methode, Durchführung und nach dem impetus seiner Auslegung zu fragen, besonders hinsichtlich derjenigen Stellen des Buches Jesaja, die er auch in der D.e. zur Beweisführung in Auseinandersetzung mit der jüdischen Auslegung heranzieht.[115]

---

[108] CPG 3488.– Edition in GCS Euseb III 2, ed. H. Gressmann/A. Laminski, Berlin ²1991 (griechische Bruchstücke und Übersetzung der syrischen Überlieferungen).

[109] Vgl. E. Schwartz, PWRE 6 (1909) 1430f.

[110] Nach 324. Zu den vorgeschlagenen Datierungen vgl. die Tabelle bei F. Winkelmann, Euseb, 188-191. T.D. Barnes, l.c. 186f. setzt die Entstehung der Theophanie um das Jahr 326 an – meines Erachtens die wahrscheinlichste Lösung; D.S. Wallace-Hadrill, l.c. 58, datiert noch später: nach dem Tode Konstantins 337.

[111] T.D. Barnes, l.c. 97, sieht die Kommentare als ausgesprochene Spätwerke Eusebs an (in die allerdings frühere Exegesen eingegangen sind) und datiert sie um 330. Nach F. Winkelmann, l.c. 190 wäre der Jesajakommentar jedenfalls sicher nach 315 zu datieren,

[112] So auch C. Kannengießer, l.c. 459.

[113] Eine neue wissenschaftliche Analyse des Jesajakommentars hat M.J. Hollerich vorgelegt: The Godly Polity in the Light of Prophecy. A Study of Eusebius of Caesrea's Commentary on Isaiah, Diss. Chicago 1986. Vgl. ders., Eusebius as Polemical Interpreter of Scripture, in: Eusebius, Christianity, and Judaism, ed. W. Attridge/G. Hata, StPB 42, Leiden 1992, 53-79. Für weitere Literatur zur Exegese Eusebs siehe in dieser Arbeit unten unter 5.2.3.

[114] CPG 3468.– GCS Euseb IX; ed. J. Ziegler, Berlin 1975. Über die Wiederauffindung eines fast vollständigen Textes des Jesajakommentars Anfang der dreißiger Jahre siehe A. Möhle, ZNW 33 (1934) 87-89.

[115] Zur alttestamentlichen Exegese Eusebs in dieser Arbeit unten unter 5.2.3. – M.J.

Am Rande ist dabei auch das in PG 30 und PG 23 unter dem Titel Psalmenkommentar gesammelte Material[116] hinzuzuziehen, vor allem der Abschnitt PG 23, 441-1221, der, anders als die übrigen Teile, mit ziemlicher Sicherheit Eusebius zugeschrieben werden kann.[117]

3.3.4. Über die Märtyrer in Palästina (M.P.) und Onomasticon (Onom.)

Die Schrift über die Märtyrer in Palästina[118] hat in unserem Fragezusammenhang nur eine sehr marginale Bedeutung, muß aber am Rande mit hinzugezogen werden, insofern hier das auch im apologetischen Doppelwerk und in der Kirchengeschichte immer wieder auftretende traditionelle Motiv einer jüdischen Schuld an der Kreuzigung Christi verarbeitet ist; auch ist im Blick auf M.P. danach zu fragen, inwieweit hier das Motiv einer Mitschuld oder gar Mittäterschaft von Juden an christlichen Martyrien, wie wir es ja aus vielen Märtyrertexten kennen,[119] eine Rolle spielt.

Das Onomasticon der biblischen Ortsnamen, allein erhaltener letzter Teil eines größeren geographisch-exegetischen Gesamtwerkes,[120] eine Art »geographisches Bibellexikon«,[121] hat für die hier verhandelte Fragestellung ebenfalls

---

Hollerich, l.c. 589, vermutet, daß Euseb die Form des biblischen Kommentars gleichsam als eine Überbietung der apologetischen Arbeiten, besonders der Demonstratio evangelica, ansah, insofern deren eher eklektisches Verfahren bei der Behandlung von Bibelstellen nun durch einen Zeile für Zeile voranschreitenden Kommentar ersetzt, die Zahl der besprochenen Stellen also vervollständigt wurde. Zur D.e. im Jesajakommentar siehe auch die Einleitung der Zieglerschen GCS-Edition, XXXIV und E. Schwartz, PWRE 6 (1909) 1436f.

[116] CPG 3467. – Vgl. E. Schwartz, PWRE 6 (1909) 1434f.

[117] Hierzu T.D. Barnes, l.c. 97 no. 135 und M.-J. Rondeau/J. Kirchmeyer, DSp 4 (1961) 1688-1690. Auf die Bedeutung der Eusebschen Psalmenkommentierung für Athanasius hat wiederum M.-J. Rondeau, RSR 56 (1968) 385-434 aufmerksam gemacht, hier auch eine forschungsgeschichtliche Zusammenfassung der Debatten um den Psalmenkommentar. – Die Kommentierung zu Ps 118 findet sich unter dem Titel »La chaîne Palestinienne sur le Psaume 118« ediert SC 189f., ed. M. Harl, Paris 1972; diejenige zu Ps 49 bei R. Devreesse, RB 33 (1924) 78-81.

[118] CPG 3490. – Edition GCS Euseb IX 2, ed. E. Schwartz, Leipzig 1908, 907-950. – Dt. Übersetzung: BKV Euseb 1, übersetzt von A. Bigelmair, München 1913, 273-313. – Die Schrift ist relativ präzise auf den Zeitraum 311-314 zu datieren, vgl. T.D. Barnes, l.c. 148-155 und F. Winkelmann, l.c. 189.

[119] Als Beispiel sei nur das Polykarpmartyrium genannt: Eus., H.e. IV 15, 29.

[120] CPG 3466. – Edition GCS Euseb III 1, ed. E. Klostermann, Hildesheim 1966 (ND der Ausgabe Berlin 1904). – Die Datierung für das Onomasticon der biblischen Ortsnamen schwankt erheblich zwischen der Zeit vor der diokletianischen Verfolgung (so F. Winkelmann, l.c. 189) und der Zeit zwischen 326 und 330 (so D.S. Wallace-Hadrill, l.c. 57).

[121] So der treffende Ausdruck von E. Schwartz, PWRE 6 (1909) 1434. Zum Onomasticon ferner C.U. Wolf, BA 27 (1964) 66-96.

nur eine Randbedeutung, die darin besteht, daß sich aus diesem für die Zeitgenossen sicher besonders wichtigen Text Eusebs hin und wieder Eindrükke von historischem Umfeld und palästinischem Lokalkolorit gewinnen lassen.

3.3.5. Über das Leben des Kaisers Konstantin (V.C.)

Der Konstantinpanegyricus[122] gehört ebenfalls nicht unmittelbar in eine Behandlung der Stellung der Juden im heilsgeschichtlichen Kozept Eusebs. Es finden sich jedoch in diesem Text einige deutlich antijudaistische Äußerungen im Munde Konstantins, die im Blick auf ihre Urheberschaft näher geprüft werden und, je nach Zuordnung, entweder in den Zusammenhang der Stellung Konstantins zu den Juden oder aber in den der Haltung Eusebs zu den Juden eingeordnet werden müssen.[123]

Die in den unmittelbaren inhaltlichen und formalen Zusammenhang der V.C. einzuordnende Tricennatsrede auf Konstantin[124] trägt für die Frage nach der Stellung Eusebs zu den Juden nicht Näheres aus.

3.3.6. Gegen Markell (Marcell.) / Über die kirchliche Theologie (E.th.)

Die aus der Spätphase Eusebs stammenden trinitätstheologischen Schriften gegen Markell[125] gehören schon von ihrer Thematik her nicht in den unmittelbaren Zusammenhang der hier verhandelten Fragestellung. Sie sind gleichwohl am Rande mit herbeizuziehen, insofern sie einerseits für die Christologie

---

[122] CPG 3496. – Edition GCS Euseb I, I, ed. F. Winkelmann, Berlin 1975. Dt. Übersetzung: BKV Euseb I, übersetzt von M. Pfättisch, München 1913, 1-190. Die jahrelange Authentizitätsdebatte kann heute als zugunsten der Echtheit entschieden angesehen werden. Ein forschungsgeschichtlicher Bericht bei F. Winkelmann, Klio 40 (1962) 187-243.

[123] Siehe hierzu unten unter 6.1.

[124] CPG 3498. – Edition GCS Euseb I, ed. I. Heikel, Leipzig 1902, 195-259. – Zur Heikelschen Ausgabe vgl. F. Winkelmann, Klio 67 (1987) 586f., zu den Bemühungen um eine Neuedition in GCS vgl. ders., Annotationes zu einer neuen Edition der Tricennatsreden Eusebs und der Oratio ad sanctum coetum in GCS, in: Antidoron. Hommage à Maurits Geerard, Wetteren 1984, 1-7. Eine englische Übersetzung liegt vor von H.A. Drake, In Praise of Constantine. A Historical Study and New Translation of Eusebius' Tricennial Orations, Berkeley 1975. H.A. Drake war übrigens auch für die dringend notwendige Neuausgabe in GCS vorgesehen – im Moment ist nach meinen Informationen keine Neubearbeitung in Sicht. – Zu der Rede vgl. E. Schwartz, PWRE 6 (1909) 1427f.

[125] CPG 3477. 3478. – Beide Werke sind nur in einer Handschrift erhalten. Edition: GCS Euseb IV, ed. E. Klostermann/G.C. Hansen, Berlin ²1972, 1-58 (*Marcell.*); 60-182 (*E. th.*). Die Datierung der Texte nach F. Winkelmann, Euseb, 191: zwischen 335 und 337. Eine dogmengeschichtliche Analyse der beiden Schriften bei G. Feige, Die Lehre Markells von Ankyra in der Darstellung seiner Gegner, EThS 58, Leipzig 1991.

Eusebs, die ja auch in der Demonstratio evangelica (wenn auch dort in anderer
Stoßrichtung und natürlich noch ohne den Hintergrund der späteren dogmatischen Konflikte um Arius und seine Theologie) breit entfaltet wird, wichtig
sind, und insofern andererseits Euseb die Lehre Markells unter anderem mit
der ausdrücklichen Begründung ablehnte, es handele sich hier um ein
»judaisierendes« und deshalb kirchlich nicht zu akzeptierendes Verständnis
Christi.[126]

---

[126] Siehe hierzu in dieser Arbeit unten S. 169-171. – Es handelt sich beim Judaismus-
Vorwurf Eusebs gegen Markell um eine Umkehrung des gleichlautenden Vorwurfs,
den Vertreter der Einhypostasenauffassung gegen die »arianisierenden« subordinatianischen Theologen, nicht zuletzt gegen Arius selbst erhoben: Im ersten Falle
kommt der Vorwurf dadurch zustande, daß Euseb und die breite Mehrheit der
Orientalen in der als »Sabellianismus« diskreditierten Einhypostasenlehre eine Form
des Monotheismus sieht, die keine Differenzierung zwischen Vater, Sohn und Geist
mehr zulasse, im zweiten Falle dadurch, daß Markell und die Vertreter der Einhypostasenauffassung (einschließlich des eigentlichen Nizänums) in den subordinatianischen Theologien der »Eusebianer« (Euseb von Nikomedien) eine exklusive
Reservierung der Gottesprädikation für den Vater sahen, die die Göttlichkeit des
Logos-Sohnes faktisch ausschließe.

4. Euseb und die Juden. Terminologische Beobachtungen

4.1. Hebräer, Heiden, Juden, Christen. Die Terminologie

Das heilsgeschichtliche Konzept Eusebs von Caesarea, wie es im apologetischen Doppelwerk, aber auch in den historischen Arbeiten zum Tragen kommt, ist gekennzeichnet von einer grundlegenden terminologischen Unterscheidung zwischen Hebräern, Heiden, Juden und Christen. Fragt man näher nach der Verhältnisbestimmung zwischen diesen vier Gruppierungen im Zusammenhang des theologisch-universalhistorischen Ansatzes Eusebs, wird man in der Literatur immer wieder auf Varianten oder Reproduktionen derjenigen Beschreibung stoßen, wie sie M. SIMON in seinem bis auf den heutigen Tag grundlegenden Werk zum Verhältnis von Christen und Juden im spätantiken römischen Reich[1] als Grundansatz Eusebs dargelegt hat:

> La révélation divine, dit-il en substance, s'est manifestée en Israël bien avant Moïse, et bien avant qu'il y eût un peuple juif (Praep. ev. 7,6). Les Juifs, en effet, tirent leur nom de Juda, dont la tribu a, très tardivement, donné naissance au royaume juif. Les Hébreux, au contraire, doivent leur nom à Eber, l'aïeul d'Abraham. Ils sont donc antérieurs aux Juifs, dont Moïse fut le premier législateur. C'est lui qui a institué le sabbat, le distinction des aliments purs et impurs, les fêtes, les rites de purification, tout le détail des prescriptions cérémonielles. Cette loi mosaïque, tardivement promulguée, n'a jamais été destinée qu'au seul peuple juif (Praep. ev. 8,1). Même ceux des Juifs qui vivent dans la Diaspora ne peuvent s'y plier (Dem. ev. 1,2). Son observation n'est possible, donc exigible, que pour les seuls Juifs palestiniens, voire même jérusalémites (Dem. ev. 1,3). Elle est strictement délimitée, dans le temps et dans l'espace. Ce n'est pas elle, en conséquence, qui peut servir de point de ralliement à l'humanité pieuse. Or Dieu est le Dieu de tous les hommes et non d'un peuple seulement; c'est à tous les hommes qu'il offre la voie du salut, réalisée par le christianisme. Nouveauté? Non pas. La formule de vie religieuse que l'Eglise du Christ propose à l'humanité entière, c'est exactement celle qu'Abraham déjà pratiquait. Car les Hébreux d'avant Moïse ont tout

---

[1] M. Simon, Verus Israel. Étude sur les relations entre les chrétiens et juifs dans l'empire romain (135-425), Paris ²1964. Eine englische Übersetzung liegt vor von H. McKeating, Oxford 1986.

ignoré de sa législation, et observaient une dévotion libre, ἐλεύθερον εὐσεβείας τρόπον (Praep. ev. 7,6). Ils vivaient en accord avec la loi naturelle, sans aucun besoin de préceptes écrits; ils avaient une sûre connaissance des vérités divines. Entre eux et l'Eglise chrétienne, à travers la période »juive« de l'histoire d'Israël, qui commence avec Moïse et se termine avec le Christ, les prophètes »hebreux« établissent la continuité sans hiatus d'une même traditon religieuse. Ces Hébreux ainsi opposés aux Juifs, et qui leur préexistent, nous pouvons reconnaître en eux des chrétiens. Eusèbe nous y invite explicitement et remonte même plus haut qu'Abraham: »Tous ceux dont la justice est ainsi attestée depuis Abraham en remontant jusqu'au premier homme, on peut sans sortir de la vérité les appeler des chrétiens: ils l'ont été, en fait, sans en porter le nom (H.E. 1,4,6)«.[2]

W. Kinzig hat unlängst diese, das Verhältnis von Hebräern, Heiden, Juden und Christen im Konzept Eusebs näher bestimmende Definition, wie sie ganz ähnlich auch von J. Sirinelli[3] und anderen[4] gegeben worden ist, in seiner Heidelberger Habilitationsschrift in anschaulicher Weise graphisch dargestellt:[5]

Den beiden Ausgangsgrößen der Vorzeit, polytheistischen Heiden und monotheistischen Hebräern gesellt sich im Vorfeld der mosaischen Gesetzesoffenbarung eine sich primär aus (abgefallenen) Hebräern, z.T. aber auch aus Heiden speisende dritte Gruppe hinzu, Israel; aus dieser wird durch die Annahme des mosaischen Gesetzes das Judentum, welches den Monotheismus in unvollkommener Weise bewahrt. Seit dem Erscheinen Christi auf Erden, das heilsgeschichtlich mit der pax Augusta zusam-

---

[2]   M. Simon, l.c. 107f.

[3]   J. Sirinelli, Les vues historiques d'Eusèbe de Césarée durant la période prénicéenne, Paris 1961, 139-161. Es handelt sich hierbei um die m.W. bisher ausführlichste Untersuchung zur Frage nach Juden und Hebräern in der Terminologie und im heilsgeschichtlichen Konzept Eusebs.

[4]   Vgl. (in Reaktion auf das Buch Sirinellis) M. Harl, REG 75 (1962) 522-531.– Außerdem M. Simonetti, ASEs 14 (1997) 121-134; A. Kofsky, Eusebius of Caesarea and the Christian-Jewish Polemic, in: Contra Iudaeos. Ancient and Medieval Polemics between Christians and Jews, ed. O. Limor/G.G. Stroumsa, TSMJ 10, Tübingen 1996, 73-78; F. Winkelmann, Euseb von Kaisareia. Der Vater der Kirchengeschichte, Berlin 1991, 129f.; D. König-Ockenfels, Saec. 27 (1976) 355-358; J. Parkes, SCH(L) 1 (1964) 71f.; D.S. Wallace-Hadrill, Eusebius of Caesarea, London 1960, 102-106; H. Berkhof, Die Theologie des Eusebius von Caesarea, Amsterdam 1939, 51-53. J. Parkes, The Conflict of the Church and the Synagogue. A Study in the Origins of Antisemitism, London 1934, 161f.

[5]   W. Kinzig, Novitas Christiana. Die Idee des Fortschritts in der Alten Kirche bis Eusebius, FKDG 42, Göttingen 1994. Das das Konzept Eusebs wiedergebende, umseitig abgebildete Schaubild befindet sich bei Kinzig auf S. 532.

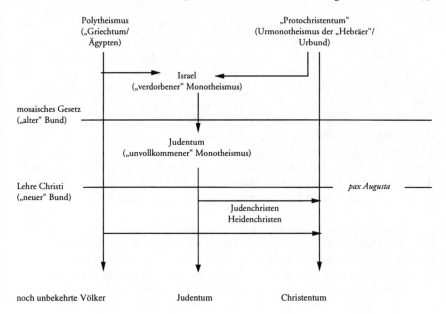

menfällt, ist die Möglichkeit für Heiden und Juden neu aufgetan, zur vollständigen Gotteserkenntnis zu gelangen (= Christen zu werden). Das Christentum steht in diesem Konzept in direkter Kontinuität zu den alten Hebräern, das Heidentum in direkter Kontinuität zu der polytheistischen Urreligion, das Judentum aber ist ein neben dem Hebräertum parallel einherlaufende Mittelgröße, die gegenüber dem Polytheismus der Heiden einen »Fortschritt«, gegenüber der Urreligion der Hebräer aber einen »Rückschritt« und gegenüber dem Christentum eine unzureichende Form der Gotteserkenntnis darstellt.

Um zu erkennen, inwiefern diese durchaus gängige, bei geringfügigen Varianten immer wieder auftauchende und bislang im Grunde nirgends bestrittene Interpretation Eusebs von den Quellen her Bestätigung findet oder aber der Differenzierung beziehungsweise Modifikation bedarf, ist zunächst die Verwendung der einschlägigen Begriffe im Werk Eusebs zu erheben und dann auf ihre theologischen Implikationen hin zu befragen.

4.1.1. Die Hebräer

Die von Euseb selbst immer wieder benutzte Wechselbezeichnung für die Hebräer lautet φίλοι θεοῦ,[6] also »Gottesfreunde«. Oft wird diese Wendung

---

[6]   D.e. I 6, 29 (GCS Euseb VI, 27, 9 Heikel). Vgl. H.e. I 2, 21f.; 4,4.

noch durch ein Adjektiv näherbestimmt, wobei θεοφιλής[7], θεοσεβής[8], oder auch ἀναπεφωνημένος[9] am häufigsten vorkommen. Dies zeigt schon deutlich an, daß sich die Hebräer für Euseb besonders durch Eigenschaften wie Gottgeliebtheit, Frömmigkeit und göttliche Inspiration auszeichnen.[10] Ein entscheidendes Merkmal der Hebräer ist dabei ihr hohes weltgeschichtliches Alter. Sehr häufig tritt die Adverbien πάλαι oder ἀνέκαθεν beziehungsweise das Adjektiv παλαιοί als Näherbestimmungen zum Substantiv Ἑβραῖοι.[11] In der Kirchengeschichte ist davon die Rede, daß »auf Erden aus den alten Hebräern ein ganzes Volk, das sich an die Gottesfurcht hielt, entstand«[12]. Das gesamte Buch VII der Praeparatio evangelica baut auf dem Grundgedanken des hohen menschheitsgeschichtlichen Alters der Hebräer auf, womit zugleich ihre Überlegenheit über die Heiden wie über die Juden »bewiesen« werden soll.

Damit wird auch sofort klar, daß die terminologische Ausdifferenzierung von Hebräern-Heiden-Juden und Christen bei Euseb in den Zusammenhang des apologetisch motivierten Altersbeweises gehört: Das Ältere ist das Bessere, so lautet die einfache Grundregel dieser Beweisführung: Presbyteron Kreitton. Unter diesem Titel hat P. PILHOFER im Jahre 1990 das umfangreiche Material zu diesem apologetischen Basisinstrument der antiken Zeit zusammengestellt[13] und dabei die Voraussetzungen dieses »Beweises« in der griechischen Literatur, Parallelen in der heidnischen römischen Literatur und dann die Ausformung in den jüdisch-hellenistischen Texten, besonders bei Josephus, sowie bei den frühen christlichen Apologeten, besonders bei Justin, erhoben: Für Justin beweist sich die Wahrheit der christlichen Lehre am Alter der Weisheit Christi und der ihm vorangegangenen Propheten;[14] diese seien älter als alle Schriftsteller, die es je gegeben hat. Die weitere Entwicklung des Altersbeweises bis zu den Höhepunkten der christlichen Apologetik hat PILHOFER dann, der in seiner Arbeit vorgenommenen Abgrenzung entsprechend, nicht weiter verfolgt. Euseb steht mit seinem Verfahren in genau jener Tradition des jüdisch-

---

[7]   D.e. I 9, 8 (41, 15f. Heikel). Vgl. P.e. XIV 3, 4; D.e. V prooem. 20. 23.

[8]   D.e. V prooem. 20 (206, 12 Heikel).

[9]   D.e. I 1, 9 (5, 13 Heikel).

[10]   Vgl. hierzu D.e. V prooem. 2; P.e. VII 5, 1 und das ganze Kapitel P.e. VII 8.

[11]   P.e. XI 15, 7 (II 37, 1 Mras/Des Places); vgl. P.e. XIV 3, 1; D.e. III 2, 52 (104, 14f. Heikel); vgl. IV 7, 1; V prooem. 20; H.e. I 2, 22 (24, 7 Schwartz).

[12]   H.e. I 2, 22: ὅλον τε ἔθνος ἐπὶ γῆς θεοσεβείᾳ προσανέχον ἐκ τῶν ἀνέκαθεν Ἑβραίων ὑπέστη (24, 6f. Schwartz). Zur in diesem Satz angelegten Behauptung der Kontinuität zwischen den Hebräern und den Christen s.u. S. 113-116.

[13]   P. Pilhofer, Presbyteron Kreitton. Der Altersbeweis der jüdischen und christlichen Apologeten und seine Vorgeschichte, WUNT 2/39, Tübingen 1990. Siehe auch die reiche Materialsammlung bei K. Thraede, RAC 5 (1962) 1242-1254.

[14]   Just., 1Apol. 23. – Zum Altersbeweis bei Justin siehe P. Pilhofer, Presbyteron, 235-252.

christlichen Altersbeweises. Er verstärkt sie dabei aber durch Kombination
mit seiner terminologischen Einteilung der Menschheit in Hebräer-Juden-
Heiden-Christen: Nun sind es nämlich nicht mehr einfach die Juden (so
die jüdisch-hellenistische Apologetik), nun sind es nicht mehr die Lehren
Christi und der Propheten (so Justin), die den Anspruch erheben, die
Ältesten und damit die Besten zu sein, sondern es werden die Hebräer als
dasjenige Volk etabliert, das das höchste menschheitsgeschichtliche Alter
aufweist; und damit werden diejenigen, die sich auf eine möglichst bruchlose Kontinuität zu eben jenen Hebräern berufen können, als die in der
zeitgenössischen Situation Besten erwiesen. Es dürfte nicht überraschen,
daß dies für Euseb natürlich die Christen sind.

Der Begriff »Hebräer« geht, so Euseb, auf den Namen Hebers, des Großvaters
Abrahams zurück.[15] Neben dieser auf die Abstammung von einer Person
rekurrierende Herleitung sei jedoch gleichzeitig auch eine etymologische Erklärung mit in den Blick zu nehmen:

> Diese werden wohl treffender als Hebräer bezeichnet, entweder wegen
> Heber oder aber mehr auf Grund der Deutung dieser Bezeichnung: Denn
> sie werden als eine Art »Wanderer« bezeichnet, die sich auf ihre Reise aus
> dieser Welt begeben haben, um zur Schau des Gottes des Universums zu
> gelangen.[16]

Die Stelle zeigt sehr schön, daß die Bezeichnung »Hebräer« für Euseb von
vornherein nicht ausschließlich genealogisch im Sinne der Nachkommen
Hebers bestimmt ist, sondern von der Bedeutung der hebräischen Wurzel עבר
her auch konkret inhaltlich gefüllt ist: Es liegt also eine zweifache Ausrichtung
des Begriffes vor:[17] Einerseits handelt es sich um die Nachfahren Hebers,
andererseits gleichzeitig um solche Menschen, die seit alters her in einer ganz
besonderen Weise mit Gott auf dem Wege gewesen sind, um ihn gewußt und
dann auch (in relativer Absage an die Welt) Gott entsprechend gelebt haben.[18]
  Wer aber zählt nun faktisch für Euseb zu diesen »Hebräern«, den »alten
Gottesfreunden«? Neben dem Urvater und Namensgeber Heber sind hier vor
allem folgende Personen namhaft zu machen:

---

[15] P.e. VII 6, 2. Nach Gen 10, 21. Zur Stelle siehe M. Simonetti, ASEs 14 (1997) 131f.
[16] P.e. VII 8, 20f.: Ἑβραῖοι δ᾽ ἂν κυριώτερον ἐπικληθεῖεν, ἤτοι παρὰ τὸν Ἔβερ ἢ καὶ
    μᾶλλον παρὰ τὴν ἑρμηνείαν τῆς προσηγορίας. περατικοὶ γάρ τινες ἑρμηνεύονται,
    τὴν ἀπὸ τῶν τῇδε ἐπὶ τὴν τοῦ τῶν ὅλων θεοῦ διάβασίν τε καὶ θεωρίαν στειλάμενοι.
    (GCS Euseb 8, 1, 373, 19-22 Mras/Des Places).
[17] So auch J. Sirinelli, l.c. 153f.
[18] So P.e. XI 6, 39. Im Anschluß P.e. XI 6, 40 heißt es, der Begriff lehre, »von den
    hiesigen Dingen zu den göttlichen zu kommen und überzugehen« (περᾶν καὶ διαβαίνειν
    ἀπὸ τῶν τῇδε ἐπὶ τὰ θεῖα ... II 20, 6f. Mras/Des Places). Siehe hierzu M. Harl, REG
    75 (1962) 528f.

Zunächst ist für Euseb die Gestalt des Mose als »Hebräer« zu bezeichnen, und zwar in besonderem Maße, denn Mose gilt ihm als »großer Theologe, ein Hebräer unter den Hebräern, wenn je ein anderer gewesen ist«.[19] Die Besonderheit der Gestalt des Mose liegt für Euseb einerseits darin, daß er die Epoche der Vorväter, also gleichsam die Zeit seit Heber, zu einem relativen Abschluß und gleichzeitig zu einer Art Höhepunkt bringt, andererseits darin, daß er in seiner Eigenschaft als Gesetzgeber sowohl die Möglichkeit der Ausbreitung des Bösen in der Welt einschränkt als auch die Möglichkeit der weiteren Entfaltung des Guten befördert.[20] Der relative Höhepunkt der Epoche der Hebräer wird in der Gestalt des Mose dadurch erreicht, daß dieser mit Hilfe seiner besonderen Gelehrsamkeit die Geschichte der Hebräer aufschreibt und für die Nachwelt erhält:[21] Aus diesen mosaischen Berichten kann Euseb eine Geschichte der »gerechten und gottgeliebten Menschen«[22], der Hebräer, rekonstruieren und ihre Namen und gottesfürchtigen Wandel mitteilen. So wird nach dem Namengeber Heber Henoch als zweiter Hebräer gezählt,[23] als dritter Noah, »ein gerechter Mann aus seiner Generation«[24]. Im weiteren benennt Euseb für die Generationen nach der Flut Melchisedek[25], dann »Abraham, den die Söhne der Hebräer als ihren Ahnherrn und Vorvater rühmen«[26], »den berühmten Vorvater eines ganzen Volkes, von welchem die Erzählungen Gerechtigkeit berichten«[27], sodann »Isaak, Nachfolger sowohl der väterlichen

---

[19] P.e. VII 7, 1: Ὁ τοίνυν μέγας θεολόγος Μωσῆς Ἑβραῖος ὢν ἐξ Ἑβραίων, εἰ καί τις ἄλλος (I 369, 14f. Mras/Des Places). Ähnlich H.e. I 2, 21-23 und auch die Chronik (7, 11f. Helm/Treu). J. Sirinelli, l.c. 157, bestreitet kurzerhand, daß Mose bei Euseb als Hebräer gesehen sei: »Moïse n'est pas un Hébreu.« Dieser Ansicht steht aber der ausdrückliche Textbefund bei Euseb entgegen, vgl. etwa auch die Formulierung in P.e. X 9, 8: εὕροις ἂν κατὰ μὲν Ἑβραίους Μωσέα (I 586, 23 Mras/Des Places). Zutreffend M. Harl, REG 75 (1962) 530: »Moïse est lui-mème un Hébreu« sowie A. Kofsky, l.c. 74: »Moses himself was a Hebrew of Hebrews«.

[20] P.e. VII 7, 1. Vgl. H.e. I 2, 23.

[21] P.e. VII 8, 1.

[22] P.e. VII 8, 2: θεοφιλεῖς τινες ἄνδρες γεγόνασι καὶ δίκαιοι. (I 370,19 Mras/Des Places); vgl. P.e. VII 8, 9 u.ö.

[23] P.e. VII 8, 5-9 mit Berufung auf Gen 4, 26.

[24] τρίτος μετὰ τούτους πάλιν ἄλλος »ἄνθρωπος δίκαιος« πεφηνὼς ὁ Νῶε »ἐν τῇ γενεᾷ αὐτοῦ« μεμαρτύρηται. P.e. VII 8, 16 (I 372, 21f. Mras/Des Places) mit Berufung auf Gen 6, 9.

[25] P.e. VII 8, 19, übrigens ebenfalls (wie bei Heber) mit auf das Hebräische zurückgreifender Etymologie. Zu Melchisedek bei Euseb siehe J. Sirinelli, StPatr 6 (1962) 232-247, zu Melchisedek in der patristischen Auslegung G. Bardy, RB 35 (1926) 496-509 und RB 36 (1927) 25-45, zu Melchisedek in den spätantiken jüdisch-christlichen Kontroversen M. Simon, RHPhR 17 (1937) 58-93.

[26] H.e. I 4, 5: Ἀβραάμ, ὃν ἀρχηγὸν καὶ προπάτορα σφῶν αὐτῶν παῖδες Ἑβραίων αὐχοῦσι. (40, 13-15 Schwartz). Vgl. auch den Passus P.e. VII 8, 22-24.

[27] ὁ βοώμενος τοῦ παντὸς ἔθνους γενάρχης Ἀβραὰμ (...), ᾧ μαρτυρεῖ τὰ λόγια δικαιοσύνην. P.e. VII 8, 22 (I 373, 25 – 374, 1 Mras/Des Places).

Gotteserkenntnis als auch Gottesliebe«[28], Jakob/Israel[29], gleichfalls unter Hinweis auf die hebräische Etymologie beider Namen, sodann Hiob, der nach Hi I, I als »tadelloser, wahrer, gerechter, frommer und sich aller üblen Machenschaft enthaltender Mensch«[30] gekennzeichnet wird, danach Josef, der mit seiner Lebensgeschichte den »gottgeliebten Charakter der Hebräer offenbarte«[31] und sich » vor allem durch Erkenntnis und Frömmigkeit gegenüber dem Gott aller Menschen«[32] auszeichnete, sowie schließlich, als zehnte und letzte Person in der Reihe der »alten Hebräer«, die Gestalt des Mose. Durchgängig bestätigt sich der eingangs angesichts der Definition aus der Praeparatio evangelica gewonnene Eindruck, daß die »alten Hebräer« sich neben der geneaologischen Abkunft von Heber primär durch eine außergewöhnliche moralisch-religiöse »Qualifikation« auszeichnen: Bei der von Euseb aus den mosaischen Berichten erstellten Namensreihe spielen vor allem Kriterien wie Gerechtigkeit, Frömmigkeit und Gottgeliebtheit eine Rolle.[33]

Besonders instruktiv für unseren Zusammenhang ist das Beispiel des Hiob: Dieser wird nämlich von Euseb uneingeschränkt zu den alten Hebräern gerechnet, obwohl das genealogische Kriterium für ihn angesichts seiner Abstammung aus Ur in Chaldäa gar nicht gilt: Auf Grund seiner besonderen Gottesfurcht und religiösen Haltung kann er aber dennoch unter den Hebräern firmieren; es zeigt sich also, daß aus Sicht des Eusebius das religiösinhaltliche Kriterium das genealogische überwiegen kann.

Neben den am Beispiel der Hebräer von Heber bis Mose aufgewiesenen Eigenschaften zeichnen sich die »alten Hebräer« für Euseb jedoch noch durch einen zusätzlichen wichtigen Aspekt aus, den er (unter Rückgriff auf paulinische Theologoumena) am Beispiel des Abraham exemplifiziert: Sie alle lebten ohne die mosaisch-jüdischen Gesetze, die zu diesem Zeitpunkt ja noch gar nicht gegeben waren, und befanden sich dennoch (beziehungsweise gerade deshalb) in einem besonders unmittelbaren und unbeeinträchtigten Gottesverhältnis:

> Zu diesen soll auch Abraham gerechnet werden, von dem die Erzählungen Gerechtigkeit bezeugen, aber nicht die Gerechtigkeit vom Gesetz des Mose, weil dies damals noch nicht existierte, da Mose in der siebten Generation nach Abraham auftrat; gleichwohl aber ist auch dieser (sc.:

---

[28] Ἰσαὰκ τῆς πατρῴας ὁμοῦ θεογνωσίας τε καὶ θεοφιλείας διάδοχος. P.e. VII 8, 25 (I 374, 19 Mras/Des Places).

[29] P.e. VII 8, 26-29.

[30] ἄνθρωπον ἄμεμπτον, ἀληθινόν, δίκαιον, θεοσεβῆ, ἀπεχόμενον ἀπὸ παντὸς πονηροῦ πράγματος P.e. VII 8, 30 (I 375, 19f. Mras/Des Places).

[31] τὸν θεοφιλῆ τῶν Ἑβραίων διέδειξε τρόπον. P.e. VII 8, 32 (I 375, 26 – 376, 1 Mras/Des Places).

[32] πολὺ πρότερον ἐν ἐπιγνώσει καὶ εὐσεβείᾳ τοῦ τῶν ἁπάντων θεοῦ. P.e. VII 8, 34 (I 376, 10f. Mras/Des Places).

[33] Vgl. hierzu S. 61f.

Abraham) als gerecht und fromm bezeichnet worden, wenn auch ein anderer, in gleicher Weise wie die, die zuvor genannt worden sind. So sagt schließlich auch die Schrift: »Und Abraham glaubte Gott, und das wurde ihm zur Gerechtigkeit angerechnet.«[34]

Wie steht es nun aber mit dem Begriff der »Hebräer« bei Euseb für die Zeit nach Mose und nach der mosaischen Gesetzgebung? Für diese Phase der Weltgeschichte, die für ihn durch die Immoralität und Gottesferne der heidnisch-polytheistischen Religionen einerseits und durch die relative Moralität und Gottesnähe der im Gegensatz zu den Heiden das mosaische Gesetz einschließlich der Zeremonialgesetze befolgenden Juden andererseits gekennzeichnet ist, benutzt Euseb die Vokabel »Hebräer« vergleichsweise seltener, andererseits fällt der Begriff keineswegs vollständig aus. Seine Verwendung bleibt allerdings auf Mitglieder des jüdischen Volkes beschränkt.[35] So werden besonders die Propheten Israels und Judas von Euseb konsequent als »Hebräer« bezeichnet,[36] womit natürlich eine Kontinuität dieser Propheten zu den »alten Gottesfreunden« der Vorzeit markiert wird. Vor allem Jesaja wird von Euseb mehrfach »Prophet der Hebräer«[37] und »Hebräer«[38] genannt, daneben auch Jeremia.[39] Wie bei den vormosaischen Vätern betont Euseb auch hier die besondere »göttliche Kraft«[40], die Inspiration der hebräischen Propheten und lobt »ihren großen Beitrag zum Fortschritt der Menschlichkeit in der gesamten Welt.«[41]

---

[34] ἐν δὴ τούτοις (...) καὶ ὁ (...) Ἀβραὰμ κατηριθμήσθω, ᾧ μαρτυρεῖ τὰ λόγια δικαιοσύνην, οὐ τὴν ἐκ νόμου πάλιν Μωσέως, ὅτι μηδὲ ἦν πω τότε (μετὰ γοῦν τὸν Ἀβραὰμ ἑβδόμη γενεᾷ Μωσῆς ἀναπέφηνε), πλὴν ἀλλὰ καὶ οὗτος δίκαιος καὶ εὐσεβής, εἰ καί τις ἄλλος, ἀνείρηται, τοῖς ἄνωθεν δεδηλωμένοις παραπλησίως. λέγει δ᾽ οὖν ἡ γραφή· »Καὶ ἐπίστευσεν Ἀβραὰμ τῷ θεῷ καὶ ἐλογίσθη αὐτῷ εἰς δικαιοσύνην«. P.e. VII 8, 22f. (I 373, 25 – 374, 6 Mras/Des Places). Das abschließende Schriftzitat Gen 15, 6; Röm 4, 3. Daß Euseb hier nicht nur die Genesisexegese, sondern vor allem das 4. Kapitel des Römerbriefes im Blick hat, zeigt die Zusammenstellung mit Gen 17, 5 in P.e. VII 8, 23. Ganz ähnlich der hier angezogenen Stelle aus der Praeparatio evangelica sind die Aussagen in H.e. I 4, 10-12; vgl. hierzu auch M. Tetz, Abrahamsverheißung, 34.

[35] Eine einzige Ausnahme von dieser Regel ist Platon, vgl. hierzu den Exkurs unter 4.1.2.

[36] H.e. IV 29, 7; P.e. X 14, 16.

[37] Ἡσαΐας, ἄλλος πάλιν Ἑβραίων προφήτης. D.e. I 4, 7 (19, 32f. Heikel).

[38] D.e. III 2, 52 (im Zusammenhang des Zitates Jes 7, 14).

[39] Ἰερεμίας, ἕτερος Ἑβραίων προφήτης. D.e. I 4, 5 (19, 10 Heikel).

[40] τῆς ἐν τοῖς Ἑβραίων προφήταις θείας δυνάμεως. D.e. V prooem. 32 (209, 4f. Heikel).

[41] οὓς τοῦ θείου πνεύματος φαμὲν ἀξιωθῆναι, μεγάλων ἕνεκεν πραγμάτων οἰκουμένης ἁπάσης ἀνθρώπων βελτιώσει συμβαλλομένων. D.e. V prooem. 30 (208, 29-31 Heikel).

Neben den alttestamentlichen Propheten wird auch das Königtum in Israel, jedenfalls sofern es sich nach den biblischen Überlieferungen durch besondere Gottesfürchtigkeit und Weisheit auszeichnete, von Euseb mit dem Begriff »Hebräer« belegt. Dies gilt exemplarisch und vor allem für den König David, den er auch den »König aller Hebräer« nennt[42] und ausdrücklich in unmittelbare Kontinuität zu den alten Hebräern, namentlich zu Abraham, Isaak und Jakob stellt.[43] Diese rückwärtige Kontinuität zu den »alten Gottesfreunden« durch die nachmosaische jüdische Geschichte hindurch wird für Euseb durch drei Ämter gewahrt: das königliche, das prophetische und das hohepriesterliche Amt. Alle diese drei Ämter sind erst in Christus »aufgehoben«; insofern können die jeweiligen Amtsträger von Euseb geradezu als »Vorbilder Christi« bezeichnet werden:[44] Als solche garantieren sie in der weltgeschichtlichen Phase zwischen Mose und Christus das Weiterleben und Bestehen der vormals durch die alten Hebräer repräsentierten positiven Eigenschaften und Tugenden; zum Zwecke der Kennzeichnung dieses Zusammenhanges werden sie auch selbst von Euseb mit der Hebräer-Terminologie belegt.

> Nun gab es in vergangener Zeit drei besondere Ehrenämter unter den Hebräern, wegen derer das Volk gerühmt wurde, nämlich zum einen das königliche, zum zweiten das prophetische und dazu das hohepriesterliche, wobei sie (sc.: die Heiligen Schriften) weissagen, daß die Auflösung und völlige Zerstörung dieser zugleich das Zeichen für die Gegenwart Christi sein werde.[45]

Ein weiteres instruktives Beispiel für den Gebrauch der »Hebräer«-Begrifflichkeit für die Phase zwischen Mose und Christus bei Euseb sind die Makkabäer, die Euseb auf Grund ihrer in den Berichten des (von Euseb fälschlich Josephus zugeschriebenen) 4. Makkabäerbuches bezeugten Martyriumsbereitschaft als »Hebräer, die für ihre Gottesfrömmigkeit mannhaft eingetreten waren«[46] bezeichnet und so in eine direkte Linie zu den alten vormosaischen Hebräern stellt. Wieder erweist sich ein moralisches Kriterium als das eigentlich entscheidende für die Vergabe der Bezeichnung »Hebräer«; es ist die Charakterfestigkeit und die Unbeirrbarkeit im Beharren auf der einmal als richtig angesehenen, monotheistischen Gotteserkenntnis.

---

[42] Δαβίδ, βασιλεὺς ὢν τοῦ παντὸς Ἑβραίων ἔθνους. D.e. IV 15, 34 (178, 26 Heikel).

[43] D.e. IV 15, 22.

[44] H.e. I 3, 9f.

[45] τριῶν τὸ πρὶν ἐπιφανῶν ἀξιωμάτων παρ' Ἑβραίοις διαπρεπόντων, δι' ὧν τὸ ἔθνος συνεκροτεῖτο, ἑνὸς μὲν τοῦ βασιλικοῦ, ἑτέρου δὲ τοῦ προφητικοῦ, καὶ ἐπὶ τούτοις τοῦ ἀρχιερατικοῦ, τούτων ὁμοῦ τὴν κατάλυσιν καὶ τὴν παντελῆ καθαίρεσιν σημεῖα τῆς τοῦ Χριστοῦ παρουσίας ἔσεσθαι θεσπίζουσιν. D.e. VIII prooem. 2 (349, 11-16 Heikel).

[46] H.e. III 10, 6: ὑπὲρ τῆς εἰς τὸ θεῖον εὐσεβείας ἀνδρισαμένων Ἑβραίων (224, 19f. Schwartz).

Des weiteren werden die siebzig Übersetzer der »Septuaginta« von Euseb[47] unter die »Hebräer« gerechnet, und zwar wegen ihres Bemühens um den Text der Heiligen Schrift und wegen ihrer besonderen Gelehrsamkeit und Weisheit.[48]

Wie steht es nun aber mit der Anwendung der Hebräer-Begrifflichkeit nach beziehungsweise seit dem Erscheinen Christi auf Erden? Daß Euseb für die christliche Kirche und für die Christen eine nahezu bruchlose Kontinuität zu den alten Hebräern postuliert,[49] ist seit jeher in der Literatur immer wieder vermerkt worden. Wieder und wieder betont Euseb den engen Zusammenhang zwischen den als Hebräer bezeichneten Christen und jenen alten Hebräern aus vormosaischer Zeit. Diese Denkfigur gehört zum Grundbestand seines apologetischen Repertoires im Sinne der Etablierung eines »Altersbeweises« für die christliche Kirche; deshalb kann die Anwendung der Hebräer-Terminologie auf die Christen bei Euseb nicht weiter verwundern. Neben der Bezeichnung »Hebräer« für die Glieder der Kirche und für die gesamte Christenheit[50] werden namentlich besonders die Verfasser der neutestamentlichen Schriften[51] mit der »Hebräer«-Terminologie belegt.

Erstaunlicher aber und in der bisherigen wissenschaftlichen Bewertung des heilsgeschichtlichen Konzepts Eusebs noch gar nicht berücksichtigt ist demgegenüber der Befund, daß es für Euseb auch für die Zeit nach beziehungsweise seit der Inkarnation des Logos noch Menschen gibt, die zwar nicht zur Kirche gehören, von denen aber gleichwohl eine Kontinuität zu den »alten Gottesfreunden« ausgesagt werden soll und die deswegen ebenfalls als »Hebräer« bezeichnet werden. Dies betrifft allerdings ausschließlich Angehörige des jüdischen Volkes. In diesem Sinne kann Euseb zum Beispiel Philo von Alexandrien einen Hebräer[52] und Josephus »den berühmtesten Geschichtsschreiber der Hebräer«[53] beziehungsweise in Anlehnung an Phil 3, 5 einen »Hebräer unter Hebräern«[54] nennen.[55] Eusebs Hebräer-Terminologie, wiewohl primär

---

[47] Für Eusebius ist die LXX ganz selbstverständlich der zunächst maßgebende Text – und zwar wegen seines kirchlich-liturgischen Gebrauches: D.e. V prooem. 35f. (zitiert in dieser Arbeit S. 178 Anm. 226) Für die wissenschaftliche Auseinandersetzung um das Verständnis der Schrift greift er aber auch auf andere Lesarten zu, die ihm durch die Hexapla vorlagen. Zur alttestamentlichen Exegese Eusebs siehe unten unter 5.2.3.

[48] D.e. V prooem. 35; VII 1, 31. H.e. VII 32, 16.

[49] Vgl. hierzu unten unter 4.1.4.

[50] H.e. III 4, 2.

[51] Zum Beispiel Johannes in P.e. XI 19, 2: εὐαγγελιστὴς Ἰωάννης, Ἑβραῖος ὢν ἐξ Ἑβραίων. (II 45, 13f. Mras/Des Places) oder Matthäus in H.e. V 8, 2.

[52] H.e. II 4, 2f.

[53] ὁ τῶν παρ᾽ Ἑβραίοις ἐπισημότατος ἱστορικῶν Φλάυιος Ἰώσηπος ... H.e. I 5, 3 (44, 22f. Schwartz).

[54] Ἑβραῖος ἐξ Ἑβραίων D.e. VI 18, 36 (281, 3f. Heikel). Will man nicht einfach eine die Pluralform nicht näher reflektierende Übernahme von Phil 3, 5 postulieren, so ergibt sich die Frage: wer sind die Ἑβραίων (Plural!), aus denen Josephus ein Ἑβραῖος ist?

auf Christen zum Beweis ihrer Herkunft von jener alten, gesetzesfreien »Idealreligion« angewendet, bleibt also auch für die Zeit seit beziehungsweise nach
dem Erscheinen Christi auf Erden keineswegs ausschließlich für die Glieder
der christlichen Kirche reserviert! Die Auszeichnung mit dem »Hebräer«-Titel
trifft neben den herausragenden Persönlichkeiten des Philo und des Josephus
interessanterweise sogar für den berühmten Disputationsgegner Justins, den
Juden Tryphon, zu, den Euseb einen Hebräer, ja sogar den »damals bedeu-
tendsten der Hebräer«[56] nennt.

An einigen wenigen Stellen benutzt Euseb den Hebräer-Titel schließlich
nicht allein für herausgehobene Persönlichkeiten der Juden, sondern wählt ihn
auch in allgemeiner gehaltenen Formulierungen. Einmal heißt es im Zusammenhang einer christlich-jüdischen Kontroverse um das Verständnis von Jes
19, 1-4:

> Dann sollen die Söhne der Hebräer sagen, wann nach der Zeit Jesajas der
> Herr Ägypten besuchte, und was für ein Herr er war ...[57]

eine Wendung, die hier ersichtlich die schriftgelehrten jüdischen Gegner Eusebs
in Caesarea meint, denen durch Verwendung des Hebräer-Titels offenbar
Respekt entgegengebracht wird.

Andernorts benutzt Euseb den Begriff »Hebräer« sogar für die messias-
gläubigen Juden im allgemeinen. Er sagt von den Juden, die Jesus nicht als den
Christus angenommen haben und nach wie vor auf den Messias warten:

> Nun ist allen Menschen gemeinsam die Lehre von Gott (...). Die Lehre
> von dem Christus (aber) ist (nur) den Hebräern und uns selber eigentüm-
> lich und gemeinsam; und, indem sie ihren eigenen Schriften folgen,
> bekennen sie sie auch gleich wie wir, jedoch fallen sie weit (von uns) ab,
> weil sie weder seine Göttlichkeit erkennen noch wissen, was der Grund
> seines Kommens ist (...).[58]

Euseb kann ja immerhin auch für Juden nach Christus von »Söhnen der Hebräer« im
Plural sprechen (D.e. VI 20, 3). Ob hier besonders überzeugungstreue, besonders den
Heiligen Schriften verpflichtete, und nicht zuletzt: besonders gebildete Juden gemeint
sind? Sicherheit wird man hier nicht gewinnen können, aber einige Stellen bei Euseb
weisen in diese Richtung (siehe die nächsten Anm.).

[55] Natürlich werden sowohl Philo als auch Josephus von Euseb alternierend auch als
Juden bezeichnet. Siehe hierzu unten unter 4.1.3. und hier die beiden Exkurse über
Philo bei Euseb und Josephus bei Euseb.

[56] H.e. IV 18, 6: πρὸς Τρύφωνα τῶν τότε Ἑβραίων ἐπισημότατον (364, 24f. Schwartz).

[57] D.e. VI 20, 3: λεγέτωσαν δῆτα Ἑβραίων παῖδες, πότε μετὰ τοὺς Ἡσαΐου χρόνους
ὁ κύριος Αἰγυπτίοις ἐπιδεδήμηκεν, καὶ ποῖος κύριος (285, 22f. Heikel).

[58] D.e. IV 1, 2: ὁ μὲν οὖν περὶ (...) θεοῦ κοινὸς ἅπασιν ἀνθρώποις ἐστὶ λόγος· ἴδιος
δὲ καὶ κοινὸς αὖθις Ἑβραίων καὶ ἡμῶν ὁ περὶ Χριστοῦ· ὃν πῆ μὲν ὁμοίως ἡμῖν ταῖς
παρ' αὐτοῖς ἑπόμενοι γραφαῖς ἔτι νῦν ὁμολογοῦσιν, πῆ δὲ μακρὰν ἀποπίπτουσιν,
μήτε τὴν θεότητα συνορῶντες αὐτοῦ, μήτε τὰ αἴτια τῆς παρουσίας εἰδότες, ...
(150, 5-11 Heikel).

Hier sind also Juden von Euseb als Hebräer bezeichnet auf Grund ihrer Messiasgläubigkeit, die sie von allen übrigen Menschen positiv unterscheidet und sie (trotz des trennenden Unterschiedes in der Beurteilung Jesu von Nazareth) zunächst einmal mit den Christen verbindet.

Solche Stellen haben zweifelsfrei gegenüber dem Gesamtbefund in Eusebs Texten einen Ausnahmecharakter; auch ist damit, wie der zweite Teil des zuletzt zitierten Passus sofort zeigt, keine prinzipielle Gleichstellung von Christen und Juden intendiert: Die eigentlichen Hebräer sind ja die jesus-christus-gläubigen, die gesetzesfrei Gott verehrenden Christen. Es zeigt sich aber: In Ausnahmefällen können auch Juden nach Christus als »Hebräer« bezeichnet, also ebenfalls in Kontinuität zu der Religion der »alten Gottesfreunde« gesehen (und damit immerhin von der Hebräer-Bezeichnung her den Christen zugeordnet) werden.[59] Kriterien hierfür scheinen Schrift- und Überzeugungstreue, Gelehrsamkeit und (wissenschaftliche) Bildung zu sein.[60]

4.1.2. Die Heiden oder »Griechen«

Bei den terminologischen Klärungen innerhalb des heilsgeschichtlichen Konzeptes Eusebs ist zunächst festzuhalten, daß ein eigentliches Wort für »Heiden« in den Eusebschen Texten relativ selten vorkommt. In der Einleitung zur H.e. ist zwar die Rede von den Angriffen, die das göttliche Wort πρὸς τῶν ἐθνῶν ertragen mußte.[61] Auch im apologetischen Doppelwerk und sonst in den Texten Eusebs ist hin und wieder von τὰ ἔθνη als Bezeichnung für Heiden die Rede.[62] An einer Stelle wird einmal das christliche »gottesfürchtige Leben« dem ἐθνικὸν τρόπον entgegengesetzt.[63] Schließlich wird die Kirche aus Heidenchristen in der Kirchengeschichte Eusebs bisweilen ἐκκλησία ἐξ ἐθνῶν genannt.[64] Auf der anderen Seite ist der Begriff ἔθνος keineswegs für die Be-

---

[59] Die außerordentliche Wertschätzung, die Euseb jenen Juden durch die Anwendung der »Hebräer«-Terminologie zuteil werden läßt, ist eigentlich noch nirgends klar vermerkt worden; E. Schwartz weist im Einleitungs- und Registerband zur GCS-Edition der Kirchengeschichte wenigstens darauf hin, daß hier »im Gegensatz zu Ἰουδαῖος eine Anerkennung vom christlichen Standpunkt aus« vorliege (GCS Euseb IX 3, 139). Ob man von einem *Gegensatz* sprechen sollte, erscheint mir allerdings zweifelhaft (siehe zum Beispiel den in der vorigen Anmerkung zitierten Text); und daß die mit dem Attribut »Hebräer« hervorgehobenen Juden wie Philo und Josephus Juden sind, ist für Euseb völlig selbstverständlich und kommt auch in seiner Terminologie klar zum Ausdruck, siehe hierzu unten S. 98. 110.

[60] Wiewohl hier auf Grund des schmalen Befundes Unsicherheiten bleiben, s.o. Anm. 54.

[61] H.e. I 1, 2. (6, 12 Schwartz). Ähnlich P.e. I 3, 14.

[62] Zum Beispiel P.e. I 1, 12; D.e. II prooem. 2.

[63] H.e. VI 19, 9 (560, 23 Schwartz). Vgl. auch den topischen Hinweis auf das lasterhafte Leben der Heiden D.e. IV 9, 10.

[64] H.e. IV 6, 4; V 12, 1.

zeichnung von Heiden reserviert, er kann von Euseb durchaus hin und wieder auch auf Juden angewendet werden.[65]

Gegenüber diesem verhältnismäßig schmalen Befund dominiert zur Kennzeichnung der Heiden bei Euseb eine andere Begrifflichkeit: Denn diejenigen, die im Lauf der Geschichte nicht christusgläubig waren oder es in der Gegenwart nicht sind und die schließlich auch nicht zu den Hebräern oder zu den Juden zu zählen sind, werden meistens einfach als »Griechen«, οἱ Ἕλληνες[66], ihre Religion beziehungsweise Lehre als θεολογία Ἑλληνική[67] oder als ἑλληνισμός[68] bezeichnet. Dieser Begriff ist stets dezidiert im Gegensatz zu den »Barbaren«[69], also zu Juden[70] und Christen[71] und damit natürlich auch im Gegensatz zu den Hebräern[72] gebraucht.[73] Die Stellen zeigen auch, daß mit der Anwendung dieser Terminologie fast immer eine (durchweg negative) Bewertung der Heiden/»Griechen« und ihrer Theologie einhergeht.

Für unsere Frage nach der Anwendung der Bezeichnungen »Hebräer«, »Heiden«/»Griechen«, »Juden« und »Christen« im heilsgeschichtlichen Konzept des Eusebius ist es hilfreich, daß Euseb zum Eingang der Demonstratio evangelica selbst eine Definition dessen gibt, was er meint, wenn er die einschlägigen Begriffe verwendet:

So heiß es am Anfang der Demonstratio evangelica über die heidnischen Hellenen:

> Den Hellenismus aber, um es zusammenzufassen, (sc.: dürfte man korrekt bezeichnen; Vf.) als die Verehrung mehrerer Götter in der althergebrachten Weise aller Völker.[74]

Das entscheidende kennzeichnende Merkmal der Griechen ist für Euseb also deren Verehrung vieler Götter, ihre polytheistische Religiosität. Dabei ist diese

---

[65] P.e. VII 11, 9 (zitiert unten Anm. 140); P.e. VIII 12, 20 (zitiert unten Anm. 219); H.e. I 1, 2 (zitiert unten Anm 275) u.ö. – Natürlich ist damit keine Diskreditierung der Juden durch Euseb intendiert: ἔθνος konnte ja auch jüdischerseits in positivem Kontext für Juden gebraucht werden, man siehe nur Jos., Ap. I 5 (3, 20 Niese).

[66] P.e. I 1, 11; 2, 4f.; X 3, 26; 4, 3. 5. 30-33; es handelt sich um die im apologetischen Doppelwerk absolut vorherrschende Begriffswahl. Für die Kirchengeschichte H.e. VI 18, 3.

[67] P.e. II 5, 1.

[68] P.e. I 5, 12; D.e. I 2, 1.

[69] P.e. I 2, 1; H.e. IV 13, 5; VIII 6, 1; X 4, 20 u.ö.; Es handelt sich hierbei natürlich um eine ironische Wendung der üblichen griechischen Selbstunterscheidung von den vermeintlich unterentwickelten und auch verachtenswerten Barbaren.

[70] D.e. II 1, 2; H.e. IV 2, 2f.; VI 13, 7.

[71] P.e. III 14, 13; H.e. IV 7, 13; 8, 5; VI 13, 4; 19, 14; VII 32, 22.

[72] P.e. III 6, 4; VII 18, 11; H.e. IV 29, 7.

[73] Für die Kirchengeschichte vermerkt dies völlig zu Recht E. Schwartz in GCS IX 3, 139.

[74] τὸν δὲ ἑλληνισμόν, ὡς ἐν κεφαλαίῳ φάναι, τὴν κατὰ τὰ πάτρια τῶν ἐθνῶν ἁπάντων εἰς πλείονας θεοὺς δεισιδαιμονίαν. D.e. I 2, 2 (7, 29f. Heikel).

heidnische Religiosität nach Eusebs Konzept nicht von vornherein ein griechisches Phänomen gewesen: Zunächst waren es nämlich »alle Völker«, namentlich die Anhänger der phönizischen und der ägyptischen Theologie,[75] die nach den polytheistischen Kulten lebten und die Verehrung der für göttlich gehaltenen Himmelskörper betrieben. Diese Art von Religiosität wird von Euseb sogleich in direkter Entgegensetzung und mit entschiedener negativer Abgrenzung von der (wiederum als weltgeschichtlich älter gedachten) »reinen« Religion der Hebräer dargestellt; welche

> mit den schärfsten geistigen Augen hinter die ganze sichtbare Welt sahen
> und den Weltbildner und Schöpfer des Universums verehrten.[76]

Wogegen von den phönizischen und ägyptischen Polytheisten gesagt werden muß:

> Der Rest der Menschheit fiel von dieser einen und wahren Religion (sc.:
> der Hebräer; Vf.) ab, blickte mit den Augen des Fleisches auf die Körper
> des Himmels – wie geistige Kleinkinder –, erklärte die Himmelskörper
> zu Göttern und verehrte sie mit Opfern und mit »Gottes«diensten.[77]

Diese Abgrenzung der polytheistischen Religion der Phönizier und Ägypter mit Hilfe eines bei Euseb völlig geläufigen Dekadenzmodells wird nun gegenüber den Griechen noch dadurch verschärft, daß diese lediglich als Nachahmer jener ohnehin schon defizitären Theologie geschildert werden: Die griechische »Theologie« ist nach Eusebs Theorie also nicht einmal innerhalb der heidnischen Religionen die älteste![78] Unter den Griechen nahm lediglich der phönizisch-ägyptische Polytheismus noch griechische Formen und griechische Sprachgestalt an.[79] Dabei kam es dann zur Ausbildung der verschiedenartigsten Kulte wie der Verehrung von Dämonen, Heroen und Scheingöttern. Dieser Vielgötterglaube ist zwar zugegebenermaßen populär,[80] inhaltlich aber völlig naiv; die mit ihm verbundene Theologie und Philosophie ist voller

---

[75] P.e. I 6.

[76] οἳ διανοίας καθαρωτάτοις ὄμμασι πᾶν τὸ ὁρώμενον ὑπερκύψαντες τὸν κοσμοποιὸν καὶ τῶν ὅλων δημιουργὸν ἐσεβάσθησαν. P.e. I 6, 2 (I 23, 5f. Mras/Des Places). Daß Euseb hier religionskritische Elemente des priesterschriftlichen Schöpfungsberichtes aufnimmt, ist evident.

[77] οἵ γε μὴν λοιποὶ τῶν ἀνθρώπων τῆσδε τῆς μόνης καὶ ἀληθοῦς ἀποπεσόντες εὐσεβείας τὰ φωσφόρα τῶν οὐρανίων σαρκὸς ὀφθαλμοῖς οἷα νήπιοι τὰς ψυχὰς καταπλαγέντες θεούς τε ἀνεῖπον καὶ θυσίαις τε καὶ προσκυνήσεσιν ἐγέραιρον. P.e. I 6, 3 (I 23, 10-13 Mras/Des Places).

[78] P.e. II 5, 1 – Natürlich in Aufnahme traditioneller apologetischer Motive aus der jüdischen (Josephus, Contra Apionem I 6f. [4, 1-13 Niese]) und christlichen Tradition.

[79] Diesem Beweis dient der gesamte Passus aus Diodorus Siculus P.e. II 1f.

[80] P.e. II 5, 1.

Widersprüche, die im Zusammenhang der einschlägigen Kulte vollzogenen oder zu vollziehenden Orakel sind völlig sinn- und wertlos[81] usw. Besonderes Merkmal jener heidnischen Griechen ist das Orakelwesen, anhand dessen Euseb (neben der Polytheismus/ Monotheismus-Alternative) eine zusätzliche Entgegensetzung der Heiden zu den alten Hebräern konstruiert, indem er zeigt, daß, anders als bei den Orakeln, die Prophezeiungen der hebräischen Propheten sämtlich (im Erscheinen Christi auf Erden) in Erfüllung gegangen sind, was dann der gesamte zweite Hauptteil der Demonstratio evangelica im Detail nachzuweisen bemüht ist.

Der »Abfall« der Heiden von der monotheistischen Urreligion der alten Hebräer verschärft sich für Euseb sogar noch durch den Nachweis, daß den Griechen die Hebräer und ihre Lehren wie ihre Lebensweise durchaus bekannt war und sogar bewundert wurde.[82]

Indem Euseb nicht müde wird, auf das geringere weltgeschichtliche Alter der Hellenen nicht nur gegenüber den Hebräern, sondern sogar im Vergleich zu anderen heidnischen Völkern zu verweisen, unterstellt er gleichzeitig auch, daß die Griechen im Grunde genommen nur Plagiatoren gewesen seien, denen es an jeder eigenständigen theologischen Traditionsbildung ermangelt.[83]

In dieser griechischen Vielgöttertheologie und ihren Kulten beziehungsweise in der völligen Insuffizienz dieser Theologie hinsichtlich der wahren Gottesverehrung liegt für Euseb die Lösung des heilsgeschichtlichen Problems, warum die Christen, obwohl diese genealogisch eigentlich von den Hellenen abstammen, doch von der Übernahme der religiösen Vorstellungswelt der Griechen Abstand nehmen und sich an den älteren und qualitativ ungleich höherstehenden hebräischen Urmonotheismus angeschlossen haben. Damit zeigt sich wiederum, daß für Eusebs Konzept bei aller Bedeutung genealogischer Verbindungslinien andere Kriterien für das theologische Urteil im Vordergrund stehen, wobei hier zum einen die Zustimmung zum Monotheismus und zum zweiten die Ausrichtung an Gerechtigkeit und Frömmigkeit zu nennen sind.[84]

Das Grundübel der Theologie der Griechen, ihre Ablehnung des hebräischen Monotheismus, bringt für Euseb jedoch nicht nur absonderliche Formen des Kultes oder des Orakelwesens mit sich, sondern führt geradezu zwangsläufig auch philosophische Mißgriffe herbei:

---

[81] φαύλους δὲ αὐτοὺς ὁ λόγος ἐφώρασεν διὰ τῆς Εὐαγγελικῆς Προπαρασκευῆς. D.e. V prooem. 6 (203, 19f. Heikel). Euseb bezieht sich hier zurück auf seine Kritik des heidnischen Orakelwesens in den Büchern P.e. IV-VI.

[82] P.e. X 1, 7.

[83] P.e. VII 18, 11; vgl. P.e. X 1, 7 (gefolgt von eingehenden Literaturbeweisen für diese These aus Clemens [P.e. X 2] und Porphyrius (!) [P.e. X 3]; ein schöner »Beweis« für das griechische Alphabet als Plagiat des hebräischen findet sich in P.e. X 5).

[84] Vgl. oben S. 60-62.

Doch da es den hebräischen Lehren eigentümlich war, den höchsten Gott
als den alleinigen Schöpfer aller Dinge anzusehen, einschließlich der den
Körpern eignenden Substanz, die die Griechen gern ὕλη nennen, während
zahllose Mengen von Barbaren und Griechen dieser Auffassung entgegen-
standen, indem einige von ihnen erklärten, daß die ὕλη die Ursache des
Bösen sei und ohne Anfang existiere, andere sagten, daß sie in ihrer
eigentlichen Natur weder Eigenschaft noch Gestalt habe, durch die Kraft
Gottes aber ihre normale Anordnung zusammen mit den Eigenschaften
angenommen habe, müssen wir aufzeigen, daß die Ansicht der Hebräer
eine weitaus bessere Lehre darstellt, die sich der Frage in logischer Beweisführung nähert und die entgegengesetzte Auffassung mit folgerichtiger
Argumentation aus dem Wege räumt.[85]

Die polytheistischen Griechen werden also wegen ihres Vielgötterglaubens,[86]
wegen ihrer absonderlichen Orakel und wegen ihrer philosophischen Defizite
in jeder Hinsicht entgegengesetzt zu den Hebräern bestimmt. Ebenso deutlich
sind sie in theologischer und moralischer Hinsicht den Christen unterlegen,
die ihnen von der Abstammung her eigentlich zuzuordnen sind. Wie steht es
nun aber mit der Verhältnisbestimmung zwischen den »Heiden«/»Griechen«
und den Juden?

Schon der Gesamtaufriß des apologetischen Doppelwerkes, das sich in
seinem ersten, angeblich »einfacheren« Teil mit den Heiden, in seinem zweiten, den Fortgeschrittenen vorbehaltenen Teil mit den Juden auseinandersetzt,[87] zeigt deutlich, daß die Juden und die jüdische Theologie für Euseb
gleichfalls weit über den Heiden stehen. Die mosaische Gesetzgebung und die
Observanz des Gesetzes von seiten des jüdischen Volkes ist geradezu Garant

---

[85] ἀλλ' ἐπεὶ τῶν Ἑβραϊκῶν δογμάτων ἴδιον ἦν τὸ ἕνα τῶν ἁπάντων ποιητὴν
νομίζεσθαι τὸν ἐπὶ πάντων θεὸν αὐτῆς τε τῆς ὑποκειμένης τοῖς σώμασιν οὐσίας,
ἣν ὕλην Ἕλλησι προσαγορεύειν φίλον, τούτῳ δὲ μυρίοι βαρβάρων ὁμοῦ καὶ
Ἑλλήνων ἐξ ἐναντίας ἔστησαν, οἱ μὲν κακίας πηγὴν τὴν ὕλην εἶναι ἀποφηνάμενοι
ἀγένητόν τε ὑπάρχειν, οἱ δὲ τῇ μὲν οἰκείᾳ φύσει ἄποιον καὶ ἀσχημάτιστον, τῇ δὲ
τοῦ θεοῦ δυνάμει τὸν κόσμον αὐταῖς ποιότησι προσειληφέναι, δεικτέον ὡς πολὺ
κρεῖττον ἡ Ἑβραίων ἐπέχει δόξα, μετ' ἀποδείξεως λογικῆς παρισταμένη τῷ
προβλήματι καὶ τὸν ἐναντίον λογισμοῖς ὀρθοῖς ἀποσκευαζομένη λόγον. P.e. VII
18, 12 (I 400, 22 – 401, 1 Mras/Des Places).

[86] Natürlich steht Euseb auch in der Zuordnung von Griechen/Heiden und Polytheismus
ganz in jüdischer und christlicher apologetischer Tradition. Immerhin wird man
angesichts der immer stärker werdenden monotheistischen Tendenzen auch unter den
Heiden der Spätantike vorsichtig fragen müssen, ob Euseb hier die Realität des
Heidentums in seiner zeitgenössischen Welt überhaupt noch trifft. Auf der anderen
Seite muß man sehen, daß dies ein für die P.e. untergeordnetes Problem ist: Es geht
hier ja primär darum, die Überlegenheit der christlich-jüdischen Tradition über die
Griechen *von alters her* zu beweisen.

[87] Siehe oben S. 40. 45.

dafür, daß die Religion der alten Hebräer nicht völlig verschwindet:[88] Da das Gesetz vom einen höchsten Gott gegeben ist, stellt seine Befolgung das Überleben jenes hebräischen »Urmonotheismus« sicher.[89] Im ganzen Buch IX der Praeparatio evangelica wird genau dieser Vorzug der Juden mit Hilfe einer Fülle von Quellenbelegen zu untermauern versucht: So unterscheiden sich die Juden von den Heiden durch ihre Abstammung von den alten Hebräern und theologisch durch Gesetzesobservanz,[90] strenge moralische Haltung,[91] durch den Empfang von Ermahnung und Weisung durch die Propheten[92] sowie durch den Besitz der Heiligen Schriften[93]. Eine besondere Betonung erfährt die Hochachtung vor den Juden dadurch, daß ihre Vorzüge in P.e. IX mit bewundernden Kommentaren gerade *heidnischer* Autoren belegt werden.[94] Für Euseb ist das jüdische Volk also in jeder Hinsicht den Griechen überlegen. Allerdings weist er auch (in aktueller polemischer Zuspitzung)[95] darauf hin, daß jenes Privileg einer exklusiven Gottesbeziehung, das die Juden in der Tat gegenüber den Griechen hatten, in Christus im Sinne der Universalität des Heilshandelns Gottes auf die Heiden ausgedehnt worden ist und nunmehr allen Menschen offensteht.[96]

Es zeigt sich bei Euseb in der terminologischen Verwendung der Begriffe »Heiden« und »Griechen« im Ganzen eine zunächst krasse Entgegensetzung derselben zu den »alten Hebräern«, sodann eine differenzierte Entgegensetzung zu den Christen (genealogische Dependenz einerseits, vollständige religiöse Diskontinuität andererseits) sowie eine ebenso scharfe Entgegensetzung zu den Juden, wobei letztere sich zwar im Verlauf der Geschichte als in jeder Hinsicht den Heiden überlegen erwiesen haben, ihr Privileg aber inzwischen in dem in Christus offenbarten Heil für alle Völker »aufgehoben« ist.

Allerdings ist in diesem Zusammenhang noch auf einen besonderen Befund aufmerksam zu machen, der von dem bislang Gesagten eine auffällige Ausnahme markiert:

---

[88] P.e. VII 9, 1.

[89] H.e. I 2, 23; D.e. I 2, 2 (s.u. Anm. 137).

[90] P.e. IX 26, 1 (Alexander Polyhistor). Zu Alexander siehe die immer noch wichtige Arbeit von J. Freudenthal, Hellenistische Studien 1 und 2. Alexander Polyhistor und die von ihm erhaltenen Reste jüdischer und samaritanischer Geschichtswerke, Breslau 1875, bes. 17-35.

[91] P.e. IX 3, 2 (Porphyrius).

[92] P.e. IX 39, 1-5 (Alexander Polyhistor aus Eupolemos).

[93] P.e. IX 26 (Alexander Polyhistor aus Eupolemos).

[94] P.e. IX 1, 1-4. Freilich sind in P.e. IX viele dieser heidnischen Kommentare von Euseb sekundär nach Texten der christlichen und jüdischen apologetischen Tradition zitiert.

[95] Zum Partikularismusvorwurf Eusebs gegen die zeitgenössischen Juden siehe unten unter 5.5.1.

[96] D.e. II 3, 39. Es geht um das »Ausdehnen« des Heils, um das τοῖς ἔθνεσι χαρίεσθαι (67, 33 Heikel). Der fragliche Satz ist vollständig zitiert unten unter 5.6. Anm. 473.

EXKURS: Euseb und Platon

Die eine große Ausnahme von dem desolaten Gesamteindruck der griechischen Religion und Theologie bildet für Euseb die Person und die Philosophie Platons. Ihn nennt er einen »bewundernswerten Philosophen, der allein unter allen Griechen die Vorhalle der Wahrheit betreten hat.«[97] Die Bücher XI-XIII der Praeparatio evangelica sind eigens zu dem Zwecke geschrieben, zwischen der Philosophie Platons und der Theologie der alten Hebräer Gemeinsamkeiten festzustellen und so Platon als einen Verwandten der Hebräer mitten unter den Griechen zu zeichnen.[98]

Eine eingehende Untersuchung der hierdurch aufgeworfenen Problemlagen würde in unserem Zusammenhang zu weit führen; was die Zitierungstreue Eusebs angeht, dürfte eigentlich schon seit der Untersuchung J. FREUDENTHALS[99], spätestens aber seit den Arbeiten von K. MRAS[100] zur Praeparatio evangelica feststehen, daß frühere geradezu vernichtende Urteile über die angeblich äußerst ungenaue Handhabung der Quellen durch Euseb[101] jedenfalls unberechtigt sind; Platon zitiert er häufig aus dem Original, bisweilen auch sekundär,[102] aber ohne jede entstellende Textänderung;[103] dies ist übri-

---

[97] τὸν θαυμάσιον φιλόσοφον (...) τὸν δὴ μόνον πάντων Ἑλλήνων ἀληθείας προθύρων ψαύσαντα, ... P.e. XIII 14, 3 (II 229, 8f. Mras/Des Places).

[98] Vgl. die entsprechenden christlichen Sokratestraditionen, hierzu E. Benz, ZNW 43 (1950/1) 195-224.

[99] Wie oben Anm. 90, bes. 4-14. 184.

[100] Vgl. die Einleitung zur GCS-Edition der Praeparatio sowie den Beitrag RMP 92 (1944) 217-236.

[101] Scaliger sprach einst von »errata, absurditates, deliria, halucinationes«, Niebuhr nannte Euseb schlicht einen Fälscher (beide Voten sekundär zitiert nach J. Freudenthal, Hellenistische Studien, 3), Burckhardt sprach von »Entstellungen, Verheimlichungen und Erdichtungen« (J. Burckhardt, Die Zeit Constantins des Großen, Berlin o.J., 271; die scharfen Urteile Burckhardts gegen Euseb werden bis auf den heutigen Tag in nahezu jeder Publikation über das Werk des Caesareners zitiert, so zuletzt C. Markschies, Der Mensch Jesus Christus im Angesicht Gottes. Zwei Modelle des Verständnisses von Jesaja 52,13-53,12 in der patristischen Literatur und deren Entwicklung, in: Der leidende Gottesknecht. Jesaja 53 und seine Wirkungsgeschichte, hg. von B. Janowski und P. Stuhlmacher, FAT 14, Tübingen 1996, 233 Anm. 236; man darf dabei nicht ganz außer Acht lassen, daß schon Burckhardt selbst diese Urteile später zumindest mündlich weitgehend revoziert hat, worauf bereits H. Doergens, ThGl 29 [1937] 447 hinwies). – Es wäre eine eigene kleine Untersuchung wert, dem möglichen Zusammenhang solcher Urteile über Eusebs angebliche Untreue gegenüber seinen Quellen mit einem unbesehenen Fortschreiben der eigentlich seit dem arianischen Streit über ihn hereingebrochenen häresiographischen Tradition »auf anderer Ebene« nachzugehen.

[102] Instruktiv ist das von Mras (GCS Euseb VIII 2, LVII) angegebene Beispiel Ti. 41 a3 – b6, das Euseb P.e. XI 32, 4 und P.e. XIII 18, 10 direkt nach Platon, P.e. XIII 13, 28 (nur Ti. 41 a 7) sekundär nach Clem. Alex., Strom. V 102, 5 zitiert.

[103] K. Mras (GCS Euseb 8, 2, LV) diagnostiziert allenfalls einige »geringe stilistische Änderungen am Anfang der Zitate«.

gens in ähnlicher Weise auch von Eusebs Umgang mit den meisten anderen Quellen zu sagen.[104]

Für unseren Zusammenhang, in dem es auf die Stellung Platons zwischen »Griechen« und »Hebräern« in der heilsgeschichtlich relevanten Terminologie Eusebs ankommt, sei auf folgende Gesichtspunkte hingewiesen: Zunächst wird die Figur des Platon von Euseb als Zeuge für die auch sonst in der P.e. behaupteten völligen Minderwertigkeit der griechischen theologischen Überlieferungen aufgeboten.[105] Im Anschluß an ein längeres Zitat aus Platon[106] heißt es:

> Dadurch lehrt der Philosoph also deutlich, daß sowohl die Legenden der Alten hinsichtlich der Götter als auch die Naturlehren der Legenden, die angeblich in Sinnbildern ausgedrückt seien, abzulehnen sind; so daß die Lehre unseres Erlösers uns nicht länger ohne Grund auch die Abkehr von diesen Auffassungen verkündet, da sie ja auch von ihren eigenen Anhängern abgelehnt worden sind.[107]

Nachdem er so die Kritik Platons an den griechischen Göttervorstellungen aufgenommen und seinem Konzept geschickt dienstbar gemacht hat,[108] wendet sich Euseb der platonischen Lehre selbst zu; hierbei stellt er eine große Anzahl von Übereinstimmungen zwischen den »Hebräern« und Platon fest. Aus der Fülle des Materials seien hier nur genannt: die Unaussagbarkeit der göttlichen Natur,[109] die Einzigkeit Gottes,[110] der zweite Urgrund,[111] die drei

---

[104] Für zum Beispiel den die sogenannte domitianische Verfolgung betreffenden Passus aus der Kirchengeschichte habe ich eben dies in ZNW 87 (1996) 269-289 zu zeigen versucht. Zum Befund der Philo- beziehungsweise Josephuszitierung bei Euseb siehe unten die Exkurse unter 4.1.3.

[105] Dies entspricht dem oben schon zu P.e. IX beobachteten Verfahren, siehe oben Anm. 94.

[106] P.e. II 7, 4-7 = Plat., R. 377e – 378d.

[107] Σαφῶς δὴ διὰ τούτων ὁ φιλόσοφος καὶ τοὺς τῶν παλαιῶν μύθους τοὺς περὶ θεῶν καὶ τὰς τῶν μύθων ἐν ὑπονοίαις εἰρῆσθαι νομιζομένας φυσιολογίας παραιτητέας εἶναι διδάσκει· ὡς μηκέτ' ἀλόγως ἡμῖν καὶ τὴν ἐκ τούτων ἀναχώρησιν τὴν τοῦ σωτῆρος ἡμῶν διδασκαλίαν εὐαγγελίζεσθαι, ὁπότε καὶ πρὸς τῶν οἰκείων ἀποβέβληται. P.e. II 7, 8 (I 98, 16-20 Mras/Des Places).

[108] Zur Aufnahme der heidnischen Polytheismuskritik in die christlich-apologetische Tradition vgl. die Hinweise von H.C. Brennecke, Der Absolutheitsanspruch des Christentums und die religiösen Angebote der alten Welt, in: Pluralismus und Identität, hg. J. Mehlhausen, Gütersloh 1995, 380-397 und ders., Frömmigkeits- und kirchengeschichtliche Aspekte zum Synkretismus, in: Im Schmelztiegel der Religionen. Konturen des modernen Synkretismus, hg. von V. Drehsen und W. Sparn, Gütersloh 1996, 121-142, bes. 130-135. Zum Problem der Begegnung von biblischem Glauben und griechischem Geist vgl. D. Wyrwa, ZThK 88 (1991) 29-67.

[109] P.e. XI 12 (Platon, Ep. VII 341 c6 – d2 [= Clem.Alex., Strom V 77,1] gegenüber Ps 4, 7; 35, 10).

[110] P.e. XI 13 (Platon, Ti. 31a gegenüber Dtn 6, 4). Diese Timaios-Passage taucht sonst in der uns erhaltenen Platonrezeption der Apologeten nicht auf, vielleicht doch ein

Hypostasen,[112] das Wesen des Guten,[113] die widerstreitenden Mächte,[114] die Unsterblickeit der Seele,[115] das Geschaffensein der Welt[116] und das Ende der Welt.[117] In all diesen und weiteren Punkten besteht im Grunde Einigkeit zwischen platonischen und alt-, z.T. auch neutestamentlichen Aussagen. Dies bezieht sich auch auf die zahlreichen Gemeinsamkeiten in den ethisch-moralischen Überzeugungen, wovon hier nur die von Euseb vertretene Auffassung, daß die Ethik des Platon eine hellenisierte Variante der Ethik der Proverbien sei,[118] als Beispiel dienen mag. Eusebius folgert aus dieser Fülle von Gemeinsamkeiten, daß die platonische Philosophie nichts anderes sei als eine Art Übersetzung des Mose und der Heiligen Schriften der Hebräer in die griechische Sprache.[119] Indem Euseb aber über die Aufzählung solcher inhaltlicher Übereinstimmungen und die entsprechenden Quellennachweise eine Brücke zwischen Plato und den alten Hebräern schlägt, kann er Plato auch in unmittelbarem geistigen Zusammenhang mit der Gestalt des Mose verstehen und zeichnen. Freilich reicht Platon nicht vollständig an Mose heran.[120] Doch wenn von den Griechen überhaupt je ein Denker an das herangekommen ist, was Mose und die alten Hebräer gedacht und gesagt haben, dann allein Platon. So kann der griechische Philosoph Platon von Euseb als Nachfolger der Hebräer und nahezu selbst als »Hebräer« eingeordnet werden.[121]

All diese Wertschätzung des Platon hält Euseb nun allerdings nicht davon ab, sogleich auch einen grundlegenden Unterschied zwischen Mose beziehungsweise den Hebräern und Plato zu markieren:

Zeichen für eine Lektüre der Primärquelle durch Eusebius, vgl. aber G. Favrelle, SC 292, 346.

[111] P.e. XI 14-18 (Gen 19, 24; Ps 109, 1; Ps 32, 6; Ps 106, 20; Prov 8 in Auswahl; Prov 3, 19 gegenüber Platon, Epin. 986 c 1-7; darüberhinaus auch Belege von Philo und Numedius).

[112] P.e. XI 20 (Platon, Ep. II 312 d7 – e6).

[113] P.e. XI 21 (Ps 117, 1. 29; Mt 19, 17 gegenüber Platon, Ti. 29 d6 – e4; R. VI 508 b9 – c4).

[114] P.e. XI 26 (Platon, Lg. X 896 d10 – e6 gegenüber Hi 1, 6f.; Ps 103, 4; Eph 6, 12; Dtn 32, 8).

[115] P.e. XI 27 (Gen 1, 26f.; 2, 7 gegenüber Platon, Alc. I 133 c 1-16; Phd. 79 a6 – 81 c1).

[116] P.e. XI 29 (Gen 1, 1; 2, 4 gegenüber Platon, Ti. 28 a 4-6; 28 b3 – c5; 30 b7 – c1).

[117] P.e. XI 32 (Jes 34, 4; 65, 17; 66, 22; 1.Kor 7, 31 gegenüber Platon, Ti. 32 b8 – c4; 38 b6-7; 41 a7-b6; Plt. 269 c4 – 270 d4).

[118] P.e. XII 34f.

[119] P.e. XIII prooem. 1: »Nachdem in den vorangegangenen Büchern offenbar wurde, daß die Philosophie gemäß Platon in mehrerer Hinsicht gleichsam eine Übersetzung des Mose und der heiligen Schriften bei den Hebräern in die griechische Sprache ist, ...«: Ἐπειδὴ πέφηνεν ἐν τοῖς πρὸ τούτου συγγράμμασιν ἡ κατὰ Πλάτωνα φιλοσοφία κατὰ πλεῖστα Μωσέως καὶ τῶν παρ᾽Ἑβραίοις ἱερῶν λόγων ἑρμηνείαν ὥσπερ ἐπὶ τὴν Ἑλλάδα φωνὴν περιέχουσα, ... (II 165, 2-4 Mras/Des Places).

[120] P.e. XIII 18, 17. Der Satz ist zitiert unten Anm. 128.

[121] P.e. XV 3, 1.

Die Orakel der Hebräer, die Prophezeiungen und Antworten aus einer göttlichen Kraft, höher als die des Menschen, enthalten, die Gott als ihren Urheber behaupten und die ihr Versprechen mit der Vorhersage der kommenden Dinge und den Ereignissen, die mit diesen Prophezeiungen eintreten, bestätigen, sind, wie man sagt, frei von allen Irrtümern. (...). Von solcher Art aber sind die Worte Platons nicht und auch nicht die irgendeines anderen Weisen unter den Menschen, welche mit den Augen sterblicher Gedanken und mit unsicheren Vermutungen und Vergleichen wie in einem Traum, nicht wie im Wachzustand, zu einer Vorstellung über die Natur aller Dinge gelangten, aber zur Wahrheit über die Natur eine erhebliche Beimischung von Irrtum hinzufügten, so daß man bei ihnen keine irrtumsfreie Lehre finden kann.[122]

Die göttliche Inspiration der »Hebräer« und ihrer Heiligen Schriften ist es für Euseb also, was in den platonischen Texten fehlt. Zwar kann auch für Platon, *sofern er mit den »Hebräern« übereinstimmt*, die Möglichkeit einer göttlichen Inspiration erwogen werden,[123] doch ist im Falle abweichender Auffassungen in jedem Falle die Priorität der Heiligen Schriften eben auf Grund deren durchgängiger göttlicher Inspiration anzunehmen. Damit ist für Euseb gleichzeitig auch darüber entschieden, daß alle aufgeführten inhaltlichen Differenzen zwischen den »Hebräern« und Platon als Irrtümer, als Defizienzerscheinungen im platonischen System angesehen werden müssen.

Als solche Unterschiede zwischen der inspirierten Lehre der »Hebräer« und dem philosophischen System Platons macht Euseb unter anderem geltend: die Auffassung von der Entstehung der intelligiblen Wesen,[124] von der »Substanz« der Seele,[125] vom Himmel und den Himmelskörpern;[126] dazu eine Fülle von das Gesetz und die Moral betreffenden Bestimmungen.[127]

---

[122] Τὰ Ἑβραίων λόγια, θεοπρόπια καὶ χρησμοὺς θείας, ἢ κατὰ ἄνθρωπον, δυνάμεως περιέχοντα θεόν τε αὐθέντην ἐπιγραφόμενα καὶ πιστούμενά γε τὴν ἐπαγγελίαν διὰ τῆς τῶν μελλόντων προρρήσεως διά τε τῶν συμφώνων τοῖς θεσπίσμασιν ἀποτελεσμάτων, πάσης λέγεται διεψευσμένης διανοίας ἐκτὸς τυγχάνειν (...). ἀλλ᾽ οὐ καὶ τὰ Πλάτωνος τοιαῦτα οὐδὲ μὴν ἑτέρου τοῦ τῶν ἐν ἀνθρώποις σοφῶν, οἳ θνητῆς διανοίας ὄμμασιν ἐπικήροις τε στοχασμοῖς καὶ εἰκασίαις, ὄναρ ὥσπερ, ἀλλ᾽ οὐχ ὕπαρ, τῆς τῶν ὄντων φύσεως ἐπὶ φαντασίαν ἐλθόντες πολὺ τὸ κρᾶμα τοῦ ψεύδους τῷ τῆς φύσεως ἀληθεῖ συνεπηνέγκαντο, ὡς <σὲ> μὴ ἀνευρεῖν ἀπάτης καθαρὸν ἐν αὐτοῖς μάθημα. P.e. XIII 14, 1f. (II 228, 18 – 229, 6 Mras/Des Places).

[123] P.e. XI 8, 1.

[124] P.e. XIII 15 (Hebräer: Creatio ex nihilo gegenüber Platon: Emanation [nach Phdr. 245 c5; 246 a1]); vgl. zur platonischen Vorstellung H. Dörrie, Emanation, 119-141.

[125] P.e. XIII 16 (Hebräer: unzusammengesetzt gegenüber Platon: zusammengesetzt [nach Ti. 34 c]).

[126] P.e. XIII 18 (Hebräer: geschaffen, nicht göttlich gegenüber Platon: geschaffen, aber göttlich [nach Epin. 977a; 984d und Ti. 32b]).

[127] P.e. XIII 20f.

Der Grund für die Aufzählung dieser Differenzen liegt natürlich darin, daß
Euseb bei aller Wertschätzung der Person und der Philosophie Platons im
Zuge des Beweisganges seines apologetischen Doppelwerkes aufzeigen muß,
warum sich die weit mehrheitlich hellenistischen Christen der Theologie der
»Hebräer« zugewandt haben und nicht dem ihnen genealogisch näherstehen-
den Philosophen Platon.

Insgesamt kommt Euseb zu einem Urteil über Platon, das diesen weit aus
allen »Griechen« heraushebt und in die Nähe der »Hebräer« stellt, ohne ihn
vollständig unter diese einordnen zu können:

> ... ich selber verehre den Mann sehr, ja ich schätze ihn als einen Freund
> unter allen Griechen und ich ehre seine mir lieben und mit meinen
> verwandten Auffassungen, wenn sie auch nicht in jeder Hinsicht gleich
> sind, habe aber das Unvollkommene seines Denkens im Vergleich zu
> Mose und den Propheten unter den Hebräern aufgezeigt.[128]

Es bleibt aber dabei, daß Platon mit dieser Bewertung durch Euseb eine völlige
Ausnahmestellung unter den Griechen einnimmt.[129] Die philosophischen
Nachfolger Platons unterboten diesen sogleich wieder, wie Euseb an einer
Fülle von Beispielen aufzeigt.[130] Besonders negativ wird dabei Aristoteles gezeichnet, denn dessen Philosophie weicht in allem, was Mose und Platon
übereinstimmend festgestellt haben, von diesen beiden signifikant ab.[131] Für
unseren Fragezusammenhang ist hierbei interessant, daß vor der Negativfolie
der Aristotelesdarstellung[132] die Person des Platon für Euseb vollends auf die
Seite der »Hebräer«, der alten Gottesfreunde, rückt.[133]

---

[128] (...) καὶ σφόδρα ἔγωγε ἄγαμαι τὸν ἄνδρα, ναὶ πάντων Ἑλλήνων φίλον ἡγοῦμαι
καὶ τιμῶ, τὰ ἐμοὶ φίλα καὶ συγγενῆ, εἰ καὶ μὴ τὰ ἴσα διόλου, πεφρονηκότα,
Μωσέως δ' ἐν παραθέσει καὶ τῶν παρ' Ἑβραίοις προφητῶν τὸ ἐλλιπὲς ἐπιδεικνὺς
αὐτοῦ τῆς διανοίας. P.e. XIII 18, 17 (II 244, 23 – 245, 1 Mras/Des Places).

[129] Auf die Platonrezeption der übrigen christlichen Literatur kann in einer Untersuchung
über »Euseb und die Juden« natürlich nicht näher eingegangen werden. Einige knappe
Literaturhinweise zum allgemeinen Problem: E.P. Meijering, ThR 36 (1971) 303-320
(die Literatur der vorangegangenen zehn Jahre sichtend); A.M. Ritter, ThR 51 (1986)
349-371; C. Stead, Divine Substance, Oxford 1977; ders., ThR 51 (1986) 349-371 und
ders., Philosophie und Theologie I, Die Zeit der Alten Kirche, ThW 14,4, Stuttgart
1990.

[130] Die Platoniker (Πλατωνικοί [P.e. XIV 13, 9 (II 293, 13 Mras/Des Places)] oder οἱ ἀπὸ
Πλάτωνος [P.e. XV 59, 6 (II 420, 14 Mras/Des Places)]) verfallen, auch durch die
Uneinheitlichkeit der Schriften des Lehrers verursacht, in unfruchtbare Schul-
streitigkeiten (P.e. XIV 4, 13-15), so daß Euseb für seine eigene Zeit bei den meisten
Platonikern lediglich eine ἐπίπλαστος σοφιστεία [P.e. XIV 4, 14 (II 267, 22 Mras/
Des Places)] am Werke sieht.

[131] P.e. XV 2-13.

[132] Man hat nicht den Eindruck, daß die Aristotelestexte Euseb im Original vorlagen;
anders als bei Platon zitiert er Aristoteles ausschließlich aus Aristocles, Atticus, Plotin

Insgesamt liegt bei Euseb mit den Heiden/»Griechen« also eine ganz abwertend gezeichnete, meist direkt gegen die alten Hebräer abgesetzte und auch von den Juden negativ unterschiedene Größe vor, die in seinem heilsgeschichtlichen Konzept nur insofern eine Rolle spielt, als sie genealogisch die Vorfahren der Christen sind, die aber in ihrer Theologie keinerlei positive Bedeutung entfaltet haben, abgesehen von Ausnahmepersönlichkeiten, welche an den Punkten, an denen sie nachweislich mit den Ideen der Hebräer, die an den Schriften des Alten Testaments sichtbar werden, übereinstimmen, als Rezeptoren, negativ gewendet: als Plagiatoren der Hebräer gelten können.

4.1.3. Die Juden

Auch für die Juden gibt Euseb an mehreren Stellen seines Werkes eine regelrechte Definition. Zunächst findet sich eine Bestimmung, die man als primär ethnisch ausgerichtetes Verständnis von Judentum begreifen kann: Dieses, so Euseb, gehe nämlich auf die Abkommenschaft vom Stamme Juda zurück:

> Mit »Juda« meint er (sc.: Mose) nun aber nicht (allein) den Stamm Juda, sondern, weil in späteren Tagen das gesamte jüdische Volk nach dem königlichen Stamme benannt werden sollte, so daß sie auch bis heute Juden genannt werden, bezeichnete er damit in sehr wunderbarer und prophetischer Weise das ganze jüdische Volk, so wie wir es auch tun, wenn wir sie Juden nennen.[134]

Die Juden werden nach dieser Definition also genealogisch bestimmt als all diejenigen, die Nachfahren von Mitgliedern aller zwölf Stämme Israels, nicht allein des Stammes Juda, sind.[135] Hierbei ist sofort darauf hinzuweisen, daß die Juden damit natürlich auch in eine Kontinuität zu den alten Hebräern gestellt werden.[136]

Neben dieser ethnisch ausgerichteten Definition finden sich bei Euseb jedoch weitere, überwiegend inhaltlich orientierte Näherbestimmungen des Judentums. Von ganz zentraler Bedeutung ist hierbei diejenige, die er eingangs

---

und aus Porphyrios. K. Mras hat deshalb in der Einleitung der GCS-Edition der Praeparatio evangelica (l.c. LVIIf.) meines Erachtens zu recht bezweifelt, ob die berühmte Bibliothek in Caesarea überhaupt Texte des Aristoteles enthielt.

[133] P.e. XV 3, 1.

[134] Ἰούδαν δὲ νῦν οὐ τὴν φυλὴν ὀνομάζει, ἀλλ᾽ ἐπεὶ κατά τινα προσωνυμίαν ἐν τοῖς μετὰ ταῦτα χρόνοις ἀπὸ βασιλικῆς φυλῆς τῆς Ἰούδα τὸ πᾶν Ἰουδαίων ἔθνος ἐχρημάτιζεν, ὡς καὶ εἰς σήμερον Ἰουδαίους ὀνομάζεσθαι, σφόδρα θαυμαστῶς καὶ προφητικῶς τὸ πᾶν ἔθνος Ἰουδαίων ὠνόμασεν, ὥσπερ οὖν καὶ ἡμεῖς Ἰουδαίους προσαγορεύομεν. D.e. III 2, 35 (101, 31 – 102, 1 Heikel).

[135] Vgl. P.e. VII 8, 29.

[136] Vgl. die unten Anm. 141 zitierte Formulierung.

seiner Demonstratio evangelica knapp und präzise formuliert und dann an verschiedenen Stellen seines apologetischen Doppelwerkes wiederaufnimmt:

> Das Judentum dürfte man treffend bezeichnen als den durch das Gesetz des Mose festgelegten Wandel, abgeleitet von dem einen, allmächtigen Gott.[137]

Interessant ist, daß in dieser zentralen Definition der Begriff περιτομὴ gar nicht auftaucht, wiewohl Euseb die Juden sonst durchaus bisweilen als οἱ ἐκ περιτομῆς bezeichnen kann.[138] Die Definition zeigt aber, wie das Judentum von Euseb theologisch einerseits ganz von seiner monotheistischen Grundorientierung und andererseits ganz von der Observanz der mosaischen Gesetze her verstanden wird: An der Observanz der vom einen, allmächtigen Gott abgeleiteten und von Mose festgelegten Gesetze erkennt man, wer Jude genannt werden darf. Und indem die Juden dem mosaischen Gesetz folgen, folgen sie dem Willen jenes einen höchsten Gottes.

Auch mit dieser Bestimmung gehören die Juden für Euseb also zunächst einmal klar und eindeutig in die Linie des (von den alten »Hebräern« repräsentierten) Urmonotheismus der alten Zeit. Von daher können sie von Euseb konsequenterweise auch als »Nachkommen Abrahams und die aus seinem Samen«[139], Abraham wiederum als »Vorvater des ganzen jüdischen (!) Volkes«[140], und die Juden wiederum als Kinder der Hebräer[141] (!) bezeichnet werden. D.e. I 6 nennt Euseb gar die Beschneidung Abrahams ein Zeichen für die bleibende Gemeinschaft zwischen ihm und den Juden.[142] P.e. VII 7 werden die Juden »Abkömmlinge der gottliebenden und gerechten Männer (sc.: der Hebräer)«[143] und als »Nacheiferer der Frömmigkeit ihrer Vorväter«[144] genannt.

---

[137] Τὸν μὲν ἰουδαϊσμὸν εὐλόγως ἄν τις ὀνομάσειε τὴν κατὰ τὸν Μωσέως νόμον διατεταγμένην πολιτείαν, ἑνὸς ἐξημμένην τοῦ ἐπὶ πάντων θεοῦ. D.e. I 2, 2 (7, 27-29 Heikel).

[138] D.e. II prooem. 1; 1, 26; 2, 20 u.ö.

[139] (...) οἱ τοῦ Ἀβραὰμ ἀπόγονοι (...) οἱ ἐκ σπέρματος αὐτοῦ Ἰουδαῖοι. D.e. I 2, 11 (9, 10f. Heikel).

[140] προπάτωρ τοῦ παντὸς Ἰουδαίων ἔθνους ... P.e. VII 11, 9 (I 385, 5 Mras/Des Places).

[141] παισὶν Ἑβραίων. D.e. I 6, 36 (28, 13 Heikel). Ebenso Ἑβραίων παῖδες: D.e. VI 20, 3 (285, 22 Heikel).

[142] D.e. I 6, 5: »Und Abraham selbst unterzog sich um derer willen, die aus ihm erwachsen sollten, als erster der leiblichen Beschneidung als einem bestimmten Siegel, und trug denen, die fleischlich aus ihm geboren würden, auf, dieses Zeichen als ein Erkennungsmerkmal der Abkommenschaft von ihm zu tragen«: καὶ αὐτὸς δ' ὁ Ἀβραὰμ (...) διὰ τοὺς μέλλοντας ἐξ αὐτοῦ φῦναι ὥσπερ τινὰ σφραγῖδα τὴν περιτομὴν πρῶτος ὑπέμεινε τοῦ σώματος, γνώρισμα τῆς αὐτοῦ διαδοχῆς τοῖς ἐξ αὐτοῦ κατὰ σάρκα γενησομένοις τουτὶ τὸ σημεῖον παραδιδοὺς φέρειν· (23, 34 – 24, 5 Heikel).

[143] P.e. VII 7, 3: ἀπογόνους θεοφιλῶν καὶ δικαίων ἀνδρῶν (I 369, 25f. Mras/Des Places).

[144] P.e. VII 7, 3: τῆς τῶν προπατόρων εὐσεβείας ζηλωτὰς (I 369, 26f. Mras/Des Places).

Im Sinne dieser Abkommenschaft von den alten Hebräern bezeichnet Euseb das Volk der Juden schließlich auch manchmal einfach als »Israel«.[145] Ausführungen wie Terminologie Eusebs zeigen den Gedanken der Kontinuität zwischen Juden und Hebräern auf Grund von genealogischer Deszendenz wie auf Grund der gemeinsamen monotheistischen Gottesverehrung also präzise an.[146] Besonders schön zeigt sich diese von Euseb vorausgesetzte Kontinuität zwischen Juden und Herbäern P.e. IX 10, 6, wo er beide Begriffe nahezu austauschbar verwendet, indem er, nachdem mit Porphyrius das bewundernswerte Alter und damit die Dignität der Hebräer bewiesen ist, abschließend kommentiert:

> Dies soll bekannt sein über die Bezeichnung für die Juden und die Hebräer und über die bei ihnen seit alter Zeit hervorragende Frömmigkeit und Philosophie.[147]

Neben dieser Betonung der (in der bisherigen wissenschaftlichen Beschäftigung mit dem apologetischen Doppelwerk Eusebs weitgehend außer Acht gelassenen) Kontinuität zwischen Hebräern und Juden werden nun jedoch gleichzeitig auch die entscheidenden Differenzen zwischen beiden Gruppen eingeschärft: Die Hebräer lebten noch ohne das mosaische Gesetz, ohne Sabbat und ohne Beschneidung.[148] Sie sind älter als die Juden,[149] und ihre Religion ist, anders als die jüdische, auf Universalität angelegt und nicht auf einen bestimmten Personenkreis oder geographischen Bereich begrenzt. Von daher sind die alten Hebräer bei aller Betonung der Kontinuität keinesfalls einfach mit den Juden zu identifizieren.[150]

---

[145] So etwa D.e. IV 7, 3: Die Stelle bezieht sich auf den mosaischen Glauben und die, die (in Kontinuität zu den alten Hebräern) diesem folgen, nicht aber (wie Euseb in der Folge ausdrücklich betont) auf alle Juden gleichermaßen. – Zur Bezeichnung der Kirche und der Christen als dem »verus Israel«, die bei Euseb an einer Stelle vorkommt, aber keine sonderlich zentrale Bedeutung in seinem heilsgeschichtlichen Konzept spielt, siehe unten unter 4.1.4.

[146] Gegen J. Sirinelli, l.c. 147, und J. Parkes, The Conflict of the Church and the Synagogue, London 1934, 161f., die einen totalen Kontrast zwischen Hebräern und Juden diagnostizieren.

[147] P.e. IX 10, 6: Περὶ μὲν οὖν τῆς Ἰουδαίων τε καὶ Ἑβραίων προσηγορίας τῆς τε παρ' αὐτοῖς πάλαι διαπρεπούσης εὐσεβείας τε καὶ φιλοσοφίας ἐκκείσθω ταῦτα. (I 497, 1f. Mras/Des Places).

[148] H.e. I 4, 13, am Beispiel des »Hebräers« Abraham.

[149] P.e. VII 6, 1: »eher als es Mose und das jüdische Volk gab«: πρότερον πρὶν ἢ καὶ Μωσέα καὶ τὸ Ἰουδαίων γένος ὑποστῆναι ... (I 368, 18f. Mras/Des Places); VII 6, 2: »und daß die Hebräer eher da sind als die Juden«: προτερεῖν τε Ἰουδαίων Ἑβραίους ... (I 368, 26 Mras/Des Places). Eine »Überbietung« im Sinne des ja vor allem aus jüdisch-apologetischer Tradition (Josephus) übernommenen Altersbeweises, siehe hierzu oben Anm. 13.

[150] P.e. VII 8, 20 (Differenzierung durch die Beschneidung); D.e. I 2, 5 (Differenzierung durch die mosaische Gesetzgebung).

Mit dieser ihrer streng monotheistischen Ausrichtung gerade auf Grund ihrer Observanz des vom einen guten Gott gegebenen guten Gesetzes und mit ihrer Herkunft von den alten Gottesfreunden, den Hebräern, unterscheiden sich die Juden natürlich für Euseb positiv von den polytheistischen Heiden.[151] Denn wenn auch die Juden während ihrer Knechtschaft in Ägypten trotz ihrer eigentlich monotheistischen Ausrichtung schon dem Polytheismus anheimzufallen und auf das theologische Niveau der Vorläufer der Griechen, Ägypter und Phönizier abzusinken im Begriffe waren, wurden sie doch, anders als jene, vor solcher Dekadenz durch die mosaische Gesetzgebung gerettet[152] und zur »Anbetung des einen und allmächtigen Gottes durch Opfer und durch bestimmte leibliche Übungen«[153] (zurück)gebracht, dazu zu Moral, Gerechtigkeitssinn und Tugend (zurück)geführt.

Man sieht hier bereits deutlich, im welchem Maße die Gabe des Gesetzes durch Mose für Euseb die Möglichkeit des Weiterbestehens der alten Urreligion der Hebräer unter den konkreten Bedingungen des Verhaftetseins in jenem polytheistischen Umfeld überhaupt erst ermöglicht. Wenn Euseb hier auch stellenweise (in polemisch-aktualisierender Intention und seinen Gedanken der universalen Gültigkeit der hebräischen Urreligion wie des Christentums betonend) einwendet, daß das mosaische Gesetz eigentlich nur für die Juden innerhalb Judäas/ Palästinas gedacht gewesen sein kann,[154] steht es für ihn doch außer Frage, daß in der Periode zwischen dem Verschwinden der Religion der »alten Gottesfreunde« und dem Erscheinen Christi auf Erden die Theologie der alten Hebräer bei und von jenen bewahrt worden ist, die im Einklang mit der Führerpersönlichkeit des Mose und ihrer von dem einen und höchsten Gott gegebenen Gesetzesoffenbarung gelebt haben – eben bei und von den Juden.

So sehr die Juden sich aber von der allein auf sie zugeschnittenen und für sie bestimmten mosaischen Gesetzgebung her definieren, muß man doch sehen, daß Euseb in der Verhältnisbestimmung von Mosegestalt und Judentum differenziert: Einerseits betont er, daß Mose der erste Anführer des jüdischen Volkes gewesen ist[155] und unterstellt ein harmonisches Verhältnis zwischen beiden. Andererseits finden sich bei Euseb manche Äußerungen, die

---

[151] S.o. S. 72f.

[152] D.e. I 6, 32-35; III 2, 6.

[153] θυσίαις καί τισι σωματικωτέροις τὸν ἕνα καὶ ἐπὶ πάντων θεὸν θεραπεύειν. D.e. I 6, 35 (28, 6f. Heikel).

[154] D.e. I 2, 17; 3, 25; III 2, 1. Das Argument ist natürlich eine polemische Zuspitzung des Partikularismusvorwurfs im Zusammenhang der theologischen Auseinandersetzung Eusebs mit den Juden: Im Grunde ist auch unter ihnen, die die Universalität des göttlichen Heils ablehnen und seine Verheißungen ausschließlich für sich selbst reserviert sehen, nur ein Teil dem (nach dem mosaischen Gesetz an Jerusalem gebundenen) Heil nah.

[155] D.e. III 2, 6.

zu der These Anlaß geben könnten, Mose und das jüdische Volk würden geradezu gegeneinander bestimmt: Nur wenn das jüdische Volk den Gesetzen des Mose folgt und sie vollständig einhält, wahrt es die rechte Verehrung des einen Gottes der hebräischen Vorväter. Fällt das jüdische Volk dagegen vom Gesetz auch nur teilweise ab, geht diese Kontinuität verloren, wird die mosaische Gesetzgebung für Israel zum Fluch anstatt zum Segen. Immer wieder einmal weist Euseb in diesem Zusammenhang darauf hin, daß Israel dem Mose nicht einhellig und keineswegs ohne Widerstand gefolgt ist und sein eigenes Heil eben dadurch immer wieder auch gefährdet hat.[156] Für die Gegenwart macht er zum Beweis der faktischen Differenz zwischen dem jüdischen Wandel und den Forderungen des Gesetzes auf den historischen Verlust Jerusalems aufmerksam, der eine vollständige Gesetzesobservanz von vornherein verunmögliche, und polemisiert:

> Und daher sind sie natürlich unter den Fluch des Mose gefallen, insofern sie versuchen, das Gesetz teilweise zu halten, es aber als Ganzes brechen, wie Mose ausdrücklich sagt: »Verflucht ist der, der nicht in allen Worten dieses Gesetzes bleibt, auf daß er sie tue« (Dtn 27, 26).[157]

Solcherlei polemische Aspekte dürfen aber keineswegs über den im apologetischen Doppelwerk klar dominierenden Gesamtbefund hinwegtäuschen, daß das Judentum, sofern es durch Beachtung des Gesetzes auf dem ihm gemäßen Weg der Verehrung des einen Gottes bleibt, für die Zeit zwischen Hebräern und Christen als eine positive Größe, ja, als die einzige positive Größe in dieser Phase der Menschheitsgeschichte gesehen ist. Daraus folgt für Euseb auch, daß das Israel jener Tage völlig zu Recht stolz darauf gewesen ist, das *einzige* Volk Gottes (gewesen) zu sein, was Euseb durch Anwendung des Zitats Jer 38, 33 LXX (Jer 31, 33) auf die Juden auch als seine eigene Sicht der Dinge bestätigt.[158]

Ohne den Ausführungen über die theologische Bewertung des Gesetzes bei Euseb in Abschnitt 5.1. dieser Arbeit vorgreifen zu wollen, ist gleichwohl an dieser Stelle bereits kurz zu fragen, wie die »mosaische Phase« der Menschheitsgeschichte zwischen Hebräern und Christen bei Euseb näher qualifiziert wird, ob es sich also tatsächlich um einen »unvollkommenen« oder gar »verdorbenen Monotheismus« im Sinne eines Dekadenzmodells handelt.[159] Immerhin spricht Euseb stellenweise selbst von einer Inferiori-

---

[156] D.e. IV 10, 4-8. – Es versteht sich von selbst, daß Euseb hier alttestamentliche Kritik aufnimmt.

[157] D.e. I 6, 37: διόπερ καὶ τῇ Μωσέως εἰκότως ὑποβέβληνται κατάρᾳ, ἐν μέρει μὲν φυλάττειν τινὰ πειρώμενοι, ἐν δὲ τοῖς ὅλοις παρανομοῦντες, διαρρήδην Μωσέως ἀποφηναμένου· »ὅτι δὴ ἐπικατάρατος πᾶς, ὃς οὐκ ἐμμενεῖ ἐν πᾶσι τοῖς ἐγγεγραμμένοις τοῦ νόμου, τοῦ ποιῆσαι αὐτά«. (28, 18-22 Heikel).

[158] D.e. II 3, 39.

[159] Vgl. die oben Anm. 3-5 genannte Literatur, bes. J. Sirinelli, l.c. 156: ... une déchéance ...

tät der jüdischen gegenüber der alten hebräischen Religion[160] und bezeichnet die Phase der Menschheitsgeschichte zwischen Hebräertum und Christentum bisweilen abwertend als ein »langes Ruhen«[161], zuweilen auch neutraler als »Zwischenzeit«[162] oder einfach als »zweite Stufe«[163]. Es ist jedoch andererseits auffällig, daß Euseb die mosaische Zeit keinesfalls als per se geringerwertig einstuft; sie ist vielmehr nur insofern von der Zeit des alten Urmonotheismus der Hebräer (negativ) unterschieden, als das mosaische Gesetz ausschließlich für die Juden gilt (also nicht universal ist).[164] Und auch die Situation des Abfalls in Ägypten ist keineswegs als Abfall »der Juden« gedacht, sondern als ein Ausgesetztsein der Kinder der Hebräer, als deren Ausgeliefertsein an den ägyptischen Fremdherrschaftspolytheismus. Zwar bezeichnet Euseb die Juden in der Situation vor dem Auszug aus Ägypten als die von »Unmündigen«[165], zwar ist die Situation gegenüber dem ursprünglichen Hebräertum der alten Zeit klar negativ qualifiziert; doch die Bindung der Juden an das mosaische Gesetz und der darauf beruhende Wandel nach dem Gesetz ist ja eben gerade dazu da, aus dieser verzweifelten Lage wieder hinauszukommen, d.h. der Wandel der Juden nach dem mosaischen Gesetz ist von Euseb bereits wieder ganz als Aufstiegsphase, nicht als Dekadenzphase gesehen.[166] So kann Euseb auch formulieren, daß »die aus der Beschneidung durch Mose die erste Stufe der Gottesfürchtigkeit erreicht haben«[167]: Seit der mosaischen Gesetzgebung weist demnach die Menschheitsgeschichte, jedenfalls soweit sie die Juden betrifft, ein klares Gefälle von unten nach oben auf, nicht umgekehrt – allerdings nur sofern die Juden auch tatsächlich nach dem ihnen durch Mose von dem einen und einzigen Gott gegebenen Gesetz leben.

Neben der stark dominierenden inhaltlichen Bestimmung durch die Zustimmung zum Monotheismus und durch die Observanz des Gesetzes gibt es für Euseb noch einige weitere Kriterien, die seiner Sicht nach das jüdische Volk unverwechselbar kennzeichnen und die für das Judentum ebenfalls konstituiv

---

[160] ἀτελῆ βίον ... D.e. I 6, 31 (27, 26 Heikel); ... ἐξηλλαγμένον καὶ ὑποβεβηκότα ... D.e. I 6, 72 (34, 12 Heikel).

[161] ἐφησυχάσαντα ... D.e. I 2, 10 (9, 6 Heikel).

[162] μεταξὺ ... D.e. I 6, 31 (27, 19. 21 Heikel).

[163] δεύτερον ... βαθμόν ... P.e. VIII 1, 1 (I 419, 9f. Mras/Des Places).

[164] Vgl. etwa D.e. I 6, 35f.; II 3, 37f.

[165] νηπίοις ... D.e. I 6, 63 (33, 3 Heikel).

[166] Vgl. etwa D.e. III 2, 6. Dieser Befund spricht gegen J. Sirinelli, l.c. 159, der ein Aufstiegsmodell nur in der H.e. Eusebs angewendet sehen will, im apologetischen Doppelwerk hingegen ein Dekadenzmodell zu erkennen meint.

[167] καὶ τὸ τῶν ἐκ περιτομῆς διὰ Μωσέως ἐπὶ τὸν πρῶτον ἀνεληλυθότων τῆς εὐσεβείας βαθμόν ...D.e. I 6, 62 (32, 29-31 Heikel). Ich teile deshalb nicht die Meinung von J. Parkes, SCH(L) 1 (1964) 73, der behauptet: »According to Eusebius, there was not a single decent or righteous Jewish character in the whole story«.

sind. Da sind zunächst die jüdischen Herrscher/Könige in der Geschichte, also
die Repräsentanten der politischen Selbstbestimmung der Juden seit der Zeit
des Mose, namentlich Gestalten wie die Richter[168] oder die Könige Saul oder
David[169]. Auch diese Juden können, wie oben bereits vermerkt, von Euseb
(trotz des eigentlichen Abschlusses der menschheitsgeschichtlichen Phase des
hebräischen gesetzesfreien Urmonotheismus) als »Hebräer« bezeichnet werden[170] – die Doppelbelegung in der Terminologie indiziert gezielt die vorausgesetzte Kontinuität jener Juden mit den hebräischen Vorvätern.[171]

Allerdings, so Euseb, ist die Epoche dieser politischen Führer der Juden mit
der Zeit des Herodes ersichtlich an ihr Ende gelangt.[172] Darüberhinaus sind
noch das Hohepriesteramt und die hohepriesterliche Würde als unverwechsel-
bares Merkmal der Juden zu nennen, doch sind diese ebenfalls aus der Geschichte verschwunden.[173] Schließlich ist das Judentum für Euseb durch die
Bindung an die Stadt Jerusalem und an den Jerusalemer Tempel definiert;
doch seit der Zerstörung des Tempels und seit dem hadrianischen Verbot für
die Juden, Jerusalem überhaupt noch zu betreten,[174] ist auch dieser Aspekt
historisch hinfällig geworden.[175] In denselben Zusammenhang gehört auch der
Hinweis, daß das Judentum durch den Besitz des heimischen Landes[176] gekennzeichnet ist, daß aber auch dieser Vorzug des jüdischen Volkes seit An-
bruch der »pax Romana« entfallen ist.

Gleichwohl wird man aus dem Hinweis auf das geschichtliche Verschwinden von Königtum, Hohepriestertum und Besitz der Stadt Jerusalem nicht
schließen dürfen, daß sich die Existenz der jüdischen Religion für Euseb
gleichsam historisch-theologisch überlebt habe: Neben den genannten, durch
die Geschichte gleichsam überholten Faktoren, gibt es noch weitere unver-
wechselbare Merkmale des Judentums, die, anders als die vorgenannten, von
bleibendem Charakter sind. In diesem Zusammenhang ist besonders auf den
Besitz der Heiligen Schriften bei den Juden zu verweisen, deren Alter und

---

[168] P.e. X 14, 3.

[169] P.e. X 14, 4.

[170] S.o. S. 64f.

[171] Vgl. auch den oben Anm. 147 zitierten Textauszug aus P.e. IX 10, 6.

[172] H.e. I 6, 4. Vgl. D.e. VIII prooem. 2f. (zitiert unten S. 149 Anm. 75).

[173] H.e. I 6, 8. Vgl. D.e. VIII prooem. 2f.

[174] Vgl. hierzu G. Stemberger, Juden und Christen im Heiligen Land. Palästina unter
Konstantin und Theodosius, München 1987, 78-81.

[175] H.e. IV 6, 3 unter Berufung auf eine verlorengegangene Schrift des Ariston von
Pella. – Ähnlich D.e. VIII 2, 124f.

[176] ἐπὶ τῆς οἰκείας γῆς οἰκοῦντι. D.e. I 5, 1 (20, 17 Heikel). Vgl. denselben Wortgebrauch
D.e. VI 18, 4 (274, 33 Heikel) in dezidierter Unterscheidung vom feindlichen Lande
(Babylon).

[177] D.e. I 1, 16; 4, 1; II 1, 1; III prooem. 1; H.e. VI 16, 1. P.e. VIII 1, 8 ist von den
Ἰουδαϊκῶν γραφῶν die Rede (I 420, 26 Mras/Des Places).

qualitative Überlegenheit über die Grundlagen der heidnischen Religionen und Kulte Euseb in der Praeparatio evangelica nachgewiesen hat. Diese Heiligen Schriften werden von Euseb durchgängig als Heilige Bücher *der Juden* (!) bezeichnet,[177] womit neben der mosaischen und der prophetischen Überlieferung auch die weisheitlichen Texte gemeint sind.[178] Daß die Christen die Bücher der Juden gleichfalls als ihre Heilige Schrift Alten Testaments in Benutzung haben, ist für Euseb völlig selbstverständlich, ändert aber nichts an der Tatsache, daß diese Texte die Heiligen Schriften der Juden sind:

> ..., da wir ja nicht dieselbe Lebensweise haben wie sie, obgleich wir von ihren Heiligen Schriften Gebrauch machen« ...[179]

und

> »Im vorigen Buch habe ich bereits Rechenschaft darüber abgelegt, warum wir keine Juden wurden, und dies, obwohl wir Freude an ihren prophetischen Schriften haben.«[180]

Erst insofern sie als Heilige Schriften der Juden in der christlichen Gemeinde in Gebrauch sind, können sie dann *auch* als Heilige Schrift der Christen bezeichnet werden.[181]

Was wird bei Euseb über die Juden nach Christus gesagt? Da seit dem Erscheinen Christi die vollgültige und allen Menschen geltende Offenbarung des Heilswillens Gottes erfolgt ist, steht Euseb vor dem Problem, den faktischen »Unglauben«[182] der Juden theologisch deuten und in sein heilsgeschicht-

---

[178] Zum Beispiel H.e. IV 22, 9 – die Sprüche Salomos als eine alle Tugenden umfassende Weisheit (lt. Hegesipp, Irenäus und »den Alten«).

[179] ... ὅτι δὴ ταῖς αὐτῶν γραφαῖς καταχρώμενοι οὐ τὸν ὅμοιον αὐτοῖς μέτιμεν τοῦ βίου τρόπον. D.e. I 1, 16 (7, 1f. Heikel).

[180] συνέστη δέ μοι διὰ τοῦ πρὸ τούτου συγγράμματος καὶ τὸ αἴτιον τοῦ μὴ ἰουδαΐζειν ἡμᾶς, καὶ ταῦτα ταῖς αὐτῶν χαίροντας προφητικαῖς γραφαῖς. D.e. II 3, 177 (91, 32-34 Heikel).

[181] D.e. III prooem. 1. Es heißt hier, die Schriften der Juden seien den Christen οἰκεῖος, also »zugehörig«. Ferrars Übersetzung »property« (Proof of the Gospel, 101) ist insofern etwas unglücklich, als sie den Euseb meines Erachtens fernliegenden, gleichwohl in anderen christlichen Texten (in der Tendenz etwa der Barnabasbrief, vgl. hierzu J. Carleton Paget, The Epistle of Barnabas. Outlook and Background, WUNT 2/64, Tübingen 1994, 51-70) des öfteren vorkommenden Gedanken heraufbeschwört, das Alte Testament solle den Juden »weggenommen« werden. Zwar trifft es zu, daß οἰκεῖος bei Euseb dezidiert Besitzverhältnisse anzeigen kann (s.o. Anm. 176). Aber auf der anderen Seite wird das Wort bei ihm häufiger im Sinne von »vertraut« gebraucht (zum Beispiel D.e. V prooem. 1 [202, 7 Heikel]; zitiert unten S. 162f. Anm. 142). So ist im Blick auf den Gesamttextbefund die Wendung »Heilige Schriften der Juden« (oder: »der Hebräer«) so dominierend, daß der durch Ferrars Übersetzung sich aufdrängende Gedanke einer Besitzübernahme der Schrift durch die Christen für Euseb ausgeschlossen werden kann.

[182] Zu diesem Begriff siehe unten S. 229.

liches Konzept einordnen zu müssen. In diesem Zusammenhang erfolgen eine ganze Anzahl von sehr negativen Qualifizierungen der Juden: So ist im Blick auf die jüdische Ablehnung des Logossohnes des öfteren von der »Blindheit« und dem »verdunkelten Verstand«[183] der Juden die Rede. Und in D.e. II 3, einem Passus, in dem sich die nach meiner Einschätzung deutlichsten antijüdischen Ausfälle Eusebs finden, heißt es in einer äußerst gewaltsamen Exegese von Röm 9, 27-29 und Jes 1, 9, daß Paulus

> das ganze jüdische Volk »Volk Gomorrahs« genannt habe und seine Anführer »Anführer Sodoms«.[184]

Auch die bisweilen auftretende Rede von der »Verlorenheit«[185] der Juden ist wohl in diesem Zusammenhang zu nennen. Doch auch wenn sich auch für diese Art der Auseinandersetzung durchaus noch einige weitere Beispiele hinzufügen ließen,[186] so muß man doch gleichwohl konzedieren, daß diese im Gesamtbild des Quellenbestandes weder im apologetischen Doppelwerk noch in der Kirchengeschichte dominieren. Man würde sich der Gefahr aussetzen, den Befund negativer Qualifizierungen der Juden durch Euseb als Antijudaismus mißzuverstehen, wenn man nicht zugleich sehen wollte, daß Euseb für die Juden nach Christus auch eine Fülle von positiven Bemerkungen findet: So notiert er in der H.e. nicht ohne Bewunderung, daß es allein die Juden waren, die zur Zeit der Schreckensherrschaft des Gaius die Verehrung dieses Kaisers als schändlich ansahen und tapfer verweigerten.[187] H.e. II 26 unterstellt der auf Josephus beruhende Bericht über das Gemetzel an den Juden unter dem Prokurator Florus, daß die Juden hier zu Unrecht wie Feinde (!) niedergemacht worden seien. Andernorts heißt es, gleichfalls auf Grundlage eines Josephusberichtes, den Juden sei es »sogleich von Anfang an eingepflanzt, sie (sc.: die Heiligen Schriften) für Gottes Lehren zu halten und in ihnen zu verharren und gegebenenfalls sogar gern dafür zu sterben«[188], was von Eusebius mit erkennbarer Bewunderung kommentiert wird.

Auf Basis von Philo von Alexandrien berichtet Euseb schließlich in äußerst positiver Weise über die Therapeuten, eine asketisch-philosophische Bewe-

---

[183] ἀβλεπτοῦντας καὶ τὴν διάνοιαν ἐσκοτωμένους ... D.e. VIII 2, 128 (391, 4f. Heikel).

[184] τὸν πάντα τῶν Ἰουδαίων λαὸν »λαὸν Γομόρρας« ὀνομάσας, τοὺς δὲ ἡγουμένους αὐτῶν »ἄρχοντας Σοδόμων« ...D.e. II 3, 57 (71, 18-20 Heikel).

[185] ἀπολωλότων ... D.e. II 3, 123 (82, 32 Heikel).

[186] D.e. II 3, 43: Die Juden verlieren durch ihren Unglauben gegenüber Christus die ihren (hebräischen) Vorvätern verbindlich gemachten Heilszusagen; D.e. II 3, 97: Nur eine geringe Anzahl der Juden entgeht letztlich der Vernichtung.

[187] H.e. II 5, 2.

[188] H.e. III 10, 5: πᾶσι δὲ σύμφυτόν ἐστιν εὐθὺς ἐκ πρώτης γενέσεως Ἰουδαίοις τὸ νομίζειν αὐτὰ θεοῦ δόγματα καὶ τούτοις ἐπιμένειν καὶ ὑπὲρ αὐτῶν, εἰ δέοι, θνήσκειν ἡδέως. (224, 13-15 Schwartz). Die Stelle hat Euseb aus Josephus, Ap. I 42 übernommen, zur Josephusrezeption bei Euseb siehe den Exkurs unten S. 100-110.

gung. Es handele sich hierbei um »apostolische Männer, welche, wie es scheint, aus den Hebräern stammten und daher noch in echt jüdischer Weise (sic!) die meisten der alten Bräuche beobachteten.«[189] Dieser Passus ist nicht nur als Beispiel für die Achtung Eusebs gegenüber den Juden aufzurufen (zum Versuch einer »Umdeutung« der Verhaltensweisen der jüdischen »Therapeuten« auf christliche Tugenden siehe den folgenden Exkurs über Philo bei Euseb), er zeigt auch abermals sehr schön den gezielten Gebrauch der terminologischen Doppelung von »Hebräern« und »Juden« bei Euseb, hier gar an einem Beipiel für die Zeit nach Christus, und die damit zum Ausdruck gebrachte Kontinuität von Juden und Hebräern, die selbst bei »nachchristlichen« Juden zum Zuge kommen kann. Das Phänomen, daß Euseb einige der Juden auch der »christlichen Zeit« nicht nur als Juden, sondern daneben auch als »Hebräer« bezeichnet, zeigt sich aber nicht allein bei den Threrapeuten, sondern es betrifft neben Tryphon, den berühmten Disputationsgegner Justins, in ganz besonderer und herausgehobener Weise zwei Persönlichkeiten, denen Euseb weite Bestände seines im apologetischen Doppelwerk und in der Kirchengeschichte verwendeten Quellenmaterials verdankt: Philo von Alexandrien und Josephus. Der Bedeutung dieser beiden für das Werk Eusebs und für die Beurteilung der Juden bei Euseb sei im folgenden in zwei Exkursen nachgegangen:

EXKURS: Euseb und Philo von Alexandrien

Philo von Alexandrien[190] gilt für Euseb als Jude von außerordentlich hohem Ansehen, wofür seine Leitung der Gesandtschaft an Gaius,[191] seine literarische Apologie der Juden[192] und sein unbestreitbar hoher Rang in der Reihe der

---

[189] H.e. II 17, 2: ἀποστολικοὺς ἄνδρας, ἐξ Ἑβραίων, ὡς ἔοικε, γεγονότας ταύτῃ τε ἰουδαϊκώτερον τῶν παλαιῶν ἔτι τὰ πλεῖστα διατηροῦντας ἐθῶν. (142, 8-10 Schwartz). Die Haeusersche Übersetzung (BKV), die für die von H. Kraft eingeleitete Ausgabe der deutschen Kirchengeschichte Eusebs von A. Gärtner neu durchgesehen, aber i.w. beibehalten wurde, verwischt die doppelte Terminologie Eusebs an dieser wichtigen Stelle leider, indem sie, 132, in dem Passus zweimal »Judentum« beziehungsweise »jüdisch« übersetzt. (Eusebius von Caesarea, Kirchengeschichte, hg. H. Kraft, München ²1981 [= Lizenzausgabe Darmstadt 1984]).

[190] Eine gute Einführung bieten S. Sandmel, ANRW II 21,1 (1984) 3-46 und L.H. Feldman, ANRW II 21,2 (1984) 763-863; eine Bibliographia Philoniana für die Zeit von 1935-1981 hat E. Hilgert, ANRW II 21,1 (1984) 47-97 erarbeitet, die hierin, l.c. 79-81 enthaltene Liste der Untersuchungen zu Philo bei den Kirchenvätern zeigt, daß eine ausführliche Arbeit zur Philorezeption Eusebs fehlt, was übrigens auch T.D. Runia, Philo in Early Christian Literature. A Survey, CRI 3,3, Assen u.a. 1993, 212, beklagt. Eine Anzahl wichtiger Beobachtungen zur Philorezeption Eusebs ebenda, 212-234. Eine Einführung in die christliche Philorezeption bietet die Arbeit desselben Verfassers, Philo and the Church Fathers. A Collection of Papers, SVigChr 32, Leiden 1995.

[191] H.e. II 5, 2-5.

[192] H.e. II 18, 6; P.e. III 6f. 11.

jüdischen Geschichtsschreiber[193] als Beweise angeführt werden. Diese außerordentliche Wertschätzung bringt es mit sich, daß Philo von Euseb immer wieder auch als »Hebräer« tituliert wird.[194]

Was die Philorezeption bei Euseb angeht, so fällt zunächst auf, daß wichtige Teile der Praeparatio evangelica und der Kirchengeschichte Philo von Alexandrien lang und ausführlich zitieren. Dabei weist Euseb selbst daruf hin, daß der Alexandriner von ihm in besonderem Maße wegen seiner außerordentlichen exegetischen Qualitäten als Gewährsmann aufgerufen werde: Philo ist für Euseb derjenige der »Hebräer, der als Interpret der Bedeutung der Schrift genaue Kenntnis von den väterlichen Traditionen besitzt und von Lehrern die religiöse Unterweisung erlernt hat«.[195] Er hat sich sehr »um die göttlichen und väterlichen Lehren bemüht,«[196] die Exegese der mosaischen Gesetze ist ihm Auslegung der väterlichen Religion.[197] Euseb schätzt an ihm, daß er »beredt in der Sprache und gedankenreich, kühn und auf der Höhe in der Betrachtung der göttlichen Schriften«[198] ist. Es kann nicht zweifelhaft sein, daß Euseb auch in seinen eigenen exegetischen Arbeiten immer wieder auf Philos Methodik zurückgreift.[199] Neben dieser klar dominierenden Rezeptionslinie auf der Ebene der Schriftauslegung werden aber auch die philosophischen Qualitäten Philos von Euseb ausdrücklich gelobt: »Es ist überflüssig zu sagen, daß er auch in der Philosophie und im Edelsinn der anderen Denkarten bewandert war; denn, wie berichtet wird, übertraf er alle seine Zeitgenossen im Eifer für die platonische und die pythagoreische Philosophie«.[200] Gegenüber dieser deutlich

---

[193] H.e. VI 13, 7.

[194] P.e. VII 17, 4; 20, 9; XI 14, 10; 23, 12; H.e. II 4, 2f.

[195] P.e. VII 12, 14: ἑρμηνέα (...) τῆς ἐν τῇ γραφῇ διανοίας Ἑβραῖον ἄνδρα (...), τὰ οἰκεῖα πατρόθεν ἀκριβοῦντα καὶ παρὰ διδασκάλων τὸ δόγμα μεμαθηκότα ... (I 389, 1-3 Mras/Des Places).

[196] H.e. II 4, 3: περὶ δὲ τὰ θεῖα καὶ πάτρια μαθήματα (...) εἰσενήνεκται πόνον, ...(114, 24f. Schwartz).

[197] P.e. XI 23, 12.

[198] H.e. II 18, 1: Πολύς γε μὴν τῷ λόγῳ καὶ πλατὺς ταῖς διανοίαις, ὑψηλός ὢν καὶ μετέωρος ἐν ταῖς εἰς τὰς θείας γραφὰς θεωρίαις ... (152, 23f. Schwartz). Vgl. die Chronik (armen. Version): »Ein grundgelehrter Mann« (213 Karst).

[199] Zur Auslegung κατὰ διάνοιαν und κατὰ λέξιν bei Euseb siehe unten S. 185f. Zur Exegese Philos siehe H.A. Wolfson, Philo. Foundations of Religious Philosophy in Judaism, Christianity and Islam, 2 vol., Cambridge/Mass. ⁴1968, I 115-138. Wie Philo benutzt Euseb die allegorische Auslegung, wie Philo steht er aber auch einer zu extensiv und unkritisch angewandten Allegorese ablehnend gegenüber. Für Philo siehe zum Beispiel Migr. 20. 89f., für Euseb Ps. lxxiv 13 (PG 23, 864).

[200] H.e. II 4, 3: καὶ περὶ τὰ φιλόσοφα δὲ καὶ ἐλευθέρια τῆς ἔξωθεν παιδείας οἷός τις ἦν, οὐδὲν δεῖ λέγειν, ὅτε μάλιστα τὴν κατὰ Πλάτωνα καὶ Πυθαγόραν ἐζηλωκὼς ἀγωγήν, διενεγκεῖν ἅπαντας τοὺς καθ' ἑαυτὸν ἱστορεῖται. (114, 26 – 116, 3 Schwartz.). – Zur Wertschätzung gerade der platonischen Philosophie bei Euseb, die als einziges Produkt des Heidentums den Ideen der alten Hebräer wenigstens in Teilen entspricht, siehe den Exkurs über Euseb und Platon in dieser Arbeit unter 4.1.2.

dominierenden Hochschätzung Philos als eines hochgelehrten Auslegers theologischen und philosophischen Schrifttums treten die Hinweise auf seine Qualitäten als »jüdischer Geschichtsschreiber«[201] bei Eusebius eher in den Hintergrund.

Sieht man sich die Philobenutzung durch Euseb ein wenig genauer an,[202] fällt folgendes auf: In dem Schriftenverzeichnis des Philo, das Euseb seinen Lesern H.e. II 18, 1-8 präsentiert, liegt, wie schon allein die Reihenfolge deutlich macht, der Akzent klar auf den Exegesen, vor allem auf den Erklärungen zu Genesis beziehungsweise Exodus; zusätzlich werden auch die apologetischen Texte sowie die philosophischen und politischen Schriften Philos aufgelistet. Fragt man dagegen, welche Texte Philos Euseb tatsächlich für seine eigenen Texte benutzt und auswertet, so wird eine ziemlich eklektische Philorezeption offenbar: Verwendet werden lediglich die offenbar der nur fragmentarisch erhaltenen Schrift »De virtutibus« angehörende »Legatio ad Gaium«[203], sodann die Schrift »De vita contemplativa«[204], wenige Teile aus der ebenfalls nur fragmentarisch erhaltenen Apologie der Juden »Hypothetica«[205], einige Auszüge aus »De agricultura« beziehungsweise »De plantatione«[206], ein Fragment aus den »Quaestiones et solutiones«[207], einige Fragmente aus Philos Schrift »De providentia«,[208] einige Passagen aus »De opificio

---

[201] Euseb zählt ihn H.e. VI 13, 7 zu den Ἰουδαίων συγγραφέων (548, 13 Schwartz), zusammen mit Aristobul, Josephus, Demetrius und Eupolemus. Sie alle hätten in ihren Texten das höhere Alter des Mose und des jüdischen Volkes gegenüber den auf ihr Alter stolzen Griechen bewiesen (Clemens von Alexandrien im Referat des Eusebius).

[202] Eine knappe Auflistung findet sich bei D.T. Runia, Philo and the Church Fathers. A Collection of Papers, SVigChr 32, Leiden 1995, 232f. Einige Bemerkungen zu Philo bei Euseb ebenfalls bei T.D. Runia, Philo in Early Christian Literature. A Survey, CRI 3,3, Assen u.a. 1993, 212-234 und bei J. Sirinelli, l.c. 149-151.

[203] H.e. II 6, 3. – Wörtlich zitiert wird die »Legatio ad Gaium« H.e. II 6, 2 (= Legat. 43 [VI 218, 13-20 Cohn/Reiter]); Um einen Verweis auf Legat. 38 handelt es sich D.e. VIII 2, 123.

[204] Wörtlich zitiert H.e. II 17, 7-11. 13. 16f. 20; zwischendurch finden sich immer wieder paraphrasierende Elemente.

[205] Zitiert P.e. VIII 6f. [Hypoth. I fr.]. 11 [Hypoth. II fr.]; die Bruchstücke sind nur bei und durch Euseb aufbewahrt.

[206] P.e. VII 13, 3 (= Agr. 51 [II 105,25 – 106,3 Wendland]); VII 13, 4-6 (= Plant. 8-10 [II 135,1-13 Wendland]); VII 18, 1-2 (= Plant. 18-20 [II 137,8 – 138,2 Wendland]). Von Euseb werden die beiden Texte als zwei Bücher »De agricultura« aufgeführt: H.e. II 18, 2.

[207] P.e. VII 13, 1f. (= Qu. I [ein nur hier bei Euseb erhaltenes Fragment]).

[208] P.e. VII 21, 1-4 (= Provid. fr. I); P.e. VIII 14, 1 (= Provid. fr. II 2). 2-42 (= Provid. II 15-32). 43-72 (= Provid. II 99-112) Vom Griechischen haben wir nur die bei Euseb in der P.e. mitgeteilten Passagen. Vollständig ist Provid. in armenischer Übersetzung erhalten, zu den Problemen des griechischen Textes vgl. P. Wendland, Philos Schrift über die Vorsehung, Berlin 1892, 96-100).

mundi«,[209] »De specialibus legibus«[210] und »De confusione linguarum«[211] sowie ein knapper Auszug aus dem »Quod omnis probus liber sit«.[212] Welche inhaltlichen Hauptlinien der Philorezeption bei Euseb lassen sich anhand dieses Befundes ausmachen? Zunächst ist hier an diejenige Linie zu denken, in der Euseb mit Hilfe der und unter Berufung auf die apologetischen Arbeiten Philos die Qualitäten des jüdischen Volkes im Vergleich zu den Heiden »beweist«. Dies betrifft vor allem die Philorezeption im Buch VIII der Praeparatio evangelica. Euseb sagt hier deutlich, daß er mit Hilfe Philos den »Wandel gemäß der Gesetzgebung des Mose«[213] darstellen will – und diese Darstellung fällt, wie die anschließenden Zitate sofort zeigen, außerordentlich positiv aus:

> Dies macht nämlich, wie es scheint, deutlich, daß sie sogar unter ihren Feinden als äußerst gottgeliebt angesehen wurden ...[214]

und:

> Bei ihnen ist das Gesetz, das sie regiert, wichtig und Gegenstand jeglicher Bemühung.[215]

und:

> Auch würden sie es lieber ertragen, zehntausend mal zu sterben als sich einer Versuchung hinzugeben, die gegen seine (sc.: Gottes) Gesetze und Bräuche verstößt.[216]

Auch wenn diese Zitate auf Grund der Überlieferungslage der »Hypotheca« für uns nicht mehr literarisch verifizierbar sind, darf man aus inhaltlichen Gründen doch voraussetzen, daß Euseb sich hier vollständig in der apologetischen Aussageintention und wohl auch am ursprünglichen, nicht mehr erhaltenen Text Philos bewegt. Dies kann man daraus folgern, daß Euseb P.e.

---

[209] P.e. VIII 13, 1-6 (= Opif. 7-12 [I 2,12 – 3,19 Cohn]); XI 24, 1-12 (= Opif. 24-27 [I 7,11 – 8,14 Cohn]. 29-31 [I 9,4 – 10,4 Cohn]. 35f. [I 10,23 – 11,12 Cohn]).

[210] P.e. XIII 18, 12-16 (= Spec. I 13-17 [V 3,18 – 4,22 Cohn]. 20 [V 5, 7-12 Cohn]).

[211] P.e. XI 15, 1-6 (= Conf. 97 [II 247 Wendland]. 146f. [II 257 Wendland]. 62f. [II 241 Wendland]).

[212] P.e. VIII 12, 1-19 (= Probus 75-91 [VI 21,20 – 26,7 Cohn/Reiter]).

[213] P.e. VIII 5, 11: τὸ πολίτευμα τῆς κατὰ Μωσέα νομοθεσίας (I 427, 4 Mras/Des Places).

[214] P.e. VIII 6, 7: δηλοῖ γάρ, ὡς ἔοικε, ταῦτά γε καὶ θεοφιλεστάτους αὐτοὺς ἀνωμολογῆσθαι καὶ παρὰ τοῖς ἐχθροῖς· (I 428,26 – 429,1 Mras/Des Places).

[215] P.e. VIII 7, 9: ...ἐπ' αὐτοῖς νόμος ἐστὶ μέγας καὶ πάσης ἐπιμελείας αἴτιος ...(I 431, 10f. Mras/Des Places).

[216] P.e. VIII 6, 9: κἂν μυριάκις αὐτοὺς ἀποθανεῖν ὑπομεῖναι θᾶττον ἢ τοῖς ἐκείνου νόμοις καὶ ἔθεσιν ἐναντία πεισθῆναι. (I 429, 11-13 Mras/Des Places).

VIII 12, 1-19 aus der philonischen Schrift »Quod omnis probus liber sit« ein
längeres und (bei geringfügigen Textvaraianten) korrektes Zitat bietet,[217] das
am Beispiel der Essener den vorbildlichen asketischen Wandel, also das »philosophische« Leben der Juden schildert;[218] dieses Zitat wird dann von Eusebius,
ganz der Intention des Philo folgend, abschließend kommentiert:

> Es möge also hinreichen, daß die Phänomene der philosophischen Übung
> und des Wandels bei den Juden mit diesen Zitaten vorgestellt worden
> sind; und zuvor hat diese Abhandlung ja schon die anderen Phänomene
> des übrigen Lebenswandels beschrieben, den die göttlichen Gesetze der
> Masse des gesamten Volkes aufgetragen haben.[219]

In den Zusammenhang dieser die Tendenz einer Apologie des Judentums bei
Philo voll aufnehmenden Rezeptionslinie in der Praeparatio evangelica gehören auch diejenigen Stellen, in denen sich Euseb eine bestimmte theologische
oder philosophische Option Philos vollständig zueigen macht, so etwa bei der
Polemik gegen die Verehrung der Gestirne in Auslegung von Dtn 4, 19,[220] die
Euseb zitiert und mit den Worten: »Dies sind die wahrhaft reinen und göttlichen Lehren der hebräischen Religion«[221] zustimmend kommentiert; ähnliches
gilt für die aus Philos Arbeiten zitierten Ausführungen über das Geschaffensein
der Welt[222] oder über die göttliche Vorsehung.[223]

Neben dieser Text und Intention Philos vollständig übernehmenden Linie
läßt sich bei Euseb eine zweite Linie ausmachen; sie betrifft diejenigen Stellen,
an denen Euseb sich auf die platonisierende Logoslehre des Philo von Alexandrien[224] konzentriert. Auch hier finden wir eine ganze Reihe meist kürzerer

---

[217] Probus 75-91 (VI 21,20 – 26,7 Cohn/Reiter).

[218] Zum Verständnis des Judentums als »philosophischer Religion« bei Philo siehe C. Elsas,
Das Judentum als philosophische Religion bei Philo von Alexandrien, in: Altes Testa-
ment – Frühjudentum – Gnosis. Neue Studien zu »Gnosis und Bibel«, hg. K.-W.
Tröger, Gütersloh 1990, 195-220.

[219] P.e. VIII 12, 20: Τὰ μὲν οὖν τῆς φιλοσόφου παρὰ Ἰουδαίοις ἀσκήσεώς τε καὶ
πολιτείας διὰ τῶνδε προκείσθω· τὰ δὲ τοῦ λοιποῦ βίου ὃν δὴ τῷ πλήθει τοῦ
παντὸς ἔθνους οἱ θεῖοι διηγόρευον νόμοι, τέθειται προλαβὼν ὁ λόγος. (I 461,
1-3 Mras/Des Places).

[220] Eus., P.e. XIII 18, 12-16/Philo, Spec. I 13-17. 20.

[221] P.e. XIII 18, 17: Ταῦτα τῆς Ἑβραίων εὐσεβείας τὰ ὡς ἀληθῶς ἀκήρατά τε καὶ θεῖα
μαθήματα ... (II 244, 19f. Mras/Des Places).

[222] Eus., P.e. VIII 13, 1-6/Philo, Opif. 7-12.

[223] Eus., P.e. VIII 14, 1-72/Philo, Provid. II 2. 15-32. 99-112.

[224] Zu dieser philonischen Lehre vor allem D. Winston, Logos and Mystical Theology in
Philo of Alexandria, Cincinatti 1985, 9-25; G. Farandos, Kosmos und Logos nach
Philon von Alexandrien, Amsterdam 1976; J. Drummond, Philo Judaeus, or the
Jewish-Alexandrian Philosophy in its Development and Completion I, Amsterdam
1969 (ND der Ausgabe London 1888), 156-273; H.A. Wolfson l.c. I 226-294 sowie C.
Siegfried, Philo von Alexandria als Ausleger des Alten Testaments, Aalen 1970 (ND der
Ausgabe Jena 1875), 219-229.

Textauszüge aus Philo. Diese werden nun zwar nicht explizit auf ein christliches Verständnis, also auf die sofortige Identifikation des Logos mit Christus, umgedeutet; auch in den Kommentierungen geht Euseb nicht über das hinaus, was er vom Philotext her tatsächlich beweisen kann.[225] Andererseits aber ist hier allein schon die *Auswahl* der Zitate so gehalten, das sich für den christlichen Leser der Praeparatio evangelica[226] bereits ein christliches Verständnis der philonischen Rede vom Logos oder vom »zweiten Grund« anbieten, geradezu nahelegen mußte. Ein ausgewähltes Beispiel mag dies Vorgehen Eusebs veranschaulichen:

P.e. VII 13 stellt er in Zitaten Philos Ansicht vom Logos als dem erstgeborenen Sohn Gottes dar:

> Aber derselbe Autor nennt im ersten Buch »Über den Ackerbau« den Logos den erstgeborenen Sohn Gottes, folgendermaßen:
> »Denn all diese Dinge leitet Gott der Hirt und König gemäß der Gerechtigkeit, wobei er über sie als Gesetz seinen rechten Logos und erstgeborenen Sohn gestellt hat, welcher die Fürsorge für diese heilige Herde übernommen hat gleichsam als Statthalter des großen Königs.«
> Auch schreibt derselbe Autor wiederum im zweiten Buch wörtlich Folgendes:
> »Wenn jemand nun den Schwierigkeiten, die sich in den aufgeworfenen Fragen ergeben, zu entkommen wünscht, soll er offen sagen, daß nichts Materielles so stark ist, daß es das Gewicht der Welt tragen könnte. Aber das ewige Wort des ewigen Gottes ist die stärkste und festeste Stütze von allem. Er ist es, der, ausgebreitet von der Mitte zu den Enden und vom Äußeren zur Mitte hin, die ganze Länge des unbesiegbaren Laufes der Natur durchmißt und alle Teile zusammenbringt und sie festbindet. Denn der Vater, der ihn zeugte, machte ihn zum unauflösbaren Band des Universums.«[227]

---

[225] So P.e. XI 15, 7. Es geht zunächst nur um den Nachweis, daß die Hebräer (hier: Philo) die Auffassung περὶ τοῦ δευτέρου αἰτίου (II 37, 3 Mras/Des Places) vertreten haben; genau dies leistet das vorangestellte Zitat aus conf. ling. (Bei der Eusebschen Zuordnung des Zitats zu Philos Schrift »Quod deterius« handelt es sich einfach um eine Verwechslung – vgl. G. Favrelle, SC 292, Paris 1982, 127 mit Anm. 1).

[226] Zum Adressatenkreis des apologetischen Doppelwerkes siehe oben S. 37-42.

[227] P.e. VII 13, 3-5: ὁ δ' αὐτὸς ἐν τῷ »Περὶ γεωργίας« προτέρῳ καὶ υἱὸν θεοῦ τὸν πρωτόγονον αὐτοῦ λόγον τοῦτον ὀνομάζει τὸν τρόπον· »Ταῦτα δὴ πάντα ὁ ποιμὴν καὶ βασιλεὺς θεὸς ἄγει κατὰ δίκην, νόμον προστησάμενος τὸν ὀρθὸν αὐτοῦ λόγον καὶ πρωτόγονον υἱόν, ὃς τὴν ἐπιμέλειαν τῆς ἱερᾶς ταύτης ἀγέλης οἷά τις μεγάλου βασιλέως ὕπαρχος, διαδέξεται.« Καὶ ἐν τῷ δευτέρῳ δὲ πάλιν ὁ αὐτὸς τάδε γράφει πρὸς λέξιν· »Τὰς δυσωπίας οὖν εἴ τις ἀποδιδράσκειν βούλεται τὰς ἐν τοῖς διαπορηθεῖσι, λεγέτω μετὰ παρρησίας ὅτι οὐδὲν τῶν ἐν ὕλαις κραταιὸν οὕτως ὡς τὸν κόσμον ἀχθοφορεῖν ἰσχῦσαι. λόγος δ' ὁ ἀΐδιος θεοῦ τοῦ αἰωνίου τὸ ὀχυρώτατον καὶ βεβαιότατον ἔρεισμα τῶν ὅλων ἐστίν. οὗτος ἀπὸ τῶν μέσων ἐπὶ τὰ πέρατα καὶ ἀπὸ τῶν ἄκρων ἐπὶ τὰ μέσα ταθεὶς δολιχεύει τὸν φύσεως ἀήττητον δρόμον, συνάγων τὰ μέρη πάντα καὶ σφίγγων. δεσμὸν γὰρ αὐτὸν ἄρρηκτον τοῦ παντὸς ὁ γεννήσας ἐποίει πατήρ.« (I 389, 14 – 390, 3 Mras/Des Places).

Der Passus enthält ein interessantes textkritisches Problem, insofern die Philohandschriften in Plant. 8 sämtlich νόμος statt λόγος lesen [»aber der ewige Nomos des ewigen Gottes« ...]. Handelt es sich bei Eusebs Lesart um eine christliche Fälschung, ähnlich dem »Testimonium Flavianum«[228] des Josephus? Dagegen spricht, daß auch sonst bei Philo die allegorische Interpretation des Logosbegriffes in der an der fraglichen Stelle vorgenommenen Weise völlig selbstverständlich ist. Ich halte deshalb in diesem Falle die umgekehrte Lösung für die naheliegendere: Eine rabbinische Zensur allegorischer Schriftinterpretationen hat D. BARTHÉLEMY gerade für die Philotexte eindrucksvoll wahrscheinlich gemacht.[229] Euseb hätte dann an dieser Stelle den ursprünglichen Philo-Wortlaut bewahrt. Diese Auffassung entspricht auch der in den Philo-Editionen vertretenen, die λόγος lesen.[230]

Die Stelle, der sich noch andere Beispiele beigesellen ließen,[231] zeigt, daß Euseb hier zwar auf den ersten Blick einfach eine Zusammenstellung von den Logos betreffenden theologischen Äußerungen Philos aus dessen allegorischer Schriftinterpretation bietet, daß er jedoch andererseits mit eben dieser Zusammenstellung für seine christlichen Leser auch einen präzisen »Wiedererkennungswert« hinsichtlich einer christlichen Logoslehre mit im Auge hat: Hatte doch schon die Einleitung zur Praeparatio evangelica unmißverständlich deutlich gemacht, daß es Euseb um das Evangelium zu tun ist, in welchem »der Logos Gottes allen Menschen verkündet ist«[232], worunter eben der »Logos Christi«[233] zu verstehen ist. Aus diesem Grunde hat Euseb hier gerade diejenigen Stellen aus Philo ausgewählt, die vom »erstgeborenen Sohn« und vom »ewigen Wort des ewigen Gottes« sprechen. Natürlich betreibt er hier darüberhinaus auch

---

[228] Zum Testimonium siehe unten Anm. 271.

[229] D. Barthélemy, Est-ce Hoshaya Rabba qui censura le ›Commentaire Allégorique‹? in: Actes du Colloque National du C.N.R.S. de Lyon 1966 sur Philon d'Alexandrie, ed. R. Arnaldez u.a., Paris 1967, 45-78; für unsere Stelle vgl. ebd. 56 mit Anm. 3; siehe auch T.D. Runia, Caesarea Maritima and Hellenistic-Jewish Literature, in: Caesarea Maritima. A Retrospective after two Millennia, ed. H. Raban/K.G. Holum, DMOA 21, Leiden 1996, 493f. sowie D. Winston, l.c. 25. – Zum Verhältnis von rabbinischem Midrasch und philonischer Allegorie siehe Y. Amir, Die hellenistische Gestalt des Judentums bei Philo von Alexandrien, FJCD 5, Neukirchen 1983, 107-118.

[230] Philonis Alexandrini opera II 135, 3 Wendland. – Für λόγος als ursprüngliche Philolesart plädiert auch die französische Philoausgabe (J. Pouilloux, Les œuvres de Philon d'Alexandrie 10, 26, leider ohne Kommentierung) und auch die Eusebausgabe in den Sources chrétiennes (G. Schroeder, SC 215, Paris 1975, 233 mit Anm. 3). – Vgl. auch Plant. 10, wo mit Euseb τοῦ θεοῦ λόγου (II 135, 10 Wendland) zu lesen ist gegen die Philohandschriften, die νόμου haben.

[231] So etwa P.e. XI 15, 1-6.

[232] P.e. I 1, 6: θεοῦ λόγος (...) πᾶσιν ἀνθρώποις εὐαγγελίζεται (I 6, 17f. Mras/Des Places).

[233] P.e. I 1, 8: ὁ Χριστοῦ λόγος (I 7, 2 Mras/Des Places).

Rezeptionsarbeit in eigener theologischer Tendenz. Hierzu kann man sich sein Verfahren besonders gut an denjenigen Stellen klarmachen, an denen er aus der philonischen Logoslehre gerade diejenigen Begriffe rezipiert, die seiner eigenen subordinatianischen Logosauffassung entsprechen, so etwa die Rede vom δεύτερον θεόν, während er eher koordinierende Logosaussagen Philos gerade nicht übernimmt.[234]

Euseb hat bei alldem eine christliche Deutung Philos mit seinen Zitaten nur nahegelegt, nicht selbst explizit vollzogen – im Blick auf den Gesamtaufbau des apologetischen Doppelwerkes ging es ihm in der Praeparatio evangelica ja auch zunächst nur um den Erweis der Überlegenheit der hebräisch-jüdischen Traditionen über die heidnischen.

Eine dritte und meines Erachtens von den beiden vorigen deutlich zu unterscheidende Linie Eusebscher Philorezeption findet sich in dem längeren Passus über die »Therapeuten« in der Kirchengeschichte. Hier liegt ein Mischtext aus Philo-Zitaten, Philo-Paraphrasen und Eusebschen Kommentierungen vor, der zwar den eigentlichen Text und auch die primäre Aussageintention (lobende Beschreibung des »Wandels« der »Therapeuten«) Philos zunächst zutreffend wiedergibt, der aber über die Kommentierungen, über Philo hinausgehend, die »Therapeuten« kurzerhand zu einer *christlichen* Gemeinschaft erklärt.

> Mittlerweile darf man die in der Wissenschaft über viele Jahrzehnte intensiv geführten Debatten um die Frage nach der historischen Identifizierung jener »Therapeuten« und, damit zusammenhängend, auch um die Frage nach der Echtheit der Schrift »De vita contemplativa« als dahingehend entschieden betrachten, daß man heute in dem Text eine echte Philoschrift und in den »Therapeuten« eine jüdische asketische Gruppierung erblickt.[235]

---

[234] P.e. VII 13, 1 (I 389, 8 Mras/Des Places) aus den Quaestiones et solutiones, nur bei Euseb überliefert. Gleichordnende Logosaussagen bei Philo etwa Opif. mund. 17-19. Zum Befund siehe T.D. Runia, Philo in Early Christian Literature, 225 mit Anm. 64.

[235] Die Widerlegung der These, die »Therapeuten« seien Christen gewesen, wie sie etwa noch von J. Nirschl, Die Therapeuten, Mainz 1890, vertreten worden war, geht im Grunde auf die Arbeit von P. Wendland, JCPh.S 22 (1896) 695-772, bes. 756-765 zurück. Sie repräsentiert inzwischen wissenschaftliches Allgemeingut. Die scheinbare Alternative, die Schrift »De vita contemplativa« dem Philo abzusprechen, was noch von E. Lucius, Die Therapeuten und ihre Stellung in der Geschichte der Askese: Eine kritische Untersuchung der Schrift De vita contemplativa, Straßburg 1879, vertreten worden war, mußte seit der genannten Arbeit von Wendland, vor allem aber seit dem Erscheinen der griechisch-englischsprachigen Ausgabe der Philoschrift durch F.C. Conybeare, Philo about the contemplative life or the fourth book of the treatise concerning virtues, New York 1987 (ND der Ausgabe Oxford 1895), fallengelassen werden. Vgl. hierzu zuletzt J.E. Goehring, The Origins of Monasticism, in: Eusebius, Christianity, and Judaism, ed. H.W. Attridge/G. Hata, StPB 42, Leiden 1992, 236f. mit Anm. 13. – Über die ägyptischen Therapeutiden bei Philo siehe R.S. Kraemer, Signs 14 (1989) 342-370.

Für unseren Zusammenhang der Philorezeption bei Euseb ergibt sich
daraus die Frage, ob in den Kommentierungen Eusebs eine absichtliche
Fälschung oder aber ein Irrtum zu sehen ist, der in dem Euseb vorliegenden Quellenmaterial seinen Ursprung gehabt haben könnte.

Ausgangspunkt des Abschnitts über die »Therapeuten« in der Kirchengeschichte ist die Notiz von der Enstehung des Markusevangeliums und von
erfolgreicher kirchlicher Mission in Alexandrien sowie von einer persönlichen
Begegnung zwischen Philo und dem das Evangelium predigenden Petrus zur
Zeit des Claudius in Rom.[236] Dem Aufbau des gesamten Abschnitts entsprechend scheint es diese an der Spitze des Passus stehende Nachricht gewesen zu
sein, die Euseb dazu veranlaßt hat, in jener in Philos »De vita contemplativa«
so ausführlich beschriebenen und positiv beurteilten Gruppe eine urchristliche
Asketengemeinschaft zu erblicken, welche Philo in Alexandrien kennengelernt
und durch die Predigt des Petrus als christlich identifiziert habe. Zwar ist sich
Euseb über den historischen Wert seiner Nachricht über die Begegnung
zwischen Philo und Petrus nicht ganz sicher, wie er selber schon durch die
Formulierung zu erkennen gibt.[237] Seine Information führt ihn aber dazu, den
»Therapeuten«, wiewohl »sie in echt *jüdischer* Weise die meisten der alten
Bräuche beobachteten«[238], die Befolgung »*kirchlicher* Vorschriften«[239] besonders hoch anzurechnen und ihren Wandel als »das Leben *unserer* Asketen«[240]
anzusehen. Eben diese seine Meinung trägt er über seine Kommentierungen
wieder und wieder in den Philobericht über die »Therapeuten« ein.

Diese Interpretation jener asketisch lebenden Gemeinschaft als einer christlichen kann zu Eusebs Zeiten nicht unumstritten gewesen sein. Dies zeigt sich
klar an Wendungen wie den folgenden:

> »Wenn aber jemandem das Gesagte nicht typisch für den Wandel nach
> dem Evangelium erscheinen sollte« ...[241]

oder

> »Wenn aber jemand trotzdem noch hiergegen verstockt sein und wider-
> sprechen wollte« ...[242]

---

[236] H.e. II 16. – Die Herkunft jener Nachricht ist für uns leider nicht mehr zu identifizieren, auch darüber, daß sie Euseb in schriftlicher Form vorlag, können wir (gegen J.E.
Bruns, HThR 66 [1973] 141) keineswegs sicher sein.

[237] H.e. II 17, 1: »Und dies dürfte wohl nicht unwahrscheinlich sein«: καὶ οὐκ ἀπεικὸς ἂν
εἴη τοῦτό γε ... (142, 2f. Schwartz).

[238] S.o. Anm. 189.

[239] τῆς ἐκκλησίας (...) κανόνας ... H.e. II 17, 1 (142, 5 Schwartz).

[240] τὸν βίον τῶν παρ' ἡμῖν ἀσκητῶν ... H.e. II 17, 2 (142, 6 Schwartz).

[241] εἰ δέ τῳ μὴ δοκεῖ τὰ εἰρημένα ἴδια εἶναι τῆς κατὰ τὸ εὐαγγέλιον πολιτείας ... H.e.
II 17, 15 (148, 8f. Schwartz).

[242] εἰ δ' ἐπὶ τούτοις ἀντιλέγων τις ἔτι σκληρύνοιτο ... H.e. II 17, 18 (150, 2f. Schwartz).

Zudem muß man klar sehen, daß Euseb (bei allem Insistieren auf der Richtigkeit seines eigenen Verständnisses der »Therapeuten«) selber darauf hinweist, daß es sich bei seiner These zu den Ausführungen Philos in »De vita contemplativa« um seine eigene Interpretation handelt:

> *Unserer Meinung nach* beziehen sich diese Schilderungen Philos deutlich und unzweifelhaft auf unsere Religion.[243]

Bedenkt man dazu, daß Euseb den Philotext grundsätzlich korrekt zitiert und auch in den Paraphrasen eigentlich nicht vom Inhalt des philonischen Werkes abweicht, so bleibt meines Erachtens nur der Schluß, daß Euseb den Philotext tatsächlich für den Bericht über eine urchristliche Asketengruppe gehalten hat. Hierfür spricht nicht allein die Einleitung des Passus, sondern vor allem jene von Euseb selbst benutzten Unsicherheitsformeln, die bei einer absichtlich vorgenommenen Verfälschung schlechterdings nicht begreiflich wären. Die ihm vorliegenden Informationen über die Ausbreitung der Christen in Alexandrien und über die Begegnung des Philo mit Petrus in Rom veranlaßten Euseb, eine Kombination zwischen dem aus »De vita contemplativa« Entnommenen und seinem eigenen Idealbild der urchristlichen Gemeinde, so etwa mit den Nachrichten über den urchristlichen »Liebeskommunismus« nach Acta 2, 45 und 4, 34f. zu kombinieren.[244] Damit konnte er einerseits die heilsgeschichtliche Kontinuität von Judentum und Christentum illustrieren und andererseits den idealtypischen Wandel einer (vermeintlich) christlichen Gemeinde ausgerechnet mit Hilfe eines jüdischen Gewährsmannes darstellen. Dieser grundsätzlich zweifellos berechtigte und notwendige Hinweis auf die interesseleitenden apologetischen Motive in der gesamten Darstellung der Kirchengeschichte sollte jedoch an dieser Stelle nicht ohne weiteres zu dem Schluß veranlassen, Euseb habe hier bewußt eine Fälschung vorgenommen, um Philos Bericht wider besseres Wissen christlich zu vereinnahmen. Vielmehr scheint ihm hier ein auf Grund des ihm vorliegenden Materials durchaus naheliegender, dabei allerdings auch seinen apologetischen Intentionen entgegenkommender Irrtum unterlaufen zu sein.[245]

Ein letzter Aspekt der Philorezeption Eusebs scheint mir schließlich in dieselbe Richtung zu weisen: An keiner Stelle wird die Person des Philo selbst durch Eusebius christlich »vereinnahmt«; Philo von Alexandrien bleibt bei Euseb stets »Hebräer« und »Jude«. Die von einigen Kommentatoren für eine

---

[243] H.e. II 17, 17: ταύτας τοῦ Φίλωνος σαφεῖς καὶ ἀναντιρρήτους περὶ τῶν καθ' ἡμᾶς ὑπάρχειν ἡγούμεθα λέξεις ... (150, 1f. Schwartz).

[244] H.e. II 17, 6.

[245] Auch J.E. Goehring, l.c. 236, meint: »Christian belief and ascetic practice were so closely connected in Eusebius' theology that the identification of the Therapeutae as Christian seemed only natural to him.«

christliche Vereinnahmung Philos durch Euseb angezogene Stelle H.e. II 4, 2[246] vermag die entsprechende Beweislast nicht zu tragen: Es geht hier ja nur um die außerordentliche Wertschätzung Philos unter Christen wie Nichtchristen. Daß Euseb Philo selbstverständlich als Juden ansah und auch den Lesern seiner Kirchengeschichte als solchen darstellen wollte, ergibt sich zweifelsfrei aus seinem aus Philo und Josephus kombinierten Bericht über die Gesandtschaft an Gaius.[247]

Es zeigt sich mithin bei Euseb insgesamt eine Rezeption des von ihm hochgeschätzten »Hebräers« und Juden Philo, in der die Treue zu den philonischen Quellen und die korrekte Wiedergabe der philonischen Aussageintentionen dominieren. Daneben finden sich Linien, die eine christliche Interpretation Philos nahezulegen geeignet sind beziehungsweise eine solche (wenn auch offensichtlich auf Grund eines Irrtums) explizit vollziehen. An keiner Stelle werden bei Euseb die Texte Philos zugunsten der Christen gegen die Juden ausgespielt.[248]

Ohne Namensnennung greift Euseb an verschiedenen Stellen seines apologetischen Doppelwerkes immer wieder einmal auf philonische Etymologien zurück.[249] Man mag das Schweigen über seinen Gewährsmann an diesen Stellen wohl am einfachsten damit erklären, daß solcherlei Deutungsmuster bereits mit einer gewissen Selbstverständlichkeit etabliert und allgemeiner verbreitet waren. Daß er ein Werk »Erläuterungen der im Gesetz und den Propheten erwähnten hebräischen Namen« kannte und dieses Philo zuschrieb,

---

[246] So etwa J.E. Bruns, HThR 66 (1973) 142.

[247] H.e. II 5. – Philo berichtet von den Leiden der Juden und von der Gesandtschaftreise zugunsten seiner Landsleute (!) nach Rom (H.e. II 5, 1). Philo ist Führer der jüdischen (!) Gesandtschaft (H.e. II 5, 4 aus Josephus), in dezidierter Abgrenzung von dem Heiden Apion. Er spricht den Juden in seiner Umgebung Mut zu (II 5, 5, ebenfalls aus Josephus). – Die wirkungsgeschichtlich weitreichendste Verchristlichung der Person Philos ist sicher die Darstellung Hieronymus: Philo als christlicher Schriftsteller, vir. ill. 11. Auf Grund der überragenden Bedeutung des Hieronymus geht ab dann die Legende vom Philo Christianus langsam in das christliche »Allgemeingut« ein. Über den »Philo Christianus« siehe T.D. Runia, Philo in Early Christian Literature. A Survey, CRI 3,3, Assen u.a. 1993, 3-33 und J.E. Bruns, HThR 66 (1973) 141-145.

[248] Allerdings findet sich in der Philorezeption Eusebs das auch sonst verwendete Bestrafungsmotiv (Leiden der Juden wegen ihres Verbrechens gegen Christus), und zwar im Zusammenhang der Zitate aus der Legatio ad Gaium, vgl. H.e. II 5, 6 – 6, 3. Daß Euseb diesen Text im Sinne seines Bestrafungsmotivs instrumalisisert (so T.D. Runia, l.c. 219), trifft sicher zu (H.e. II 5, 6), man muß aber zugleich auf die hohe Wertschätzung der Juden hinweisen, die aus eben diesem Text spricht. Zur Bedeutung dieses Bestrafungsmotivs siehe unten S. 102-105 (zur Josephusrezeption bei Euseb) sowie den entsprechenden Exkurs im theologischen Teil dieser Arbeit unter 5.1.1.

[249] P.e. XI 6, 8-33 (Adam, Abel, Abram, Isaak, Jakob, Israel); D.e. IV 7, 3 (Jakob und Israel); 17, 2f. (Abraham, Sarah, Isaak, Jakob, Israel). Vgl. hierzu C. Siegfried, Philo von Alexandria als Ausleger des Alten Testaments, Aalen 1970 (ND der Ausgabe Jena 1875), 263-269 sowie 362-364.

erfahren wir aus der Kirchengeschichte.[250] Die ausgiebige Benutzung dieses leider verlorenen philonischen Werkes in den einschlägigen Passagen des apologetischen Doppelwerkes Eusebs ist aber evident.

Natürlich steht Euseb auch mit seiner Philorezeption in einer Tradition, die hier im Rahmen dieser Arbeit nicht im einzelnen geschildert werden kann: Die Texte des Philo von Alexandrien hatten ja seit jeher hohe Aufmerksamkeit gerade bei christlichen Lesern und Autoren erregt. Deutlich zeigt sich dieses Phänomen schon an der bekannten Tatsache, daß weite Teile der Philoüberlieferung christlichen Autoren zu verdanken sind.[251] Textkritisch relevante Glättungsversuche weisen demgegenüber auf Seiten vor allem des rabbinischen Judentums auf stärkere Reserven gerade gegen die allegorische Exegese Philos hin.[252]

Deutliche Spuren philonischen Denkens finden sich eigentlich seit den Anfängen christlicher Theologie,[253] und von einer intensiven christlichen Nutzung des Philo von Alexandrien zeugen die Schriften einiger großer Gestalten der frühchristlichen Theologiegeschichte. Zu nennen sind hier im griechischsprachigen Raum besonders Justin,[254] Clemens von Alexandrien,[255] Pseudo-Justin[256] und vor allem Origenes[257] sowie, für die

---

[250] H.e. II 18, 7: τῶν ἐν νόμῳ δὲ καὶ προφήταις Ἑβραϊκῶν ὀνομάτων αἱ ἑρμηνεῖαι (156, 12f. Schwartz). Eine intensive Benutzung dieses »Handbüchleins« durch Eusebius nimmt auch M.J. Hollerich, Eusebius as Polemical Interpreter of Scripture, in: Eusebius, Christianity, and Judaism, ed. H.W. Attridge/G. Hata, StPB 42, Leiden 1992, 582, an.

[251] Vgl. die Editionen sowie T.D. Runia, Philo and the Church Fathers. A Collection of Papers, SVigChr 32, Leiden 1995, 228-249 und die Einleitung von E.R. Goodenough, Oxford ²1962.

[252] Siehe hierzu zum Beispiel oben Anm. 229.

[253] Vgl. hierzu vor allem T.D. Runia, l.c. 1-24.

[254] Hierzu J.H. Waszink, Bemerkungen zu Justins Lehre vom Logos Spermatikos, in: Mullus. FS T. Klauser, hg. A. Stuiber/A. Herrmann, JAC.E 1, Münster 1964, 389, und, allgemeiner auf die Beziehungen zwischen Philo und den christlichen Apologeten des zweiten Jahrhunderts eingehend, J. Schwartz, Philon et l'apologétique chrétienne du second siècle, in: Hommages à A. Dupont-Sommer, Paris 1971, 497-507.

[255] Vgl. hierzu die Monographie von A. van den Hoek, Clement of Alexandria and his Use of Philo in the Stromateis: An Early Christian Reshaping of a Jewish Model, SVigChr 3, Leiden 1988. Zur philonischen Logoslehre bei Clemens siehe C. Colpe, Von der Logoslehre des Philon zu der des Clemens von Alexandrien. In: Kerygma und Logos. Beiträge zu den geistesgeschichtlichen Beziehungen zwischen Antike und Christentum. FS C. Andresen, hg. A.M. Ritter, Göttingen 1979, 89-107.

[256] Cohortatio ad Graecos; die Frage, ob das Werk (ed. M. Marcovich, PTS 32, Berlin New York 1990, 23-78) ins dritte Jahrhundert oder gar ins vierte gehört und dann möglicherweise Markell zuzuschreiben wäre (so C. Riedweg, Ps.-Justin [Markell von Ankyra?], Ad Graecos de vera religione (bisher »Cohortatio ad Graecos«): Einleitung und Kommentar, 2 vol., SBA 25, Basel 1994), muß hier offen bleiben.

[257] Hierzu T.D. Runia, l.c. 117-125 (hier auch die Auseinandersetzung mit der älteren Literatur). – Zur »Integration« des Philo unter die Kirchenväter bei Origenes siehe T.D. Runia, l.c. 125: »Philo has in fact been adopted as an honorary Church Father.«

Zeit nach Euseb, Gregor von Nyssa[258] und Isidor von Pelusium[259]. Aber
nicht nur im Osten, auch im lateinischen Westen finden sich, vornehm-
lich in den exegetischen Arbeiten christlicher Autoren, starke Anklänge an
das Werk Philos, so etwa bei Ambrosius von Mailand[260] und bei Hieronymus[261], weniger deutlich bei Augustin.[262]

Will man wenigstens zwei Hauptlinien christlicher Philorezeption kurz
benennen, so wäre einerseits auf die Möglichkeit einer Intergration von
platonisierender Philosophie und biblischer Textauslegung mit Hilfe der
Logoslehre und der allegorischen Interpretation und andererseits auf den
unauflöslichen Zusammenhang, ja auf die Einheit von Spiritualität und
exegetischer Arbeit zu verweisen.[263]

Euseb zeigt bei seinem Umgang mit den Texten des Philo, wie auch
sonst oft, eine Art der Rezeption, die einerseits stark an seinen christlichen
Vorgängern orientiert ist und andererseits einen erstaunlich selbständigen
Zugriff auf die ihm vorliegenden Quellenmaterialien beweist. In der
Exegese ist er der (nicht zuletzt an dem als Exegeten ausdrücklich gewür-
digten Philo angelehnten) Allegorese gegenüber aufgeschlossen, aber auch
kritisch.[264] In der Logoslehre bietet er eine »Verchristlichung« Philos, die
in der Linie der christlichen Logostheologie vor Euseb steht. In der Apologetik verarbeitet er Philo selbständig im Sinne einer positiven Bewertung
des Judentums in Relation zu den Heiden. Ein durchaus augenfälliger
Aspekt der Eusebschen Philorezeption ist dabei die Tatsache, daß Philo
hier dezidiert als Jude wahrgenommen und gezeichnet, seine Person also
nicht einfach christlich »vereinnahmt« wird.

EXKURS: Euseb und Josephus

Der Jude Josephus, selbst Hebräer[265] und als solcher »der berühmteste Schriftsteller der Hebräer«[266], in höchstem Ansehen »nicht nur bei seinen Landsleu-

---

For this reason he had a place in Origen's library, and, as a direct result of this
inclusion, his works have survived to this day.«

[258] Hierzu jetzt neu T. Böhm, Theoria – Unendlichkeit – Aufstieg. Philosophische
Implikationen zu De Vita Moysis von Gregor von Nyssa, SVigChr 35, Leiden 1996.

[259] Hierzu abermals T.D. Runia, l.c. 155-181.

[260] Hierzu vgl. E. Lucchesi, L'usage de Philon dans l'œuvre exégétique de Saint Ambroise:
une »Quellenforschung« relative aux Commentaires d'Ambroise sur la Genèse, ALGHJ
9, Leiden 1977 und H. Savon, Saint Ambroise devant l'exégèse de Philon le Juif, 2 vols.,
Paris 1977.

[261] Vgl. für Hieronymus die Testimonienlisten bei T.D. Runia, l.c. 235f. 245.

[262] Hierzu B. Altaner, ZKT 65 (1941) 81-90 und P. Courcelle, REA 63 (1961) 78-85.

[263] Hierzu T.D. Runia, l.c. 124.

[264] Siehe hierzu unten unter 5.2.3.

[265] D.e. VIII 2, 65. 93; P.e. X 6, 15.

[266] H.e. I 5, 3: ὁ τῶν παρ' Ἑβραίοις ἐπισημότατος ἱστορικῶν Φλαύιος Ἰώσηπος (44,
22f. Schwartz).

ten, sondern auch bei den Römern«,[267] ist einer der wichtigsten literarischen Zeugen Eusebs überhaupt. H. SCHRECKENBERG hat im Zusammenhang seiner Untersuchungen zur Josephustradition in Antike und Mittelalter in einer Konkordanz 453 Zitate Eusebs von Josephusparagraphen aufgelistet,[268] wobei etwa je ein Drittel der Zitate auf die Kirchengeschichte und die Praeparatio evangelica sowie ein letztes Drittel auf die Chronik, die Demonstratio evangelica, das Onomasticon der biblischen Ortsnamen und auf die Theophanie entfallen.

Eine Untersuchung der Zitate zeigt im Ganzen eine große Treue Eusebs gegenüber seiner Quelle, die sich bis in die handschriftlichen Befunde bei Josephus hinein nachvollziehen läßt;[269] Paraphrasen spielen demgegenüber eine geringere Rolle und entstellen ihrerseits den Sinn des Josephus-Passus nicht.[270] Die beiden wichtigsten und auch meistkommentierten Ausnahmen, die Stelle H.e. II 23, 20 (eine entstellend tendenziöse Aufnahme von Jos., Ant. XX 200) und das sog. »Testimonium Flavianum«, sind, wie die neuere Forschung gezeigt hat, nicht auf Fälschungen Eusebs zurückzuführen, sondern auf seine Benutzung einer bereits kontaminierten Quelle unklarer Herkunft, wie sie so oder in ähnlicher Form auch bei Origenes schon in Gebrauch gewesen sein muß.[271]

---

[267] H.e. III 9, 2: οὐ παρὰ μόνοις τοῖς ὁμοεθνέσιν, ἀλλὰ καὶ παρὰ Ῥωμαίοις (222, 6f. Schwartz).

[268] H. Schreckenberg, Die Flavius-Josephus-Tradition in Antike und Mittelalter, ALGHJ 5, Leiden 1972, 79-84.

[269] H. Schreckenberg, Flavius-Josephus-Tradition, 85.

[270] Zum Beispiel H.e. I 9, 1; 11, 3; III 8, 10.

[271] H.e. II 23, 20: »Dieses Schicksal widerfuhr den Juden als Rache für Jakobus, den Gerechten, den Bruder des sogenannten Christus, Jesus. Denn da er nun einmal außerordentlich gerecht war, brachten die Juden ihn um.«: ταῦτα δὲ συμβέβηκεν Ἰουδαίοις κατ᾽ ἐκδίκησιν Ἰακώβου τοῦ δικαίου, ὃς ἦν ἀδελφὸς Ἰησοῦ τοῦ λεγομένου Χριστοῦ, ἐπειδήπερ δικαιότατον αὐτὸν ὄντα οἱ Ἰουδαῖοι ἀπέκτειναν. (172, 9-11 Schwartz). Dieser Text entspricht nicht (dem H.e. II 23, 22 völlig korrekt zitierten) Ant. 20, 200 und ist mit H. Schreckenberg, Flavius-Josephus-Tradition, 86, als Zitat aus einem Nebenzweig der Euseb vorliegenden Josephustraditon anzusehen, »einer Quelle, in der vermutlich Zitate und argumentierende theologische Diskussion in mißverständlicher Weise ineinander verschränkt waren«. – Das »Testimonium Flavianum«, das seit Euseb bis in die griechischen Josephushandschriften eingegangen ist (Eus., H.e. I 11, 7f.; D.e. III 5, 105f.; Theoph. V 44 – Jos., AJ XVIII 63f.), ist, wie D.S. Wallace-Hadrill, JEH 25 (1974) 353-362, nahegelegt hat, keinesfalls von Euseb fingiert, sondern ihm bereits aus einer christlichen Josephustradition überkommen. Hiergegen sprechen auch nicht die textlichen Differenzen an den drei Stellen, wo Euseb das Testimonium benutzt; diese können, so D.S. Wallace-Hadrill mit Recht, einfach auf verschiedene Stadien der Textentwicklung zurückgehen. Schon E. Schwartz hatte in seinem PWRE-Artikel Eusebios von Cäsarea im Jahre 1909 klar gesehen, daß beim Testimonium »Euseb nicht der Betrüger, sondern der Betrogene« ist (PWRE 6 [1909] 1399; wiederabgedruckt in: E. Schwartz, Griechische Geschichtsschreiber, hg. von der

Mit dieser Genauigkeit der Zitierungen entspricht Euseb seinerseits zunächst der von ihm selber immer wieder betonten historischen Zuverlässigkeit des Josephus;[272] dies geschieht übrigens keineswegs nur, um Josephus möglichst zweifelsfrei für die eigenen Aussagen dienstbar zu machen, sondern durchaus in Aufnahme der von Josephus selbst zum Ausdruck gebrachten Intentionen.[273]

Freilich versehen die Josephus-Zitate für Euseb eine präzise Funktion innerhalb seiner apologetischen Gesamtintention.[274] R. M. GRANT hat überzeugend dargelegt, daß die meisten Josephuszitate in der Kirchengeschichte demjenigen Teil des zum Eingang der H.e. dargelegten »Programms« dienen, der sich mit dem »Schicksal, das das ganze jüdische Volk augenblicklich nach seinem Anschlag auf unseren Erlöser getroffen hat«[275] befaßt.[276] Der Jude und Hebräer Josephus wird von Euseb in der Kirchengeschichte gleichsam als eine Art Kronzeuge gegen sein eigenes Volk aufgerufen. Dabei kam es Euseb natürlich entgegen, daß Josephus wie er selbst die Möglichkeit der Erkennbarkeit von Gottes Willen und Handeln in geschichtlichen Ereignissen als selbstverständlich voraussetzte.[277]

Die von Euseb verwendeten Josephustexte hatten natürlich bereits ihre eigene, politische und religiöse Tendenz:[278] Im »Jüdischen Krieg« die der aktuellen

---

Kommission für spätantike Religionsgeschichte bei der Deutschen Akademie der Wissenschaften zu Berlin, Leipzig ²1959, 495-598; die zitierte Bemerkung l.c. 539). Zum Testimonium Flavianum siehe noch B. Gustafsson, StPatr 4,2 (1961) 433; C. Martin, RBPH 20 (1941) 409-465; W. Bienert, Der älteste nichtchristliche Jesusbericht. Josephus über Jesus, TABG 9, Halle 1936, bes. 300-306; L. Wohleb, RQ 35 (1927) 151-169; E. Norden, NJKA 31 (1913) 637-666. A. von Harnack hatte auf Grund des Beitrages von Norden seine ursprüngliche Option für die Echtheit des Testimonium (IMW 7 [1913] 1037-1068) teilweise revoziert und die Sache lieber in der Schwebe gelassen (Mission und Ausbreitung des Christentums, Leipzig ⁴1924, 259 Anm. 1).

[272] H.e. III 9, 3; 10, 8.

[273] AJ VIII 56; XIV 1-3; XX 157. 260-267. BJ I 2. 6. 9. 16. Ap. I 47. 54. Am deutlichsten wird die Aufnahme dieser Linie des Josephus ist das Zitat aus der den Antiquitates angehängten Vita in H.e. III 10, 9-11.

[274] Darauf weisen hin: E. Fascher, ThLZ 89 (1964) 95; H. von Campenhausen, Saec. 21 (1970) 197; R.M. Grant, SBL.SPS 17 (1979) 79 und H. Schreckenberg, ANRW II 21,2 (1984) 1147 mit Anm. 91.

[275] H.e. I 1, 2: τὰ παραυτίκα τῆς κατὰ τοῦ σωτῆρος ἡμῶν ἐπιβουλῆς τὸ πᾶν Ἰουδαίων ἔθνος περιελθόντα (6, 10f. Schwartz).

[276] R.M. Grant, SBL.SPS 17 (1979) 69.

[277] Vgl. R.M. Grant, Eusebius as Church Historian, Oxford 1980, 41.

[278] Diese Tatsache berechtigt allerdings nicht dazu, gleich von »Verlogenheiten« zu sprechen (gegen A. Schalit, ANRW II, 2 [1975] 261), ein die Intentionen des Josephus nicht ernst nehmendes Verfahren, das übrigens fatal an die ebenfalls völlig verfehlte Kritik an Eusebs »De vita Constantini« a la Burckhardt erinnert [vgl. J. Ulrich, LACL (1998) 57-61 (im Druck)]. – Eine sorgfältige Untersuchung zu den Tendenzen des Josephus

Warnung vor romfeindlicher Politik,[279] Zuweisung der Schuld für den Untergang Jerusalems an die gegen Gott frevelnden Zeloten,[280] Darstellung der Römer als Werkzeug des göttlichen Strafwillens gegen sein *ganzes* Volk (und damit gleichsam eine »Entschuldigung« der Römer);[281] in den »Antiquitates« die apologetische Darstellung der gesamten Geschichte unter besonderer Berücksichtigung der altehrwürdigen, universalen und anderen Religionen überlegenen »jüdischen Philosophie«;[282] im gleichfalls apologetischen »Contra Apionem« die Verteidigung jüdischer Lebensweise gegen Angriffe von heidnischer Seite einschließlich des Altersbeweises für das Judentum.[283]

Diese Josephustexte zitiert und rezipiert Euseb nun[284] und macht sie dabei seiner eigenen Konzeption dienstbar, wie an folgenden ausgewählten, besonders instruktiven Beispielen sichtbar wird:

H.e. I 8, 5-8 zitiert Euseb zum Tode des Herodes AJ XVII 168-170 und gibt dazu die Interpretation, daß Herodes

> gleich bei seinem Anschlag auf unseren Erlöser und auf die anderen Kinder einer von Gott verhängten Geißel ausgesetzt und dem Tod preisgegeben wurde.[285]

---

im »Jüdischen Krieg« bietet R.G. Bomstadt, Governing Ideas of the Jewish War of Flavius Josephus, Diss. Yale 1979 (hier weitere Literatur) und, im Rahmen seiner Arbeit zur christlichen Wirkungsgeschichte des Bellum Iudaicum notwendig knapp gehalten, H. Schreckenberg, ANRW II 21,2 (1984) 1112-1115. Über die interesseleitenden apologetischen Intentionen des Josephus vgl. K.S. Krieger, Geschichtsschreibung als Apologetik bei Josephus, TANZ 9, Tübingen 1994, zusammenfassend 326-338.

[279] Jos., BJ III 108 u.ö.

[280] Jos., BJ VI 433 u.ö.

[281] Jos., BJ V 519. 566 u.ö.

[282] Jos., AJ I 3. 6. 15. 25.

[283] Jos., Ap. I 58f. – Zum Altersbeweis bei Josephus siehe P. Pilhofer, Presbyteron Kreitton. Der Altersbeweis der jüdischen und christlichen Apologeten und seine Vorgeschichte, WUNT 2/39, Tübingen 1990, 193-206.

[284] Was die Zitate aus Josephus bei Euseb angeht, zeigt sich wieder einmal die große Treue Eusebs zu seinen Quellen: Euseb ist textkritisch benutzbar, er bietet in der Regel den besten Josephustext, worauf H. Schreckenberg, Rezeptionsgeschichtliche und textkritische Untersuchungen zu Flavius Josephus, ALGHJ 10, Leiden 1977, 157, aufmerksam gemacht hat.

[285] Eus., H.e. I 8, 5: ἅμα τῇ κατὰ τοῦ σωτῆρος ἡμῶν καὶ τῶν ἄλλων νηπίων ἐπιβουλῇ θεήλατος αὐτὸν καταλαβοῦσα μάστιξ εἰς θάνατον συνήλασεν (64, 20-22 Schwartz). – Zum Motiv der präzisen, adäquaten und auch keinesfalls lange auf sich warten lassenden Strafe bei Euseb siehe unten unter 5.1.1. den entsprechenden Exkurs. Zur Zerstörung Jerusalems als Strafe gegen die »jüdischen Gottesmörder« in Uminterpretation des Bellum Iudaicum siehe H. Schreckenberg, ANRW II 21,2 (1984) 1122-1134. E. Fascher, ThLZ 89 (1964) 87-96 bietet eine Fülle von Belegen bei den Kirchenvätern, jedoch ohne dabei auf die Texte Eusebs einzugehen.

Euseb übernimmt hier Text und auch Interpretation des Josephus (Gottes Rache an Herodes für dessen Gottlosigkeiten)[286], spitzt aber die allgemein gehaltene Formulierung seines jüdischen Gewährsmannes auf den mit dem herodianischen Kindermord von Bethlehem verbundenen *Anschlag auf Christus* zu; es liegt demnach einerseits eine Rezeption der geschichtstheologischen Tendenz des Josephus, andererseits eine christliche Ausdeutung derselben vor.

H.e. III 6, 1-28 zitiert Euseb zum Untergang Jerusalems ausführlich BJ V 424-438. 512-519. 566 und VI 193-213 und interpretiert dann:

> Das war die Strafe für den Frevel und die Gottlosigkeit der Juden gegenüber dem Christus Gottes.[287]

Im Ganzen wird die Aussageintention des Josephus hier, wie auch die folgende Paraphrase H.e. III 7, 2 zeigt, ziemlich genau beibehalten,[288] nur wird gegen Josephus der Grund für die Katastrophe nicht im gottfeindlichen Widerstand einiger Terroristen gegen Rom gesehen, sondern im Anschlag der Juden auf den Christus.[289] Ferner soll der Josephustext das Eintreffen der Prophezeiung Mt 24, 19-21 belegen und also (wie auch sonst bei Euseb) als Bestätigung der Wahrheit neutestamentlicher Texte fungieren.[290] Schließlich wird aus dem Untergang Jerusalems in der Demonstratio evangelica, ebenfalls in Rezeption des Bellum Iudaicum des Josephus, aktualisierend der Schluß gezogen, daß die auf Jerusalem konzentrierte jüdische Kultausübung nun nicht mehr möglich und demzufolge auch nicht mehr gottgewollt sei.[291]

---

[286] Jos., AJ XXVII 170.

[287] H.e. III 6, 28: Τοιαῦτα τῆς Ἰουδαίων εἰς τὸν Χριστὸν τοῦ θεοῦ παρανομίας τε καὶ δυσσεβείας τἀπίχειρα ...(210, 13f. Schwartz.).

[288] Auch der Gedanke, daß es eigentlich die Aufständischen sind, die die Katastrophe herbeiführen, wird von Euseb sowohl im Zitat als auch in der Paraphrase beibehalten.

[289] Das Motiv der Kollektivstrafe geht dabei auf *Josephus* zurück, keineswegs auf Euseb; für Euseb ist nur der Grund für die Strafe ein anderer als bei Josephus.

[290] H.e. III 7, 1. Zur Funktion der Josephustexte als Beweis für die Wahrheit neutestamentlicher Aussagen vgl. H.e. II 10, 10; 12, 2. H.e. III 7, 6 heißt es: »Wenn jemand die Aussagen unseres Erlösers mit dem vergleicht, was der Historiker (sc.: Josephus; Vf.) sonst noch über den ganzen Krieg berichtet, wie sollte er nicht voller Bewunderung anerkennen, daß das Vorherwissen und die Prophezeiungen unseres Erlösers tatsächlich göttlich und äußerst wunderbar sind?« – συγκρίνας δέ τις τὰς τοῦ σωτῆρος ἡμῶν λέξεις ταῖς λοιπαῖς τοῦ συγγραφέως ἱστορίαις ταῖς περὶ τοῦ παντὸς πολέμου, πῶς οὐκ ἂν ἀποθαυμάσειεν, θείαν ὡς ἀληθῶς καὶ ὑπερφυῶς παράδοξον τὴν πρόγνωσιν ὁμοῦ καὶ πρόρρησιν τοῦ σωτῆρος ἡμῶν ὁμολογήσας; (214, 2-6 Schwartz). – Nicht nur bei den biblischen, sondern auch bei sonstigen christlichen Schriftstellern dient Josephus Euseb als Kronzeuge für die Wahrheit der Texte, so H.e. II 23, 21-24 für Hegesipp.

[291] D.e. I 6, 17.

Völlig gleich liegen die Dinge beim Zitat vom BJ II 169f. in H.e. II 6, 3f., das auch D.e. VIII 2, 121f. benutzt wird. Die Aufstellung von Kaiserbildern in der Stadt Jerusalem durch Pilatus kommentiert Euseb:

> Er (sc.: Josephus) erklärt, daß in den Zeiten des Pilatus und den Verbre-
> chen am Erlöser das Unglück des ganzen (sc.: jüdischen) Volkes seinen
> Anfang genommen habe.[292]

Zwar ist bei Josephus von den Zeiten des Pilatus die Rede, nicht aber vom Verbrechen am Erlöser: Die geschichtstheologische Deutung des Josephus wird von Euseb verchristlicht[293] und zudem zur Bestätigung der Aussagen neutestamentlicher Berichte (hier: Joh 19, 15)[294] verwendet.

Auch für die Deutung alttestamentlicher Stellen auf Christus beziehungsweise alttestamentlicher Prophezeiungen auf die Zeit Christi bedient sich Euseb diverser Texte des Josephus, womit er dessen Aussageabsicht verchristlicht.[295]

An den meisten Stellen wird diese christliche Umdeutung geschichtstheologischer Begründungen des Josephus von Euseb stillschweigend vorgenommen: Er kann die Deutungsdifferenz aber auch ausdrücklich zur Sprache bringen, wie sich beispielsweise H.e. III 8, 10f. eindrucksvoll zeigt.[296]

Aus diesen wenigen Beispielen, die ohne weiteres noch vermehrbar wären, darf nun jedoch nicht der falsche Schluß gezogen werden, als sei Eusebs Josephusverarbeitung *ausschließlich* auf eine Beweisführung für die »Richtigkeit« der christlichen Religion aus, die dann auch die Intentionen des Josephus im Grunde entstelle. Schon in der Kirchengeschichte wird Josephus, seiner eigenen Intention vollkommen entsprechend, als Gewährsmann für die Schrifttreue *der Juden, und zwar auch der Juden post Christum* herangezogen; ein Zitat aus Contra Apionem I 42, daß alle Juden von Jugend an die Heiligen

---

[292] H.e. II 6, 3: ὁμοίως ἀπὸ τῶν Πιλάτου χρόνων καὶ τῶν κατὰ τοῦ σωτῆρος τετολμημένων τὰς κατὰ παντὸς τοῦ ἔθνους ἐνάρξασθαι σημαίνων συμφοράς. (120, 13-15 Schwartz). In der Demonstratio evangelica ist im selben Zusammenhang gar von den (jüdischen) »Verschwörern« (κατασυστάντες 390, 12f. Heikel) die Rede.

[293] Ganz ähnlich die Paraphrase von BJ VI 299 in D.e. VIII 2, 121 mit der Eusebschen Kommentierung: ταῦτα δὲ ἱστορεῖ μετὰ τὸ πάθος τοῦ σωτῆρος ἡμῶν γεγονέναι. 389,35 – 390,1 Heikel). Derselbe Josephustext findet sich, allerdings unkommentiert, auch in der Chronik ([Hieronymus] GCS Euseb 7; 175, 11-18 Helm).

[294] H.e. III 6, 5.

[295] Sehr schön sichtbar wird dies an der Deutung von Dan 9, 24-27 auf die Zeit *Christi* (nicht, wie bei Josephus: die des Herodes) mit Hilfe von AJ XX 247-249 – vgl. Eus., D.e. VIII 2, 91-96; H.e. I 6, 9-11; Ecl. proph. III 46. Vgl. auch die Deutung des Amosbuches D.e. VI 18, 36-41 unter Zuhilfenahme von Jos., AJ IX 224f.

[296] Josephus deutet BJ VI 312f. das Motiv des aus Judäa hervorgehenden Weltherrschers (Ps 2,8; es ist beim Josephustext zu erwägen, ob u.U. auch Num 24, 17ff. im Blick ist, vgl. G. Mayer, TRE 17 [1988] 259) auf Vespasian, Euseb auf Christus.

Schriften als Gottes Wort achteten und nötigenfalls bereit seien, auch dafür zu
sterben, kommentiert Euseb zustimmend und bewundernd:

> Und diese Worte des Geschichtsschreibers hier möge man eifrig beach-
> ten![297]

Ähnlich positiv steht Euseb dem fälschlich Josephus zugeschriebenen 4.
Makkabäerbuch und der Darstellung des Josephus »über die ererbte jüdische
Lehre über Gott, sein Wesen, die Gesetze und über die Frage, warum in den
Gesetzen das eine erlaubt und das andere verboten ist«[298] gegenüber.

In seinem apologetischen Doppelwerk, namentlich in der Praeparatio
evangelica rezipiert Euseb primär den Josephustext »Contra Apionem«[299] und
steht hierbei nun völlig in der josephischen apologetischen Linie, die er hier
auch an keiner Stelle zugunsten einer christlichen Umdeutung seines jüdischen Gewährsmannes verläßt: Es ist ihm in seinem Doppelwerk ja zunächst
darum zu tun, mit Josephus das Alter und damit die religiöse Überlegenheit[300]
des Judentums beziehungsweise die relative Neuheit und damit Unterlegenheit
des »Hellenismus« gegenüber heidnischen Kritikern aufzuzeigen.[301] Daß Euseb
sich diese Intention des Josephus grundsätzlich zu eigen macht, zeigt sich
schon am Zitat aus AJ I 93-95 in P.e. IX 11, 1-4: Für die Sintflutgeschichte
werden Berosus der Chaldäer und Hieronymus der Ägypter als (erstens unver-
dächtige und zweitens auch von den Griechen wegen ihres höheren Alters
geschätzte)[302] Zeugen aufgerufen. Besonders eindrucksvoll sind aber die
Argumentationsgänge aus Josephus' »Contra Apionem«, die Euseb vollständig,
ungekürzt und unkommentiert in sein eigenes Werk übernimmt.[303] Den Passus Ap. I 215-218 (zusammenfassende Erwähnung vieler Autoren aus unter-

---

[297] H.e. III 10, 6: καὶ ταῦτα δὲ τοῦ συγγραφέως χρησίμως ὧδε παρατεθείσθω ...(224,
16 Schwartz).

[298] H.e. III 10, 7: κατὰ τὰς πατρίους δόξας τῶν Ἰουδαίων περὶ θεοῦ καὶ τῆς οὐσίας
αὐτοῦ καὶ περὶ τῶν νόμων, διὰ τί κατ᾽ αὐτοὺς τὰ μὲν ἔξεστι πράττειν, τὰ δὲ
κεκώλυται (224, 22-24 Schwartz).

[299] Zu dieser Schrift des Josephus siehe jetzt die Münchner Dissertation von C. Gerber,
Ein Bild des Judentums für Nichtjuden von Flavius Josephus. Untersuchungen zu
seiner Schrift Contra Apionem, München 1996. Hier weitere Literatur.

[300] Zum Altersbeweis bei Josephus siehe P. Pilhofer, Presbyteron, 193-206.

[301] So ja auch Josephus selber: Contra Apionem ist dem Altersbeweis zwar nicht ausschließlich, aber doch weitgehend gewidmet, wie P. Pilhofer, l.c. 193, richtig vermerkt.
Aber schon in den Antiquitates hatte Josephus die chronologische Priorität des Mose
gleich im Prolog betont (AJ I 13), worauf er sich Ap. I 1 ausdrücklich beruft.

[302] Eine grundsätzliche Hochachtung für die Ägypter und die Völker des Zweistromlandes
(gerade wegen des hohen Alters dieser Völker) kann man (abgesehen von der Polemik
der Perserkriegszeit) bei den Griechen ohne weiteres voraussetzen.

[303] P.e. X 7/Ap. I 6-26; P.e. IX 4/Ap. I 197-204. Vgl. hierzu auch D. Rokeah, Jews, Pagans
and Christians in Conflict, StPB 33, Leiden 1982, 31.

schiedlichsten Nationen, die übereinstimmend von den Juden berichten, verbunden mit einer Entschuldigung derselben dafür, daß sie die Heiligen Schriften der Juden nicht kannten) übernimmt Euseb in P.e. IX 42, 2f., um den Text dann mit einem positiven eigenen Urteil über Josephus und einer ausdrücklichen Lektüreempfehlung abzuschließen:

> So sagt auch Josephus. Und jeder, der gerne die Ausführungen dieses Mannes über das Alter der Juden zur Hand nehmen möchte, wird dort sehr viele Zeugnisse finden, die mit den (von mir) (aus Josephus) vorgebrachten übereinstimmen.[304]

P.e. IX 9, 1f. schließlich zitiert Euseb Ap. I 172-174, einen Text des Choerilus Samius, der bei Josephus ersichtlich die Funktion hat, die Unverwechselbarkeit und Besonderheit des jüdischen Volkes anzuzeigen:

> Auch Choerilus, ein Poet der alten Zeit, gedenkt des jüdischen Volkes und daran, wie sie mit dem König Xerxes gegen die Hellenen kämpften. Er berichtet folgendermaßen:
> »Dahinter wandelte ein Volk, wundervoll anzusehen,
> von ihren Lippen rann die Sprache der Phönizier,
> sie wohnten auf den Hügeln »Salema« bei einem breiten See:
> wilde Häupter, rund herum geschoren: darauf sie trugen
> in Rauch gehärtete Haut, abgezogen vom Gesicht der Pferde.«
> Es ist evident, daß er dies hinsichtlich der Juden gesagt hat, weil Jerusalem auf denjenigen Bergen liegt, die von den Griechen »Salema« genannt werden, und nahe dabei der Asphaltitische See ist, der, gemäß dem Poeten, sehr breit ist und größer als alle Seen in Syrien.[305]
> Was Eusebius kurzerhand kommentiert:
> Dies bezeugt also auch dieser (sc.: Josephus).[306]

---

[304] P.e. IX 42, 4: Ταῦτα καὶ ὁ ᾿Ιώσηπος. ὅτῳ δὲ φίλον τοῖς περὶ τῆς ᾿Ιουδαίων ἀρχαιότητος λόγοις ἐντυχεῖν τοῦ ἀνδρός, πλείστας ἂν εὕροι συμφώνους ταῖς ἐκτεθείσαις μαρτυρίας. (I 554, 6-8 Mras/Des Places).

[305] Τοῦ δὲ ᾿Ιουδαίων ἔθνους καὶ Χοιρίλος, ἀρχαῖος γενόμενος ποιητής, μέμνηται καὶ ὡς συνεστράτευσαν τῷ βασιλεῖ Ξέρξῃ ἐπὶ τὴν ῾Ελλάδα. λέγει δὲ οὕτως·
θ´ ΧΟΙΡΙΛΟΥ ΠΟΙΗΤΟΥ ΠΕΡΙ ΙΟΥΔΑΙΩΝ
῾Τῶν δ᾽ ὄπιθεν διέβαινε γένος θαυμαστὸν ἰδέσθαι,
γλῶσσαν μὲν Φοίνισσαν ἀπὸ στομάτων ἀφιέντες,
ᾤκουν δ᾽ ἐν Σολύμοις ὄρεσι πλατέῃ παρὰ λίμνῃ,
αὐχμαλέοι κεφαλάς, τροχοκουράδες· αὐτὰρ ὕπερθεν
ἵππων δαρτὰ πρόσωπ᾽ ἐφόρουν ἐσκληκότα καπνῷ.᾽
δῆλον δ᾽ ἐστὶν ὅτι περὶ ᾿Ιουδαίων αὐτῷ ταῦτ᾽ εἴρηται ἐκ τοῦ καὶ τὰ ῾Ιεροσόλυμα ἐν τοῖς παρ᾽ ῞Ελλησι Σολύμοις ὀνομαζομένοις ὄρεσι κεῖσθαι, πλησίον δὲ εἶναι τὴν ᾿Ασφαλτῖτιν λίμνην, πλατυτάτην οὖσαν κατὰ τὸν ποιητὴν καὶ μείζονα πασῶν τῶν ἐν τῇ Συρίᾳ λιμνῶν. (I 494, 19 – 495, 10 Mras/Des Places)

[306] P.e. IX 9, 2: Ταῦτα μὲν οὖν καὶ οὗτος. (I 495, 11 Mras/Des Places)

Zitat und Kommentierung des Choerilus durch Josephus und die sich daraus
ergebende positive Bewertung der Juden wird in das apologetische Doppelwerk Eusebs ungebrochen übernommen.

Es ist also bei der Frage nach der Josephusrezeption bei Euseb von Caesarea
unbedingt zu beachten, daß man sich nicht ausschließlich auf den dominierenden Eindruck stützen darf, den die Benutzung des »Bellum Iudaicum« in
der Kirchengeschichte Eusebs hinterläßt. Um den bei Euseb seinerseits apologetisch motivierten Rezeptionsvorgang differenziert in den Blick zu bekom-
men, ist daneben auch die positiv-zustimmende Verarbeitung der jüdisch-
apologetischen Josephustexte, besonders die Aufnahme von Contra Apionem
in der Praeparatio evangelica zu beachten. Andernfalls besteht die Gefahr, in
der Josephusrezeption Eusebs nur eine Instrumentalisierung des jüdischen
Geschichtsschreibers für vermeintlich antijudaistische Zwecke des Eusebius zu
sehen.

Eben dies scheint mir aber bei einer Anzahl der modernen Kommentatoren Eusebs zumindest ansatzweise der Fall zu sein. So werden zum Beispiel
bei H. Schreckenberg eine Fülle von völlig zutreffenden und zudem noch
glänzend systematisierten Aussagen über die christliche Wirkungsgeschichte
des Bellum Iudaicum,[307] auch im Blick auf die Texte Eusebs, unzulässig
generalisiert, indem aus ihnen unmittelbare Folgerungen über die Gesamt-
stellung Eusebs zu den Juden abgeleitet werden. Hier scheint mir letztlich
eine methodisch problematische Rückprojektion vorzuliegen, die die überragende Wirkungsgeschichte der Historia ecclesiastica einschließlich der
in einem solchen Wirkungsprozeß ohne Einflußmöglichkeit des Verfassers
einsetzenden Vergröberungseffekte in die Zeit Eusebs ein- und noch dazu
auf das Gesamtwerk Eusebs überträgt. Die Gefahr solcher Generalisie-
rungen zeigt sich beispielsweise an Schreckenbergs Exegese des Prooe-
miums von D.e. VIII: Der von ihm angezogene Eusebsche Satz, daß das
ganze Judenvolk in die Knechtschaft seiner Feinde geraten sei,[308] läßt
mitnichten auf »antizipierendes theologisches Wunschdenken«[309] Eusebs
schließen, sondern muß streng in seinem Kontext gesehen werden: Es geht
Euseb darum, die geschichtlichen Ereignisse des Jahres 70 angesichts der
D.e. VII angeführten alttestamentlichen Prophezeiungen als unzweideutige Beweise für das Gekommensein Christi als des Messias herauszustellen.
Eine Antizipation zukünftiger repressiver Behandlung der Juden ist hier
keineswegs im Blick. Es ist insofern auch problematisch, gerade bei Euseb
den Beginn faktischer Normativität solchen antijudaistischen »Wunsch-
denkens« zu verorten, der dann, bei Einsatz des Einflusses der Kirche auf

---

[307] ANRW II 21,2 (1984) 1106-1217.
[308] D.e. VIII prooem. 3.
[309] H. Schreckenberg, ANRW II 21, 2 (1984) 1180.

die kaiserliche Judengesetzgebung, zu Maßnahmen geführt habe, die als
»partiell repressiv« einzustufen seien.[310]

Einige weitere Beispiele: Der D.e. VIII 4, 22f. nachzulesende Bericht
Eusebs über Klagen der zeitgenössischen Juden wegen des Verlustes der
Stadt Jerusalem sollte meines Erachtens nicht mit SCHRECKENBERG allzu
schnell in phänomenologische Verbindung mit der in der Tat grob
antijudaistischen Ahasverlegende des frühen 17. Jahrhunderts gebracht
werden,[311] denn die von Euseb beschriebene Lage[312] wird ja doch durch
andere Quellen der Zeit im wesentlichen bestätigt[313] und nimmt gar
ähnlichlautende rabbinische Klageformulierungen auf.[314] Ob im Blick auf
das Gesamtwerk Eusebs überhaupt noch länger so ausschließlich davon die
Rede sein darf, daß für Euseb »die Juden (...) durch die Römer als Vollstrecker des Gotteswillens irreversibel zugrunde gerichtet werden«[315], müßte nach den bisherigen sozialgeschichtlichen und terminologischen Beobachtungen zum Werk Eusebs in dieser Arbeit wohl mit einem Fragezeichen
versehen werden und bedürfte wenigstens einer das Gesamtwerk des
Caesareners ins Auge nehmenden Differenzierung.

Auf einen letzten Geschichtspunkt, der auch schon im Zusammenhang der
Philorezeption des Euseb eine Rolle spielte, sei schließlich noch aufmerksam
gemacht: Eine christliche Aneignung der Person des Josephus, wie wir sie aus
späteren Zeiten und Texten kennen,[316] liegt bei Euseb nicht vor. Auch das

---

[310] Eine antijüdische Einflußnahme Eusebs auf Konstantin d.Gr. (und dessen Nachfolger)
wird man jedenfalls nicht veranschlagen dürfen. Vgl. hierzu den Abschnitt 6.1. in dieser
Arbeit.

[311] Gegen H. Schreckenberg, ANRW II 21, 2 (1984) 1203f.

[312] Vgl. auch Eus., Ps. LVIII 7-12 (PG 23, 541B).

[313] Zum Beispiel durch den Pilger von Bordeaux, Itin. Burg. 591, 4-6.

[314] b M qat III 7,26a; j Ber IV 3,8a. Vgl. hierzu F. Baer, ScrHier 7 (1961) 138f. und H.J.
Schoeps, Die Tempelzerstörung des Jahres 70 in der jüdischen Religionsgeschichte.
Ursachen – Folgen – Überwindung, in: ders., Aus frühchristlicher Zeit. Religions-
geschichtliche Untersuchungen, Tübingen 1950, 144-183.

[315] H. Schreckenberg, ANRW II 21,2 (1984) 1142f. – Der einzige mir ersichtliche mögliche Beleg für diese These ist H.e. III 5, 3: Mit der Eroberung Jerusalems, so Euseb,
»ereilte das Gottesgericht sie (sc.: die Juden) nunmehr (...) und vertilgte dieses Geschlecht der Gottlosen gänzlich aus der Menschheit«: ἡ ἐκ θεοῦ δίκη λοιπὸν αὐτοὺς
(...) μετῄει, τῶν ἀσεβῶν ἄρδην τὴν γενεὰν αὐτὴν ἐκείνην ἐξ ἀνθρώπων ἀφανίζουσα
(196, 20-22 Schwartz); man darf diese in ihrer Schärfe doch ziemlich isoliert stehende
Aussage aber nicht übergewichten. Weiter muß man fragen, wie die Stelle überhaupt
zu verstehen sein soll, immerhin redet Euseb ja sonst auch allerorten von Juden nach
70 n.Chr. Auf das jüdische Volk kann er sich also hier kaum beziehen. Ist auch an
dieser Stelle der definitive Untergang des Jerusalemer Tempelkultes gemeint? – Zur
Bedeutung des Bestrafungsmotivs bei Eusebius s.u. unter 5.1.1.

[316] Vgl. hierzu H. Schreckenberg, ANRW II 21,2 (1984) 1167-1172. Schreckenberg weist
mit Recht darauf hin, daß dieser Aneignungsprozeß bereits bei Hieronymus einsetzt,

»Testimonium Flavianum« wird von Euseb nicht im Sinne eines Christus-
bekenntnisses des Josephus kommentiert, was schon an dem aus AJ XX 200
unverändert übernommenen τοῦ Χριστοῦ λεγομένου[317] deutlich wird. Josephus bleibt für Euseb in jedem Fall Jude[318] – und Hebräer.

Nimmt man die Anwendung der Terminologie »Hebräer«/»Juden« in Eusebs
apologetischem Doppelwerk und der Kirchengeschichte, gerade auch im Blick
auf die Philo- und Josephusrezeption, ernst, so zeigt sich meines Erachtens
deutlich, daß das Judentum von Euseb keineswegs einfach als vollkommen
»überholt« angesehen wird: Es steht immerhin in einem klaren heilsgeschichtlichen Zusammenhang zum von den »Hebräern« repräsentierten
Urmonotheismus der »alten Gottesfreunde«.[319] Allerdings, auch das darf wiederum nicht unbeachtet bleiben, sind durch die (von Gottes Willen gewirkte)
geschichtliche Entwicklung einige der konstitutiven Elemente der jüdischen
Religion hinfällig geworden, was von Euseb, seinem heilsgeschichtlichen Denken entsprechend, als Zeichen für die Universalisierung des göttlichen Heils in
Christus über die Heilszusage an das jüdische Volk hinaus angesehen wird.

4.1.4. Die Christen

Für den Begriff »Christentum/Christen« finden sich in Eusebius' großem
apologetischen Doppelwerk mehrere Definitionen. Einerseits gibt er in der
Praeparatio evangelica die folgende Näherbestimmung, die den Charakter des
Christentums als eines Mittelweges zwischen Hellenismus und Judentum
betont:

> Wie sollten wir je bestreiten, daß wir also von der Abkunft her Hellenen
> sind und griechisch denken (...)? Aber wir wollen auch sogleich dem
> zustimmen, daß wir, obwohl wir uns mit den jüdischen Büchern beschäf-
> tigen und aus ihren Prophezeiungen den größten Teil unserer Lehre
> zusammenstellen, dennoch nicht glauben, es sei richtig, wie jene aus der
> Beschneidung zu leben.[320]

und verbindet diese Definition nur wenig später mit dem Hinweis auf die
Neuartigkeit der christlichen Religion:

---

der Josephus in seiner christlichen Literaturgeschichte »De viris illustribus« eingehend
würdigt (Hier., Vir. ill. 13).

[317] H.e. II 23, 22 (172, 22 Schwartz).

[318] Syr. Theoph. VI 16.

[319] Vgl. auch die Ausführungen über die Kontinuität von Hebräern und Juden in Abschnitt 4.1.1. dieser Arbeit.

[320] Ὅτι μὲν οὖν τὸ γένος Ἕλληνες ὄντες καὶ τὰ Ἑλλήνων φρονοῦντες (...) οὐδ' ἂν
αὐτοί ποτε ἀρνηθείημεν· ἀλλὰ καὶ ὅτι ταῖς Ἰουδαϊκαῖς βίβλοις προσανέχοντες κἀκ
τῶν παρ' αὐτοῖς προφητειῶν τὰ πλεῖστα τοῦ καθ' ἡμᾶς λόγου συνάγοντες οὐκέθ'
ὁμοίως ζῆν τοῖς ἐκ περιτομῆς προσφιλὲς ἡγούμεθα, καὶ τοῦτ' ἂν αὐτόθεν
ὁμολογήσαιμεν. P.e. I 5, 10 (I 21, 25 – 22, 4 Mras/Des Places).

Als was dürfte man das Christentum zutreffend bezeichnen dürfen, da es
weder Hellenismus noch Judaismus ist, sondern eine gar neue und wahre
Gottesweisheit, wobei aus der Bezeichnung die Neuheit folgt.[321]

Andererseits betont er an der oben schon angezogenen Stelle im ersten Buch
der Demonstratio evangelica unter ausdrücklichem Rückgriff auf den schon in
der Praeparatio angesprochenen Mittelwegcharakter die Altehrwürdigkeit des
Christentums und gibt dabei folgende weitere Bestimmung:

> Ich habe in meiner Praeparatio bereits dargelegt, daß das Christentum
> weder eine Variante des Hellenismus noch eine Variante des Judaismus ist,
> sondern daß es eine Religion mit ihren eigenen charakteristischen Merk-
> malen ist; weiter daß es nichts Neues oder Originelles ist, sondern wahr-
> lich etwas von höchstem Alter, das den Gottesgeliebten vor der Zeit des
> Mose, welche wegen ihrer Heiligkeit und Gerechtigkeit in guter Erinne-
> rung sind, selbstverständlich und gut bekannt gewesen ist.[322]

W. KINZIG hat unlängst darauf aufmerksam gemacht, daß der Begriff des
»Neuen« von Euseb in diesen Definitionen nicht konsequent verwendet
werde: Einerseits sei das Christentum in der Praeparatio als etwas völlig
Neues (P.e. I 5, 12) gesehen, andererseits werde in der Demonstratio
evangelica auf sein ehrwürdiges Alter verwiesen (D.e. I 2, 1) und der
Charakter des Neuartigen in apologetischer Intention geradezu bestritten.[323] Unter Berufung auf Sirinelli/Des Places meint Kinzig, diese Veränderung sei wahrscheinlich in einem Adressatenwechsel begründet. Doch
läßt sich ein Adressatenwechsel innerhalb des apologetischen Doppelwerkes Eusebs nur insofern ausmachen, als mit der Praeparatio »Anfänger-
christen«, mit der Demonstratio Fortgeschrittene belehrt werden sollen,[324]

---

[321] τίς ἂν κυρίως λεχθείη ὁ Χριστιανισμός, οὔτε Ἑλληνισμὸς ὢν οὔτε Ἰουδαϊσμός,
ἀλλά τις καινὴ καὶ ἀληθὴς θεοσοφία, ἐξ αὐτῆς τῆς προσηγορίας τὴν καινοτομίαν
ἐπαγομένη; P.e. I 5, 12 (I 22, 14-16 Mras/Des Places [Interpunktion geändert; Vf.]).
[322] Εἴρηται μὲν ἤδη καὶ πρότερον ἐν τῇ Προπαρασκευῇ ὡς ὁ χριστιανισμὸς οὔτε
ἑλληνισμός τίς ἐστιν οὔτε ἰουδαϊσμός, οἰκεῖον δέ τινα φέρων χαρακτῆρα θεοσεβείας,
καὶ τοῦτον οὐ νέον οὐδὲ ἐκτετοπισμένον, ἀλλ' εὖ μάλα παλαιότατον καὶ τοῖς πρὸ
τῶν Μωσέως χρόνων θεοφιλέσιν ἐπ' εὐσεβείᾳ τε καὶ δικαιοσύνῃ μεμαρτυρημένοις
συνήθη καὶ γνώριμον. D.e. I 2, 1 (7, 18-23 Heikel). Vgl. für die Kirchengeschichte
H.e. I 2, 1.
[323] W. Kinzig, Novitas Christiana, 523; J. Sirinelli/E. des Places, SC 206, 268. Zum
Problem des Status des Christentums als etwas »Neuem« bei Euseb vgl. auch J. Sirinelli,
Les vues historiques d'Eusèbe de Césarée durant la période prénicéenne, Paris 1961, 223-
226. 242f. M. Harl, REG 75 (1962) 530f., hat demgegenüber völlig zu Recht den
Gedanken der Kontinuität der Heilsgeschichte bei Euseb herausgestrichen und darauf
aufmerksam gemacht, daß in Sirinellis Analysen doch zu sehr von einem Bruch, einem
völligen Neuansatz durch das Evangelium ausgegangen wird, was dem Anliegen des
apologetischen Doppelwerkes Eusebs aufs Ganze gesehen nicht gerecht wird.
[324] Siehe hierzu oben unter 3.1.

und dies gibt für eine Begründung jener Differenz eigentlich nichts her. Zwar könnte man darauf hinweisen, daß die nichtchristlichen Gegenparteien, mit denen sich Euseb auseinandersetzt, wechseln; so hätte er in der Widerlegung der heidnischen Argumente die Neuheit, gegenüber den jüdischen Einwänden das Alter des Christentums betont. Aber auch diese Erklärung überzeugt nicht ganz, da der Vorwurf der »Neuerung« auch aus der gesamten heidnischen antichristlichen Polemik völlig geläufig ist.

Ob eine bessere Begründung für die vermerkte Differenz in der Erkenntnis bestehen könnte, daß Euseb zwischen καινός (P.e. I 5, 12) und νέος (D.e. I 2, 1) unterscheidet, indem er ersteren Begriff vorwiegend positiv verwendet[325], indem etwa Nuancen wie »Vollständigkeit, Letztgültigkeit, Wahrheit« usw. mitschwingen, letzteren aber eher negativ gebraucht[326], indem Bedeutungen wie »Jugend, Unerfahrenheit, Unausgereiftheit« usw. mitgehört werden müssen? Dafür sprechen nicht nur die genannten, von KINZIG ja selbst herangezogenen und für das Werk Eusebs in der Tat zentralen Belegstellen, sondern meines Erachtens auch der Passus aus der Kirchengeschichte H.e. I 4: Die Lehre Christi solle nicht für »neu und fremd«[327] und »von einem Neuling«[328] aufgestellt gehalten werden; auch »das hebräische Volk ist nicht neu, sondern wegen seines Alters überall hoch angesehen und überall bekannt«[329] (alle Belege für »neu« [negativ]: νέος); andererseits tragen die Christen einen »neuen Namen, der auf Erden gepriesen werden wird«[330] (»neu« [positiv] καινός, nach Jes 65, 15f.).[331]

Ich kann das hier im einzelnen nicht weiter verfolgen, bin aber doch der Meinung, daß (bei aller Einsicht in die vielleicht nicht immer völlig konsequente Begriffswahl Eusebs) ein Bemühen um eine Differenzierung im Bedeutungsspektrum der im Deutschen mit »neu« wiederzugebenden Begrifflichkeit der theologischen Intention Eusebs näher käme als der Rekurs auf den eine angebliche Inkonsistenz der Aussagen verursachenden Wechsel der Gruppe, mit der Euseb sich jeweils auseinandersetzt.

---

[325] Meines Erachtens eine für Euseb typische Verwendung P.e. I 5, 12 in der Verbindung καινὴ καὶ ἀληθής (I 22, 15 Mras/Des Places).

[326] Eine für Euseb typische Verwendung D.e. I 2, 1 in der Verbindung οὐ νέον οὐδὲ ἐκτετοπισμένον (7, 20f. Heikel).

[327] H.e. I 4, 1: ... νέαν εἶναι καὶ ξένην ... (38, 8 Schwartz).

[328] H.e. I 4, 1: ... ὑπὸ νέου ... (38, 9 Schwartz)

[329] H.e. I 4, 5: ... οὐ νέον, ἀλλὰ καὶ παρὰ πᾶσιν ἀνθρώποις ἀρχαιότητι τετιμημένον ἔθνος, τοῖς πᾶσι καὶ αὐτὸ γνώριμον, τὸ Ἑβραίων τυγχάνει. (40, 7-9 Schwartz).

[330] H.e. I 4, 3: ...ὄνομα καινόν, ὃ εὐλογηθήσεται ἐπὶ τῆς γῆς. (40, 1 Schwartz).

[331] Ob man sich einer allzu spitzfindigen Unterscheidung schuldig machen würde, wenn man im selben Passus in dem Satz ἀλλ᾽ εἰ καὶ νέοι σαφῶς ἡμεῖς καὶ τοῦτο καινὸν ὄντως ὄνομα τὸ Χριστιανῶν ἀρτίως παρὰ πᾶσιν ἔθνεσιν γνωρίζεται, ... (40, 2f. Schwartz; Unterstreichung Vf.) ebenfalls jene Differenzierung vorliegen sähe, also im ersten Teil eine Konzession annähme, im zweiten Teil eine positive Wendung des

Kehren wir zu der Frage nach der Terminologie »Hebräer«, »Heiden«, »Juden«, »Christen« zurück! Die Christen, so Euseb, befinden sich in einer Mittellage zwischen Griechen und Juden, insofern sie von der Abstammung her den Griechen, von den religiösen Überzeugungen her aber den jüdischen Traditionen zuzuordnen sind. Innnerhalb dieses Rahmens unterstellt Euseb aber nun eine nahezu bruchlose Kontinuität der Christen mit den Hebräern, den »alten Gottesfreunden«, was die rechte Gottesverehrung und was die Theologie angeht.[332] Diese Bestimmung der theologischen Genese der Christen einerseits von den alten Hebräern her, andererseits an die jüdischen Schriften und Traditionen anschließend, verwundert jedoch nicht, wenn man sich eben auch den bei Euseb immer mitgedachten, bei aller Differenz unauflöslich bestehenden Zusammenhang zwischen Juden und Hebräern klarmacht.[333]

Mit dieser Betonung des ursprünglichen Zusammenhangs zwischen Christen und alten Hebräern wird der »klassisch«-apologetische Altersbeweis für das Christentum erbracht.[334] Auch in der Kirchengeschichte wird Euseb daher nicht müde zu betonen, daß das Christentum keineswegs etwas »Neuartiges« sei; weder gehöre Christus selbst ausschließlich der neueren Geschichte an, noch sei seine Lehre neu oder fremdartig.[335] Und die Religion der Christen sei letztlich nichts anderes als eine Revitalisierung jener ältesten und ehrwürdigsten hebräischen Religion:

> Unser Leben und die Weise des Wandels mitsamt den Lehren der Frömmigkeit (...) ist also (doch) sozusagen schon seit Beginn des Menschengeschlechtes durch natürliche Überlegungen der alten Gottesfreunde festgelegt worden.[336]

Die Rückführung der Christen auf die Religion der alten Hebräer wird dabei, terminologisch völlig konsequent, schon dadurch deutlich, daß Euseb die Begriffe »Christen« und »Hebräer« des öfteren zur gegenseitigen Näher-

---

»Neuheits«-Vorwurfes von dem zuvor angezogenen Jesajazitat her sähe? Selbst wenn man eine strikt getrennte Verwendung der beiden Begriffe im Gesamtwerk Eusebs nicht immer und überall voraussetzen kann (Gegenbeispiele wären etwa D.e. II 3, 57: das Evangelium als νέον λόγον [71, 23 Heikel] und D.e. X 8, 111: die Kirche als ὁ νέος ἐξ ἐθνῶν λαός [492, 9f. Heikel]) – eine *Tendenz* in der von mir angedeuteten Richtung besteht aber zweifellos. – Für Paulus sind noch beide Begriffe positiv, vgl. 1. Kor 11, 25; 2. Kor 5, 17; Gal 6, 15 (καινὸς), 1. Kor 5, 7 (νέος). Für Euseb scheint der prophetisch-eschatologische Gebrauch von καινὸς nach Jer 38, 31 LXX (Jer 31, 31) und Jes 65, 17; 66, 22 im Vordergrund zu stehen.

[332] H.e. I 4, 15.

[333] Siehe hierzu oben S. 62-68.

[334] Siehe hierzu oben S. 60 mit Anm. 13.

[335] H.e. I 4, 1f.

[336] H.e. I 4, 4: ... ὁ βίος δ᾽ οὖν ὅμως καὶ τῆς ἀγωγῆς ὁ τρόπος αὐτοῖς εὐσεβείας δόγμασιν (...) ἐκ πρώτης δ᾽ ὡς εἰπεῖν ἀνθρωπογονίας φυσικαῖς ἐννοίαις τῶν πάλαι θεοφιλῶν ἀνδρῶν κατωρθοῦτο ... (40, 3-7 Schwartz).

bestimmung verwendet oder sie bisweilen geradezu austauschbar erscheinen läßt. Dieses terminologische Phänomen ist schon im Blick auf die Darstellung der Evangelienberichte selbst zu konstatieren, wenn die Jünger Jesu »Jünger aus den Hebräern« genannt werden.[337] Daß sich die Hebräerterminologie bei Euseb aber darüberhinaus insgesamt auf die ganze Christenheit anwenden läßt, zeigt sich sehr schön bei dem Hinweis auf 1. Petr. 1, 1, wo er die Briefadressierung ἐκλεκτοῖς παρεπιδήμοις dadurch wiedergibt, daß Petrus »an die Hebräer der Diaspora im Pontus, in Galatien, Kappadozien, Asien und Bithynien«[338] schreibe.

Aber auch »umgekehrt« wird das enge Aufeinanderbezogensein von Christen und Hebräern terminologisch ganz deutlich: Das zeigt sich an der Beobachtung, daß Euseb den Begriff »Christen« nicht ausschließlich für diejenigen benutzt, die sich seit dem »Wandel unseres Erlösers auf Erden« zu Christus bekannt, der christlichen Kirche angehört und die Taufe empfangen haben. Ganz im Sinne seines Altersbeweises kann er rückprojizierend auch solche Menschen Christen nennen, die sich vor der Offenbarung Christi im Fleisch durch ihre besondere Gottesbeziehung ausgezeichnet und die sich auf diese Weise gleichsam als »Christen vor Christus«[339] bewährt haben – eben die »alten Hebräer«. So können diese »alten Gottesfreunde« für Euseb ohne weiteres auch »Christen« genannt werden:

> Die Auffindung der Gottesverehrung, die durch die Lehre Christi jüngst allen Völkern angesagt worden ist, muß man also offenbar als die erste, als die allerälteste und als die ursprünglichste ansehen, die schon von jenen Gottesfreunden selbst zur Zeit Abrahams geübt worden ist.[340]

---

[337] D.e. II 3, 82.

[338] H.e. III 4, 2: τοῖς ἐξ Ἑβραίων οὖσιν ἐν διασπορᾷ Πόντου καὶ Γαλατίας Καππαδοκίας τε καὶ Ἀσίας καὶ Βιθυνίας (192, 8f. Schwartz).

[339] Ein völlig geläufiges apologetisches Motiv; schon Justin benutzt es I Apol. 46, 3 im Blick auf Sokrates (hierzu E. Benz, ZNW 43 [1950/51] 199-209 und B. Seeberg ZKG 58 [1939] 37f.) und Heraklit bei den Griechen sowie Abraham, Ananias, Azarias, Michael und Elias bei den »Barbaren«. All diese sind es, die »gemäß dem Logos lebten und Christen waren« (οἱ μετὰ λόγου βιώσαντες Χριστιανοὶ ἦσαν ....97, 8f. Marcovich). Daß Euseb die Justintexte gut kannte, ergibt sich zweifelsfrei aus H.e. IV 18. Interessant ist für unseren Zusammenhang zunächst, daß schon Justin das Motiv wohl aus jüdischen apologetischen Konzeptionen kennt und übernimmt, wo etwa Heiden, die den Götzendienst ablehnen, durchaus als »Juden« bezeichnet werden können (b Meg 13a) [auf diesen Hintergrund bei Justin hat O. Skarsaune aufmerksam gemacht: TRE 17 (1988) 473]; und weiter, daß Euseb, anders als Justin, den Begriff »Christen« für die vorchristlichen »Hebräer« reserviert, ihn also nicht auf Heiden anwendet, auch nicht auf den von ihm in weiten Teilen hoch geschätzten Platon.

[340] H.e. I 4, 10: ὥστε σαφῶς πρώτην ἡγεῖσθαι δεῖν καὶ πάντων παλαιοτάτην τε καὶ ἀρχαιοτάτην θεοσεβείας εὕρεσιν αὐτῶν ἐκείνων τῶν ἀμφὶ τὸν Ἀβραὰμ θεοφιλῶν ἀνδρῶν τὴν ἀρτίως διὰ τῆς τοῦ Χριστοῦ διδασκαλίας πᾶσιν ἔθνεσιν κατηγγελμένην. (42, 4-8 Schwartz). Vgl. H.e. I 4, 15.

In diesem Sinne werden von Euseb als »Christen vor Christus« namhaft gemacht: einige Personen, die vor der Sintflut lebten, unter anderem Noah[341], sodann, nach der Sintflut, Abraham, Isaak, Israel, Mose und alle Propheten,[342] des weiteren die Könige und Hohepriester[343] Israels. Es zeigt sich also, daß all diejenigen Personen, die bei Euseb in vor- und auch in nachmosaischer Zeit den Titel »Hebräer« tragen, als solche »Christen vor Christus« bezeichnet werden können. Sie alle gelten Euseb als Christen »zwar nicht dem Namen nach, aber nach der Tat«[344]. Dabei werden die ihnen zuteil gewordenen Gottesoffenbarungen von Euseb ganz in apologetischer Tradition durchgängig als Logophanien gedeutet, als Erscheinungen Christi vor der Inkarnation.[345] Der von Euseb unterstellte *sachliche* Zusammenhang zwischen Christen und Hebräern liegt einerseits in der rechten Gotterkenntnis, die als Erkenntnis Christi näherbestimmt wird, andererseits in den beiden Gruppen eignenden moralisch-religiösen Qualitäten:

> Denn wenn die Bezeichnung (sc.: »Christen«) aussagen soll, daß der Christenmensch sich wegen der Christuserkenntnis und wegen seiner (sc.: Christi) Lehre auszeichnet durch Einsicht und Gerechtigkeitssinn und ausdauerndes Bemühen im Leben, durch tapfere Aufrichtigkeit und frommes Bekenntnis zum einen und einzigen, alles beherrschenden Gott, dann ist all dieses von jenen Männern (sc.: den Hebräern) in nicht geringerem Maße als von uns erstrebt worden.[346]

Wie jene alten Hebräer vertreten die Christen also einen dem polytheistischen Heidentum qualitativ haushoch überlegenen Monotheismus, wie jene zeichnen sie sich durch Gottesfürchtigkeit, Frömmigkeit, aufrechten Wandel und durch unbedingte Überzeugungstreue aus, wie jene verehren sie Gott frei und unabhängig von Ritualen wie denen der mosaischen Zeremonialgesetzgebung, wie sie bei den Juden weiterhin in Kraft ist.[347] Die Christen schließen in ihrer Religion an die alten religiösen Traditionen der Hebräer wieder an. Allerdings

---

[341] H.e. I 4, 5. Mit »denen vor der Sintflut« sind natürlich die P.e. VII namhaft gemachten ersten Hebräer gemeint, also Heber und Henoch.

[342] H.e. I 4, 8f. 12.

[343] H.e. I 3, 7f.

[344] H.e. I 4, 6.

[345] Dies betrifft eigentlich die gesamten Interpretationen alttestamentlicher Offenbarungen in der Demonstratio evangelica. Für die Kirchengeschichte vgl. nur H.e. I 2, 4f. 6f.; I 4, 13.

[346] H.e. I 4, 7: ὃ γάρτοι δηλοῦν ἐθέλοι τοὔνομα, τὸν Χριστιανὸν ἄνδρα διὰ τῆς τοῦ Χριστοῦ γνώσεως καὶ διδασκαλίας σωφροσύνῃ καὶ δικαιοσύνῃ καρτερίᾳ τε βίου καὶ ἀρετῆς ἀνδρείᾳ εὐσεβείας τε ὁμολογίᾳ ἑνὸς καὶ μόνου τοῦ ἐπὶ πάντων θεοῦ διαπρέπειν, τοῦτο πᾶν ἐκείνοις οὐ χεῖρον ἡμῶν ἐσπουδάζετο. (40, 18-22 Schwartz).

[347] H.e. I 4, 8.

ist in diesem Zusammenhang unbedingt mit zu bedenken, daß Euseb die
wechselseitige Kontinuität zwischen Hebräern und Christen keineswegs
ungeschichtlich als einen »Sprung« begreift: Die Ausführungen zum Verhältnis von »Hebräern« und »Juden« unter Punkt 4.1.3. dieser Arbeit hatten ja
bereits gezeigt, daß eine solche Kontinuität ohne die mosaische Religion gar
nicht möglich gewesen wäre. Die eingangs dieser Arbeit bereits zitierte Wendung »Das Heil, das von den Hebräern her zu uns kam« (P.e. VII 1,3) darf
demnach also nicht dahingehend mißverstanden werden, als sei damit eine
Verbindungslinie über das Judentum hinweg oder in Absehung von diesem
konstruiert.[348]

Es widerspricht nicht der vorausgesetzten wechselseitigen Kontinuität zwischen Christen und Hebräern, daß Euseb in der Demonstratio evangelica
(offensichtlich in Aufnahme und Abwehr gegnerischer Einwände gegen seine
Theorie)[349] auf zwei wichtige Differenzpunkte zwischen beiden Gruppen eingeht: Zum einen sind die Christen aus mehreren Gründen nicht in gleichem
Maß wie die alten Hebräer an der Erzeugung von Nachkommenschaft interessiert,[350] zum anderen vollziehen sie nicht wie jene irgendwelche Tieropfer,
wie sie etwa von Noah[351] oder von Abraham[352] bezeugt sind. Euseb bemüht
sich, diese Differenzpunkte unter Hinweis auf die seit der Zeit der alten
Hebräer veränderte geschichtliche und heilsgeschichtliche Situation zu rela-
tivieren und so die christliche Gottesverehrung trotz der faktisch bestehenden
Unterschiede als die unter gegenwärtigen Umständen adäquate Fortsetzung
des Gottesdienstes der alten Hebräer erscheinen zu lassen,[353] die zudem jene
ältere Form im Grunde noch übertrifft.[354]

---

[348] Auf diesen häufig übersehenen, meines Erachtens aber zum Verständnis Eusebs unerläßlichen Sachverhalt hat jüngst R. Horsley aufmerksam gemacht. Völlig zutreffend
schreibt er: »It is the history of the Jewish people that makes possible the very
appearance of the Saviour in the flesh.« (Jesus and Judaism: Christian Perspectives, in:
Eusebius, Christianity, and Judaism, ed. H.W. Attridge/G. Hata, StPB 42, Leiden
1992, 53). Hingegen stellt das Votum von D. König-Ockenfels (Saec. 27 [1976] 359),
Euseb strebe eine »Entjudaisierung der Vorgeschichte des Christentums« an, den
Sachverhalt ziemlich auf den Kopf.

[349] D.e. I 9, 1; 10, 1.

[350] D.e. I 9.

[351] D.e. I 10, 4.

[352] D.e. I 10, 5.

[353] Die Differenz in der Frage nach der Erzeugung von Nachkommenschaft liegt begrün-
det in der eschatologischen Naherwartung in christlicher Zeit, in der weltgeschichtli-
chen Zunahme der mit der Nachkommenschaft verbundenen Probleme, die von der
Konzentration auf die Gottesverehrung ablenken würden, in der inzwischen weit
vorangeschrittenen Verbreitung der rechten Gottesverehrung durch die Christen im
Unterschied zur Minderheitensituation der alten Hebräer; schließlich trifft Euseb am
Beispiel von Isaak und Jakob auch die Feststellung, daß die Tendenz zur Erzeugung von
Nachkommenschft im Grunde schon zur Zeit der Hebräer rückläufig war. – Das

Ist die enge Kontinuität zwischen Christen und Hebräern im heilsgeschichtlichen Ansatz Eusebs durch die Beobachtungen zur Terminologie
auch in ihrer Vielfalt erwiesen, stellt sich die Frage nach dem Verhältnis der
Christen zu Juden und Griechen. Das eingangs aufgeführte Zitat aus der
Praeparatio evangelica[355] hatte ja bereits die Mittelpositon aufgewiesen, in die
das Christentum für Euseb gehört, weil es genealogisch von den Griechen
herkommt, theologisch aber den jüdischen Überlieferungen zuzuordnen ist,
wiewohl es sich von beiden letztlich getrennt hat. Dem entspricht der Wortgebrauch: Denn während die alten Hebräer für Euseb in solch evidenter Weise
Vorläufer der Christen sind, daß sie zum Teil selbst als »Christen« bezeichnet
werden können,[356] trennt er in der Terminologie streng zwischen »Christen«
einerseits und »Griechen« beziehungsweise »Juden« andererseits. In sachlicher
Hinsicht fällt dabei allerdings auf, daß er theologisch eine krasse Entgegensetzung von Christentum und Heidentum durchführt, während gegenüber
dem Judentum eine Abgrenzung vorgenommen wird, die bei aller Ablehnung
der jüdischen Lebensweise doch immer auch die Gemeinsamkeit etwa in der
Grundlage der biblischen Überlieferungen mit im Blick behält.[357] Es sei hier
auch noch einmal an den sich in den Abschnitten über die Philo- beziehungsweise Josephusrezeption ergebenden Befund erinnert, daß Euseb (anders als
die etwas spätere christliche Tradition) keine christliche »Vereinnahmung«
dieser seiner jüdischen Gewährsleute betreibt.[358]
Die Entgegensetzung gegen die Heiden beziehungsweise Abgrenzung gegenüber den Juden, die sich an der verwendeten Terminologie schon ablesen läßt,
impliziert für Euseb auch eine Wertung: Es ist das Christentum, welchem,
gerade *weil* es die Urreligion der alten Gottesfreunde am deutlichsten wieder
aufgenommen hat, unter den zeitgenössischen Religionen der Spitzenplatz
gebührt. Schon der programmatische Satz aus der Kirchengeschichte:

> Als vor nicht zu langer Zeit das Erscheinen unseres Erlösers Jesus Christus
> allen Menschen das Licht brachte, da trat sogleich zu der im geheim-
> nisvollen Ratschluß Gottes vorausbestimmten Zeit ein bekanntermaßen
> neues Volk auf, das nicht gering und nicht schwach ist und nicht in
> irgendeinem Winkel der Erde haust, sondern das das volkreichste und
> gottesfürchtigste unter allen Völkern ist und das deshalb unauslöschbar

---

Argument für die Ablehnung der Tieropfer ist demgegenüber streng christologisch: Da
Christus ein für allemal Opfer »für Christen und Juden gleichermaßen« wurde (D.e.
I 10, 18), sind die Tieropfer der alten Hebräer gleichsam überholt und im an das Opfer
Christi erinnernden Opfer der Eucharistie aufgehoben (D.e. I 10, 38).

[354] D.e. I 10, 39.
[355] S.o. Anm. 320.
[356] S.o. Anm. 344.
[357] Vgl. etwa D.e. I 1, 16; II 3, 177.
[358] S.o. die Exkurse unter 4.1.3.

und unbesiegbar ist, weil ihm auf ewig Gottes Beistand zufällt. So erschien
jenes Volk, das überall mit dem Namen Christi geehrt wird ...[359]

zeigt die Konsequenzen an, die sich aus der vorgenommenen Zuordnung von
Hebräern und Christen für die Positionierung des Christentums im religiösen
Gesamtumfeld ergeben: Sowohl in den historischen als auch in den apologetischen Arbeiten wird Euseb nicht müde, aus jener Betonung der Kontinuität
zwischen Hebräern und Christen gleichzeitig auch die Überlegenheit der
Christen über alle anderen Völker und Religionen mit zum Ausdruck zu
bringen. In der Demonstratio evangelica zeigt sich, daß er dabei konzeptionell
von einem »Dreistufenmodell« ausgeht: Auf der untersten Ebene bewegen sich
demnach die Götzendiener, die den Irrtümern des Polytheismus völlig an-
heimgefallen sind; auf der ersten Stufe, also in mittlerer Position befinden sich
»die aus der Beschneidung, die durch Mose die erste Stufe der Gottesfürchtigkeit erreicht haben«[360], den höchsten Rang aber nehmen diejenigen ein, »die
drittens dank der Lehre des Evangeliums (sc.: ganz nach oben) hinaufgestiegen
sind.«[361] An gleicher Stelle verwendet Euseb ein interessantes Bild, um diese
Überlegenheit der christlichen Religion gegenüber allen anderen zum Ausdruck zu bringen:

> Du wirst sie (sc.: die christliche Religion) irgendwo oben stehend finden
> und erhoben wie auf einer äußerst hochgelegenen Bergspitze, die übrigen
> (sc.: Religionen) zu jeder Seite unterhalb lassen.[362]

Aus diesem Modell der christlichen Religion als der »Bergspitze«, als der einzig
wirklich gottgemäßen und vollkommenen Religion, ergeben sich natürlich
auch Folgerungen für die Verhältnisbestimmung zum Judentum. Zunächst
fällt in diesem Zusammenhang auf, daß Euseb (wenn auch nur in einer
Passage der D.e.) den Titel Israel ausdrücklich für die Christenheit benutzen

---

[359] H.e. I 4, 2: τῆς μὲν γὰρ τοῦ σωτῆρος ἡμῶν Ἰησοῦ Χριστοῦ παρουσίας νεωστὶ
πᾶσιν ἀνθρώποις ἐπιλαμψάσης, νέον ὁμολογουμένως ἔθνος, οὐ μικρὸν οὐδ᾽ ἀσθενὲς
οὐδ᾽ ἐπὶ γωνίας ποι γῆς ἱδρυμένον, ἀλλὰ καὶ πάντων τῶν ἐθνῶν πολυ-
ανθρωπότατόν τε καὶ θεοσεβέστατον ταύτῃ τε ἀνώλεθρον καὶ ἀήττητον, ᾗ καὶ
εἰς ἀεὶ τῆς παρὰ θεοῦ βοηθείας τυγχάνει, χρόνων προθεσμίαις ἀρρήτοις ἀθρόως
οὕτως ἀναπέφηνεν, τὸ παρὰ τοῖς πᾶσι τῇ τοῦ Χριστοῦ προσηγορίᾳ τετιμημένον.
(38, 10-17 Schwartz).

[360] D.e. I 6, 62: καὶ τὸ τῶν ἐκ περιτομῆς διὰ Μωσέως ἐπὶ τὸν πρῶτον ἀνεληλυθότων
τῆς εὐσεβείας βαθμόν, ...(32, 29-31 Heikel).

[361] D.e. I 6, 62: ... καὶ τρίτον τὸ τῶν ἐπαναβεβηκότων διὰ τῆς εὐαγγελικῆς
διδασκαλίας, ... (32, 31f. Heikel). Dasselbe Dreistufenmodell liegt auch der oben
Anm. 163 zitierten Rede vom Judentum als δεύτερον βαθμόν in P.e. VIII 1, 1
zugrunde.

[362] D.e. I 6, 62: ... εὑρήσεις ἄνω που ἑστῶτα καὶ ὥσπερ ἐφ᾽ ὑψηλοτάτης ἀκρωρείας
ἀναβεβηκότα, ἑκατέρωθεν δὲ κάτω τοὺς λοιποὺς ἀπολελοιπότα. (32, 35-37 Heikel).

kann, die er – in Abgrenzung zum »alten« Israel – als das »verus Israel«[363] bezeichnet:

> Und Juda aber, das gerettet werden wird, und Israel sind in seinen Tagen alle diejenigen des Volkes aus der Beschneidung, die zur Gottesfurcht durch ihn gelangt sind, seine Apostel und Jünger und Evangelisten oder auch alle, die den Juden im Verborgenen und das wahre Israel, das Gott im übertragenen Sinn ansieht, bewahren. (Es folgt ein Zitat von Röm 2,28f.).[364]

An gleicher Stelle ist dann auch zweimal von einem Christen als ἐν κρυπτῷ Ἰουδαῖον und ἀληθῶς Ἰσραήλ[365] beziehungsweise κατὰ διάνοιαν Ἰούδας (...) καὶ Ἰσραήλ[366] die Rede. Man wird hier nicht unbedingt gleich an ein Substitutionsmodell denken müssen: Es kommt Euseb ja primär darauf an, das Eintreten der Christen in den einst von Israel umgrenzten Heilsbereich theologisch zu begründen; die explizite Berufung auf Röm 2, 28f. zeigt, daß er sich hier ganz in den Spuren des Paulus bewegt. Aber aus der einmal so getroffenen Verhältnisbestimmung zieht Eusebius schließlich dann doch die Konsequenz, daß

> wir nicht mehr ihnen (sc.: den Juden) gleich, sondern gar besser als sie[367]

seien. Diesem Votum würde man jedoch kaum völlig gerecht, wollte man in ihm eine kritiklose oder auch nur prinzipielle, gleichsam »blinde« Überschätzung des Christentums sehen: Denn die Kirche, so zeigt sich vor allem im apologetischen Doppelwerk, ist für Euseb nur so lange als den zeitgenössischen anderen Religionen überlegen anzusehen, wie sie sich auch tasächlich an der in Christus vollgültig gegebenen Gottesoffenbarung orientiert und sich an sie hält.[368] Fallen die Christen hingegen von dieser Offenbarung ganz oder teil-

---

[363] Euseb benutzt das Wort »Israel« auch für die Juden, siehe oben Anm. 145. – Vgl. zum Problem immer noch den Artikel ThWNT 3 (²1957) 356-394. Für den Befund für die Benutzung des Wortes »Israel« bis ins erste Jahrhundert n.Chr. siehe jetzt G. Harvey, The True Israel. Uses of the Names Jew, Hebrew and Israel in Ancient Jewish and Early Christian Literature, AGJU 35, Leiden u.a. 1996, 148-266.

[364] D.e. VII 3, 45: »Ἰούδας« δὲ σωθησόμενος καὶ »Ἰσραήλ« »ἐν ταῖς ἡμέραις αὐτοῦ« πάντες εἰσὶν οἱ τῇ δι' αὐτοῦ θεοσεβείᾳ προσεληλυθότες τοῦ ἐκ περιτομῆς λαοῦ, ἀπόστολοί τε αὐτοῦ καὶ μαθηταὶ καὶ εὐαγγελισταί, ἢ καὶ πάντες οἱ »τὸν ἐν κρυπτῷ Ἰουδαῖον« καὶ τὸν ἀληθινὸν Ἰσραήλ, τὸν κατὰ διάνοιαν »ὁρῶντα θεόν«, ἀποσῴζοντες. (345, 15-20 Heikel). – Zur allegorischen Exegese Eusebs und der Auslegung κατὰ διάνοιαν gegenüber dem Verständnis πρὸς λέξιν siehe unten S. 185f.

[365] D.e. VII 3, 46 (345, 24f. Heikel).

[366] D.e. VII 3, 48 (346, 2 Heikel).

[367] D.e. II 2, 21: μηκέτι ἴσους ἡμᾶς αὐτοῖς, ἀλλὰ καὶ κρείττους αὐτῶν ...(60, 22 Heikel).

[368] Vgl. P.e. XII 33, 3.

weise ab, geht ihre Überlegenheitsposition verloren, sind ihre Ansprüche gegenstandslos, wird ihnen anstelle des Schutzes gar der Zorn Gottes zuteil.[369]

Eine wichtige Rolle spielt im apologetischen Gesamtwerk Eusebs die Unterscheidung von Heidenchristentum und Judenchristentum. Beide Gruppierungen werden gleicherweise als »Christen« bezeichnet, aber auch sorgsam voneinander unterschieden. Ist ersteres in der gegenwärtigen Situation Eusebs in jeder Hinsicht der »Normalfall«, wie schon die Definition der Christen als genealogisch von den »Griechen« abstammend zeigt, so ist letzteres für ihn kaum mehr eine historisch relevante Größe. Schon die Verwechslung der »Therapeuten«[370] und der bekannte Passus über die »Ebionäer«[371] weisen darauf hin, daß es sich beim Judenchristentum um ein in der zeitgenössischen Realität Eusebs nur noch schwer verifizierbares Phänomen gehandelt hat. Als historische Größe allerdings nötigt ihm das Judenchristentum auf Grund seiner unbedingten Gesetzestreue und Überzeugungsfestigkeit höchsten Respekt ab, wie beispielsweise an den Ausführungen über Jakobus den Gerechten in H.e. II 23 gut deutlich wird.[372]

Im Zusammenhang der Beobachtung zur Verwendung des Begriffs »Christen« bei Euseb ist schließlich noch darauf hinzuweisen, daß die im Laufe der Geschichte von den Gemeinden abgefallenen Häretiker an keiner Stelle mit dem Namen »Christen« und ihre jeweiligen Organisationsform auch nicht mit dem Namen »Kirche« belegt werden: Hier ist vielmehr stark distanzierend von »Häretikern«[373] beziehungsweise von »Schisma«[374], von »Häresie«[375], von »Schule«[376] oder einfach von »gewissen Leuten«[377] die Rede; daß es sich um aus der christlichen Kirche hervorgegangene, wenn auch inzwischen von ihr getrennte Personen oder Gruppierungen handelt, wird an der Wortwahl nicht erkennbar, wohl absichtlich nicht, denn natürlich sind diese Gruppen für Euseb aus dem mit seinem gesamten terminologischen Konzept zum Ausdruck gebrachten heilsgeschichtlichen Rahmen herausgefallen.

Nach den Befunden der vorgelegten Einzeluntersuchungen zur Verwendung der Begriffe »Hebräer«, »Heiden«/»Griechen«, »Juden« und »Christen«

---

[369] Zum Bestrafungsmotiv bei Euseb siehe unten unter 5.1.1.

[370] S.o. den Exkurs über die Philorezeption unter 4.1.3.

[371] H.e. III 27, 1-6.

[372] Damit ist klar, daß Euseb sehr wohl um die Herkunft eines Teils der Christen auch aus den Juden weiß und diese Traditionen positiv bewertet: Jakobus und andere repräsentieren für ihn keinerlei häretische Vorstellungen, wie es bei anderen Zeitgenossen Eusebs durchaus der Fall ist.

[373] Zum Beispiel H.e. IV 24: αἱρετικῶν (380, 1 Schwartz).

[374] Zum Beispiel D.e. VI 18, 28: σχίσματα (279, 25 Heikel).

[375] Zum Beispiel D.e. VI 18, 28: αἱρέσεις (279, 25 Heikel); vgl. H.e. IV 10; 28; V 14; 16, 1. 6. 10; 17, 1; 18, 1; 19, 1; 23, 4; 28, 1.

[376] Zum Beispiel H.e. IV 29, 3 (= Irenäus, Haer. I 28, 1); 30, 3.

[377] H.e. I 1, 1: ... τινες ... (6, 6 Schwartz).

besteht nun die Möglichkeit, die gewonnenen Ergebnisse zu einem hinter der Terminologie Eusebs stehenden Gesamtentwurf zusammenzufügen.

4.2. Hebräer, Heiden, Juden, Christen. Das Konzept

Unsere terminologische Untersuchung zur Verwendung der Nomina »Hebräer«, »Heiden«/ »Griechen«, »Juden« und »Christen« hat einen wesentlich differenzierteren und damit auch komplizierteren Befund zutage gefördert als die eingangs genannten zusammenfassenden Beschreibungen und Darstellungen des heilsgeschichtlichen Konzepts Eusebs[378] nahezulegen vermochten.

Die mit der Verwendung der Begriffe meines Erachtens präzise zum Ausdruck gebrachte teilweise Doppeleinordnung bestimmter Personen und Personengruppen in die einschlägigen Kategorien läßt bei der Beurteilung des Eusebschen Konzepts grundsätzliche Vorsicht davor geraten sein, Euseb allzu schnell mit einfachen heilsgeschichtlichen Ablösungsmodellen in Verbindung zu bringen.[379] Vielmehr enthält die sich aus Eusebs Terminologie ergebende Unterscheidung bei gleichzeitigen Verbindungs- und Gleichordnungsmöglichkeiten ein erhebliches Differenzierungspotential, so daß bei der Verwendung der jeweiligen Begriffe eben nicht primär eine strikte Abgrenzung, sondern, jedenfalls soweit es den »monotheistischen Bereich« von Hebräern, Juden und Christen betrifft, immer auch eine relative Offenheit mit in den Blick zu nehmen ist.

Dies läßt nun aber an den herkömmlichen Erklärungsmodellen des heilsgeschichtlichen Konzepts des Eusebius folgende Punkte als problematisch erscheinen:

1. Es ist angesichts in der gezielt wechselnden Bezeichnung verbürgten Beziehung zwischen »Hebräern« und »Juden« beziehungsweise »Hebräern« und »Christen« einerseits und angesichts der konsequent eingehaltenen (pejorativ gebrauchten) Bezeichnung für die »Heiden«/»Griechen« andererseits nicht angemessen, von einem prinzipiell dreigleisigen Modell auszugehen, in welchem Israel beziehungsweise das Judentum gleichsam als »dritte Größe« zwischen Hebräern und Heiden anzusehen wäre. Vielmehr ist ein prinzipiell zweigleisiges Modell zu favorisieren, das von einer grundsätzlichen Zweiteilung zwischen Polytheismus und Monotheismus ausgeht[380] und erst *innerhalb*

---

[378] S.o. S. 58-60 und das dort aufgenommene Schaubild von W. Kinzig, Novitas christiana. Die Idee des Fortschritts in der Alten Kirche bis Eusebius, FKDG 58, Göttingen 1994, 532.

[379] Vgl. hierzu auch unten den Abschnitt 5.4.

[380] Die »Urzweiteilung« in Monotheismus und Polytheismus findet sich etwa P.e. VII 2, 1 und D.e. IV 8, 2; etwas anders liegen die Dinge P.e. II 5, 4, wo daneben noch eine Art »Uratheismus« veranschlagt wird – dieser spielt jedoch für den gesamten Rest des apologetischen Doppelwerkes keine Rolle mehr. Vgl. J. Sirinelli, Les vues historiques d'Eusèbe de Césarée durant la Période Prénicéenne, Paris 1961, 170-207.

dieses monotheistischen Rahmens dann die entscheidenden Differenzierungen zwischen Hebräern, Juden und Christen einführt, wodurch so zugleich auch die unauflöslichen Zusammenhänge mit berücksichtigt werden können.

2. Es ist angesichts der gezielt wechselnden Terminologie zwischen »Hebräern« und »Juden« einerseits und zwischen »Hebräern« und »Christen« andererseits nicht angemessen, Euseb die These einer direkten Kontinuität von Hebräern und Christen unter Absehung von der Geschichte des einen und guten Gottes mit Israel beziehungsweise mit den Juden zu unterstellen. Demgegenüber ist ein Modell zu favorisieren, an dem deutlich wird, daß für Euseb die Kontinuität zwischen Christen und den »alten Gottesfreunden« nur durch die Hebräer Israels beziehungsweise der Juden hindurch überhaupt erst ermöglicht wird.

3. Bereits hier ist die im theologischen Teil der Arbeit dann noch näher zu prüfende Frage mit zu berücksichtigen, ob bei dem im Hintergrund der Eusebschen Terminologie stehenden heilsgeschichtlichen Konzept für die Frage nach der heilsgeschichtlichen Stellung der Kirche zum nach der Inkarnation Christi weiter am Gesetz festhaltenden Judentum von einer reinen und ausschließlichen Substitutionstheorie die Rede sein kann und sollte[381], wobei meines Erachtens angesichts der insgesamt gut belegten Bezeichnung einzelner Juden nach der Inkarnation als »Hebräer« ein wenigstens teilweise offenes Modell zu favorisieren wäre, das dann gleichwohl auch die bei Euseb zweifellos vorhandenen Substitutionsaspekte mit berücksichtigen könnte und sollte.

Wollte man das hinter der Terminologie Eusebs stehende heilsgeschichtliche Modell nun abermals in einem Schaubild graphisch darstellen, so wären die genannten Gesichtspunkte in graphischer Darstellung (Schaubild Abb. 1) wie folgt adäquat zum Ausdruck zu bringen:

Vorbehaltlich der bekannten Tatsache, daß alle Bemühungen um eine Visualisierung von gedanklichen systematischen Konzeptionen neben den ihnen innewohnenden Klärungspotentialen immer auch Risiken hinsichtlich möglicher Verstehensunsicherheiten bergen, fügen sich doch meines Erachtens die nur scheinbar inkonsequenten terminologischen Doppelbelegungen, die wir im vierten Teil dieser Arbeit immer wieder diagnostizieren konnten, nun zu einem recht konsistenten System zusammen. Das umseitig abgebildete Schema bringt dabei gegenüber den bisherigen Modellen[382] einige für die Konzeption Eusebs wichtige Aspekte besser beziehungsweise überhaupt erst

---

[381] Vgl. hierzu im theologischen Teil dieser Arbeit unten unter 5.4.

[382] Vgl. zum Beispiel auch das Schaubild von G. Schroeder, SC 215, 56 – das Problem bei dieser Darstellung liegt darin, daß sie die Kontinuität zwischen dem gesetzestreuen Israel und den alten Hebräern zu gering achtet und auf die Propheten reduziert – der »Rest« des nachmosaischen Israel befindet sich hiernach hingegen schon auf einem »Abweg«. Man kann aber meines Erachtens im Blick auf die Terminologie Eusebs zeigen, daß viel breitere Teile des nachmosaischen Israel mit den »Hebräern« in unmittelbaren Zusammenhang gebracht werden, siehe hierzu oben S. 66-68. 87f.

Abbildung 1: Die heilsgeschichtliche Zuordnung von Hebräern, Heiden,
Juden und Christen nach der Terminologie des apologetischen Doppelwerks Eusebs

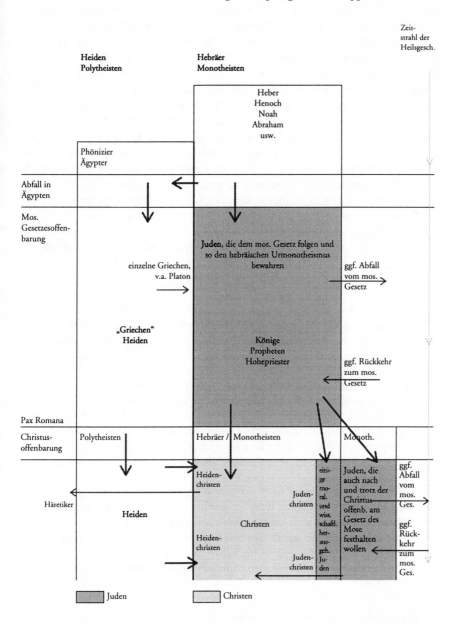

zum Ausdruck: So wird zunächst deutlich, daß die entscheidende heilsge-schichtliche Trennlinie für Euseb zwischen »Hebräern« und »Heiden«, also zwischen Monotheisten und Polytheisten verläuft. Weiter zeigt sich, daß die bei Euseb durchgängig vorausgesetzte Kontinuität zwischen Christen und Hebräern nicht an der geschichtlichen Existenz der Juden zwischen Gesetzge-bung und Christusoffenbarung vorbei gedacht werden kann.[383] Drittens wird deutlich, daß die Juden vor Christus, sofern sie das vom einen und guten Gott zum Zwecke der Abwehr des ägyptischen (und später griechischen) Poly-theismus sowie zur Beseitigung seiner moralischen Defizienzerscheinungen gegebene Gesetz auch wirklich beachteten, in voller Kontinuität zu den alten Hebräern gedacht sind. Für das nachchristliche Judentum zeigt sich hingegen ein Doppeltes: Einerseits sind einige moralisch und wissenschaftlich heraus-gehobene Persönlichkeiten der Juden für Euseb ohne weiteres als »Hebräer« einzuordnen, womit diese ihrerseits in bruchloser Kontinuität zu den »alten Gottesfreunden« stehen, obgleich sie nicht Christen sind! Andererseits ist das nachchristliche Judentum in seiner Mehrheit angesichts seiner Ablehnung der Christusoffenbarung in der Tat aus der eigentlichen Linie des »Hebräertums« herausgefallen, wenn auch, anders als die Heiden, nicht ohne jede Verbindung mit diesem, insofern auch das nachchristliche gesetzestreue Judentum in einer Randposition immerhin den Monotheismus wahrt.

Wenn die hier ausgeführte und vertretene Ansicht zutrifft, daß sich die Verwendung der Begriffe »Hebräer«, »Heiden«/»Griechen«, »Juden«, »Christen« auch und gerade angesichts der festgestellten terminologischen Doppelbelegungen auf ein schlüssiges und konsistentes Schema und Sy-stem zurückführen lassen, dann ist es allerdings fraglich, ob die in der Literatur immer wieder auftauchende Interpretation Bestand haben kann, die in dem teilweisen Wechsel der einschlägigen Begriffe bei Euseb einfach eine gewisse Inkonsequenz und terminologische Nachlässigkeit erblicken will. Eine solche terminologische Ungenauigkeit wird zumindest bei der Eusebschen Verwendung der Begriffe »Hebräer« und »Juden« im Blick auf die dort feststellbare teilweise Austauschbarkeit der Termini immer wieder behauptet.[384]

Demgegenüber muß nach der hier vorgelegten Analyse aber gefragt werden, ob in der völlig zu recht festgestellten teilweisen Austauschbarkeit beider Begriffe wirklich eine *unabsichtliche* Austauschbarkeit, gleichsam eine Beliebigkeit oder gar Zufälligkeit liegt, oder ob es sich nicht vielmehr um eine *sehr gezielte, präzise eingesetzte* Austauschbarkeit handelt. Für letzteres Verständnis könnte man immerhin auf den methodischen Grund-

---

[383]   Zur bisweilen bei Euseb auftretenden Bezeichnung dieser durch das gesetzestreue Israel geprägten Zeit als »Ruhephase« oder »Zwischenzeit« etc. s.o. S. 84.

[384]   Zum Beispiel J. Sirinelli, Les vues historiques d'Eusèbe de Césarée durant la période prénicéenne, Paris 1961, 153; ähnlich G. Schroeder, SC 215, 51f.

satz hinweisen, daß man auf das Postulat angeblicher Inkonsistenzen und Ungenauigkeiten in Begrifflichkeit oder Argumentation eines Autors frühestens dann zurückgreifen sollte, wenn sich eine in sich geschlossene Erklärung auf Grund der Textbefunde auch nach längerer und genauer Prüfung nicht ausmachen läßt. Eben dies scheint hier bei Euseb aber, wie gezeigt, nicht der Fall zu sein. Inhaltlich spräche für eine *gezielte* Anwendung der terminologischen Doppelbelegung, daß, wie wir sahen, jene Austauschbarkeit immer nur einzelne und bestimmte Personengruppen oder gar Einzelpersonen im Gesamtgefüge des apologetischen Doppelwerkes betrifft, während sie sich bei anderen eben nicht finden läßt. Letztlich aber, und das scheint mit ein gar nicht hoch genug einzuschätzender Gesichtspunkt zu sein, muß man sehen, daß sich der ganze heilsgeschichtliche Entwurf des apologetischen Doppelwerkes im Grunde von eben dieser Terminologie herleitet: Die gesamten heilsgeschichtlichen Zusammenhänge, Verbindungslinien wie »Traditions-abbrüche«, werden bei Euseb mit eben dieser grundsätzlichen Zweiteilung in »Hebräer«/ »Monotheisten« beziehungsweise »Polytheisten«, kombiniert mit einer weiteren Ausdifferenzierung des monotheistischen Bereiches in Juden und Christen, zum Ausdruck gebracht. Man muß sich klarmachen, daß er mit einer wenig reflektierten Beliebigkeit und Unabsichtlichkeit in der Begriffswahl gerade in diesem Bereich nicht nur seine heils- und menschheitsgeschichtlichen Rekonstruktionen, sondern vor allem auch sein daraus erwachsendes apologetisches Potential leichtfertig aufs Spiel gesetzt hätte.

Die Analyse des terminologischen Modells »Hebräer«, »Heiden«/»Griechen«, »Juden«, »Christen« wirft, gerade angesichts ihrer grundlegenden Bedeutung für das Verständnis des heilsgeschichtlichen Ansatzes Eusebs, schließlich noch die Frage auf, woher Euseb diese Terminologie kannte, von wem er sie übernommen hat und wie er sie gegebenenfalls modifizierte. Auf diesen Punkt soll zum Abschluß des Teils 4 dieser Arbeit noch kurz eingegangen werden.

4.3. Hebräer, Heiden, Juden, Christen.
Zur Frage nach der Herkunft der Terminologie

Zuletzt hat D.T. RUNIA in seiner Arbeit »Philo and the Church Fathers« nachdrücklich darauf aufmerksam gemacht, daß eine gründliche philologische Untersuchung über die Verwendung der Begriffe »Israel«, »Juden« und »Hebräer« in den ersten Jahrhunderten *nach* Christus ein äußerst dringendes Forschungsdesiderat darstellt.[385] An der Berechtigung dieser Forderung hat

---

[385] D.T. Runia, Philo and the Church Fathers, SVigChr 32, Leiden 1995, 40.

sich auch durch das Erscheinen des Buches von G. HARVEY, The True Israel,[386] nicht allzu viel geändert.[387] HARVEYs Arbeit bietet allerdings eine fortan unentbehrliche Grundlage für das von RUNIA angemahnte Forschungsdesiderat, insofern er die Verwendung der Begriffe »Jude«, »Hebräer« und »Israel« bis immerhin ins erste Jahrhundert n.Chr. aufhellt.[388]

Den Ergebnissen von G. HARVEY zufolge ließe die Verwendung des Begriffes »Jude« häufig auf eine wertneutrale Bezeichnung für einen Angehörigen der jüdischen Religion schließen, mit der oft territoriale Aspekte, namentlich eine Konzentration auf Judäa und Jerusalem, impliziert sind. Dieser grundsätzlich neutrale Unterton führt auch zu einer deutlich größeren Verwendungsbreite des Wortes »Jude«, vor allem im Vergleich zu »Hebräer« oder auch »Israel«.[389] Erst im Qumran-Schrifttum und in der frühesten christlichen Literatur sei ein (wenn auch nicht durchgängiger) Trend feststellbar, den Begriff »Jude« (gerade im Zuge von Abgrenzungsbemühungen) negativ zu besetzen.

Demgegenüber schwinge (einmal abgesehen von dem separat zu behandelnden Ausdruck »Hebräisch« für die hebräische Sprache beziehungsweise hebräische Schrift) bei der Bezeichnung »Hebräer« ein ausgesprochen positiver Unterton mit. Sehr häufig sei eine Assoziation zur Gestalt des Abraham impliziert, dem in weiten Teilen der antiken jüdischen und christlichen Texte ersten als »Hebräer« bezeichneten Individuum.[390] Bei der Benutzung des Begriffs »Hebräer« sei zugleich an einen religiös harmonischen, idealen »Urzustand« gedacht, demgegenüber die Begriffe »Jude« oder »Israel« eher mit späteren Personen oder Geschehnissen in Verbindung gebracht werden. In dieser zeitlichen Vorordnung sei in aller Regel auch eine qualitative Besserbewertung impliziert: »›Hebrews‹ are ›good Jews‹«.[391] HARVEY macht außerdem darauf aufmerksam, daß der Verwendung des Begriffes »Hebräer« häufig ein konservativer Zug eigne; man will damit an die alten, vermeintlich besseren Zeiten (wieder)anknüpfen.

Sieht man nun die von G. HARVEY in ungeheurer Fleißarbeit gesammelten und gesichteten Belege auf mögliche »Vorlagen« für Eusebs Modell hin kurz durch, so fällt folgendes auf:

---

[386] G. Harvey, The True Israel. Uses of the Names Jew, Hebrew and Israel in Ancient Jewish and Early Christian Literature, AGJU 35, Leiden u.a. 1996.

[387] Ältere Beiträge: E. Bloch, Israélite, juif, hébreu, in: CSion 5 (1951) 11-31. 258-280; R. Murray, Jews, Hebrews and Christians: Some Needed Distinctions, in: NT 24 (1982) 194-208 und P.J. Tomson, The Names Israel and Jew in Ancient Judaism and the New Testament, in: Bijdr. 47 (1986) 120-140. – Die unveröffentlichte PhD-Dissertation von A. Arazy, The Appellations of the Jews (ioudaios, hebraios, israel) in the Literature from Alexander to Justinian, Ann Arbor 1977, war mir nicht zugänglich.

[388] Eine von mir vefaßte ausführliche Rezension zu G. Harvey's Buch wird in der neuen Zeitschrift für Antike und Christentum (ZAC) voraussichtlich 1999 erscheinen.

[389] Vgl. hierzu G. Harvey, l.c. 268f.

[390] Vgl. G. Harvey, l.c. 270f.

[391] So zusammenfassend G. Harvey, l.c. 271.

In der jüdischen pseudepigraphischen Literatur zeigt besonders 4Makk, wie Ἑβραῖος als regelrechter Ehrenname benutzt[392] und als solcher sogar von Ἰουδαῖος abgesetzt werden[393] kann.

In LXX fällt auf, daß Ἑβραῖος häufig als transliterierende Wiedergabe der hebräischen Konsonantensequenz עבר zu finden ist,[394] ohne daß eine Definition des Begriffes in irgendeiner Weise erforderlich gewesen wäre. Ἑβραῖος muß als eine der Selbstbezeichnungen der Juden völlig geläufig gewesen sein.[395]

Im NT spielt die Juden-Hebräer-Terminologie als Grundlage einer geschichtlich-theologischen Konzeption keine erkennbare Rolle,[396] der Begriff Ἑβραῖος kommt im NT gar nur dreimal vor: bei Paulus in 2.Kor 11, 22, sachlich nah bei Ἰσραηλῖται,[397] sowie Phil 3, 5; außerdem Acta 6, 1 in Gegenüberstellung zu τῶν Ἑλληνιστῶν: Hier liegt kein Muster für Eusebs terminologisches Modell vor.

Bei Philo von Alexandrien liegt eine ziemlich konsequente und natürlich keineswegs abwertend gemeinte Benutzung von Ἰουδαῖος für die zeitgenössischen Juden vor,[398] währenddessen Ἑβραῖος für das Israel der alten Zeit steht.[399]

Bei Josephus ist Ἰουδαῖοι[400] ebenfalls im Blick auf zeitgenössische Juden[401] gebraucht, meist neutral,[402] anders als bei den ganz positiv gesehenen Ἑβραῖοι,[403] die für Josephus die alte unverdorbene jüdische Idealreligion

[392] 4Makk 5, 2. 4; 8, 2; 9, 6. 18. Vgl. hierzu G. Harvey, l.c. 116-119 und auch K.G. Kuhn, ThWNT 3 (²1957) 369.

[393] 4Makk 5, 7.

[394] Zum Beispiel Ex 21,2; Dtn 15,12.

[395] G. Harvey, l.c. 111-116, zeigt, daß dem Begriff dabei zur Zeit der LXX ein konservativ-traditionalistischer Zug eignet.

[396] In der paulinischen Literatur ist Ἰουδαῖος oft typisierend gebraucht und meint sowohl dezidiert den dem mosaischen Gesetz verpflichteten Juden (so etwa 1.Kor 9, 20; Gal 2, 13) als auch die geburtsmäßige Herkunft (Gal 2, 15); gleichwohl eignet dem Begriff, insofern der Akzent der Abwendung vom Christus mitschwingt, auch ein negativer Zug, vgl. W. Gutbrod, ThWNT 3 (²1957) 384. Bei den Synoptikern überwiegt die Verwendung in der Formel βασιλεὺς τῶν Ἰουδαίων, und zwar im Munde Außenstehender (!), vgl. abermals W. Gutbrod, ThWNT 3 (²1957) 376f.

[397] So zuletzt W. Kraus, Das Volk Gottes. Zur Grundlegung der Ekklesiologie bei Paulus, WUNT 85, Tübingen 1996, 200.

[398] So zum Beispiel Spec. II 163; Virt. 108. 226. Vgl. hierzu G. Harvey, l.c. 43-46 auch W. Gutbrod, ThWNT 3 [²1957] 372.

[399] So zum Beispiel Mos. I 243. Vgl. hierzu G. Harvey, l.c. 121-124.

[400] Insgesamt 1122 Belege; hierzu G. Harvey, l.c. 47-61.

[401] Ursprünglich nämlich, so Josephus, wurden die Juden Hebräer genannt: AJ I 164.

[402] AJ I 4. Als Einwohner von Judäa BJ I 371. Als Juden außerhalb von Judäa AJ XV 14f. Als durch Beschneidung oder das Halten des Sabbat von anderen Unterschiedene AJ I 214; XII 241; XVI 256-258. Die Aufständischen gegen Rom sind eigentlich gar keine Juden oder handeln zumindest nicht wie solche: BJ VI 17.

[403] Insgesamt 302 Belege; hierzu G. Harvey, l.c. 124-129.

repräsentieren.[404] Dabei kann es natürlich auch zeitgenössiche Juden geben, die »Hebräer« sind (nicht zuletzt übrigens Josephus selbst[405]). Neben diesem stark an D.e. und P.e. erinnernden Befund muß im Blick auf eine mögliche Wirkung auf Eusebius zudem konstatiert werden, daß gerade Josephus es war, der in Contra Apionem klassisch den jüdischen apologetischen Altersbeweis formuliert hatte, wenn auch ohne diesen direkt mit einer Hebräer-Juden-Differenzierung zu verbinden.

Es läßt sich vermuten, daß es unter dem bei G. HARVEY aufgearbeiteten literarischen Material bis zum 1. Jhdt. n.Chr. vor allem Josephus gewesen sein könnte, der auf Euseb gewirkt hat – der Caesarener mußte hier eigentlich nur die Wortwahl des Josephus mit dem in Contra Apionem vorliegenden Altersbeweiskonzept kombinieren und dann natürlich christlich umdeuten, d.h. eine möglichst gerade Linie von den Hebräern zu den Christen konstruieren.[406]

Sieht man darüberhinaus nun christliche Texte aus dem von G. HARVEYs Arbeit nur noch am äußersten Rande erfaßten[407] Zeitraum des 2. und 3. Jahrhunderts an, so fällt folgendes auf: In der apologetischen Literatur läßt sich erstaunlicherweise keine heilsgeschichtlich-apologetische Indienstnahme einer terminologischen Ausdifferenzierung von »Hebräern« und »Juden« finden: Die Begriffe werden vielmehr oft synonym gebraucht: Theophil von Antiochien benennt diese Synonymität sogar ausdrücklich: Er spricht von τοῖς Ἑβραίοις (τοῖς καὶ Ἰουδαίοις καλουμένοις) ...[408] Justin Martyr benutzt in den Apologien ausschließlich Ἰουδαῖοι[409] und auch der einzige im Dialog mit Tryphon vorfindliche Beleg für Ἑβραῖος weist auf keine inhaltlich signifikante Differenzierung hin.[410] Clemens von Alexandrien benutzt wiederum beide Wörter fast ununterschieden.[411]

Ein Beleg für eine Unterscheidung der Begriffe liegt in der Apologie des Aristides von Athen[412] vor: Hier sind die Juden die »Späteren« gegenüber den Hebräern, und Christus wird aus den »Hebräern« geboren, aber von den »Juden« getötet:

---

[404] AJ I 164; II 268 u.ö.

[405] BJ I 3.

[406] Zur Josephusrezeption Eusebs siehe den entsprechenden Exkurs oben unter 4.1.3.

[407] Eigentlich nur l.c. 138-140, noch dazu mit einer groben Verwechslung von Origenes und Euseb, l.c. 139.

[408] Ad Autol. III 9, 6 (PTS 44, 110, 25f. Marcovich).

[409] 1Apol. 36, 3; 2Apol. 49, 1. 5; 53, 6; 63, 1. 3.

[410] Dial. 1,3: Wohl eine Selbstbezeichnung des Tryphon: Ἑβραῖος ἐκ περιτομῆς (70,1 Marcovich).

[411] Besonders deutlich etwa Strom. I 151f.

[412] Nach der Adresse der 1889 aufgefundenen syrischen (einzigen vollständigen) Fassung an Adrianus Antoninus, also Kaiser Antoninus Pius gerichtet, nach Eus., H.e. IV 3, 3, an Hadrian. – Einen Zusammenhang zwischen dem Konzept Eusebs und der Apologie des Aristides stellt auch M. Simonetti, ASEs 14 (1997) 131, her.

Und daselbst (sc.: in Ägypten) wurden sie das Geschlecht der Hebräer genannt von ihrem Gesetzgeber, später aber wurden sie Juden genannt. (...) Gott nahm von einer hebräischen Jungfrau Fleisch an, (...) Jesus also wurde vom Stamme der Hebräer geboren, (...) wurde von den Juden durchbohrt und starb ...[413]

Bedenkt man dazu, daß Aristides' Apologie[414] auch mit einer heilsgeschichtlichen »Vierteilung« der Menschheit arbeitet (Barbaren und Griechen, Juden und Christen)[415], so kommt man hier strukturell dem Eusebschen Konzept ziemlich nahe. Dieser Eindruck einer relativen inhaltlichen Nähe zu Euseb verstärkt sich noch, wenn man sieht, daß auch bei Aristides die Juden insofern äußerst positiv gesehen werden, als sie den heidnischen Völkern schon auf Grund ihres Monotheismus und ihrer Nächstenliebe hoch überlegen sind,[416] wenn sie auch wiederum den Christen gegenüber sowohl in der Gotteserkenntnis als auch im gottgemäßen Wandel als unterlegen eingeordnet werden.[417] Auf der

---

[413] Arist., Apol. II (Ich zitiere nach der Übersetzung der syrischen Überlieferung durch E. Hennecke [siehe nächste Anm.], 8-10). – Man sollte auch hier beachten, daß aus dem Vorhandensein des »Gottesmord«motivs jedenfalls nicht automatisch und nicht allzu schnell auf eine völlige Verachtung der Juden durch den jeweiligen christlichen Verfasser zu schließen ist. Vgl. die Stelle Apol. XIV (zitiert unten Anm. 416).

[414] Vgl. hierzu J. Geffcken, Zwei griechische Apologeten, Hildesheim 1970 (ND der Ausgabe Leipzig 1907), 43f. und L.W. Barnard, TRE 3 (1978) 375f. – Die syrische Überlieferung in: The Apology of Aristides on Behalf of the Christians from a Syriac MS preserved on Mount Sinai, ed. J.R. Harris, with an Appendix containing the main Portion of the original Greek Text by J.A. Robinson, TaS I 1, Cambridge ²1893. – Die Apologie des Aristides. Recension und Rekonstruktion des Textes von E. Hennecke, TU IV 3, Leipzig 1893.

[415] Apol. II, syrische Überlieferung: »Es giebt also vier Klassen von Menschen, wie ich vorher gesagt habe: Barbaren und Griechen, Juden und Christen.« (10f. Hennecke). Vgl. hierzu auch J. Sirinelli, Les vues historiques d'Eusèbe de Césarée durant la période prénicéenne, Paris 1961, 140f. mit Anm. 5.

[416] Apol. XIV, syrische Überlieferung: »Die Juden nun sagen, dass Gott einer ist, der Schöpfer von allem und allmächtig, und dass es nicht in der Ordnung ist, dass etwas anderes verehrt werde, als dieser Gott allein. Und darin scheinen sie der Wahrheit näher zu kommen als alle Völker, dass sie vorzüglich Gott anbeten und nicht seine Werke. Und sie ahmen Gott nach durch die Menschenliebe, [die sie haben,] indem sie mit den Armen Erbarmen haben und die Gefangenen befreien und die Toten begraben und (Dinge) thun, die diesen ähnlich sind, die vor Gott genehm sind und den Menschen gefallen, die sie von ihren Vorfahren empfangen haben.« (35 Hennecke).

[417] Apol. XIV, syrische Überlieferung: »Trotzdem sind aber auch jene von der richtigen Erkenntnis abgeirrt und glauben in ihrem Sinne, dass sie Gott anbeten, nach den Arten ihrer Werke aber gilt ihre Anbetung den Engeln und nicht Gott, indem sie Sabbathe beobachten und Neumonde und die ungesäuerten Brote und das große Fasten und das Fasten und die Beschneidung und die Reinheit der Speisen, – die sie nicht einmal so vollkommen beobachten«. (35 Hennecke). – Man beachte hierbei aber: Bei der die Apologie abschließenden positiven Schilderung der Christen (Apol. XV-XVII) werden nur die Griechen als Negativfolie benutzt (Apol. XVI), nicht die Juden.

anderen Seite dürfen die Abweichungen zwischen Aristides und dem Konzept Eusebs keinesfalls übersehen werden: Denn wenn Aristides auch eine Unterscheidung von Hebräern und Juden kennt, so integriert er *diese* doch, anders als später Euseb, *nicht* in seine »vierteilige Menschheitsgeschichte«, und, was noch gravierender ist, er arbeitet nicht mit dem apologetischen Mittel des Altersbeweises.

Ein kurzer Blick auf die lateinische apologetische Tradition ergibt nur an einer Stelle einen erwähnenswerten Befund: Tertullian arbeitet in seinem Liber I ad Nationes mit einer Einteilung der Menschheit in drei Gruppen und unterscheidet dabei Griechen, Juden und Christen.[418] Wenn man auch prinzipiell mit einer Kenntnis der Tertulliantexte (in griechischer Übersetzung) bei Euseb rechnen muß,[419] so spricht gegen die Vermutung einer Übernahme des tertullianschen Konzepts durch Euseb schon allein die Tatsache, daß eine Juden-Hebräer-Differenzierung hier gänzlich fehlt.

Ebenso verhält es sich im griechischsprachigen Raum mit Clemens Alexandrinus, der drei Bündnisse Gottes mit drei Menschenvölkern, Juden, Griechen und Christen voraussetzt,[420] ohne zwischen Hebräern und Juden zu unterscheiden.

Sieht man auf die für Euseb ja in besonderem Maße relevante Origenes-Tradition, so zeigt sich auch hier, daß Origenes im Ganzen den Begriff Ἑβραῖος zwar bevorzugt, dabei aber keine dezidierte Abgrenzung von Ἰουδαῖος vornimmt. Die Terminologie wechselt.[421] Gleichzeitig zeichnet sich jedoch am Rande durchaus eine Konzeption ab, die dem späteren Entwurf Eusebs in Teilen ähnelt, wenn Origenes einerseits sagt, daß die »Hebräer« Vorgänger der zeitgenössischen Juden seien (welche »Hebräer« genannt werden könnten, weil sie von Ägypten ins gelobte Land »gewandert« seien)[422] andererseits auch im Blick auf die Kirche von »uns als den (nach dem Jenseits) reisenden und wahren Hebräern«[423] reden kann.

Es bleibt demnach, so hypothetisch eine Antwort auf die Frage nach der Herkunft des auf der terminologischen Differenzierung von Hebräern-Heiden-Juden-Christen beruhenden heilsgeschichtlichen Modells Eusebs auch

---

[418] Tert., Ad Nat. 1; hierzu A. Schneider, Le Premier livre *Ad Nationes* de Tertullien. Introduction, texte, traduction et commentaire, BHRom 9, 10-15. 187-191 und N. Brox, VigChr 27 (1973) 46-49.

[419] Eus., H.e. II 2, 4; vgl. T.D. Barnes, Tertullian, Oxford ²1985, 25f. 68f. und J. Ulrich, ZNW 87 (1996) 285.

[420] Strom. VI 5, 42.

[421] Vgl. N.R.M. de Lange, Origen and the Jews. Studies in Jewish-Christian Relations in Third-Century Palestine, UCOP 25, Cambridge 1976, 31.

[422] Orig., Hom. in Num. XIX 4. – Die gleiche Etymologie liegt Eus., P.e. VII 8, 21 und XI 6, 40 vor, vgl. Philo, Migr. 20.

[423] Orig., Mart. 33: ἡμῖν τοῖς περατικοῖς καὶ ἀληθινοῖς Ἑβραίοις ... (GCS Orig. 1, 28, 18f. Koetschau).

letztlich bleiben muß, zunächst der Eindruck von einer relativen Selbständigkeit des Eusebschen Ansatzes: Zwar erinnern die Differenzierung von Hebräern und Juden und die Etablierung eines Altersbeweises auf Grund einer Einteilung der Menschheit in verschiedene Gruppen an Josephus; zwar ähneln die terminologischen und menschheitsgeschichtlichen Optionen der Apologie des Aristides; zwar erinnert die Anwendung des Ehrennamens »Hebräer« auf die christliche Kirche an Origenes. Aber die im apologetischen Doppelwerk Eusebs vorliegende Arbeit besteht keineswegs in einer eklektischen Zusammenstellung verschiedener Ideen, sondern in der produktiven Verarbeitung und Integration ihm vorliegender Gedanken und Ansätze zu einem in sich geschlossenen und auch weitgehend konsistenten System. Die terminologische Konzeption in Praeparatio und Demonstratio evangelica ist mithin Teil seiner Rezeption apologetischer Texte jüdischer und christlicher Provenienz, dabei aber gleichzeitig eine bemerkenswert selbständige Leistung.[424] Hiermit ergibt sich am Ende dieses Kapitels über die terminologische Grundunterscheidung zwischen Hebräern-Heiden-Juden und Christen schließlich auch eine Bestätigung dessen, was Euseb selber zum Eingang seines apologetischen Doppelwerkes über das Thema des Verhältnisses von Traditionstreue und Eigenständigkeit in seinem Ansatz zum Ausdruck gebracht hat.[425]

---

[424] So auch J. Sirinelli, l.c. 140f.
[425] P.e. I 3, 4f. (zitiert oben Abschnitt 3.1. S. 30 Anm. 2).

5. Euseb und die Juden: Theologische Fragenkreise

In Eusebs theologischer Auseinandersetzung mit den Juden lassen sich im wesentlichen drei Hauptlinien ausmachen: eine heilsgeschichtliche beziehungsweise geschichtstheologische, eine christologische und eine exegetische. Selbstverständlich hängen diese drei Linien unmittelbar miteinander zusammen und dürfen keinesfalls isoliert voneinander betrachtet werden: Die heilsgeschichtliche Linie geht unmittelbar vom (verifizierbaren) Wirken des Logos und vom Wirken Gottes in der Geschichte aus, das Verständnis des Christus-Logos wiederum ist über weite Teile der Demonstratio evangelica alttestamentlich-exegetisch begründet. Zahlreiche Aussagen Eusebs über die Situation der Juden nach der Menschwerdung des Logos basieren auf neutestamentlichen Schriftstellen. Trotz dieser inneren Zusammenhänge lassen sich aber für die Frage nach der Rolle der Juden in der Theologie Eusebs in jeder der genannten theologischen Hauptlinien signifikante eigene Aspekte herausarbeiten, was eine getrennte Bearbeitung und Darstellung geraten erscheinen läßt. Dem trägt der Aufbau des theologischen Teils dieser Arbeit Rechnung.

5.1. Eusebs Theologie der Heilsgeschichte in Auseinandersetzung mit den Juden

Es ist sicher nicht ohne inneren Grund, daß einer der wichtigsten Theologen und Bischöfe der historischen Umbruchszeit des späten dritten und früheren vierten Jahrhunderts gleichzeitig *der* Geschichtsschreiber der spätantiken Christenheit überhaupt gewesen ist: Theologie ist für Euseb wesentlich Konstruktion und Rekonstruktion von Geschichte. Geschichte meint dabei allerdings nicht Geschichte im modernen Sinne, sondern »Heilsgeschichte«.[1] In der Geschichte erweist sich für Euseb »objektiv« das Wollen und das Wirken Gottes, in der Geschichte stehen mithin die Wahrheitsansprüche von Religion auf dem Prüfstand, hier wird die Berechtigung oder Nichtberechtigung sol-

---

[1] Vgl. hierzu F. Bovon, L'histoire ecclésiastique d'Eusèbe de Cesarée et l'histoire du salut, in: Oikonomia. Heilsgeschichte als Thema der Theologie. FS O. Cullmann, hg. F. Christ, Hamburg 1967, 129-139; dazu D. König-Ockenfels, Saec. 27 (1976) 348-365 sowie, für die Zeit vor Euseb, H. von Campenhausen, Saec. 21 (1970) 189-212.

cher Ansprüche nicht allein offenbar, sondern eben damit auch diskursiv beweisbar. In diesem Gedanken, der allem so intensiven Bemühen Eusebs um die Rekonstruktion von Geschichte zugrunde liegt, steckt natürlich auch ein ungeheures Konfliktpotential, was die theologische Auseinandersetzung gerade mit der Religion angeht, aus der das Christentum im Lauf der Geschichte hervorgegangen war, mit dem Judentum.

5.1.1. Geschichtsbeweis und Bestrafungsmotiv

Es war oben bereits im Exkurs über die Josephusrezeption bei Euseb[2] angeklungen, daß die unmittelbare Ablesbarkeit von Gottes Willen und Wirken an und in geschichtlichen Ereignissen zu den festen dogmatischen Voraussetzungen nicht nur Eusebs und der ihm vorangegangenen christlichen apologetischen Tradition[3], sondern auch weiter Teile des Judentums[4] und – dies darf keinesfalls übersehen werden – darüberhinaus auch vieler anderer, paganer religiöser Bewegungen der spätantiken Zeit gehört: An der salus publica, so die geläufige heidnische Variante dieses Gedankens, zeigt sich das Wohlwollen der Götter, am Ausbleiben der salus publica zeigt sich umgekehrt ihr Zorn. Gerade *weil* die theologische Idee einer Ablesbarkeit des göttlichen Willens an Ereignissen der Geschichte mit einer gewissen Selbstverständlichkeit auf den meisten Ebenen des religiösen Spektrums vorausgesetzt werden konnte und insofern leicht kommunikabel war, lag es ohne weiteres nahe, daß Euseb gerade diesem Gedanken in seinen apologetischen wie in den polemischen Ausführungen eine ganz besonders hohe Bedeutung beimaß. *Deshalb* ist, wie M. Tetz formuliert hat, »die Frage nach den sichtbaren, den zähl- und meßbaren Faktoren für seine »Kirchengeschichte« konstitutiv«.[5] Und gerade

---

[2]   S.o. unter 4.1.3.

[3]   Vgl. etwa zu Justin immer noch B. Seeberg, ZKG 58 (1939) 1-81, und neuerdings M. Mach, Justin Martyr's *Dialogus cum Tryphone Iudaeo* and the Development of Christian Anti-Judaism, in: Contra Iudaeos. Ancient and Medieval Polemics between Christians and Jews, ed. O. Limor/G.G. Stroumsa, TSMJ 10, Tübingen 1996, 27-47.

[4]   Zu Josephus siehe den in Anm. 2 genannten Exkurs. – Auf die hochkomplexen Fragen nach der Entstehung und Entwicklung des hebräischen Geschichtsdenkens kann im Rahmen dieser Arbeit natürlich nicht eingegangen werden. G. von Rad formulierte hinsichtlich der Entstehung dieses Denkens in seiner klassisch gewordenen Darstellung Theologie des Alten Testaments II. Die Theologie der prophetischen Überlieferungen Israels, München [7]1980, 116. »Israel hat sich das Bild von einer Geschichte erarbeitet, die sich ausschließlich aus der Abfolge von Fakten aufbaute, die Gott zum Heile Israels markiert hat.«

[5]   M. Tetz, Christenvolk und Abrahamsverheißung. Zum »kirchengeschichtlichen« Programm des Eusebius von Caesarea, in: Jenseitsvorstellungen in Antike und Christentum. Gedenkschrift für A. Stuiber, hg. T. Klauser u.a., JAC.E 9, Münster 1982, 45. Man könnte diese völlig zutreffende Aussage über die Kirchengeschichte hinaus auch auf die Chronik, das apologetische Doppelwerk und die Theophanie ausdehnen.

weil diese theologische Idee eben auch in der jüdischen Tradition durchaus beheimatet war und auch hier mit einer gewissen Selbstverständlichkeit an- und ausgesprochen werden konnte, lag es ebenso nahe, daß Euseb sich in seinen Auseinandersetzungen mit den Juden eben diesen Gedanken zunutze machte: Schon die Demonstratio evangelica sieht im Untergang des ersten Tempels und im babylonischen Exil *ein Strafhandeln Gottes* gegen Israel und Juda, dessen Könige sich gottwidrig von der Politik des idealen »Hebräerkönigs« David abgewendet hatten.[6] Analog sieht Euseb für das Judentum *post Christum* auch die schrecklichen militärischen Katastrophen in der Geschichte des ersten und zweiten Jahrhunderts als Zorn Gottes über die Juden, als göttliche Strafe (δίκη)[7] an. Diese Strafe aber, so Euseb, traf Israel abermals wegen seines Abweichens von der heilsgeschichtlichen Linie des »Hebräertums«, nämlich jetzt wegen der dem Willen und Walten Gottes widerspechenden Mißachtung des zum Heile Israels *und* der Heiden gekommenen inkarnierten Logos-Sohnes Gottes, des Christus. Deshalb unterläßt es die Kirchengeschichte Eusebs auch nicht, schon in ihrem bekannten programmatischen Einleitungssatz[8] vorauszuweisen auf das in der Darstellung dann detaillierter zu schildernde (negativ qualifizierte)

> Schicksal, das das ganze jüdische Volk augenblicklich nach seinem Anschlag auf unseren Erlöser getroffen hat.[9]

Auch im apologetischen Doppelwerk ist, ebenso programmatisch und an ebenso herausgehobener Stelle, von jenem Motiv der Bestrafung der Juden für ihren »Anschlag« auf Christus die Rede:

> Es ist ja wohl sogar einem Blinden noch jetzt deutlich, daß das Sehvermögen der Worte (sc.: der Propheten) nun in Tatsachen bewiesen worden ist von genau dem ersten Tage an, da sie (sc.: die Juden) ihre gottlosen Hände

---

6   D.e. VIII 1, 145-147. – Natürlich steht Euseb hier in der Linie jüdischer Geschichtsschreibung, insbesondere derjenigen, die wir heute als das »Deuteronomistische Geschichtswerk« bezeichnen.

7   H.e. II 6, 8 (122, 22 Schwartz); III 5, 3 (196, 20 Schwartz). 6 (198, 12 Schwartz). D.e. IX 11, 13 (430, 1 Heikel) – hier als Äquivalent auch das Wort τιμωρία (430, 8 Heikel). κρίσις als Strafe *gegen Juden* findet sich D.e. IX 13, 13; dieser vom sonstigen Wortgebrauch Eusebs abweichende Befund (sonst benutzt Euseb κρίσις im Sinne von Strafe *gegen Christen:* H.e. VIII 1, 7; 2, 2) liegt in der zuvor zitierten Bibelstelle Jes 35, 4 begründet.

8   Einige knappe forschungsgeschichtliche Hinweise, v.a. aber eine vorzügliche Gliederung dieses (wohl der dritten Redaktion der H.e. von 315 [hierzu R.M. Grant, Eusebius as Church Historian, Oxford 1980, 13f. und T.D. Barnes, GRBS 21 (1980) 191-201] zuzurechnenden) Einleitungssatzes mit Interpretation bietet M. Tetz, l.c. 30-46.

9   H.e. I 1, 2: τὰ παραυτίκα τῆς κατὰ τοῦ σωτῆρος ἡμῶν ἐπιβουλῆς τὸ πᾶν Ἰουδαίων ἔθνος περιελθόντα ... (6, 1of. Schwartz).

gegen Christus erhoben und so sich selber den Anfang der Mißliebigkeiten auferlegten.[10]

Der Eusebsche Gedanke, die historisch verifizierbaren Drangsale der Juden seien als Strafe Gottes für den »Anschlag« auf Christus oder doch wenigstens für die Nichtannahme des von Gott in Christus geschenkten Heils zu interpretieren, erscheint also mehrfach programmatisch an herausgehobener Stelle und wird schon dadurch als äußerst bedeutsam kenntlich. Dem entspricht es, daß dieses Motiv sowohl das apologetische Doppelwerk (hierin primär die Demonstratio evangelica) als auch die Kirchengeschichte durchzieht und in beiden Texten regelmäßig immer wieder auftaucht. Dabei wäre es nun aber nicht zureichend, einfach das Vorkommen dieses Topos zu konstatieren, vielmehr lassen sich hier noch einige nicht unwichtige Differenzierungen vornehmen, und zwar sowohl, was die durchaus leicht unterschiedlichen Ausführungen des Motivs innerhalb der Texte Eusebs angeht, als auch, was die genaue Frage nach dem Stellenwert dieses Topos für Eusebs Haltung zu den Juden anbetrifft.

Die Katastrophe des Jahres 70 interpretiert Euseb, seinem geschichtstheologischen Ansatz entsprechend in zweierlei Hinsicht: Zunächst zeige sie, daß mit der Zerstörung der Stadt und des Tempels der am Jerusalemer Tempel installierte Kult definitiv zuende sei[11] – und dieses Ende *entspreche* wiederum dem von vornherein bestehenden und waltenden *Heils*willen[12] Gottes *für alle* Völker, Juden wie Heiden,[13] was man an den prophetischen Schriften der Juden unzweifelhaft ablesen könne:[14] Die alten ἀξιώματα der Hebräer (!) wie Königtum, Prophetentum und Hohepriesteramt[15] seien demnach beendet als klares Zeichen der Herrschaft Christi[16], auf den eben diese drei Ämter übergegangen seien.[17]

Dieser geschichtstheologische Versuch, aus der militärischen Katastrophe des Jahres 70 Kapital für den Beweis der »Richtigkeit« des Christentums und des christlichen Verständnisses der Heiligen Schriften zu schlagen, wird nun

---

[10]   D.e. I 1, 7: ... καὶ τυφλῷ, φασί, δῆλα εἰσέτι νῦν [τὴν τῶν λόγων ὄψιν] αὐτοῖς ἔργοις ἐνδείκνυνται, ἐκ πρώτης αὐτῆς ἡμέρας, ἐξ ἧς ἀθέους ἤραντο κατὰ Χριστοῦ χεῖρας, τὴν τῶν κακῶν ἀρχὴν εἰς ἑαυτοὺς ἐπισπώμενοι. (4, 27-29 Heikel). Ähnlich ist die Argumentation Eusebs schon Ecl. I 15.

[11]   D.e. I 6, 36f. – Vgl. F. Millar, The Jews of the Graeco-Roman Diaspora Between Paganism and Christianity, AD 312-438, in: The Jews Among Pagans and Christians in the Roman Empire, ed. J. Lieu/J. North/T. Rajak, London New York 1992, 107.

[12]   Belegt mit Ps 117, 22f. LXX: D.e. I 7, 17.

[13]   D.e. VI prooem. 4.

[14]   D.e. VI prooem. 2-4.

[15]   Siehe hierzu oben S. 64f. und 85.

[16]   D.e. VIII prooem. 2f. – Der Text ist zitiert unten Anm. 75.

[17]   Zur Christologie Eusebs siehe unten unter 5.2.

kombiniert mit jenem Bestrafungsmotiv, das Euseb in verschiedenen Varianten vorträgt: Da die Juden auf Grund ihres Besitzes der Heiligen Schriften auf das Kommen des Erlösers besser vorbereitet waren als jedes andere Volk, ist es besonders unverständlich, daß gerade sie das in Christus gestaltgewordene Heil nun ausschlagen wollen. Auf Grund dieser Mißachtung des Erlösers vollzieht sich nun der Untergang Jerusalems als göttliche Strafe gegen die Juden.[18] Hierbei wird der grundsätzliche Vorwurf der Nichtannahme des in Christus gekommenen Heils in Teilen noch verschärft durch den bis in die älteste christliche literarische Tradition hinein (angelegt 1. Thess 2, 15 / für das zweite Jahrhundert dann Aristides und v.a. Melito von Sardes)[19] zurückzuverfolgenden »Herrenmord«vorwurf: Damit aber bringt die Kirchengeschichte dem im apologetischen Doppelwerk noch recht allgemeinen Befund gegenüber eine erhebliche Verschärfung: Zum einen dominiert hier mehr als in der Demonstratio evangelica der Gedanke, daß die Strafe Gottes *wegen des Mordes* der Juden an Christus erfolgt, nicht nur wegen der Nichtannahme des in ihm gekommenen Heils;[20] zum zweiten wird das Motiv hier insofern wesentlich verfeinert, als Euseb die *Präzision* der Strafe in besonderem Maße betont: Zwar sind H.e. II 5 die Drangsale der Juden unter Gaius noch recht allgemein »über die Juden wegen ihrer Verbrechen an Christus entweder sofort oder binnen kurzem hereingebrochen«[21]; doch der schließliche Untergang Jerusalems ist, so vermerkt Euseb nur wenig später, schon von daher als präzise »Antwort« Gottes kenntlich, als sich die Belagerung der Stadt vollzieht »an genau denjenigen Tagen (sc.: des Jahreslaufes), an denen sie (sc.: die Juden) das Leiden über den Erlöser und Wohltäter aller und den Gesalbten Gottes verfügt hatten.«[22] Diese Verschärfung des Strafmotivs zum Thema der *ersichtlich adäquaten* Strafe (sogar die Juden, meint Euseb, können, sofern sie noch einigermaßen normal denken, die einschlägigen Zusammenhänge erkennen

---

[18] D.e. VI 13, 26.

[19] Eine kleine Zusammenstellung weiterer Belege für die spätere Zeit findet sich bei F. Lovsky, L'antisémitisme chrétien, Paris 1970, 131f.; zu Melito von Sardes vgl. v.a. E. Werner, HUCA 37 (1966) 191-210 und jetzt D. Satran, Anti-Jewish Polemic in the *Peri Pascha* of Melito of Sardis: The Problem of Social Context, in: Contra Iudaeos. Ancient and Medieval Polemics between Christians and Jews, ed. O. Limor/G.G. Stroumsa, TSMJ 10, Tübingen 1996, 49-58.

[20] In der Demonstratio findet sich das Herren*mord*motiv eigentlich nur in der oben Anm. 10 zitierten Stelle D.e. I 1, 7 und dann noch einmal D.e. VI 23, 4, wo allerdings auch mehr auf die Schmähungen Christi durch die Juden bei der Passion Bezug genommen ist.

[21] H.e. II 5, 6: τοῖς ἐντυγχάνουσι προφανὴς γενήσεται δήλωσις τῶν ἅμα τε καὶ οὐκ εἰς μακρὸν τῶν κατὰ τοῦ Χριστοῦ τετολμημένων ἕνεκεν Ἰουδαίοις συμβεβηκότων (118, 9-12 Schwartz).

[22] H.e. III 5, 6: ἐν αἷς ἡμέραις τὸν πάντων σωτῆρα καὶ εὐεργέτην Χριστόν τε τοῦ θεοῦ τὰ κατὰ τὸ πάθος διατέθεινται (198, 9f. Schwartz).

und stellen sie auch teilweise selber her)[23] zwingt Euseb allerdings zu Variierungen in seiner Begründung: Er gerät in eine gewisse Spannung zu seiner eigenen eingangs aufgestellten These, daß die Strafe die Juden *augenblicklich* nach dem Anschlag auf den Erlöser getroffen habe[24] und muß deshalb erklären, warum der Untergang der Juden sich dann nicht bereits im Jahre 30, sondern erst im Jahre 70, also zeitlich verzögert, ereignete. Euseb bietet hierzu zwei Gedanken auf: Einerseits, so sagt er, sei die Zwischenzeit zwischen 30 und 70 von Gott als eine Art Gnadenfrist, als Möglichkeit zur Reue und zur Umkehr eingerichtet worden:

> So lange nämlich (sc.: 40 Jahre) verhielt sich das göttliche Aufsichtsamt langmütig, um ihnen (sc.: den Juden) Zeit zum Bereuen ihrer Taten zu geben, auf daß sie noch Vergebung und Errettung fänden, und zusätzlich zu solcher Geduld schenkte sie (sc.: die Vorsehung) auch noch wunderbare Zeichen, die das Schicksal aufzeigen sollten, das denen drohte, die nicht umkehren wollten.[25]

Andererseits betont er, daß die Juden nach der Ermordung Christi damit fortgefahren wären, Freveltaten zu begehen, und zwar gegen die Kirche und gegen die »Apostel«;[26] eine besonders herausgehobene Funktion erhält in diesem Zusammenhang der Hegesippbericht vom Martyrium Jakobus' des Gerechten, der im übrigen in jenem Bericht ganz als gesetzestreuer Jude gezeichnet wird: Durch *diese* Untat, durch den Mord an einem christusgläubigen *und* gesetzestreuen Juden wird das Maß der Freveltaten der Juden endgültig übervoll, und nun ist konsequenterweise das schon seit langem drohende, schreckliche Unheil nicht mehr aufzuhalten:

> Dieser (sc.: Jakobus) war für Juden wie für Heiden ein glaubwürdiger Zeuge dafür, daß Jesus der Christus war. Und sogleich (sc.: nach dem Tode des Jakobus) erfolgte die Belagerung durch Vespasian.[27]

---

[23] H.e. II 23, 19. – Zum anschließend als Beleg verwendeten unechten Josephuszitat (H.e. II 23, 20) siehe den Exkurs zur Josephusrezeption bei Euseb oben unter 4.1.3.

[24] S.o. Anm. 9.

[25] H.e. III 7, 9: ...τῆς θείας ἐπισκοπῆς εἰς ἔτι τότε μακροθυμούσης, εἰ ἄρα ποτὲ δυνηθεῖεν ἐφ' οἷς ἔδρασαν, μετανοήσαντες συγγνώμης καὶ σωτηρίας τυχεῖν, καὶ πρὸς τῇ τοσαύτῃ μακροθυμίᾳ παραδόξους θεοσημείας τῶν μελλόντων αὐτοῖς μὴ μετανοήσασι συμβήσεσθαι παρασχομένης· ... (214, 17-21 Schwartz). – Der Text zeigt auch schön den *pädagogischen* Charakter der göttlichen Strafe bei Euseb.

[26] H.e. II 1, 8.

[27] H.e. II 23, 18: μάρτυς οὗτος ἀληθὴς Ἰουδαίοις τε καὶ Ἕλλησιν γεγένηται ὅτι Ἰησοῦς ὁ Χριστός ἐστιν. καὶ εὐθὺς Οὐεσπασιανὸς πολιορκεῖ αὐτούς. (170, 22-24 Schwartz). – Dieser aus Hegesipp übernommene Bericht zeigt auch, daß Euseb auf ein altes überkommenes Motiv zurückgreift – der Zusammenhang zwischen dem Jakobusmartyrium und der Belagerung durch Vespasian war offensichtlich schon in der judenchristlichen Jerusalemer Gemeinde hergestellt worden.

Eusebs Theologie der Heilsgeschichte in Auseinandersetzung mit den Juden 139

Schließlich wird am Ende des aus Josephus entnommenen Berichts über das grauenvolle Ende der Stadt Jerusalem und ihrer jüdischen Bewohner das ganze Motiv der Strafgerichtsbarkeit Gottes gegenüber seinem Volk zusammenfassend und den Vorwurf des jüdischen Frevels gegen den Christus Gottes wiederaufnehmend von Euseb knapp formuliert:

> Das war die Strafe für den Frevel und die Gottlosigkeit der Juden gegenüber dem Christus Gottes.[28]

Die konsequente und durchaus auch elaborierte Verwendung des geschichtstheologischen Bestrafungsmotivs im Eusebschen Werk hinterläßt, gerade nach durchgehender Lektüre der Bücher II und III der Kirchengeschichte und auch im Blick auf den programmatischen Charakter beider eingangs zitierter Einleitungssätze in Demonstratio evangelica und Historia ecclesiastica[29], einen derart dominierenden Eindruck, daß man geneigt ist, aus dem Textbefund auf eine grundsätzlich antijüdische oder gar antijudaistische Haltung Eusebs zu schließen. Und in der Tat ist es nicht von der Hand zu weisen, daß zumindest aus dem Passus über den Untergang Jerusalems die Idee einer grundsätzlichen Verwerfung des jüdischen Volkes durch Gott bei Euseb herausgelesen werden kann. Der bereits im vierten Hauptteil dieser Arbeit zitierte Satz[30] aus H.e. III 5, 3, daß »das Gottesgericht die Juden ereilte und dieses Geschlecht der Gottlosen gänzlich aus der Menschheit vertilgte«, tut ein übriges, diesem negativen Eindruck Nahrung zu verschaffen und ihn zu verstärken.

Auf der anderen Seite ist hinsichtlich der Verwendung des Bestrafungsmotivs auf zweierlei Gesichtspunkte aufmerksam zu machen, die in der wissenschaftlichen Diskussion über die Geschichtstheologie Eusebs meines Erachtens noch nicht genügend Aufmerksamkeit gefunden haben: Zunächst muß man einräumen, daß die eigenen Stellungnahmen Eusebs zu den die Juden ereilenden göttlichen Strafen keineswegs von Häme oder Schadenfreude gekennzeichnet sind, sondern von Mitleid und Trauer.[31] Man darf diesen Aspekt, wenn ich recht sehe, keinesfalls unterschätzen, gerade auch im Blick auf den Vergleich mit anderen spätantiken christlichen Schriften: Das im selben Zusammenhang etwa von einem Johannes Chrysostomus bekannte und durchaus

---

[28] H.e. III 6, 28: Τοιαῦτα τῆς Ἰουδαίων εἰς τὸν Χριστὸν τοῦ θεοῦ παρανομίας τε καὶ δυσσεβείας τἀπίχειρα ...(210, 13f. Schwartz).

[29] S.o. Anm. 9 und Anm. 10.

[30] S.o. S. 109 Anm. 315.

[31] Ich bin deswegen überhaupt nicht der Meinung von A. Momigliano, Pagan and Christian Historiography in the Fourth Century, in: The Conflict Between Paganism and Christianity in the Fourth Century, ed. ders., Oxford 1963, 80, daß Eusebius die Niederlagen der Juden »with a cry of joy« darstelle. – Zustimmung zu A. Momigliano signalisiert M. Gödecke, Geschichte als Mythos. Eusebs »Kirchengeschichte«, EHS.T 307, Frankfurt/M. u.a. 1987, 125.

gehässig gemeinte »Recht so!«[32] ist nämlich in den Texten Eusebs so eben nicht
denkbar. Euseb kommentiert demgegenüber die die Juden treffenden Schick-
salsschläge einmal mit dem biblischen Hinweis auf die Tränen Christi über
Jerusalem[33] und zeigt sich auch selbst voller Mitleid hinsichtlich der Grausam-
keiten, die vielen Juden angetan werden: Die Ereignisse bei der Eroberung
Jerusalems werden als »Tragödie«[34] qualfiziert. Die Darstellung des Lukuas-
Aufstandes zur Zeit Trajans ist nicht ohne Sympathie für die rebellierenden
Juden abgefaßt.[35] Und bei der Darstellung des Bar-Kochba-Aufstandes tadelt
Euseb in bemerkenswert kritischer Distanz zu den ja immerhin die als Zeit der
Kirche qualifizierte Pax Romana garantierenden Römern die römischen Mili-
tärs unter Rufus ausdrücklich wegen ihrer übertriebenen Grausamkeit: Zwar
ist die unnachsichtige Bestrafung des aufständischen Bar Kochba selbst aus
Eusebs Sicht vollkommen berechtigt,[36] andererseits aber sieht er in der Ver-
nichtung Zehntausender von Männern, Kindern und Frauen nichts anderes
als eine verbrecherische Aktion des Rufus, »der ihr (sc.: der Juden) törichtes
Treiben schonungslos ausnutzte«.[37]

Neben dem Hinweis auf die in den Texten durchschimmernde persönliche
Einstellung Eusebs zu den von ihm als Strafe Gottes interpretierten Schicksals-
schlägen der Juden, die deutlich nicht durch Gehässigkeit und Häme gekennzeichnet ist, muß im Blick auf das Bestrafungsmotiv auch noch auf einen
zweiten wichtigen Sachverhalt aufmerksam gemacht werden: Es handelt sich
bei diesem Motiv nämlich um ein theologisches Interpretationsmuster, das
durchaus nicht auf die Juden allein angewendet wird. Für das Phänomen einer
Bestrafung der Heiden durch Gott lassen sich zahlreiche Beispiele namhaft
machen: Schon H.e. I 8 wird dasselbe Motiv auf Herodes angewendet, der »als
Lohn für die Verwegenheit des Herodes gegen Christus und die Altersgenossen
mit ihm«[38] eine dann durch ein Josephuszitat eingehend geschilderte[39] tödlich
endende Krankheit erleidet.[40] In denselben Zusammenhang gehören dann
aber vor allem die Berichte von den Strafen Gottes gegen die heidnischen

---

[32] Joh. Chrys., Exp. in ps.VIII 9: Πάνυ γε (PG 55, 110).

[33] H.e. III 7, 3. – *Dieser* biblische Hinweis Eusebs paßt nun am allerwenigsten zu der ihm
in Teilen der Literatur (siehe Anm. 31) unterstellten Schadenfreude und Häme gegenüber den Juden.

[34] H.e. III 6, 1: ...τὴν τραγῳδίαν ... (198, 20 Schwartz).

[35] H.e. IV 2.

[36] H.e. IV 6, 3: ... τὴν ἀξίαν (...) δίκην ... (308, 3 Schwartz).

[37] H.e. IV 6, 1: ... ταῖς ἀπονοίαις αὐτῶν ἀφειδῶς χρώμενος ... (306, 13f. Schwartz).

[38] H.e. I 8, 3: ... τἀπίχειρα τῆς Ἡρῴδου κατὰ τοῦ Χριστοῦ καὶ τῶν ὁμηλίκων αὐτῷ
τόλμης ... (64, 10f. Schwartz).

[39] H.e. I 8, 6-8.

[40] Ganz ähnlich die Bewertung dieses Geschehens in der Chronik des Hieronymus:
... »miserabiliter et digne« ... (170, 3 Helm/Treu), vgl. hierzu T. Handrick, StPatr 19
(1989) 74f. In der armenischen Überlieferung fehlen die Entsprechungen.

Christenverfolger der ersten Jahrhunderte, gegen die an der decischen Verfolgung Schuldigen,[41] gegen Galerius,[42] gegen Maximin[43] und gegen Maxentius[44]. Den römischen dux schließlich, der Falschaussagen über angebliche christliche Freveltaten erzwingt, ereilt die δίκην (...) τῆς κακοτροπίας.[45]

Auch im apologetischen Doppelwerk wird die theologische Idee des sich in geschichtlichen Katastrophen äußernden strafenden Eingreifens Gottes konsequent auch auf die Heiden angewendet.[46] Es ist mir von daher allein im Blick auf den quantitativen Befund nicht ganz sicher, ob man mit M. TETZ sagen sollte, daß das Bestrafungsmotiv bei den Juden nachdrücklicher als bei den Heiden angewendet werde.[47] Was aber die qualitative Ausformung anbetrifft, so muß man immerhin feststellen, daß Eusebs persönliche Einstellung zu den »Todesarten der Christenverfolger« wesentlich aggressiver und auch viel gehässiger ist als bei seinen Schilderungen der individuellen und kollektiven Katastrophen der Juden in der Geschichte: Die hier nicht zu wiederholende weidliche Schilderung der tödlichen Krankheit des Galerius[48], der josephischen Schilderung des Endes des Herodes nachgebildet, und eben der des Herodes selbst, mögen hier als Beispiel genügen: Die grauenvolle Strafe Gottes wird hier von Euseb nicht ohne eine gewisse Befriedigung ausdrücklich als »gerecht« qualifiziert.[49]

Zeigt sich bereits in der Anwendung des Bestrafungsmotives auf die (christenverfolgenden) Heiden, daß man die Thematik nicht allzu eng in vermeintlich antijüdischem Kontext verorten darf, so verstärkt sich dieser Eindruck wesentlich, wenn man sieht, daß das Bestrafungsmotiv bei Euseb auch auf die Christen angewendet werden kann und angewendet wird! Dies wird an seiner theologischen Bewertung der diokletianischen Verfolgung in der Kirchengeschichte besonders gut deutlich, die Euseb als »göttliches Strafurteil« (κρίσις)[50] bezeichnet. Ausführlich liefert er eine theologische Interpretation des geschichtlichen Ereignisses dieser Verfolgung, die auf eine Bestrafung der Kirche durch Gott hinausläuft:

> Da aber wegen zu großer Freiheit unser Sinn sich auf Hochmut und
> Gleichgültigkeit richtete, indem die einen die anderen beneideten und
> beschimpften und wir uns, wenn es sich so ergab, im Wortstreit beinahe

---

[41] H.e. VI 41, 9.

[42] H.e. VIII 16, 2-5.

[43] H.e. IX 8, 13.

[44] H.e. IX 9, 6.

[45] H.e. IX 6, 1 (810, 24 Schwartz).

[46] P.e. VII 7.

[47] So M. Tetz, l.c. 38.

[48] H.e. VIII 16, 4; V.C. I 57.

[49] H.e. I 8, 16: ... ποινὴν δικαίαν ... (70, 11 Schwartz).

[50] H.e. VIII 2, 2: ... τὴν θεῖαν (...) κρίσιν ... (742, 1f. Schwartz). Ebenso H.e. VIII 1, 7 (siehe die nächste Anm.).

mit Schwertern und Speeren bekämpften, Kirchenleiter mit Kirchen-
leitern zusammenstießen und Laien sich gegen Laien erhoben, als unsäg-
liche Heuchelei und Scheinheiligkeit zum höchsten Grad der Schlechtigkeit vordrangen, da begann also das göttliche Strafgericht in seiner eigenen
schonenden Art, während die gottesdienstlichen Versammlungen noch
abgehalten werden konnten, und auf ruhige und angemessene Weise sein
Aufsichtsamt zu betätigen: Die Verfolgung begann bei den Brüdern, die
in der Armee dienten. Blind wie wir waren, bemühten wir uns nicht
darum, wie wir Gott freundlich und gnädig stimmen könnten, sondern wir
glaubten wie irgendwelche Gottlosen, daß sich Gott gar nicht in unsere
Anlegenheiten einmische und sich nicht darum kümmere, und wir sam-
melten eine Schlechtigkeit auf die andere. Die aber unsere Hirten zu sein
schienen, schoben die Satzung der Gottesfurcht beiseite und entbrannten
in Eifersüchteleien gegeneinander, und all ihr Bestreben war es, Streit,
Drohung, Neid, gegenseitigen Groll und Haß zu mehren. Leidenschaft-
lich verteidigten sie ihre Machtgier wie Tyrannen. Da also, da »umwölk-
te«, wie Jeremia sagt, »der Herr in seinem Zorn die Tochter Zion und warf
hinab vom Himmel die Herrlichkeit Israels und gedachte am Tag seines
Zorns nicht mehr des Schemels seiner Füße. Aber der Herr versenkte auch
alle Anmut Israels und zerstörte alle seine Zäune« (Thr 2, 1-2a). Und nach
dem, was vorausverkündet ist in den Psalmen, »vernichtete er den Bund
seines Knechtes und entweihte auf Erden durch die Zerstörung der Kirchen sein Heiligtum und riß all seine Zäune nieder und schwächte die
Festungen. Und die Menge des Volkes, die vorüberkam, plünderten es
und überdies wurde es seinen Nachbarn zum Spott. Er erhob die Rechte
seiner Feinde und wendete die Hilfe seines Schwertes ab und nahm sich
im Krieg nicht mehr seiner an. Aber er beraubte es auch der Reinheit,
stürzte seinen Thron zu Boden und verkürzte die Tage seiner Zeit und goß
zu alldem Schmach über es aus.« (Ps 88, 40-43a. 44-46 LXX).[51]

---

[51] H.e. VIII 1, 7-9: Ὡς δ᾽ ἐκ τῆς ἐπὶ πλέον ἐλευθερίας ἐπὶ χαυνότητα καὶ νωθρίαν τὰ
καθ᾽ ἡμᾶς μετηλλάττετο, ἄλλων ἄλλοις διαφθονουμένων καὶ διαλοιδορουμένων
καὶ μόνον οὐχὶ ἡμῶν αὐτῶν ἑαυτοῖς προσπολεμούντων ὅπλοις, εἰ οὕτω τύχοι,
καὶ δόρασιν τοῖς διὰ λόγων ἀρχόντων τε ἄρχουσι προσρηγνύντων καὶ λαῶν ἐπὶ
λαοὺς καταστασιαζόντων τῆς τε ὑποκρίσεως ἀφάτου καὶ τῆς εἰρωνείας ἐπὶ
πλεῖστον ὅσον κακίας προϊούσης, ἡ μὲν δὴ θεία κρίσις, οἷα φίλον αὐτῇ, πεφεισμένως,
τῶν ἀθροισμάτων ἔτι συγκροτουμένων, ἠρέμα καὶ μετρίως τὴν αὐτῆς ἐπισκοπὴν
ἀνεκίνει, ἐκ τῶν ἐν στρατείαις ἀδελφῶν καταρχομένου τοῦ διωγμοῦ· ὡς δ᾽
ἀνεπαισθήτως ἔχοντες οὐχ ὅπως εὐμενὲς καὶ ἵλεω καταστήσεσθαι τὸ θεῖον
προυθυμούμεθα, οἷα δέ τινες ἄθεοι ἀφρόντιστα καὶ ἀνεπίσκοπα τὰ καθ᾽ ἡμᾶς
ἡγούμενοι ἄλλας ἐπ᾽ ἄλλαις προσετίθεμεν κακίας οἵ τε δοκοῦντες ἡμῶν ποιμένες
τὸν τῆς θεοσεβείας θεσμὸν παρωσάμενοι ταῖς πρὸς ἀλλήλους ἀνεφλέγοντο
φιλονεικίαις , αὐτὰ δὴ ταῦτα μόνα, τὰς ἔριδας καὶ τὰς ἀπειλὰς τόν τε ζῆλον καὶ
τὸ πρὸς ἀλλήλους ἔχθος τε καὶ μῖσος ἐπαύξοντες οἷά τε τυραννίδας τὰς φιλαρχίας
ἐκθύμως διεκδικοῦντες, τότε δή, τότε κατὰ τὴν φάσκουσαν τοῦ Ἰερεμίου φωνὴν
»ἐγνόφωσεν ἐν ὀργῇ αὐτοῦ κύριος τὴν θυγατέρα Σιὼν καὶ κατέρριψεν ἐξ οὐρανοῦ
δόξασμα Ἰσραὴλ οὐκ ἐμνήσθη τε ὑποποδίου ποδῶν αὐτοῦ ἐν ἡμέρᾳ ὀργῆς αὐτοῦ·

Zunächst muß man natürlich beachten, daß der von Eusebius für das Phänomen der göttlichen Strafe für die Christen benutzte Begriff ein anderer ist als der für Juden und Heiden gebrauchte: Unterliegen die Christen nämlich der κρίσις, so trifft Juden und Heiden die δίκη.[52] Zwar sind beide Begriffe in »juristischem« Sinne als Rechtsurteil, Urteilsspruch verwendet, doch fällt auf, daß Euseb bei der Anwendung des Wortes κρίσις anders als bei δίκη stets die relative Milde der Strafe betont.[53] Auf der anderen Seite sollte aber diese mit der unterschiedlichen Begrifflichkeit gegebene Nuancierung nicht dazu führen, zwei grundsätzlich verschiedene Phänomene anzunehmen. Denn bis in die Wortwahl hinein lassen sich Parallelen in der Ausführung des Strafmotivs beim Gericht über die Juden einerseits und bei dem über die Kirche andererseits nachweisen: So ist in beiden Fällen von der göttlichen ἐπισκοπὴ,[54] dem »Aufsichtsamt«, die Rede. In beiden Fällen finden sich der Aspekt des »Beiseiteschiebens der göttlichen Satzung« als eine mögliche Ursache der Gottesurteile sowie der ihrer Vorausankündigung in den Heiligen Schriften. Eine weitere wichtige Parallele liegt in dem Motiv der Steigerung – das Gericht bricht jeweils nicht sogleich in voller Härte herein, sondern wird langsam immer schlimmer; hiermit verbunden ist natürlich eine durch und durch pädagogische Auffassung von Gottes Strafhandeln. Auch die biblische Untermauerung mit Ps 88, 40-46 LXX findet sich in den Arbeiten Eusebs sowohl bei der Begründung für das Strafhandeln Gottes an den Christen als auch bei der für das an den Juden.[55]

ἀλλὰ καὶ κατεπόντισεν κύριος πάντα τὰ ὡραῖα Ἰσραὴλ καὶ καθεῖλεν πάντας τοὺς φραγμοὺς αὐτοῦ,« κατά τε τὰ ἐν Ψαλμοῖς προθεσπισθέντα »κατέστρεψεν τὴν διαθήκην τοῦ δούλου αὐτοῦ καὶ ἐβεβήλωσεν εἰς γῆν διὰ τῆς τῶν ἐκκλησιῶν καθαιρέσεως τὸ ἁγίασμα αὐτοῦ καὶ καθεῖλεν πάντας τοὺς φραγμοὺς αὐτοῦ, ἔθετο τὰ ὀχυρώματα αὐτοῦ δειλίαν· διήρπασάν τε τὰ πλήθη τοῦ λαοῦ πάντες οἱ διοδεύοντες ὁδόν, καὶ δὴ ἐπὶ τούτοις ὄνειδος ἐγενήθη τοῖς γείτοσιν αὐτοῦ. ὕψωσεν γὰρ τὴν δεξιὰν τῶν ἐχθρῶν αὐτοῦ καὶ ἀπέστρεψεν τὴν βοήθειαν τῆς ῥομφαίας αὐτοῦ καὶ οὐκ ἀντελάβετο αὐτοῦ ἐν τῷ πολέμῳ· ἀλλὰ καὶ κατέλυσεν ἀπὸ καθαρισμοῦ αὐτὸν καὶ τὸν θρόνον αὐτοῦ εἰς τὴν γῆν κατέρραξεν ἐσμίκρυνέν τε τὰς ἡμέρας τοῦ χρόνου αὐτοῦ, καὶ ἐπὶ πᾶσιν κατέχεεν αὐτοῦ αἰσχύνην.« (738, 11 – 740, 16 Schwartz). – Die von Euseb vorgenommenen leichten Veränderungen haben nur an einer Stelle inhaltliche Bedeutung, als er die Entweihung des Heiligtums Ps 88, 40b LXX durch διὰ τῆς ἐκκλησιῶν καθαιρέσεως ergänzt – eine aktualisierend interpretierende Anwendung des Textes auf die Verfolgungssituation. – Beim Zitat aus Thr 2, 2a steht bei Euseb φραγμοὺς statt ὀχυρώματα LXX; dies erklärt sich aber leicht mit einem Eindringen des Wortes φραγμοὺς aus dem daruffolgenden Belegtext Ps 88, 41 und sollte deshalb nicht als inhaltliche Akzentuierung gedeutet werden.

[52]   Eine Ausnahme bildet D.e. IX 13, 13 (siehe oben Anm. 7).

[53]   Dies zeigt am besten der in der vorigen Anmerkung zitierte Text aus H.e. VIII 1, 7-9.

[54]   Vgl. für die Juden das oben Anm. 25 gegebene Zitat.

[55]   Vgl. für die Juden D.e. VIII 1, 145-147 (Die Babylonische Gefangenschaft ist Strafe für den Abfall der Könige Israels und Judas von dem Idealkönig David, dem Hebräer – dies wird ausdrücklich begründet mit Ps 88, 39-41a. 45b-46 LXX).

Dieser (angesichts der in der wissenschaftlichen Literatur bei weitem vor-
herrschenden Deutung der Anwendung des Bestrafungsmotivs auf die Juden
als reinen Antijudaismus)[56] etwas überraschende Befund stellt nun aber die
geschichtstheologischen Optionen Eusebs in ein neues Licht: Jedenfalls wird
man das Faktum, daß der Untergang Jerusalems als Strafhandeln Gottes an
den Juden gedeutet wird, nicht mehr so ohne weiteres, *v.a. aber nicht ausschließlich* in den Kontext der antijüdischen Polemik Eusebs einzeichnen dürfen. Es handelt sich vielmehr um einen *allgemeinen theologischen Grundsatz,*
der in nahezu allen sich ereignenden individuellen und kollektiven Kata-
strophensituationen ein sehr konkretes, direktes und v.a. eindeutig ablesbares
und interpretierbares Walten Gottes sieht, das sich prinzipiell gegenüber allen
Religionen vollziehen kann: Kriterium für dieses Strafhandeln ist das Abwei-
chen von den göttlichen Satzungen beziehungsweise das Sich-Entfernen von
dem im Walten des Logos-Christus vorgezeichneten Heilsweg. Und es scheint
mir auf *diese* systematisch-theologische Verortung des Bestrafungsmotivs bei
Euseb anzukommen, will man die Texte recht (nämlich aus ihrer Gesamtheit
heraus) verstehen: Das Bestrafungsmotiv ist allgemeingültiger theologischer
Topos Eusebs und richtet sich keineswegs ausschließlich gegen eine bestimmte
Religion oder Religionsgemeinschaft, also auch keineswegs ausschließlich gegen das jüdische Volk.

Damit ist selbstverständlich nicht gesagt, daß ein derart unbefangener
Umgang mit der Interpretation historischer Ereignisse als eindeutige Äußerungen des Willens Gottes, wie wir sie bei Euseb in bei seiner Verarbeitung des Bestrafungsmotivs (und in anderen Zusammenhängen, in denen
er die Heilsevidenz des Geschichtlich-Vorfindlichen voraussetzt) theologisch gutgeheißen werden dürfe oder solle. Vor allem die apologetisch und
polemisch motivierte Anwendung des Bestrafungsmotivs auf Israel und
auf das Judentum, zumal in Kombination mit dem theologisch unsinnigen
Herrenmordvorwurf, wirkt nicht erst heute problematisch und auch er-
schreckend. Natürlich soll damit keine generelle Verurteilung ausgesprochen sein, die anachronistisch die Denkart der frühchristlichen Zeit einfach als theologisch falsch erklären wollte: Euseb ist ein Denker in seiner
Zeit, der den zeitgenössischen geistigen Grundlagen, Voraussetzungen
und prägenden Traditionen (in geschichtstheologischer Hinsicht nicht
zuletzt jüdischen Traditionen!) unterliegt. Doch kann man beim Blick auf
das Werk Eusebs in der Tat, wie vielleicht bei keinem anderen Denker in
der Alten Kirche, die heiklen Problemlagen studieren, in die man gerät,
wenn man allzu direkt geschichtliches Geschehen als Offenbarung Gottes
interpretiert. Demgegenüber wird jedenfalls zu betonen sein, daß es unter
der (dann freilich zwischen Juden und Christen umstrittenen) Voraussetzung der Offenbarung Gottes *unter dem Gegenteil* in der Geschichte Jesu
Christi nicht mehr gestattet sein kann, irgendwelche Ereignisse der Geschichte als eindeutiges Handeln Gottes zu qualifizieren.

---

[56] Repräsentativ N.R.M. de Lange, TRE 4 (1978) 130f. (hier auch weitere Literatur).

Wie ist nun aber, gerade nach näherer Untersuchung des Bestrafungsmotivs im geschichtlich-theologischen Denken Eusebs, der Gedanke der Strafe selber theologisch zu werten? Auf die pädagogischen Aspekte des Motivs ist oben schon aufmerksam gemacht worden[57] – die Strafe dient dazu, die abtrünnigen Kinder Gottes wieder auf den von Gott durch den Logos-Christus vorgezeichneten Heilsweg zurückzubringen.[58] Besonders bei der Darstellung der Diokletianischen Verfolgung in der Kirchengeschichte wird dabei deutlich, wie sehr bei Euseb die von Gott verhängte Strafe gerade *nicht* als Zeichen seiner Abwesenheit, sondern als *Zeichen seiner Nähe* gewertet wird. *Gerade daran, daß Gott straft, erweist sich, daß er noch da ist, daß er sich nicht einfach abgewendet hat.*[59] Es war ja, so Euseb, gerade der entscheidende Irrtum, daß die Christen des späten dritten Jahrhunderts, wie er formuliert, »wie irgendwelche Gottlosen glaubten, daß Gott sich gar nicht in unsere Angelegenheiten einmische«[60] – durch die Strafe der Verfolgung werden sie schmerzlich eines anderen belehrt.[61] So läuft der gesamte Bericht über die Diokletianische Verfolgung letztlich darauf hinaus, daß ein und dasselbe göttliche »Aufsichtsamt« im strafenden Gericht selbst gegenwärtig ist und dieses am Ende auch selber gnädig beendet:

So war die Lage während der gesamten Verfolgung, die durch Gottes Gnade im zehnten Jahre gänzlich aufhörte, nachdem sie ja nach Ablauf des achten Jahres langsam nachgelassen hatte. Da nämlich die göttliche und himmlische Gnade ihr mildes und barmherziges Aufsichtsamt für uns

---

[57] S.o. S. 143f.

[58] Auch H.e. VII 30, 21 formuliert Euseb ganz analog, »daß die weltlichen Fürsten niemals leichtes Spiel wider die Kirchen Christi haben, es sei denn, daß die schützdende Hand gemäß dem göttlichen und himmlischen Urteil um der Züchtigung und Besserung willen zu den von ihr bestimmten Zeiten dies zuläßt:« ὡς οὔποτε γένοιτ᾽ ἂν ῥαστώνη τοῖς τοῦ βίου ἄρχουσιν κατὰ τῶν τοῦ Χριστοῦ ἐκκλησιῶν, μὴ οὐχὶ τῆς ὑπερμάχου χειρὸς θείᾳ καὶ οὐρανίῳ κρίσει παιδείας ἕνεκα καὶ ἐπιστροφῆς, καθ᾽ οὓς ἂν αὐτὴ δοκιμάζοι καιρούς, τοῦτ᾽ ἐπιτελεῖσθαι συγχωρούσης. (714, 16-19 Schwartz). Die Übersetzung ist angelehnt an die Haeuser-Gärtnersche, Darmstadt 1984 (=München ²1981), 351.

[59] Man muß auch hier klar veranschlagen, daß eben dieses theologische Motiv dem zeitgenössischen Judentum Eusebs alles andere als fremd gewesen ist. Mit Hinweis auf Ps 50,3 und 89,8 [hebräische Zählung] kommentiert zum Beispiel j Sheq V 2,48d: Die Furcht vor ihm ist bei Menschen, die ihm nahestehen, größer als bei Menschen, die ihm fern sind – und der Kommentar des Pene Mosche interpretiert gar: Gott nimmt es mit der Bestrafung von Menschen, die ihm nahestehen, genauer als mit anderen (98 mit Anm. 67 Hüttenmeister).

[60] Vgl. den oben Anm. 51 zitierten längeren Passus H.e. VIII 1, 7-9. In derselben Linie auch Eusebs Argumentation mit Hebr 12, 6 in H.e. X 4, 33f.

[61] C. Andresen meint hieraus ein »deus agit et in satana« als theologisches Leitmotiv Eusebs herausarbeiten zu können (ANRW II 23,1 [1979] 390) – meines Erachtens nicht zu Unrecht.

betätigte, änderten unsere Herrscher, eben jene, die seinerzeit Krieg gegen uns geführt hatten, dann wahrlich sehr überraschend ihre Gesinnung.[62]

Das von Euseb als Zeichen der Anwesenheit Gottes interpretierte Strafhandeln ist also ganz deutlich umgriffen von dem gnadenvollen Beenden und Begrenzen der Strafe, welches den Christen am Ende der Diokletianischen Verfolgung zuteil wird. Die Frage ist nun aber, inwiefern diese gezielte Begrenztheit der Strafe, wie sie sich für die Christen in der Diokletianischen Verfolgung zeigt, auch für die Aussagen Eusebs über das Strafhandeln Gottes an Israel gilt. Ist mit den Strafen Gottes gegen Israel ebenso wie bei den Christen eine pädagogisch akzentuierte und somit auch in irgendeiner Weise begrenzte Strafe gemeint, oder handelt es sich hier vielmehr für Euseb um eine Verwerfung der Juden im Sinne des Zornes Gottes εἰς τέλος (vgl. 1. Thess 2, 16),[63] so daß im Grunde »deren Schicksal von ihm als besiegelt betrachtet wird«[64]? Zur Beantwortung dieser Frage ist nun auf die geschichtstheologischen Äußerungen über die Juden und ihre Rolle im Heilsplan Gottes noch näher einzugehen.

5.1.2. Die Rolle der Juden in der Geschichte

Schon bei den Überlegungen zur Verwendung der Begriffe »Hebräer« und »Juden« im Werk Eusebs war angeklungen, daß die Juden im heilsgeschichtlichen Konzept des Caesareners eine feste Größe darstellen: Sie sind das *notwendige* Bindeglied zwischen den alten Hebräern und der »neuen«, die Religion der alten Gottesfreunde wiederbelebenden Religion der Christen. Durch die Gesetzesobservanz der Juden wurde die Menschheit in der Zeit zwischen Mose und Christus vor dem völligen Niedergang bewahrt und die Gottesverehrung vor dem drohenden Aufgehen in den heidnischen Poly-

---

[62] H.e. VIII 16, 1: Τοιαῦτ᾽ ἦν τὰ διὰ παντὸς τοῦ διωγμοῦ παρατετακότα, δεκάτῳ μὲν ἔτει σὺν θεοῦ χάριτι παντελῶς πεπαυμένου, λωφᾶν γε μὴν μετ᾽ ὄγδοον ἔτος ἐναρξαμένου. ὡς γὰρ τὴν εἰς ἡμᾶς ἐπισκοπὴν εὐμενῆ καὶ ἵλεω ἡ θεία καὶ οὐράνιος χάρις ἐνεδείκνυτο, τότε δῆτα καὶ οἱ καθ᾽ ἡμᾶς ἄρχοντες, αὐτοὶ δὴ ἐκεῖνοι δι᾽ ὧν πάλαι τὰ τῶν καθ᾽ ἡμᾶς ἐνηργεῖτο πολέμων, παραδοξότατα μεταθέμενοι τὴν γνώμην, ... (788, 8-13 Schwartz).

[63] A. Lindemann, EvTh 55 (1995) 41f. hat jüngst noch einmal darauf aufmerksam gemacht, daß an dieser neutestamentlichen Stelle nicht von einer Verwerfung Israels oder *aller* Juden die Rede ist (ähnlich W. Kraus, Das Volk Gottes. Zur Grundlegung der Ekklesiologie bei Paulus, WUNT 85, Tübingen 1996, 154, der auf den »begrenzten Horizont des Textes« hinweist; die Frage, ob Israel als Ganzes weiterhin eine heilvolle Zukunft habe, sei nicht im Blick) – gleichwohl kann der Text, wie man mit A. Lindemann sogleich festhalten muß, nach Sprache und Inhalt nicht unserem Denken entsprechen, weder, was sein Urteil angeht, noch, was die Übernahme gängiger Klischees (V 15) anbetrifft.

[64] So M. Tetz, l.c. 38.

theismus geschützt.[65] Diese Errettung vor dem Polytheismus und der mit ihm einhergehenden moralischen Defizienz ist aber die Voraussetzung dafür, daß die Heilsgeschichte überhaupt weitergehen und schließlich zu ihrem in der Inkarnation des Logos Gottes gegebenen Höhepunkt fortschreiten konnte. Man kann diesen Gedanken, der im apologetischen Doppelwerk leicht nachzuweisen ist,[66] auch in der Kirchengeschichte bestätigt finden. Denn im ersten Buch der H.e. geht Euseb davon aus, daß das »jüdische Gesetz« nichts weniger ist als gleichsam die Voraussetzung für die Möglichkeit des Kommens Christi in die Welt! Bedenkt man, daß gemäß der bekannten Definition des Judentums als »durch das mosaische Gesetz festgelegten Wandel« in der Demonstratio evangelica[67] jüdisches Gesetz und Judentum unauflöslich aufeinander bezogen sind, so darf man folgern, daß für Euseb die Juden in der Vergangenheit die heilsgeschichtliche Funktion ausfüllten, durch ihr Leben und ihren Wandel nach dem mosaischen Gesetz die gesamte Menschheit sittlich so vorzubereiten, daß das In-die-Welt-Kommen ihres Erlösers möglich wurde:

Als aber die bei ihnen (sc.: den Juden) gültige Gesetzgebung ausgerufen wurde und gleich einem Wohlgeruch unter alle Menschen drang, da schon wurde, von ihnen ausgehend, das Trachten der meisten Heidenvölker bezähmt infolge der überall auftretenden Gesetzgeber und Philosophen. Trägheit und rohe Wildheit wandelten sich zu Sanftmut, so daß die Völker in tiefem Frieden freundschaftlich miteinander verkehrten. Zu dieser Zeit nun erschien allen übrigen Menschen und den Heidenvölkern des gesamten Erdkreises, als sie vorbereitet und eben fähig waren zur Annahme der Erkenntnis des Vaters, jener selbe Lehrer der Tugenden, der Diener des Vaters in allem Guten, der göttliche und himmlische Logos Gottes in Gestalt eines Menschen, der sich gemäß seinem körperlichen Sein in nichts von unserer Natur unterschied. Es war der Beginn des römischen Kaiserreiches ...[68]

---

[65] S.o. S. 81f.

[66] P.e. VII 7, 1-4: Das Gesetz wehrt den Polytheismus ab und hält die Nachfolger der alten Hebräer zum Leben der Gottesfürchtigen an; vgl. D.e. VIII prooem. 10f.

[67] D.e. I 2, 2; zitiert oben S. 80 Anm. 137.

[68] H.e. I 2, 23: ὡς δὲ τῆς παρὰ τούτοις νομοθεσίας βοωμένης καὶ πνοῆς δίκην εὐώδους εἰς ἅπαντας ἀνθρώπους διαδιδομένης, ἤδη τότε ἐξ αὐτῶν καὶ τοῖς πλείοσιν τῶν ἐθνῶν διὰ τῶν πανταχόσε νομοθετῶν τε καὶ φιλοσόφων ἡμέρωτο τὰ φρονήματα, τῆς ἀργίας καὶ ἀπηνοῦς θηριωδίας ἐπὶ τὸ πρᾶον μεταβεβλημένων, ὡς καὶ εἰρήνην βαθεῖαν φιλίας τε καὶ ἐπιμιξίας πρὸς ἀλλήλους ἔχειν, τηνικαῦτα πᾶσι δὴ λοιπὸν ἀνθρώποις καὶ τοῖς ἀνὰ τὴν οἰκουμένην ἔθνεσιν ὡς ἂν προωφελημένοις καὶ ἤδη τυγχάνουσιν ἐπιτηδείοις πρὸς παραδοχὴν τῆς τοῦ πατρὸς γνώσεως, ὁ αὐτὸς δὴ πάλιν ἐκεῖνος ὁ τῶν ἀρετῶν διδάσκαλος, ὁ ἐν πᾶσιν ἀγαθοῖς τοῦ πατρὸς ὑπουργός, ὁ θεῖος καὶ οὐράνιος τοῦ θεοῦ λόγος, δι' ἀνθρώπου κατὰ μηδὲν σώματος οὐσίᾳ τὴν ἡμετέραν φύσιν διαλλάττοντος ἀρχομένης τῆς

Mit dieser Definition der heilsgeschichtlichen Funktion der Juden verbindet Eusebius gleichzeitig eine theologische Bestätigung des heilsgeschichtlichen Vorrangs Israels: Das Israel der alten Zeit, so formuliert er, war völlig zurecht stolz auf sein Privileg, das Volk Gottes zu sein;[69] dieser heilsgeschichtliche Vorrang, den Euseb *als geschichtlichen* voll bestätigt, ist allerdings durch das Kommen Christi in einer Heilsuniversalität aufgehoben: Trotzdem redet Euseb stets von »Juden und Griechen« – in dieser theologisch gefüllten, heilsgeschichtliche Rangfolge implizierenden Reihenfolge.[70]

Kann die heilsgeschichtlich unverzichtbare Rolle der Juden als Bindeglied zwischen Hebräern und Christen und als Voraussetzung für die Inkarnation des Logos' Gottes unzweifelhaft vorausgesetzt werden, so erhebt sich dennoch sogleich die bereits angerissene Frage, wie es mit der Rolle der Juden nach dem Kommen Christi bestellt ist. Dabei fällt schon beim ersten Überblick über die Kirchengeschichte des Euseb auf, daß das Interesse an den Juden nach dem Bar-Kochba-Aufstand, d.h. nach Buch IV der H.e., sichtlich erlahmt.[71] Eigentlich ist nur noch H.e. IX 9, 5 ein Nachhall spürbar, wenn der Sieg Konstantins über Maxentius mit dem Sieg des Mose über den ägyptischen Pharao verglichen wird; doch natürlich ist auch dies keine auf zeitgenössische Juden zu beziehende Notiz. Die Frage ist, ob man aus diesem Befund folgern muß, daß die Juden mit den politisch-militärischen Katastrophen des ersten beziehungsweise zweiten Jahrhunderts für Euseb gleichsam aus der Geschichte und damit auch aus der Heilsgeschichte verschwinden und damit in ihr gar keine Rolle mehr spielen oder allenfalls noch als eine völlig obsolete Größe in den Blick kommen. Dieser Verdacht könnte auch durch das oben bereits zitierte ἐξ ἀνθρώπων ἀφανίζουσα aus H.e. III 5, 3[72] Nahrung erhalten. Dementsprechend vertreten zahlreiche Kommentatoren die Auffassung, die F.

Ῥωμαίων βασιλείας ἐπιφανεῖς, ... (24, 11-23 Schwartz). – Es sind nach dieser Definition also die Gesetzgeber und die Philosophen, die in dem ansonsten wilden und verrohten Menschengeschlecht dafür sorgen, daß die Gedanken und Taten der Sittlichkeit und des Friedens überhaupt Raum erhalten können, wobei an erster Stelle das mosaische Gesetz und der Wandel des jüdischen Volkes (sofern es dieses Gesetz achtet) zu stehen kommt; *diese* jüdische Gesetzgebung und der Wandel des jüdischen Volkes setzen eine Art »allgemeine Gesetzgebung« frei und entfalten so eine bezähmende Wirkung auf die zunächst sittlich tief unter den Juden stehenden Heidenvölker. Beachtenswert ist ferner, daß Euseb zwar (aus apologetischen Motiven) die Koinzidenz von Kommen Christi und römischem Kaiserreich betont, daß es aber nicht das Kaiserreich, sondern die Gesetzgebung und die aus der Befolgung des Gesetzes resultierende Besserung des Menschengeschlechtes ist, die als Voraussetzung für das Kommen Christi genannt werden.

[69] So D.e. II 3, 39.

[70] Vgl. hierzu auch unten S. 219f.

[71] Hierauf hat neuerdings wieder K.L. Noethlichs hingewiesen, Das Judentum und der römische Staat. Minderheitenpolitik im antiken Rom, Darmstadt 1996, 98.

[72] S.o. S. 109 Anm. 315.

WINKELMANN folgendermaßen formuliert hat: »Für Gegenwart und Zukunft fehlt ihnen (sc.: den Juden) die Berechtigung. Sie sind allein als historische Größe akzeptabel.«[73]

Diese Sicht kann zunächst durch einige Beobachtungen gestützt werden: Es war oben bereits darauf aufmerksam gemacht worden, daß Euseb eine Anzahl unverwechselbarer Kennzeichen des jüdischen Volkes namhaft macht, die er mit Hinweis auf die geschichtliche Entwicklung in der Tat für irreversibel verloren erklärt: Dies betrifft den Besitz des Heiligen Landes einschließlich der politischen Selbstbestimmung, den Jerusalemer Tempel und das Hohepriesteramt.[74] Diese Merkmale, die als ἀξιώματα der alten Hebräer in der Geschichte des jüdischen Volkes eine Fortsetzung gefunden hatten, sollten gemäß den prophetischen Weissagungen beim Kommen Christi endgültig aufgehoben werden:

> Nun gab es in vergangener Zeit drei besondere Ehrenämter unter den Hebräern, wegen derer das Volk gerühmt wurde, zum einen das Königtum, zum anderen das Prophetenamt und schließlich das Hohepriesteramt, wobei sie (sc.: die Heiligen Schriften) weissagen, daß die Abschaffung und vollständige Zerstörung dieser drei zugleich das Zeichen für die Gegenwart Christi sein werde, und daß die Beweise dafür, daß die Zeit gekommen war, in der Begrenzung der mosaischen Gottesverehrung, der Zerstörung Jerusalems und seines Tempels, nicht zuletzt aber auch in der Unterwerfung des gesamten jüdischen Volkes unter die Kriegsgegner und Feinde bestehen würden.[75]

---

[73] F. Winkelmann, Zur Geschichtstheorie der griechischen Kirchenhistoriker, in: Acta Conventus XI »Eirene« 21.-25.10. 1968, ed. C. Kumaniecki, Warschau 1971, 417. Ähnlich votiert auch M. Tetz, l.c. 38. H. Schreckenberg, ANRW II 21, 2 (1984) 1142f. formuliert noch schärfer, daß für Euseb »die Juden (...) durch die Römer als Vollstrecker des Gotteswillens irreversibel zugrunde gerichtet werden.« Ähnlich T.D. Barnes, Constantine and Eusebius, Cambridge/Mass. 1981, 172: »The Jewish nation no longer exists«. Aber die von Barnes angegebene Belegstelle aus den Lukaskommentarfragmenten (PG 24, 569 [vgl. hierzu E. Schwartz, PWRE 6 (1909) 1431-1433]) spricht eigentlich »nur« von der Dunkelheit, die die Juden umgibt (im Sinne des auch sonst geläufigen Blindheitsvorwurfs [s.u. S. 229]) sowie von den historischen militärischen Niederlagen der Juden im Sinne des Bestrafungsmotivs.

[74] S.o. S. 84. 136.

[75] D.e. VIII prooem. 2f.: τριῶν τὸ πρὶν ἐπιφανῶν ἀξιωμάτων παρ' Ἑβραίοις διαπρεπόντων, δι' ὧν τὸ ἔθνος συνεκροτεῖτο, ἑνὸς μὲν τοῦ βασιλικοῦ, ἑτέρου δὲ τοῦ προφητικοῦ, καὶ ἐπὶ τούτοις τοῦ ἀρχιερατικοῦ, τούτων ὁμοῦ τὴν κατάλυσιν καὶ τὴν παντελῆ καθαίρεσιν σημεῖα τῆς τοῦ Χριστοῦ παρουσίας ἔσεσθαι θεσπίζουσιν, δείγματα δὲ τῶν αὐτῶν εἶναι χρόνων καὶ τῆς κατὰ Μωσέα θρησκείας τὴν περιγραφήν, τῆς τε Ἰερουσαλὴμ καὶ τοῦ πρὸς αὐτῇ ἱεροῦ τὴν ἐρήμωσιν, οὐ μὴν ἀλλὰ καὶ τοῦ παντὸς Ἰουδαίων ἔθνους τὴν ὑπὸ τοῖς ἐχθροῖς καὶ πολεμίοις δουλείαν. (349, 11-19 Heikel).

Schon die Wortwahl (κατάλυσιν, παντελῆ καθαίρεσιν) indiziert, daß jeder
Gedanke an ein Wiederaufleben dieser identitätsstiftenden jüdischen Spezifika
für Euseb vollkommen ausgeschlossen ist: Sie haben ihre Geschichte gehabt,
eine bestimmte, zeitlich begrenzte Funktion in derselben wahrgenommen und
sind mittlerweile unwiderruflich aus ihr verschwunden beziehungsweise in
Christus aufgenommen.[76] Die Tatsache ihres Verschwindens ist für Euseb im
Sinne seiner »positivistischen« Geschichtstheologie[77] und seines Verständnisses
einschlägiger alttestamentlicher Prophezeiungen[78] regelrecht ein Beweis für
das Gekommensein des Christus. Die Frage ist aber, ob dieses Verschwinden
aus der als Heilsgeschichte qualifizierten Geschichte gleichzeitig ein definitives
Ende der Geschichte Gottes mit dem jüdischen Volk impliziert, so daß die
Juden wirklich nur noch als »historische Größe« im Blick sind.

Hierbei ist zunächst klar zu sehen, daß Euseb für diejenigen Juden, die nach
der von den Propheten und in den Heiligen Schriften angekündigten Inkarnation den ihnen zum Heil gesandten Christus »unsinnigerweise« nicht angenommen haben, die also nicht zur christlichen Kirche aus Juden und Heiden
gekommen sind, einen »Abfall und Verwerfung des jüdischen Volkes auf
Grund seines Unglaubens an Christus«[79] als gegeben ansieht. Hierbei handelt
es sich um eine so und ähnlich bei Euseb häufiger auftretende Wendung,[80] die
gelegentlich als »Ermangelung des Heils und Abfall von der Gottesfurcht«[81]
näher qualifiziert werden kann. Daß die Juden das in Christus für Juden und
Heiden gekommene Heil ausschlagen, bedeutet für Euseb faktisch, daß »sie die
Verheißung, die an ihre Vorfahren ergangen ist, durch ihren Unglauben an
Christus verlieren werden«.[82] Dementsprechend bezieht er das Wort Jes 2, 6
unmittelbar auf die Lage der nicht christusgläubigen Juden und interpretiert:

> Höre, was er (sc.: Jesaja) aber danach über die Juden aussagt: »Denn er hat
> sein Volk verstoßen, das Haus des Gottes Jakobs.«[83]

---

[76] Siehe hierzu die Ausführungen über die Eusebsche »Dreiämterlehre« im christologischen Teil unter 5.2.1.

[77] Siehe hierzu oben S. 144.

[78] Siehe hierzu unten unter 5.2.2. sowie 5.5.2.

[79] D.e. II 3, 21: ... ἀπόπτωσιν καὶ ἀποβολὴν τοῦ Ἰουδαίων ἔθνους διὰ τὴν εἰς
Χριστὸν ἀπιστίαν αὐτῶν ... (60, 20f. Heikel).

[80] D.e. II prooem 2: ... ἀπόπτωσιν παντελῆ καὶ ἀποβολὴν τοῦ παντὸς Ἰουδαίων
ἔθνους ... (53, 7f. Heikel). Vgl. auch D.e. II 3, 82. 101.

[81] D.e. II prooem 3: ... στέρησιν ἀγαθῶν καὶ ἀπόπτωσιν τῆς τοῦ θεοῦ εὐσεβείας ...(53,
13f. Heikel: ἀγαθός ist hier theologisch gefüllt als Heil zu übersetzen, ebenso P.e. VII
1, 3 [I 366, 16f. Mras/Des Places]). – Ganz ähnlich lautet eine Formulierung aus D.e.
II 3, 77: ... ἀποπεσεῖσθαι τῆς κατὰ τὸν θεὸν εὐσεβείας ... (74, 25f. Heikel).

[82] D.e. II 3, 43: ...ἀποπεσεῖσθαι τῆς πρὸς τοὺς αὐτῶν προγόνους ἐπαγγελίας διὰ
τὴν εἰς Χριστὸν αὐτῶν ἀπιστίαν, ... (68, 28f. Heikel).

[83] D.e. II 3, 68: περὶ δὲ τῶν Ἰουδαίδων ἑξῆς οἷα ἐπιλέγει ἄκουε· »ἀνῆκεν γὰρ τὸν
λαὸν αὐτοῦ τὸν οἶκον τοῦ θεοῦ Ἰακώβ«. (73, 10f. Heikel).– Die LXX hat Jes 2,6

Diese Aussagen Eusebs über die Juden zeigen, daß für ihn die Zustimmung zum in Christus verbürgten Heilsgeschehen die Bedingung für das Verbleiben im göttlichen Heilsbereich ist. Eben diese Bedingung wird aber vom größten Teil Israels nicht erfüllt. Diese Nichtannahme des Heils durch einen Großteil Israels ist für Euseb ebenfalls in den Heiligen Schriften der Juden vorausgesagt. In einer Auslegung von Jes 13, 11f. 14 formuliert er deshalb:

> Und hierin legt das Wort ganz deutlich die geringe Anzahl derer, die in der Zeit des Untergangs der Gottlosen gerettet werden, dar, so daß es keinen Anhaltspunkt dafür gibt, zu vermuten, daß ununterschieden durchaus alle Beschnittenen und das gesamte jüdische Volk die Verheißungen Gottes erreichen wird.[84]

Und in Auslegung von Jes 17, 7 heißt es:

> Und hierin ist klar vorausgesagt, daß Israels Herrlichkeit und all ihre Reichtümer weggenommen werden, und daß nur einige wenige und wie die wenigen Früchte am Zweig eines Ölbaums zahlenmäßig greifbare übrig bleiben sollen. Und dies dürften diejenigen von ihnen sein, die zum Glauben an unseren Herrn gekommen sind.[85]

In genau diesem Sinne versteht sich dann auch die sonderlich in D.e. II 3 eingehend diskutierte biblische Wendung vom »Rest«[86] Israels: Dieser Rest ist gering an Zahl[87] und Kraft,[88] aber allein jener (christusgläubige) Rest Israels wird letztlich gerettet:

> Und in diesen (Sätzen) verkündete der Herr, daß ihm »ein schwaches und niedriges Volk« bleiben wird, wobei er niemand anders meinte als das aus der Beschneidung, das zum Glauben an seinen Christus gelangt ist. Und

---

anders als Euseb τὸν οἶκον τοῦ Ἰσραήλ; am einfachsten ist es, einen Fehler Eusebs anzunehmen und diesen mit einem Eindringen aus dem kurz zuvor (D.e. II 3, 67) zitierten Jes 2, 3 zu erklären.

[84] D.e. II 3, 128: καὶ διὰ τούτων τὸ σπάνιον τῶν σωθησομένων ἐν τῷ καιρῷ τῆς τῶν ἀσεβῶν ἀπωλείας σαφέστατα ὁ λόγος παρίστησιν, ὥστε μὴ χώραν ἔχειν ὑπονοεῖν ἀδιακρίτως πάντας ἁπαξαπλῶς τοὺς ἐκ περιτομῆς καὶ πᾶν τὸ Ἰουδαίων ἔθνος τῶν τοῦ θεοῦ τεύξεσθαι ἐπαγγελιῶν. (83, 19-23 Heikel). Ebenso das Urteil D.e. VIII 2, 125.

[85] D.e. II 3, 130: καὶ διὰ τούτων ἐναργῶς θεσπίζεται ἡ δόξα τοῦ Ἰσραήλ, καὶ πάντα »τὰ πίονα« αὐτῶν καθαιρεθήσεσθαι, ὀλίγοι δὲ αὖθις καὶ ἀριθμῷ ληπτοὶ ὡς ἂν ἐλαίας ἐν φυτῷ »ῥῶγες« βραχεῖς καταλειφθήσεσθαι λέγονται· οὗτοι δὲ ἂν εἶεν οἱ ἐξ αὐτῶν εἰς τὸν κύριον ἡμῶν πεπιστευκότες. (84, 1-4 Heikel).

[86] Vgl. den ganzen Passus D.e. II 3, 49-175: Es geht um das theologische Verständnis des Begriffes λεῖμμα beziehungsweise ὑπόλειμμα in bezug auf Israel.

[87] Vgl. das oben Anm. 85 gegebene Zitat; außerdem D.e. II 3, 97. 109.

[88] Siehe das folgende Zitat.

wiederum (verkündete er), daß nur die Übriggebliebenen Israels gerettet
werden sollten zusammen mit denen, die aus den übrigen Völkern berufen
wurden.[89]

Diese Sätze, die an Deutlichkeit kaum etwas zu wünschen übrig lassen, gehen
völlig eindeutig von einer heilsgeschichtlichen Zukunft für die Juden nur für
den Fall einer Annahme des Christuszeugnisses durch diese aus. Man kann
hierzu einerseits darauf aufmerksam machen, daß die entsprechenden Passagen
sich primär in jenem polemischen Passus der Demonstratio evangelica finden,
in welchem Euseb sich mit ähnlichlautenden Behauptungen von Seiten der
Juden auseinandersetzen muß: Jene hatten grundsätzlich bestritten, daß die
Heiden an dem vermeintlich nur Israel geltenden Gottesheil teilhaben konnten.[90] Euseb gibt hier also, wenn man so will, »nur« im Sinne einer retorsio den
gegnerischen Vorwurf wieder zurück: Beide Seiten bestreiten sich nun gegen-
seitig die Möglichkeit der Heilsteilhabe. Man kann aber andererseits auch
darauf hinweisen, daß sich bei Euseb immer wieder Stellen finden, die sich
darauf deuten lassen, daß die zeitgenössischen Juden nicht einfach und v.a.
nicht endgültig aus der Heilsgeschichte herausgefallen sind. Zwar trifft zu, daß
Euseb keineswegs ein prinzipiell für die Juden *als Juden* offenes eschatologisches
Modell ins Auge faßt. Aber die Möglichkeit der Zuwendung zur Christusoffenbarung und damit des Wiedereintritts in die Heilsgeschichte bleibt den
zeitgenössischen Juden aus Sicht Eusebs erhalten: Hierauf deuten schon einige
Wendungen in dem sonst so polemisch gehaltenen Passus D.e. II 3 hin. In
Auslegung von Jes 11, 10 heißt es:

> ... indem er das Wort wiederaufnimmt, erwähnt er (auch) die aus der
> Beschneidung, die an Christus glauben, daß sie nicht alle von der Hoff-
> nung in Christus ausgeschlossen seien.[91]

Vor allem aber muß man beachten, wie Euseb eingangs der »Evangelischen
Beweisführung« zu den theologischen Kontroversen mit den Juden wie folgt
Stellung nimmt:

---

[89] (Im Anschluß an ein Zeph 3, 9-13 – Zitat) D.e. II 3, 159: καὶ ἐν τούτοις ὑπολείψεσθαι
ἑαυτῷ »λαὸν πραῢν καὶ ταπεινόν« ὁ κύριος ἐπήγγελται, οὐκ ἄλλον δηλῶν ἢ τὸν
ἐκ περιτομῆς εἰς τὸν Χριστὸν αὐτοῦ πεπιστευκότα. καὶ πάλιν τοὺς καταλοίπους
τοῦ Ἰσραὴλ μόνους σωθήσεσθαι μετὰ τῆς τῶν λοιπῶν ἐθνῶν κλήσεως, ... (88, 30-
33 Heikel).

[90] Zur Auseinandersetzung Eusebs mit dieser Sicht siehe unten unter 5.5.1. – Man kann
dem gesamten Aufriß von D.e. II leicht entnehmen, daß es sich um wechselseitige
Vorwürfe handelte, und daß Euseb aus einer im Prinzip defensiven Grundhaltung
heraus zu seinen Aussagen gelangt.

[91] D.e. II 3, 114: ... ἐπαναλαμβάνων τὸν λόγον, τῶν ἐκ περιτομῆς εἰς τὸν Χριστὸν
πιστευόντων μνημονεύει, ὑπὲρ τοῦ μὴ πάντη ἀποκλεῖσαι αὐτῶν τὴν εἰς τὸν
Χριστὸν ἐλπίδα. (81, 15-18 Heikel).

Meine Schrift aber ereifert sich keineswegs, wie man möglicherweise annehmen könnte, gegen die Juden. Behüte, weit gefehlt! Denn wenn sie zur
Einsicht gelangten, ist sie eigentlich auf ihrer Seite. Denn sie stellt einerseits die christliche Religion durch das Zeugnis der Voraussagen von alters
her dar, und andererseits auch die ihrige Religion durch die vollständige
Erfüllung der bei ihnen geschehenen Prophezeiungen.[92]

Hier handelt es sich nun ganz eindeutig um einen Satz, der die bleibende
Gültigkeit des Evangeliums Christi auch für die Juden klar zum Ausdruck
bringt: Bedächten sie die Argumente des Eusebius wohl, vermöchten sie zu
sehen, daß sie eigentlich auf ganz ihrer Seite sind. Es zeigt sich, daß Euseb
wohl gerade in Anbetracht der einst an Israel vollgültig ergangenen göttlichen
Verheißungen kein allgemein- und vor allem kein endgültiges heilsgeschicht-
liches Verdikt gegen die Juden im Auge hat. Gott hat die Erwählung Israels
nicht rückgängig gemacht, er hält sie aus Gnade weiter aufrecht.[93] Man kann
und muß meines Erachtens davon ausgehen, daß Euseb das Evangelium vom
universalen Heil Gottes für Juden und Heiden in Christus als *bleibendes
Angebot* an Israel, an die Juden ansieht. Leider wird diese Frage bei ihm nicht
explizit so beantwortet – sie liegt nicht in seiner Fragerichtung, welche ja
vielmehr sehr unmittelbar auf »Evangelische Beweisführung« zielt. Zu verweisen ist aber neben den bereits zitierten Belegstellen noch darauf, daß Euseb
nicht nur die einst an Israel ergangenen Verheißungen voll anerkennt,
sondern den Übergang des göttlichen Heils auf die Heidenvölker gern als einen
Prozeß des »Ausdehnens« schildert,[94] nicht als Wechsel; daß seine Christologie
und Soteriologie einen deutlich universalistischen, nicht-exkludierenden Zug
haben;[95] schließlich auf den im terminologischen Teil dieser Untersuchung
erarbeiteten Tatbestand, daß auch eine Anzahl nicht christusgläubig geworde-
ner Juden von Euseb als »Hebräer« bezeichnet und damit in heilsgeschichtlicher
Kontinuität zu den »alten Gottesfreunden« gesehen werden können.[96]

In jedem Falle aber, und dies ist unbedingt festzuhalten, ist aus der Sicht
des Eusebius von Caesarea jenes bleibende *Angebot* an Israel gleichzeitig auch
die bleibende *Bedingung,* geradezu *conditio sine qua non* für die (weitere)

---

[92] D.e. I 1, 11: Σπουδαιολογεῖται δέ μοι ἡ γραφὴ οὐχ, ὡς ἄν τις φαίη, κατὰ Ἰουδαίων.
ἄπαγε, πολλοῦ γε καὶ δεῖ. πρὸς αὐτῶν μὲν οὖν, εἰ εὐγνωμονοῖεν, τυγχάνει·
συνίστησι γὰρ τὰ μὲν Χριστιανῶν διὰ τῆς ἀνέκαθεν προρρήσεως ἐπιμαρτυρίας,
τὰ δ᾽ ἐκείνων διὰ τῆς τῶν παρ᾽ αὐτοῖς προφητειῶν ἀποτελεσματικῆς συμπληρώσεως.
(5, 36 – 6, 3 Heikel).

[93] Hierfür sprechen auch Stellen wie D.e. II 3, 45f. 56. 122. 138; VI 18, 13; VII 1, 75; VIII
1, 85.

[94] So ist zum Beispiel D.e. II 3, 39 von einem τοῖς ἔθνεσι χαριεῖσθαι die Rede (67, 33
Heikel).

[95] Siehe hierzu unten unter 5.2.1.

[96] Vgl. oben S. 121f. und das Schaubild Abb. 1.

Teilhabe der Juden an dem bei den Hebräern begonnenen und über den Wandel der Juden unter dem mosaischen Gesetz fortgesetzten, in der Inkarnation Christi auf die Heidenvölker ausgedehnten göttliche Heilshandeln.[97]

EXKURS: Das τέλος des Gesetzes

Es war oben bereits angeklungen, daß Euseb dem mosaischen Gesetz eine unverzichtbare Stellung innerhalb der Heilsgeschichte zubilligt: Insofern es die Kinder der Hebräer im Umfeld des ägyptischen Polytheismus vom Abfall von der Verehrung des einen allmächtigen Gottes bewahrt, hat es rettende Funktion, und insofern es das jüdische Volk zu gottesfürchtigem Wandel anleitet, hat es, gleichsam stellvertretend für die ganze Menschheit, im Blick auf das Kommen Christi propädeutische Funktion.[98] Von daher verwundert es nicht, daß Euseb zunächst die Heiligkeit des mosaischen Gesetzes betont, die darin besteht, daß es von dem einen Gott gegeben ist und an ihn bindet:

> Und Mose war der Gesetzgeber der Gottesfürchtigkeit gegenüber dem Gott des Alls.[99]

und:

> Dieses (sc.: Gesetz) ist, wie man wohl sagen könnte, im Sinne des Mose vollkommen.[100]

Auf der anderen Seite betont Euseb aber auch die Begrenztheit des mosaischen Gesetzes, und zwar sowohl in Hinsicht auf seinen Geltungsbereich als auch im Blick auf seine zeitliche Gültigkeit. Der Geltungsbereich des Gesetzes beschränkt sich nämlich einerseits auf das jüdische Volk, andererseits auf den geographischen Bereich um Jerusalem;[101] letzteres übrigens ein Argument, daß Euseb sich des öfteren auch in seiner Polemik gegen die Juden zunutze macht.[102] Und die Geltungsdauer des mosaischen Gesetzes erstreckte sich bis zum Zeit-

---

[97] Siehe hierzu etwa die oben Anm. 85 zitierte Stelle.

[98] S.o.S. 82f. 146f.

[99] D.e. I 7, 9: Μωσῆς δὲ νομοθέτης εὐσεβείας ἦν τοῦ ἐπὶ πάντων θεοῦ. (36, 25f. Heikel). – Vgl. hierzu auch die oben (S. 80 Anm. 137) bereits zitierte Definition des Judentums als »durch das Gesetz des Mose festgelegten Wandel, *abgeleitet von dem einen, allmächtigen Gott.*« (D.e. I 2, 2).

[100] D.e. I 7, 3: ... τέλειος, ὡς ἄν τις εἴποι, κατὰ Μωσέα ... (35, 21 Heikel).

[101] D.e. I 5, 1: »Es ist bewiesen, daß freilich der alte Bund und das Gesetz durch Mose allein dem jüdischen Volk entsprach, und zwar dem in seinem Land wohnenden (Volk)«: Ἡ μὲν δὴ παλαιὰ διαθήκη καὶ ὁ διὰ Μωσέως νόμος μόνῳ τῷ Ἰουδαίων ἔθνει, καὶ τούτῳ ἐπὶ τῆς οἰκείας γῆς οἰκοῦντι, κατάλληλος ἀποδέδεικται, ... (20, 16-18 Heikel).

[102] Besonders in dem gesamten Kapitel D.e. I 3. – Siehe hierzu unten unter 5.5.2.

punkt des Kommens Christi.[103] Beiderlei Begrenztheit des Gesetzes hatte, so Euseb, der Gesetzgeber Mose selbst schon klar vorausgesehen und auch angekündigt: Er, Mose, wußte, daß das Gesetz nicht für alle Menschen geeignet ist[104] und er wußte auch, daß es zeitlich begrenzt und nach dem Kommen Christi überflüssig sei.[105] Wie also aus den Aussagen des Gesetzgebers Mose selbst wie auch der Propheten[106] ersichtlich ist, ist das Ende des Gesetzes von vornherein im göttlichen Heilsplan vorgesehen gewesen; es ist somit in keiner Hinsicht als Abbruch der Heilsgeschichte zu verstehen, sondern als das Ende einer ihrer Etappen, in welchem die Fortsetzung in einer neuen Etappe von vornherein angelegt war.

Wie ist nun die Rede vom »τέλος des Gesetzes«, der Beginn jener mit dem Kommen Christi begonnenen neuen Etappe sowie der Zusammanhang beider bei Euseb theologisch zu verstehen?

Christus ist für Euseb zunächst insofern τέλος des Gesetzes,[107] als er genau jene mit dem jüdischen Gesetz gegebenen Begrenzungen aufhebt: In Christus ereignet sich die Offenbarung des Heilswillens Gottes für alle Menschen, nicht nur für die Juden, und für den gesamten Erdkreis, nicht nur für den eng umgrenzten palästinischen Raum.

Es mußte aber die Art und Weise des neuen Bundes sich zweifellos als hilfreich für das Leben aller Völker erweisen, so daß diejenigen, die dem-

---

[103] D.e. VI 3, 3: »Er lehrt, daß sehr bald nach seinem Erscheinen und nach der Berufung der Heidenvölker die Beendigung der leiblicheren Gottesverehrung gemäß dem Gesetz des Mose folge, die ja selbst auch zum Ende gelangte nach dem Erscheinen des Logos' Gottes für alle Menschen«: σφόδρα δὲ ἀκολούθως μετὰ τὴν ἐπιφάνειαν αὐτοῦ καὶ μετὰ τὴν κλῆσιν τῶν ἐθνῶν τὴν παραίτησιν τῆς κατὰ τὸν Μωσέως νόμον σωματικωτέρας λατρείας διδάσκει, ἢ καὶ αὐτὴ τέλους ἔτυχεν μετὰ τὴν τοῦ θεοῦ λόγου εἰς πάντας ἀνθρώπους ἐπιφάνειαν. (255, 3-7 Heikel).

[104] Eben aus diesem Grunde wird im Kapitel D.e. I 3 die Eingangsthese: »Es wird klar sein, daß die Anordnung gemäß Mose (nur) auf die Juden (...) zutraf«: Ὅτι δὲ ἡ κατὰ Μωσέα διαταγὴ Ἰουδαίοις (...) ἐφήρμοζεν, (...) φανερὸν ἔσται. (D.e. I 3, 1: 10, 27-30 Heikel) von Euseb durchgängig mit Schriftstellen aus dem Deuteronomium belegt.

[105] Vgl. D.e. I 6, 38: »Mose selbst sah im göttlichen Geist voraus, daß, wenn der neue Bund durch Christus erneuert und an alle Heidenvölker verkündigt würde, seine eigene Gesetzgebung überflüssig sein werde... : αὐτοῦ Μωσέως θείῳ πνεύματι προειληφότος, ὅτι δὴ τῆς διὰ Χριστοῦ καινῆς διαθήκης ἀνανεωθείσης καὶ τοῖς πᾶσιν ἔθνεσι καταγγελθείσης περιττή τις ἔσται ἡ κατ' αὐτὸν νομοθεσία, ...(28, 23-26 Heikel).

[106] D.e. I 6, 46: »Scheinen wir dir also etwa nicht wahr zu reden, wenn wir sagen, daß durch die prophetischen Stimmen eine Veränderung, mehr noch ein Aufhören und eine Ablösung des mosaischen Gesetzes vorausgesagt ist?«: Ἆρά σοι δοκοῦμεν ἀληθῆ λέγειν, μετάθεσιν τοῦ Μωσέως νόμου μᾶλλον δὲ παῦλαν καὶ λύσιν φάσκοντες διὰ τῶν προφητικῶν φωνῶν θεσπίζεσθαι; (30, 9-11 Heikel).

[107] Der Begriff (Röm 10,4/Der Vers wird zitiert D.e. VIII 2, 23) findet sich bei Euseb zum Beispiel D.e. II 1, 10 (54, 24 Heikel); VI 8, 2 (258, 18 Heikel); VII 3, 56 (347, 22 Heikel); VIII 1, 6 (353, 3 Heikel). 48 (361, 2 Heikel); IX 1, 11 (405, 27 Heikel) u.ö.

gemäß leben wollen, keinesfalls von irgendwoher eingeschränkt werden, weder von dem Lande noch von der Abstammung oder dem Orte her noch überhaupt wegen irgendetwas anderem.[108]

Indem aber die mit dem mosaischen Gesetz gegebenen Beschränkungen zum Zwecke der Integration der Heidenvölker in das göttliche Heilsgeschehen aufgehoben sind, sind auch die einzelnen Bestimmungen des Gesetzes aufgehoben: Denn es ist als erwiesen anzusehen, daß das mosaische Gesetz nicht, etwa durch Veränderungen einschlägiger Bestimmungen, auf die Heidenvölker »angepaßt« werden konnte:

> Der Wandel gemäß Mose entsprach nicht den übrigen Völkern ...[109]

und

> ... so lehnen auch wir die jüdische Lebensweise ab deshalb, weil sie nicht für uns niedergelegt worden ist und weil es unmöglich ist, sie für die Heidenvölker anzupassen.[110]

Wenn aber die mosaische Gesetzgebung nicht an die in Christus gegebene Universalisierung des Heilswillens Gottes angepaßt werden konnte und somit ihren partikularen Charakter behalten sollte, dann ist es auch nicht mehr möglich, das mosaische Gesetz weiterhin als Heilsweg anzusehen. Im Gegenteil: Wer das Gesetz nach dem Kommen Christi weiterhin als Heilsweg ansieht, der steht faktisch unter dem Fluch des Gesetzes.

> Und sogleich (sc.: mit der Zerstörung des Tempels) wurde die gesamte mosaische Ordnung aufgelöst und das, was zum Alten Bund gehörte, wurde niedergerissen, und die Bestimmungen des Fluches gingen über auf die, die zu Gesetzesbrechern wurden, indem sie, als seine Zeit (schon) abgelaufen war, das mosaische Gesetz einzuhalten eifrig bestrebt waren.[111]

Dieses Verdikt betrifft natürlich vor allem die Juden, die nicht einsehen wollen, daß die Ablösung des Gesetzes nicht nur von Mose und den Propheten

---

[108] D.e. I 5, 1: τὸν δὲ τῆς καινῆς διαθήκης τρόπον πᾶσιν ἔθνεσιν βιωφελῆ χρῆν δήπου καταστῆναι, ὡς μηδαμῶς μηδαμόθεν παραποδίζεσθαι τοὺς κατὰ τοῦτον πολιτεύεσθαι μέλλοντας, μήτ' ἀπὸ χώρας μήτ' ἀπὸ γένους μήτ' ἀπὸ τόπου μήτε ἔκ τινος ἑτέρου τό σύνολον. (20, 19-23 Heikel).– Siehe hierzu auch die Ausführungen über die Universalisierung des Heils in Christus im christologischen Teil 5.2.1. dieses Abschnitts der Arbeit.

[109] D.e. I 2, 16: οὐκ ἦν ἡ κατὰ Μωσέα πολιτεία κατάλληλος τοῖς λοιποῖς ἔθνεσιν ...(10, 21f. Heikel).

[110] D.e. I 7, 6: Ἔνθεν καὶ ἡμεῖς τὸ μὲν ἰουδαΐζειν παρῃτήμεθα, ὡς ἡμῖν μὴ νενομοθετημένον μηδ' ἐφαρμόζειν τοῖς ἔθνεσι δυνάμενον, ... (36, 8f. Heikel).

[111] D.e. I 6, 39: λέλυτό τε αὐτίκα πᾶσα ἡ Μωσέως διάταξις, καὶ τὰ τῆς παλαιᾶς περιῄρητο διαθήκης, τά τε τῆς ἀρᾶς μετῄει τοὺς παρὰ καιρὸν τὰ Μωσέως πράττειν, παρανομοῦντας εἰς αὐτά, βιαζόμενους· (28, 34 – 29, 3 Heikel).

vorausgesagt, sondern durch die Zerstörung des Tempels auch evident geworden ist;[112] es betrifft aber auch solche Christen, die die Observanz des mosaischen Gesetzes in die christliche Glaubenslehre integrieren wollen.[113] Sie
machen sich, so Euseb, der ἐθελοθρησκεία,[114] des »selbstgemachten (Gottes)Dienstes« schuldig.

Nimmt man diese Aussagen Eusebs zum Maßstab seiner Auffassung vom
mosaischen Gesetz und vom Ende des Gesetzes, so wird man vor allem die
Diskontinuität zwischen Moseoffenbarung und Christusoffenbarung bemer-
ken und betonen müssen. Diese findet ihren zusammenfassenden Ausdruck in
der Formulierung, daß

> ... das tugendhafte Leben und der gottesfürchtige Wandel allen Heiden-
> völkern durch die Ermahnung Christi verkündet worden ist, getrennt von
> der mosaischen Anordnung.[115]

Neben dieser Argumentationslinie, nach welcher Christus als »Ende des Gesetzes« im Sinne einer Auflösung, Ablösung und Abschaffung des Gesetzes zu
verstehen ist, müssen aber auch diejenigen Aussagen Eusebs gewürdigt werden,
die in stärkerem Maße die Kontinuität von Moseoffenbarung und Christusoffenbarung betonen. Besonders in D.e. I 7 zeigt sich nämlich, daß der Begriff
τέλος von Euseb gleichzeitig in der Bedeutung »Ziel« benutzt wird, also im
Sinne der »Erfüllung« des Gesetzes verstanden ist. Unter Hinweis auf Mt 5, 17
kann τέλος als Wechselbegriff zu πληρωτὴς gebraucht und von Christus
gesagt werden:

> ... daß er keineswegs die Vorstellungen des Mose übertrat, sondern viel-
> mehr ihr Ziel war und zu ihrem Erfüller wurde und so zur Urheberschaft
> des Gesetzes gemäß dem Evangelium gelangte.[116]

---

[112] D.e. I 6, 36f. – Zur theologischen Kritik Eusebs an den Juden siehe in dieser Arbeit
unten unter 5.5.1. und 5.5.2.

[113] Dies betrifft zum Beispiel die »Ebionäer«, also häretisch gewordenes Judenchristentum:
Euseb sagt über sie in H.e. III 27, 2: »Die (weitere) Beobachtung des Gesetzes halten
sie durchaus für notwendig, gerade als ob sie nicht allein durch den Glauben an
Christus und auf Grund eines ihm gemäßen Lebens gerettet würden.«: δεῖν δὲ πάντως
αὐτοῖς τῆς νομικῆς θρησκείας ὡς μὴ ἂν διὰ μόνης τῆς εἰς τὸν Χριστὸν πίστεως καὶ
τοῦ κατ᾽ αὐτὴν βίου σωθησομένοις. (256, 5-7 Schwartz).

[114] D.e. I 6, 63 (33, 4 Heikel) in Übernahme des Begriffes aus Kol 2, 23. – Die jüdische
Observanz des mosaischen Gesetzes bis zum Zeitpunkt des Kommens Christi heißt
hingegen θρησκεία (D.e. VIII prooem. 3/zitiert oben Anm. 75). Die vorige Anmerkung zeigt, daß letzterer Begriff aber auch für die häretisch-christliche Gesetzesobservanz benutzt werden kann; er wird dann aber sogleich als τὴν σωματικὴν περὶ
τὸν νόμον (H.e. III 27, 3 [256, 12 Schwartz]) negativ qualifiziert.

[115] D.e. I 6, 1: ὁ κατ᾽ ἀρετὴν βίος ἥ τε κατὰ εὐσέβειαν πολιτεία (...) τοῖς ἔθνεσιν ἅπασι
διὰ τῆς τοῦ Χριστοῦ νουθεσίας κεκήρυκται δίχα τῆς κατὰ Μωσέα διαταγῆς, ...
(23, 13-15 Heikel).

[116] D.e. I 7, 1: ὡς μηδαμῶς εἰς τὰ Μωσεῖ δοκοῦντα παρανομῆσαι αὐτόν, τέλος δ᾽

Auch an anderen Stellen der Texte Eusebs kann der Begriff τέλος mit Hilfe des Nomens πληρωτής näher bestimmt und interpretiert werden.[117] Wieder und wieder wird betont, daß Christus nicht gegen Mose, sondern im Einklang mit Mose jenes »zum-Ziel-Führen« des Gesetzes betrieben habe. Mose selber, so fügt Euseb in einer polemischen Spitze hinzu, hätte eben dies auch gutgeheißen, es liegt also im Wirken Christi geradezu ein ἀληθεύειν des Mose und des von ihm gebrachten Gesetzes vor.[118] Christus seinerseits habe, so Euseb, vollständig in Übereinstimmung mit Mose und dessen Geboten gelebt,[119] und auch »seine Apostel als Diener seiner neuen Gesetzgebung gebraucht, nachdem er sie gelehrt hatte, daß sie einerseits das Mosaische *nicht für ihrer eigenen Gottesverehrung fremd oder feindlich halten dürften,* daß auf der anderen Seite er als der Urheber und Einführer einer neuen und rettenden Rechtssatzung für alle Menschen sich eingesetzt habe.«[120] In diesem seinem neuen Gesetz hat Christus aber eigentlich nichts gegen die mosaischen Gesetze verordnet, »vielmehr ist der Einführer dieser neuen Gesetzgebung als einer, der in allem gemäß dem Gesetz des Mose gewandelt ist, eingeführt«[121], so daß das Gesetz in ihm und durch ihn als erfüllt zu gelten hat.

Die Kontinuität von mosaischem Gesetz und christlicher Offenbarung wird auch an der Terminologie Eusebs deutlich, insofern er die »Gesetzes«-Begrifflichkeit für die Darstellung der christlichen Offenbarung durchaus »wiederverwendet«. Dies zeigt sich schon daran, daß Euseb Christus als »den *Gesetz*geber der Heidenvölker«[122] bezeichnen und ihn auch »*Gesetz*geber des neuen Wandels«[123] nennen kann. Weiter kann er das Christentum als »eine

---

ἐκείνοις ἐπιθεῖναι πρότερον, καὶ πληρωτὴν αὐτῶν γενέσθαι, καὶ οὕτως ἐπὶ τὴν αὐθεντίαν τοῦ κατὰ τὸ εὐαγγέλιον νόμου παρεληλυθέναι. (35, 8-11 Heikel).

[117] Zum Beispiel die Stelle D.e. I 7, 6 (zitiert unten Anm. 127).

[118] D.e. I 7, 19: »Wir zeigen nämlich damit auf, daß wir Mose und die Propheten nach ihm bewahrheiten, indem wir den von ihnen angekündigten Christus annehmen und dessen Gesetzen gehorchen und im Gebet in der Spur seiner Lehre zu wandeln bestrebt sind und damit das tun, was Mose selber angenehm gewesen wäre«: κἂν τούτῳ γὰρ Μωσέα καὶ τοὺς μετ᾽ αὐτὸν προφήτας ἀληθεύοντας ἀποδείκνυμεν, τὸν ὑπ᾽ αὐτῶν προκεκηρυγμένον Χριστὸν ἀποδεχόμενοι καὶ τούτου τοῖς νόμοις πειθόμενοι, κατ᾽ ἴχνος τε τῆς αὐτοῦ διδασκαλίας βαίνειν δι᾽ εὐχῆς τιθέμενοι, αὐτῷ Μωσεῖ κἂν τούτῳ τὰ φίλα ποιοῦντες· ... (38, 7-12 Heikel).

[119] Die wichtigsten Texte zur Eusebschen Parallelisierung von Christus- und Mosegestalt in D.e. III 2 sind zitiert in Abschnitt 5.2.2. dieser Arbeit.

[120] D.e. I 7, 1: ... τοῖς ἀποστόλοις αὐτοῦ κέχρηται διακόνοις τῆς καινῆς αὐτοῦ νομοθεσίας, ὁμοῦ μὲν καὶ τὰ Μωσέως οὐκ ἀλλότρια οὐδ᾽ ἐχθρὰ τῆς οἰκείας θεοσεβείας ἡγεῖσθαι δεῖν διδάξας, ὁμοῦ δὲ καὶ αὐθέντης καὶ εἰσηγητὴς νέας καὶ σωτηρίου πᾶσιν ἀνθρώποις καταστὰς νομοθεσίας (35, 4-7 Heikel).

[121] D.e. I 6, 76: Καὶ μὴν ὁ τῆς καινῆς ταύτης νομοθεσίας εἰσαγωγεὺς τὰ πάντα κατὰ τὸν Μωσέως νόμον εἰσῆκται πεπολιτευμένος· (34, 29f. Heikel). Vgl. ebenso D.e. I 7, 1.

[122] D.e. I 3, 45: ... τῶν ἐθνῶν νομοθέτης Χριστὸς ... (18, 9 Heikel).

[123] D.e. I 6, 76 ... νέας πολιτείας νομοθέτης ... (34, 31 Heikel).

*Gesetz*gebung für alle Menschen in der ganzen Ökumene«[124] bezeichnen; ganz analog heißt es in einer anderen Formulierung, daß man den maßgebenden Unterschied zwischen dem mosaischen Gesetz und der »neuen Gesetzgebung«[125] Christi darin erkennen müsse, daß »dieser Jesus, der Christus Gottes, anwesend war, um *allen* Völkern ein *Gesetz* zu geben und die Dinge zu erfüllen, die über das (sc.: mosaische) Gesetz hinausgingen«.[126]

Die heilsgeschichtliche Kontinuität und Diskontinuität zwischen Juden und Christen im Konzept Eusebs läßt sich demnach bei der Frage nach seinem Verständnis der biblischen Wendung vom τέλος, vom »Ende des Gesetzes« noch einmal recht gut einfangen. Zusammenfassend formuliert Euseb selber:

So ist der Erretter auf der einen Seite unser Lehrer, auf der anderen Seite Erfüller des Gesetzes des Mose und der Propheten nach ihm.[127]

Es bedarf kaum einer Begründung, daß dieses Verständnis vom Gesetz – trotz aller Betonung der Kontinuität zwischen Mose und Christus – bei den jüdischen Gesprächspartnern Eusebs auf heftige Ablehnung stieß. Aus amoräischer Zeit finden wir einen eindrucksvollen Nachhall jüdischer Polemik gegen solcherlei christliche Interpretation der Tora: Deut. R. VIII 6 heißt es:[128]

»Nicht im Himmel ist sie«: Wir wissen nicht, daß die Tora nicht im Himmel ist, doch was heißt: Nicht im Himmel ...? Da sagt ihnen Mose: Damit ihr nicht sagt: Ein anderer Mose erhebt sich und bringt uns eine andere Tora vom Himmel. Denn ihr wißt schon, daß sie nicht im Himmel ist, denn nichts von ihr blieb im Himmel zurück.

K. HRUBY hat zu Recht auf diesen Text im Zusammenhang der jüdischen Auseinandersetzung mit der christlichen Lehre von der »Vollendung« des Gesetzes durch Jesus aufmerksam gemacht.[129] Hier kommt deutlich der

---

[124] D.e. I 2, 10: πᾶσιν ἀνθρώποις τοῖς καθ᾽ ὅλης τῆς οἰκουμένης νενομοθετημένη· (8, 36 Heikel).

[125] Euseb benutzt hier des öfteren den Begriff καινοτομία: P.e. I 5, 12 (I 22, 16 Mras/Des Places); P.e. IV 1, 3 (I 162, 8 Mras/Des Places); D.e. I 7, 2 (35, 19 Heikel).

[126] D.e. I 7, 11: παρῆν οὗτος Ἰησοῦς ὁ Χριστὸς τοῦ θεοῦ, νομοθετῶν πᾶσι τοῖς ἔθνεσιν καὶ τὰ ὑπὲρ νόμον διαπραττόμενος. (36, 34 – 37, 1 Heikel).

[127] D.e. I 7, 6: Ὁ δέ γε σωτὴρ καὶ διδάσκαλος ἡμῶν καὶ ἄλλως πληρωτὴς ὑπάρχει τοῦ Μωσέως νόμου καὶ τῶν μετ᾽ αὐτὸν προφητῶν. (36, 12f. Heikel).

[128] לא בשמים היא, אין אנו יודעין שהתורה אינה בשמים, אלא מהו לא בשמי', אמ' להם משה שלא תאמרו אחר עומד ומביא לנו אחרת מן השמים, כבר אתם יודעים לא בשמים היא שלא נשתייר מהם בשמים (Midrash Debarim Rabbah, Jerusalem ³1974, 118 Lieberman). – Vgl. K. Hruby, Die Stellung der jüdischen Gesetzeslehrer zur werdenden Kirche, SJK 4, Zürich 1971, 68.

[129] L.c. 68.

Ewigkeitscharakter des Gesetzes zum Ausdruck, das aus jüdischer Sicht selbstverständlich weiterhin gilt und auch keiner Ergänzung bedarf, das als Tora
vom Sinai Quelle und Garant der Errettung ist.[130]

5.2. Die Christologie Eusebs zwischen Christen und Juden

Euseb von Caesarea sieht klar und bringt konsequent zum Ausdruck, daß es
bei aller Betonung der heilsgeschichtlichen Kontinuität von Hebräern, Juden
und Christen einen entscheidenden und dabei eben auch theologisch unüberwindbaren Unterschied zwischen Christen und Juden gibt, nämlich den, daß
der in den Heiligen Schriften der Juden angekündigte Messias von den Christen als bereits gekommen, von den Juden hingegen als noch nicht gekommen
angesehen wird. An diesem Punkte ist kein Kompromiß möglich, und an
diesem Punkte entscheidet und vollzieht sich deshalb die Trennung von Kirche und Synagoge. Daß in dem Juden Jesus von Nazareth der Christus
gekommen ist, wird von der Kirche bekannt und von der Synagoge bestritten.
Die kirchliche Lehre von Jesus als dem Christus, also die Christologie, steht
mithin zwischen Christen und Juden.

Euseb selber hat diesen Sachverhalt gleich zu Beginn seiner langen und
eingehenden christologischen Ausführungen in der »Evangelischen Beweisführung« gleichsam als eine Art Überschrift über die Bücher IVff. mit folgenden
Sätzen festgehalten:

> Nun ist allen Menschen gemeinsam die Lehre von Gott, dem ersten und
> ewigen und allein ungezeugten und höchsten Grunde des Universums,
> Herr der Herren, König der Könige. Die Lehre von dem Christus ist
> hingegen (nur) den Hebräern (sic!)[131] und uns selber eigentümlich und
> gemeinsam; und, indem sie ihren eigenen Schriften folgen, bekennen sie
> sie auch gleich wie wir, jedoch fallen sie weit (von uns) ab, weil sie weder
> seine Göttlichkeit erkennen noch wissen, was der Grund seines Kommens

---

[130] Siehe hierzu J. Neusner, Judasim in Society. The Evidence of the Yerushalmi, Chicago
1983, 204-209.

[131] Natürlich spricht Eusebius hier, wie der Kontext sofort zeigt, von den Juden. Es
handelt sich also um eines der Beispiele dafür, daß der respektbeinhaltende Hebräertitel
auch für Juden nach Christus benutzt werden kann – der gesamte Ton ist hier
übrigens ein deutlich anderer als in dem polemischen Teil D.e. II 3. Signifikant ist, daß
Euseb zunächst die *Gemeinsamkeit* zwischen Juden und Christen so deutlich betont.
Mit gleicher Klarheit spricht er dann allerdings auch von dem entscheidenden Unterschied, nämlich der Identifikation des Jesus von Nazareth mit dem Christus; die
Nichtakzeptanz dieser Identifizierung durch die Juden stuft Euseb als ein »Abfallen«
ein – das Wissen um die Gemeinsamkeiten hindert ihn also nicht an einer energischen
Parteinahme, wenn die Rede auf die Unterschiede kommt.

ist, noch begreifen, zu welchem Zeitpunkt er gemäß den Voraussagen zu den Menschen kommen sollte. Denn während sie auf sein Kommen noch jetzt freudig warten, zeigen wir auf, daß er für einmal bereits gekommen ist; und indem wir an die Prophezeiungen und die Lehre der inspirierten Propheten glauben, beten wir, daß wir seine zweite Ankunft in göttlicher Herrlichkeit sehen möchten.[132]

Daß an dieser Stelle für Euseb der entscheidende Differenzpunkt zwischen Christen und Juden liegt (was, wie wir wissen, nicht nur von den Christen, sondern auch in der Außenperspektive auf Christentum und Judentum so empfunden wurde)[133] verlangt in einer Untersuchung über die Stellung der Juden in seiner Theologie besondere Aufmerksamkeit für die Christologie.

5.2.1. Zur »materialen« Christologie und zur Soteriologie Eusebs

In der »materialen« Christologie betont Euseb zunächst eindringlich, daß der Logos Gottes in Jesus von Nazareth als der Christus Gottes Mensch geworden ist: der »Gott-Logos«[134] inkarniert sich in dem Menschen Jesus. Dabei wird von Euseb immer wieder gesagt, daß dieser Mensch während seines irdischen Daseins Jude war und ausschließlich von seiner jüdischen Herkunft her zu verstehen ist. Neben der einfachen Betonung dieses Sachverhaltes durch Wendungen wie die, daß »das ganze (sc.: irdische) Verweilen unseres Retters unter dem Volke der Juden geschah«[135] oder die, daß »unser Retter und Herr

---

[132] D.e. IV 1, 2: ὁ μὲν οὖν περὶ τοῦ πρώτου καὶ ἀϊδίου μόνου τε ἀγεννήτου καὶ ἐπὶ πάντων αἰτίου τῶν ὅλων πανηγεμόνος τε καὶ παμβασιλέως θεοῦ κοινὸς ἅπασιν ἀνθρώποις ἐστὶ λόγος· ἴδιος δὲ καὶ κοινὸς αὖθις Ἑβραίων καὶ ἡμῶν ὁ περὶ Χριστοῦ· ὃν πῆ μὲν ὁμοίως ἡμῖν ταῖς παρ’ αὐτοῖς ἑπόμενοι γραφαῖς ἔτι νῦν ὁμολογοῦσιν, πῆ δὲ μακρὰν ἀποπίπτουσιν, μήτε τὴν θεότητα συνορῶντες αὐτοῦ, μήτε τὰ αἴτια τῆς παρουσίας εἰδότες, μήτε μὴν τοὺς χρόνους καθ’ οὓς ἥξειν ἀνείρηται εἰς ἀνθρώπους περιδρασσόμενοι. οἱ μὲν γὰρ ἔτι καὶ νῦν ἥξειν μέλλοντα προσδοκῶσιν, ἡμεῖς δ’ ἤδη μὲν εἰς ἅπαξ ἀποδείκνυμεν ἐλθόντα, καὶ δευτέραν δὲ αὐτοῦ μετὰ τῆς ἐνθέου δόξης παρουσίαν, ταῖς τῶν θεοφόρων προφητῶν προρρήσεσίν τε καὶ διδασκαλίαις πειθόμενοι, ἰδεῖν εὐχόμεθα. (150, 5-16 Heikel).

[133] Orig., Cels. III 1: »Auch meint er, daß in dem Streit der Juden und Christen nichts ernsthaftes sei; denn beide Seiten glaubten, es sei vom göttlichen Geist verkündet, daß ein Retter dem Menschengeschlecht erscheinen werde, sie seien sich aber nicht darüber einig, ob der Angekündigte gekommen sei oder nicht«: καὶ οἴεται μηδὲν σεμνὸν εἶναι ἐν τῇ Ἰουδαίων καὶ Χριστιανῶν πρὸς ἀλλήλους ζητήσει, πιστευόντων μὲν ἀμφοτέρων ὅτι ἀπὸ θείου πνεύματος ἐπροφητεύθη τις ἐπιδημήσων σωτὴρ τῷ γένει τῶν ἀνθρώπων οὐκέτι δ’ ὁμολογούντων περὶ τοῦ ἐληλυθέναι τὸν προφητευόμενον ἢ μή. (GCS Origenes I, 203, 14-18 Koetschau).

[134] ὁ θεὸς λόγος: Der Begriff durchzieht das gesamte Werk Eusebs, vgl. P.e. VII 15, 7; D.e. IV 10, 19; 20, 7; Is I 26. 62; II 44. 51.

[135] D.e. VII 2, 25: ἡ πᾶσα τοῦ σωτῆρος ἡμῶν διατριβὴ παρὰ τῷ Ἰουδαίων ἔθνει γέγονεν, ... (GCS Euseb 6, 332, 34f. Heikel).

Jesus, der Christus Gottes, aus der Nachkommenschaft Isaaks«[136] beziehungsweise »aus der Nachkommenschaft Jakobs war«,[137] kann Euseb hieraus auch
die Konsequenz ziehen, daß die Christen aus der Synagoge als Mutter hervorgegangen seien: so heißt es an einer Stelle in der »Evangelischen Beweisführung«:

> ... weil wir alle, die wir aus den Heidenvölkern zum Glauben an den
> Christus Gottes gekommen sind, Abkömmlinge und Kinder Christi und
> seiner Apostel sind als solche, die aus der Synagoge der Juden wie aus einer
> Mutter hervorgegangen sind.[138]

Dieser Jude Jesus ist für Euseb, wie schon die wenigen angezogenen Belegstellen zeigen, der Christus Gottes. Als der Christus Gottes aber ist er wiederum
der seit ewiger Zeit mit Gott dem Vater waltende Logos, der auch als der Sohn
Gottes bezeichnet wird.[139] Euseb benutzt in der Kirchengeschichte für diese
menschlich-göttliche Doppelstellung des Christus einmal die Formulierung,
dieser sei »Mensch und Gott zugleich«[140] gewesen. Er vertritt hierbei die
Auffassung von einem doppelten τρόπος Christi oder von zwei τρόποι,
»einen, durch den er als Gott erkannt wird, (...) den anderen, in dem er um
unserer Rettung willen den wie wir leidenden Menschen auf sich nahm.«[141] In
der Demonstratio evangelica heißt es analog:

> Nachdem im vorangegangenen (sc.: vierten) Buch der Evangelischen Be-
> weisführung die doppelte Seinsweise über unseren Erretter Jesus Christus
> aufgezeigt worden ist, die eine außerordentlich und jenseitig (gemäß wel-
> cher wir ihn definieren, der eingeborene Sohn Gottes zu sein oder der
> seinsteilhabende Logos Gottes, zweiter Grund aller Dinge oder geistig
> wahrnehmbares Sein und erstgeborene vollkommene Natur Gottes, gött-
> liche und allvollkommene Kraft vor den Geschöpfen oder geistig wahr-
> nehmbares Abbild der ungezeugten Natur), die andere mit uns verwandt
> und eher vertraut (gemäß dieser definieren wir ihn wiederum als Logos
> Gottes, im Menschen Verkündiger der Gottesfurcht gegenüber dem Va-
> ter; gemäß dieser (sc.: Seinsweise) erschien er vor langer Zeit in mensch-
> licher Gestalt den Gottliebenden um Abraham, jenem berühmten Völker-

---

[136] D.e. II 1, 9: ὁ σωτὴρ καὶ κύριος ἡμῶν Ἰησοῦς ὁ Χριστὸς τοῦ θεοῦ ἐκ σπέρματος
Ἰσαάκ ... (54, 10f. Heikel).

[137] D.e. II 1, 11: ὁ Χριστὸς τοῦ θεοῦ ἐκ σπέρματος Ἰακὼβ γενόμενος ... (54, 21f. Heikel).
Vgl. auch D.e. X 8, 55.

[138] D.e. IX 17, 12: ... διὰ τὸ πάντας ἡμᾶς τοὺς ἐξ ἐθνῶν εἰς τὸν Χριστὸν τοῦ θεοῦ
πεπιστευκότας γεννήματα εἶναι καὶ τέκνα Χριστοῦ καὶ τῶν ἀποστόλων αὐτοῦ,
οἷα ἐκ μητρὸς τῆς τῶν Ἰουδαίων συναγωγῆς προελθόντας. (441, 16-18 Heikel).

[139] Zum Beispiel H.e. I 2, 6.

[140] H.e. I 2, 23: ... ἄνθρωπον ὁμοῦ καὶ θεὸν ... (GCS Euseb II 1, 24, 24 Schwartz).

[141] H.e. I 2, 1: ... τοῦ μὲν (...), ᾗ θεὸς ἐπινοεῖται, τοῦ δὲ (...), ᾗ τὸν ἡμῖν ἄνθρωπον
ὁμοιοπαθῆ τῆς ἡμῶν αὐτῶν ἕνεκεν ὑπέδυ σωτηρίας ... (10, 2-4 Schwartz).

herrscher, und wurde ferner angekündigt als der, der unter den Menschen durch menschliche Geburt und in dem unseren gleichkommenden Fleisch erscheinen werde, um die schmählichsten Dinge zu erleiden), ...[142]

In beiden τρόποι, und das ist von entscheidender Bedeutung, ist Christus der Logos Gottes. Er ist einerseits ganz Mensch, andererseits ganz Gott.[143] Das Gottesprädikat wird ihm als Logos Gottes in beiden Seinsweisen zuteil, Euseb bezeichnet Christus deshalb sogar als den »einen vollkommenen allein gezeugten Gott.«[144] Indem Euseb aber dem Juden Jesus von Nazareth als dem bereits gekommenen und einst wiederkommenden Christus Gottesprädikationen beilegt, steht er natürlich automatisch vor dem Problem, die Göttlichkeit des Christus mit der Gottheit des Vaters so zum Ausgleich bringen zu müssen, daß der (Hebräern, Juden und Christen ja gemeinsame) Monotheismus erhalten bleibt.

Zu diesem Zwecke der Relationsbestimmung zwischen Gott Vater und Gott Logos bedient Euseb sich in der Regel neuplatonischer Abstufungstheorien, die von einer Unterordnung des göttlichen Logos unter das Eine, den einen Gott, ausgehen. Im Prooemium von D.e. VI formuliert er eine typische Bekenntnissequenz, die sowohl für seine Verhältnisbestimmung von Vater und Logos als auch für seine Aussagen über den Christus charakteristisch ist:

Im fünften Buch meiner »Evangelischen Beweisführung« ist die Lehre von Vater und Sohn klar definiert worden im Bekenntnis des einen allmächtigen Gottes, und in dem Beweis eines zweiten Seins, das nach ihm kommt als Haupt aller geschaffenen Dinge (welchen die göttlichen Schriften von alters her erstgeborene Weisheit Gottes nannten, eingeborenen Sohn, Gott von Gott, Engel des großen Rates, Anführer der Himmelsheere, Minister des Vaters, ja, gar Herr des Universums, Logos Gottes und Macht Gottes) ...[145]

---

[142] D.e. V prooem. 1f.: Ἐπειδὴ διττὸς ὁ τρόπος ὁ περὶ τοῦ σωτῆρος ἡμῶν Ἰησοῦ Χριστοῦ πέφανται ἐν τῷ πρὸ τούτου συγγράμματι τῆς Εὐαγγελικῆς Ἀποδείξεως, ὁ μὲν ὑπερφυὴς καὶ ἐπέκεινα (καθ᾽ ὃν ὁριζόμεθα αὐτὸν εἶναι μονογενῆ θεοῦ υἱόν, ἢ οὐσιώδη τοῦ θεοῦ λόγον, δεύτερον τῶν ὅλων αἴτιον, ἢ οὐσίαν νοεράν, καὶ θεοῦ πρωτότοκον ἐνάρετον φύσιν, τὴν πρὸ τῶν γενητῶν θείαν καὶ πανάρετον δύναμιν, ἢ τῆς ἀγενήτου φύσεως νοερὰν εἰκόνα), ὁ δὲ συγγενὴς ἡμῖν καὶ μᾶλλον οἰκεῖος (καθ᾽ ὃν πάλιν αὐτὸν ὁριζόμεθα θεοῦ λόγον, ἐν ἀνθρώπῳ τῆς τοῦ πατρὸς εὐσεβείας ἀπαγγελτικόν, καθ᾽ ὃν πέφηνε πάλαι πρότερον ἐν ἀνθρώπου σχήματι τοῖς ἀμφὶ τὸν Ἀβραάμ, αὐτὸν δὴ ἐκεῖνον τὸν βοώμενον ἐθνάρχην, θεοφιλέσιν, αὖθις τε φανησόμενον ἐν ἀνθρώποις δι᾽ ἀνθρώπου γενέσεως καὶ παραπλησίας ἡμῖν σαρκός, αἴσχιστα πείσεσθαι προείρητο), ... (202, 1-13 Heikel).

[143] Eine ausdifferenzierte Zwei-Naturen-Christologie liegt natürlich noch nicht vor und steht Euseb auch noch nicht zur Verfügung.

[144] D.e. IV 3, 1: ... ἕνα τέλειον μόνον γεννητὸν θεὸν ... (152, 21 Heikel).

[145] D.e. VI prooem. 1: Σαφῶς ἐν τῷ πέμπτῳ συγγράμματι τῆς Εὐαγγελικῆς Ἀποδείξεως ὡρισμένου τοῦ περὶ πατρὸς καὶ υἱοῦ λόγου, καὶ θεοῦ μὲν ἑνὸς τοῦ ἐπὶ πάντων

Bei dieser Bestimmung des Sohnes als eines »zweiten Seins« fällt sofort die
ausgeprägt subordinatianische Tendenz ins Auge (wie bei fast allen theologischen Denkern aus der origeneischen Tradition)[146], die Euseb später bekanntlich immer wieder in den Verdacht des »Arianismus« bringen und ihm die
Unterschrift unter das nizänische Symbol von 325 so schwer werden lassen
sollte.[147] Im apologetischen Doppelwerk, das von den arianischen Streitigkeiten noch völlig unbeeinflußt ist, treten eine ganze Anzahl ziemlich unge-
schützter »arianisierender« Wendungen zu Tage,[148] und es mag gut sein, daß
hier einer der Gründe für das Ausfallen von Teilen der Überlieferung gerade
der Demonstratio evangelica zu suchen ist.[149] Der theologische Grund für
solche Wendungen lag natürlich in der aus der »negativen Theologie« folgenden Forderung der Aseität und Einfachheit Gottes,[150] mit der jegliche Betonung der Menschheit des Inkarnierten zwangsläufig kollidieren mußte. *Deshalb* beschreitet Euseb in der Christologie als Lehre von der zweiten Person der
Trinität jenen Mittelweg, der einerseits die Göttlichkeit des Logos-Sohnes
unzweideutig zum Ausdruck bringt, andererseits aber diesen Logos-Sohn dem
Vater deutlich unterordnet. Der Sohn ist »vollkommenes Geschöpf des voll-

---

ὡμολογημένου, δευτέρας δὲ μετ' αὐτὸν ἀποδειχθείσης οὐσίας ἡγουμένης τῶν
γενητῶν ἁπάντων (ἣν σοφίαν θεοῦ πρωτότοκον, μονογενῆ τε υἱόν, καὶ θεὸν ἐκ
θεοῦ, μεγάλης τε βουλῆς ἄγγελον, καὶ τῶν κατ' οὐρανὸν στρατιῶν ἄρχοντα, καὶ
τοῦ πατρὸς ὑπουργόν, ναὶ μὴν καὶ κύριον τῶν ὅλων, καὶ θεοῦ λόγον καὶ θεοῦ
δύναμιν, οἱ θεῖοι προηγόρευον λόγοι), ... (251, 1-8 Heikel).

[146] Dies heißt *nicht*, daß man Origenes selber allzu schnell und pauschal als Subordinatianer
einordnen darf: Wie neuere Forschungen gezeigt haben, vertrat Origenes zwar eine
Lehre von drei prinzipiell subordinierten, jedoch durch ihre substantiell-exklusive Güte
zugleich auch »konsubstantialen« göttlichen Hypostasen (Seinsweisen) Vater, Sohn
und Geist (So jetzt in der von Christoph Markschies völlig neu bearbeiteten Fassung
der Darstellung von C. Piétri: Geschichte des Christentums 2. Das Entstehen der einen
Christenheit [250-430], ed. C. (+) und L. Piétri, Freiburg u.a. 1996, 278). Darauf, daß
Origenes hier zwar durchaus in Aufnahme philosophischer Terminologie, jedoch ohne
direkte philosophische Vorlagen arbeitete, hat jüngst H. Ziebritzki aufmerksam gemacht: Heiliger Geist und Weltseele. Das Problem der dritten Hypostase bei Origenes,
Plotin und ihren Vorläufern, BHTh 84, Tübingen 1994, 248-257.

[147] Vgl. den berühmt gewordenen, gewundenen Brief Eusebs über das Konzil von Nizäa
an seine Gemeinde in Caesarea: Athanasius. Werke III/1. Urkunden zum arianischen
Streit (Urk. 1-34), hg. von H.-G. Opitz, Berlin 1935, Urk. 21.

[148] Siehe die unten Anm. 22 – 25 zitierten Stellen. – Es ist klar, daß man Euseb nur mit
Hilfe einer interpretatio ad malam partem solcher Stellen pauschal als »Arianer«
diffamieren kann; er ist dogmengeschichtlich als Subordinatianer einzuordnen, aber
keinesfalls als »Arius ante Arium«, so mit Recht schon H. Berkhof, Die Theologie des
Eusebius von Caesarea, Amsterdam 1939, 71.

[149] Vgl. oben S. 35.

[150] Vgl. zum Beispiel den philosophischen Grundsatz: »In der Vielfalt nämlich wird
Veränderung sein und Verschiedenheit und Eindringen des Schlechteren«. D.e. IV 3,
1: ἐν γὰρ πλείοσιν ἑτερότης ἔσται καὶ διαφορὰ καὶ τοῦ χείρονος εἰσαγωγή. (152,
22f. Heikel).

kommenen Schöpfers, weises Gebilde des weisen Baumeisters, gutes Kind eines guten Vaters«.[151] Er ist »der zweite«,[152] »zweiter Grund«,[153] ein zweiter Herr und Gott und zweiter Würde wert.[154] »Er ist gepriesen als von Natur einziggezeugter Sohn und als unser Gott, aber nicht als der erste Gott, sondern als der erste einziggezeugte Sohn Gottes, und deshalb (selbst auch) Gott.«[155]

Indem der Gott-Logos beziehungsweise Logos-Sohn, der in einem unauflöslichen und doch untergeordneten Verhältnis zu Gott Vater steht, jedoch der von Mose und den Propheten angekündigte Christus ist, steht er in bruchloser Kontinuität zu dem vom Volk Israel markierten Heilsbereich. Dies macht Euseb nicht nur mit einer Christus-Mose-Typologie deutlich,[156] sondern v.a. dadurch, daß er die mittlerweile historisch untergegangenen drei ἀξιώματα des Volkes Israel, nämlich Königtum, Prophetentum und Hohepriesteramt in Christus aufgehoben, aufgegangen sein läßt; in seiner Christologie entwickelt Euseb also eine von diesen drei ἀξιώματα der Israeliten hergeleitete Dreiämterlehre[157] und stellt dabei heraus, daß Jesus Christus

> ... bei seinen Anhängern auf dem ganzen Erdkreis als König geehrt, stärker als ein Prophet bewundert und als wahrer und einziger Hohepriester Gottes gepriesen wird ...[158]

Als der Logos-Sohn Gottes und als Inhaber der drei aus dem jüdischen Volk hervorgegangenen Ämter ist Jesus der Christus für Eusebius auch der Erretter,

---

[151] D.e. IV 2, 1: ... τὸ τέλειον τελείου δημιούργημα, καὶ σοφοῦ σοφὸν ἀρχιτεκτόνημα, ἀγαθοῦ πατρὸς ἀγαθὸν γέννημα, ... (152, 4f. Heikel).

[152] D.e. V 1, 24: ... δευτερεύοντος ... (214, 16 Heikel).

[153] D.e. V prooem. 20: ...δευτέρου αἰτίου ... (206, 10 Heikel); ebenso D.e. V prooem. 23.

[154] D.e. V 4, 14: »Der eine gibt nämlich, der andere empfängt, so daß in Wahrheit jener eine Gott ist und allein der, der es von Natur aus ist und nicht von einem anderen empfangen hat, der andere aber zweiter Würde wert ist und das Gottsein empfangen hat von dem Vater, als Abbild Gottes«: ὁ μὲν γὰρ δίδωσιν, ὁ δὲ λαμβάνει· ὥστε κυρίως καὶ ἕνα ἐκεῖνον εἶναι θεὸν καὶ μόνον μὲν καὶ φύσει ὄντα καὶ μὴ παρ' ἑτέρου λαβόντα, τὸν δὲ τῶν δευτερ<εί>ων ἠξιῶσθαι καὶ τὸ θεὸν εἶναι λαβόντα παρὰ τοῦ πατρὸς ἔχειν, ὡς ἂν εἰκόνα τοῦ θεοῦ, ... (226, 9-13 Heikel).

[155] D.e. V 4, 11: ... φύσει μονογενὴς υἱὸς καὶ θεὸς ἡμῶν ἀνευφημεῖται, ἀλλ' οὐχ ὁ πρῶτος θεός, πρῶτος δὲ τοῦ θεοῦ μονογενὴς υἱὸς καὶ διὰ τοῦτο θεός. (225, 29-31 Heikel).

[156] D.e. III 2; siehe hierzu unten 5.2.2.

[157] Siehe hierzu oben S. 149 mit Anm. 79 mit dem Zitat aus D.e. VIII prooem. 2f.

[158] H.e. I 3, 19: ... παρὰ τοῖς ἀνὰ τὴν οἰκουμένην αὐτοῦ θιασώταις τιμᾶσθαι μὲν ὡς βασιλέα, θαυμάζεσθαι δὲ ὑπὲρ προφήτην, δοξάζεσθαί τε ὡς ἀληθῆ καὶ μόνον θεοῦ ἀρχιερέα, ... (36, 22-24 Schwartz). – Zum Befund eines munus triplex bei Eusebius vgl. P. Beskow, Rex Gloriae. The Kingship of Christ in the Early Church, Stockholm u.a. 1962, 119f. (mit Hinweis auf voreusebianische Traditionen), sowie G. Ruhbach (siehe nächste Anm.) 108f.

ist er der σωτήρ. G. RUHBACH hat schon 1962 in seiner Heidelberger Dissertation völlig überzeugend gegen die ältere Eusebinterpretation nachgewiesen,
daß σωτηρία bei Euseb keineswegs einfach als »Erhaltung« zu verstehen ist[159]
und die Soteriologie Eusebs demnach auch nicht einfach als Appendix zu
seiner Kosmologie verstanden werden darf, wie man im Gefolge von H.
BERKHOF[160] lange annahm. Häufig ist der Begriff σωτήρ mit λυτρώτης
näherbestimmt.[161] Noch häufiger findet sich die Parallelisierung von σωτήρ
und κύριος.[162] Und wenn Euseb schließlich vom σωτὴρ καὶ κύριος ἡμῶν
Ἰησοῦς ὁ υἱὸς τοῦ θεοῦ[163] spricht, dann ist damit konkret der Erretter von der
Todesmacht gemeint:

> Er (sc.: Christus) stieg so tief hinab, daß er nicht nur den schwachen und
> schwer kranken Seelen die rettende Rechte reichte, sondern auch die
> schon Halbtoten aus den Pforten des Todes und die bereits ganz Verlore-
> nen und lange Begrabenen aus den Fesseln des Todes zu erlöste.[164]

Der Jude Jesus, der Christus, Logos und Sohn Gottes ist also bei Euseb ganz
als Retter der Menschen verstanden.[165] Dabei wird immer wieder deutlich, daß
er für Euseb Retter *aller* Menschen ist, Juden wie Heiden. Programmatisch
heißt es in D.e. II:

> Es ist nun zu beweisen, daß die Hoffnung auf die Berufung der Heiden-
> völker nichts anderes war als der Christus Gottes selbst, welcher nicht nur
> den Juden, sondern auch allen Heidenvölkern als Erretter erscheinen
> wird.[166]

So betont Eusebius in immer neuen Wendungen den universalen Charakter
des rettenden Erscheinens Christi auf Erden, dessen »neue Weise der Gottes-

---

[159] G. Ruhbach, Apologetik und Geschichte. Untersuchungen zur Theologie Eusebs von
Caesarea, Diss. masch., Heidelberg 1962, 114f.

[160] H. Berkhof, Die Theologie des Eusebius von Caesarea, Amsterdam 1939, 92-116.

[161] D.e. II prooem. 1; IV 15, 43; 16, 49-51; VI 18, 12.

[162] Ich nenne hier nur einige wenige ausgewählte Stellen: D.e. I 3, 41; III 2, 27. 77; 6, 8;
IV 12, 5; V 2, 6; 3, 2; 30, 3; VII 3, 17. 58; VIII 2, 126. 127; IX 3, 3; 7, 1; 17, 1; X 1, 39.

[163] D.e. I 3, 41 (17, 17 Heikel).

[164] D.e. IV 10, 14: καὶ εἰς τοσοῦτόν γε κάτεισιν, ὡς μὴ μόνον κάμνουσιν καὶ χαλεπῶς
νοσηλευομένοις τὰς ψυχὰς τὴν σωτήριον ὀρέξαι δεξιάν, ἤδη δὲ καὶ ἐξ αὐτῶν τῶν
πυλῶν τοῦ θανάτου τοὺς ἡμιθνῆτας ἢ καὶ πάμπαν ἀπολωλότας ἐκ μακροῦ τε
κατορωρυγμένους τῶν τοῦ θανάτου λῦσαι δεσμῶν· ... (167, 18-22 Heikel). Die
Übersetzung ist angelehnt an G. Ruhbach, l.c. 115.

[165] Vgl. auch die oben Anm. 11 zitierte Wendung aus H.e. I 2, 1.

[166] D.e. II 1, 27: δεικτέον τοίνυν ὡς καὶ ἡ τῆς τῶν ἐθνῶν κλήσεως προσδοκία οὐδ'
ἑτέρα τις ὑπῆρχεν ἢ αὐτὸς ὁ Χριστὸς τοῦ θεοῦ, οὐ μόνον Ἰουδαίοις, ἀλλὰ καὶ
πᾶσι τοῖς ἔθνεσι σωτὴρ ἐπιφανησόμενος. (57, 5-7 Heikel).

fürchtigkeit *allen* Menschen«[167] gilt, daß (in Auslegung von Gen 12, 1-3) nun
»*alle* Stämme der Erde und *alle* Völker der Segnungen Gottes für wert erachtet werden«,[168] daß sein Kommen das »des Erretters und Lehrers des *gesamten*
Menschengeschlechtes«,[169] »aller Menschen in der gesamten Ökumene«[170] ist.
Sein Evangelium wiederum, so Euseb, »ruft *alle* Menschen gleichermaßen zu
ein und derselben Teilhabe am Heil«,[171] Christus »kam, um ein Gesetz für *alle*
Völker zu geben«,[172] er ist der ὁ τῶν ὅλων σωτήρ,[173] für das ganze γένος[174]
der Menschen gekommen. Diese Formulierungen, deren Anzahl allein aus
dem Textbestand der Demostratio evangelica fast beliebig weiter erhöht werden könnte, zeigen, daß die Universalität des im Kommen Christi verbürgten
Heils der entscheidende soteriologische Gedanke für Euseb ist. Seine Christologie beziehungsweise Soteriologie hat einen dezidiert universalistischen Zug.
Immer von neuem betont er, daß in Christus der *universale* Heilswille Gottes
sich Geltung verschafft hat, und daß demzufolge die diesem universalen Heilswillen entsprechende Gottesverehrung (der Christen) gleichfalls universalen
Charakter hat. In Auslegung von Jes 64, 18f. LXX sagt er:

> Wer wollte sich nicht darüber wundern, den Herrn durch den Propheten
> sagen zu hören: »Ich komme, um alle Völker und Zungen zusammenzu-
> bringen« und dann durch die gesamte Welt der Menschen hindurch
> Versammlungen zu sehen, zusammengeschmiedet im Namen Christi durch
> das Kommen und den Ruf unserers Erretters Jesus Christus, mit den
> Zungen aller Völker in verschiedenen Sprachen den einen Gott und Herrn
> anrufend?[175]

Man könnte diesen konsequent universalistischen Ansatz Eusebs auch eine
inkludierende Christologie nennen, insofern das in Christus verbürgte Heil,

---

[167] D.e. I 1, 4: ... τὸν νεόν τῆς εὐσεβείας τρόπον (...) πᾶσιν ἀνθρώποις ... (3, 31 Heikel).

[168] D.e. I 3, 11: ... »πᾶσαι αἱ φυλαὶ τῆς γῆς« καὶ »πάντα τὰ ἔθνη« (...) εὐλογίας παρὰ
θεοῦ καταξιωθήσεσθαι. (9, 11-13 Heikel). Ebenso D.e. I 6, 41; II 2, 16.

[169] D.e. V prooem. 24: ... τοῦ σωτῆρος καὶ διδασκάλου τοῦ παντὸς ἀνθρώπων
γένους, ... (207, 16f. Heikel).

[170] D.e. VI prooem. 4: ... πᾶσι δὲ ἀνθρώποις τοῖς καθ' ὅλης τῆς οἰκουμένης ... (251, 26
Heikel).

[171] D.e. I 4, 7: ... πάντας ἐπ' ἴσης ἀνθρώπους εἰς μίαν καὶ τὴν αὐτὴν τῶν ἀγαθῶν
μετουσίαν προκαλουμένη. (19, 30f. Heikel).

[172] D.e. I 7, 11: ... νομοθετῶν πᾶσι τοῖς ἔθνεσι ... (36, 35 Heikel). Ähnlich die Formulierung D.e. I 7, 14.

[173] D.e. IV 10, 4 (165, 10 Heikel).

[174] Ebd. (165, 11 Heikel).

[175] D.e. VI 25, 4: Τίς δ' οὐκ ἂν θαυμάσειεν ἀκούων τοῦ κυρίου διὰ τοῦ προφήτου
λέγοντος· »ἔρχομαι συναγαγεῖν πάντα τὰ ἔθνη καὶ τὰς γλώσσας«, ὁρῶν καθ' ὅλης
τῆς τῶν ἀνθρώπων γῆς διὰ τῆς τοῦ σωτῆρος ἡμῶν Ἰησοῦ τοῦ Χριστοῦ παρουσίας
τε καὶ κλήσεως τὰς τῶν ἐθνῶν συναγωγὰς ἐπ' ὀνόματος τοῦ Χριστοῦ συγ-
κροτουμένας, τάς τε γλώσσας ἁπάντων τῶν ἐθνῶν ἐν παντοίαις διαλέκτοις
ἀνθρώπων τὸν ἕνα θεὸν καὶ κύριον ἐπικαλουμένας; (294, 29 – 295, 2 Heikel).

indem es allen Menschen gilt, niemanden ausschließt, sondern alle umgreift, alle einschließt und somit jegliche Form des Partikularismus transzendiert.[176] Dies ist für unseren Zusammenhang deswegen wichtig, weil die Verhältnisbestimmung von jüdischem Heilsbereich und Heilshandeln Gottes in Christus grundsätzlich als Vorgang der *Ausweitung*, nicht als Ablösung formuliert wird. Das in Christus gekommene göttliche Heil gilt für Euseb selbstverständlich auch den Juden. In Christus aber *erweitert* sich der in der Geschichte seit Mose zunächst auf Israel restringierte Heilsbereich auf alle Menschen: Es wird also das ἀποκλείειν der Heiden aufgehoben.[177] Einst brüstete sich Israel mit Recht, das einzige Volk Gottes zu sein, nun aber, seit dem Kommen des Herrn, muß von einem χαριεῖσθαι[178] des Heils an die Heidenvölker die Rede sein, welche nun »bei ihm an denselben Segnungen Anteil haben«.[179] Auf die im mosaischen Gesetz angelegte Errettung Israels[180] folgt also die als Ausweitung des göttlichen Heilsbereiches verstandene Errettung aller in Christus. Auch im Blick auf die Verhältnisbestimmung vom Heil für Israel und dem Heil für die Heidenvölker gilt also prinzipiell: Eusebs Christologie ist wesentlich Soteriologie, und als solche hat sie einen inkludierenden impetus, der konkret auf eine Eingliederung *aller* Menschen in den Bereich des Guten, in den göttlichen Heilsbereich zielt.

> Es sei hier am Rande die dogmengeschichtliche Notiz gestattet, daß sich am Werk Eusebs gegen die einschlägigen Urteile mancher Kreise der modernen Kichengeschichtsschreibung zeigen läßt, daß die subordinatianisch-»arianisierenden« Theologien in keiner Hinsicht ein geringeres soteriologisches Interesse haben als die stärker die Einheit von Gott Vater und Sohn betonenden Theologien etwa die von Nizäa oder dann die eines Markell von Ankyra. Es gibt bis weit in die zweite Hälfte des vierten Jahrhunderts hinein kaum eine Theologie, bei der durch einfache Erhebung des Textbestandes in solch klarer Weise gezeigt werden kann, daß Christologie immer auch Soteriologie ist, wie ausgerechnet bei dem wegen seiner vermeintlich unterentwickelten, »nur kosmologisch aufgefaßten« Soteriologie oft so schwer gescholtenen Euseb. Man kann selbstverständlich, wenn man dies für opportun hält, Euseb dahingehend beurteilen, daß man die Verbindung von Soteriologie und Christologie bei ihm als nicht

---

[176] Eben dieses Verharren im Heilspartikularismus ist dann der entscheidende theologische Vorwurf Eusebs gegen die Juden, siehe hierzu unten unter 5.5.1.

[177] D.e. II prooem. 2 (52, 19 Heikel).

[178] D.e. II 3, 39 (67, 34 Heikel). Der hier nur paraphrasierte vollständige Satz ist unten in Abschnitt 5.6. zitiert, siehe dort Anm. 473.

[179] D.e. I 2, 16: ... τῆς ἴσης αὐτῷ κοινωνήσειν εὐλογίας ... (10, 26 Heikel). Vgl. auch die oben Anm. 171 zitierte Stelle D.e. I 4, 7 sowie den Passus D.e. I 7, 3.

[180] D.e. I 6, 32: »Mose entriß sie dem gottlosen Polytheismus und führte sie zurück zu Gott, dem Schöpfer aller Dinge«: ... αὐτοὺς ὁ Μωσῆς, ἀφίστη μὲν τῆς ἀθέου πολυθείας, ἀνῆγεν δὲ ἐπὶ τὸν πάντων δημιουργὸν θεόν, ... (27, 33f. Heikel).

geglückt ansieht und eben diese Verbindung bei den »nizänischen« Theologien überzeugender findet als bei denen der subordinatianischen Ansätze.[181] Aber die Differenzen zwischen »nizänischen« und subordinatianischen Theologien dogmengeschichtlich mit dem starken soteriologischen Anliegen der einen und dem relativen soteriologischen Desinteresse beziehungsweise kosmologischen Primärinteresse der anderen *verrechnen* zu wollen,[182] wird den Quellen so nicht gerecht und sollte daher in den Darstellungen der Dogmengeschichte des vierten Jahrhunderts besser vermieden werden.

Für die hier zu behandelnde Frage nach der Rolle der Juden in der Theologie Eusebs sei noch vermerkt, daß der Vorwurf, jüdisch zu theologisieren, in Eusebs späten Schriften gegen seinen trinitätstheologischen Hauptgegner Markell eine gewisse Rolle spielt. Damit ist natürlich keine jüdische, sondern christliche Gegnerschaft angesprochen, die Euseb gleichwohl auf Grund ihrer trinitarischen Ausführungen mit der jüdischen Theologie vergleichen zu müssen meint. Das ist deswegen interessant, weil ja umgekehrt auch die die Einheit in Gott betonenden Theologen der Einhypostasenlehre den Subordinatianern eben ἰουδαΐζειν vorwarfen – Arius selbst ist als Zielscheibe eben dieses Vorwurfes hinlänglich bekannt.[183]
Sicher hängt der von Euseb gegen Markell hin und wieder erhobene Vorwurf, eine jüdische Theologie zu vertreten, mit der von ihm bei jenem angegriffenen Lehre zusammen, daß nur ein einziger Gott zu bekennen sei, Vater und Sohn genannt,[184] neben welchem vor Enstehung der Welt nichts anderes war als Gott allein,[185] womit jedoch die Vorstellung eines göttlichen Sohnes Gottes, so Euseb, im Grunde verunmöglicht werde – dies allein ist noch nicht sonderlich

---

[181] Es war eines der zentralen Ergebnisse der Disseration von G. Ruhbach, gezeigt zu haben, daß die Soteriologie bei Euseb eine viel stärkere Rolle spielt als in der älteren Literatur angenommen. Dennoch beurteilt auch G. Ruhbach, l.c. 125 Euseb letztlich negativ und sagt: »Die Soteriologie erhielt zwar (...) größeres Gewicht (...), war aber noch zu wenig durchdacht und zu sehr von der traditionellen Schriftexegese abhängig (...).«

[182] So zum Beispiel K. Beyschlag, Grundriß der Dogmengeschichte I: Gott und Welt, Darmstadt ²1988, 259.

[183] So in der Arianismusforschung noch R. Lorenz, Arius judaizans? Untersuchungen zur dogmengeschichtlichen Einordnung des Arius, FKDG 31, Göttingen 1979, 128-135, der Arius aus einem dynamistischen oder monarchianischen Adoptianismus ableiten will; dagegen aber R. Williams, Arius. Heresy and Tradition, London 1987, 158-160. Zu Recht wird Arius als Vertreter eines radikalisierten Subordinatianismus jetzt dargestellt von C. Pietri (+)/C. Markschies, l.c. 285-300.

[184] E. th. I 14: »wobei er feststellte, daß Gott und der Logos in ihm ein einzig seien, wobei er ihm aber zwei Bezeichnungen gab, Vater und Sohn«: ...θεὸν καὶ τὸν ἐν αὐτῷ λόγον ἕνα μὲν εἶναι ὁριζόμενος, δύο δ' αὐτῷ πατρὸς καὶ υἱοῦ χαριζόμενος ἐπηγορίας. (GCS Euseb 4, 74, 26f. Klostermann/Hansen).

[185] E. th. I 17; II 2. 14.

markant. Jedoch hat G. FEIGE in seiner Erfurter Dissertation[186] auf einen sehr präzisen Zusammenhang zwischen den Angriffen Eusebs gegen jüdische Logosvorstellungen in der Demonstratio evangelica und denen gegen markellische Logosvorstellungen in Contra Marcellum und De ecclesiastica theologia aufmerksam gemacht:[187] in beiden Fällen geht es nämlich um den Vorwurf, lediglich einen »bloßen Logos«, einen menschlich gedachten Logos zu lehren. Heißt es in der »Evangelischen Beweisführung« gegen die Juden:

> Es möge also nun niemand meinen, der Logos Gottes sei dem bei den Menschen aus Silben bestehenden, aus Namen und Worten zusammengesetzten, zum Ausdruck gebrachten und ausgesagten (Logos) ähnlich. Was also das anbetrifft, besitzt der Logos bei uns vermittels Lauten und Silben und des durch diese Bezeichneten das Sein, wenn er durch Zunge, Luftröhre und auch durch den Mund hervorgebracht wird; der Logos der ewigen und unkörperlichen Natur, der in jeder Weise von dem, was uns gemäß ist, sich unterscheidet, dürfte nichts Menschliches an sich haben. (...) So beschaffen ist also der Logos in den Menschen, daß er eigentlich ohne Sein und ohne Seinsweise ist (...); aber (so) nicht auch derjenige (sc.: Logos) Gottes, der in sich eine eigene, ganz göttliche und vernünftige Seinsweise hat, die aber für sich besteht und auch für sich wirkt und dabei unstofflich und körperlich ist und in jeder Hinsicht der Natur des ersten und ungewordenen und alleinigen Gottes ähnlich ist.[188]

so wendet sich Euseb gegen Markell:

> Wenn er (sc.: Markell) aber annimmt, daß der Sohn bloßer Logos sei, und bezeugt, daß er nur Logos ist und häufig eben dies sagt, (nämlich) daß er nichts anderes war als Logos, der innen im ruhenden Vater blieb, aber

---

[186] Die Lehre Markells von Ankyra in der Darstellung seiner Gegner, EThSt 58, Leipzig 1991.

[187] Vgl. G. Feige, l.c. 30: »Wenn Markell den Sohn Gottes leugnet und dafür einen »bloßen Logos« lehrt, der bald in Gott ruht, bald aber durch tätige Wirkkraft hervortritt und dem menschlichen Logos ähnlich ist, dann unterscheidet sich diese Auffassung für Euseb nicht von der jüdischen.«

[188] D.e. V 5, 8-10: μὴ γὰρ οὖν τις ὑπολάβοι τῷ παρὰ ἀνθρώποις ἐκ συλλαβῶν συνεστῶτι, ἔκ τε ὀνομάτων καὶ ῥημάτων συγκειμένῳ, ἐνάρθρῳ καὶ προφορικῷ λόγῳ τὸν τοῦ θεοῦ παρόμοιον τυγχάνειν· ὅτι δὴ ὁ παρ' ἡμῖν λόγος ἐν φωναῖς καὶ συλλαβαῖς καὶ τοῖς διὰ τούτων σημαιωομένοις κέκτηται τὴν οὐσίαν, διὰ γλώττης καὶ ἀρτηριῶν φάρυγός τε καὶ στόματος προφερόμενος, ὁ δὲ τῆς ἀϊδίου καὶ ἀσωμάτου φύσεως πάντη κατὰ πάντα τοῦ καθ' ἡμᾶς παρηλλαγμένος οὐδὲν ἀνθρώπειον ἐπάγοιτ' ἄν,(...) τοιόσδε γὰρ ὁ ἐν ἀνθρώποις λόγος, ἰδίως μὲν ἀνούσιος ὢν καὶ ἀνυπόστατος, (...). ἀλλ' οὐ καὶ ὁ τοῦ θεοῦ τοιοῦτος, ἔχων δὲ καθ' ἑαυτὸν οἰκείαν ὑπόστασιν πάντη θείαν καὶ νοεράν, ἰδίως μὲν ὑφεστῶσαν, ἰδίως δ' αὖ πάλιν ἐνεργοῦσαν, ἄυλόν τε οὖσαν καὶ ἀσώματον καὶ κατὰ πάντα τῇ τοῦ πρώτου καὶ ἀγενήτου καὶ μόνου θεοῦ φύσει παρωμοιωμένην, ...(228, 15-33 Heikel). Die Übersetzung ist angelehnt an G. Feige, l.c. 63f.

wirkte, als er die Schöpfung hervorbrachte, ähnlich dem unseren, der in schweigenden Menschen ruht, aber bei redenden Menschen wirkt, (dann) dürfte er offenbar mit irgendeinem jüdischen und anthropomorphen Denken übereinstimmen, den wirklichen Sohn Gottes aber leugnen. Wenn man nun einen Juden fragte, ob Gott einen Logos hat, dann wird er wohl sicher sagen: Jeder Jude dürfte zugestehen, daß er sowohl einen Logos als auch viele Logoi hat. Daß er aber auch einen Sohn hat, dürfte er wohl nicht zugeben, wenn er gefragt wird.[189]

Euseb erkennt also in der theologischen Lehre Markells eine Logosvorstellung wieder, die er als »irgendeine jüdische« Vorstellung vom Logos identifiziert: In beiden Fällen, bei Markell wie bei den Juden, liegen, so Euseb, im Grunde anthropomorphe Vorstellungen vom Logos Gottes vor. Hiervon grenzt sich er scharf ab: die jüdische beziehungsweise markellische Sicht ist mit der christlichen Logosvorstellung nicht zu vereinbaren: sie schließe nämlich die Lehre von einem Sohn Gottes faktisch aus. Ist dies laut Euseb auch für die Juden durchaus typisch, so hat es doch in der christlichen Kirche keinen Platz. Deshalb vermerkt er auch abschließend gegenüber seinem Kontrahenten Markell von Ankyra besonders tadelnd, daß nun »nicht ein Jude, sondern ein Bischof diese Meinung einführt.«[190]

Euseb benutzt den Vorwurf, »jüdisch zu lehren«, also nicht einfach nur als polemische Attacke gegen Markell, sondern er kann eine konkrete Parallele zwischen markellischer und jüdischer Logosvorstellung namhaft machen: an dieser Frage aber entscheidet sich für ihn, ob der Christus als wirklicher Sohn Gottes und so selbst als Gott (im Sinne der Mehrhypostasenlehre »eigenständiger« Gott) gedacht werden kann. Und eben dieser Punkt birgt nicht weniger als die Unterscheidung zwischen der einen Religion von der anderen in sich. Markell gehört für ihn deshalb auf Grund seiner judaisierenden Logoslehre eigentlich nicht mehr in den Bereich der christlichen Religion, wie die Kritik, daß ausgerechnet ein Bischof diese Lehre vertrete, ganz deutlich zeigt: einem Juden hätte man sie zugestanden, in der christlichen Kirche hat sie keinen Platz.

---

[189] Marcell. I 1: ὁ δὲ ψιλὸν λόγον εἶναι τὸν υἱὸν ὑπολαμβάνων καὶ μόνον λόγον εἶναι μαρτυρόμενος καὶ πολλάκις τοῦτ᾽ αὐτὸ λέγων ὡς οὐδὲν ἕτερον ἦν ἢ λόγος, ἔνδον μένων ἐν ἡσυχάζοντι τῷ πατρὶ ἐνεργῶν δὲ ἐν τῷ τὴν κτίσιν δημιουργεῖν, ὁμοίως τῷ ἡμετέρῳ ἐν σιωπῶσιν μὲν ἡσυχάζοντι ἐν δὲ φθεγγομένοις ἐνεργοῦντι, δῆλος ἂν εἴη Ἰουδαϊκῷ τινι καὶ ἀνθρωπίνῳ συντρέχων φρονήματι τὸν δ᾽ ἀληθῶς υἱὸν τοῦ θεοῦ ἀρνούμενος. εἰ γοῦν τις Ἰουδαίων ἔχοιτό τινα, εἰ λόγον ἔχει ὁ θεός, πάντως που φύσει· ἐπεὶ [καὶ λόγον] καὶ λόγους πλείους ἔχειν αὐτὸν ὁμολογήσειεν ἂν Ἰουδαίων ἅπας. ὅτι δὲ καὶ υἱὸν ἔχει, οὐκέτ᾽ ἂν ὁμολογήσειεν ἐρωτηθείς. (4, 12-22 Klostermann/Hansen). Die Übersetzung ist angelehnt an G. Feige, l.c. 16f.

[190] Marcell. I 1: ...μὴ Ἰουδαίων ἀλλ᾽ ἐπισκόπων τις ταύτην εἰσαγάγοι τὴν δόξαν, ... (4, 22f. Klostermann/Hansen).

[191] Zitiert oben S. 160f. Anm. 132.

Es bestätigt sich somit im Blick auf die antimarkellischen Schriften der eingangs anhand des Zitates aus der Einleitung zu D.e. IV[191] gewonnene Eindruck, daß Euseb (trotz zugestandener grundsätzlicher Gemeinsamkeit durch das Vorhandensein einer Lehre von dem Christus) doch in der unterschiedlichen Ausprägung der Christologie, in der Frage der Göttlichkeit des Gott-Logos den entscheidenden und auch unüberwindbaren Unterschied zwischen Judentum und Christentum sieht. An der Christologie und der mit ihr verbundenen Verhältnisbestimmung von Gott und Gott-Logos scheiden sich die Geister, scheiden sich Christentum und Judentum in zwei verschiedene Religionen.[192]

5.2.2. Christus und Mose

Verhält es sich so, daß in der unterschiedlichen Haltung in der Frage nach dem Gekommensein beziehungsweise dem Ausstehen des Christus die entscheidende und unaufhebbare Differenz zwischen Christen und Juden liegt, so muß für unseren Zusammenhang sogleich weitergefragt werden, in welchem Verhältnis Euseb dann die Person Jesu des Christus zu der das Judentum repräsentierenden und es bis in die Gegenwart Eusebs prägenden Persönlichkeit des Mose sieht. Diese in der apologetischen Literatur, aber auch in der Kunst der Zeit nicht eben seltene Typologie einer Gegenüberstellung von Christus und Mose[193] ist bei Euseb, dies zeigt eine erste Lektüre der Texte sofort, in besonderem Maße an dem Aufeinanderbezogensein, nicht primär an einer Abgrenzung beider Gestalten interessiert.

In der Demonstratio evangelica bringt Euseb einen ausführlichen und sehr elaborierten Vergleich der Gestalten des Christus und des Mose, die es ermöglicht, dieses Phänomen noch etwas genauer einzufangen.

Das zweite Kapitel des dritten Buches der evangelischen Beweisführung dient Euseb dazu, seine Sichtweise des Christus gerade im Blick auf seine jüdischen Kontrahenten näher zu erläutern. Dazu bedient er sich eines Vergleiches der Eigenschaften und Taten beider, Christus und Mose, der eine Fülle von Parallelen zusammenstellt.[194] Im einzelnen macht Euseb auf folgende Gemeinsamkeiten zwischen Mose und Christus aufmerksam: beide stammen aus dem jüdischen Volk;[195] beide wenden sich gegen den Polytheismus[196]

---

[192] *Insofern* gilt für Euseb, daß das Christentum eine eigene Prägung der Gottesverehrung aufweist, die es vom Judentum und vom Heidentum unterscheidet, es zu einem »dritten Weg« macht: D.e. I 2, 1, zitiert oben S. 111 Anm. 322.

[193] Zum kunstgeschichtlichen Befund siehe H. Schlosser, LCI 3 (1971) 282-298.

[194] Vgl. hierzu auch die Auflistung bei J. Bruns, VigChr 31 (1977) 117f. sowie M.J. Hollerich, ChH 59 (1990) 318-320.

[195] D.e. III 2, 1: ... ἐκ τοῦ Ἰουδαίων ἔθνους ... (96, 16 Heikel).

[196] D.e. III 2, 6: »Er (sc. Mose) brachte sie als erster davon (sc.: vom polytheistischen Irrtum) ab«: πρῶτος μὲν ταύτης ἀπέστρεψεν, ... (97, 4f. Heikel). Ebd.: »Er (sc.:

und damit der Verehrung des einen Gottes zu,[197] beide ermöglichen einen gottgemäßen Lebenswandel[198] durch Aufstellung eines Gesetzes,[199] beide beweisen ihre Vollmacht durch Wundertaten,[200] beide verheißen ihrem Volk sowohl Landbesitz als auch Lebensmöglichkeiten,[201] beide sammeln beziehungsweise entsenden sowohl siebzig[202] als auch zwölf[203] Männer, beide stimmen in der Lehre von der Weltschöpfung und in der von der Unsterblichkeit der Seele miteinander überein.[204] Die Parallelen zwischen beiden »Religi-

Christus) erwirkte als erster die Zerstörung des allumfassenden Götzendienstes«: πρῶτος ἀνατροπὴν τῆς καθ' ὅλην τὴν οἰκουμένην εἰδωλολατρείας εἰργάσατο· (97, 12f. Heikel).

[197] D.e. III 2, 6: »Er (sc. Mose) verkündigte ihnen als erster auch die Theologie über die Monarchie (Gottes)«: πρῶτος δὲ αὐτοῖς καὶ τὴν περὶ μοναρχίας θεολογίαν κατήγγειλεν. (97, 6 Heikel). Ebd.: »Er (sc.: Christus) führte als erster alle Menschen in die Kenntnis und Gottesfurcht des einen allbeherrschenden Gottes ein«: πρῶτός τε τὴν ἑνὸς τοῦ παμβασιλέως θεοῦ γνῶσίν τε καὶ εὐσέβειαν πᾶσιν ἀνθρώποις προυβάλετο, ... (97, 13f. Heikel).

[198] D.e. III 2, 6: ... »eine Aufstellung gottverehrenden Lebens (sc.: durch Mose)«: ... ἀγωγήν τινα θεοσεβοῦς βίου ... (97, 8 Heikel). Ebd.: »Erster Einführer (sc.: Christus) eines neuen Lebens und den Gottesfürchtigen gebührenden Wandels«: καινοῦ τε βίου καὶ πολιτείας θεοσεβέσι προσηκούσης πρῶτος εἰσαγωγεὺς ... (97, 14f. Heikel).

[199] D.e. III 2, 6: Gesetzgeber (sc.: Mose): νομοθέτης (97, 9 Heikel). Ebd.: Gesetzgeber (sc.: Christus): νομοθέτης (97, 15 Heikel).

[200] D.e. III 2, 8: »Mose wiederum machte mit wunderbaren Werken und Wundertaten die von ihm verkündeten Gottesfurcht glaubwürdig. Ebenso aber machte auch Christus die neuen Kenntnisse aus seiner Evangeliumslehre bekannt, indem er die berichteten Wunder benutzte für den Glauben derer, die sie sahen.«: Πάλιν Μωσῆς θαυμασίοις ἔργοις καὶ παραδοξοποιίαις τὴν πρὸς αὐτοῦ καταγγελθεῖσαν εὐσέβειαν ἐπιστώσατο. ὡσαύτως δὲ καὶ ὁ Χριστὸς ταῖς ἀναγράπτοις θαυματουργίαις πρὸς πίστιν τῶν ὁρώντων κεχρημένος τὰ καινὰ τῆς εὐαγγελικῆς διδασκαλίας αὐτοῦ μαθήματα συνεστήσατο. (97, 25-29 Heikel). Euseb nennt sodann als Beispiele: Das vierzigtägige Fasten (Ex 34, 28/Lk 4, 1: D.e. III 2, 12f.), die Speisungswunder (Ex 16, 4/Mt 16, 8: D.e. III 2, 13f.); den Seewandel (Mose ging durch das Meer, Christus darüber: Ex 14, 21f./Mt 14, 25: D.e. III 2, 15-17), die Sturmstillungen (Ex 14, 21/Mt 8, 26: D.e. III 2, 18); die Verklärungsgeschichten (Ex 34, 29/Mt 17, 2: D.e. III 2, 19f.), die Heilungswunder (Num 12, 10/Mt 8, 2: D.e. III 2, 20-22).

[201] D.e. III 2, 10: »Mose wiederum kündete heiliges Land und gottgeliebtes Leben (...) an: Ebenso auch Jesus der Christus, der sagte: »Selig sind die Sanften, weil sie das Land erben werden« ... : Πάλιν Μωσῆς γῆν ἁγίαν καὶ θεοφιλῆ βίον (...) ἐπηγγείλατο· ὡσαύτως δὲ καὶ Ἰησοῦς ὁ Χριστός, »μακάριοι«, φησίν, »οἱ πραεῖς, ὅτι αὐτοὶ κληρονομήσουσι τὴν γῆν«, ... (97, 34-95, 1 Heikel).

[202] D.e. III 2, 24f. (Num 11, 16/Lk 10, 1).

[203] D.e. III 2, 25: »Und wiederum sandte Mose zwölf Männer als Kundschafter aus; ebenso aber, nur viel besser, entsandte unser Erretter zwölf Apostel, um nach allen Völkern zu sehen«: Καὶ πάλιν Μωσῆς δώδεκα ἄνδρας ἐξέπεμψε τὴν γῆν κατασκεψομένους· ὡσαύτως δὲ καὶ πολὺ κρεῖττον ὁ ἡμέτερος σωτὴρ δώδεκα ἀποστόλους ἐξαπέστειλεν ἐπισκέψασθαι »πάντα τὰ ἔθνη«. (100, 7-9 Heikel).

[204] D.e. III 2, 7: »Und im Blick auf die andere (sc.: Lehre) über die Entstehung der Welt

onsstiftern«[205] sind so stark herausgearbeitet, daß Euseb selbst am Ende seiner langen Aufzählung der Gemeinsamkeiten zwischen Mose und Christus zusammenfassend formulieren kann:

> Warum sollte ich noch den Untersuchungsgang ausdehnen für weitere Beweise dafür, daß Mose und Jesus, unser Herr und Retter, fast gleich und in großer Nähe agiert haben, wenn es für jedermann, der diese Dinge gerne im Selbstudium aufsuchen möchte, möglich ist?[206]

Trotz des klar traditionellen Charakters solcher Christus-Mose-Typologie[207] fällt doch die immens starke Akzentsetzung bei den Gemeinsamkeiten beider in der Darstellung Eusebs ins Auge. Christus und Mose werden ganz in ein und derselben heilsgeschichtlichen Linie gezeichnet. Christus tritt, nicht zuletzt im Blick auf die jüdischen Gesprächspartner, als »zweiter Mose« auf.[208]

---

und über die Unsterblichkeit der Seele, und all die anderen Lehren der Philosophie, die Mose als erster dem jüdischen Volk beibrachte, hat diese als erster Jesus der Christus den anderen Völkern durch seine Jünger in gottgeziemlicherer Form verkündet«: καὶ τὰ λοιπὰ δὲ τὰ περὶ κόσμου γενέσεως, καὶ τὰ περὶ ψυχῆς ἀθανασίας, καὶ ὅσα ἄλλα φιλόσοφα δόγματα πρῶτος Μωσῆς τῷ Ἰουδαίων παρέδωκεν ἔθνει, ταῦτα θεοπρεπέστερον πρῶτος τοῖς λοιποῖς ἔθνεσιν Ἰησοῦς ὁ Χριστὸς διὰ τῶν αὐτοῦ μαθητῶν κατήγγειλεν. (97, 16-20 Heikel).

[205] Vgl. D.e. I 7, 3.

[206] D.e. III 2, 27: Καὶ τί με δεῖ μηκύνειν τὸν λόγον εἰς ἀπόδειξιν τοῦ τὰ παραπλήσια καὶ ἐγγὺς ἀλλήλων πεποιηκέναι Μωσέα καὶ Ἰησοῦν τὸν σωτῆρα καὶ κύριον ἡμῶν, παρὸν ὅτῳ φίλον ἐπὶ σχολῆς ἀναλέξασθαι ταῦτα; (100, 17-20 Heikel).

[207] J.E. Bruns, VigChr 31 (1977) 117-125 meint, daß Euseb D.e. III 2 aus der (verlorenen) Schrift des Ammonius zitiere, die er H.e. VI 19, 10 nennt. Das ist freilich möglich; indes braucht man die Typologie D.e. III 2 inhaltlich nicht so weit von den Exegesen in D.e. IX abrücken, wie dies bei Bruns geschieht. Selbst wenn Euseb D.e. III 2 auf fremdem Material fußt, zeigt die bruchlose Integration desselben in die D.e. die völlige inhaltliche Übereinstimmung Eusebs mit jener Parallelensammlung zwischen Christus und Mose an.

[208] J.E. Bruns, l.c. 119 no. 7 macht hierzu darauf aufmerksam, daß die Erwartung des Messias als eines zweiten Mose in jüdischen Kreisen gerade zur Zeit des Eusebius wieder stärker verbreitet war und verweist dazu auf Midrasch Eccl R (Eccl 1, 9): »R. Berekiah sagte im Namen des R. Issac: Wie der erste Erlöser war, so wird der zweite Erlöser sein: Was ist vom vorigen Erlöser gesagt? Und Mose nahm seine Frau und seine Söhne und setzte sie auf einen Esel (Ex 4, 20). In gleicher Weise wird es mit dem zweiten Erlöser sein, wie gesagt ist: Niedrig und auf einem Esel reitend (Sach 9, 9). Wie der erste Erlöser das Herabfallen von Manna bewirkte, wie gesagt ist: Wahrlich ich werde Brot vom Himmel für euch regnen lassen (Ex 16, 4), so wird auch der zweite Erlöser das Herabfallen von Manna bewirken, wie gesagt ist: Er möge wie ein reiches Kornfeld im Lande sein (Ps 72, 16), Wie der erste Erlöser eine Flut kommen ließ, so wird auch der zweite Erlöser Wasser heraufbringen, wie gesagt ist: Und eine Quelle wird entspringen vom Hause des Herrn und wird das Tal von Shittim wässern (Joel 4, 18).« – Es liegt meines Erachtens sehr nahe, diesen Text in Beziehung mit der Mose-Christus-Typologie von D.e. II 3 zu setzen: Wie hätten dann eine Kontroverse vor uns, die durch Vergleichungen der Gestalt des Mose mit Christus beziehungsweise

Die Eusebsche Aufzählung enthält eine solch hohe Anzahl frappierender Parallelen, daß man schon geneigt ist zu fragen, wo nun eigentlich noch Differenzen zwischen Jesus dem Christus und Mose zu sehen und wie diese theologisch zu verorten sein sollen. In dem einschlägigen Passus in der Demonstratio evangelica fällt hierzu zunächst eine Fülle von Wendungen wie: »auf viel kräftigere Weise«,[209] »in gottgeziemlicherer Art«,[210] »mit größerer Kraft als mit der des Mose«[211] oder auch »in höherem Grade«[212] auf. Diese indizieren zunächst einmal einfach eine Steigerung in der Qualität, bringen also zum Ausdruck, daß Christus all das, was einst Mose tat, in noch vollkommenerer Weise auch getan hat. Indem Euseb so aber sowohl die offensichtliche Vergleichbarkeit und Kontinuität beider Gestalten als auch die qualitative Überlegenheit Christi gegenüber Mose gleichzeitig zum Ausdruck bringt, kann er dann auch pointiert von Christus als dem, »der das (mosaische) Gesetz ausdehnt«[213] reden. Diese Formulierung ist in zweierlei Weise zu verstehen: Einerseits sieht Euseb in diesem ἐπιτείνειν des mosaischen Gesetzes durch Christus eine Art Verschärfung (und damit eine moralische Perfektionierung) des Gesetzes gegeben:

> Aber indem unser Erretter das Gesetz ausdehnt, verbietet er nicht nur, zu morden, sondern auch, zornig zu sein. Anstelle von »Du sollst nicht ehebrechen« ermahnt er dazu, eine Frau auch nicht mit ungezügelter Lust anzusehen. Anstelle von »Du sollst nicht stehlen«, befiehlt er, daß wir unsere Habe den Bedürftigen überlassen sollen. Und indem er über die Bestimmung gegen das falsche Schwören von Anfang an hinausgeht, führt er das Gesetz ein, überhaupt nicht zu schwören.[214]

Andererseits erblickt er das ἐκτείνειν, die »Ausdehnung« des Gesetzes in dem ja bereits mehrfach angeklungenen Gedanken einer universalisierenden Erweiterung, einer Ermöglichung der wahrhaften monotheistischen Gottesverehrung für alle Völker, wodurch die partikularen und restringierenden Aspekte

---

mit den Aussagen über den jüdischerseits noch erwarteten Messias die »Richtigkeit« der jeweiligen Religion apologetisch »beweisen« wollte. Daß Stellen wie Sach 9, 9; Ps 71, 16 LXX; Joel 4, 18 dabei besonders umstritten waren, läßt sich leicht denken.

[209] D.e. III 2, 6: πολὺ κρειττόνως (97, 10 Heikel). Ebenso D.e. III 2, 18 (99, 8f. Heikel). Vgl. D.e. III 2, 25: πολὺ κρεῖττον (100, 8 Heikel).

[210] D.e. III 2, 7: θεοπρεπέστερον (97, 18 Heikel). Ähnlich D.e. III 2, 16: μᾶλλον θεοπρεπέστερον (98, 31 Heikel).

[211] D.e. III 2, 10: κρείττονι ἢ κατὰ Μωσέα (98, 8 Heikel).

[212] D.e. III 2, 20: διαφερόντως (99, 17 Heikel).

[213] D.e. III 2, 26: ἐπιτείνων τὸν νόμον (100, 11 Heikel).

[214] D.e. III 2, 26. ὁ δὲ σωτὴρ ἡμῶν ἐπιτείνων τὸν νόμον οὐ τὸ φονεύειν μόνον, ἀλλὰ καὶ τὸ θυμοῦσθαι ἀπαγορεύει, ἀντὶ τοῦ μὴ μοιχεύειν μηδ' ἐμβλέπειν γυναικὶ μετὰ ἐπιθυμίας ἀκολάστου παραινεῖ, ἀντί τε τοῦ μὴ κλέπτειν τὰ οἰκεῖα τοῖς ἐνδεέσι προΐεσθαι προστάττει, ὑπερβὰς δὲ καὶ τὸ ἐπιορκεῖν τὴν ἀρχὴν μηδὲ ὀμνύναι νομοθετεῖ. (100, 10-16 Heikel).

des mosaischen Gesetzes (und damit allerdings auch die einzelnen Bestimmungen des gesamten mosaischen Gesetzes)[215] eben in Christus an ihr definitives
Ende gekommen sind.[216] Die reiche Ausgestaltung der Christus-Mose-Typologie im Werk Eusebs ist mithin genau von jenem Konzept der Kontinuität
und Diskontinuität getragen, das schon im Blick auf die heilsgeschichtlichen
und terminologischen Aspekte wie hinsichtlich der Auffassung vom Gesetz in
den Schriften des Caesareners als vorherrschend erkannt worden war.

Dieses Ergebnis des kurzen Blickes auf den Christus-Mose-Vergleich in der
Demonstratio evangelica zeigt somit für die Fragestellung dieser Arbeit deutlich, daß Eusebs Christologie, so sehr sie an dem entscheidenden Punkte der
Frage nach dem Gekommensein des Christus eine nachhaltige Abgrenzung
von den Juden vollzieht, an keiner Stelle die Gebundenheit der Person Christi
an die jüdisch-mosaischen Traditionen aus dem Gesichtsfeld verliert oder
außer Acht läßt. Aus diesem Grunde mißbraucht er die Christologie auch
nicht zu einer Abwertung eben jener Traditionen. Die Verbindung ist, so sehr
Euseb Christus auch als eine »Überbietung« des Mose begreift, unauflöslich,
und zwar deshalb, weil sie im ewigen Heilsplan Gottes so und nicht anders
angelegt ist. Um sich dieser Tatsache zu vergewisssern, muß man, so Euseb,
eigentlich nur die Heiligen Schriften der Juden eingehend studieren und sie
dabei »richtig« interpretieren – ein Unternehmen, das er ab dem dritten Buch
der Demonstratio nun in geradezu enzyklopädischer Weise in Angriff nimmt,
sich dabei an zahlreichen Stellen mit dem seiner Sicht konträren jüdischen
Verständnis dieser Texte auseinandersetzend.

5.2.3. Christologische Auslegung der Heiligen Schriften der
Juden und Christen

Eusebs Verständnis der Christologie bedingt, daß er die alttestamentlichen
Schriftstellen sämtlich von Christus her und auf Christus hin liest und auslegt.[217] Er steht damit in der Linie der üblichen christlichen Auslegung schon
seit dem NT. Euseb benutzt die Exegese dabei als »Beweisführung«: die

---

[215] Siehe hierzu den Exkurs über »Das Ende des Gesetzes« in dieser Arbeit unter 5.1.2.

[216] D.e. III 2, 6. Vgl. hierzu auch die Überlegungen zur »inkludierenden« Soteriologie
Eusebs unter 5.2.1. sowie seine Kritik an der jüdischen Heilsexklusivität und am
Partikularismus (zu letzterer siehe Abschnitt 5.5.1. in dieser Arbeit).

[217] Zur Exegese Eusebs liegen einige wissenschaftliche Untersuchungen auch neueren
Datums vor, unter denen diejenigen M.J. Hollerichs über den Jesajakommentar her-
ausragen. Genannt seien: M.J. Hollerich, The Godly Polity in the Light of Prophecy:
A Study in Eusebius of Caesarea's Commentary on Isaiah, Diss. Chicago 1986; ders.,
Eusebius as Polemical Interpreter of Scripture, in: Eusebius, Christianity, and Judaism,
ed. H.W. Attridge/G. Hata, StPB 42, Leiden 1992, 585-615; in demselben Sammelband
der Beitrag von C. Kannengießer, Eusebius of Caesarea, Origenist, l.c. 435-466;
außerdem F. Winkelmann, Euseb von Kaisareia. Der Vater der Kirchengeschichte,
Berlin 1991, 41-46; T.D. Barnes, Constantine and Eusebius, Cambridge/Mass. 1981,
106-125; É. des Places, Eusèbe de Césarée commentateur: Platonisme et Écriture sainte,

alttestamentlichen Schriftstellen dienen ihm dazu, die »Richtigkeit« der christlichen Religion, so wie er sie versteht und vertritt, aufzuzeigen. In der Kirchengeschichte macht er darauf aufmerksam, daß er allein zu diesem Zwecke in einer eigenen Schrift die Prophetenstellen über den Erlöser Jesus Christus gesammelt habe[218] – gemeint ist natürlich die Demonstratio evangelica.

Schon einige Jahre vor der Abfassung des apologetischen Doppelwerkes hatte Euseb in der Introductio elementaria generalis/Eclogae propheticae[219] eine ausgiebige Zusammenstellung alttestamentlicher »Beweise« unternommen,[220] auf die er nun zurückgreift. Allerdings hatte er in der Introductio die Stellen in der Reihenfolge der biblischen Bücher angeordnet,[221] während er nun in der Demonstratio evangelica einen systematischeren Zugriff wählt. Die Durchführung der Exegese ändert sich hingegen nicht: In beiden Texten werden die gesammelten Zitate entweder nur nebeneinander gestellt, oder, was mehrheitlich der Fall ist, durch kurze kommentierende Zwischenstücke miteinander verbunden.[222]

Etwa 80% des erhaltenen Textbestandes der Demonstratio evangelica besteht aus alttestamentlichen Zitaten und ihrer Deutung und Erklärung, wobei die meisten Stellen auch bereits in der Introductio elementaria generalis verwendet worden waren.[223] Setzt man voraus, daß in dem verlorenen Teil die

---

ThH 63, Paris 1982, 87-142; D.S. Wallace-Hadrill, Eusebius of Caesarea, London 1960, 72-99; C. Sant, Interpretatio Veteri Testamenti in Eusebius of Caesarea, in: VD 45 (1967) 79-90, eine Kurzfassung seiner Dissertation The Old Testament Interpretation of Eusebius of Caesarea, Diss. Rom 1964; schließlich die immer noch wichtige Arbeit von A. von Ungern-Sternberg, Der traditionelle alttestamentliche Schriftbeweis »De Christo« und »De Evangelio« in der Alten Kirche bis zur Zeit Eusebs von Caesarea, Halle 1913, hierin über die Demonstratio evangelica 203-220.

[218] H.e. I 2, 27.

[219] S.o. unter 3.3.2. in dieser Arbeit.

[220] Vgl. hierzu A. von Ungern-Sternberg (wie Anm. 217) 192-203. Von Ungern-Sternberg hat v.a. darauf aufmerksam gemacht, wie Euseb die Schriftbeweistradition der apologetischen Literatur einerseits aufnimmt, andererseits eigenständig weiterführt. L.c. 218: »Von den 168 Zitaten in den vier Büchern der Eklogen (...) fehlen bei Justin, Irenäus, Tertullian, Cyprian – 69 Zitate (...). Dieses Sondergut von Euseb bleibt ein beträchtliches, doch wird es vom gemeinsamen Zitatenschatz überwogen, welcher die Einordnung auch der Eklogen Eusebs in die vom SB (=Schriftbeweis; Vf.) bei Justin, Irenäus, Tertullian, Cyprian repräsentierte Tradition des SB verlangt.« – Eine Gesamtübersicht über den Bibelzitatenschatz in den Eclogae Eusebs bei von Ungern-Sternberg, l.c. 202f.

[221] Auch dies ein Aspekt, der auf die Eigenständigkeit der Rezeptionsleistung Eusebs hinweist – es ist die erste »biblische« Anordnung solcher Beweisstellen; mit Euseb wird das Vorgehen der Apologetik weniger willkürlich, methodischer, wissenschaftlicher.

[222] A. von Ungern-Sternberg, l.c. 192f. u.ö. wählt für diese kommentierenden Passagen zwischen den Bibelstellenzitaten die Bezeichnung Diegese.

[223] A. von Ungern-Sternberg, l.c. 214f. mit Anm. 1 macht 18 Schriftzitate in der Demonstratio aus, die in den Eclogae nicht vorkommen. Ein sicheres Urteil über das Verhältnis der alttestamentlichen Zitierungen in beiden Schriften Eusebs ist aber auf Grund der unvollständigen Überlieferung beider Texte nicht möglich.

»Beweisführung« in derselben Form weiterging wie ab D.e. III, darf man schließen, daß der Prozentsatz der Schriftzitate und -auslegungen im ganzen zweiten Buch des apologetischen Doppelwerkes noch etwas höher gewesen sein muß.

Die christologische Auslegung der Heiligen Schriften der Juden in der Demonstratio evangelica verfolgt ein doppeltes Ziel: sie will, wie oben gezeigt,[224] die »Fortgeschrittenen im Christentum« aufklären und mit Argumentationshilfen versehen,[225] sie will andererseits mit den Juden um das rechte Verständnis dieser Schriften ringen. Die beeindruckende Ausführlichkeit der Arbeit Eusebs einerseits und das detaillierte Eingehen auf nahezu jedes textkritische Problem bis hin zu scheinbaren Quisquilien andererseits wird überhaupt nur dadurch verständlich, daß es hier eben auch um eine konkrete, engagiert geführte kontroverse Auseinandersetzung um den Sinn der Schrift geht.

Euseb selbst formuliert dies an einer Stelle folgendermaßen:

> Einstimmig haben die siebzig Hebräer sie (sc.: die Heiligen Schriften) gemeinsam übersetzt, auf die wir nun die meiste Aufmerksamkeit richten werden, weil es auch in der christlichen Kirche üblich ist, von diesen Gebrauch zu machen. Wenn es aber notwendig ist, werden wir zusätzlich auch die Ausgaben der neueren Übersetzer nicht verschmähen, welche die Juden heutzutage zu gebrauchen gewöhnt sind, so daß die Sache unserer Beweisführung stärkeren Beistand von allen Seiten erfahren dürfte.[226]

Damit ist deutlich, daß der Grund für die Tatsache, daß Euseb an zahlreichen Stellen seiner Arbeit auf die unterschiedlichen Überlieferungen des biblischen Textes ausführlich eingeht, im Versuch einer »Objektivierung« der kontroversen Argumentation zwischen Christen und Juden zu suchen ist. Die LXX hat zwar dabei als das in exegetischem und vor allem liturgischem Gebrauch befindliche Alte Testament der Kirche grundsätzlich Priorität, aber wenn Euseb für seine Exegese im apologetischen Doppelwerk häufig die Lesarten von Aquila, Symmachus und Theodotion hinzuzieht, so ist dies in der Benutzung dieser Lesarten durch die Juden begründet: die Auseinandersetzung zwischen christlichem und jüdischem Verständnis der Heiligen Schriften wird

---

[224] Siehe oben S. 43f.

[225] Eben diesen Impetus hatte auch die Introductio: Die Belege aus der Schrift sollen gerade bei »Anfängern« zur Sicherung des Glaubens gegen Kritik von außen dienen: Ecl. I 1 (PG 22, 1024).

[226] D.e. V prooem. 35f.: ἑβδομήκοντα δ᾽ οὖν ἄνδρες ἀθρόως Ἑβραῖοι συμφώνως αὐτὰς μεταβεβλήκασιν, οἷς μάλιστα τὸν νοῦν προσέξομεν, ὅτι δὴ καὶ τῇ τοῦ Χριστοῦ ἐκκλησίᾳ τούτοις κεχρῆσθαι φίλον. εἰ δέ που γίνοιτο χρεία, οὐδὲ τὰς τῶν μετὰ ταῦτα νεωτέρων ἑρμενευτῶν ἐκδόσεις, αἷς φίλον εἰσέτι νῦν Ἰουδαίοις χρῆσθαι, παραιτησόμεθα, ὡς ἂν πανταχόθεν τὰ τῆς ἀποδείξεως ἡμῖν βεβαιοτέρας τύχοι παραστάσεως. (209, 31-210, 3 Heikel).

so auf eine breitere, zuverlässigere Basis gestellt, vor allem aber: die Argumentation wird nun kommunikabel, weil die Diskussion jetzt nicht mehr durch
mehr Berufung auf die eine beziehungsweise die andere Überlieferungstradition
von vornherein abgeblockt werden kann. Wenn Euseb sich neben der LXX auf
die bei den Juden gebräuchlichen Lesarten beruft, so tut er dies also nicht
allein auf Grund seiner Liebe zur (natürlich durch die Benutzung der Hexapla
ermöglichten)[227] wissenschaftlich-enzyklopädischen Genauigkeit, sondern
auch, um seinen Gegnern auf deren Terrain adäquat begegnen, sie möglicherweise besser überzeugen zu können beziehungsweise deshalb, um seine noch
unerfahrenen christlichen Leser auf mögliche Argumente, die mit den unterschiedlichen Lesarten der biblischen Texte zusammenhingen, vorbereiten zu
können.[228] Die christologische Auslegung der Heiligen Schriften ist für Euseb
von da her nicht nur »innerchristliches« Gemeingut, sondern sie gehört mitten
hinein in die lebendigen christlich-jüdischen kontroversen Auseinandersetzungen in der Metropolis Caesarea wie in Palästina.[229]

Euseb systematisiert seine christologische Auslegung der Heiligen Schriften
der Juden und Christen in der Demonstratio evangelica in zwei große Berei-
che, und dieser Systematisierung entspricht die Anordnung der von ihm
zitierten Bibelstellen: im ersten Bereich will er diejenigen alttestamentlichen
Aussagen zusammentragen, mit denen das »Daß« des Kommens des Erretters
»bewiesen« werden kann (D.e. III-VI). Im zweiten Teil sammelt er hingegen
diejenigen Texte, die für die Frage des »Wie« des Kommens des Christus
relevant sind, sich also auf die Inkarnation des Logos und auf die näheren
Umstände seines irdischen Wandels beziehen (D.e. VII-X [nicht erhalten XI-
XX]).[230]

Eine Auflistung der im erhaltenen Teil der Demonstratio evangelica verwendeten alttestamentlichen Bibelstellen liegt vor und braucht daher an dieser
Stelle nicht noch einmal gegeben werden,[231] so daß hier die Nennung einiger
ausgewählter Beispiele genügen kann: so »beweist« Euseb im ersten Teilbereich
seiner Argumentation die Tatsache des Kommens Christi unter anderem mit

---

[227] Benutzt wird hier die Ausgabe Origenis Hexaplarum quae supersunt ..., ed. F. Field,
2 vol., Hildesheim 1964 (ND der Ausgabe Oxford 1875). – Zur Hexapla siehe C.P.
Bammel, Aug. 28 (1988) 125-149.

[228] Zu dieser doppelten Ausrichtung des apologetischen Doppelwerks Eusebs siehe oben
den Abschnitt 3.2. in dieser Arbeit.

[229] Deshalb geht es in der Polemik gegen die Juden auch immer wieder um den Vorwurf
eines falschen Verständnisses eben jener Heiligen Schriften, siehe hierzu unten unter
5.5.2. – Für den Jesajakommentar hat eben dies M.J. Hollerich überzeugend dargetan,
vgl. Eusebius as Polemical Interpreter of Scripture (wie Anm. 217) 594. 597. 607f.

[230] Zu dieser Gliederung vgl. Eusebs eigene Darlegung D.e. VII prooem. 1f.; 1, 154.

[231] Verwiesen sei auf das Bibelstellenregister der Heikelschen GCS-Edition, l.c. 513-522
(Altes Testament) und auf die Zusammenstellung bei A. von Ungern-Sternberg, l.c.
207-211.

Ps 49, 1-14[232] oder Hab 2, 2,[233] das Richteramt Christi mit Ps 97, 1-8,[234] das Heilswirken Christi mit Jes 35, 1-7,[235] die Schöpfungsmittlerschaft mit Gen 1, 26,[236] im zweiten Teilbereich etwa die Geburt Christi, der Hoffnung für alle Völker, aus dem Stamme Juda mit Gen 49, 8-10,[237] die Geburt Jesu in Bethlehem mit Mi 5, 2-6 und Ps 131[238] sowie den Stern von Bethlehem mit Num 24, 15-19,[239] das Auftreten Johannes des Täufers mit Jes 60, 3[240] den Seewandel des Herrn mit Hi 9, 7,[241] seine Wundertaten mit Jes 35, 3[242] oder auch den Verrat des Judas mit Ps 40.[243]

Einige Beobachtungen, die für die christologische Exegese alttestamentlicher Texte in Eusebs apologetischen Doppelwerk typisch sind, mögen die exegetische Auseinandersetzung mit den Juden noch etwas genauer beleuchten.

Der wohl wichtigste Aspekt hinsichtlich der alttestamentlichen Exegese Eusebs betrifft die hermeneutischen Voraussetzungen, unter denen er an die Interpretation der Texte herangeht. Diese liegen natürlich in den christologischen und geschichtstheologischen Grundpfeilern seiner Theologie, das heißt: Die exegetischen Optionen Eusebs in der Debatte mit den Juden werden häufig unmittelbar mit den in dieser Arbeit schon dargestellten geschichtstheologischen Argumenten[244] und den christologischen Voraussetzungen[245] verzahnt beziehungsweise sind von ihnen bestimmt.[246] Zwei Beispiele für diese Frage nach diesen »hermeneutischen Voraussetzungen« müssen hier genügen:

---

[232] D.e. VI 3.

[233] D.e. VI 14.

[234] D.e. VI 6.

[235] D.e. VI 21.

[236] D.e. V 7, 1f. – Ein Beispiel für eine jüdische Gegenpositon zu dieser christlichen Auslegung des Plurals in Gen 1, 26 findet sich j Ber IX 1, 12d: »Sie (=die Häretiker) sind noch einmal darauf zurückgekommen und fragten ihn (= R. Simlai): Was bedeutet das, was geschrieben steht: *Lasset uns einen Menschen machen nach unserem Bilde, uns ähnlich?* Darauf entgegnete er ihnen: Es heißt doch nicht: »Und die Götter schufen den Menschen nach ihrem Bilde«, sondern (es heißt): *Und Gott schuf den Menschen nach seinem Bilde.«* (217 Horowitz).

[237] D.e. VII 3, 53-55.

[238] D.e. VII 2.

[239] D.e. IX 1.

[240] D.e. IX 5.

[241] D.e. IX 12.

[242] D.e. IX 13.

[243] D.e. X 1.

[244] Siehe oben unter 5.1.1.

[245] Siehe oben unter 5.2.1.

[246] Gleich im Prooemium des dritten Buches der D.e. sagt Euseb: »Zuerst aber wollen wir (die Tatsache) bedenken, daß die Propheten die Erwähnung des Evangeliums Christi vorweggenommen haben«: πρῶτον θεωρήσαντες, ὅπως οἱ προφῆται τὴν τοῦ

In der Streitfrage, ob sich 1.Chron 17, 12 auf den Thron Salomos oder den Thron Christi beziehe, argumentiert Eusebius folgendermaßen:

> Es ist recht, daß sie (sc.: die Juden) ihre Aufmerksamkeit darauf richten, ob sie die Prophezeiung (wirklich) auf Salomo beziehen können, welche sagt: »Und ich werde seinen Thron in Ewigkeit aufrichten« (1.Chron 17, 12). (...) Denn wenn jemand die Jahre der Regierung Salomos zusammenrechnet, so wird er finden, daß es vierzig sind und nicht mehr. Selbst wenn er die Regierungen aller seiner Nachfolger dazuaddiert, dürfte er finden, daß es zusammen nicht mehr als 500 Jahre sind. Und selbst wenn wir annehmen, daß ihre Linie sich fortsetzte bis zum abschließenden Angriff auf das jüdische Volk durch die Römer: Wie (verhält sich) dies zu der Prophezeiung, welche verkündet: »in Ewigkeit« (...)?[247]

Diese Stelle zeigt schön, daß es für Euseb nicht allein um die positive Darstellung der »Richtigkeit« des Christentums mit exegetisch-geschichtstheologischen Mitteln geht, sondern daß hier tatsächlich die Bearbeitung eines exegetischen Dissenses vorliegt, insofern die geschichtstheologische Auslegung der Heiligen Schriften eben nicht nur von den Christen, sondern auch jüdischerseits betrieben wurde.[248] Dies wird auch in einem zweiten Beispiel deutlich: Die Prophezeiung Ps 2, 1f. beziehen offenbar sowohl Christen als auch Juden in Caesarea auf sich selber beziehungsweise auf die ihnen widerfahrenen Verfolgungen. Euseb argumentiert daher in Auslegung dieser Psalmstelle:

εὐαγγελίου μνήμην ἐπὶ τοῦ Χριστοῦ προελάμβανον – es folgt der Hinweis auf Jes 61, 1 und Lk 4, 21. – In Buch IV der D.e. finden sich christologische Ausführungen, die den dann folgenden exegetischen »Beweisen« gleichsam als Prämisse vorgeschaltet sind. Ähnlich auch in der Introductio elementaria generalis: Hier sagt Euseb gar, daß er *vor* den Auszügen aus den alttestamentlichen Büchern die göttliche Präexistenz Christi und die Propehezeiung seiner doppelten Parusie betont wissen will: Ecl. I 1 (PG 22, 1025). – Im Blick auf die Exegese des vierten Gottesknechtsliedes durch Euseb hat C. Markschies unlängst die konsequente Auslegung im Zusammenhang der eigenen christologischen Grundgedanken als »das Überraschende« an Eusebs (sich ansonsten in ziemlich konventionellen Bahnen bewegender Auslegung) herausgestellt: Der Mensch Jesus Christus im Angesicht Gottes. Zwei Modelle des Verständnisses von Jesaja 52,13-53,12 in der patristischen Literatur und deren Entwicklung, in: Der leidende Gottesknecht. Jesaja 53 und seine Wirkungsgeschichte, hg. P. Stuhlmacher/B. Janowski, FAT 14, Tübingen 1996, 235f.

[247] D.e. VII 3, 6-8: οὓς ἐπιστῆσαι καλόν, εἰ οἷοί τε εἶεν ἐπὶ Σολομῶνα ἀνάγειν τὸν χρησμὸν φάσκοντα· »καὶ ἀνορθώσω τὸν θρόνον αὐτοῦ εἰς τὸν αἰῶνα« (...). εἰ γὰρ δὴ <τις> τοὺς χρόνους ἐξετάσειεν τῆς τοῦ Σολομῶνος βασιλείας, τεσσαράκοντα ἔτη, οὐ πλείονα, εὑρήσει· εἰ δὲ καὶ τῶν διαδόχων αὐτοῦ συνάξοι, οὐδὲ ἐφ' ὅλοις πεντακοσίοις ἔτεσιν εὕροι ἂν τοὺς πάντας διαγενομένους. ἀλλ' ἔστω τοὺς αὐτοὺς καὶ μέχρι τῆς ὑστάτης ὑπὸ Ῥωμαίων πολιορκίας τοῦ Ἰουδαίων ἔθνους διαρκέσαι νομίζεσθαι· τί οὖν τοῦτο πρὸς τὴν προφητείαν, »εἰς τὸν αἰῶνα« (...) θεσπίζουσαν; (338, 14-26 Heikel). – Eine jüdische Auslegungstradition (unter anderen) mit Blick auf 1.Chron 17 findet sich zum Beispiel j Sheq II 7, 47a.

[248] Siehe hierzu oben S. 134.

Genau dies aber hat ausdrücklich der Lauf der Ereignisse durch die Tatsachen selbst zu der Zeit unseres Erretters Jesus Christus gezeigt. Denn gar
jetzt noch haben Völker, Nationen, Könige und Herrscher nicht aufgehört
mit ihrem Angriff gegen ihn und seine Lehre.[249] Und wenn die aus der
Beschneidung diese Voraussagen auf eine noch ausstehende Zeit beziehen
wollen, dann sollten sie akzeptieren, daß gegen ihren erwarteten Christus
wiederum eine Verschwörung stattfinden wird, gemäß der aufgeführten
Prophezeiung: »Die Könige der Erde standen auf und die Herrscher wurden zu einem versammelt gegen den Herrn und gegen seinen Christus« (Ps
2, 2); was sie (allerdings) niemals anerkennen würden, insofern sie den
kommenden Christus als großen Herrscher und ewigen König und als
ihren Erlöser erwarten. Wenn aber doch auch jener tatsächlich kommen
und dieselben Dinge erleiden würde wie der, der (schon) gekommen ist,
warum ist dann jenem eher als diesem zu glauben oder nicht zu glauben?
Und wenn sie daraufhin sich verschließen und die Prophezeiung auf
David oder einen der Könige des jüdischen Volkes aus seinem Stamme
beziehen wollen, so ist auch zu zeigen, daß weder von David noch von
irgendeinem anderen der bei den Hebräern Berühmten berichtet wird,
daß er als Sohn Gottes geweissagt hat und von Gott gezeugt worden ist,
entsprechend der Prophezeiung in dem Psalm (sc.: Ps 2, 7).[250]

---

[249] Eine der meines Erachtens sicheren Belegstellen für eine Datierung der Demonstratio
evangelica in die Schlußphase der diokletianischen Verfolgung. Siehe hierzu oben S.
36f.

[250] D.e. IV 16, 3-5: ἅπερ διαρρήδην αὐτοῖς ἔργοις ἐπὶ τοῦ σωτῆρος ἡμῶν Ἰησοῦ
Χριστοῦ ἡ τῶν πραγμάτων ἐπέδειξεν ἔκβασις, εἰσέτι τε νῦν ἔθνη καὶ λαοὶ βασιλεῖς
τε καὶ ἄρχοντες οὔπω παύονται τῆς κατά τε αὐτοῦ καὶ τῆς διδασκαλίας αὐτοῦ
συσκευῆς. εἰ δ᾽ ἐπὶ μέλλοντα χρόνον ἀναφέροιεν ταῦτα οἱ ἐκ περιτομῆς, ὥρα τὸν
προσδοκώμενον αὐτοῖς Χριστὸν ἐπιβουλευθήσεσθαι αὖθις ὁμολογεῖν, κατὰ τὸ
παρὸν λόγιον φάσκον· »παρέστησαν οἱ βασιλεῖς τῆς γῆς καὶ οἱ ἄρχοντες
συνήχθησαν ἐπὶ τὸ αὐτὸ κατὰ τοῦ κυρίου καὶ κατὰ τοῦ χριστοῦ αὐτοῦ«. ὅπερ
οὐκ ἂν δοῖεν, δυνάστην τινὰ μέγαν καὶ βασιλέα αἰώνιον καὶ λυτρωτὴν ἑαυτῶν
ἔσεσθαι τὸν ἥξοντα Χριστὸν προσδοκῶντες. εἰ γὰρ δὴ κἀκεῖνος ἐλθὼν τὰ ὅμοια
πάθοι τῷ ἐληλυθότι, καὶ τί μὴ μᾶλλον ἐκείνῳ ἢ τούτῳ πιστευτέον ἢ ἀπιστητέον;
εἰ δ᾽ ἐντεῦθεν ἀποκλεισθέντες ἐπὶ τὸν Δαβὶδ ἤ τινα τῶν ἐξ αὐτοῦ γενομένων
βασιλέων τοῦ Ἰουδαίων ἔθνους ἀναφέροιεν τὸν χρησμόν, καὶ οὕτω δεικτέον, ὡς
οὔτε Δαβὶδ οὔθ᾽ ἕτερός τις τῶν πώποτε παρ᾽ Ἑβραίοις διαφανῶν ἱστόρηται οὔθ᾽
υἱὸς χρηματίσας τοῦ θεοῦ, οὔθ᾽ ὑπὸ τοῦ θεοῦ γεγεννημένος κατὰ τὸν ἐν τῷ
ψαλμῷ θεσπιζόμενον, ... (184, 10-27 Heikel). – Hingegen deutet die jüdische
Auslegungstradition Ps 2 auf den noch kommenden Messias. Ein (natürlich nicht
unmittelbar in die Situation in Caesarea einzutragendes) Beispiel:
תנו רבנן: משיח בן דוד שעתיד להגלות במהרה בימינו, אומר לו הקדוש ברוך הוא: שאל
ממני דבר ואתן לך, שנאמר אל חוק וגו' אני היום ילדתיך שאל ממני ואתנה גנים נחלתך.
וכיון שראה משיח בן יוסף שנהרג, אומר לפניו: רבונו של עולם, איני מבקש ממך אלא חיים.
עד שלא אמרת – כבר התנבא עליך דוד אביך שנאמר חיים שאל ממך נתתה לו וגו'.
»Die Rabbanan lehrten: Zum Messias, dem Sohn Davids, der binnen Kurzem erscheinen wird, denn es heißt: *Ich will den Beschluss kund thun* &, wird der Heilige,

Christologische und geschichtstheologische Argumentation Eusebs überschneiden sich hier in der Auslegung der zwischen Juden und Christen in Caesarea offenbar umstrittenen Psalmstelle, ein weiterer Beleg für die »hermeneutischen Voraussetzungen«, mit denen Euseb an die Texte herangeht, zudem aber auch ein Beispiel für die Verständniskategorien, die seine jüdischen Kontrahenten an die Texte herantragen. Der eingangs mit dem Zitat aus D.e. IV 1, 2 aufgezeigte Grundunterschied zwischen Christen und Juden,[251] die Annahme oder Ablehnung der Person Jesu als des Christus, bestimmt also das Verständnis und die Auslegung der Heiligen Schriften – und zwar auf beiden Seiten.

Daher werden sämtliche alttestamentlichen Theophanien von Euseb (wiederum in Übereinstimmung mit der antiken christlichen Tradition der Exegese) ganz selbstverständlich und konsequent als Logophanien beziehungsweise Christophanien gedeutet: Hierfür bietet er nicht nur eine Fülle von einzelnen Belegstellen auf, sondern argumentiert auch, und zwar theologisch-philosophisch: So weist er gegen die Juden darauf hin, daß zum Beispiel dem Abraham (Gen 12, 1-3. 7; 13, 14-17; 15, 1-21; 17, 1-22; 18, 1-33) nicht ein Engel, sondern nur Gott erschienen sein könne.[252] Da aber Gott selber prinzipiell nicht in sinnlich faßbarer Weise erschienen sein könne (nämlich auf Grund des Apathieaxioms; biblisch belegt mit Mal 3, 6; Jer 23, 24), bleibt nur die gleichsam »folgerichtige« Lösung, in diesen Erscheinungen Erscheinungen des Gott-Logos, also Christophanien zu sehen.[253] Ähnlich argumentiert Euseb in D.e. V 10 in Auslegung von Gen 28, 10-19: Da in dem Text sowohl von der Vision eines Engels als auch von der des Herrn die Rede sei, wie übrigens auch Gen 31, 11-13, müsse Jakob »zwar nicht den, der über allem ist, aber den Zweiten zu jenem, der die Angelegenheiten des Vaters unter den Menschen verwaltet und überall verkündet«[254] gesehen haben. Schließlich wird dasselbe Argument für die Offenbarungen Ex 19, 9; 33, 9; Num 12, 5 in Anspruch genommen:

> Und es ist bereits gezeigt, daß dieser nicht der Gott war, der über allem ist, sondern ein anderer, welchen wir, weil er das Wort Gottes ist, den Christus nennen, der auch damals um der Menge willen von Mose selbst und dem Volk gesehen wurde in der Säule einer Wolke ...[255]

---

gebenedeit sei er, sprechen: Verlange etwas von mir, ich will es dir geben, denn es heißt: *Verlange von mir, so will ich dir die Völker zum Erbe geben.* Da jener aber sehen wird, dass der Messias, der Sohn Josephs getötet wurde, wird er vor ihm sprechen: Herr der Welt, ich verlange von dir nur Leben! Darauf wird er zu ihm sprechen: Bevor du nur ums Leben gebeten hast, weissagte dies bereits dein Ahn David über dich, denn es heißt*: Leben erbat er von dir, du gabst ihm &.«* : b Suk V 2, 52a (147 Goldschmidt).

[251] Vgl. oben S. 160 Anm. 132.

[252] Analog zu Just., Dial. 56-58.

[253] Ecl. I 3.

[254] D.e. V 10, 5: οὐ μὴν ὁ ἐπὶ πάντων, ἀλλ᾽ ὁ ἐκείνου δεύτερος, τὰ τοῦ πατρὸς εἰς ἀνθρώπους διακονούμενος καὶ διαγγέλλων. (233, 12f. Heikel).

[255] D.e. V 14, 3: προαποδέδεικται δὲ ὅτι μὴ ὁ ἐπὶ πάντων θεὸς οὗτος ἦν, ἕτερος δὲ

Die alttestamentlichen Gottesoffenbarungen sind also sämtlich Selbstbezeugungen Gottes durch seinen vorinkarnierten Logos.[256] Dabei werden allerdings die alttestamentlichen Prophezeiungen, die christlicherseits auf Jesus den Christus gedeutet werden, von Euseb differenziert interpretiert. Dies hängt ganz offensichtlich mit einer Reaktion auf Einwendungen der Juden gegen diese christliche Interpretation der Texte zusammen, die vermutlich die auf die Herrlichkeit Christi zu deutenden Passagen gegen die auf die Niedrigkeit deutenden auszuspielen versuchten. Gegen solcherlei Einwände seiner jüdischen Kontrahenten unterscheidet Euseb zwischen solchen Prophezeiungen, die auf die Inkarnation und den irdischen Wandel Jesu zu interpretieren sind und solchen, die sich auf seine Wiederkunft beziehen. Im konkreten Beispiel geht es um Jes 53:

> So irren sie nun selbstverständlich von der Beschneidung ab, wenn sie die Weissagungen über sein zweites Erscheinen so deuten, als wenn sie sich auf sein erstes Kommen bezögen, obwohl das Wort dies in keiner Weise gestattet. Denn es ist unmöglich, ihn anzusehen als zugleich und zu derselben Zeit ruhmvoll und ruhmlos, verehrt und königlich und dann ohne »Gestalt oder Schönheit«, sondern »mißachtet bei den Söhnen der Menschen«: Und wiederum, als der Erretter und Erlöser Israels und gleichzeitig von Verschwörung durch sie bedroht und als »Schaf zur Schlachtbank geführt« und, auf Grund ihrer Sünden dem Tod ausgeliefert. Was uns angeht, scheint es aber gut, daß die Prophezeiungen über den Christus, wie die Erforschung der Tatsachen zeigt, in zwei Bereiche aufgeteilt werden: Den ersten, in welchem die mehr menschlichen und negativen Prophezeiungen als bei seinem ersten Kommen erfüllt anerkannt werden, den zweiten, in welchem die eher ruhmvollen und göttlichen Prophezeiungen nun zur Zeit seines zweiten Kommens erwartet werden.[257]

ὃν θεοῦ λόγον ὑπάρχοντα Χριστὸν ἡμεῖς προσαγορεύομεν, ὃς καὶ τότε τοῦ πλήθους ἕνεκεν Μωσεῖ τε αὐτῷ καὶ τῷ λαῷ ἐν στύλῳ νεφέλης ἐθεωρεῖτο, ... (238, 5-8 Heikel).

[256] D.e. V 19 (Logophanie des Josua); 20 (Logophanie des Hiob) usw. – Vgl. für die Kirchengeschichte Eusebs H.e. I 2, 6f.

[257] D.e. IV 16, 38-40: διόπερ εἰκὸς ἐκ περιτομῆς ἀποσφάλλεσθαι, τὰ περὶ τῆς δευτέρας ἐπιφανείας αὐτοῦ ὡς ἐπὶ πρώτης ἀφίξεως ἐκλαμβάνοντας, οὐδαμῶς τοῦτο συγχωροῦντος τοῦ λόγου· ἐπεὶ μὴ οἷόν τέ ἐστιν ὁμοῦ καὶ κατὰ τὸ αὐτὸ ἔνδοξον αὐτὸν καὶ ἄδοξον ὑποτίθεσθαι, καὶ ἔντιμον καὶ βασιλέα καὶ πάλιν οὐκ ἔχοντα »εἶδος οὐδὲ κάλλος« ἀλλ᾽ »ἄτιμον παρὰ τοὺς υἱοὺς τῶν ἀνθρώπων«, καὶ αὖθις σωτῆρα καὶ λυτρωτὴν τοῦ Ἰσραὴλ καὶ πάλιν ἐπιβουλευόμενον πρὸς αὐτῶν καὶ »ὡς πρόβατον ἐπὶ σφαγὴν ἀγόμενον« ἀπό τε τῶν ἀνομιῶν αὐτῶν εἰς θάνατον παραδιδόμενον. εὖ δὲ καθ᾽ ἡμᾶς, ὡς ἡ τῶν πραγμάτων ὄψις ἐπιδείκνυσιν, εἰς δύο τρόπους τῶν περὶ τοῦ Χριστοῦ προρρήσεων διαιρουμένων, τὰ μὲν ἀνθρωπινώτερα καὶ σκυθρωπὰ κατὰ τὴν προτέραν ἄφιξιν αὐτοῦ πεπληρῶσθαι ὁμολογεῖται, τὰ δ᾽ ἐνδοξότερα καὶ θειότερα εἰσέτι νῦν προσδοκᾶται κατὰ τὴν δευτέραν αὐτοῦ παρουσίαν. (191, 11-23 Heikel).

Die Stelle zeigt, wie Euseb die christologische Exegese des Alten Testaments ganz von der Auseinandersetzung mit den Juden durchführt und auf eine Widerlegung gegnerischen Textverständnisses hin abstellt.[258]

Ganz in der Linie seines großen Vorbildes Origenes bedient sich Euseb häufig der allegorischen Auslegung der alttestamentlichen Texte. Er selber nennt den durch allegorische Exegese gewonnenen Schriftsinn den Sinn κατὰ διάνοιαν[259] oder πρὸς διάνοιαν,[260] also den übertragenen Sinn, wobei dieser bisweilen direkt vom jüdischen Verständnis derselben Stelle streng unterschie-

---

[258] Die jüdische Auslegungstradition bezog Jes 53 natürlich v.a. auf Mose. Auch hier ein (abermals nicht unmittelbar in die Situation Caesareas einzutragendes, aber doch typisches) Beispiel, b Sot I 9, 14a:

דרש רבי שמלאי: מפני מה נתאוה משה רבינו ליכנס לא"י? וכי לאכול מפריה הוא צריך? או
לשבוע מטובה הוא צריך? אלא כך אמר משה: הרבה מצות נצטוו ישראל ואין מתקיימין אלא
בא"י, אכנס אני לארץ כדי שיתקיימו כולן על ידי; אמר לו הקב"ה: כלום אתה מבקש אלא
לקבל שכר, מעלה אני עיך כאילו עשיתם, שנאמר לכן אחלק לו ברבים ואת עצומים יחלק
שלל תחת אשר הערה למות נפשו ואת פושעים נמנה והוא חטא רבים נשא ולפושעים יפגיע,
לכן אחלק לו ברבים – יכול כאחרונים ולא כראשונים? ת"ל: ואת עצומים יחלק שלל,כאברהם
יצחק ויעקב שהן עצומים בתורה ובמצות; תחת אשר הערה למות נפשו – שמסר עצמו למיתה,
שנאמר ואם אין מחני נא וגו'; ואת פושעים נמנה – שנמנה עם מתי מדבר; והוא חטא רבים
נשא – שכיפר על מעשה העגל; ולפושעים יפגיע – שביקש רחמים על פושעי ישראל שיחזרו
בתשובה, ואין פגיעה אלא תפלה, שנאמר ואתה אל תתפלל בעד העם הזה ואל תשא בעדם
רנה ותפלה ואל תפגע בי.

»R. Šimal trug vor: Weshalb begehrte Mošeh, in das Jisraélland zu kommen, brauchte er etwa von seinen Früchten zu essen oder etwa sich von seinem Gut zu sättigen? Vielmehr sprach Mošeh also: viele Gebote sind den Jisraéliten auferlegt worden, die nur im Jisraélland ausführbar sind; ich möchte daher in das Land kommen, damit sie alle durch mich ausgeführt werden. Da sprach der Heilige, gebenedeit sei er, zu ihm: Du möchtest ja nur die Belohnung erhalten, und ich rechne es dir an, als hättest du sie ausgeführt. Daher heißt es: *Ich will ihm Anteil geben unter Vielen, und mit Mächtigen soll er Beute teilen, weil er sich dem Tod hingab und unter die Frevler zählen liess, während er doch die Sünden vieler getragen hat und für die Frevler herantrat. Ich will ihm einen Anteil geben unter vielen;* man könnte glauben, unter den letztern und nicht unter den ersteren, so heisst es: *und mit den Mächtigen soll er Beute teilen,* mit Abraham, Jiçhaq und Jâqob, die in Gesetz und guten Werken mächtig waren. *Weil er sich dem Tod hingab,* er gab sich dem Tod preis, wie es heisst: *wenn aber nicht, lösche mich doch aus* &c. *Unter die Frevler zählen liess,* er wird unter die in der Steppe Verstorbenen gezählt. *Während er doch die Sünde vieler getragen hat,* er sühnte das Ereignis mit dem Kalb. *Und für die Frevler herantrat,* er flehte um Erbarmen für die Frevler Jisraéls, dass sie in Busse zurückkehren, denn unter »herantreten« ist die Fürbitte zu verstehen, wie es heisst: *du sollst für dieses Volk nicht bitten, keine Klage und kein Gebet für sie erheben, und an mich nicht herantreten.«* (219f. Goldschmidt). Zu den Erwartungen, daß der Messias ein »zweiter Mose« sei, siehe oben S. 174f. Anm. 208.

[259] Vgl. D.e. II 3, 34 (67, 28f. Heikel); IV 15, 53f. (181, 28f. 34 Heikel); VI 13, 23 (266, 31 Heikel); 18, 14 (276, 32 Heikel); 20, 6 (286, 6 Heikel); Is. I 26 (16, 13 Ziegler).

[260] Is. I 1 (3, 9 Ziegler); I 26 (15, 27 Ziegler); I 59 (76, 12 Ziegler); II 50 (369, 8 Ziegler).

den werden kann.[261] Trotzdem fällt auf, daß im Ganzen die allegorische Exegese bei Euseb, gerade im Vergleich zu Origenes, deutlich zurücktritt. Wo immer es möglich ist, bevorzugt er nämlich eher den Schriftsinn κατὰ λέξιν / πρὸς λέξιν[262] oder auch κατὰ τὴν ἱστορίαν / πρὸς ἱστορίαν.[263] An die hemmungslose Verwendung der Allegorese hat er äußerst kritische Anfragen.[264] Der Grund hierfür könnte einerseits in einer möglichen Reaktion Eusebs auf die besonders von Seiten des Porphyrius vorgetragene Kritik an der allegorischen Exegese zu suchen sein,[265] andererseits auch in jüdisch-christlichen Meinungsverschiedenheiten über die wissenschaftliche Haltbarkeit der Anwendung der Allegorese; für einen diesbezüglichen exegetischen Dissens zwischen Christen und Juden finden wir im Werk Eusebs immerhin einige Anhaltspunkte.[266]

Im Prinzip liegt bei Euseb also eine Auffassung vom »zweifachen Schriftsinn« vor: Während der Schriftsinn κατὰ λέξιν den wörtlichen Sinn,[267] den »Tatsachensinn« meint, bezeichnet κατὰ διάνοιαν den »Bedeutungssinn«.[268] Nach diesem Bedeutungssinn muß man in den Texten suchen, wenn keine naheliegende und überzeugende wörtliche Erklärung möglich ist. Die »Wurzel Jesse« muß deshalb in übertragenem Sinne gemeint sein, und von daher

---

[261] Is. I 26: τὸ δὲ ὄρος (sc.: Mt 5, 14) τοῦ θεοῦ κατὰ διαφόρους ἐξακούεται τρόπους· σωματικώτερον μὲν ὡς ἂν ὑπολάβοιεν Ἰουδαῖοι τὸ ἐπὶ τῆς Παλαιστίνης χώρας, κατὰ διάνοιαν δὲ ὁ ὑψηλὸς καὶ ἐπουράνιος τοῦ θεοῦ λόγος εὐαγγελικός, κατὰ τρίτον δὲ λόγον ὁ θεῖος Ἀπόστολος Σιὼν >ἐπουράνιον< εἶναι διδάσκει καὶ >τὴν ἄνω Ἰερουσαλήμ, ἥν τινα εἶναι μητέρα πάντων ἡμῶν<. (16, 11-16 Ziegler). Das jüdische Verständnis der Texte ist nach Meinung des Eusebius zu sehr und oft ausschließlich am wörtlichen Sinn orientiert, daher »fleischlich« und falsch: Ps. LXXXVIII 3 (PG 23, 1072); LXIV 2-3 (PG 23, 625); LXXXVIII 30-35 (PG 23, 1105-1108). Für die Introductio elementaria generalis vgl. denselben Vorwurf gegen »die aus der Beschneidung«: Ecl. II 9. 13; III 24. 46; IV 4. 13. Zur Kritik Eusebs an der »falschen« Schriftauslegung der Juden siehe unten unter 5.5.2.

[262] D.e. VI 18, 14 (276, 33 Heikel). 23 (278, 15f. Heikel); Is. I 26 (15, 27 Ziegler); I 59 (76, 10 Ziegler); II 50 (369, 8 Ziegler).

[263] D.e. X 8, 75 (485, 23 Heikel); Is. I 26 (15, 27 Ziegler); II 16 (249, 12 Ziegler).

[264] Ps. LXXIV 13 (PG 23, 864). – Ähnlich die Kritik Philos an der hemmungslosen Allegorese der Allegoristen Migr. 20. 89f.

[265] Vgl. die H.e. VI 19, 4-8 referierte Kritik des Porphyrius an der Auslegungsmethode des Origenes.

[266] Vgl. die Ausführungen über Eusebs theologische Kritik an den Juden besonders im Blick auf deren Schriftauslegung und Verständnis der Heiligen Schriften in dieser Arbeit, s.u. unter 5.5.2. – Vgl. auch den Hinweis auf eine mögliche rabbinische Zensur allegorischer Schriftinterpretation in den Philotexten (Exkurs unter 4.1.3.).

[267] Dies zeigt besonders schön die Wendung D.e. VI 18, 42: πρὸς μὲν ῥητὸν καὶ λέξιν, πρὸς δὲ διάνοιαν ... (282, 4-6 Heikel).

[268] Vgl. hierzu M. J. Hollerich, Eusebius (wie Anm. 217), 591: »These are his terms for the difference between history as observed and history as interpreted (in a religious sense), between fact and meaning.«

müssen auch die Erwähnungen der Tiere in Jes 11, 1-10 allegorisch gedeutet werden:

> Und die Hinweise auf das Vieh und die wilden Tiere, die bei seinem prophezeiten Aufenthalt zahm werden und ihre wilde und unbezähmbare Natur ablegen müssen allegorisch verstanden werden als die rauhen und bösen Sitten und wilden Lebensarten der Menschen, die durch die Lehre Christi von Unverstand und Barbarei abgebracht werden.[269]

Versteht man solcherlei Texte nicht allegorisch, sondern wörtlich, dann erliegt man, so Euseb, der Gefahr einer »Wortklauberei«,[270] wie sie für die Juden typisch sei. Immerhin hat ja, so Euseb, die Heilige Schrift an einigen Stellen ganz offensichtliche und auch von den Juden als allegorisch zu verstehen akzeptierte Ausdrucksweisen; aus diesen folgt die Berechtigung für die Christen, einschlägige Stellen ihrerseits allegorisch zu interpretieren:

> Und das »Und seine Füße werden in jenen Tagen auf dem Ölberg stehen, welcher vor Jerusalem von Osten ist« (sc.: Sach 14, 4), was anderes bezeichnet das als das Stehen, ja das Feststehen des Herrn Gott, das bedeutet des Logos Gottes selbst, auf seiner Kirche, welche hier allegorisch Ölberg genannt wird? Denn wie das »Mein Geliebter hatte einen Weinberg« (sc.: Jes 5, 1) und es war »ein Weinberg des Herrn Zebaoth« (sc.: Jes 5, 7) in allegorischem Verständnis das »Haus Israel und der neugepflanzte geliebte Weinstock Juda« (sc.: ebd.) meint, so dürftest du im selben Sinne sagen, daß seine Kirche aus Heiden dem Herrn ein Öl(berg) geworden ist.[271]

---

[269] D.e. VII 3, 34: τὰ δ' ὡς περὶ ζῴων καὶ θηρίων, ἡμερουμένων καὶ τὸ ἄγριον ἦθος καὶ ἀτίθασον ἀποθησομένων ἐπὶ τῇ τοῦ προφητευομένου ἐπιδημίᾳ, λεγόμενα ἀλληγοροῖντ' ἂν ἐπὶ τρόπους ἀπηνεῖς καὶ ἀγρίους καὶ ἤθη ἀνδρῶν θηριώδη, διὰ τῆς τοῦ Χριστοῦ διδασκαλίας τῆς ἀλογίας καὶ θηριωδίας μεταθησόμενα. (343, 17-21 Heikel). Zu vergleichen ist der Referenztext H.e. I 2, 23.

[270] D.e. VII 3, 31: ἀμφιβολίαν (343, 4 Heikel); ebenso P.e. I 10, 8; IV 2, 1. – Zur Kritik Eusebs am »falschen« Schriftverständnis der Juden s.o. Anm. 261 und unten unter 5.5.2.

[271] D.e. VI 18, 17f.: τὸ δὲ »καὶ στήσονται οἱ πόδες αὐτοῦ ἐν τῇ ἡμέρᾳ ἐκείνῃ ἐπὶ τὸ ὄρος τῶν ἐλαιῶν τὸ κατέναντι Ἰερουσαλὴμ ἐξ ἀνατολῶν« τί ἕτερον δηλοῖ ἢ κυρίου τοῦ θεοῦ, αὐτοῦ δὴ τοῦ θεοῦ λόγου, τὴν ἐπὶ τῆς ἐκκλησίας αὐτοῦ στάσιν τε καὶ βεβαίωσιν, ἣν ὄρος ἐλαιῶν ἐπὶ τοῦ παρόντος κατὰ τρόπον ἀλληγορίας ὀνομάζει; ὡς γὰρ »ἀμπελὼν ἐγενήθη τῷ ἠγαπημένῳ« καὶ ἦν »ἀμπελὼν κυρίου Σαβαὼθ« ἀλληγορικῶς »ὁ οἶκος τοῦ Ἰσραήλ, καὶ ἄμπελος τοῦ Ἰούδα νεόφυτον ἠγαπημένον«, οὕτω δὴ κατὰ τὴν αὐτὴν θεωρίαν εἴποις ἂν ὅτι δὴ καὶ ἐλαιῶν ἐγενήθη τῷ δεσπότῃ ἡ ἐξ ἐθνῶν ἐκκλησία αὐτοῦ, ... (277, 13-22 Heikel). – Man vergleiche eine jüdische Auslegungstradition von Jes 5 auf den Tempel:

תניא, רבי יוסי אומר: שיתין מחוללין ויורדין עד תהום, שנאמר אשירה נא לידידי שירת דודי לכרמו כרם היה לידידי בקרן בן שמן. ויעזקהו ויסקלהו ויטעהו שרק ויבן מגדל בתוכו וגם יקב חצב בו. ויטעהו שרק – זה בית המקדש, ויבן מגדל בתוכו – זה מזבח, וגם יקב חצב בו – אלו השיתין.

Andererseits darf man, so sehr die allegorische Auslegung zum Verständnis zahlreicher Texte notwendig ist, keinesfalls die Bedeutung des wörtlichen Schriftsinnes damit unterdrücken: So hebt Euseb nur kurz darauf an demselben Beispiel des Ölbergs eine wörtliche Erklärung hervor:

> Denn er (sc.: Ezechiel) sagt: »Und es erhoben (sich) die Cherubim und die Räder folgten ihnen, und die Herrlichkeit des Gottes Israels war darauf über ihnen. Und die Herrlichkeit des Herrn stieg aus der Mitte der Stadt hinauf, und er stand auf dem Berg, der gegenüber der Stadt war« (Ez 11, 22f.), was wir in anderer Weise wörtlich erfüllt ansehen können noch jetzt und heute, weil Christusgläubige sich alle aus allen Teilen der Welt versammeln, nicht wie in alter Zeit wegen der Pracht Jerusalems und nicht, um in dem früher in Jerusalem stehenden Heiligtum anzubeten, sondern um innezuhalten um der Geschichte und um der gemäß der Prophezeiung erfolgten Eroberung und Zerstörung Jerusalems willen, und um anzubeten auf dem Ölberg gegenüber Jerusalem, wohin die Herrlichkeit des Herrn gewandert ist als sie die frühere Stadt verließ.[272]

Am liebsten sind ihm ersichtlich die Erklärungen, in denen er eine wörtliche und eine allegorische Erklärung miteinander kombinieren kann. So erklärt er D.e. VI 18, 14f. das Motiv der Errettung der Christusgläubigen mit deren geschichtlicher Errettung vor dem letztgültigen Untergang Jerusalems[273] wie mit der vor dem eschatologischen Zorn Gottes:

»Es wird gelehrt: R. Jose sagt: Die Abflußkanäle sind durchbohrt und reichen bis zum Abgrund, denn es heißt: *Ich will meinem Freund singen, das Lied meines Liebsten von seinem Weinberg. Mein Freund besaß einen Weinberg auf fetter Bergeshöhe. Und er behackte ihn und entsteinte ihn und bepflanzte ihn mit Edelreben. Einen Turm baute er mitten in ihm und hieb auch eine Kufe in ihm aus.* Und er bepflanzte ihn mit Edelreben, das ist nämlich der Tempel; einen Turm baute er mitten in ihm, das ist nämlich der Altar; und er hieb auch eine Kufe in ihm, das sind nämlich die Abflußkanäle.« : b Suk IV 9, 49a (136 Goldschmidt).

[272] D.e. VI 18, 22f.: λέγει δ' οὖν· »καὶ ἐξῆρεν τὰ Χερουβίμ, καὶ οἱ τροχοὶ ἐχόμενοι αὐτῶν, καὶ ἡ δόξα θεοῦ Ἰσραὴλ ἦν ἐπ' αὐτοῖς ὑπεράνω αὐτῶν. καὶ ἀνέβη ἡ δόξα κυρίου ἐκ μέσου τῆς πόλεως, καὶ ἔστη ἐπὶ τοῦ ὄρους ὃ ἦν ἀπέναντι τῆς πόλεως«, ὅπερ ἐστὶν καὶ ἄλλως πρὸς λέξιν ὁρᾶν πεπληρωμένον εἰσέτι καὶ σήμερον, τῶν εἰς Χριστὸν πεπιστευκότων ἁπάντων πανταχόθεν γῆς συντρεχόντων, οὐχ ὡς πάλαι τῆς κατὰ τὴν Ἰερουσαλὴμ ἀγλαΐας ἕνεκα, οὐδ' ὥστε προσκυνῆσαι ἐν τῷ πάλαι συνεστῶτι ἐπὶ τῆς Ἰερουσαλὴμ ἁγιάσματι, καταλύειν δὲ ἕνεκεν ἱστορίας τε ὁμοῦ τῆς κατὰ τὴν προφητείαν ἁλώσεως καὶ ἐφημίας τῆς Ἰερουσαλὴμ καὶ τῆς »ἐπὶ τὸ ὄρος τῶν ἐλαιῶν τὸ κατέναντι Ἰερουσαλὴμ« προσκυνήσεως, ἔνθα ἡ δόξα κυρίου μετέστη καταλείψασα τὴν προτέραν πόλιν. (278, 12-23 Heikel). – Einer der Hinweise auf die Anfänge des christlichen Pilgerwesens in Jerusalem, das sich zunächst nicht auf die Stadt direkt, sondern auf den Ölberg konzentriert zu haben scheint. – Vgl. auch D.e. III 2, 46-48 (bezogen auf Bethlehem).

[273] Zum hier implizierten Motiv der Flucht nach Pella siehe auch H.e. III 5, 3.

Die Unbedarften wurden nicht allein vor der von uns benannten meta-
phorisch verstandenen Belagerung gerettet, sondern auch vor der wörtlich
mitgeteilten.[274]

Der im Vergleich zur Exegese des Origenes wieder deutlich stärkeren Betonung des wörtlichen Schriftsinns entspricht das oben schon erwähnte besondere Interesse Eusebs an den Fragen der Textkritik. Will man über den
wörtlichen Sinn der Schrift handeln und will man *begründete* allegorische
Auslegungen vornehmen, so muß man in beiden Fällen in besonderem Maße
darauf bedacht sein, zunächst einmal den bestmöglichen Text der Heiligen
Schrift zu konstituieren. Besteht über diesen Klarheit, ist der zur Diskussion
stehenden Stelle eine Art objektive Beweiskraft zu eigen: So beweist Euseb
nicht nur mit LXX, sondern auch mit Aquila und Theodotion, daß Dtn 32,
43 die Pluralform ἔθνη verwendet ist, das göttliche Heil demzufolge nicht auf
ein Volk beschränkt sein könne.[275] Hab 3, 13 zeigt er gerade mit der von LXX
abweichenden Aquilaversion, daß die Stelle (gegen die Juden) auf (Jesus) den
Christus (Sgl.!) gedeutet werden muß: Liest nämlich LXX Plural τοὺς χριστούς
σου, so hat Aquila σὺν χριστῷ σου.[276] Euseb folgert, daß die Aquilaversion
mit ihrer Singularform seine christologische Interpretation des Habakukverses
bestätigt. Auch die LXX-Variante mit ihrer Pluralform biete dann aber eine
gute Deutungsmöglichkeit: Gemeint seien hier diejenigen, die in der Nach-
folge Christi seien, die Christen.[277] Man sieht also, wie Euseb es versteht, auch
aus den ggf. von LXX abweichenden Lesarten stets die »Beweiskraft« seiner
Exegese abzuleiten, zum Teil mit großem philologischem Feinsinn argumen-
tierend. So weist für ihn zum Beispiel Hab 3, 2 in jeder der kritisch geprüften
Lesarten letztlich auf die zwei »Naturen«[278] Christi hin, die einen in direkter
Weise, die anderen in eher indirekter Form:

> Unser Herr und Erretter aber, der Logos Gottes selbst, »war erkannt
> inmitten zweier Leben«. Das Wort ζωῶν ist Mehrzahl und mit einem
> Zirkumflex akzentuiert von dem Singular ζωή. Es ist nämlich nicht als
> Paroxytonon ζῶον akzentuiert, als sei von einem anderen Lebewesen die
> Rede, sondern als ζωῶν mit Zirkumflex von dem Nominativ Plural ζωαί.
> Er sagt deshalb, er sei erkannt inmitten zweier Leben. Ein Leben ist das
> gemäß Gott, das andere gemäß dem Menschen; das eine sterblich, das
> andere ewig. Und vom Herrn, der beides erfahren hat, wird mit Recht in
> der Übersetzung der Siebzig gesagt, »er war erkannt worden zwischen zwei
> Leben«. Nach Aquila aber ist es nicht so, sondern es heißt: »Im Nähern der

---

[274] D.e. VI 18, 14: τῆς νενοημένης ἡμῖν κατὰ διάνοιαν πολιορκίας ἄπειροι διεφυ-
λάχθησαν οὐ μόνον ἀλλὰ καὶ τῆς πρὸς λέξιν ἀποδοθείσης. (276, 31-33 Heikel).

[275] D.e. II 1, 12.

[276] D.e. IV 16, 34f. (190, 18-20 Heikel).

[277] D.e. IV 16, 36 (mit Hinweis auf Hebr 3, 14).

[278] Zur christologischen Lehre von den beiden τρόποι s.o. S. 162f.

Jahre mache es lebendig« (was aber sagt »es« hier wenn nicht »Dein Geschöpf«). Und Theodotion sagt: »In der Mitte der Jahre mache ihn lebendig«. Und Symmachus hat überliefert: »Innerhalb der Jahre, mache ihn wieder lebendig.« Indem sie nun alle sagen »Mache lebendig«, zeigen sie deutlich an, daß sich das Wort im Original nicht auf irrationale oder rationale Lebewesen beziehen kann. Deswegen lege ich, wenn bei den Siebzig gesagt wird »war erkannt inmitten zweier Leben«, nicht meinen Vorgängern entsprechend aus, sondern sage, daß von dem Prophezeiten zwei Leben offenbart sind, ein göttliches und ein anderes, menschliches.[279]

Ähnlich verstärkt er mit Hinweis auf die Lesarten Aquila und Theodotion die LXX-Wiedergabe von Mi 5, 7 und damit die Interpretation, daß es der Weissagung des Propheten entspreche, wenn nur ein geringer Rest Israels übrig bleiben werde.[280]

Die Möglichkeit, die »interreligiöse« Debatte argumentativ zu führen, ergibt sich aus der Mitberücksichtigung der Lesarten neben der LXX; »bewiesen« ist seine Exegese erst dann, wenn er sie auf die Basis aller greifbaren Varianten, der christlich wie der jüdisch gebrauchten, gestellt oder etwaige Differenzen befriedigend erklärt hat.

Ein Blick auf die alttestamentlichen Kommentare Eusebs ergibt kein von dem in dieser Arbeit primär aus dem apologetischen Doppelwerk gewonnenen Befund sonderlich stark abweichendes Bild: Die neueren Analysen zu Eusebs Kommentaren, insbesondere diejenigen von M. J. HOLLERICH[281] haben folgende, hier knapp zusammenzufassende Resultate zutage gefördert:

---

[279] D.e. VI 15, 3-6: ὁ σωτὴρ δὲ καὶ κύριος ἡμῶν, αὐτὸς οὗτος ὁ τοῦ θεοῦ λόγος, »ἐν μέσῳ δύο ζώων ἐγνώσθη«, πληθυντικῶς ἐνταῦθα καὶ περισπωμένως »τῶν ζώων« ἀπὸ ἑνικοῦ τοῦ »τῆς ζωῆς« ὀνόματος ἐξακουομένων. οὐ γὰρ παροξυτόνως »τῶν ζώων« ἢ ἀπὸ οὐδετέρου τοῦ ζώου λέγεται, ἀλλὰ »ζώων« περισπωμένως ἀπὸ πληθυντικῆς εὐθείας τῆς »αἱ ζωαί«. »δύο οὖν«, φησίν, »ζώων μέσον γνωσθήσῃ.« μιᾶς γὰρ οὔσης τῆς κατὰ θεὸν ζωῆς καὶ θατέρας τῆς κατὰ ἄνθρωπον, καὶ τῆς μὲν θνητῆς τῆς δὲ ἀϊδίου, ἀμφοτέρων εἰκότως ὁ κύριος διὰ πείρας ἐλθὼν »ἐν μέσῳ δύο ζώων γνωσθῆναι« λέγεται κατὰ τὴν τῶν ἑβδομήκοντα ἑρμηνείαν· κατὰ γὰρ τὸν Ἀκύλαν οὐχ οὕτως, ἀλλ' »ἐν τῷ ἐγγίζειν τὰ ἔτη ζώωσον αὐτό« εἴρηται (τί δὲ »αὐτὸ« ἢ τὸ κάτεργόν σού φησιν;), καὶ ὁ Θεοδοτίων δέ φησιν »ἐν μέσῳ ἐτῶν ζώωσον αὐτόν«, καὶ ὁ Σύμμαχος »ἐντὸς τῶν ἐνιαυτῶν ἀναζώωσον αὐτόν« ἐκδέδωκεν. πάντες οὖν »ζώωσον αὐτόν« εἰπόντες, σαφῶς ὅτι μὴ περὶ οἷον ἀλόγων τινῶν ἢ λογικῶν ζώων ὁ λόγος τυγχάνει παρέστησαν. διὸ παρὰ τοῖς ἑβδομήκοντα λεγομένου τοῦ »ἐν μέσῳ δύο ζώων γνωσθήσῃ« οὐ κατὰ τοὺς πρὸ ἡμῶν ἐξειλήφαμεν, ἀλλὰ δύο ζωὰς τοῦ προφητευομένου δηλοῦσθαι ἔφαμεν, μίαν μὲν τὴν ἔνθεον, θατέραν δὲ τὴν ἀνθρωπίνην. (270, 3-21 Heikel).

[280] D.e. II 3, 151f.: LXX liest ὡς ἄρνες ἐπ' ἄγρωστιν, Aquila ὡς ψεκάδες ἐπὶ πόαν und Theodotion ὡσεὶ νιφετὸς ἐπὶ χόρτον (87, 28-30 Heikel): Trotz unterschiedlicher Lesarten, so argumentiert Euseb, ist die Aussage letztlich die gleiche! Ähnlich verfährt Euseb zu Jes 63, 1: D.e. III 2, 48f.

[281] Vgl. oben S. 176f. Anm. 217. – Zum biblischen Text im Jesajakommentar Eusebs siehe R.G. Jenkins, abr.-n. 22 (1983/4) 64-78; zur interesseleitenden »Ideologie« des Kommentars M. Simonetti, RSLR 19 (1983) 3-44.

Demnach konzentriert sich Euseb in diesen typischen Spätwerken in besonderem Maße auf die Explikation des historischen Schriftsinnes, möglicherweise liegt hier eine Verstärkung der Absicht vor, seine Interpretation dadurch für Zeitgenossen, die seine christlichen Voraussetzungen nicht teilen, überzeugender wirken zu lassen.[282] Die rein allegorische Auslegung κατὰ διάνοιαν beschränkt sich nun auf die Erklärung derjenigen Stellen, an denen die wörtliche Auslegung erkennbar keinen Sinn ergibt,[283] und derjenigen, an denen geschichtlichen Ereignissen eine religiöse oder übernatürliche Bedeutung zugeschrieben werden soll.[284] Die natürlich häufig vorkommende christliche Interpretation jesajanischer Prophezeiungen, insbesondere der »klassischen« christlichen Beweistexte gerade aus diesem Propheten, ist bei Euseb fast immer auf einen doppelten Grund gestellt, setzt sich also aus einer historischen und einer übertragenen Auslegung zusammen, und das in einer manchmal durchaus heterogen anmutenden Weise, die übrigens bereits Hieronymus kritisierte.[285] In der Textkritik wird LXX präferiert, kann aber bei offensichtlichen Unklarheiten durch eine der anderen Lesarten ersetzt[286] oder mit ihnen harmonisiert werden.

Für unsere Frage nach der Stellung Eusebs zu den Juden und den jüdischen Traditionen ergibt sich jedoch noch ein weiterer interessanter Gesichtspunkt dadurch, daß Euseb bei seiner christologischen Auslegung der Prophezeiungen des Buches Jesaja nicht ausschließlich auf Gottes Berufung der Heiden/Christen zielt, sondern gerade mit der Betonung des Schriftsinnes κατὰ λέξιν eben auch das biblische Israel mit im Blick hat, wie wiederum M.J. Hollerich an einem instruktiven Beispiel gezeigt hat,[287] der Interpretation von Jesaja 7, 14. Euseb sieht dabei zunächst, ganz in der Linie der gesamten christlichen Tradition vor ihm,[288] den Text als eine auf Jesus den Christus zu beziehende

---

[282] M.J. Hollerich, l.c. 590, vermutet dies meines Erachtens zu Recht und formuliert: »Eusebius may have decided to demonstrate that Christian claims did not need to depend on the wide-ranging use of allegorical speculation such as that for which Origen was known.«

[283] Is. I 1; vgl. M.J. Hollerich, l.c. 590f. – Ähnlich verhält es sich im Psalmenkommentar (vgl. hierzu T.D. Barnes, Constantine and Eusebius, Cambridge/Mass. 1981, 94-105): Der »Fels« (Dtn 32, 13) muß Christus sein, da der Satz »er nährte ihn mit Honig aus dem Gestein und mit Öl aus dem Fels« nach dem wörtlichen Sinn sinnlos ist: Ps. LXXX 14f. (PG 23, 981).

[284] Is. I 68; vgl. M.J. Hollerich, l.c. 591. – Für den Psalmenkommentar vgl. Ps. LXIII 2f. (PG 23, 721-724): Dieser biblische Text kann sich, so Euseb, nur auf die Kreuzigung Jesu beziehen.

[285] Hier., Is. V 18, 2; vgl. M.J. Hollerich, l.c. 592.

[286] Is. I 71 (Symmachusvariante gegen LXX); II 42 (Aquilavariante gegen LXX); die Stellen nach Hollerich, l.c. 593.

[287] L.c. 604.

[288] So schon im Neuen Testament Mt 1, 23; Lk 1, 31; in der apologetischen Literatur vor allem Just., Dial. 43, 8; 67, 1; 71, 3, 77, 2f.; Orig., Cels. I 34.

messianische Weissagung an;[289] gleichzeitig bietet er aber, und das eben im Unterschied zur bisherigen christlichen Tradition, auch eine auf das historische Israel bezogene »wörtliche« Interpretation des Textes an, wobei er auch auf textkritische Überlegungen zurückgreift: Die Mt 1,23 überlieferte Lesart καλέσουσι sei ungenau (Euseb nimmt einen Fehler an), eigentlich müsse es wegen des Hebräischen καλέσεις heißen. Die zweite Person Singular ist von Bedeutung, denn die Prophezeiung bezieht sich auch auf den König Israels, Ahas, direkt: Der Sinn des Satzes ist dann der Trost an Israel in der geschichtlichen Situation des syrisch-ephraimitischen Krieges (historischer Sinn).[290] Zwar ist die vollständige Erfüllung der Prophezeiung Jes 7, 14 erst durch das Kommen des Erretters eingetreten, doch hatte das Prophetenwort auch damals schon (ἐντεῦθεν ἤδη)[291] eine Bedeutung, nämlich die des Trostes für (das zeitgenössische) Israel gehabt.

Es sind solcher Art Stellen, die gegenüber den anderen, sich auf die christologische Deutung beschränkenden und sich von daher auch mit den Juden polemisch auseinandersetzenden, eben nicht außer Acht gelassen werden dürfen. In seiner Gesamtwürdigung der Eusebschen Exegese im Jesajakommentar kommt M.J. HOLLERICH daher meines Erachtens völlig zurecht zu einem in diesem wichtigen Punkt eher auf Differenzierung bedachten Urteil: Eusebius »thought he could uphold traditional Christian claims of the unity of the testaments, and the integrity of Judaism as well.«[292]

EXKURS: Hebräisch bei Euseb

Natürlich erhebt sich bei der Analyse der christologischen Auslegung alttestamentlicher Texte bei Euseb, gerade im Blick auf die Auseinandersetzung mit den Juden, die Frage, ob und inwiefern der Caesarener in der Diskussion mit seinen (ja selbst grundsätzlich durchaus am Griechischen orientierten)[293] jüdischen gelehrten Gesprächspartnern und Kontrahenten auch auf eigene Kenntnisse und damit eigene Urteilsfähigkeit im Hebräischen zurückgreifen konnte oder nicht. Immerhin berichtet er nicht ohne Bewunderung von dem Erlernen des Hebräischen durch den von ihm so sehr verehrten Origenes.[294] Zudem

---

[289] Ecl. IV 4; Is. I 44.

[290] Der Passus wird hier knapp paraphrasiert wiedergegeben, weil er für eine vollständige Zitierung zu lang ist. Das textkritische Argument 49, 24-28 Ziegler. Vgl. auch die Fortsetzung mit Auslegung von Jes 7, 15-17 (50, 5-13 Ziegler).

[291] Is. I 44 (48, 22; 49, 2. 20 Ziegler).

[292] L.c. 610.

[293] Siehe hierzu oben S. 15.

[294] H.e. VI 16, 1: »Origenes betrieb die Untersuchung der göttlichen Worte mit einem solchen Eifer, daß er sogar die hebräische Sprache erlernte und sich die bei den Juden benutzten, in hebräischen Buchstaben geschriebenen Schriften als Eigentum beschaffte und den Arbeiten derjenigen nachforschte, die außer den Siebzig die Heiligen Schrif-

stellt man schon bei oberflächlicher Euseblektüre fest, daß es Hinweise des Euseb auf Herleitungen aus dem Hebräischen, besonders bei etymologischen Fragen, Übersetzungen einzelner Wörter aus dem Hebräischen und vor allem Berufungen auf den »Urtext« bei exegetischen Detailproblemen in seinen Texten zuhauf gibt, besonders im apologetischen Doppelwerk und den exegetischen Arbeiten. Gleichwohl ist in der wissenschaftlichen Literatur die tatsächliche Kenntnis der hebräischen Sprache durch Euseb bisher außerordentlich gering eingeschätzt worden – allenfalls könne man bei ihm einige wenige Grundkenntnisse veranschlagen.[295] Mit dieser negativen Bewertung seiner Hebräischkenntnisse durch die patristische Wissenschaft steht Euseb keineswegs allein in der Reihe der griechischsprachigen Väter. Ähnlich lautet etwa auch das durchaus gängige gelehrte Urteil in der Frage nach den Hebräischkompetenzen des großen Caesarener Schulhauptes Origenes.[296]

Das relative Recht dieser äußerst pessimistischen Bewertung der Hebräischkenntnisse Eusebs besteht unter anderem darin, daß das Hebräische auch in der kontroverstheologischen Debatte mit jüdischen Gegnern keine dominierende Rolle gespielt haben kann; wie oben gezeigt, war auch für die Juden in Caesarea zunächst einmal das Griechische die »erste« Sprache. Des weiteren ist es methodisch völlig gerechtfertigt, wenn man darauf insistiert, daß man in der Tat nicht ohne weiteres und nicht allzu schnell von der Berufung Eusebs auf hebräische Wort- und Sinnzusammenhänge auf ein tatsächliches Beherrschen dieser Sprache schließen darf – die zahlreichen Hinweise auf hebräische

---

ten übersetzt hatten und einige andere Übersetzungen aufspürte, die von den bekannten der Aquila, Symmachus und Theodotion abwichen«: Τοσαύτη δὲ εἰσήγετο τῷ Ὠριγένει τῶν θείων λόγων ἀπηκριβωμένη ἐξέτασις, ὡς καὶ τὴν Ἑβραΐδα γλῶτταν ἐκμαθεῖν τάς τε παρὰ τοῖς Ἰουδαίοις φερομένας πρωτοτύπους αὐτοῖς Ἑβραίων στοιχείοις γραφὰς κτῆμα ἴδιον ποιήσασθαι ἀνιχνεῦσαί τε τὰς τῶν ἑτέρων παρὰ τοὺς ἑβδομήκοντα τὰς ἱερὰς γραφὰς ἑρμηνευκότων ἐκδόσεις καί τινας ἑτέρας παρὰ τὰς κατημαξευμένας ἑρμηνείας ἐναλλαττούσας, τὴν Ἀκύλου καὶ Συμμάχου καὶ Θεοδοτίωνος, ἐφευρεῖν ... (552, 26 – 554, 5 Schwartz). Die Qualität der Hebräischkenntnisse des Origenes wird häufig eher gering eingeschätzt (vgl. hierzu unten Anm. 296) – meines Erachtens nicht ganz zu Recht; dies kann aber im Rahmen dieser Arbeit nicht weiter ausgeführt werden.

[295] So die geradezu unisono vertretene gelehrte Auffassung. Ich zitiere exemplarisch den für die Eusebsche Jesajaexegese bereits herangezogenen Text von M.J. Hollerich, Eusebius as polemical interpreter of Scripture, in: Eusebius, Christianity, and Judaism, ed. H.W. Attridge and G. Hata, StPB 42, Leiden 1992, 593: »Unfortunately, Eusebius knew virtually no Hebrew. His frequent allusions to the Hebrew original should not deceive us in this respect – they show only that he acknowledged the authority of the original, not that he understood it.« – Etwas vorsichtiger allein A. Kofsky, Eusebius of Caesarea and the Christian-Jewish Polemic, in: Contra Iudaeos. Ancient and Medieval Polemics between Christians and Jews, ed. O. Limor/G.G. Stroumsa, TSMJ 10, Tübingen 1996, 66 no. 34.

[296] So zuletzt den neuen TRE-Artikel Origenes/Origenismus von R. Williams: TRE 25 (1996) 400 (hier weitere Literatur).

Etymologien zum Beispiel mögen einfach einem entsprechenden Handbuch entnommen sein, das Euseb vertrauensvoll zitierte, etwa demjenigen aus der Feder des Philo von Alexandrien, welches er in der Kirchengeschichte nennt.[297] Schließlich fällt auf, daß eine erhebliche Diskrepanz zwischen der nominellen Wertschätzung des hebräischen »Urtextes« einerseits und der faktischen weit überwiegenden Benutzung der LXX in den Exegesen Eusebs besteht, ein Faktum, das man durchaus mit mangelnden Hebräischkenntnissen Eusebs zu erklären versuchen kann.[298] Eine in der Zieglerschen Edition des Jesajakommentars erstellte Liste der Berufungen Eusebs auf »das Hebräische« zeigt ferner, daß Euseb ausgerechnet an den Stellen das Hebräische einbezieht, an denen die drei Nicht-LXX-Versionen miteinander übereinstimmen;[299] man kann das dahingehend deuten, daß er Aquila, Theodotion und Symmachus benutzte, um das Hebräische zu »rekonstruieren«, aber keine Kompetenz für ein eigenständiges philologisches Urteil besaß.[300] Auf der anderen Seite muß natürlich davor gewarnt werden, solche Beobachtungen zu verabsolutieren; so gibt es von der Regel, daß Euseb sich auf das Hebräische nur mit Hinweis auf das gemeinsame Zeugnis von Aquila, Theodotion und Symmachus beruft, also im Grunde keine eigenen Kriterien hat, auch Ausnahmen.[301] Weiterhin wäre die Frage zu stellen, ob die üblicherweise aus jenen Beobachtungen gezogenen Schlüsse wirklich die einzig möglichen sind: Der Erweis der Benutzung eines etymologischen Wörterbuchs oder anderer philologischer Hilfsmittel würde ja damals wie heute noch nicht notwendigerweise auf sprachliche Inkompetenz schließen lassen; es käme vielmehr auf die Frage nach der Art und Weise des Umgangs mit solchen Hilfsmitteln an. Und die Diskrepanz zwischen nomineller Wertschätzung des hebräischen Textes und faktischer Benutzung der LXX könnte auch mit dem Hinweis auf den kirchlich-liturgischen Gebrauch der Septuaginta einer überzeugenden Lösung zugeführt werden – auf die beabsichtigten innerchristlichen pädagogischen Hintergründe der Texte Eusebs war in dieser Arbeit ja schon aufmerksam gemacht worden.[302] Kommt man nun aber angesichts der Doppeldeutigkeit der bisherigen Beobachtungen nicht recht weiter, so stellt sich die Frage, ob sich möglicherweise noch neue,

---

[297] H.e. II 18, 7.

[298] So beispielsweise M.J. Hollerich, l.c. 593: »Had he (sc.: Eusebius) known Hebrew, there can be little doubt that he would have done what Jerome was to do years later, and worked directly with the original.«

[299] GCS Euseb 9, 444. – Man könnte ergänzend auf vergleichbare Befunde im apologetischen Doppelwerk aufmerksam machen, zum Beispiel D.e. VI 15, 4-6; IX 15, 6.

[300] So wiederum M.J. Hollerich, l.c. 594: »He treated their unamitiy as a benchmark for the wording of the Hebrew.«

[301] S.u. Anm. 306. 310f.: Drei Beispiele, wo er sich mit Berufung auf das Hebräische für Aquila gegen die anderen Lesarten entscheidet. Anm 313: Ein Beispiel, wo er sich mit Berufung auf das Hebräische gegen Aquila entscheidet.

[302] S.o.S. 39f.

zusätzliche Gesichtspunkte für die Beurteilung der Hebräischkenntnisse Eusebs finden lassen.

Hierbei wäre zunächst an Eusebs eigene Aussagen über seine Benutzung des Hebräischen zu denken. Er selber schreibt in der »Evangelischen Beweisführung«:

> Man darf aber nicht außer Acht lassen, daß die göttlichen Prophezeiungen, weil sie in der hebräischen Sprache vieles enthalten, das sowohl in Wortsinn als auch in der Bedeutung sonderbar ist, wegen ihrer Schwierigkeit unterschiedliche Übersetzungen ins Griechische ermöglicht haben.[303]

ein Satz, der nun doch eher Problembewußtsein als Inkompetenz verrät und angesichts dessen es schwerfällt, ein mangelndes Beherrschen des Hebräischen bei Euseb so einfach als gegeben vorauszusetzen.

Zum zweiten könnte man fragen, ob sich bei Euseb Stellen finden lassen, die Rückschlüsse auf die Art und Weise der Benutzung seiner (uns ja leider nicht erhaltenen) Hilfsmittel oder auf seinen Umgang mit dem Hebräischen zulassen. Einige ausgewählte Stellen, an denen Euseb sich in der Demonstratio evangelica ausdrücklich auf das Hebräische bezieht, seien hier kurz geprüft:

D.e. VI 18, 33f.:

> Dieser Berg des Herrn war der zuvor genannte Olivenberg, welcher bei den Siebzig »Asael« genannt wird (sc.: Sach 14, 5). Dies aber bedeutet in der hebräischen Sprache »Werk Gottes«.[304]

Keine schwierige Übersetzung, zweifellos, aber doch immerhin eine Übersetzung des LXX-Ausdrucks, die zunächst zumindest einmal die Fähigkeit zur Benutzung eines Wörterbuchs anzeigt.

D.e. IV 17, 23:

> Denn der Name Jesus, übersetzt in die griechische Sprache, bedeutet »Heilsmittel Gottes« (Isua ist nämlich im Hebräischen »Heil«, Jesus aber wird bei ihnen »Josue« genannt: »Josue« aber ist »Jao-Heil«, das ist »Heilsmittel Gottes«). Begreiflicherweise ist, wenn in den griechischen Fassungen von »Heilsmittel Gottes« die Rede ist, nach der hebräischen Sprache offensichtlich nichts anderes als Jesus (selbst) gemeint.[305]

---

[303] D.e. V prooem. 35: Χρὴ δὲ μὴ ἀγνοεῖν ὅτι οἱ μὲν θεῖοι χρησμοί, πολὺ τὸ καὶ πρὸς λέξιν καὶ πρὸς διάνοιαν ὑπερφυὲς τῇ Ἑβραίων φωνῇ περιέχοντες, διαφόρου τῆς ἐπὶ τὸ Ἑλληνικὸν ἑρμηνείας τετυχήκασιν τοῦ δυσθεωρήτου χάριν. (209, 28-31 Heikel).

[304] τοῦτο δὲ ἦν τὸ τοῦ κυρίου ὄρος τὸ τῶν ἐλαιῶν προωνομασμένον, ὅπερ Ἀσαὴλ ὠνόμασται παρὰ τοῖς ἑβδομήκοντα. δηλοῖ δὲ τοῦτο κατὰ τὴν Ἑβραίων φωνὴν »ποίησιν θεοῦ«. (280, 23-25 Heikel).

[305] ἐπειδὴ »σωτήριον θεοῦ« εἰς τὴν Ἑλλάδα φωνὴν τὸ τοῦ Ἰησοῦ μεταληφθὲν ὄνομα σημαίνει (Ἰσουὰ μὲν γὰρ παρ' Ἑβραίοις σωτηρία, Ἰησοῦς δὲ παρὰ τοῖς αὐτοῖς

Kann man auch den Eingangssatz noch mit gängiger, unter anderem auch durch LXX (vgl. nur Sir 46, 1 und 48, 12) gedeckter Etymologie erklären, gibt der mittlere Teil der Eusebschen Darlegung doch zumindest Kenntnis der hebräischen Substantivform im status absolutus sowie des Phänomens der Konstruktusverbindung zu erkennen. Der Nachsatz zeigt dann übrigens schön die sofortige apologetische Indienstnahme des philologischen Arguments.

D.e. VI 20, 2f.:

> »Auf einer Nebelwolke« (sc.: Jes 19,1) reitend, oder besser »auf leichter Dichtigkeit«: So nämlich hat es, wie sie sagen, die hebräische Sprache.[306]

Euseb entscheidet sich hier gegen die LXX-Übersetzung, sich auf das Hebräische berufend. Die Fortsetzung zeigt, daß es sich nicht um seine eigene Übersetzung handelt, sondern daß er hier mit Aquila geht: Jedoch *nicht*, wie sonst oft, mit Aquila, Symmachus und Theodotion.[307] Aquila scheint ihm am nächsten am hebräischen Text (עַל־עָב קַל), eine Beurteilung, die angesichts der Grundbedeutung der hebräischen Wörter durchaus Zustimmung verdient.[308] Das φασὶν darf dabei keinesfalls als Unsicherheitsfloskel mißverstanden werden: Es bezieht sich, wie der Folgesatz deutlich zeigt, auf die jüdischen Diskussionspartner, die mit der Aquilaübersetzung argumentieren wollen.[309]

Ps. II 7:

> In der Hebräischen Lesart ist aber vom Herrn gesagt: »Ich habe ihn gezeugt«, was auch Aquila wiedergegeben hat.[310]

Wie der Kontext zeigt, will Euseb zu Ps 2 darauf hinaus, daß schon aus der Wortwurzel Verb und Substantiv die Vater-Sohn-Beziehung aufweisen. Diesem seinem Verständnis entspricht das יֶלֶד / יְלִדְתִּיךָ im Hebräischen, das er mit τέκνον / ἔτεκον nicht ohne Grund bei Aquila am besten übersetzt sieht.

Ἰωσουὲ ὀνομάζεται· Ἰωσουὲ δέ ἐστιν Ἰαὼ σωτηρία, τουτ' ἔστιν θεοῦ σωτήριον), εἰκότως, εἴ που »θεοῦ σωτήριον« ἐν τοῖς Ἑλληνικοῖς ἀντιγράφοις ὠνόμασται, οὐδ' ἄλλο τι ἢ τὸν Ἰησοῦν κατὰ τὴν Ἑβραίων φωνὴν πέπεισο δηλοῦσθαι. (200, 1-7 Heikel).

[306] »ἐπὶ νεφέλης κούφης« ὀχούμενον, μᾶλλον δὲ »ἐπὶ πάχους ἐλαφροῦ«· οὕτω γὰρ ἔχειν φασὶν τὴν Ἑβραίων φωνήν. (285, 20-22 Heikel).

[307] Vgl. oben S. 194 mit Anm. 299.

[308] Vgl. etwa Ex 19, 9; Jer 4, 29.

[309] Ein weiterer Beweis dafür, daß man einen »realkontroversen« Hintergrund des apologetischen Doppelwerkes mit veranschlagen muß.

[310] Ὁ μέντοι γε Ἑβραῖος ἐλέγετο κύριον εἶναι τῆς λέξεως, ἔτεκον, ὅπερ καὶ Ἀκύλας πεποίηκεν: PG 23, 88 B.

D.e. VII 1, 107:

> Das »angesichts des Königs der Assyrer« (sc.: Jes 8,4) hat Aquila besser
> wiedergegeben: »im Angesicht des Königs der Assyrer«.[311]

Unabhängig von der Frage, warum Euseb hier ἐναντίον schreibt an Stelle des
bei ihm auch selbst sonst durchgängig korrekt zitierten ἔναντι LXX,[312] kann
man sehen, daß er hier mit Aquila gegen LXX die ganz wörtliche Übersetzung
des hebräischen לִפְנֵי gegenüber der freieren Wiedergabe bevorzugt und das
Griechische entsprechend von ἔναντι nach εἰς πρόσωπον ändert. Er kennt
die ursprüngliche Zusammensetzung der erstarrten hebräischen Präposition,
weiß also, daß hebräisch לְ griechisch εἰς und hebräisch פָּנִים griechisch
πρόσωπον ist.

Kann man angesichts der zuletzt vorgestellten Passagen immer noch mit
der Möglichkeit rechnen, daß Euseb in Zweifelsfällen einfach »blind« mit der
Aquila-Version ging, ohne sie selbständig prüfen zu können, gemahnt ein
weiteres Beispiel indes auch hier zur Vorsicht:

D.e. IV 15, 57-61:

> Denn der Psalm (sc.: 44, 7-8) sagt, indem er den, von dem prophezeit
> wird, den Christus und Geliebten Gottes, anredet (...): »Dein Thron, der
> Gott, ist von Ewigkeit zu Ewigkeit. (...) Deswegen hat der Gott, dein Gott,
> dich gesalbt« (...) und dich als Christus über alle gesetzt. Die hebräische
> Schrift zeigt es noch klarer als diese, was Aquila, mit Genauigkeit überset-
> zend, auf folgende Weise wiedergegeben hat: »Dein Thron, o Gott, ist in
> Ewigkeit, (...) weshalb der Gott, dein Gott, dich gesalbt hat (...).« Anstelle
> des »der Gott, dein Gott« ist die hebräische Lesart (jedoch) »o Gott, dein
> Gott«, so daß der ganze Vers läuft: Du, o Gott, hast das Gerechte geliebt
> und die Gottlosigkeit gehaßt: Deswegen, o Gott, hat dich der höchste und
> größte, welcher auch dein Gott ist, gesalbt – so daß sowohl der Gesalbte
> Gott ist als auch viel mehr (noch) der Salbende (Gott ist), weil er Gott des
> Alls ist, aber anders (Gott ist) als der Gesalbte selbst. Und dies dürfte wohl
> jederman klar sein, der Hebräisch kann. Denn bei der ersten Benennung,
> wo Aquila »Dein Thron, o Gott« hat und ganz genau »o Gott« statt »der
> Gott« sagt, hat das Hebräische »Elohim«. Und ebenso für das »deswegen
> hat er dich, o Gott, gesalbt« ist das »Elohim« gesetzt, welches den Vokativ
> »o Gott« anzeigt. Anstelle der Grund- und Nominativform des Nomens,
> der entsprechend es heißt: »Deswegen hat der Gott, der Gott, dich ge-
> salbt,« hat das Hebräische mit großer Genauigkeit »Eloach«, so daß einer-
> seits »Elohim« steht gemäß dem Vokativ, der »o Gott« bedeutet, anderer-

---

[311] ... τὸ »ἐναντίον βασιλέως Ἀσσυρίων« σαφέστερον ὁ Ἀκύλας ἐξέδωκεν εἰπών· »εἰς
πρόσωπον βασιλέως Ἀσσυρίων«, ...(318, 31-33 Heikel).

[312] So D.e. VII 1, 95 (316, 19 Heikel); D.e. VII 1, 113 (319, 34 Heikel). Siehe auch die
Heikelsche Edition S. 318 nota.

seits »Eloach«: »Dein Gott« entsprechend dem Nominativ, so daß die (sc.: meine) genannte Übertragung »deswegen, o Gott, hat dein Gott dich gesalbt« zutreffend ist.[313]

Der Passus zeigt zunächst, daß Euseb die zweite Übersetzung von *Elohim* bei Aquila vom Hebräischen oder von der griechischen Transkription des Hebräischen her korrigiert (zweimal *Elohim* als »vokative« Form), also ihm zumindest

---

[313] φησὶν τοίνυν ὁ ψαλμός, αὐτῷ δὴ τῷ προφητευμένῳ Χριστῷ καὶ ἀγαπητῷ τοῦ θεοῦ προσφωνῶν (...)· »ὁ θρόνος σου ὁ θεὸς εἰς τὸν αἰῶνα τοῦ αἰῶνος, (...)· διὰ τοῦτο ἔχρισέν σε ὁ θεὸς ὁ θεός σου«, καὶ Χριστόν σε παρὰ πάντας κατεστήσατο. λευκότερον δὲ τούτων ἡ Ἑβραίων παρίστησιν γραφή, ἣν πρὸς ἀκρίβειαν ἑρμηνεύων ὁ Ἀκύλας ὧδέ πως ἐξέδωκεν εἰπών· »ὁ θρόνος σου, θεέ, <εἰς> αἰῶνα (...)· ἐπὶ τούτῳ ἤλειψέν σε, ὁ θεός, ὁ θεός σου (...)«. ἀντὶ γοῦν τοῦ »ὁ θεὸς ὁ θεός σου« αὐτὴ ἡ ἑβραϊκὴ λέξις »θεέ, ὁ θεός σου«, περιέχει, ἵνα ᾖ τὸ ὅλον· ἠγάπησας, ὦ θεέ, τὸ δίκαιον καὶ ἐμίσησας τὸ ἀσέβημα· διόπερ ἐπὶ τούτῳ ἔχρισέν σε, ὦ θεέ, ὁ ἀνωτάτω καὶ μείζων αὐτὸς ὁ καὶ σοῦ θεός, ὡς εἶναι καὶ τὸν χριόμενον <θεὸν> καὶ τὸν χρίοντα πολὺ πρότερον, πάντων μὲν ὄντα θεὸν καὶ αὐτοῦ δὲ διαφερόντως τοῦ χριομένου. τοῦτο δὲ καὶ αὐτῇ ἐπιστήσαντι τῇ ἑβραίᾳ γλώττῃ φανερὸν ἂν γένοιτο. ἐπὶ γὰρ τῆς πρώτης ἐπωνυμίας, καθ᾽ ἣν ὁ Ἀκύλας »θρόνος σου, θεέ« ἡρμήνευσεν, σαφῶς ἀντὶ τοῦ »ὁ θεὸς« »θεέ« εἰπών, τὸ ἑβραϊκὸν ἐλωῒμ περιέχει. κἀνταῦθα δὲ ὁμοίως ἐπὶ τοῦ »διὰ τοῦτο ἔχρισέν σε, θεέ« τὸ ἐλωῒμ παρείληπται, ὅπερ τὴν »ὦ θεὲ« κλητικὴν ἐδήλου πτῶσιν. ἀντὶ δὲ τῆς ὀρθῆς καὶ εὐθείας τοῦ ὀνόματος, καθ᾽ ὃ εἴρηται »διὰ τοῦτο ἔχρισέν σε ὁ θεὸς ὁ θεός« τὸ ἑβραϊκὸν ἐλωὰχ περιέχει σφόδρα ἀπηκριβωμένος, ἵν᾽ ᾖ τὸ μὲν ἐλωῒμ κατὰ κλητικὴν πτῶσιν ἐξενηνεγμένον, δηλοῦν τὸ »ὦ θεέ«, τὸ δὲ ἐλωὰχ »ὁ θεός σου« κατὰ τὴν εὐθεῖαν· ὥστε ἀκριβῶς ἔχειν τὴν φήσασαν ἑρμηνείαν »διὰ τοῦτο ἔχρισέν σε, ὦ θεέ, ὁ θεός σου«. (182, 20 – 183, 16 Heikel). – In dem sehr schwierigen Text lese ich gegen Handschrift und Heikelsche Edition am Schluß ἔχρισέν σε, ὦ θεέ, ὁ θεός σου statt ἔχρισέν σε, ὁ θεός, ὁ θεός σου (183, 15f. Heikel). Diese Konjektur ist das einzige Mittel, den Passus vor der kompletten Unverständlichkeit zu bewahren: Denn Euseb will ja nun nicht die vorher problematisierte LXX-Übersetzung als die richtige erweisen, sondern seine eigene, in Auseinandersetzung mit Aquila und dem hebräischen Text ermittelte, die er zuvor paraphrasierend mit ἵνα ᾖ τὸ ὅλον (183, 1 Heikel) eingeleitet hatte. Natürlich bleibt eine Konjektur letztlich auch immer unbefriedigend, aber hier ist angesichts des vorher zitierten LXX-Textes und angesichts der häufig wechselnden Formen ὦ θεέ und ὁ θεὸς ein einfacher Schreib- oder Verwechslungsfehler keineswegs auszuschließen. Das Argument der schwierigeren Lesart jedenfalls hat bei Beginn der Unverständlichkeit des Textes eine methodisch begründete und daher ernstzunehmende Grenze. – Auch die Übersetzung Ferrars, l.c. 202f. sucht verzweifelt nach einer Lösung, die mich aber nicht überzeugt: Ferrar muß den ganzen Abschnitt p. 183, 12-15 (die Seiten- und Zeilenangabe dient hier nur zur Bezeichnung der Stelle, Ferrar hatte bekanntlich die Heikelsche Edition nicht benutzt, s.o. S. 33f. Anm. 20) völlig frei konstruieren und dabei v.a. den griechischen μὲν ...δὲ ...- Satz zerschlagen. Zudem entspricht die Übersetzung »And also for »Therefore, o God, he has annointed thee« the Hebrew has Elohim, which Aquila shewed by the vocative ὦ θεέ« (183, 9f. Heikel) weder dem griechischen Text noch dem inhaltlichen Duktus der Passage; Aquila war ja zuvor gerade an der fraglichen Psalmstelle als Zeuge für den »Nominativ«, nicht für den »Vokativ«, aufgeführt worden (182, 35 Heikel).

nicht immer »blind« folgt. Weiter erkennt man, daß Euseb hiervon die mit *Eloach* transkribierte Form beziehungsweise deren hebräisches Äquivalent, die Suffixform אֱלֹהֶיךָ richtig übersetzt. Freilich bleiben auch hier erhebliche Schwierigkeiten: *Eloach* wird man ja kaum als besonders gelungene Transkription von אֱלֹהֶיךָ bezeichnen können (die Umschrift erinnert eher an die durch Rückbildung gewonnene Singularform אֱלֹוהַ)[314]; und auch Eusebs Versuch, das Hebräische in den Kategorien der griechischen Sprache (κατὰ κλητικὴν πτῶσιν; κατὰ τὴν εὐθεῖαν) zu erfassen, mutet nicht sehr überzeugend an. Man muß aber auf der anderen Seite veranschlagen, daß er seine Argumentation in der Demonstratio evangelica ausschließlich auf griechischsprechende Leser abstellt und sich auf deren Verstehenskategorien einstellen muß. So ergibt sich aus der angezogenen Stelle doch immerhin das vorsichtige Resümee, daß Euseb seine »Zweihypostaseninterpretation«[315] von Ps 44,7f. mit Hinweis auf die hebräischen Wortformen begründen kann, und zwar relativ eigenständig, insofern er sich dabei von LXX und Aquila unterscheidet.

Während schließlich einige der etymologischen Übersetzungen Eusebs in der Tat eher auf Handbuchwissen schließen lassen,[316] verraten andere durchaus relative Eigenständigkeit im Urteil.[317] Am eindrücklichsten ist hierbei die Wiedergabe von »Seraphim« mit ἀρχὴ στόματος αὐτῶν.[318] Euseb scheint von שַׂר und פֶּה abzuleiten, was zwar unzutreffend ist, aber doch immerhin für eine eigenständige Auseinandersetzung mit der Sprache spricht.

Vielleicht hat er hier sogar konkret die Sonderform mit Pluralsuffix פִּימוֹ aus Ps 17, 10; 59, 13 (hebräische Zählung) im Blick[319] (dafür spräche seine Übersetzung). Die längeren Ausführungen über die den hebräischen Buchstaben innewohnenden Bedeutungsgehalte in der Praeparatio evangelica[320] sind sicher auf vorliegendes Fremdwissen zurückzuführen,[321] sprechen aber auf der anderen Seite doch für eine etwas intensivere Auseinandersetzung mit der hebräischen Sprache. Schließlich muß man auch über die Art und Weise nachdenken, in der Euseb über das Beherrschen des Hebräischen spricht – es scheint mir nur äußerst schwer vorstellbar, daß in Wendungen wie »die hebräische Sprache

---

[314] Hierzu siehe W. Gesenius, Wörterbuch 1 ([18]1987) 61f.

[315] Natürlich handelt es sich auch hier um eine der »arianisierenden« Passagen der Demonstratio evangelica.

[316] D.e. VII 1, 13: Zebaoth = Heere (299, 31 Heikel); D.e. VII 2, 44: Bethlehem = Haus des Brotes (336, 4 Heikel); D.e. VII 1, 30: Immanuel = Gott mit uns (303, 25f. Heikel) usw.

[317] Vgl. zum Beispiel D.e. VII 1, 115: »Denn Siloam bedeutet ›gesandt‹«: ἑρμηνεύεται γὰρ Σιλωὰμ »ἀπεσταλμένος«. (320, 18f. Heikel).

[318] D.e. VII 1, 9 (299, 11 Heikel).

[319] Hierzu Gesenius-Kautzsch § 91b. 103f.

[320] P.e. X 5, 3-11.

[321] Siehe hierzu die kommentierenden Hinweise von M. Harl, SC 189, 109f.

genau erforschen«[322] wirklich nur leere Floskeln zu sehen sein sollen, die
womöglich nur oberflächlich Respekt erheischen wollen, ohne in irgendeiner
Weise auch inhaltlich gefüllt, auf eigene Kompetenz gegründet zu sein.

In welchem Maße das festgefügte Vorurteil, Euseb könne gar kein Hebräisch gekonnt haben, auch bei namhaften Kommentatoren den Blick für mögliche Interpretationen verstellen oder zumindest einschränken kann, sei an
folgendem Beispiel noch kurz aufgezeigt: M.J. HOLLERICH hat zur Frage der
Hebräischkenntnisse Eusebs auf einen wichtigen Passus im Jesajakommentar
hingewiesen:[323] Es geht um die Übersetzung des hebräischen עַלְמָה bei der
Interpretation von Jes 7,14: LXX übersetzt παρθένος, Aquila νεᾶνις. Während
Justin die Interpretation auf die Jungfrauengeburt mit der Unterstellung
rechtfertigt, daß die Juden den Text gefälscht hätten,[324] nimmt Euseb in der
Introductio elementaria generalis[325] zunächst vertrauensvoll die origeneische
Erklärung auf, die mit Hinweis auf Dtn 22, 23-26 beweisen will, daß das
hebräische Wort עַלְמָה eine unverheiratete Frau meint und so eben παρθένος
bedeuten kann.[326] Ebenso verfährt er, so könnte man in Ergänzung HOLLERICHS
hinzufügen, auch D.e. VII 1, 36, wenn auch mit einer ersten vorsichtigen
Einschränkung: Er argumentiert jetzt mehr vom *Inhalt* des Passus Dtn 22
her.[327] Im Jesajakommentar schließlich zieht Euseb die Konsequenz aus der
offenbar nun gegen die apologetische Tradition gewonnenen Erkenntnis, daß
das Hebräische in Dtn 22, 23-26 überhaupt nicht von עַלְמָה redet: Er läßt das
origeneische »Argument« fallen.[328] Euseb muß also irgendwann zwischen der
Fertigstellung der Introductio und der des Jesajakommentars das Hebräische
zu den fraglichen Stellen eingesehen, ja eigenständig überprüft haben.
HOLLERICH ist derart gefangen von seiner Prämisse, daß Euseb kein Hebräisch
gekonnt haben könne, daß er dieses Phänomen einer Konsultation jüdischer
Exegeten durch Euseb zuschreibt. Dies ist freilich ohne weiteres möglich;

---

[322] P.e. XI 6, 39: ... τὴν Ἑβραίων γλῶτταν πολυπραγμονῶν, ...(II 20, 2 Mras/Des
Places).

[323] M.J. Hollerich, l.c. 604f.

[324] Dial. 71, 3; 84, 1.

[325] Ecl. IV 4.

[326] Orig., Cels. I 34.

[327] ... »den, der gemäß unserem Verständnis und dem der Siebzig aus einer »Jungfrau«
geboren ist, gemäß dem nun bei den Juden geltenden aus einer »jungen Frau«. Du
mögest aber bei Mose die Bezeichnung »junge Frau« zweifellos für »Jungfrau« verwendet finden: Er hat mit diesem Begriff die den einen zur Heirat zugesprochene Frau
gemeint, die aber von einem anderen vergewaltigt worden ist.«: κατὰ μὲν ἡμᾶς καὶ τὴν
τῶν ἑβδομήκοντα ἑρμενείαν ἐκ »παρθένου« γεννώμενον, κατὰ δὲ τὴν νῦν παρὰ
Ἰουδαίοις φερομένην ἐκ »νεάνιδος«. εὕροις δ' ἂν παρὰ Μωσεῖ καὶ τὴν ὁμολογουμένως
παρθένον »νεᾶνιν« προσηγορευμένην· τὴν γοῦν ἑτέρου μεμνηστευμένην ὑφ' ἑτέρῳ
δὲ ἐκβεβιασμένην τούτῳ κέκληκε τῷ προσρήματι. (304, 30 – 305, 3 Heikel).

[328] Is. I 44 (49, 29 – 50, 1 Ziegler).

hinwieder schließt es eine gewisse hebräische Sprachkompetenz Eusebs auch nicht gerade aus.

Die hier mitgeteilten Beobachtungen können und wollen nicht die Gegenthese zu dem bisherigen einmütigen wissenschaftlichen Urteil aufzustellen versuchen: Daß Euseb das Hebräische virtuos beherrschte, wird man aus ihnen nicht folgern dürfen. Trotzdem können und sollen die hier mitgeteilten Beobachtungen dazu dienen, die Meinung »Eusebius knew virtually no Hebrew«[329] wenigstens mit einem kleinen Fragezeichen zu versehen und so die durchaus virulente Gefahr ihrer ungeprüften Weitertradierung etwas einzudämmen.

5.3. Neutestamentliches über die Juden bei Euseb

Bei der Frage nach der Rezeption neutestamentlicher Textstellen über die Juden bei Euseb ist eine Schwerpunktsetzung beim corpus Paulinum einfach dadurch begründet, daß Euseb selbst bei der Auseinandersetzung mit den Juden, sofern sie sich auf das Neue Testament stützt, am häufigsten auf paulinische Texte zurückgreift.[330] Es findet sich allerdings keine geschlossene exegetische Bearbeitung von Briefen des Apostels. Daß Euseb mit dem Römerbriefkommentar des Origenes eine solche nicht nur vorlag, sondern auch gut bekannt war, kann nicht zweifelhaft sein.[331]

Fragt man nach der Rezeption der insgesamt ja recht heterogenen paulinischen Aussagen über die Juden durch Euseb, so fällt folgendes auf: Die entscheidende Stelle, mit der Euseb sich immer wieder auseinandersetzt, ist Röm 9-11. Andere Stellen werden hingegen kaum herangezogen.

So spielt zum Beispiel 1. Thess 2, 15f. im Werk Eusebs nur eine untergeordnete Rolle. Der Text kommt in der Kirchengeschichte und im apologetischen Doppelwerk gar nicht vor. Im Jesajakommentar finden sich ganze drei Belege für eine Rezeption von V 16: Der Satz ἔφθασεν εἰς αὐτοὺς ἡ ὀργὴ εἰς τέλος wird, angewendet auf die Juden, zur näheren Erläuterung von Jes 1, 6; 5, 7 und

---

[329] Siehe oben S. 193 Anm. 295.

[330] Die Eusebexegesen werden aus methodischen Gründen selbstverständlich nicht mit modernen Ergebnissen der neutestamentlich-wissenschaftlichen Paulusauslegung verglichen. Siehe hierzu aber die jetzt gedruckt vorliegende Erlanger Habilitationsschrift von W. Kraus, Das Volk Gottes. Zur Grundlegung der Ekklesiologie bei Paulus, WUNT 85, Tübingen 1996. – Erste Vorarbeiten für eine dringend notwendige Untersuchung über die Paulusauslegung Eusebs bietet P. Gorday, Paul in Eusebius and Other Early Christian Literature, in: Eusebius, Christianity, and Judaism, ed. H.W. Attridge/ G. Hata, StPB 42, 149-165.

[331] Man denke allein an die ausgiebige Benutzung des (verlorenen) Jesajakommentars des Origenes für Eusebs eigene Kommentierung des Propheten, vgl. hierzu die Einleitung der GCS-Edition von J. Ziegler, XXXI-XXXIV. Der Römerbriefkommentar war sicher in jener der Pamphilusbiographie beigegebenen Liste verzeichnet, vgl. H.e. VI 32, 3.

5, 25 herangezogen,[332] wobei einerseits die in V 15 vorliegenden Motive des »Herrenmordes«, des Mordes an den Propheten, des Mißfallens Gottes und der Misanthropie weggelassen sind, andererseits aber doch außerordentlich scharfe Näherbestimmungen auftauchen (ὁ παντελὴς ὄλεθρος und ἡ ἐσχάτη ἐρημία);[333] der Zusammenhang zeigt, daß es Euseb hierbei wiederum um den Untergang Jerusalems aufgrund der Zurückweisung Christi durch die Juden geht; die Wendungen gehören also in den Zusammenhang der bereits untersuchten Eusebschen Strafmotivik und dürfen nicht zu schnell im Sinne des eschatologischen Endgerichts verstanden werden. Im Psalmenkommentar zeigt sich dies besonders deutlich: Es finden sich insgesamt sieben Belegstellen für eine Verwendung von 1. Thess 2, 16 (jeweils ohne Verbindung mit V 15); diese zeigen klar, daß es sich durchgängig um eine neutestamentliche Stützung des geschichtstheologischen Strafmotivs handelt.[334]

Hinsichtlich des in sich ja sehr geschlossenen Abschnitts Gal 4, 21-31 mit seiner Hagar-Sara-Allegorie ergibt sich ein hochinteressanter Befund: In den Werken Eusebs wird nämlich ausschließlich der V 26 des Passus rezipiert, dieser allerdings recht häufig und in unterschiedlichen Kontexten. Hingegen finden Wendungen wie διαθήκη εἰς δουλείαν, δουλεύειν oder auch παιδίσκης τέκνα aus Gal 4, 21-31 keine Rezeption.

Der Satz Gal 4, 26: ἡ δὲ ἄνω Ἰερουσαλὴμ ἐλευθέρα ἐστίν, ἥτις ἐστιν μήτηρ ἡμῶν ist bei Euseb, natürlich auf Christen bezogen, insgesamt nicht weniger als 32mal zitiert.[335] Der Text wird in der Regel, oft in Kombination mit Hebr 12, 22, zur Interpretation alttestamentlicher Stellen herangezogen, in denen ein universaler Heilsruf für alle Völker ergeht, so etwa Zeph 2,10,[336] Jes 2, 1-4,[337] Jes 49, 11,[338] Jes 52, 7-9,[339] Jes 60, 21[340] oder auch Ps 36, 11 LXX,[341]

---

[332] Is. I 11 (GCS 6, 12f. Ziegler); I 33 (30, 31 Ziegler); I 39 (34, 27f. Ziegler).

[333] Is. I 33 (30, 30f. Ziegler).

[334] Zum Beispiel Ps. XXXIV 13: Es geht um die Feindschaft der Juden gegen Christus. Die Strafe dafür war der Untergang Jerusalems. Euseb formuliert: »Aber das feindliche Schwert wurde gegen sie aufgebracht: Deshalb heißt es: ›Auf sie ist der Zorn Gottes gekommen bis ans Ende‹«: ἀλλ' ἐξεχύθη κατ' αὐτῶν πολεμικὴ ῥομφαία· διὸ λέλεκται· Ἔφθασε δ' ἐπ' αὐτοὺς ἡ ὀργὴ εἰς τέλος. (PG 23, 304 D). Ganz ähnlich die Verwendung in Ps. LIX 3: »Nach der (Zeit der) Gegenwart unseres Erretters haben sie all diese Dinge erlitten, weil auf sie der Zorn gekommen ist bis ans Ende und sie sind weggefallen und in die Irre geführt und verstoßen worden: Sie sind abgeschnitten und eingeschlossen, unter alle Völker zerstreut«: Μετὰ γοῦν τὴν τοῦ Σωτῆρος ἡμῶν παρουσίαν πάντα ταῦτα πεπόνθασιν, ὅτε ἔφθασεν ἐπ' αὐτοὺς ὀργὴ εἰς τέλος, ἀπώσθησάν τε καὶ καθῃρέθησαν καὶ ἀπεβλήθησαν· διεκόπησάν τε καὶ περιήχθησαν διασκορπισθέντες εἰς πάντα τὰ ἔθνη. (PG 23, 560 A). Weiter Ps. LXVIII 25 (PG 23, 753 B); LXXIII 1 (852 B/853 C); 23 (865 D); LXXIX 15-17 (965 C).

[335] Die Stellen sind aufgelistet BiPa 4 (1987) 305.

[336] D.e. VI 17, 2f.

[337] Is. I 26.

[338] Is. II 35.

[339] D.e. VI 24, 5f.

wobei dieser Heilsruf dann stets auf die Kirche aus Juden und Heiden hin gedeutet wird. Eine etwas andere Verwendung liegt dort vor, wo das ἄνω Ἰερουσαλήμ, übrigens ebenfalls in Verbindung mit Hebr 12, 22, auf die himmlische Heimstatt des christlichen Märtyrers interpretiert wird.[342] Andere Zitierungen für Gal 4, 26 sind für unseren Zusammenhang bedeutungslos.[343] Aus der Exegese von Gal 4, 21-31 beziehungsweise Gal 4, 26 wird bei Euseb in keinem Falle Kapital zur Polemik gegen die Juden geschlagen.

Aus Röm 2, 17 – 3, 20 wird nur an wenigen Stellen im Eusebschen Werk zitiert. Röm 2, 28f. spielt eine gewisse Rolle für die Begründung des Motivs von der Errettung der christusgläubigen (= »wahren, spirituellen«) Juden.[344] Röm 3, 2 wird an einer Stelle der Demonstratio evangelica aufgenommen und in Richtung auf die heilsgeschichtliche Vorrangstellung Israels interpretiert.[345]

Nun aber zur Eusebschen Exegese des bei ihm am häufigsten zitierten neutestamentlichen Abschnitts über die Juden, nämlich Röm 9-11! Eine zusammenhängende Diskussion, die gleichwohl ziemlich eklektisch nur bestimmte Teilstücke des Textes herausgreift, bringt Euseb im apologetischen Doppelwerk in jenem Passus, in dem er eine direkte Auseinandersetzung mit den Juden führt (D.e. II 3); ansonsten finden sich in seinem Gesamtwerk zahlreiche Aufnahmen einzelner Verse des Abschnitts.[346]

Sieht man sich zunächst die Auslegung von Röm 9-11 im polemischen Teil der Demonstratio evangelica an, so ergibt sich folgendes Bild: Der Text wird in der »Evangelischen Beweisführung« dort hinzugezogen, wo mit Hilfe von Jes 59, 1-11. 19[347] und Jes 1, 7-9[348] einerseits die Voraussage des »Abfalls« der

---

[340] Is. II 50.

[341] P.e. XI 36, 2. Einige Stellen aus dem Psalmenkommentar: Ps II 6 (PG 23, 85 D/88 A); XLIV 10 (401 C); XLVII 3 (420 C); LXIV 3 (625 B); LXVII 29 (713 BC); LXVIII 36 (768 A); LXXII 18-20 (845 A); LXXV 3 (880 C); LXXVII 68f. (937 C); LXXXVI 2 (1045 AB).

[342] M. P. 11, 9.

[343] So der textkritische Streit mit Markell um diesen Vers: Marcell. I 2; vgl. hierzu G. Feige, Die Lehre Markells von Ankyra in der Darstellung seiner Gegner, EThSt 58, Leipzig 1991, 18.

[344] D.e. VII 3, 46; Ps. LXVII 34-36; LXXV 2f.; XCI 2f. – Zum Motiv des »verus Israel« bei Euseb siehe oben S. 119.

[345] Das ἐκ πηγῶν Ἰσραήλ Ps 67, 27 wird kommentiert: »Die Quellen Israels aber dürften die Worte sein, die Israel gegeben wurden: Als ersten nämlich wurden ihnen die Worte Gottes anvertraut, von wo aus auch wir, indem wir sie ausschöpfen, die Gemeinden Christi bewässern müssen«: πηγαὶ δὲ Ἰσραὴλ οἱ λόγοι ἂν εἶεν οἱ τῷ Ἰσραὴλ παραδεδομένοι. »πρῶτοι γὰρ ἐπιστεύθησαν τὰ λόγια τοῦ θεοῦ«, ὅθεν ἀντλοῦντας καὶ ἡμᾶς ἀρδεύειν δεήσει τὰς ἐκκλησίας τοῦ Χριστοῦ. (D.e. IX 9,4: 426, 13-16 Heikel). Zum Motiv des heilsgeschichtlichen Vorrangs Israels bei Euseb siehe auch S. 219-221.

[346] Vgl. wiederum die Auflistung BiPa 4 (1987) 289-291.

[347] D.e. II 3, 25ff.

[348] D.e. II 3, 49ff.

Juden und der Berufung der Heiden, andererseits die Ankündigung der politisch-militärischen Niederlagen der Juden aufgezeigt werden soll. Euseb formuliert:

> Denn ich habe andererseits gezeigt, daß vorhergesagt war, daß alle Heiden-
> völker von dem Kommen Christi profitieren würden. Die große Menge
> der Juden hingegen werde die an ihre Vorväter ergangene Verheißung
> durch ihren Unglauben an Christus verlieren, da (nur) einige wenige von
> ihnen an unseren Erretter und Herrn glauben und dadurch die verheißene
> geistliche Erlösung durch ihn sich aneignen werden. Worüber auch der
> wundervolle Apostel lehrt, indem er sagt:
> (Es folgt Röm 9, 27-29)
> wozu er nach einigem anderen hinzufügt:
> (Es folgt Röm 11, 1-5)
> In diesen Worten macht der Apostel beim Abfall des ganzen jüdischen
> Volkes nämlich sehr deutlich, daß er selbst wie die ihm nahekommenden
> Apostel und Evangelisten unseres Retters und all die, die auch jetzt noch
> aus den Juden zum Glauben an Christus gelangt sind, die Nachkommen
> sind, die vom Propheten in diesen Worten benannt worden sind: »Wenn
> uns nicht der Herr Zebaoth Nachkommen übrig gelassen hätte ...«[349]

Damit steht Eusebius im Grunde genommen schon bei Jes 1, 9. Er fährt daher
auch sogleich mit einem Zitat von Jes 1, 7-9 fort, um zu zeigen, daß die
Ablehnung Christi durch Israel wie der darauf erfolgende Untergang des
Tempels und der Stadt Jerusalem bereits in den Propheten angekündigt war,
gibt einen nochmaligen Verweis auf Jes 1, 9, zeigt daß man (wie Paulus) die
Begriffe σπέρμα (Jes 1, 9) und ὑπόλειμμα beziehungsweise λεῖμμα, κατάλειμμα
(Jes 10, 22) wechselseitig verwenden kann und kehrt dann zu Röm 9, 27-29 und
11, 1-5 zurück. Die beiden Römerabschnitte werden abermals vollständig zi-
tiert. Dann gibt Euseb abschließend die folgende Kommentierung:

> Und um zu zeigen, daß sich die Prophezeiung nur auf die Zeit des
> Kommens unseres Erretters beziehen kann, beinhaltet das dem Text fol-

---

[349] D.e. II 3, 43-47: δέδεικται γὰρ ἔμπαλιν, ὡς τεθέσπιστο τὰ μὲν ἔθνη πάντα τῆς
Χριστοῦ παρουσίας ἀπολαύ<σ>ειν, τὰ δ᾽Ἰουδαίων πλήθη ἀποπεσεῖσθαι τῆς πρὸς
τοὺς αὐτῶν προγόνους ἐπαγγελίας διὰ τὴν εἰς Χριστὸν αὐτῶν ἀπιστίαν, σπανίων
ἐξ αὐτῶν εἰς τὸν σωτῆρα καὶ κύριον ἡμῶν πιστευσόντων καὶ διὰ τοῦτο τῆς
ἐπηγγελμένης πνευματικῆς ἀπολυτρώσεως δι᾽ αὐτοῦ τευξομένων· περὶ ὧν καὶ ὁ
θαυμάσιος ἀπόστολος διδάσκει που λέγων· (... = Röm 9, 27-29). οἷς μεθ᾽ ἕτερα
ἐπιφέρει λέγων· (... = Röm 11, 1- 5). Διὰ τούτων γὰρ ὁ ἀπόστολος σαφῶς ἐπὶ τῇ
τοῦ παντὸς Ἰουδαίων ἔθνους ἀποπτώσει ἑαυτὸν καὶ τοὺς αὐτῷ παραπλησίους
ἀποστόλους τε καὶ εὐαγγελιστὰς τοῦ σωτῆρος ἡμῶν πάντας τε τοὺς ἔτι καὶ νῦν
ἐξ Ἰουδαίων εἰς τὸν Χριστὸν πιστεύσαντας τὸ σπέρμα εἶναι διασαφεῖ τὸ ὑπὸ τοῦ
προφήτου ὠνομασμένον κατὰ τὸ »εἰ μὴ κύριος Σαβαὼθ ἐγκατέλιπεν ἡμῖν σπέρμα«.
(68, 27 – 69, 18 Heikel)

gende Argument – »wenn uns nicht der Herr Zebaoth Nachkommen übriggelassen hätte, dann wären wir geworden wie Sodom und wir wären Gomorrah ähnlich geworden« – wobei er das ganze jüdische Volk als Volk Gomorrahs bezeichnet, ihre Anführer aber als Herrscher Sodoms – eine Ablehnung der mosaischen Gottesverehrung, und führt in der Voraussage über die derartigen Dinge die Charakteristika des (Neuen) Bundes ein, der durch unseren Retter für alle Menschen angekündigt ist, ich meine die Neuschöpfung durch das Wasserbad, und das ganz neue Wort und Gesetz.[350]

Damit ist Eusebius nun der entscheidende polemische Wurf gegen die Juden gelungen: Der in Übereinstimmung mit den Propheten zur Zeit Christi erfolgte Untergang Jerusalems bedeutet keineswegs nur ein temporäres Ausgesetztwerden des am Jerusalemer Tempel installierten Kultes, sondern vielmehr das definitve Ende dieses konstitutiven Elements der mosaischen Gottesverehrung und die Einführung des neuen Bundes und neuen Gesetzes. Der »Rest« Israels, von dem der Prophet spricht, ist dabei in denjenigen Juden zu erblicken, die – wie die Evangelisten und Apostel – zum Glauben an Christus gelangt sind. So versteht Euseb offensichtlich auch Röm 11, 1 nur als Aussage über die Judenchristen, nicht über »ganz Israel«: Die »große Menge« der Juden zählt nämlich nicht zum »Rest Israels«, sondern sie verliert auf Grund ihrer Nichtannahme des in Christus gekommenen Heils die Verheißungen, die einst an ihre Vorväter unverbrüchlich ergangen waren.

Man muß, um diesen Passus aus D.e. II 3 richtig einzuschätzen, den polemischen Impetus gerade dieser Passage allerdings genau beachten: Es geht Euseb letztlich darum, die Juden zu widerlegen, die die Auffassung vertraten, das göttliche Heil werde ihnen allein zuteil und die Heiden seien von demselben kategorisch ausgeschlossen. Es liegt also bei dem besprochenen Textauszug, wenn man so will, eine Umkehrung der Stoßrichtung, eine retorsio, vor. Aus der Defensive der Verteidigung gegen gegnerische Argumente wird eine offensiv ausgerichtete polemische Aussage: Nicht die Heiden sind für Euseb vom Heil ausgeschlossen, sondern diejenigen Juden, die das ihren Vorvätern angekündigte, nun in Christus für alle gekommene Heil unbegreiflicherweise ausschlagen. Gleichwohl läßt Euseb auch hier, ganz in der Linie von Röm 9-11, wenn auch weniger explizit als der Apostel, die Hoffnung anklingen, daß

---

[350] D.e. II 3, 57: ῞Οτι δ' οὐκ εἰς ἄλλον καιρὸν ἀλλ' εἰς τὸν τῆς ἐπιφανείας τοῦ σωτῆρος ἡμῶν Ἰησοῦ Χριστοῦ συντείνει ἡ προφητεία, ἑξῆς ὁ λόγος, μετὰ τὸ φάναι »εἰ μὴ κύριος Σαβαὼθ ἐγκατέλιπεν ἡμῖν σπέρμα, ὡς Σόδομα ἂν ἐγενήθημεν καὶ ὡς Γόμορρα ἂν ὡμοιώθημεν«, τὸν πάντα τῶν Ἰουδαίων λαὸν »λαὸν Γομόρρας« ὀνομάσας, τοὺς δὲ ἡγουμένους αὐτῶν »ἄρχοντας Σοδόμων«, ἐπιφέρει παραίτησιν τῆς κατὰ Μωσέα θρησκείας, καὶ τῆς διὰ τοῦ σωτῆρος ἡμῶν πᾶσιν ἀνθρώποις κατηγγελμένης διαθήκης τὸν τρόπον, λέγω δὲ τὸν »διὰ λουτροῦ παλιγγενεσίας«, λόγον τε ἄντικρυς νέον καὶ νόμον εἰσῆκται ἐν τῇ περὶ τῶν τοιούτων προρρήσει. (71, 15-23 Heikel).

die Juden, gerade im Blick auf das Heil der Heiden, einst von ihrem »Unglauben« ablassen und ihren Platz in der göttlichen Heilsgeschichte (wieder)finden
mögen.[351]

Gegenüber der polemisch orientierten Verwendung von Teilen aus Röm 9-
11 in D.e. II 3 sollte die häufig vorkommende Zitierung und Auslegung
einzelner wichtiger Verse oder Passagen aus Röm 9-11 an anderen Stellen im
Gesamtwerk Eusebs nicht übersehen werden: So wird zum Beispiel im
Jesajakommentar der Vers Jes 60, 14 mit Hilfe einer Interpretation der wichtigen Stelle Röm 11, 26 wie folgt ausgelegt:

> Und dann heißt es: »Die Stadt des Herrn wird Zion genannt werden« (Jes
> 60, 14); denn dann, in der Tat, wenn »die Fülle der Heiden hineingegan-
> gen sein wird«, dann »wird ganz Israel gerettet werden« (Röm 11, 25f.):
> Denn nachdem vereinigt worden ist die Schar der alten Heiligen Gottes
> mit dem durch Christus angehefteten Volk der Heiden und »ein Leib«
> geworden ist, wird er eine vereinte Stadt schaffen. Deswegen wird der aus
> allen vereinte Leib Stadt des Herrn, Zion, heiliges Israel genannt wer-
> den.[352]

Zu diesem Passus findet sich ein interessanter Referenztext in D.e. IX 17, aus
dem klar hervorgeht, daß Euseb die neutestamentliche Stelle eschatologisch
versteht;[353] jedoch bricht hier das Zitat leider mit Röm 11, 25 ab und schweigt
zur Frage der möglichen Errettung Israels.

Die drei Belegstellen für Röm 11, 25f. in der Introductio elementaria
generalis[354] müssen noch ergänzend hinzugezogen werden. Sie bieten folgendes
Bild: Euseb zitiert hier den Text einschließlich V 26 und interpretiert:

> Was aber soll er ihm zurückgeben, wenn nicht »das Völkererbe und seinen
> Besitz bis zu den Enden der Erde« (Ps 2, 8), damit, wenn die Fülle der
> Heidenvölker hineingegangen ist, dann auch ganz Israel gerettet werde
> (Röm 11, 25f.), und alle Voraussagen in dem Psalm in Christus, gemäß
> seiner Menschwerdung, nach der sie beschlossen sind, eingetroffen seien.[355]

und

---

[351] Die Berufung aller Welt zum Heil soll den Juden Ansporn sein, ihre Verstockung
aufzugeben (D.e. II 3, 139 mit Berufung auf Röm 11, 11); D.e. II 3, 133 eine Beschwörung
an Israel, von seinem Unglauben abzulassen.

[352] Is. II 50: καὶ τότε δέ φησι· κληθήσῃ Πόλις κυρίου Σιών· τότε γὰρ ὡς ἀληθῶς,
ἐπειδὰν »τὸ πλήρωμα τῶν ἐθνῶν εἰσέλθῃ«, τότε »πᾶς Ἰσραὴλ σωθήσεται«. ἑνωθεὶς
γὰρ ὁ τῶν παλαιῶν ἁγίων τοῦ θεοῦ χορὸς τῷ ἐθνῶν διὰ Χριστοῦ συναφθέντι
λαῷ καὶ »ἓν σῶμα« γενόμενος μίαν συνημμένην πόλιν ἐργάσεται. διὸ κληθήσεται
τὸ ἐξ ἁπάντων ἑνωθὲν >σῶμα< πόλις κυρίου Σιὼν ἅγιος Ἰσραήλ. (376, 13-18
Ziegler).

[353] D.e. IX 17, 19: ... ἔσται δὲ ὅτε ... (442, 15 Heikel).

[354] Ecl. II 15; III 36; IV 8.

[355] Ecl. II 15: Τίνα δὲ ἀνταποδῷ αὐτῷ ἢ »τὰ ἔθνη κληρονομίαν, καὶ τὴν κατάσχεσιν

Wenn aber gemäß dem Apostel »die Fülle der Heidenvölker hineingegangen ist«, dann wird auch das ganze wahre (sic!) Israel mit dem geistlichen Juda gerettet werden, welche selber der Herr mit Namen rufen, welche selber er als würdig beurteilen wird ...[356]

Damit zeigt sich, daß Euseb den Text Röm 9-11 so versteht, daß er Wendungen wie οὐ γὰρ πάντες οἱ ἐξ Ἰσραὴλ οὗτοι Ἰσραὴλ (Röm 9, 6) oder auch die Rede vom Ἰσραὴλ τοῦ θεοῦ (Gal 6, 16) mit der Aussage πᾶς Ἰσραὴλ σωθήσεται (Röm 11, 26) mehr oder minder direkt in Verbindung bringt: Es ist demnach (nur) im christusgläubig werdenden, »wahren«, »spirituellen« Israel jenes πᾶς Ἰσραὴλ aus Röm 11 zu entdecken, dem endgerichtliche Rettung widerfährt.

Eben diese Interpretation kann und muß nun aber auch an einen letzten, sicher den problematischsten Text aus der Generalis introductio elementaris angelegt werden; andernfalls käme ein hier allerdings naheliegendes Mißverständnis zustande: Euseb interpretiert an der fraglichen Stelle Röm 11, 26:

> Wenn die Fülle der Heiden hineingegangen sein wird, wird zusammen mit den übrigen Völkern auch ganz Israel gerettet werden; Christus aber, von den Toten auferstanden, ist von Gott eingesetzt zu herrschen über die Heidenvölker, gemäß dem: Und es wird sein die Wurzel Jesse und der, der sich erhebt, die Heidenvölker zu beherrschen, auf ihn werden die Heiden hoffen. Siehe also, wie hier Israel oder Jakob oder Juda überhaupt nicht genannt ist, es wird jedoch deutlich voraus verkündet, daß die Heiden hoffen auf den, der aus der Wurzel Jesse aufstehen wird, wobei hiermit die Lesart mit der bei Mose übereinstimmt: »Der Herrscher wird nicht aus Juda verschwinden und auch nicht der, der über seine Schenkel herrscht, bis derjenige kommt, dem sie (sc.: die Herrschaft) sicher ist.« Und er ist die Hoffnung: nicht Israels, sondern »der Heidenvölker«.[357]

Dieser Schlußsatz darf keinesfalls exkludierend verstanden werden. Es kann nicht gemeint sein, daß die Christusoffenbarung für Israel prinzipiell nicht

---

αὐτοῦ τὰ πέρατα τῆς γῆς·« ἵν᾽ ὅταν τὸ πλήρωμα τῶν ἐθνῶν εἰσέλθῃ, τότε καὶ ὁ πᾶς Ἰσραὴλ σωθῇ, καὶ ὅλα δὲ τὰ ἐν τῷ ψαλμῷ ἐφαρμόσαι ἂν τῷ Χριστῷ, τὰ κατὰ τὴν ἐνανθρώπησιν αὐτοῦ, καθ᾽ ἣν ἐπεβουλεύθη, περιέχοντα. (PG 22, 1113 B/C).

[356] Ecl. III 36: ἐπὰν δὲ κατὰ τὸν Ἀπόστολον »τὸ πλήρωμα τῶν ἐθνῶν εἰσελθῇ,« καὶ πᾶς ὁ ἀληθινὸς Ἰσραὴλ μετὰ τοῦ πνευματικοῦ Ἰούδα σωθήσεται, οὓς καὶ καλέσει αὐτοὺς ὁ Κύριος ὀνομαστί, οὓς ἀξίους αὐτοὺς κρινεῖ ... (PG 22, 1164 C).

[357] Ecl. IV 8: ... ὅτε τοῦ πληρώματος τῶν ἐθνῶν εἰσελθόντος σὺν τοῖς λοιποῖς ἔθνεσι καὶ ὁ πᾶς Ἰσραὴλ σωθήσεται, ὁ Χριστὸς δὲ ἐκ νεκρῶν ἀναστὰς ἄρχειν ἐθνῶν ὑπὸ τοῦ Θεοῦ κατεστάθη, κατὰ τό, »Καὶ ἔσται ἡ ῥίζα τοῦ Ἰεσσαὶ καὶ ὁ ἀντιστάμενος ἄρχειν ἐθνῶν, ἐπ᾽ αὐτῷ ἔθνη ἐλπιοῦσιν.« Ὅρα γοῦν, ὡς οὐδ᾽ ὅλως ἐνταῦθα Ἰσραήλ, ἢ Ἰακώβ, ἢ Ἰούδας ὀνομάζεται, σαφῶς δὲ τὰ ἔθνη ἐπὶ τὸν ἐκ ῥίζης ἀναστησόμενον Ἰεσσαὶ ἐλπιεῖν προφητεύεται, συναδούσης τῆς ἐνταῦθα λέξεως τῇ παρὰ Μωϋσεῖ φασκούσῃ, »Οὐκ ἐκλείψει ἄρχων ἐξ Ἰούδα, οὐδὲ ἡγούμενος ἐκ τῶν μηρῶν αὐτοῦ, ἕως ἂν ἔλθῃ ᾧ ἀπόκειται· καὶ αὐτὸς προσδοκία,« οὐχὶ τοῦ Ἰσραήλ, ἀλλὰ »τῶν ἐθνῶν« (PG 22, 1213 A/B).

mehr gelte, denn dies würde allen anderen bisher gesichteten Textstellen und nicht zuletzt dem christologischen Gesamtansatz Eusebs völlig widersprechen. Man muß auch hier den apologetischen Impetus wieder veranschlagen: Es geht darum zu zeigen, zu »beweisen«, daß in völligem Einklang mit der prophetischen und mosaischen Überlieferung in Christus die Integration der Heidenvölker in den universalen Heilsplan Gottes sich vollzogen hat.

Einige weitere einzelne Verse aus Röm 9-11 werden in den verschiedenen Werken des Euseb des öfteren ganz oder teilweise zitiert: Neben Röm 11, 25-26 betrifft dies v.a. Röm 9, 6-8; 9, 27-29; 11, 5; 11, 23 und 11, 24.[358]

Röm 9, 6-8 wird im Psalmenkommentar des Eusebius zweimal verwendet: Ps. LXVI 34-36 und LXXV 2f., jeweils in Verbindung mit Röm 2, 28f.; an der allerdings unsicheren Stelle Ps. CIV 6f. in Kombination mit Joh 8, 37. 39. Es geht jeweils darum, die Identifikation der τέκνα τοῦ σαρκὸς mit Israel und Abrahamsnachkommenschaft zu bestreiten.

Röm 9, 27-29 wird abgesehen von den Verarbeitungen in dem bereits besprochenen Passus D.e. II 3 im Jesaja-[359] und im Psalmenkommentar[360] zitiert: Es geht einerseits darum, zu zeigen, daß sich auch der Apostel schon auf den Propheten Jesaja berufen hat, andererseits um die Aussage der Errettung des ὑπόλειμμα Israels.[361]

Auch Röm 11, 5 wird sowohl in der Demonstratio evangelica als auch im Jesajakommentar häufig benutzt, um das »Übrigbleiben einiger«, des λεῖμμα aus dem Volke Israel, neutestamentlich zu belegen.[362]

Röm 11, 23 wird an fünf Stellen im Jesajakommentar benutzt,[363] allerdings

---

[358] Röm 10, 6-7, von Euseb D.e. VI 2, 1; 9, 3 zitiert, bleibt hier außer Betracht, weil es nicht um die Frage nach den Juden geht, sondern um den Beweis der Glaubensgerechtigkeit mit Dtn 30, 11-14. Röm 10, 15, von Euseb D.e. III 1, 3 und Is. I 90; II 41 zitiert, kann gleichfalls außer Betracht bleiben, da es Euseb ausschließlich um den Auftrag zur Evangeliumsverkündigung mit Hinweis auf Jes 52,7 geht. Die zahlreichen Stellen, die in BiPa 4 (1987) 290 für eine Röm 10, 18 – Aufnahme bei Euseb angegeben sind, tun hier nichts zur Sache; es handelt sich durchgängig um Zitate von Ps 18, 5 LXX ohne daß das für den Duktus von Röm 10 entscheidende μὴ οὐκ ἤκουσαν; aufgenommen wird; das gilt auch für die Stellen, an denen Euseb sich ausdrücklich darauf beruft, die Stelle Ps 18, 5 nach dem Römerbrief zitiert zu haben, so etwa Ps. XVIII 3. Schließlich können auch die zahlreichen Belegstellen für die Lobpreisformel Röm 11, 33 bei Euseb hier außer Betracht bleiben.

[359] Is. I 60. – Is. II 2 (BiPa 4 [1987] 290 als ungenaue Belegstelle für Röm 9, 27 angegeben) zitiert Jes 1, 9.

[360] Ps. XVIII 2 (die Stelle ist unsicher; vgl. J.M. Rondeau/J. Kirchmeyer, DSp 4 [1961] 1689).

[361] Is. I 60 mit dem Hinweis auf die Jesajakommentierung des Origenes: ἰστέον δ' ὡς μέχρι τούτων Ὠριγένει προῆλθεν ὁ δωδέκατος τῶν εἰς τὸν προφήτην ἐξηγητικῶν τόμος. (77, 34f. Ziegler).

[362] D.e. VI 18, 13; VII 1, 75. 85; Is. I 21. 63. 64; II 58. Für den Psalmenkommentar Ps. LXXV 11 (PG 23, 884 D/885 A). Zum Verständnis dieses Begriffes bei Euseb siehe oben S. 151f.

[363] Is. II 35. 37. 42. 45. 50.

handelt es sich lediglich um die Aufnahme der Wendung ἐπιμένειν τῇ ἀπιστίᾳ aus diesem Vers. Zur Auslegung von Jes 49, 4 sagt Euseb:

> ... da ja einer, der sich viel abgemüht und unzählige Anstrengungen ertragen hat, für das Heil der Menschen nichts gewonnen hat: Denn die meisten von ihnen »blieben im Unglauben«, vor allem aber das Volk der Juden. Deswegen heißt es: Vergebens habe ich mich gemüht und meine Kraft unnütz und umsonst eingesetzt.[364]

womit der Konditionalsatz des Paulustextes in eine feststehende Aussage umgewandelt und zudem das ἐνεκεντρίσθησονται des paulinischen Hauptsatzes nicht aufgenommen wird. Man kann das damit erklären, daß es Euseb hier um eine historische Aussage zu tun ist (es geht um das Eingetroffensein der Jesaja-Prophetie), der eschatologische Impetus des Paulus also gar nicht im Blick ist. Im Grunde aber liegt bei der Rezeption von Röm 11, 23 immer nur eine nicht allzu signifikante Aufnahme der Wendung ἐπιμένειν (oder auch ἐναπομένειν) τῇ ἀπιστίᾳ vor, die auf Juden bezogen werden kann,[365] aber genauso auch auf Heiden.[366]

Röm 11, 24 wird nur einmal zitiert, jedoch bricht das Zitat V 24a ab und spart V 24b aus;[367] man wird aber, wenn man den Argumentationszusammenhang der Stelle beachtet, hieraus nicht schließen dürfen, daß das ἐνκεντρισθήσονται τῇ ἰδίᾳ ἐλαίᾳ von Euseb gleichsam aus »dogmatischen Gründen« unterschlagen werde. Es geht, wie der Kontext zeigt, um das ἐγκεντρίζεσθαι der Heiden, das Euseb in Sach 14, 1-10 angekündigt sieht.

Man gewinnt insgesamt nicht den Eindruck, daß hinter diesem ziemlich eklektischen Umgang Eusebs mit Röm 9-11 eine bestimmte Tendenz steht, die die Aussage des biblischen Textes in einer bestimmten Richtung verstanden wissen oder sie gar bewußt verändern will. Man muß sehen, daß Euseb im Vergleich zu Paulus einen anderen impetus hat; er ringt nicht in demselben Maße wie der Apostel um das theologische Problem der möglichen Errettung Israels; die Röm 11, 1 konkret aufgeworfene und Röm 11, 25-32 einer Lösung zugeführte Frage wird bei Euseb so kaum gestellt – sie klingt in dem Passus D.e. II 3 und an einigen anderen Stellen des Gesamtwerkes allenfalls an, gehört aber dann immer in den Kontext einer Widerlegung der von den Juden

---

[364] Is. II 35: ὁπότε πολλὰ καμὼν καὶ μυρίους κόπους ὑπομείνας ὑπὲρ τῆς τῶν ἀνθρώπων σωτηρίας οὐδὲν ἤνυσα· οἱ πλείους γὰρ αὐτῶν >ἐναπέμειναν τῇ ἀπιστίᾳ< καὶ πρῶτόν γε τὸ Ἰουδαίων ἔθνος. διό φημι· Κενῶς ἐκοπίασα, εἰς μάταιον καὶ εἰς οὐδὲν ἔδωκα τὴν ἰσχύν μου. (309, 32-35 Ziegler).

[365] So am deutlichsten Is. II 45: ...τὸ δὲ Ἰουδαίων πλῆθος >ἐναπομένει τῇ ἀπιστίᾳ<, ... (351, 2f. Ziegler).

[366] Is. II 50: τὰ δ' >ἐναπομείναντα τῇ ἀπιστίᾳ< ἔθνη καὶ οἱ τούτων ἄρχοντες καὶ βασιλεῖς οἱ τῇ εἰδωλολατρίᾳ ἐναποθανόντες, ... (375, 25f. Ziegler).

[367] D.e. VI 18, 18.

vorgenommenen Bestreitung der Heilsteilhabe der Heiden. Euseb geht es jedenfalls nicht primär um das Problem der endgültigen Verwerfung oder Errettung der Juden, sondern um die exegetische Begründung des Eintretens der Heidenvölker in den jüdischerseits exklusiv beanspruchten Heilsbereich.

Ein kurzer Blick auf die Rezeption johanneischer Texte, zu denen für Euseb selbstverständlich auch die Johannesoffenbarung zählt,[368] erweist sich, allein was die Anzahl der in Frage kommenden Textzitierungen angeht, gegenüber dem Befund zur Paulusrezeption als weitaus weniger ergiebig. So wird man hier das Augenmerk besonders auf Fehlanzeigen richten müssen und immerhin das Nichtauftreten von sonst einschlägig verwendeten Bibelversen bei Euseb notieren. Einige Beispiele: Die Wendung von der συναγωγή τοῦ σατανᾶ (Apk 2 ,9; 3, 9) wird bei Euseb interessanterweise an keiner Stelle angeführt – übrigens scheint dieser Vers auch sonst in der christlichen antijüdischen Polemik nicht gerade eine Hauptrolle gespielt zu haben.[369] Signifikanter ist daher der Befund zu Joh 8, 44: Der Satz ὑμεῖς ἐκ τοῦ πατρὸς τοῦ διαβόλου wird bei Euseb nicht rezipiert,[370] während er sonst durchaus in einschlägigem antijüdischen Kontext rege Verwendung findet.[371]

Andererseits ist auch keine Rezeption von Joh 4, 22 feststellbar: Das Heil kam für Euseb eben von den Hebräern her zu uns,[372] nicht von den Juden!

Was die synoptische Tradition angeht, steht bei Euseb, wie eigentlich in der gesamten Alten Kirche, das Matthäusevangleium im Mittelpunkt;[373] die Zitie-

---

[368] H.e. III 18, 1. – H.e. III 25, 4 notiert er, daß es auch abweichende Ansichten über die Johannesoffenbarung gibt.

[369] Dies würde natürlich eine eigene auslegungsgeschichtliche Untersuchung erfordern. – Für das dritte Jahrhundert sind die BiPa 2 (1979) 451 angegebenen Stellen Clem., Recogn. V 34, 2 und Victor. Petav., Comm. in Apok. Ioann. II 2 alles andere als signifikant für eine antijudaistische Argumentation exegetischer Art, und der Beleg bei Orig., Comm. in Rom. II 11 stellt zwar eine Beziehung zwischen Röm 2, 11 und Apk 2, 9 her, hat aber keinen gegen die Juden gerichteten Impetus, wie das relativierende »etiam« zeigt. Für die spätere Zeit fällt immerhin auf, daß die äußerst schroffen Judenreden des Chrysostomus sich dieses Apk-Verses nicht bedienen, wie das Bibelstellenregister der BGL-Ausgabe von R. Brändle und V. Jegher-Bucher ausweist; vgl. aber die Benutzung des Verses bei Hieronymus, zum Beispiel ep. CXII 13. – Zur modernen Exegese dieser Stellen Apk 2, 9; 3, 9 siehe E. Lohse, Synagoge des Satans und Gemeinde Gottes. Zum Verhältnis von Christen und Juden nach der Offenbarung des Johannes, FDV 1989, Münster/W. 1992.

[370] Die einzige BiPa 4 (1987) 268 angegebene Stelle gehört den unechten Psalmenkommentarfragmenten [CPG 5202] an.

[371] Für das dritte Jahrhundert zählen BiPa 2 (1979) 337 und BiPa 3 (1980) 330 immerhin insgesamt 77 Stellen; für das vierte Jahrhundert vgl. etwa Epiph., Haer. 38, 4, 2. 10; 5, 1; 40, 6, 2; 46, 63, 5.

[372] P.e. VII 1, 3.

[373] Zum Gesamtbefund siehe BiPa 4 (1987) 209-239. Für Eusebs Texte besonders eindrucksvoll die Matthäusrezeption in der syrischen Theophanie, zum Beispiel III 27f.; IV 11-20. Für die Demonstratio Evangelica siehe D.S. Wallace-Hadrill, JThS.NS 1 (1950) 168-175.

rung von Markus- und Lukasstellen nimmt sich demgegenüber ausgesprochen rar aus.[374]

Mt 27, 25, traditioneller Hauptbelegtext für die christliche Theorie einer jüdischen Kollektivschuld,[375] wird bei Euseb relativ häufig zitiert oder paraphrasierend aufgenommen;[376] der Vers gehört bei ihm zunächst in den Zusammenhang des Bestrafungsmotivs, allerdings mit der Pointe, daß Euseb bei Aufnahme von Mt 27, 25 meist nicht allein die politisch-militärischen Niederlagen der Juden der Vergangenheit im Blick hat, sondern die gegenwärtige, anhaltend desolate Lage der Juden hinsichtlich ihrer heiligen Stätten; bisweilen wird diese Situation dann als Strafe für die weiterhin andauernde Nichtannahme des Heils in Christus interpretiert oder aber als noch immer andauernde Strafe für den vor Generationen vollzogenen »Herrenmord«:

> ... dessen (sc.: Christi) Blut sie gegen sich selbst und gegen ihre eigenen Kinder herausgefordert haben, und noch jetzt zahlen sie die Strafe für den von ihnen vollbrachten Frevel.[377]

Immer wieder finden sich bei Euseb auch Auslegungen ganzer Perikopen des Matthäusevangeliums. In der syrischen Theophanie IV 13-17 bringt er eine interessante Interpretation von Mt 21, 33 – 22, 14: Sie ist deshalb bemerkenswert, weil Euseb in seiner Auslegung zunächst wieder die heilsgeschichtliche Vorrangstellung der Juden betont:

> »Da man aber auf die Berufung nicht hörte, sandte er (...) siebzig Jünger, damit eben auch sie dem Volke der Juden zuerst (die frohe Botschaft) verkündigten und es beriefen zum Gelage der neuen διαθήκη«.[378]

Dann wird Mt 22, 6 auf die Ermordung von Stephanus, Jakobus und Jakobus dem Gerechten verwiesen: »Auch diesen steinigten die Juden«.[379] Daraufhin erfolgt die Eroberung Jerusalems (Mt 22, 7). Schließlich zieht Euseb das Fazit aus seiner Auslegung mit einem Hinweis auf den »Missionsbefehl« des Matthäusevangeliums:

---

[374] Vgl. BiPa 4 (1987) 239-242 (Mk) und 242-257 (Lk). – Zur Lukaskommentierung Eusebs siehe D.S. Wallace-Hadrill, HTR 67 (1974) 55-63.

[375] Auch die Mt 27, 25-Exegese in der Alten Kirche verdiente eine eigene Untersuchung. Hier seien nur einige Stellen genannt: Tert., Marc. II 15, 3; Lact., Instit. IV 26, 28; Orig., Comm. ser. 124 in Mt.; Hom. in Jos. 3, 5; 26, 3; zur Bedeutung gerade dieses Schriftwortes in der antijüdischen Polemik siehe jetzt das Votum von F. Winkelmann, Geschichte des frühen Christentums, München 1996, 44.

[376] D.e. VIII 3, 8; IX 11, 14; X 3, 20; Is. I 29; II 48; Ps. XXI 17 (PG 23, 209A); LVIII 7-12 (541C); LXVIII 13 (744A); LXXIII 7 (857B).

[377] D.e. IX 11, 14: οὗ τὸ αἷμα καθ᾽ ἑαυτῶν ἐξαιτησάμενοι καὶ κατὰ τῶν ἰδίων παίδων, εἰσέτι νῦν τῆς τολμηθείσης αὐτοῖς ἀσεβείας τὴν τιμωρίαν ὑπέχουσιν. (430, 6-8 Heikel).

[378] Syr. Theoph. IV 16 (GCS Euseb III/2, 188, 25-30 Gressmann/Laminski).

[379] Ebd. (189, 4 Gressmann/Laminski).

> Es sagt also zu ihnen unser Erlöser nach seiner Auferstehung: »Geht hin
> und lehret alle Völker in meinem Namen«, und das sagte er, der früher
> befohlen hatte: »Auf der Straße der Heiden sollt ihr nicht ziehen«, sondern
> nur den Juden predigen.[380]

Man sieht, daß die Exegese Eusebs hier keinesfalls auf den Verlust der göttlichen Verheißungen durch die Juden rekurriert, sondern auf die Erweiterung
des Heils auf die Heiden zielt; diese kommt hier quasi erst dadurch zustande,
daß die berufenen Juden das ihnen zugedachte Heil unsinnigerweise ausschlagen und sich in einen Gegensatz zur Wahrheit begeben.[381]

Das hier in nur in Auswahl darzubietende Material zur Verwendung neutestamentlicher Stellen in Eusebs Auseinandersetzung mit den Juden zeigt, wie
Euseb zwar das Neue Testament recht eklektisch als eine Art »Steinbruch« für
seine heilsgeschichtlich akzentuierte Argumentation benutzt, die Texte aber
jedenfalls nicht für Verunglimpfungen oder Herabwürdigungen der Juden
mißbraucht. Einerseits dienen sie ihm vielfach dazu, das traditionelle (theologisch hochproblematische) Straf- und Kollektivschuldmotiv zu untermauern.
Andererseits verzichtet er in auffälliger Weise auf die Aufnahme der in der
Tradition durchaus vorfindlichen Stellen, die für eine sehr herabsetzende und
diskreditierende Weise der christlichen Rede über die Juden einschlägig waren
und weiterhin einschlägig sein sollten. Indem er sich in der Paulusauslegung
auf Röm 9-11 konzentriert, gelingt es ihm, den Gedanken einer endgültigen
irreversiblen Verwerfung der Juden auszuschalten; Heil wird dabei freilich für
ihn ausschließlich denjenigen Juden zuteil, die – wie Paulus, die Apostel und
Evangelisten – als »verus Israel«[382] zur Erkenntnis Christi und zur gläubigen
Annahme des in ihm verbürgten Heils gelangt sind oder noch gelangen werden.

5.4. Kirche und Synagoge bei Euseb: Ein Substitutionsmodell?

Es war im Blick auf Eusebs Exegese von Röm 11, 24 bereits angeklungen, daß
es für Euseb die Kirche ist, die an dem »Ölbaum« des Herrn an die Stelle der
Synagoge getreten ist. In der Demonstratio evangelica formuliert er diesen
Gedanken folgendermaßen aus:

> Seine Kirche aus den Heiden ist dem Herrn ein Olivenhain geworden,
> welchen er einst als »wilde Olive« gepflanzt hat, dann (aber) auf die
> Wurzel des apostolischen edlen Olivenbaums aufgepfropft hat nach dem
> Wegschneiden der alten Zweige, wie der Apostel in der Tat lehrt.[383]

---

[380] Ebd. (189, 27-31 Gressmann/Laminski).
[381] D.e. VIII 2, 127.
[382] Hierzu siehe im terminologischen Teil der Arbeit oben S. 118f.
[383] D.e. VI 18, 18: ἐλαιὼν ἐγενήθη τῷ δεσπότῃ ἡ ἐξ ἐθνῶν ἐκκλησία αὐτοῦ, ἣν πάλαι

Auch die Gottesverehrung gemäß dem Gesetze des Mose ist für ihn an ihr definitives Ende gekommen, wie schon der Exkurs über das »Ende des Gesetzes« und auch der Blick auf Eusebs Verständnis von Röm 9-11 zeigten: An die Stelle jener einstmals rechten jüdischen Gottesverehrung ist nunmehr die rechte Gottesverehrung der Christen getreten. Auch sonst finden sich im Werk Eusebs immer wieder Stellen, die von einer Ersetzung der Synagoge durch die Kirche auszugehen scheinen, die von einem »Abfall« oder »Wegfall« der Juden sprechen; in dieser Arbeit waren einige davon bereits verschiedentlich zitiert worden.[384] Allerdings muß man auch hier die einzelne Stelle jeweils genau prüfen; so liegt etwa in der Bezeichnung συναγωγὰς für christliche Versammlungen[385] nicht unbedingt eine Substitutionssidee zu Grunde; Euseb spricht sonst meist von ἐκκλησίας,[386] und der hier ausnahmsweise verwendete Begriff ist, gemäß dem ursprünglichen Wortsinn, einfach im Sinne von »Versammlung« gebraucht.[387]

Am deutlichsten treten die Substitutionstendenzen in Eusebs Verhältnisbestimmung von Kirche und Synagoge vielleicht D.e. VI 18, 22 zu Tage: Die nach Palästina strömenden christlichen Pilger beten nicht an dem früher in Jerusalem stehenden Heiligtum, sondern auf dem Ölberg gegenüber Jerusalem an, weil nach Ez 11, 22f. die Herrlichkeit des Herrn dorthin »umgezogen« ist, als sie ihre frühere Heimstatt, das (wegen des Frevels und Unglaubens der Juden) zerstörte Jerusalem, verließ.[388] Und auch im Jesajakommentar finden sich Stellen, die davon sprechen, daß der einst gottesfürchtige Wandel der Juden nunmehr bei der Kirche aus den Heiden anzutreffen sei.[389]

Dies legt nun den Schluß nahe, daß Euseb das Verhältnis von Kirche und Synagoge im Sinne eines Substitutionsmodells bestimmt, nach welchem die Kirche die Synagoge faktisch ersetzt.[390] Im heilsgeschichtlichen Ablauf wäre demzufolge Gottes Weg mit seinem Volk Israel an ein unwiderrufliches Ende gekommen und stattdessen der Weg Gottes mit der Kirche aus Juden und Heiden begonnen worden. Mit einem solchen Substitutionsdenken befände

---

»ἀγριέλαιον« οὖσαν κατεφύτευσεν, »ἐγκεντρίσας« ἐπὶ τὰς ἀποστολικὰς τῆς »καλλιελαίου« ῥίζας μετὰ τὴν τῶν προτέρων κλάδων ἐκτομήν, ὥσπερ οὖν ὁ ἀπόστολος παιδεύει. (277, 21-25 Heikel).

[384] D.e. II 3, 47 (zitiert oben Anm. 349); vgl. auch unten die Anm. 422 und 423 angegebenen Stellen.

[385] D.e. VI 25, 4. Der Text ist zitiert oben S. 167 Anm. 175.

[386] Zum Beispiel H.e. VII 15, 4f. u.ö.

[387] Ähnlich im NT in »neutralem« Sinne als Gerichtsversammlung Acta 22, 19 und als christliche Versammlung Jak 2, 2. Als jüdische Synagoge etwa Mt 4, 23; 6, 2; 9, 35; 12, 9, ebenso zum Beispiel Jos., BJ II 285; AJ XIX 300.

[388] Die Stelle D.e. VI 18, 22f. ist zitiert oben S. 188 Anm. 272.

[389] Is. II 35 (313, 2-4 Ziegler).

[390] So das einhellige Urteil in der Literatur. Repräsentativ F. Winkelmann, Euseb von Kaisareia. Der Vater der Kirchengeschichte, Berlin 1991, 103: »Die Juden scheiden also aus der Heilsgeschichte aus, die Christen treten dafür ein und tragen sie weiter.«

sich Euseb vollständig im Rahmen des weit überwiegenden Teils der älteren apologetischen Tradition[391] und wäre gleichzeitig auch als ein Vorläufer des nur wenig später im christlichen Bereich wie selbstverständlich gültigen theologischen Verständnisses der Ablösung Israels durch die Kirche, des Ausscheidens Israels aus dem göttlichen Heilsplan und des Eintretens der Kirche in denselben, anzusehen.[392]

Ohne nun das tatsächliche Vorliegen solcher Traditionsauf- und -übernahmen bestreiten und ohne das Vorhandensein maßgeblicher Elemente eines Substitutionsmodells in Abrede stellen zu wollen,[393] ist jedoch zur Frage nach der Substitutionstheorie bei Euseb auf zwei Gesichtspunkte aufmerksam zu machen, die in der wissenschaftlichen Diskussion bislang nicht gewürdigt worden sind: So fällt zum Beispiel im Blick auf die sogenannte »Dreiämterlehre« in der Christologie auf, daß die drei ursprünglich jüdischen, im geschichtlichen Verlauf den Juden verlorengegangenen Ämter des Königs, des Propheten und des Hohepriesters *keineswegs in der Kirche, sondern in Christus* aufgehoben sind,

> ... so daß sie alle Zeichen für den wahren Christus sind, den göttlichen und himmlischen Logos, der der alleinige Hohepriester für alle (sic!), der alleinige König der ganzen Schöpfung und als einziger unter den Propheten der Erzprophet des Vaters ist.[394]

Es ist niemand anders als der Logos-Sohn selbst, der nunmehr königliche, prophetische und hohepriesterliche Funktion ausübt, welche zuvor von den Amtsträgern Israels ausgeübt worden war. Zwar gilt auch für Euseb, daß die adäquate Form der Wahrnehmung und Verkündigung dieser drei Ämter Christi ausschließlich in der christlichen Kirche stattfindet, insofern er

> ... *bei seinen Anhängern* auf dem ganzen Erdkreis als König geehrt, stärker als ein Prophet bewundert und als wahrer und einziger Hohepriester Gottes gepriesen wird; ...[395]

trotzdem handelt es sich für Euseb eindeutig um die Ämter Christi und so *nur mittelbar* um die der Kirche. Diese Beobachtung ist dann von Bedeutung,

---

[391] So zum Beispiel Justin, Dial. 78, 11; 119, 4. 6; 123, 9; 124, 1.

[392] Vgl. hierzu nur die unten Anm. 396 genannten Stellen im Itineraium der Egeria.

[393] Zur Traditionsrezeption bei Euseb siehe Kapitel 7 dieser Untersuchung.

[394] H.e. I 3, 8: ... ὡς τούτους ἅπαντας τὴν ἐπὶ τὸν ἀληθῆ Χριστὸν, τὸν ἔνθεον καὶ οὐράνιον λόγον, ἀναφορὰν ἔχειν, μόνον ἀρχιέρεα τῶν ὅλων καὶ μόνον ἁπάσης κτίσεως βασιλέα καὶ μόνον προφητῶν ἀρχιπροφήτην τοῦ πατρὸς τυγχάνοντα. (32, 11-15 Schwartz).

[395] H.e. I 3, 19: παρὰ τοῖς ἀνὰ τὴν οἰκουμένην αὐτοῦ θιασώταις τιμᾶσθαι μὲν ὡς βασιλέα, θαυμάζεσθαι δὲ ὑπὲρ προφήτην, δοξάζεσθαί τε ὡς ἀληθῆ καὶ μόνον θεοῦ ἀρχιερέα, ... (36, 22-24 Schwartz).

wenn man vergleichend bedenkt, mit welcher Selbstverständlichkeit nur ein halbes Jahrhundert nach Eusebius die Ämter des alten Israel eben als direkt auf die Kirche übergegangen angesehen werden, und zwar nicht nur in theologischen Abhandlungen, sondern bis in den liturgischen Vollzug der Kirche hinein.[396]

Zum zweiten wird man sorgfältig auf den Umstand achten müssen, daß für Euseb die rechte, weil der Universalität des göttlichen Heils in Christus entsprechende Gottesverehrung zwar gegenwärtig von der Kirche allein vollzogen wird, eben dies aber keinesfalls als ein Besitzstand der Kirche mißverstanden werden darf. Im Zusammenhang der Verwendung der Strafmotivik bei Euseb war oben schon darauf hingewiesen worden, daß die Kirche durch Abfall von der wahren und reinen Gottesverehrung genauso unter das Strafgericht Gottes geraten kann wie die Juden und Heiden: Deutlichstes Beispiel war Eusebs theologische Bewertung der diokletianischen Verfolgung.[397] Diese Feststellung steht natürlich in unmittelbarem Zusammenhang mit der vorherigen Beobachtung eines Aufgehobenseins der Ämter des alten Israel in Jesus dem Christus, nicht in der Jesus Christus verehrenden Kirche. Damit bewegt sich Eusebius durchaus über die üblichen Modelle einer Substitution der Synagoge durch die Kirche hinaus, insofern er mit der Differenzierung von Christus und Kirche eine kritische Größe zur Verfügung hat: Denn Christus als Repräsentant des universalen Heilswillens Gottes steht nicht für die Verabschiedung der Synagoge aus dem göttlichen Heilsplan, sondern für die Universalisierung dieses Heilsplanes, welcher prinzipiell auch die Juden umfaßt.

Die Integration beider Aspekte, des Substitutionsgedankens einerseits und der christologisch-heilsuniversalistischen Perspektive andererseits, wirkt bei Euseb bisweilen unausgeglichen und heterogen. Auch wird man sagen müssen, daß diejenigen Aussagen, die eine Ablösung der Synagoge implizieren, im Ganzen dominieren. Ich würde aber trotz oder gerade angesichts dieser relativen Heterogenität dafür plädieren, im Werk des Eusebius ein *modifiziertes Substitutionsmodell* vorliegen zu sehen, welches zwar kaum entscheidend über herkömmliche christliche Verhältnisbestimmungen von Kirche und Israel hinausgelangt, das andererseits aber doch im gesamttheologischen Ansatz so wichtige und für die Problemstellung mindestens potentiell relevante Aspekte beinhaltet, daß es mit einer historischen Einordnung als schlicht der zeitgenössischen theologischen Lage folgendes Substitutionsmodell nicht ganz angemessen gewürdigt wäre.

---

[396] Letzteres wird besonders schön im Itinerarium der Egeria deutlich: Der Bischof von Jerusalem betritt hier wie einst der Hohepriester allein (»intro/intra cancellos«) das Allerheiligste zum Gebet und segnet das Volk von den Stufen (der Anastasis) aus: Itin. 24, 2; 25, 3; 33, 2. – Erste Tendenzen einer solchen Substitution finden sich schon bei Hegesipp bezogen auf den (ganz als gesetzestreuer Jude gezeichneten) Jakobus den Gerechten (Eus., H.e. II 23, 6).

[397] Siehe oben S. 142f. Anm. 51 zitierte Stelle H.e. VIII 1, 7-9.

5.5. Eusebs theologische Kritik an den Juden

Eusebs theologische Kritik an den Juden, die vor allem die ersten beiden Bücher der Demonstratio evangelica durchzieht,[398] hängt direkt von seiner Christologie und von seinen alttestamentlich-exegetischen Grundentscheidungen ab. Da für Euseb in Christus das Heil Gottes für alle Menschen gekommen ist, steht seine Christologie in der Tat trennend zwischen Christen und Juden, insofern jene darauf bestehen, daß das von Gott verheißene Heil ausschließlich ihnen selbst, nicht aber den Heiden gilt. Und insofern Euseb die jüdischen Heiligen Schriften konsequent von Christus her und auf Christus hin liest, sind diese Texte zwischen Christen und Juden strittig; strittig nicht im Sinne eines christlicherseits zuungunsten der Juden erhobenen Besitzanspruches,[399] aber sehr wohl strittig im Sinne einer kontroversen Auseinandersetzung um deren rechtes Verständnis.

Von daher ist es nicht überraschend, daß sich die theologische Kritik Eusebs an den Juden in zwei besonders zentralen Punkten niederschlägt, die mit seiner Christologie und mit seiner Exegese unmittelbar zusammenhängen.

Keine erkennbare Rolle in der Kritik Eusebs an den Juden spielt interessanterweise der Vorwurf der jüdischen Schuld an christlichen Martyrien, etwa im Zusammenhang der diokletianischen Verfolgung. Die Synagogen sind für Euseb keine »fontes persecutionum«.[400] Dies zeigt die Schrift über die Mätyrer in Palästina deutlich. Die Juden kommen in dieser Schrift überhaupt nur am Rande vor:

Im in M.P. enthaltenen Bericht vom Martyrium des Paulus[401] betet der Märtyrer vor seinem Tode (in dieser Reihenfolge!) zuerst für die Glaubensgenossen, also die Christen, sodann für die Juden, danach für die Samaritaner, schließlich für die Heiden und ganz am Ende gar für seinen Richter und seinen Henker. Die Stelle ist nicht nur wegen der Reihenfolge interessant, durch die die Juden am nächsten zu den Christen gestellt werden, sondern auch im Blick auf den Inhalt des Gebetes: Zuerst betet Paulus für die baldige Freiheit seiner Glaubensgenossen, dann für die Juden um Bekehrung zu Gott durch Christus, weiter um das Gleiche für die Samaritaner, und schließlich darum, daß auch die Heiden, die noch im Irrtum und in Unwissenheit von Gott dahinleben, zu seiner Erkenntnis gelangen und die wahre Religion annehmen möchten.[402] Allein die Hei-

---

[398] V.a. D.e. I f.

[399] Es war in dieser Arbeit bereits darauf aufmerksam gemacht worden, daß Euseb konsequent von den Heiligen Schriften *der Juden* spricht, also keineswegs eine »Enteignung« im Blick hat, wie sie in anderen, teilweise deutlich früheren christlichen Texten, etwa dem Barnabasbrief, zumindest angelegt ist. Siehe hierzu oben S. 86.

[400] So bekanntlich Tertullian: Scorp. X 10 (CChr.SL 2, 1089, 13 Reifferscheid/Wissowa).

[401] M.P. VIII 9-12.

[402] M.P. VIII 10.

den werden hier im Blick auf ihre Religion negativ qualifiziert. Juden (und Samaritaner) sollen sich zwar zu Christus bekehren, ihre Religion wird aber nicht verbal abgewertet. Keine Spur findet sich in dem Passus von dem Motiv jüdischer Schadenfreude an christlichen Martyrien, wie es aus anderen Märtyrertexten geläufig ist.[403]

Eine auffällige Betonung der jüdischen Herkunft des Christentums gerade in Abgrenzung zum Heidentum wird beim Martyrium der fünf Ägypter[404] deutlich. Die Märtyrer geben auf die Frage nach ihrer Person nicht ihre »bürgerlichen« Namen an, weil diese »götzendienerisch waren«,[405] sondern nennen sich Jeremia, Jesaja, Samuel und Daniel, um sich »nicht nur durch Taten, sondern auch durch das Tragen entsprechender Namen als »Juden im Verborgenen« (sc.: Röm 2, 29) und »echten und unverfälschten Israeliten Gottes« (sc.: Gal 6, 16) vorzustellen.«[406] Auch hier ist in einem Märtyrerbericht der Zusammenhang von Judentum und Christentum eigens betont. Eine Polemik gegen eventuelle Beteiligungen von Juden an christlichen Martyrien findet sich hingegen nicht.

S. LIEBERMAN hat schon 1945 und 1946 unter Hinweis auf die Schrift über die Märtyrer in Palästina, auch im Vergleich mit einigen (historisch allerdings oft nur schwer zuzuordnenden) rabbinischen Texten, aus dem Befund, daß Euseb das polemische Motiv der Verantwortung der Juden für christliche Martyrien gar nicht benutzt, meines Erachtens zu Recht den Schluß gezogen, daß die christlich-jüdischen Beziehungen im Palästina der diokletianischen Verfolgung nicht allzu schlecht gewesen sein können.[407]

Unter eben dieser Prämisse steht natürlich auch die Kritik und Polemik, die Eusebius in seinen Schriften gegen die Juden vorträgt.

---

[403] Man denke nur an die berühmte Stelle aus dem Polykarpmartyrium: Die Juden sammeln eilfertig Reisig, um die Verbrennung des christlichen Märtyrers voranzutreiben. Eus., H.e. IV 15, 29.

[404] M.P. XI 8ff.

[405] M.P. XI 8: εἰδωλικῶν ὄντων (937, 1 Schwartz).

[406] M.P. XI 8: τὸν ἐν κρυπτῷ 'Ιουδαῖον γνήσιόν τε καὶ εἰλικρινῶς 'Ισραὴλ τοῦ θεοῦ οὐ μόνον ἔργοις, ἀλλὰ φωναῖς κυρίως ἐκφερομέναις ἐπιδεικνυμένων. (937, 3-5 Schwartz).

[407] The Martyrs of Caesarea: AIPh 7 (1939-1945) 395-446; auf die von I. Sonne, JQR 36 (1945f.) 147-169 gegen seine Sicht erhobenen Einwände hat Lieberman selbst respondiert: The Martyrs of Caesarea: JQR 36 (1945/6) 239-253. Lieberman, 239, faßt zusammen, daß Eusebius »said nothing about a hostile attitude of the Palestinian Jews towards the persecuted Christians.« Es scheint im Blick auf die in M.P. berichteten christlichen Martyrien methodisch gerechtfertigt, mit S. Lieberman AIPh 7 (1939-44) 409 e silentio zu argumentieren: »If there had been any animosity on their part against the latter, Eusebius, a contemporary eye-witness, would not have failed to mention it.« Vgl. zur Frage der christlich-jüdischen Beziehungen im Zusammenhang der Martyrien in Caesarea auch Y. Baer, ScrHier 7 (1961) 129-142.

5.5.1. Partikularismus und Heilsexklusivität

Der eine Hauptvorwurf, den Euseb gegen die Juden unermüdlich und immer wieder von neuem erhebt, ist der des Partikularismus und der Heilsexklusivität. Ausgehend von seiner christologischen Grundüberzeugung, daß mit dem Kommen des Logos Gottes das Heil für *alle* Menschen beschlossen ist,[408] muß er sich mit dem jüdischen Exklusivitätsanspruch auseinandersetzen, gemäß welchem die Juden das Heil Gottes für sich allein beanspruchen und die Griechen als von demselben ausgeschlossen ansehen. Daß solcherlei jüdische Ausschließlichkeitsansprüche in der »interreligiösen« Debatte in Caesarea eine eminente Rolle gespielt haben müssen, zeigt schon die Einleitung zum zweiten Buch der Demonstratio evangelica deutlich – der Passus geht nämlich zunächst von gegnerischerseits aufgebrachten Aussagen aus und will diese entkräften. Dabei steht im Mittelpunkt, daß sich die Juden unter Hinweis auf die ausschließlich ihnen selbst geltende Heilszusage Gottes scharf von den christlichen Universalitätsaussagen distanziert und dabei den »Griechen« jegliche Möglichkeit zur Teilhabe am göttlichen Heil grundsätzlich bestritten zu haben scheinen. Euseb formuliert deshalb zunächst in offensichtlicher Reaktion auf solcherlei Argumente und Einwände:

> Ich kehre zurück zu den Zeugnissen aus den prophetischen Stimmen, um unseren Anklägern aus der Beschneidung eine ausführlichere Antwort zu geben, nachdem diese sagen, daß wir keinerlei Anteil an den für sie aufgeschriebenen Verheißungen hätten. Denn sie sind der Auffassung, daß die Propheten *ihnen* gehören, daß auch der Christus, den sie ihren Freund, Retter und Erlöser nennen, *ihnen* angekündigt worden sei und daß zu erwarten sei, daß die niedergeschriebenen Versprechungen *an ihnen* erfüllt werden sollen; daß wir aber überflüssig seien, da wir gleichsam einem anderen Geschlecht zugehörten, über welches durch alle Weissagungen hindurch die schlimmsten Dinge vorausgesagt werden.[409]

Es ist genau dieses jüdische Exklusivitätsdenken und die aus ihm zu folgernde Bestreitung der Teilhabe auch der »Heidenvölker« am göttlichen Heil, gegen

---

[408] Siehe hierzu oben unter 5.2.1.

[409] D.e. II prooem. 1: ἐπάνειμι ἐπὶ τὰς ἐκ τῶν προφητικῶν φωνῶν μαρτυρίας, πρὸς τοὺς ἡμῶν κατηγόρους τῶν ἐκ περιτομῆς δαψιλεστέραν τὴν ἀπόκρισιν ποιησόμενος, ἐπεὶ μηδαμῶς ἡμῖν μετεῖναι ἔφασαν τῶν παρ᾽ αὐτοῖς ἀναγράπτων ἐπαγγελιῶν· αὐτῶν γὰρ καὶ τοὺς προφήτας γεγονέναι, αὐτοῖς καὶ τὸν Χριστόν, ὃν δὴ φίλον αὐτοῖς ἀποκαλεῖν σωτῆρα καὶ λυτρωτήν, κηρύττεσθαι, αὐτοῖς καὶ τὰς ἀναγράπτους ὑποσχέσεις προσδοκᾶν ἀποδοθήσεσθαι· ἡμᾶς δὲ περιττοὺς τούτων ὑπάρχειν, οἷα τὸ γένος ἀλλοφύλους ὄντας, οἷς τὰ χείριστα διὰ πασῶν τῶν προφητειῶν θεσπίζεσθαι· (52, 6-14 Heikel). Daß die Juden die Christen als περιττοὺς εἶναι ansahen, wird auch D.e. II 3, 43 referiert (68, 26 Heikel); diese Stelle bietet auch eine inhaltliche Näherbestimmung für diese etwas ungewöhnliche Wendung: Die Christen seien »den göttlichen Versprechungen fernstehend«: ... τῶν θείων ὑποσχέσεων ἀλλοτρίους ... (68, 26f. Heikel).

das Euseb auf Grundlage seiner heilsuniversalistischen Christologie und angesichts seines christologischen Verständnisses der jüdischen Heiligen Schriften
entschlossen Einspruch erhebt. Dabei ist sogleich zu vermerken, daß es ihm in
der Auseinandersetzung zwar zentral um die Bestreitung der jüdischen
Exklusivitätsvorstellungen, keineswegs aber um die Bestreitung der Gültigkeit
der an die Juden ergangenen Heilszusagen Gottes zu tun ist. Dies wird ebenfalls im Prooemium zu Buch zwei der Demonstratio evangelica ganz deutlich
ausgesagt:

> In dem Punkte nun, daß der Christus Gottes bei ihnen (sc.: den Juden)
> angekündigt worden ist und seine Ankunft Rettung für Israel verkündigt,
> wollen wir keinesfalls widersprechen; wir stimmen darin überein, daß dies
> die klare Lehre all ihrer (Heiligen) Schrift ist. In dem Punkte jedoch, daß
> die Heiden von den erwarteten Heilstaten Christi ausgeschlossen sein
> sollen, weil diese allein Israel, nicht aber auch den Heidenvölkern ange-
> kündigt worden seien, ist es nicht mehr richtig, ihnen zuzustimmen, weil
> sie dies gegen das Zeugnis der göttlichen Schriften behaupten.[410]

Gegen die Auffassung seiner jüdischen Gegner besteht Euseb darauf, daß auch
»die Heiden der göttlichen Verheißungen für würdig erachtet worden sind«[411];
er zeigt dies wieder und wieder mit Hinweis auf die Stellen »in ihren eigenen
Propheten«,[412] die vom Heil für die Heidenvölker reden. Dieses bereits in den
Schriften der Juden angekündigte heil auch der Heiden ist nun, durch die
Ankunft Christi, erfüllt: Den Heiden ist also zuzubilligen, daß sie nunmehr
»die gleiche Gottesverehrung«[413] betreiben wie die Juden. Mit diesem Insistieren auf der Teilhabe der Heiden an göttlichem Heil und Verehrung geht es
Euseb aber nicht um irgendeine Bestreitung der an Israel ergangenen göttlichen Zusagen. Die Heilsverheißungen Gottes an Israel werden weder ignoriert
noch relativiert. Allerdings, so Euseb, sei mit der Mithineinnahme der Heiden
in das göttliche Heil eine *grundsätzliche* Vorrangstellung der Juden hinfällig
geworden:

> Dies aber diente dazu, denen aus der Beschneidung, die sich kräftig selber
> rühmen und brüsten, daß Gott sie allein vor den anderen Völkern bevor-
> zugt habe und sie allein seiner göttlichen Verheißungen für wert erachtet

---

[410] D.e. II prooem. 2: τὸ μὲν οὖν παρ' αὐτοῖς ἐπηγγέλθαι τὸν Χριστὸν τοῦ θεοῦ καὶ
τὴν ἄφιξιν αὐτοῦ λύτρωσιν τῷ Ἰσραὴλ κηρύττειν, οὐδ' ἂν ἡμεῖς ἀρνηθείημεν,
ὁμολογουμένως διὰ πάσης αὐτῶν γραφῆς προδήλως τούτου παρισταμένου· τό
γε μὴν ἀποκλείειν τὰ ἔθνη τῶν ἐπὶ τῷ Χριστῷ προσδοκωμένων ἀγαθῶν, ὡς ἂν
μόνῳ τῷ Ἰσραὴλ οὐχὶ δὲ καὶ τοῖς ἔθνεσιν ἐπηγγελμένων, οὐκέτι δίκαιον αὐτοῖς
συγχωρεῖν, παρὰ τὴν τῶν θείων γραφῶν τοῦτο φάσκουσι μαρτυρίαν. (52, 16-22
Heikel).

[411] D.e. II 1, 26: ... τῶν θείων ἐπαγγελιῶν τὰ ἔθνη κατηξιωμένα ... (56, 33f. Heikel).

[412] D.e. II 1, 4: ... παρὰ τοῖς αὐτῶν προφήταις ... (53, 21 Heikel).

[413] D.e. II 3, 32: ... τῆς ἴσης (...) θεραπείας ... (66, 16 Heikel).

habe, zu zeigen, daß nichts Besseres im Vergleich zu allen übrigen (Völkern) in den göttlichen Verheißungen besonders ihnen verkündet ist.[414]

Man muß bei dieser Stelle den Impetus der Kritik Eusebs an den Juden genau beachten und dabei vor allem das zweifache μόνος in den Blick nehmen, gegen das sich die Polemik Eusebs ja besonders richtet, um zu erkennen, daß hier ein heilsgeschichtlicher Vorrang Israels vor den anderen Völkern von Euseb gerade nicht bestritten wird. Es wäre ein Mißverständnis, wollte man den Objektsatz ὡς οὐδὲν κρεῖττον παρὰ τοὺς λοιποὺς ἅπαντας ἰδίως αὐτοῖς ἐν ταῖς θείαις ἐπήγγελται ὑποσχέσεσιν dahingehend interpretieren, daß hier eine völlige Nivellierung der besonderen heilsgeschichtlichen Stellung Israels ins Auge gefaßt sei. Zwar gilt es, den Ausschließlichkeitsanspruch der Juden zurückzuweisen und eine *prinzipielle* Sonderstellung abzulehnen; ein *heilsgeschichtlicher Vorrang* Israels ist jedoch bei Euseb durchaus im Blick, wie in seinen Texten an zahlreichen Formulierungen ganz deutlich wird: So fällt zum Beispiel auf, daß sich an fast allen Stellen der Demonstratio evangelica, an denen von der Hineinnahme der Heiden in das göttliche Heilsgeschehen die Rede ist, die Juden als erste, die Heiden hingegen als zweite genannt werden: In Wendungen wie »nicht nur den Juden, sondern allen Heidenvölkern«[415] beziehungsweise »nicht nur den Juden, sondern auch allen Menschen bis in den letzten Winkel der Erde«[416] oder in Formulierungen wie »der Gott aller, der Juden und der Griechen«[417] oder Christus, »das kostbare Opfer für die Juden wie für die Griechen zugleich«[418] werden, natürlich in Aufnahme neutestamentlicher Traditionen,[419] stets und keinesfalls zufällig die Juden zuerst genannt; mit dieser bewußten Erstnennung wird ihr heilsgeschichtlicher Vorrang zum Ausdruck gebracht, der allerdings keine Exklusivität gegenüber den Griechen (mehr) impliziert, sondern seit dem schon in der Schrift angekündigten, nun Wirklichkeit gewordenen Erscheinen des Logos-Sohnes gemäß dem universalen göttlichen Heilsplan in einer prinzipiellen Gleichheit[420] beider »aufgehoben« ist.

---

[414] D.e. II 1, 26: τοῦτο δ᾽ ἦν τοῖς ἐκ περιτομῆς, μέγα ἐφ᾽ ἑαυτοῖς αὐχοῦσι καὶ σεμνυνομένοις, ὡς τοῦ θεοῦ μόνους αὐτοὺς τῶν λοιπῶν ἐθνῶν προτιμήσαντος καὶ μόνους τῶν θείων ἐπαγγελιῶν κατηξιωκότος, ἐπιδεῖξαι ὡς οὐδὲν κρεῖττον παρὰ τοὺς λοιποὺς ἅπαντας ἰδίως αὐτοῖς ἐν ταῖς θείαις ἐπήγγελται ὑποσχέσεσιν. (56, 27-32 Heikel).

[415] D.e. II 1, 27: ... οὐ μόνον Ἰουδαίοις, ἀλλὰ καὶ πᾶσι τοῖς ἔθνεσι ... (57, 6f. Heikel). Vgl. ganz ähnlich D.e. I 4, 5; II 2, 20.

[416] D.e. II 3, 41: ...οὐ μόνοις Ἰουδαίοις ἀλλὰ καὶ πᾶσιν ἀνθρώποις τοῖς ἕως ἐσχάτου τῆς γῆς. (68, 12f. Heikel).

[417] D.e. I 1, 19: ...τὸν τῶν ἁπάντων Ἰουδαίων τε καὶ Ἑλλήνων θεὸν ... (7, 13f. Heikel).

[418] D.e. I 10, 18: ...τίμιον λύτρον Ἰουδαίων ὁμοῦ καὶ Ἑλλήνων ... (46, 6 Heikel).

[419] Vgl. v.a. Röm 1, 16; 1.Kor 1, 24.

[420] D.e. II 1, 2. Genau dasselbe Konzept liegt D.e. II 3, 29f. vor: Der Satz, daß »die Juden nicht ›mehr‹ haben als die übrigen Völker« (μηδὲν πλέον ἔχειν Ἰουδαίους τῶν

Man muß dabei sehen, daß dieser heilsgeschichtliche Vorrang der Juden, den Euseb mit seinen Formulierungen zum Ausdruck bringt, sich bruchlos in sein Konzept der Kontinuität der Heilsgeschichte einfügt, das, wie gezeigt, von einer Weitergabe des Heils von den »Hebräern« über die Juden bis hin zu den »Griechen« ausgeht und für das ein Zugang der Heidenvölker zum göttlichen Heil ohne die vorausgegangene Geschichte Gottes mit Israel gar nicht denkbar wäre.[421]

Trotz und durchaus eingedenk dieses heilsgeschichtlichen Vorrangs Israels spart Euseb namentlich in D.e. II 3 nicht mit Kritik an den Juden, die eben diese Ausdehnung des göttlichen Heils auch auf die Heiden nicht wahrhaben wollen. Die Kritik kulminiert schließlich in dem (von den Eusebschen Voraussetzungen her durchaus folgerichtigen) Vorwurf, daß die Juden mit dieser Haltung letztlich den universalen (von den Juden allerdings nicht als universal erkannten) Heilswillen Gottes nicht akzeptieren und so letztlich gar dem göttlichen Heilsplan widerstreiten wollen. In diesen Zusammenhang gehört etwa die bei Euseb bisweilen auftretende Rede von »Abfall der Juden«[422] oder vom »Fortfall Israels«[423] – gemeint ist die Nichtzustimmung Israels zu der in Christus verbürgten Integration der Heidenvölker in das göttliche Heilsgeschehen. Denn insofern diese Integration im göttlichen Heilsplan von vornherein angelegt gewesen ist, ist die Nichtzustimmung Israels als Abfall von diesem Plan Gottes zu beurteilen. Mit diesem Abfall aber haben die Juden faktisch die von Gott an sie zuerst ergangene Heilszusage aufs Spiel gesetzt und gefährdet, so daß

die große Menge der Juden die an ihre Vorväter ergangene Verheißung durch ihren Unglauben an Christus verlieren werden, weil (nur) einige wenige von ihnen an unseren Erretter und Herrn glauben und dadurch die verheißene geistliche Erlösung durch ihn sich aneignen.[424]

λοιπῶν ἐθνῶν. [66, 2 Heikel]) muß verstanden werden vor dem Hintergrund des im folgenden Satz angegriffenen Ausschließlichkeitsanspruches, nach welchem »sie sagen, daß sie allein [sic!] Anteil hätten an der Segnung des Gottesfreundes Abraham« (... τῆς τοῦ θεοφιλοῦς Ἀβραὰμ εὐλογίας μόνους αὐτοὺς φασιν εἶναι κοινωνούς ... [66, 3f. Heikel]). Dabei zeigt der unten Anm. 473 zitierten Satz aus D.e. III 3, 39, daß Israel in alter Zeit völlig zu Recht auf sein Privileg, Volk Gottes zu sein, stolz war; es darf nur nun nicht mehr exklusiv verstanden werden.

[421] Siehe hierzu die Ausführungen oben S. 121-125. 146f.

[422] D.e. II 3, 82: ... τῆς τῶν Ἰουδαίων ἀποπτώσεως ... (76, 3f. Heikel). Die gleiche Formulierung auch D.e. II 3, 79 (74, 36 Heikel) und – in anderem Kasus und ohne Artikel – D.e. II 3, 109 (80, 27 Heikel), mit der Erweiterung ἔθνους D.e. II 3, 114 (81, 13 Heikel).

[423] D.e. II 3, 101: ... τῆς ἀποπτώσεως τοῦ Ἰσραὴλ ... (79, 11 Heikel).

[424] D.e. II 3, 43: τὰ δ᾽ Ἰουδαίων πλήθη ἀποπεσεῖσθαι τῆς πρὸς τοὺς αὐτῶν προγόνους ἐπαγγελίας διὰ τὴν εἰς Χριστὸν αὐτῶν ἀπιστίαν, σπανίων ἐξ αὐτῶν εἰς τὸν σωτῆρα καὶ κύριον ἡμῶν πιστευσόντων καὶ διὰ τοῦτο τῆς ἐπηγγελμένης πνευματικῆς ἀπολυτρώσεως δι᾽ αὐτοῦ τευξομένων· (68, 28-32 Heikel).

Mit diesem Gedanken, den Euseb im zweiten Buch der Demonstratio evangelica in leichten Varianten des öfteren formuliert,[425] ist aus der zunächst rein defensiven Abwehr des Exklusivitätsanspruches seiner jüdischen Gegner ein schwerwiegender Gegenangriff geworden, mit welchem Euseb seinerseits den »ungläubigen«[426] Juden die weitere Teilnahme am göttlichen Heil bestreitet.[427] Dieser Punkt ist gleichzeitig auch die heftigste und gravierendste Konsequenz, die Euseb in der Kontroverse mit den Juden um die Universalität des göttlichen Heils zieht. Man muß aber dabei beachten, daß Eusebs Äußerungen ihren Ort in seiner Auseinandersetzung mit jüdischen Behauptungen hat, die ihrerseits den Christen die Möglichkeit zur Heilsteilhabe bestritten. Dies zeigt sich daran, daß der fragliche Passus Demonstratio evangelica II nicht nur mit einer Abgrenzung von jüdischem Exklusivitätsdenken beginnt, sondern auch mit einer solchen schließt:

> Ich habe aber diese Passagen, wie es erforderlich war, zusammengestellt zum Zwecke der Widerlegung derer aus der Beschneidung, die in ihrem gedankenlosen Großtun sich erkühnen zu sagen, daß der Christus nur für sie kommen werde, nicht auch für alle (anderen) Menschen.[428]

Man könnte zusammenfassend formulieren: Indem Euseb sich mit der jüdischen Bestreitung der Heilsteilhabe von Nichtjuden kritisch auseinandersetzt, gelangt er stellenweise zu einer Umkehrung des gegen die Christen erhobenen Vorwurfes und streitet seinerseits den nicht an Christus glaubenden Juden die Teilhabe am göttlichen Heil ab.

5.5.2. Falsches Verständnis der Heiligen Schriften

Der zweite Hauptpunkt der Kritik Eusebs an den Juden hängt mit dem ersten unmittelbar zusammen. Denn die Tatsache, daß die Juden die Universalität des göttlichen Heils bestreiten und dasselbe exklusiv auf sich bezogen sehen, ist für Euseb darauf zurückzuführen, daß sie ihre eigenen Heiligen Schriften nicht richtig verstehen.[429] Von daher nimmt es nicht wunder, daß Euseb gerade in der Auseinandersetzung mit den Juden fast ausschließlich von den

---

[425] Vgl. D.e. II 3, 48. 114. 123. 128.

[426] Zu diesem Ausdruck siehe unten S. 229.

[427] Zur Frage der Rolle der Juden in der Geschichte seit Christus siehe oben unter 5.1.2.

[428] D.e. II 3, 176: ταῦτα δὲ ὡς ἀναγκαίως μοι συνείλεκται εἰς ἔλεγχον τῶν ἐκ περιτομῆς ὑπ' ἀλόγου μεγαλαυχίας μόνοις αὐτοῖς τὸν Χριστὸν ἐπιδημήσειν, οὐχὶ δὲ καὶ πᾶσιν ἀνθρώποις, ἀπαυθαδιζομένων .... (91, 28-30 Heikel).

[429] Hier steht Euseb abermals in typisch origeneischer Tradition, insofern sich für Origenes die ganze Differenz zwischen Christentum und Judentum faktisch auf eine Differenz in der Einstellung zur Heiligen Schrift zurückführen läßt; vgl. hierzu N.R.M. de Lange, Origen and the Jews, UCOP 25, Cambridge 1976, 82.

Texten der jüdischen Bibel beziehungsweise des Alten Testaments, insbesondere von den prophetischen Überlieferungen her argumentiert und um deren
rechtes Verständnis streitet.[430] Dies wird gleich zu Beginn des zweiten Buches
der Demonstratio evangelica gleichsam programmatisch festgelegt:

> Hinsichtlich dieser Fragen nun wollen wir die Entgegnung gegen sie (sc.:
> die Juden) direkt aus ihren eigenen prophetischen Büchern ableiten.[431]

Dabei scheint im Caesarea zur Zeit Eusebs die exegetische Kontroverse zwischen Christen und Juden durchaus intensiv gewesen zu sein.[432] Inhaltlich
geht es in der Interpretation der Texte zunächst einmal wieder um die Frage,
ob die biblischen Heilsverheißungen nun allein für Israel gelten (was, so
Euseb, die jüdische Exegese den Texten entnimmt), oder ob sie auch auf die
Heidenvölker angewendet werden können und müssen. Gerade dieser Punkt
ist im exegetischen Streit um das rechte Verständnis der Schrift von zentraler
Bedeutung, und es wird sofort deutlich, daß sich *beide* Seiten für ihre jeweilige
Position immer wieder darauf beriefen, daß ihr Verständnis der Texte das
maßgebende und allein richtige sei:

> Da sie (sc.: die Juden) uns also gewöhnlich die für sie selbst günstigeren
> Prophezeiungen entgegenhalten, als ob die Privilegien der alten Verbin-
> dung allein ihnen verheißen wären, ist es für uns an der Zeit, die Verhei-
> ßungen zugunsten der Heiden aufzuführen und dagegenzusetzen, wie sie
> sich in ihren eigenen Propheten finden.[433]

Euseb wirft demnach den Juden in diesem Streitpunkte einen eklektischen
Umgang mit den Heiligen Texten vor. Welche Stellen jüdischerseits konkret
vorgebracht wurden, schimmert an einigen wenigen Stellen des apologetischen
Doppelwerkes noch durch; so scheinen beispielsweise Dtn 32, 9[434] und Jer 38,
31 (LXX)[435] eine gewichtige Rolle in der jüdischen Argumentationslinie gespielt
zu haben. Euseb sieht in solchen Belegen aber nur Einzelstellen, die vom

---

[430] S.o. S. 176f.

[431] D.e. II prooem. 2: πρὸς δὴ οὖν ταῦτα, φέρε, ἐξ αὐτῶν τῶν παρ' αὐτοῖς προφητικῶν
βίβλων τὴν πρὸς αὐτοὺς ἀπάντησιν ποιησώμεθα. (52, 14-16 Heikel).

[432] So läßt meines Erachtens schon die iterative Eingangswendung εἰώθασιν (D.e. II 1, 4
[53, 19 Heikel]) an eine ziemlich kontinuierliche exegetische Auseinandersetzung denken.

[433] D.e. II 1, 4: ἐπεὶ τοίνυν αὐτοὶ τὰς περὶ ἑαυτῶν χρηστοτέρας προφητείας
προβάλλεσθαι ἡμῖν εἰώθασιν, ὡς ἂν αὐτοῖς μόνοις ὑπεσχημένων τῶν
προϋπηργμένων, ὥρα καὶ ἡμᾶς ἀντιπαραγαγεῖν καὶ ἀντιθεῖναι αὐτοῖς τὰς περὶ
τῶν ἐθνῶν ἐπαγγελίας, ὧδέ πως παρὰ τοῖς αὐτῶν προφήταις φερομένας. (53, 17-
21 Heikel).

[434] D.e. II 3, 35.

[435] D.e. II 3, 39.

Gesamtbefund her interpretiert werden müssen. Seine jüdischen Gegner wählten sich hingegen gleichsam nur dasjenige aus den Texten aus, was ihrer theologischen Idee von der Exklusivität des Judentums Unterstützung verleihe:

> ... weil es ihre (sc.: der Juden) ständige Gewohnheit ist, diejenigen Prophezeiungen herauszupicken, die für sie selber günstiger sind und diese ständig im Munde zu führen ...[436]

Dieser an die Juden gerichtete Vorwurf des exegetischen Eklektizismus war in der christlichen apologetischen Tradition seit frühester Zeit verbreitet,[437] wie er umgekehrt auch von den Juden gegen die christliche Exegese der Texte erhoben wurde.[438] Beide Aspekte erklären den ungeheuren Materialreichtum und die manchmal auch ermüdende Breite, mit der Euseb nun seinerseits Bibelstelle auf Bibelstelle häuft, um gegen die Juden seine eigene Position aus der Schrift begründen zu können: Während seine Gegner sich angeblich nur einige ihnen genehme Stellen aus der Schrift heraussuchen und diese immer wiederholend als theologische Argumente benutzen, erhebt Eusebius den Anspruch, seine Sicht *auf die ganze Schrift* gründen zu können. Mit der vollen Breite eines ganzen Arsenals von Schriftbelegen aus der mosaischen Überlieferung, dem Psalter sowie aus den prophetischen Aussagen[439] über die Heidenvölker zeigt er, »eine wie unendlich große Anzahl von Voraussagen Gutes und Errettendes *allen Nationen* verkünden«.[440]

Doch nicht allein die Ausdehnung des göttlichen Heilswillens auf die Heidenvölker wird laut Euseb von der jüdischen Exegese der Texte übersehen: Es sind zwei weitere Punkte, die er aus den biblischen Schriften beweisen zu können meint und die im Verständnis der Schrift zwischen Christen und Juden strittig sind, nämlich die Vorankündigung des Kommens Christi in den Psalmen und den prophetischen Texten[441] und die Vorhersage der Ablehnung Christi durch die Juden,[442] zu deren und der Heiden Heil er in die Welt gekommen ist.

---

[436] D.e. II 1, 1: ἐπειδήπερ αὐτοὶ τὰς ὑπὲρ αὐτῶν χρηστοτέρας φωνὰς ἀναλέγεσθαι εἰώθασι καὶ ταύτας διὰ στόματος ἀπομνημονεύειν ... (52, 23f. Heikel).

[437] So schon Justin in Auseinandersetzung mit dem »Hebräer« Tryphon Dial. 71, 1f.; 72, 1–73, 1. Für ihn ergibt sich hieraus gar die Unterstellung, daß die Juden einige ihnen mißliebige prophetische Aussagen praktisch aus der Schrift entfernt haben müssen; vgl. Eus., H.e. IV 18, 8.

[438] Justin, Dial. 27, 1.

[439] D.e. II 1, 5-24: Der Passus zitiert Gen 18, 17f.; 26, 3f.; 35, 11; Dtn 32, 43; Ps 21, 28f. 31f.; 46, 2f. 8f.; 95, 1-4. 7f. 10; Sach 14, 16-19; Jes 9, 1f.; 49, 1. 6 (Zählungen jeweils nach LXX).

[440] D.e. II 1, 1: ... ὡς ἄρα μυρίαι ὅσαι προρρήσεις ἀγαθὰ καὶ σωτηρία πᾶσι τοῖς ἔθνεσιν ἐθέσπιζον ... (52, 26f. Heikel).

[441] D.e. II 1, 27f. – Zur das gesamte Werk Eusebs durchziehenden christologischen Auslegung der Heiligen Schriften der Juden und Christen siehe oben unter 5.2.3.

[442] D.e. II 2, 20.

Für den Beweis der Vorankündigung Christi in den Heiligen Schriften macht Euseb wiederum eine ganze Reihe von Belegstellen geltend,[443] abermals aus dem Bestreben, gegenüber dem angeblich zu eklektischen Vorgehen der Juden sich auf deren gesamte Schriften berufen zu können. Dieser Absicht entspricht es auch, daß Euseb die herangezogenen Schriftstellen einfach aneinanderreiht und zunächst unkommentiert stehen läßt; sie sollen aus sich selbst heraus und durch ihre große Menge überzeugen.[444] Die Überzeugungskraft liegt für ihn primär in der Evidenz der Texte selbst, zunächst nicht in einer möglichst scharfsinnigen wissenschaftlichen Kommentierung.

Beim Nachweis der Vorhersage des »Abfalls« Israels[445] schließlich kommt es zu den gewiß problematischsten Passagen der exegetischen Auseinandersetzung Eusebs mit den Juden, insofern hier die prophetischen Gerichtsaussagen unmittelbar und ausschließlich auf das jüdische Volk hin interpretiert werden, während die Heilszusagen, jedenfalls implizit, auf die Integration der Heidenvölker in das von Gott ausgehende Heilsgeschehen gedeutet werden, ohne daß von einer weiteren Teilhabe Israels am Heil noch die Rede ist. Euseb will zeigen, daß »die Sprüche bei ihnen eindeutig voraussagen, daß ein Abfall und Zusammenbruch des jüdischen Volkes wegen ihres Unglaubens an Christus stattfinden wird«.[446] Zu diesem Zwecke stellt er abermals eine Fülle von Belegen zusammen. Ein Blick auf den unmittelbaren Kontext der von Euseb ausgewählten Texte zeigt aber, daß diese Interpretation zumindest bei einigen Beispielen ganz offensichtlich dem Duktus des biblischen Textes widerspricht.[447] Euseb macht hier durch geschickte Auswahl und Abgrenzung der

---

[443] D.e. II 2, 1-19: Der Passus zitiert Ps 2, 1f. 7f.; 71, 1f. 8. 11. 17. 19; 97, 1-4. 7-9; Gen 49, 10; Zeph 2, 11; 3, 8-10; Sach 2, 10f.; Jes. 11, 1f. 10; 42, 1-4. 6-9; 49, 1f. 6-13; 55, 3-5 (Zählung jeweils nach LXX).

[444] »Und ich werde nun die bloßen Sätze der Propheten geben, ohne jede Kommentierung zu ihnen, weil sie für sich klar sind«... καὶ νῦν δὲ χρήσομαι ψιλαῖς ταῖς τῶν προφητῶν παραθέσεσι δίχα πάσης τῆς εἰς αὐτὰς θεωρίας, διά τε τὸ σαφὲς αὐτῶν ... (D.e. II 2, 21 [60, 23-25 Heikel]).

[445] D.e. II 3, 1-29: Der Passus zitiert Jer 6, 16-18; 16, 19-21; 17, 1-4; Am 9, 9-12; Mi 3, 9-12; 4, 1f.; Sach 9, 9f.; Mal 1, 10-12; Jes 1, 8. 21. 30f.; Jes 2, 2-4; 17, 4a. 5b-11; 25, 1-4. 6-8; 43, 18-24; 45, 22-25; 50, 1f. 10f.; 51, 4f.; 59, 1-11. 19 (Zählung jeweils nach LXX).

[446] D.e. II 2, 21: διαρρήδην γοῦν ἀπόπτωσιν καὶ ἀποβολὴν τοῦ Ἰουδαίων ἔθνους διὰ τὴν εἰς Χριστὸν ἀπιστίαν αὐτῶν ἔσεσθαι τὰ παρ' αὐτοῖς λόγια προαγορεύει ... (60, 19-21 Heikel).

[447] So Am 9, 9-12 (D.e. II 3, 5f.); unter der »Wiedererrichtung der zerfallenen Hütte Davids« versteht Euseb offenbar, wie der Kontext zeigt, *ausschließlich* das Heil für die Heiden; das Zitat ist so abgegrenzt, daß die Sätze »ich will das Haus Jakob nicht ganz vertilgen« (Am 9, 8) und »ich will die Gefangenschaft meines Volkes Israel wenden« (Am 9, 14) gerade nicht mehr (beziehungsweise noch nicht) zum Tragen kommen.– Ähnlich Mi 3, 9 – 4, 2 (D.e. II 3, 7f.): Die Wendung von der »Zurechtweisung der Heiden« Mi 4, 3 gehört gerade nicht mehr mit zum von Euseb gewählten Zitat.– Ebenso Sach 9, 9f. (D.e. II 3, 9): Die Freilassung der Gefangenen Sach 9, 11 fällt durch die Eusebsche Abgrenzung nicht mehr in das Zitat.

Textzitate[448] die Bibelstellen seiner interesseleitenden Aussageintention dienstbar, daß sowohl die Nichtannahme des Heils durch Israel als auch der (sich hieraus gemäß der Eusebschen Geschichtstheologie folgerichtig einstellende)[449] Untergang Jerusalems bereits angekündigt war. Und insofern die Juden trotz der einschlägigen Ankündigungen in ihren Heiligen Schriften dem Heilsplan Gottes nicht folgen wollen, weil sie die Schrift »falsch« verstehen, wird (gemäß der aus Röm 9, 27/Jes 10, 22 beziehungsweise Röm 11, 5 entnommenen Terminologie) nur ein λεῖμμα beziehungsweise ὑπόλειμμα von ihnen letztlich errettet werden, was Euseb dann wiederum mit einem ganzen Arsenal von Belegen zu stützen sucht.[450] Er kombiniert seine geschichtstheologischen Voraussetzungen mit den exegetischen Entscheidungen: Die Exegese der Juden ist für Euseb schon deshalb essentiell falsch, weil sie von der historischen Entwicklung als falsch erwiesen worden ist.[451]

Eine besondere Rolle in der kontroversen Debatte zwischen Christen und Juden in Caesarea scheint die Methode der allegorischen Auslegung der Heiligen Schrift durch Euseb[452] gespielt zu haben: Gottes Versprechungen, etwa die an David gegebenen, sind göttlich und himmlisch zu verstehen, sagt Euseb, nicht, wie die Juden meinen, irdisch und leiblich.[453] Im Zusammenhang der Auseinandersetzung Eusebs mit den Juden um das rechte Verständnis der Schrift findet sich in der »Evangelischen Beweisführung« ein Passus, in welchem Euseb eine allegorische Erklärung von Jes 7, 21 bietet: Die junge Kuh wird auf die Apostel, die zwei Schafe auf die (noch nicht getauften beziehungsweise bereits getauften) Gläubigen gedeutet.[454] Im Anschluß daran fällt folgende interessante Bemerkung:

> Und falls irgendjemand solch tropologische Interpretation als anstößig empfindet, ist es an der Zeit, daß er weder die sogenannten »Fliegen« oder »Bienen« noch das »Schermesser« noch den »Bart« noch die »Haare auf den Füßen« in übertragenem Sinne versteht und stattdessen in sonderbare und zusammenhanglose Geschichten hineingerät.[455]

---

[448] Siehe die vorige Anm.

[449] Siehe hierzu oben S. 134f.

[450] D.e. II 3, 49-175. Die entsprechenden Ausführungen Eusebs sind auf weite Strecken nichts anderes als eine durch einige andere Stellen ergänzte Jesajaauslegung; sie umfassen Jes 1, 7-9; 1, 3f. – 4, 3 (in Auswahl); 6, 9 – 7, 20 (in Auswahl); 10, 18 – 11, 14 (in Auswahl); 13, 11-14; 17, 4-8; 24, 4-6. 12-14; 28, 3-6; 37, 31f.; 65, 8-12. 15; Mi 2, 12; 5, 2-9 (in Auswahl); Zeph 3, 9-13; Sach 14, 1f.; Jer 3, 14-16; 5, 6b-10; Ez 11, 16; 12, 14-22 (in Auswahl); 20, 36b-38.

[451] Ps. LXXXVIII 30-35 (PG 23, 1105-1108).

[452] Siehe hierzu oben unter 5.2.3.

[453] Ps. LXXXVIII 3 (PG 23, 1072).

[454] D.e. II 3, 87-91.

[455] D.e. II 3, 94: Εἰ δὲ προσκόπτοι τις ταῖς τοιαῖσδε τροπολογίαις, ὥρα τοῦτον μηδὲ τὰς ὀνομαζομένας μυίας ἢ μελίσσας μηδὲ τὸ ξυρὸν μηδὲ τὸν πώγωνα μηδὲ τὰς

Aus dieser Bemerkung (die natürlich auf den Kontext Jes 7, 18. 20 anspielt) darf meines Erachtens gefolgert werden, daß die jüdisch-christliche Auseinandersetzung um das rechte Verständnis der Schrift auch mit einer Kontroverse um die allegorische Hermeneutik einherging; deren Berechtigung scheint von den Gesprächspartnern Eusebs bestritten worden zu sein; Euseb hinwieder macht sich über diejenigen lustig, die auf Grund eines allzu wörtlichen Verständnisses in »Mythologien« enden.[456] Dieser Befund ist interpretationsbedürftig angesichts der Tatsache, daß die allegorische Exegese natürlich auch in wichtigen Teilen des Judentums zum Standard der Auslegungskunst gehört hatte, wenn man etwa nur an die Texte des von Euseb gerade wegen seiner exegetischen Qualitäten hochgelobten Philo von Alexandrien denkt.[457] Ob es zu weitgehend wäre, an eine Zurückdrängung der allegorischen Methode in Teilbereichen jüdischer Exegese zu denken, also an eine gewisse »Fundamentalisierung«, die freilich angesichts des eingangs aufgezeigten »weltstädtisch«-offenen Klimas in der Provinzialhauptstadt Caesarea nicht als allzu radikal und vor allem als auch innerjüdisch nicht völlig unumstritten vorzustellen wäre?

Interessant ist schließlich noch, daß Euseb zwar in seiner Auseinandersetzung mit den Juden um das rechte Verständnis der Heiligen Schrift nach eigener Aussage um Vollständigkeit der Belege bemüht ist, daß er aber andererseits seine (christlichen) Leser auffordert, ihrerseits nach weiteren Belegstellen zu suchen.[458] Dies ist nicht nur ein schöner weiterer Beleg für den pädagogischen Zug des apologetischen Doppelwerks,[459] es zeigt auch, daß Euseb seine Leser in die Lage versetzen will, selbständig in eine Auseinandersetzung mit Juden um die Schrift eintreten und in ihr auch bestehen zu können. Will man in der Notiz nicht nur eine leere Floskel sehen, sondern aus ihr auf eine gewisse praktische Bedeutung solcher exegetischer Argumentationshilfen schließen, kann man die Virulenz und Vitalität der jüdisch-christlichen Auseinandersetzungen auch in breiteren, nichtakademischen Bevölkerungsschichten im palästinischen Caesarea zur Zeit Eusebs zumindest erahnen.

τρίχας τῶν ποδῶν κατὰ διάνοιαν θεωρεῖν, εἰς ἀτόπους δὲ καὶ ἀσυστάτους ἐκπίπτειν μυθολογίας. (78, 3-6 Heikel).

[456] Vgl. auch Ps. LXIV 2f. (PG 23, 625): Die Juden haben, weil sie die Schriften nicht im übertragenen Sinne verstehen, ein anthropomorphes, menschlichen Emotionen unterworfenes Gottesbild, um das sie zahlreiche absurde und entwertende Mythen spinnen.

[457] Siehe hierzu oben S. 88-100. Auch für Philo galt natürlich, daß eine extrem allegorische Auslegung nicht in Frage kam, daher die Auseinandersetzung mit den (den Literalsinn völlig mißachtenden) Allegoristen: Migr. 16. 20. 89f.

[458] »Du dürftest auch selber zahlreiche (sc.: Belegstellen) auffinden ...«: Μυρία δ᾿ ἂν εὕροις καὶ αὐτὸς ... (D.e. II 1, 25 [56, 24 Heikel].

[459] Siehe hierzu oben S. 42f.

5.6. Die Diktion in Eusebs Auseinandersetzung mit den Juden

Neben der Frage nach dem sachlichen Gehalt der Kritik Eusebs an den Juden ist nun auch nach dem Ton zu fragen, in dem Euseb seine Argumente wie seine Polemik vorbringt: Gemäß dem geflügelten Wort, daß der »Ton die Musik macht«, ist, um zu einer begründeten Einordnung und Bewertung der Eusebschen Judenkritik zu gelangen, zu erheben, ob Eusebs Judenkritik sachlich oder verletzend, ob sie am Ringen um den Gegenstand der Auseinandersetzung oder an der Diskreditierung des Gegners orientiert ist. Dabei wird man, dies sei vorweggenommen, schon bei oberflächlicher Lektüre des apologetischen Doppelwerkes und auch der anderen Texte Eusebs (abgesehen allerdings von einigen Passagen des Konstantinpanegyricus, hierzu siehe unten unter 6.1.) zu dem Ergebnis kommen müssen, daß die Kritik Eusebs an den Juden in insgesamt moderatem Ton gehalten ist und im Ganzen eher auf eine hohe Achtung gegenüber den Juden denn auf ihre Geringschätzung schließen läßt.

Die Auseinandersetzung Eusebs mit den Juden ist an den theologischen Differenzpunkten, wie gezeigt, sehr kontrovers, und diese Kontroverse wird von Euseb auch durchaus mit einiger Schärfe ausgetragen. Hierbei kommt es hin und wieder auch zu einigen häßlichen Verbalinjurien gegenüber den Juden: Auf die Bezeichnung der Juden als »Volk Gomorrahs« und seiner Anführer als »Anführer Sodoms« war oben schon aufmerksam gemacht worden.[460] Von ähnlicher Art ist die Rede von den »gottlosen Händen« der Juden,[461] die sich an Christus vergriffen hätten oder gar die Bezeichnung der Juden als »das Geschlecht der Gottlosen«,[462] die sich in der bereits oben zitierten Stelle H.e. III 5, 3[463] oder auch an einzelnen Stellen in der Demonstratio evangelica findet.[464] Ferner ist auch die Verunglimpfung der toraobservanten Juden als »Gesetzesbrecher«[465] die am »überholten« Gesetz des Mose zuungunsten des neuen Gesetzes Christi festhalten, deren Gottesdienst gemäß dem der judaisierenden Gegner nach Kol 2, 23 als ἐθελοθρησκεία[466]

---

[460] D.e. II 3, 57. Siehe oben S. 192.

[461] D.e. I 1, 7: ... ἀθέους (...) χεῖρας ... (4, 28f. Heikel).

[462] H.e. III 5, 3: ... τῶν ἀσεβῶν (...) τὴν γενεὰν ... (196, 21f. Schwartz).

[463] S.o. S. 109 mit Anm. 315.

[464] D.e. II 3, 128 ist in bezug auf die Juden von »der Verlorenheit der Gottlosen« die Rede: τῆς τῶν ἀσεβῶν ἀπωλείας (83, 20 Heikel). – Für die Anwendung des unter 5.1.1. bereits erörterten Bestrafungsmotivs ist im Zusammenhang der Diktion Eusebs auf Stellen wie D.e. IX 11, 13 und IX 13, 12 hinzuweisen, die die rächenden und zerstörenden Strafmaßnahmen Gottes besonders unterstreichen. Daß man auch hier jedoch grundsätzlich keine Häme unterstellen darf, scheinen Stellen wie H.e. III 7, 3 zu beweisen.

[465] D.e. I 6, 39: παρανομοῦντας (29, 1 Heikel).

[466] D.e. I 2, 10 (9, 2f. Heikel).

bezeichnet werden muß, scharf im Ton geraten. Weiter gehört die oben
zitierte Rede von der »Blindheit« der Juden und ihrem »verdunkelten Verstand«[467] in diesen Zusammenhang.

Dennoch ist es auch angesichts dieser scharfen Form der Auseinandersetzung, die gewiß hier und da über das Ziel hinausschießt, ratsam, nicht alle
Aussagen über einen Kamm zu scheren und auf Differenzierungen bedacht zu
sein: Etwas vorsichtiger im Urteil wird man nämlich bereits bei der bei Euseb
bisweilen auftretenden Bezeichnung der Juden als »ungläubig« oder der Rede
vom »Unglauben« der Juden sein müssen. Denn diese Begrifflichkeit, ange-
wandt auf Juden, die heute zu recht als deplaziert und auch als theologisch
falsch eingeschätzt werden muß, bedeutet für Euseb (im Anschluß an Röm 11,
20. 23) nicht mehr und nicht weniger, als daß die Juden den *christlichen*
Glauben nicht teilen. Dies zeigt sich schon an einer Wendung wie διὰ τὴν εἰς
Χριστὸν αὐτῶν ἀπιστίαν.[468] beziehungsweise τὰς Ἰουδαίων εἰς αὐτὸν
ἀπιστίας.[469] Und auch der Text D.e. IX 16, 5, eine Auslegung von Jes 6, 9f.:

> Und wer wäre wohl nicht beeindruckt von der Vorhersage, so daß er so
> klar den Unglauben derer aus der Beschneidung an Christus bis jetzt sieht?
> Denn ebenso damals, als sie ihn fleischgeworden sahen und Wunder unter
> ihnen vollbringend, ergriffen sie ihn nicht mit den Augen ihrer Seele und
> den Blicken des Verstandes, und es gab keine Vision einsichtiger Erwä-
> gung unter ihnen, so daß sie verstanden hätten, welches also die Kraft war,
> welche solche und so große Wunder unter ihnen tat.[470]

zeigt deutlich, daß mit dem »Unglauben« der Juden bei Euseb präzise deren
Nichtannahme der Offenbarung Christi gemeint ist, daß der Begriff mithin
nicht primär polemisch gemeint ist und daher sorgfältig etwa von den abfälligen Äußerungen über den polytheistischen »Aberglauben« der Heiden[471]
unterschieden werden muß.

Ohne die oben aufgeführten negativen Beispiele für Eusebs verbalen Umgang mit den Juden in irgendeiner Weise verharmlosen zu wollen, ist beim
Versuch einer Bewertung doch auf zweierlei aufmerksam zu machen: Zu-

---

[467] D.e. VIII 2, 128: ... τὴν διάνοιαν ἐσκοτωμένους ... (391, 4f. Heikel).

[468] D.e. II 3, 43 (68, 29f. Heikel). Vgl. hierzu auch die oben Anm. 446 zitierte Stelle D.e.
II 2, 21.

[469] D.e. I 1, 5 (3, 33f. Heikel). – Man beachte auch D.e. IX 12, 13, wo der Christusglaube
mit Hilfe der Stelle Jes 35, 5 als Öffnen der Augen von Blinden interpretiert wird. Vgl.
auch D.e. VI 21, 2.

[470] D.e. IX 16, 5: Τίς δ᾽ οὐκ ἂν ἐκπλαγείη τὴν πρόρρησιν, ἐναργῶς οὕτως εἰσέτι νῦν
ὁρῶν τῶν ἐκ περιτομῆς τὴν εἰς Χριστὸν ἀπιστίαν; καὶ πάλαι μὲν γὰρ
ἐνανθρωποῦντα καὶ παραδοξοποιοῦντα ἐν αὐτοῖς ὁρῶντες αὐτόν, ὀφθαλμοῖς
ψυχῆς καὶ διανοίας ὄμμασιν οὐκ ἐθεῶντο, οὐδέ τις ἦν ἐν αὐτοῖς νοερᾶς ἐνθυμήσεως
ὅρασις εἰς τὸ συνιέναι τίς ποτ᾽ ἄρα ἦν ἡ τὰ τοσαῦτα καὶ τηλικαῦτα
θαυματουργοῦσα ἐν αὐτοῖς δύναμις. (438, 29-34 Heikel).

nächst scheint es sich bei der Polemik auch in ihren schärferen Formen durchaus um ein wechselseitiges Phänomen gehandelt zu haben; diesen Rückschluß lassen jedenfalls einige jüdische Diskussionsbeiträge, die wir ja leider nur im Referat Eusebs besitzen, zu.[472] Zum zweiten sollten die besonders scharf und polemisch geratenen Aussagen Eusebs nicht isoliert von denjenigen Formulierungen betrachtet und behandelt werden, in welchen sich ein außerordentlich hoher Respekt Eusebs gegenüber Israel *eben auf Grund der an Israel ergangenen göttlichen Verheißungen* artikuliert: Das folgende, der ansonsten äußerst polemisch gehaltenen Passage D.e. II 3 entnommene Beispiel ist in diesem Sinne besonders beeindruckend:

> Und wenn es zugestandenermaßen ein herrliches Privileg ist, das Volk Gottes zu sein und als solches bezeichnet zu werden, und wenn dies eine der herrlichsten der göttlichen Verheißungen ist, daß Gott von denen, die seiner wert sind, sagt: »Ich werde ihr Gott sein und sie werden mein Volk sein« (Jer 38, 33), so war Israel mit Recht in den alten Tagen stolz, Gottes einziges Volk zu sein; aber nun verheißt der Herr auch, gnädigerweise dieses Heil auf die Heidenvölker auszudehnen: »Siehe, ich komme und werde in deiner Mitte wohnen, und viele Nationen werden zum Herrn fliehen und werden ihm zum Volk werden« (Sach 2, 10f.).[473]

Diese Aussage, die die Sonderstellung Israels im göttlichen Heilsplan nicht nur konzediert, sondern eben auch ihre positive Bewertung durch die Juden im Grunde übernimmt, zeigt den großen Respekt, mit dem Euseb trotz aller Polemik und Schärfe der Auseinandersetzung seinen jüdischen Gegnern gegenübertritt. Es ist dieses Wissen um die von Gott an Israel ergangene Gnadenzusage, die ihn hierzu veranlassen: Das Ernstnehmen des vom »Gott aller, der Juden und Griechen«[474] ausgehenden Heilsgeschehens erlaubt – bei aller Kritik – gerade keine pauschale Diskreditierung der Juden. In diesen Rahmen gehören auch die bisweilen auftretenden positiven Äußerungen Eusebs zur Herkunft der Juden von Abraham,[475] seine Wertschätzung der jüdischen

---

[471] Siehe hierzu oben S. 70f.

[472] So. zum Beispiel die von Euseb D.e. II prooem. 1 zitierte Aussage, die Christen gehörten einem anderen Geschlecht zu, über welches von allen Propheten nur die schlimmsten Dingen vorausgesagt würden, siehe oben Anm. 409.

[473] D.e. II 3, 39: εἰ δὲ καὶ μέγα τί ἐστιν λαὸν εἶναί τε καὶ χρηματίζειν θεοῦ καὶ ἕν γε τοῦτο τῶν μεγίστων θείων ἐπαγγελιῶν τυγχάνει τὸ ὑπ' αὐτοῦ λέγεσθαι περὶ τῶν ἀξίων αὐτοῦ »ἔσομαι αὐτῶν θεός, καὶ αὐτοὶ ἔσονται λαός μου«, ἐσεμνύνετό τε πρὶν εἰκότως ὁ Ἰσραὴλ ἐπὶ τῷ ὡς μόνος λαὸς ὢν τοῦ θεοῦ, ἀλλὰ καὶ τοῦτο τὸ ἀγαθὸν ἐπιδημήσας ὁ κύριος τοῖς ἔθνεσι χαριεῖσθαι ὑπισχνεῖται λέγων· »ἰδοὺ ἐγὼ ἔρχομαι καὶ κατασκηνώσω ἐν μέσῳ σου, καὶ καταφεύξονται ἔθνη πολλὰ ἐπὶ τὸν κύριον, καὶ ἔσονται αὐτῷ εἰς λαόν.« (67, 28 – 68, 2 Heikel).

[474] D.e. I 1, 19: ...τὸν τῶν ἁπάντων Ἰουδαίων τε καὶ Ἑλλήνων θεόν ... (7, 13f. Heikel).

[475] D.e. I 2, 11.

πολιτεία[476] und damit des jüdischen Gesetzes,[477] das keineswegs einer Karikatur im Sinne von »kleinlicher Gesetzestreue« ausgesetzt wird, sondern als Chance zur θεωρία bei Euseb hoch angesehen ist.[478] Im selben Zusammenhang ist schließlich auch an die oben bereits zitierten[479] bewundernden Aussagen Eusebs über die besonders große Tapferkeit und Überzeugungstreue der Juden bis hin zur Martyriumsbereitschaft, vor allem aber auch an die Bemerkungen über ihre enge und unauflösliche Verbundenheit mit den göttlichen Schriften[480] zu erinnern.

Besonders auffällig ist im Zusammenhang der Frage nach der Art und Weise der Eusebschen Kritik an den Juden die Beobachtung, daß sich im gesamten Textbestand keinerlei moralische Verunglimpfungen der Juden finden, weder persönlich-individueller noch kollektiver Art. Dieses argumentum e silentio ist hier deshalb von Bedeutung, weil die moralische Diffamierung von Gegnern nicht nur in der gesamten spätantiken einschließlich der christlichen spätantiken Literatur wie selbstverständlich in jedes rhetorische Basisarsenal gehört,[481] sondern weil diese Methode der Auseinandersetzung nicht zuletzt bei Eusebius selbst immer wieder und gegenüber unterschiedlichster Gegnerschaft völlig stereotyp Anwendung findet. Bedenkt man, daß für Euseb Abweichungen von der wahren (christlich-»orthodoxen«) Lehre durchweg mit moralischer Verkommenheit und anrüchiger Lebensführung, hierbei häufig mit Verirrungen sexueller Art, korrespondieren (Simon Magus und seine Gruppe hätten demnach Unzucht »mit jämmerlichen und wahrlich mannigfache Schlechtigkeiten aufeinanderhäufenden Frauen« getrieben,[482] Bar-Kochba sei ein »mordlustiger und räuberischer Mann«[483] gewesen, zum Kreise um Valentin habe »auch noch ein anderer, Markus mit Namen, sehr erfahren in magischen Taschenspielertricks«[484] gehört, Mani sei »wirklich ein Barbar im Leben, gerade in Sprache und Lebensführung und von dämonischer und

---

[476] D.e. I 2, 16 (10, 12 Heikel).

[477] D.e. VIII prooem. 10f.

[478] Zur Bedeutung des jüdischen Gesetzes für Euseb siehe oben S. 154-160.

[479] S.o. S. 87f.

[480] H.e. II 5, 1. 5; 17, 2; III 10, 5.

[481] Christliche Beispiele: Justin, Apol. I 26 [= Eus., H.e. II 13, 4] (Simon Magus wird durch Hinweis auf die ihn begleitende Helena, die sich dereinst in einem Hurenhause hingegeben habe, moralisch diskreditiert); Dion. Alex. [= Eus., H.e. III 28, 5] (Cerinth ist in seinen Leib verliebt und vollkommen fleischlich gesinnt); Apollonius [= Eus., H.e. V 18, 3] (Montanistinnen haben ihre Männer verlassen und geben sich fälschlich als Jungfrauen aus).

[482] H.e. II 13, 8: ... ταῖς ἀθλίαις καὶ παντοίων ὡς ἀληθῶς κακῶν σεσωρευμέναις γυναιξὶν ... (136, 23f. Schwartz).

[483] H.e. IV 6, 2: ...φονικὸς καὶ ληστρικός τις ἀνήρ ... (306, 17 Schwartz).

[484] H.e. IV 11, 3: ... καὶ ἄλλον τινά, Μάρκος αὐτῷ ὄνομα, (...) μαγικῆς κυβείας ἐμπειρότατον ... (322, 14f. Schwartz).

wahnsinniger Natur gewesen«[485] usw. usw.), so fällt auf, daß er seine jüdische Gegnerschaft trotz der in den Differenzpunkten teilweise hart geführten Auseinandersetzung an keiner Stelle moralisch diskreditiert: Anders als bei allen anderen nichtchristlichen oder häretischen Gegnern läßt Euseb offensichtlich im Blick auf die Juden eine grundsätzliche Achtung und Wertschätzung walten, die ihm eine dem Umgang mit anderen »Ungläubigen« analoge verbale Behandlung und des Einsatz ihm für eine solche Polemik zur Verfügung stehenden rhetorischen Arsenals verbietet.

Daß der Ton der Auseinandersetzung mit den Juden bei Euseb trotz der Differenzen in den umstrittenen Fragekreisen und trotz vereinzelt auftretender polemischer Diktion[486] insgesamt unbedingt als moderat zu bezeichnen und zu bewerten ist, zeigt sich aber nun am deutlichsten, wenn man zum Vergleich einige andere »Kirchenväter« des vierten Jahrhunderts über die Juden zu Worte kommen läßt und sich klarmacht, in welchem Maße hier leider allzu häufig und wie selbstverständlich auf die Juden eine durchgängig diese mißachtende, abwertende und verletzende Begrifflichkeit Anwendung findet:

> So steht zum Beispiel im lateinischen Westen ein Hilarius von Poitiers[487] nicht an, pauschal die Juden als ein Volk zu diffamieren, welches »zu aller Zeit in Ungerechtigkeit gelebt hat«[488] und ergänzt: »Aber wenn es (sc.: das jüdische Volk) in all diesen Dingen stark war, war es doch immer (nur) in seiner Schlechtigkeit stark«,[489] »wenn es das Kalb verehrte, Mose lästerte, Gott haßte, seine Söhne als Dämonenopfer versprach, die Propheten tötete und sogar Gott selbst, seinen Herrn, um seinetwillen als Mensch geboren, an den Praetor verriet und ans Kreuz schlug: So rühmte es sich jeden Tag seiner Existenz in Ungerechtigkeit.«[490] Möglichweise liegt in solcherlei pauschalen Verunglimpfungen der historische Kern für die ansonsten nicht näher verifizierbare Notiz seines Biographen Venantius Fortunatus, der in der zweiten Hälfte des 6. Jhdts. mitteilt, daß der aquitanische Bischof nicht einmal den Gruß eines Juden auf der Straße zu erwidern pflegte.[491]

---

[485] H.e. VII 31, 1: ... βάρβαρος δῆτα τὸν βίον αὐτῷ λόγῳ καὶ τρόπῳ τήν τε φύσιν δαιμονικός τις ὢν καὶ μανιώδης ... (716, 4f. Schwartz).

[486] S.o. S. 228f.

[487] Vgl. hierzu H. Schreckenberg, Die christlichen Adversos-Iudaeos-Texte und ihr literarisches und historisches Umfeld (1.-11. Jh.), EHS.T 172, Frankfurt/M. u.a. ³1994, 278-281.

[488] Hil., In Ps. LI 6: ... omnis in iniquitate aetas fuit ... (CSEL 22, 100, 22 Zingerle).

[489] Hil., In Ps. LI 6: ... sed in his omnibus cum potens esset, tamen in malitia sua potens semper fuit. (101, 11f. Zingerle).

[490] Hil., In Ps. LI 6: ... cum uitulum adorauit, Moysi maledixit, deum abominatus est, filios suos daemonum hostias uouit, prophetas occidit, ipsum quoque deum ac dominum suum, sui causa natum hominem, prodita praetori in crucem sustulit ... (101, 14-17 Zingerle).

[491] Venantius Fortunatus, Vita S. Hilarii III 2.

Ambrosius von Mailand[492] verunglimpft die Juden wegen ihrer angeblichen Selbstauslieferung an die Befriedigung weltlicher Genüsse und besonders wegen ihres vermeintlich unbeschränkten Reichtums: Sie seien alle habgierig und aussätzig und lüstern und würden für ihren Reichtum in der Ewigkeit büßen;[493] sie sind gar »schlimmer als ein Aussätziger«.[494] Die jüdische Religion ist für Ambrosius nur noch eine »inanis superstitio Iudaeorum«[495], die Synagoge »Stätte des Unglaubens, Wohnung der Gottlosigkeit, Schlupfwinkel tollen Wahnsinns, die Gott selber verdammt hat«.[496] Neben derlei diskreditierenden und undifferenzierten Äußerungen fällt in den Texten ein extrem scharfes Gegeneinander von Kirche und Synagoge auf;[497] dieses setzt schwere Vorwürfe gegen letztere frei, die im Bild vom Brudermord (Kain als Synagoge, Abel als Kirche)[498] und in der Behauptung, daß die Kirche frei sei, die Synagoge hingegen verstoßen, weil das Judenvolk knechtisch sei,[499] kulmininieren. Einige respektvolle Äußerungen des Ambrosius über die Juden[500] fallen hiergegen kaum mehr ins Gewicht.

Auch aus Sicht des für einen eher freundschaftlichen Umgang mit den Juden durchaus bekannten Hieronymus[501] tun die Juden alles um der Güter der Erde und um der Sinnlichkeit willen,[502] kein Volk sei habgieriger als das der Juden,[503] keines freßlustiger.[504] Auch für Hieronymus ist

---

[492] Vgl. H. Schreckenberg, l.c. 303-310.

[493] Exp. in Luc IV 54: »Nam et Iudaei ex patre diabolo non utique carnis successione, sed criminis. Ergo omnes cupidi, omnes auari Giezi lepram cum diuitiis suis possident et male quaesita mercede non tam patrimonium facultatum quam thesaurum criminum congregarunt aeterno supplicio et breui fructu. Nam cum diuitate sint caducae, poena perpetua est, quia neque auarus neque ebriosus neque idolis seruiens regnum dei possidebit.« CChr.SL 14, 125, 667-674 Adriean).

[494] Exp. in Luc V 15: »peiores esse leproso« (140, 152f. Adriaen).

[495] Exp. in Luc. III 26.

[496] Ep. 74, 14: »perfidiae locus, impietatis domus, amentiae receptaculum, quod deus damnavit ipse;« (CSEL 82/3, 62, 160f. Zelzer).

[497] Obit. Th. 49: ... »gratulatur ecclesia, erubescit Iudaeos« (CSEL 73, 397, 1 Faller).

[498] Cain I 2, 5: ...»per Cain parricidalis populus intellegitur Iudaeorum« (CSEL 32/1, 341, 16f. Schenkl).

[499] Exp. in Luc. III 29.

[500] Von fleißiger Schriftlesung und gewissenhafter Gründlichkeit der Juden spricht Ambrosius einmal (Psal. I 41: »et aliqui Iudaei habent castimoniam, sedulitatem lectiones multam et diligentiam, sed sine fructu sunt, sed uersantur ut folia.« [CSEL 64, 35, 21-23 Petschenig]), einige weitere Stellen bei H. Schreckenberg, l.c. 310.

[501] Vgl. abermals H. Schreckenberg, l.c., 333-339 sowie S. Krauss, JQR 6 (1893/4) 225-261.

[502] Ep. 112, 14.

[503] Is. I 2, 7: »nihil Iudaeorum et Romanorum gente esse auarius.« (CChr.SL 73, 32, 16 Adriaen).

[504] Ep. 121, 10.

die Synagoge letztlich ein Ort des Satans,[505] wobei er sie auch verächtlich als »Hure«[506] bezeichnen kann. Das Beten der Juden wird dem Grunzen von Schweinen gleichgestellt.[507]

Für Augustin[508] schließlich gehört die bekannte, verleumderische Sicht, daß die Juden »nur zeitliche und sichtbare Güter von ihm (sc.: Gott) erwarten«,[509] bereits fest zum polemisch-topischen Grundbestand, der nun kaum noch hinterfragt wird. In seiner Predigt Adversus Iudaeos[510] werden die Juden nicht mehr als theologische Gegner, sondern als Feinde angesehen,[511] auch in den Texten, die sich eigentlich mit ganz anderen Themen auseinandersetzen, werden sie bisweilen als solche angesprochen.[512] Im großen apologetischen Hauptwerk De civitate dei zitiert Augustin durchaus zustimmend Senecas bekannte Bezeichnung der Juden als »äußerst abscheuliches Volk«.[513] Auf der anderen Seite darf man immerhin nicht übersehen, daß Augustin deutlicher als die meisten seiner Zeitgenossen immer wieder durchblicken läßt, daß er eine endzeitliche Wiedervereinigung von Kirche und Synagoge erwartet.[514]

Für den griechischsprachigen östlichen Raum seien nur zwei Beispieltexte genannt: Das eine besonders krasse Exempel für eine völlig abwerten-

---

[505] Hier., Ep. 112, 13: ... synagogis satanae ... (CSEL 55, 382, 10 Hilberg); die Wendung aus Apk 2, 9 wird hier von Hieronymus noch verstärkt durch ein »dicam, quod sentio«....

[506] »Fornicaria est, quae cum pluribus copulatur« ...: Comm. in Os. I 2 (CChr.SL 76, 18, 40 Adriaen).

[507] Am. II 5, 23: »Iudaeorum quoque oratio et psalmi, quos in synagogis canunt, et haereticorum composita laudatio tumultus est Domino, et ut ita dicam, grunnitus suis et clamor asinorum, quorum magis cantibus Israelis opera comparantur.« (CChr.SL 76, 295, 790-793 Adriaen).

[508] Siehe auch hier H. Schreckenberg, l.c. 352-362.

[509] Ver. rel. V: »Iudaei uero quamuis uni omnipotenti deo supplicent, sola tamen temporalia et uisibilia bona de illo exspectantes rudimenta noui populi ab humilitate surgentia in ipsis suis scripturis nimia securitate noluerunt aduertere atque ita in utere homine remanserunt.« (CChr.SL 32, 194, 31-35 Daur).

[510] PL 42, 51-64; deutsche Übersetzung und Kommentierung B. Blumenkranz, Die Judenpredigt Augustins, Paris ²1973. Zum Thema »Augustin und die Juden« vgl. die kontroverse Einschätzung bei B. Blumenkranz, St Patr 1 (1957) 460-467 sowie RechAug 1 (1958) 225-241 einerseits und J. Alvarez, StPatr 9 (1966) 340-349 andererseits (hier jeweils weitere Literatur). Ein differenziertes Urteil findet sich bei H. Schreckenberg, l.c. 352-362. Zur Bedeutung des Motivs des Untergangs Jerusalems bei Augustin siehe E. Fascher, ThLZ 89 (1964) 81-98.

[511] Civ. Dei XVIII 46. – Eine Auflistung der Bescheltungen der Juden bei Augustin findet sich bei B. Blumenkranz, Judenpredigt, 186-189.

[512] Civ. Dei VI 11: »inimicissimos« (CChr.SL 47, 183, 6 Dombart/Kalb).

[513] Civ. Dei VI 11: »sceleratissimae gentis« (183, 10 Dombart/Kalb). – De civitate Dei eignet sich natürlich besonders gut für einen Vergleich mit P.e. und D.e. wegen der Identität des literarischen Genres. Beide Texte bilden den Höhepunkt christlicher Apologetik in je ihrer Zeit und Sprache.

[514] Civ. Dei XX 29; Ep. 149, 19.

de und vernichtende Beurteilung der Juden ist vielleicht der Feder des Gregor von Nyssa zuzuschreiben: In der fünften Rede über die Auferstehung Christi[515] heißt es im Blick auf die Juden: »Sie sind Schlächter des Herrn, Prophetenmörder, Gottesfeinde, Gotteshasser, Gesetzesfrevler, Feinde der Gnade, Fremdlinge dem Glauben ihrer Väter, Teufelsadvokaten, Vipernbrut, Ohrenbläser, Verleumder, Verstandesverdunkelte, Sauerteig der Pharisäer, Synhedrion der Dämonen, Missetäter, Nichtsnutze, Steiniger, Feinde alles Schönen,«[516] ein Passus, der in seiner maßlosen Polemik für sich, oder besser: gegen sich selber spricht und leider keinerlei Willen und Fähigkeit zur Auseinandersetzung mit den Juden mehr erkennen oder vermuten läßt.

Schließlich sind die Reden des Johannes Chrysostomus gegen die Juden[517] für den Nachweis schärfster christlicher antijüdischer Polemik häufig zitiert worden und in ihrer Weise als Beispiel für jene völlig abfällige »Tonart«[518] gegenüber den Juden zu trauriger Berühmtheit gelangt. Nach übereinstimmender Einschätzung der gelehrten Literatur stellen sie einen traurigen »Höhepunkt« in der christlichen Judenpolemik dar.[519] Der Haß gegen die Juden[520] beziehungsweise gegen die Synagoge[521] wird hier klarer und krasser denn je artikuliert. Einige wenige Auszüge mögen genügen: »Jetzt wird einer, wenn er sie (sc.: die Synagoge) Bordell, Ort des Rechtsbruchs, wenn er sie Unterschlupf für Dämonen, Wachtposten des Teufels, wenn er sie Seelenverderberin, Schlucht und Grube jedes Verbre-

---

[515] In luciferam sanctam domini resurrectionem (= In Christi resurrectionem V): CPG 3177. – Der Text ist kritisch ediert von E. Gebhardt in Gregorii Nysseni Opera IX, Leiden 1967, 315-319. Zum Echtheitsproblem vgl. J. Daniélou, RSR 55 (1967) 151.

[516] Res. V: οἱ κυριοκτόνοι, οἱ προφητοκτόνοι, οἱ θεομάχοι, οἱ μισόθεοι, οἱ τοῦ νόμου ὑβρισταί, οἱ τῆς χάριτος πολέμιοι, οἱ ἀλλότριοι τῆς πίστεως τῶν πατέρων, οἱ συνήγοροι τοῦ διαβόλου, τὰ γεννήματα τῶν ἐχιδνῶν, οἱ ψιθυρισταί, οἱ κατάλαλοι, οἱ ἐσκοτισμένοι τῇ διανοίᾳ, ἡ ζύμη τῶν Φαρισαίων, τὸ συνέδριον τῶν δαιμόνων, οἱ ἀλάστορες, οἱ πάμφαυλοι, οἱ λιθασταί, οἱ μισόκαλοι. (Greg. Nyss. Op. IX, 317, 4-10 Gebhardt).

[517] Adversus Iudaeos Orationes, PG 48, 843-942. Deutsche Übersetzung und Kommentierung von R. Brändle und V. Jegher-Bucher, BGL 41, Stuttgart 1995.

[518] Vgl. A.M. Ritter, KuI 5 (1990) 112.

[519] So zum Beispiel E.L. Abel, The Roots of Anti-Semitism, London 1975, 167: »Although Chrysostom was not the only churchman to rasp the Jews he towers above all the rest because of his thoroughness«. Für N.R.M. de Lange sind diese Texte »ein Kompendium aller denkbaren Vorwürfe und Verunglimpfungen, überbieten an schimpfwütiger Geschmacklosigkeit alles, was die christliche Literatur bis dahin gezeigt hatte«: TRE 3 (1978) 135. R. Ruether, Nächstenliebe und Brudermord. Die theologischen Wurzeln des Antisemitismus, ACJD 7, München 1978, 162, nennt die Texte »gewalttätig( ) und geschmacklos( )«.

[520] Joh. Chrys., Jud. VI 6: μισῶ 'Ιουδαίους (PG 48, 914).

[521] Jud. VI 6: μισῶ τὴν συναγωγὴν (PG 48, 913).

chens, wenn er sie irgendwie so nennt, noch zu wenig sagen«[522] oder:
»Weit schlimmer als alle Räuber sind sie, weil sie ihren Opfern größere
Übel antun.«[523] oder: »Muß man nicht vielmehr sich (sc.: von den Juden)
abwenden als von einer gemeinen Schande und Krankheit für die ganze
Welt? Haben sie nicht jede Art von Schlechtigkeit verübt?«:[524] Solcherlei
Beipiele wären ohne weiteres und fast beliebig vermehrbar. Es handelt sich
um eine Ansammlung von Beschimpfungen, Diskreditierungen und ver-
letzenden Äußerungen, derer sich der christliche Ausleger heute zu Recht
zu schämen geneigt ist.[525]

Es ist in dieser Arbeit selbstverständlich nicht möglich, die notwendigen Diskussionen um die jeweilige Bewertung dieser Texte zu führen und
eine sachgerechte Einordnung der angezogenen Textpassagen in die
Gesamthaltung des jeweiligen Autors zu den Juden beziehungsweise in die
Geschichte der christlich-jüdischen Polemik zu leisten. In jedem Falle
muß auch hier aber (ohne irgendeiner falsch verstandenen Apologetik das
Wort reden zu wollen) aus Gründen der historischen Gerechtigkeit davor
gewarnt werden, solche Sätze völlig isoliert, ohne ihren genauen Kontext
(es handelt sich häufig um an *Christen* gerichtete Texte), ihre historische
Voraussetzungen (man denke bei letzterem Beispiel etwa an das rhetorische
Handwerkszeug des Chrysostomus-Lehrers Libanius) und ihren Stellenwert im Gesamtwerk des jeweiligen Autors (es finden sich bei Augustin,
Hieronymus und Chrysostomus auch sehr positive Sätze über die Juden,
hinwieder auch äußerst scharfe Vorwürfe von jüdischer Seite gegen die
Christen) verstehen zu wollen.[526]

---

[522] Jud. VI 7: νῦν κἂν πορνεῖον, κἂν παρανομίας χωρίον, κἂν δαιμόνων καταγώγιον,
κἂν διαβόλου φρούριον, κἂν ψυχῶν ὄλεθρον, κἂν ἀπωλείας ἁπάσης κρημνὸν καὶ
βάραθρον, κἂν ὁτιοῦν τις προσείπῃ, ἔλαττον τῆς ἀξίας ἐρεῖ. (PG 48, 915); die
Übersetzung folgt V. Jegher-Bucher, BGL 41, 186.

[523] Jud. VIII 3: μᾶλλον δὲ ληστῶν ἁπάντων χαλεπωτέροις, καὶ μείζονα τοὺς εἰς
αὐτοὺς ἐμπίπτοντας ἐργαζομένοις κακά. (PG 48, 932); die Übersetzung folgt V.
Jegher-Bucher, BGL 41, 211f.

[524] Jud. I 6: ἀλλ' οὐχ ὡς κοινὴν λύμην καὶ νόσον τῆς οἰκουμένης ἁπάσης ἀποστρέφεσθαι;
οὐχὶ πᾶν εἶδος ἐπῆλθον κακίας; (PG 48, 852); Übersetzung nach V. Jegher-Bucher,
BGL 41, 96.

[525] Vgl. wiederum A.M. Ritter, l.c. 109.

[526] Die in diesem Zusammenhang besonders brisante Debatte zum Thema »Chrysostomus
und die Juden« kann im Rahmen dieser Arbeit natürlich nicht adäquat aufgenommen
werden: Die von A.M. Ritter bereits 1973 vorgelegte Interpretation der Judenreden des
Chrysostomus (Erwägungen zum Antisemitismus in der Alten Kirche: Johannes
Chrysostomus, »Acht Reden wider die Juden«, in: Bleibendes im Wandel der Kirchengeschichte, hg. von B. Moeller/G. Ruhbach, Tübingen 1973, 71-91), hat derselbe Autor
unter Aufnahme der wissenschaftlichen Diskussion der Folgezeit und unter Einführung weiterer notwendiger Differenzierungen im wesentlichen beibehalten: Chrysostomus und die Juden – neu überlegt: KuI 5 (1990) 109-122, ähnlich auch W. Kinzig,
VigChr 45 (1991) 35-43. Eine hiervon grundlegend unterschiedene Chrysostomus-
Interpretation, die die »Judenreden« sehr unmittelbar in den Kontext eines dumpfen

Für den Zusammenhang der in dieser Arbeit aufgeworfenen Fragestellung kommt es aber auf ein anderes an: Man muß diese die Juden gezielt abwertenden und diskreditierenden Aussagen zahlreicher »Kirchenväter« des vierten Jahrhunderts, von denen hier nur ein äußerst kleiner und keinesfalls repräsentativer Auszug dargeboten werden konnte,[527] kennen und als Vergleichsebene heranziehen, um sofort wahrnehmen zu können, daß bei Eusebius von Caesarea die Art und Weise der Auseinandersetzung eine ganz andere ist: Das in oben aufgeführten Textauszügen erkennbare auf die Juden angewendete Vokabular findet sich bei Eusebius nicht. Eine Diskreditierung der Juden als »geldgierig« und »weltverliebt« kommt bei Euseb nicht vor. Eine Beschimpfung der Synagoge als »Bordell« oder der Juden als »Gotteshasser und Gesetzesfrevler« ist in den Texten Eusebs nicht nachweisbar. Die Aussage, man müsse die Juden »hassen«, findet sich an keiner Stelle und ist für Euseb schlechterdings nicht denkbar. Sicherlich ist für diese signifikante Differenz in der Diktion bei einigen der gewählten Beispiele (etwa bei den Chrysostomus-Reden) auch die Unterschiedlichkeit des Genre mit zu berücksichtigen: In einer Predigt, die naturgemäß stärker der stürmischen Tagesaktualität unterliegt, mag Polemik hin und wieder schärfer geraten als in einem über Jahre hinweg entstandenen historischen oder apologetischen Werk. Trotzdem wird man, wenn man diesen durchgängig moderateren Ton Eusebs beachtet, eine andere, positivere Grundeinstellung gegenüber den Juden wahrnehmen. Ist es methodisch erlaubt, vom Fehlen eines aus jenen späteren Texten leider allzu gut bekannten abfälligen Vokabulars e silentio auf die grundsätzlich positivere Einstellung Eusebs gegenüber den Juden zurückzuschließen, so wird man zumindest sagen müssen: Von einer Feindschaft Eusebs gegen die Juden kann nicht die Rede sein.[528] Eine solche Haltung verbietet sich für Euseb schon von seinem gesam-

---

christlichen Antijudaismus einzeichnet, findet sich bei M. Simon, AIPh 4 (1936) 403-429; eine Linie von hier zu Hitler und Goebbels meint J. Parkes, SCH(L) 1 (1964) 74 ziehen zu müssen. Eine Art Mittelposition, die v.a. davor warnt, aus dem rhetorischen Instrumentarium allzu schnell auf die Realität im ausgehenden 4. Jahrhundert zu schließen, vertritt R.L. Wilken, John Chrysostom and the Jews. Rhetoric and Reality in Late 4th Century, Berkeley 1983. Eine hochdifferenzierte Analyse und Kommentierung bietet jetzt R. Brändle, BGL 41, Stuttgart 1995, 36-79, insbesondere hinsichtlich der in dem Material verwendeten rhetorischen Formen, siehe hierzu l.c. 57-74. (Insgesamt ist zur richtigen Einschätzung des Gebrauchs der Polemik bei den Kirchenvätern stets auf die zahlreichen gründlichen Arbeiten von I. Opelt zu verweisen). H. Schreckenberg, l.c. 329 gibt meines Erachtens mit Recht zu bedenken, daß das Judenbild des Chrysostomus nicht ausschließlich von dessen Judenpredigten her beurteilt werden dürfe.

[527] Weiteres Material bei L. Lucas, Zur Geschichte der Juden im vierten Jahrhundert, Berlin 1910, 1-24. 160-170 sowie bei J.W. Parkes, The Conflict of the Church and the Synagogue, London 1934, 174-182.

[528] Gegen R. Horsley, Jesus and Judaism: Christian Perspectives, in: Eusebius, Christianity, and Judaism, ed. H.W. Attridge/G. Hata, StPB 42, Leiden 1992, 53, der zwar richtig die aus heilsgeschichtlicher Wertschätzung einerseits und religiöser Auseinanderset-

ten Zugriff auf die christlich-jüdische Problematik her, von seinem Wissen um die nur über und durch Israel gewährleistete Kontinuität der Heilsgeschichte; insofern ist von seinem gesamten theologischen Ansatz her eine Eskalation im Streit mit den Juden unwahrscheinlich. Wer dennoch eine grundsätzlich feindselige Haltung Eusebs gegenüber den Juden zu erkennen meint, könnte sich allenfalls auf die insgesamt doch sehr wenigen eingangs genannten Stellen[529] stützen, an denen die Judenkritik Eusebs hin und wieder eine scharfe Form annimmt und müßte diese Stellen zudem ziemlich isoliert betrachten und sie ohne Würdigung des überwiegend vorfindlichen moderaten Umgangstons in Eusebs Auseinandersetzung mit den Juden heranziehen.

Euseb ist, wenn man einen Rückschluß vom Ton der kontroversen Auseinandersetzung auf die grundsätzliche Einstellung für methodisch zulässig hält, den Juden keineswegs feindlich gesonnen. Er betrachtet sie allerdings als theologische Gegner. Diesen bringt er, anders als bei fast allen anderen seiner theologischen Gegner, hohen Respekt entgegen, was ihn wiederum nicht davon abhält, für die Richtigkeit seiner, der christlichen Sicht, so wie er sie versteht, energisch zu streiten. Euseb kritisiert die Juden theologisch: Immer von neuem und in beinah ermüdenden Argumentationsgängen betont er ihnen gegenüber den christlichen Standpunkt und dabei vor allem die Heilsuniversalität des Christusereignisses und das christologische Verständnis der jüdischen Heiligen Schriften. Kompromißlos tritt er für den eigenen Wahrheitsanspruch ein. Die Klarheit des eigenen Standpunktes führt bei ihm aber nicht zu einer Mißachtung seiner jüdischen Gegnerschaft. Andererseits nötigt ihn die Achtung vor dem theologischen Gesprächspartner oder Gegner, die er erkennbar walten läßt, nicht zu Abstrichen an den eigenen Überzeugungen, an der eigenen theologischen Positionalität.

---

zung andererseits resultierende »ambigious attitude« diagnostiziert, dann aber den Bereich der Kontroverse viel zu schnell unter dem Stichwort »hostility« verbucht – meines Erachtens zu Unrecht, wie die Texte Eusebs zeigen.

[529] S.o. S. 228f.

6. Eusebius und Konstantin

Die bis hierher erarbeiteten Gesichtspunkte zur Frage nach der Rolle der Juden in der Theologie Eusebs bedürfen nun noch einer Ergänzung hinsichtlich ihrer etwaigen Folgen, und zwar näherhin nach ihrer möglichen Wirkungsgeschichte im politisch-gesetzgeberischen Bereich; eben dieses Feld ist bei der Betrachtung von Eusebs Haltung zu den Juden von besonderer Bedeutung, weil Euseb auf Grund seiner Kontakte zu Kaisers Konstantin d.Gr.[1] möglicherweise auch eine gewisse Rolle bei den politisch-religionsgesetzgeberischen Maßnahmen im christlich gewordenen Römischen Reich gespielt haben könnte. Hierbei muß man beachten, daß zumindest eine scharf antijüdische Äußerung aus dem Munde Konstantins in Eusebs Kaiserpanegyrikus überliefert ist, und es stellt sich die Frage, ob diese wirklich dem Kaiser selbst oder aber unter Umständen eher einer Überarbeitung von dessen Texten durch Eusebius zuzusprechen ist.

6.1. De vita Constantini

In Eusebs Konstantinenkomion finden sich zwei wichtige Stellen mit Äußerungen über die Juden, die hier zunächst dargeboten und dann diskutiert werden sollen:

V.C. III 18f. (Bezug: Brief des Konstantin an die Gemeinden über die in Nizäa verhandelte Ostertermifrage):

> Vor allem schien es unziemlich zu sein, dieses heiligste Fest in Anschluß an den Brauch der Juden zu begehen, die ihre Hände durch ein ruchloses Vergehen befleckt haben und als Besudelte zu Recht in den Seelen verblendet sind. (...) Nichts sei euch also gemeinsam mit dem äußerst verhaß-

---

[1] Man denke nur daran, daß Euseb für Konstantin die Tricennatsrede hielt (L.C. 1-10) und nach dessen Tode den Kaiserpanegyricus (V.C.) verfaßte. Über das Verhältnis von Eusebius und Konstantin am besten das Buch von T.D. Barnes, Constantine and Eusebius, Cambridge/Mass. 1981, bes. 261-271. F. Winkelmann, Euseb von Kaisareia. Der Vater der Kirchengeschichte, Berlin 1991, 146-159. Vgl. aber auch R. Leeb, Konstantin und Christus, AKG 58, Berlin New York 1992, bes. 166-176; einige Bemerkungen zu Leebs Buch bei C. Markschies, ThLZ 119 (1994) 145-148.

ten Pöbel der Juden. Denn wir haben von dem Erlöser einen anderen Weg erhalten, unserer heiligen Religion ist eine Bahn vorgezeichnet, die gesetzmäßig und gebührend ist, diese wollen wir einmütig einhalten und von jenem schimpflichen Bewußtsein uns trennen, liebe Brüder. Denn es ist allerdings ganz widersinnig, wenn diese sich rühmen könnten, daß wir ohne ihre Unterweisung nicht imstande wären, dieses Fest zu begehen. Wie werden denn jene richtig denken können, die nach jenem Herrenmord und Vatermord außer sich geraten sind? Sie folgen keiner Überlegung, sondern werden von einem Trieb hingerissen, wohin sie ihr angeborener Wahnsinn treibt. Darum sehen sie auch in diesem Punkte nicht die Wahrheit. (...) In gar keiner Ähnlichkeit soll die Reinheit eurer Seelen mit den Sitten der allerschlechtesten Menschen Gemeinschaft zu haben scheinen. (...) daß mit dem Volk jener Vatermörder und Herrenmörder nichts gemeinsam sei (...) und keine Gemeinschaft mit den meineidigen Juden bestehe ...²

V.C. IV 27, 1:

Aber er (sc.. Konstantin) erließ auch ein Gesetz, daß kein Christ Juden als Sklave dienen dürfe; es sei nämlich nicht rechtens, daß die vom Erlöser Losgekauften den Mördern der Propheten und des Herrn durch das Joch der Sklaverei unterworfen seien; wenn ein solcher jedoch gefunden werde, dürfte er frei davongehen, der Jude aber werde mit einer Geldstrafe belegt.³

---

² V.C. III 18, 2-4; 19, 1: καὶ πρῶτον μὲν ἀνάξιον ἔδοξεν εἶναι τὴν ἁγιωτάτην ἐκείνην ἑορτὴν τῇ τῶν Ἰουδαίων ἑπομένους συνηθείᾳ πληροῦν, οἳ τὰς ἑαυτῶν χεῖρας ἀθεμίτῳ πλημμελήματι χράναντες εἰκότως τὰς ψυχὰς οἱ μιαροὶ τυφλώττουσιν. (...) μηδὲν τοίνυν ἔστω ὑμῖν κοινὸν μετὰ τοῦ ἐχθίστου τῶν Ἰουδαίων ὄχλου. εἰλήφαμεν γὰρ παρὰ τοῦ σωτῆρος ἑτέραν ὁδόν, πρόκειται δρόμος τῇ ἱερωτάτῃ ἡμῶν θρησκείᾳ καὶ νόμιμος καὶ πρέπων. τούτου συμφώνως ἀντιλαμβανόμενοι τῆς αἰσχρᾶς ἐκείνης ἑαυτοὺς συνειδήσεως ἀποσπάσωμεν, ἀδελφοὶ τιμιώτατοι. ἔστι γὰρ ὡς ἀληθῶς ἀτοπώτατον ἐκείνους αὐχεῖν, ὡς ἄρα παρεκτὸς τῆς αὐτῶν διδασκαλίας ταῦτα φυλάττειν οὐκ εἴημεν ἵκανοί. τί δὲ φρονεῖν ὀρθὸν ἐκεῖνοι δυνήσονται, οἳ μετὰ τὴν κυριοκτονίαν τε καὶ πατροκτονίαν ἐκείνην ἐκστάντες τῶν φρενῶν ἄγονται οὐ λογισμῷ τινι ἀλλ' ὁρμῇ ἀκατασχέτῳ, ὅπῃ δ' ἂν αὐτοὺς ἡ ἔμφυτος αὐτῶν ἀγάγῃ μανία; ἐκεῖθεν τοίνυν κἂν τούτῳ τῷ μέρει τὴν ἀλήθειαν οὐχ ὁρῶσιν, (...). ἐν μηδενὸς ὁμοιότητι τὸ καθαρὸν τῆς ὑμετέρας ψυχῆς κοινωνεῖν δοκεῖν ἀνθρώπων ἔθεσι παγκάκων. (...) ὡς μηδὲν μετὰ τοῦ τῶν πατροκτόνων τε καὶ κυριοκτόνων ἐκείνων ἔθνους εἶναι κοινόν, (...) καὶ οὐδεμίαν μετὰ τῆς Ἰουδαίων ἐπιορκίας ἔχειν κοινωνίαν. (GCS Euseb I/1, 90, 14-17; 90, 21 – 91, 3; 91, 8f.; 91, 23f.; 92, 11f., Winkelmann). Die Übersetzung folgt teilweise den Auszügen bei G. Stemberger, Juden und Christen im Heiligen Land. Palästina unter Konstantin und Theodosius, München 1987, 45.

³ V.C. IV 27, 1: Ἀλλὰ καὶ Ἰουδαίοις μηδένα Χριστιανὸν δουλεύειν ἐνομοθέτει· μηδὲ γὰρ θεμιτὸν εἶναι προφητοφόναις καὶ κυριοκτόνοις τοὺς ὑπὸ τοῦ σωτῆρος λελυτρωμένους ζυγῷ δουλείας ὑπάγεσθαι· εἰ δ' εὑρεθείη τις τοιοῦτος, τὸν μὲν ἀνεῖσθαι ἐλεύθερον, τὸν δὲ ζημίᾳ χρημάτων κολάζεσθαι. (130, 8-11 Winkelmann). Die Übersetzung folgt G. Stemberger, l.c. 41.

In der wissenschaftlichen Diskussion ist hin und wieder dafür plädiert worden, diese Texte in Duktus und Formulierung der Redaktion des Eusebius zuzuschreiben; Konstantin selber hätte, so das dominierende Argument, namentlich in offiziellen Dokumenten keinesfalls so scharfe und für die Juden beleidigende Worte finden und gebrauchen können. Für H. LANGENFELD sind deshalb die Texte mit Sicherheit Formulierungen Eusebs.[4] Etwas vorsichtiger, aber doch in derselben Linie urteilt auch G. STEMBERGER.[5]

Man kann, beachtet man zunächst die Motivik in den beiden vorgelegten Textauszügen aus De vita Constantini, vor allem drei Aspekte in den übrigen Texten Eusebs nachweisen, nämlich die Befleckung der Hände der Juden, das Motiv ihrer Verblendung und schließlich das bekannte und in dieser Arbeit schon eingehend behandelte Gottes- und Prophetenmord-Motiv. Doch schon angesichts dieser unabweisbaren Parallelen fällt auf, daß die konkreten Formulierungen in den übrigen Eusebtexten eigentlich andere sind: während Konstantin im Osterfestbrief von der Befleckung der Hände der Juden spricht, redet Euseb im apologetischen Doppelwerk stellenweise von den »gottlosen Händen« der Juden;[6] die im Konstantinbrief gewählte Formulierung findet sich aber bei Euseb nicht. Das in dem Konstantintext gebrauchte und dort auf die ψυχὰς der Juden bezogene (ohnehin seltene) Verb τυφλώττω[7] findet sich ebenfalls nicht bei Eusebius; er selber spricht bisweilen von τύφλωσις[8] oder nennt die Juden ἀβλεπτοῦντας.[9] Vom Herrenmord und vom Gottesmord der Juden spricht Euseb relativ häufig in seinen Werken, aber die Formulierungen lauten im einzelnen anders,[10] die hier gewählten Begriffe κυριοκτονία und πατροκτονία[11] als solche kommen bei Euseb hingegen sonst kaum vor.[12]

Kann man diese relativ geringfügigen sprachlichen Abweichungen noch mit Hinweis auf die Möglichkeit unterschiedlicher Formulierungen desselben Motivs in verschiedenen Texten zu erklären versuchen, so läßt eine vergleichende Analyse des sonst im konstantinischen Osterfestbrief auf die Juden angewen-

---

[4]   H. Langenfeld, Christianisierungspolitik und Sklavengesetzgebung der römischen Kaiser von Konstantin bis Theodosius, Köln 1971, 75.

[5]   L.c. 41. 45f.

[6]   D.e. I 1, 7: ...ἀθέους (...) χεῖρας ... (4, 28f. Heikel).

[7]   V.C. III 18, 2 (90, 17 Winkelmann).

[8]   Is. II 45 (351, 3 Ziegler).

[9]   D.e. VIII 2, 128 (391, 4 Heikel).

[10]   Siehe hierzu oben unter 5.1.1. in dieser Arbeit.

[11]   V.C. III 18, 4; 19, 1 (90, 23f. und 91, 24 Winkelmann).

[12]   Außerhalb der V.C. habe ich keinen Beleg für κυριοκτονία gefunden; in der P.e. kommt zweimal das Wort πατροκτονία vor (P.e. II 4, 2 [I 87, 11 Mras/Des Places]; 6, 15 [I 94, 3 Mras/Des Places]), bezieht sich hier aber nicht auf Juden, sondern auf die katastrophalen moralischen Mißstände unter den vom Gesetz unberührten Griechen. Für den Kontext, also den nicht die Urkunden umfassenden Teil der V.C. vgl. aber V.C. IV 27, 1: ... προφητοφόνταις καὶ κυριοκτόνοις ... (130, 9 Winkelmann).

deten Vokabulars eine Abfassung oder Redaktion des Textes durch Euseb selbst geradezu unwahrscheinlich werden. So kommt beispielsweise der im Konstantinbrief die Juden gezielt abwertende Begriff οἱ μιαροί[13] bei Euseb nirgends vor.[14] Die diskriminierende Bezeichnung ἐχθίστου ὄχλου[15] fehlt in den sonstigen Texten Eusebs ebenfalls; es war zudem in dem Abschnitt über die Diktion Eusebs gegenüber den Juden gezeigt worden, daß eine Einordnung der Juden als »Feinde« (der Christen) bei Euseb gar nicht vorkommt;[16] in der hier gebrauchten Superlativform ist sie von daher aus dem Munde Eusebs erst recht schlechterdings nicht denkbar. Die Geisteshaltung der Juden polemisch als τῆς αἰσχρᾶς ἐκείνης ἑαυτοὺς συνειδήσεως[17] zu bezeichnen, ist bei Euseb weder vom Inhalt noch von der Formulierung her nachzuweisen; in diesem Zusammenhang muß auch gesehen werden, daß das Substantiv συνείδησις bei Euseb sonst positiv verwendet wird.[18] Auch der im Konstantinbrief benutzte Begriff μανία spielt bei Euseb, bezogen auf die Juden, keine Rolle,[19] schon gar nicht in seiner abschätzigen Näherqualifizierung ἔμφυτος μανία.[20] Eine Diskreditierung der Juden als Volk von ἀνθρώπων (...) παγκάκων[21] ist bei Euseb erstens sonst nirgends nachzuweisen und ist zweitens nach den bisher in dieser Arbeit erhobenen Befunden auch eigentlich nicht vorstellbar. Die im Konstantinbrief auftauchende Rede von der Ἰουδαίων ἐπιορκίας[22] schließlich kommt ebenfalls bei Euseb nirgends vor. Das Wort ἐπιορκία benutzt er sonst gar nicht.

Als Ergebnis bleibt festzuhalten: Der Brief Konstantins V.C. III 18f. zeigt eine in jeder Hinsicht uneusebianische Wortwahl und Diktion. Die sprachlichen Differenzen zwischen den Einlassungen über die Juden in Konstantins Brief an die Gemeinden einerseits und in den Texten Eusebs andererseits sind erheblich und scheinen aufs Ganze gesehen derart gravierend, daß eine Bearbeitung der V.C. III 18f. überlieferten Konstantinurkunde durch Eusebius

---

[13] V.C. III 18, 2 (90, 17 Winkelmann).

[14] Die mehrfache Verwendung des Begriffes bei (Ps.)Hipp., Consumm. 28 zeigt, daß das Wort auf den Antichristen bezogen wurde. Substantivisch verwendet gibt es keine Belege bei Euseb. Er benutzt das Wort adjektivisch V.C. I 33, 1 (32, 10 Winkelmann); 55, 3 (44, 6 Winkelmann); IV 25, 3 (129, 8 Winkelmann), aber nicht bezogen auf Juden, sondern vielmehr auf die schändlichen Taten der Maxentius und Licinius sowie auf die Nilpriester.

[15] V.C. III 18, 2 (90, 21 Winkelmann).

[16] Siehe oben unter 5.5.2.

[17] V.C. III 18, 3 (90, 24 Winkelmann).

[18] V.C. I 16, 2 (24, 6 Winkelmann); IV 29, 4 (131, 20 Winkelmann); Is. II 14 (241, 32 Ziegler).

[19] Belege V.C. I 45, 3 (39,23 Winkelmann); 56, 1 (44, 18 Winkelmann); II 45, 2 (67, 1 Winkelmann); III 56, 3 (110, 15 Winkelmann) – bezogen auf die Donatisten, auf Licinius, auf die polytheistischen Heiden und auf den Asklepiuskult.

[20] V.C. III 18, 4 (91, 1f. Winkelmann).

[21] V.C. III 18, 4 (91, 9 Winkelmann).

[22] V.C. III 19, 1 (92, 12 Winkelmann).

selbst mit an Sicherheit grenzender Wahrscheinlichkeit ausgeschlossen werden kann und muß.[23] Es bleibt dann, will man nicht eine vor und abseits von Euseb in den Text eingreifende kirchlich-antijüdische Redaktion postulieren, die dann freilich für uns kaum klare Kontur gewänne, nur der Schluß, daß der Text des Briefes über die Osterterminfrage, so, wie er uns jetzt vorliegt, auf niemand anders als eben auf Kaiser Konstantin d. Gr. selber beziehungsweise auf die kaiserliche Kanzlei zurückgeht. Wir hätten dann auch ein weiteres Beispiel für die Treue Eusebs bei der Wiedergabe der ihm vorliegenden Quellen vor uns.

Der gegen die Behauptung der konstantinischen Verfasserschaft dieses Briefes bisweilen in der Literatur erhobene Einwand, daß derart anstößige Formulierungen wie die dem Schreiben über die Osterterminfrage entstammenden in einem offiziellen oder halboffiziellen Dokument grundsätzlich nicht denkbar seien,[24] ist hingegen nicht überzeugend; zeigt doch schon der Blick auf CTh 16, 8, 1, daß die Juden auch in einem Gesetzestext des Jahres 315[25] als »unheilvolle Gemeinschaft«[26] und als »ruchlose Gemeinschaft«[27], ihre Gottesdienste als *conciliabula*[28] (und später gar als *sacrilegi coetus*[29]) bezeichnet werden können. An der Authentizität dieses Gesetzestextes und seiner Abfassung durch Konstantin und seine Kanzlei sollte kein Zweifel bestehen. Zwar kann man einwenden, daß in den anderen erhaltenen Gesetzestexten Konstantins die Wortwahl im Blick auf die Juden im wesentlichen korrekt und neutral ist;[30] hier aber korrespondiert die scharfe Wortwahl ersichtlich mit der äußerst harten für die Gesetzesübertretung vorgesehenen Strafe und kann von daher gut erklärt werden: Juden, die zum Christentum konvertierte ehemalige Juden

---

[23] Es bestätigt sich so übrigens, von anderer Fragerichtung her, das Ergebnis der Arbeiten von R. Leeb, l.c. 166-176, der gezeigt hat, daß zwischen der Herrschertheologie Eusebs und der offiziellen Hoftheologie stärker unterschieden werden muß.

[24] Vgl. zum Beispiel G. Stemberger, l.c. 45f.

[25] Die Datierung ist äußerst umstritten, s.u. Anm. 54.

[26] CTh 16, 8, 1: feralis secta (887 Mommsen; 126 Linder/Die Übersetzung von R. Frohne, Iacobus Gothefredus, Codex Theodosianus 16,8,1-29. Über Juden, Himmelsverehrer und Samaritaner, EHS.G 453, Bern u.a. 1991, 15, lautet »Sekte« – aber das scheint problematisch [siehe hierzu die nächste Anm.]).

[27] CTh 16, 8, 1: nefaria secta (Mommsen ebd., Linder ebd.; Übersetzung von R. Frohne ebd.: »Sekte«/Der gesamte Text des Gesetze unten Anm. 55). Man müßte nachfragen, ob die Übersetzung von secta mit »Sekte« den Kern der Aussage wirklich trifft, das Wort kann häufig einfach neutral Gemeinschaft bedeuten, gerade auch in Gesetzestexten, vgl. etwa CTh 16, 8, 2 und 16, 8, 9 (s.u. Anm. 62 und Anm. 32); besonders deutlich CTh 16,9,1, wo die Formulierung *Christianum mancipium vel cuiuslibet alterius sectae mercatus* fällt, zitiert unten Anm. 65.

[28] CTh 16, 8, 1 (R. Frohne ebd. übersetzt conciliabula meines Erachtens richtig neutral mit »Versammlungen«).

[29] CTh 16, 8, 7 (zitiert unten Anm. 71).

[30] So zum Beispiel G. Stemberger, l.c. 46.

angreifen oder belästigen, sollen nach der Bestimmung des Gesetzes verbrannt werden.[31] Nach dem Befund in CTh 16, 8, 1, und dies ist für die Beurteilung der konstantinischen Verfasserschaft des Osterfestbriefes von Bedeutung, ist also auch für die konstantinische Zeit keinesfalls auszuschließen, daß auch in offiziellen Dokumenten diskreditierende Formulierungen hinsichtlich der Juden eben vorkommen *konnten*;[32] dies gilt selbst dann, wenn man in dem einschlägigen Satz aus Codex Theodosianus 16, 8, 1 die Möglichkeit einer (eben dann einer wesentlich späteren Zeit zuzurechnenden) Redaktion mit veranschlagen will. Im Ganzen ist davon auszugehen, daß die antijüdischen Ausfälle in V.C. III 18f. sowohl in der Intention als auch in ihrer Form niemand anderem als dem Kaiser selber oder seiner Kanzlei zuzuschreiben sind. Sie passen übrigens vom Stil her auch recht gut zu den bekannten Ausfällen Konstantins gegen die (christlichen) Häretiker, etwa im Zusammenhang des arianischen Streites: so findet sich beispielsweise das Wort μανία und Derivate in den Konstantindokumenten signifikant häufig,[33] und auch für den Wortstamm πατροκτονία haben wir immerhin einen sicheren Beleg:[34] das Schimpfwort wird im Konstantinbrief an Arius und seine Genossen als Anrede für Arius gebraucht, der ja bekanntlich auf Grund seiner strengen Betonung des Monotheismus mit dem Vorwurf, jüdisch zu lehren, auch sonst mehr als einmal in Verbindung gebracht wurde.

Diese hier vertretene These sollte wiederum nicht dazu verleiten, in Konstantin d.Gr. nun gleich einen fanatischen Judenhasser zu sehen. Zunächst ist an seiner Judengesetzgebung klar zu erkennen, daß er, wie übrigens viele seiner nichtchristlichen Vorgänger und christlichen Nachfolger, zwischen seiner eigenen Antipathie gegenüber den Juden und ihrer Behandlung in der Gesetzgebung durchaus einen Trennungsstrich zu ziehen wußte.[35] Sein religiöspolitischer Grundsatz:

---

[31] Eine vergleichbare Korrespondenz zwischen Schärfe der Formulierung und Härte der für eine Gesetzesübertretung vorgesehenen Strafe findet sich beim Haruspizienverbot CTh 9, 16, 1, einer Art von gesetzgeberischer Hochverratsprophylaxe.

[32] In der späteren Zeit sollten dann gerade in den die Juden betreffenden Gesetzen derlei abschätzige Formulierungen leider geradezu gängig werden (vgl. S. Grayzel, JQR 59 [1968/9] 94), zum Beispiel CTh 16, 8, 19 (i.J. 409) ist von dem *taetrum Iudaeorum nomen* die Rede und von der *incredulitas Iudaica*. Die Berührung mit derselben ist *cum gravius morte*. Auch hier muß man sich übrigens vor allzu vereinfachenden Interpretationen unbedingt hüten: So ist *secta Iudaeorum* (CTh 16, 8, 9) keineswegs abwertend zu verstehen, das Wort heißt schlicht und einfach »Religionsgemeinschaft« (so richtig G. Stemberger, l.c. 127).

[33] So etwa Ath., Decr. 40, 18 (40, 16 Opitz). 20 (40, 21 Opitz). 35 (42, 5 Opitz). 42 (42, 42 Opitz); Eus., V.C. II 66 (74, 13 Winkelmann).

[34] Ath., Decr. 40, 33.

[35] Siehe zur Judengesetzgebung unter Konstantin unten unter 6.2. – In dieser Koinzidenz von persönlicher Geringschätzung und relativer legislativer Toleranz gegenüber den Juden sieht R. Klein, Eos 82 (1994) 99f. meines Erachtens zu Recht eine Parallele zwischen Konstantin und Theodosius.

Es darf aber niemand mit dem, was er selbst aus Überzeugung angenommen hat, einem anderen schaden. Was der eine gesehen und erkannt hat, damit soll er dem Nächsten, wenn es sein kann, nützen, andernfalls unterlasse er es. Denn den Kampf für die Unsterblichkeit kann ein jeder nur freiwillig übernehmen; hier läßt sich nichts durch Strafen erzwingen.[36]

scheint hierbei das handlungsleitende Kriterium gewesen zu sein. G. STEMBERGER hat unlängst im Anschluß an R.L. WILKEN noch einmal deutlich darauf hingewiesen, daß die die Juden betreffende Gesetzgebung unter Konstantin nicht für eine grundsätzliche Unterdrückung der Juden im christlich gewordenen römischen Reich spricht;[37] die beim Kaiser nachweisbaren verbalen Ausfälle gegen das Judentum sollten, so unangenehm sie heute anmuten, jedenfalls nicht zu einer pauschal negativen Beurteilung der Haltung Konstantins gegenüber den Juden führen; im Vergleich zu Euseb hingegen ist Konstantins Einstellung zu den Juden, jedenfalls wenn man die Wortwahl im Osterfestbrief ernst nimmt, deutlich abschätziger als die des Bischofs von Caesarea.

Es bleibt noch der Blick auf den V.C. IV 27, 1 von Euseb *referierten, paraphrasierten* (also nicht: zitierten) Gesetzestext. Demnach dürfen Juden seit Konstantin keine christlichen Sklaven besitzen. Das Problem bei diesem Text ist, daß ein solches die Juden betreffendes Sklavengesetz bei Konstantin sonst nicht nachweisbar ist; CTh 16, 9, 1 legte im Jahre 336 ja lediglich fest, daß Juden ihre nichtjüdischen Sklaven nicht beschneiden dürfen, von einem grundsätzlichen Verbot des Besitzes christlicher Sklaven durch Juden ist nicht die Rede.[38] Sollte Euseb hier einfach ein Irrtum unterlaufen sein?[39] Oder sollte er sich hier nicht vielmehr einer sehr bewußten inhaltlichen »Verschärfung« der ihm natürlich bekannten konstantinischen Gesetzgebung schuldig gemacht haben, möglicherweise im Sinne einer konkreten »Zielvorgabe« für die Nachfolger auf dem Kaiserthron, die Söhne Konstantins, die bei der Frage

---

[36] V.C. II 60, 1: πλὴν ἕκαστος ὅπερ πείσας ἑαυτὸν ἀναδέκται, τούτῳ τὸν ἕτερον μὴ καταβλαπτέτω· ὅπερ θάτερος εἶδέν τε καὶ ἐνενόησεν, τούτῳ τὸν πλησίον εἰ μὲν γενέσθαι δυνατὸν ὠφελείτω, εἰ δ᾽ ἀδύνατον παραπεμπέσθω. ἄλλο γάρ ἐστι τὸν ὑπὲρ ἀθανασίας ἆθλον ἑκουσίως ἐπαναιρεῖσθαι, ἄλλο τὸ μετὰ τιμωρίας ἐπαναγκάζειν. (72, 7-10 Winkelmann). – Der Kontext zeigt, daß man ἄλλο ...ἄλλο hier nicht einfach neutral mit »eines ... ein anderes« übersetzen darf; vgl. H. Dörries, Konstantinische Wende und Glaubensfreiheit, in: ders., Wort und Stunde I, Göttingen 1966, 29.

[37] G. Stemberger, l.c. 46-48; R.L. Wilken, John Chrysostom and the Jews. Rhetoric and Reality in Late 4th Century, Berkeley 1983, 52; zu den die Gesetzgebung betreffenden Fragen siehe unten unter 6.2.

[38] Dies ist nominell erst CTh 16, 9, 2 (339, wohl unter Konstantius II.) der Fall und scheint auch dann nicht gerade gängige Praxis geworden zu sein. Siehe hierzu unten unter 6.2.

[39] So etwa H. Langenfeld, Christianisierungspolitik, 118-120. Von einer »christlichen Erfindung« spricht K.D. Reichardt, Kairos 20 (1978) 22.

nach Adressatenkreis und Intention von De vita Constantini natürlich immer und zuallererst mit bedacht werden müssen?[40]

Meines Erachtens ist letzteres in der Tat die einfachste und gleichzeitig die überzeugendste Lösung des Problems. Sie entspricht der in dieser Arbeit schon verschiedentlich beobachteten Vorgehensweise des Eusebius im Umgang mit seinen Quellen, einerseits bei Zitaten außerordentlich korrekt und textgetreu vorzugehen, andererseits aber bei einleitenden Kommentierungen seiner Zitate und bei freieren Referaten und Paraphrasen zum Teil massiv die Tendenzen seiner eigenen Intention und Interpretation einzutragen. Das Motiv der Eusebschen »Interpretation« des Konstantingesetzes des Jahres 336 dürfte einfach in der Absicht zu suchen sein, christliche Sklaven vor der Gefahr einer Zwangsbeschneidung durch jüdische Besitzer dadurch wirksam zu schützen, daß man die einer solchen Maßnahme zugrundeliegenden Rechtsverhältnisse gar nicht erst zuließ. Denn daß das von Konstantin CTh 16, 9, 1 im Jahre 336 erlassene Verbot der Beschneidung nichtjüdischer Sklaven so kaum eingehalten wurde, zeigt die Notwendigkeit seiner Neuformulierung (bei drastischer Verschärfung der für die Übertretung vorgesehenen Strafe) in späterer Zeit[41] nur allzu deutlich an. Daß Eusebs Bemühungen schon bald die erwünschte Wirkung auf Konstantius II. erzielten, kann wiederum nicht zweifelhaft sein;[42] ebenso ist allerdings deutlich, daß dem von Euseb gewünschten und unter dem Sohn Konstantins erlassenen Gesetz ein praktischer Erfolg nicht beschieden war.[43]

Mit der hier vorgelegten Kommentierung des V.C. IV 27, 1 von Eusebius »referierten« Gesetzestextes erhebt sich aber nun gleichzeitig auch die grundsätzlichere und weitergehende Frage nach den Tendenzen der Judengesetzgebung im christlich gewordenen imperium Romanum.

6.2. Antijüdische Gesetzgebung im frühen christlichen imperium Romanum?

Zu der Problematik der Religionsgesetzgebung im frühen christlichen imperium Romanum, auch in besonderem Blick auf die Judengesetzgebung, liegen Untersuchungen auch neueren und neuesten Datums vor, so daß sich die Arbeit hier im wesentlichen auf die Ergebnisse der umfangreichen Studien von H. DÖRRIES,[44] K. D. REICHARDT,[45] G. STEMBERGER,[46] A. LINDER,[47] G. DE BONFILS[48] und K. L. NOETHLICHS[49] stützen kann.[50]

---

[40] V.C. I 1, 3; 9, 2.

[41] CTh 16, 9, 2.

[42] CTh 16, 9, 2.

[43] Das Thema des jüdischen Besitzes christlicher Sklaven beschäftigt die Gesetzgebung noch Generationen später: CTh 3, 1, 5.

[44] Konstantinische Wende und Glaubensfreiheit, in: ders., Wort und Stunde I, Göttingen 1966, 1-117.

Die abrupte Veränderung in der politischen Führung des imperium Romanum innerhalb von nur etwa zwei Jahren vom Christenverfolger in der diokletianischen Verfolgung (bis zum Toleranzedikt des Galerius 311) zur christlichen Reichsregierung (312/3 Einnahme Roms durch Konstantin; erst ab 324 Alleinherrschaft) wirft die Frage auf, inwieweit dieser Wechsel für die Juden zu konkreten Veränderungen führte und welcher Art diese waren. Als Quelle steht uns neben den bereits besprochenen Texten aus Eusebs »De vita Constantini« v.a. der Codex Theodosianus zur Verfügung,[51] eine mit Konstantin I. beginnende und bis auf Theodosius II. führende Sammlung von Reichsgesetzen. Wenn man dabei auch mit einigen Kürzungen und anderen Überlieferungsproblemen rechnen muß, so stellt die Sammlung doch, wie K.L. NOETHLICHS mit Recht formuliert hat, »eine singulär günstige Überlieferungslage dar«.[52]

Das Material für die die Juden betreffende Gesetzgebung unter Konstantin d.Gr.[53] ist leicht überschaubar. Es sind im einzelnen folgende Bestimmungen nachweisbar:

Wohl im Jahre 315[54] wird bei Strafe der Verbrennung angeordnet, daß Juden ehemalige Juden, die mittlerweile zum Christentum konvertiert sind, nicht mit Steinen angreifen oder auf irgendeine andere Art belästigen dürfen.[55]

---

[45] Die Judengesetzgebung im Codex Theodosianus, in: Kairos 20 (1978) 16-39.

[46] Wie Anm. 2.

[47] The Jews in Roman Imperial Legislation, Detroit/Jerusalem 1987.

[48] Gli schiavi degli ebrei nella legislazione del IV secolo. Storia di un divieto, Bari 1992.

[49] Die gesetzgeberischen Maßnahmen der christlichen Kaiser des vierten Jahrhunderts gegen Häretiker, Heiden und Juden, Diss. Köln 1971; Das Judentum und der römische Staat. Minderheitenpolitik im antiken Rom, Darmstadt 1996.

[50] Weitere Literatur: S. Grayzel, The Jews and the Roman Law, JQR 59 (1968/9) 93-117; A.M. Rabello, The Legal Condition of the Jews in the Roman Empire, in: ANRW II 13 (1980) 662-762; B.S. Bacharach, The Jewish Comunity of the Later Roman Empire as Seen in the Codex Theodosianus, in: To See Ourselves as Others See Us: Christians, Jews, »Others« in Late Antiquity, ed. J. Neusner/E.S. Frerichs, SPSHS, Chico/Cal. 1985, 399-421.

[51] Codex Theodosianus, Theodosiani libri XVI cum Constitutionibus Sirmondianis, ed. P. Krüger/Th. Mommsen, Berlin ²1954. – J. Gothofredus, Codex Theodosianus 16, 8, 1-29, Über Juden, Himmelsverehrer und Samaritaner, übersetzt von R. Frohne, EHS.G 453, Bern u.a. 1991.

[52] K.L. Noethlichs, Das Judentum, 101.

[53] CTh 16, 8, 1-5.

[54] Die Datierung folgt K.L. Noethlichs, Maßnahmen, 33 Anm. 207, ebenso K.D. Reichardt, Kairos 20 (1978) 20; eine wesentlich spätere Datierung auf das Jahr 329 vertritt A. Linder, Jews, 127-129.

[55] CTh 16,8,1: Iudaeis et maioribus eorum et patriarchis volumus intimari, quod, si quis post hanc legem aliquem, qui eorum feralem fugerit sectam et ad dei cultum respexerit, saxis aut alio furoris genere, quod nunc fieri cognovimus, ausus fuerit adtemptare, mox flammis dedendus est et cum omnibus suis participibus concremandus. Si quis vero ex

Übertritte zum Judentum werden mit (einer nicht näher spezifizierten)[56] Strafe belegt,[57] wobei alle Beteiligten, also sowohl die Konvertiten als auch die missionarisch erfolgreichen Juden bestraft werden sollen.[58] Das Gesetz will primär aus christlich-jüdischen Religionsstreitigkeiten entstehenden Aufruhr unterbinden[59] – wohl aus aktuellem Anlaß.[60]

Im Jahre 321 wird die Befreiung der Juden von der städtischen Kurie aufgehoben; als eine Art Ersatz für das bisherige Privileg wird aber festgelegt, daß »zwei oder drei« von ihnen von allen Ernennungen weiterhin dauerhaft befreit sein sollen.[61]

Im Jahre 330 wird festgelegt, daß den bisher noch nicht kuriatspflichtigen jüdischen Geistlichen, die an Patriarchat und Älteste gebunden sind, Befreiung von kurialen Aufgaben zugesagt ist. Jüdische Geistliche, die noch nicht Dekurionen sind, sind ab jetzt dauerhaft vom Dekurionat befreit. Bereits kuriatspflichtige Geistliche werden wenigstens von den *prosecutiones* befreit, um in ihren Gemeinden nicht zu lange zu fehlen.[62]

---

populo ad eorum nefariam sectam accesserit et conciliabulis eorum se adplicaverit, cum ipsis poenas meritas sustinebit. (887 Mommsen, 126 Linder): »Die Juden, auch ihre Älteren und Patriarchen, wollen Wir wissen lassen, daß, wenn jemand nach (dem Inkrafttreten) dieses Gesetzes irgendeinen (Juden), der sich von ihrer unheilvollen Gemeinschaft distanziert hat und zur Verehrung Gottes übergetreten, (also Christ geworden) ist, mit Steinen oder einer anderen Form von Wutausbruch, wie es Unseres Wissens zur Zeit vorkommt, anzugreifen wagt, dieser unverzüglich dem Flammentod zu überantworten und mit allen seinen Helfern zu verbrennen ist. Wenn jedoch jemand aus dem Volk ihrer ruchlosen Gemeinschaft beitritt und an ihren Versammlungen teilnimmt, so wird er sich mit ihnen den verdienten Strafen unterziehen.« (15 Frohne/ich übersetze abweichend von R. Frohne lediglich »secta« mit »Gemeinschaft« statt mit »Sekte«, hierzu oben Anm 27).

[56]   *poenas meritas.*

[57]   K.L. Noethlichs, Maßnahmen, 33, schließt aus dem Plural *poenas meritas*, daß hier nicht die Todesstrafe gemeint sein könne.

[58]   *cum ipsis.*

[59]   *furoris genere.*

[60]   *quod nunc fieri cognovimus.*

[61]   CTh 16, 8, 3: Cunctis ordinibus generali lege concedimus Iudaeos vocari ad curiam. Verum ut aliquid ipsis ad solacium pristinae observationis relinquatur, binos vel ternos privilegio perpeti patimur nullis nominationibus occupari. (887 Mommsen; 121 Linder): »Allen Gemeinderäten gestatten Wir in einem allgemeinen Gesetz, Juden zum Gemeinderat zu berufen. Damit ihnen jedoch etwas als Trost (und als Entschädigung für die Aufhebung) des bisherigen Brauches, (nämlich die diesbezügliche Immunität), belassen wird, dulden Wir es, daß je zwei oder drei (Mitglieder der Gemeinde) weiterhin das Vorrecht genießen, von allen Ernennungen (und Berufungen in den Gemeinderat) befreit zu bleiben.« (15 Frohne).

[62]   CTh 16, 8, 2: Qui devotione tota synagogis Iudaeorum patriarchis vel presbyteris se dederunt et in memorata secta degentes legi ipsi praesident, immunes ab omnibus tam personalibus quam civilibus muneribus perseverent, ita ut illi, qui iam forsitan decuriones sunt, nequaquam ad persecutiones aliquas destinentur, cum oporteat istiusmodi homines

Im Jahre 331 werden alle jüdischen Geistlichen, die an der Synagoge Dienst tun, von den *munera corporalia* befreit.[63]

Im Jahr 336 wird bekräftigt, daß zum Christentum konvertierte Juden von ihren ehemaligen Glaubensgenossen nicht verfolgt werden dürfen.[64] Außerdem wird (in Aufnahme einer mindestens bis ins dritte Jahrhundert zurückreichenden Tradition) bestimmt, daß Juden ihre Sklaven nicht beschneiden dürfen.[65]

Für die Zeit unter den Söhnen Konstantins bis zum Ende der Alleinherrschaft Konstantius II. sind folgende Bestimmungen nachweisbar:

a locis in quibus sunt nulla conpelli ratione discedere. Hi autem, qui minime curiales sunt, perpetua decurionatus immunitate potiantur. (887 Mommsen; 134 Linder): »Wer sich mit ganzer Hingabe den Synagogen der Juden – als deren Patriarchen oder Priester – widmet und, sein Leben in der genannten Gemeinschaft verbringend, (die Einhaltung des Jüdischen) Gesetzes selbst beaufsichtigt, soll weiterhin zu keinen personellen und öffentlichen (Zwangs)leistungen heangezogen werden, dergestalt, daß jene, die vielleicht schon Ratsherren sind, auf keine Weise (zum Beispiel auch noch dazu) verpflichtet werden, als Geleitpersonen (etwa bei Ferntransporten) zu dienen, (mit der Begründung), es sei nötig, daß Menschen dieser Art mit keinem Mittel dazu veranlaßt werden, ihre derzeitige Position, (und damit auch ihren derzeitigen Wohnsitz), aufzugeben. Jene jedoch, die (dem genannten Personenkreis angehören und) noch keine Gemeinderäte sind, sollen für immer eine Freistellung von den Verpflichtungen im Gemeinderat erhalten.« (16 Frohne/ich übersetze abermals *secta* mit »Gemeinschaft«).

[63] CTh 16, 8, 4: Hieros et archisynagogos et patres synagogum et ceteros qui synagogis deserviunt, ab omni corporali munere liberos esse praecipimus (887 Mommsen; 135 Linder): »Wir verordnen, daß Priester, Synagogen-Vorsteher und Synagogen-Väter sowie die übrigen, die ganz im Dienst der Synagoge stehen, von einer jeglichen mit persönlichem Einsatz zu erbringenden (Zwangs)leistung frei sein sollen.« (16 Frohne). – Eine Bestimmung übrigens, die noch unter Valens und Valentinian I. bestätigt (CTh 16, 8, 13) und erst im Jahre 383 unter Gratian wieder aufgehoben wird: CTh 12, 1, 99 – hiernach müssen nun jüdische Kleriker analog zu den christlichen Geistlichen (sic!) zunächst alle staatlichen Verpflichtungen vollständig erfüllt haben, ehe sie in den »geistlichen Stand« eintreten.

[64] CTh 16, 8, 5: Post alia: Eum, qui ex Iudaeo Christianus factus est, inquietare Iudaeos non liceat vel aliqua pulsare iniuria, pro qualitate commissi istiusmodi contumelia punienda. Et cetera. (888 Mommsen; 141 Linder): »Nach anderen Dingen. Denjenigen, der vom Judentum zum Christentum übergetreten ist, dürfen Juden nicht behelligen oder mit irgendeinem Unrecht schlagen, (um sich an ihm zu rächen). Dem Vergehen entsprechend ist solch eine empörende Tat zu bestrafen. Und so weiter.« (17 Frohne).

[65] CTh 16, 9, 1: Si quis Iudaeorum Christianum mancipium vel cuiuslibet alterius sectae mercatus circumciderit, minime in servitute retineat circumcisum, sed libertatis privilegiis, qui hoc sustinuerit, potiatur. Et cetera. (895f. Mommsen; 141 Linder): »Wenn ein Jude einen christlichen Sklaven oder einen aus einer anderen Gemeinschaft gekauft und dann beschnitten hat, so darf er den Beschnittenen nicht im Sklavenstande behalten; vielmehr soll der Betreffende, der solches erdulden mußte, die Vorrechte der Freiheit erlangen. Und so weiter.« (17 Frohne). – Zum traditionellen Charakter dieser Bestimmung siehe unten die Anm. 67.

Im Jahre 339 wird festgelegt, daß Eheschließungen eines jüdischen Mannnes mit einer christlichen Frau bei Todesstrafe verboten sei.[66] Juden dürfen ferner keine nichtjüdischen Sklaven mehr kaufen, andernfalls fallen diese (entschädigungslos) an den Staat.[67]. Die Beschneidung nichtjüdischer Sklaven durch Juden wird nun mit der Todesstrafe geahndet.[68] Bei Kauf eines christlichen Sklaven verliert der jüdische Käufer auch alle seine anderen Sklaven entschädigungslos.[69]

Wohl im Jahre 353[70] wird unter Konstantius II. für Christen, die zum Judentum konvertieren, der Vermögensverlust als Strafe festgelegt.[71]

---

[66] CTh 16, 8, 6 (wahrscheinlich ist das Gesetz Konstantin II. zuzuordnen, vgl. A. Linder, Jews, 145. Konkreter Auslöser müssen Heiraten von Juden und christlichen Frauen aus einer staatlichen Weberei [*gynaeceum*] gewesen sein): Post alia. Quod ad mulieres pertinet, quas Iudaei in turpitudinis suae duxere consortium in gynaeceo nostro ante versatas, placet easdem restitui gynaeceo idque in reliquum observari, ne Christianas mulieres suis iungant flagitiis vel, si hoc fecerint, capitali periculo subiugentur. (888 Mommsen, 148 Linder):»Nach anderen Dingen. Was jene Frauen angeht, die von Juden, (wohl im Rahmen einer Abwerbung von Fachkräften) in die Gemeinschaft ihrer Unsittlichkeit aufgenommen wurden, (Frauen), die zuvor in Unserer (Kaiserlichen) Textilfabrik tätig waren, so bestimmen Wir, daß sie in Unsere Fabrik zurückgeführt werden, und daß in Zukunft darauf geachtet wird, daß (Juden) christliche Frauen nicht mehr für ihre gemeinen Handlungen gewinnen, oder, sofern sie das doch tun, der Todesstrafe unterworfen werden.« (19 Frohne). – Der Begriff *consortium* weist wahrscheinlich auf Heirat, vgl. K.L. Noethlichs, Judentum, 103, sowie Linder, Jews, 150 no. 9. – Eine Verschärfung dieser Regelung ergibt sich im Jahre 384 unter Theodosius I. (CTh 9, 7, 5): Eheschließungen zwischen Christen und Juden werden nun prinzipiell als *adulterium* mit dem Tode bestraft, wobei beiden Seiten ein Anklagerecht zusteht.

[67] CTh 16, 9, 2 (wahrscheinlich Konstantin II. zuzuordnen): Si aliquis Iudaeorum mancipium sectae alterius seu nationis crediderit conparandum, mancipium fisco protinus vindicetur: si vero emptum circumciderit, non solum mancipii damno multetur, verum etiam capitali sententia puniatur. Quod si venerandae fidei conscia mancipia Iudaeus mercari non dubitet, omnia, quae aput eum repperiuntur, protinus auferantur nec interponatur quicquam morae, quin eorum hominum qui Christiani sunt possessione careat. Et cetera. (896 Mommsen, 147 Linder):»Wenn einer der Juden glaubt, daß er einen Sklaven einer anderen Gemeinschaft oder Nation kaufen solle, wird der Sklave unverzüglich vom Fiskus angeeignet; wenn er (sc.: der Jude) aber den gekauften Sklaven beschneidet, dann soll er nicht nur den Verlust des Sklaven erleiden, sondern soll allerdings mit der Todesstrafe bestraft werden. Aber wenn ein Jude nicht zögert, Sklaven zu kaufen, die in dem ehrwürdigen (christlichen) Glauben verbunden sind, sollen alle (Sklaven), die bei ihm gefunden werden sogleich weggenommen werden, und er soll des Besitzes derjenigen Männer, die Christen sind, benommen werden. Und so weiter.« – Diese Bestimmung wird 384 unter Theodosius noch einmal relativiert: Das Verbot selber wird zwar erneuert (was zeigt, daß die Maßnahme praktisch kaum umgesetzt wurde), der jüdische Besitzer eines nichtjüdischen Sklaven soll aber nunmehr eine Entschädigung (*competens pretium*) erhalten: CTh 3, 1, 5.

[68] *capitali sententia.*

[69] *omnia, qui aput eum repperiuntur.*

Wie sind nun diese Gesetze im Blick auf die Frage nach der Bedeutung der christlichen Regierung im imperium Romanum für die Juden und deren rechtliche Lage zu bewerten?

Die eingangs genannten Arbeiten haben in je unterschiedlicher Zuspitzung ihrer Fragestellung den ziemlich einheitlichen Befund zutage gefördert, daß sich die Judengesetzgebung im christlichen imperium Romanum zunächst ganz in der Tradition der vorchristlichen römischen Judengesetzgebung bewegt – neben der Bekämpfung des Proselytentums steht, eigentlich schon seit Hadrian, ein rechtlicher Schutz der Juden (*religio licital collegia licita*).[72] Dies wird seit Konstantin im Grunde fortgesetzt. Zudem muß gesehen werden, daß die politisch-gesetzgeberischen Maßnahmen seit Konstantin in der Regel unter der Prämisse der Krisenintervention im Einzelfall und damit eben auch unter regionalpolitischen Gesichtspunkten zu verstehen sind.

Das Verbot des *furor* gegen Konvertiten versteht sich aus dem Bedürfnis, jegliches Potential für mögliche politische Unruhen, die sich gerade aus der von Konstantin nun proklamierten Religionsfreiheit und ihren Folgen ergeben konnten und faktisch ergaben, von vornherein und mit aller Gewalt zu unterbinden. Dies erklärt auch die besonders harte Strafe der Verbrennung für den Fall der Zuwiderhandlung. Höchstwahrscheinlich hatte die Maßnahme einen konkreten Anhalt in gerade erst geschehenen Ereignissen in Nordafrika.[73] Zudem hatte der christliche Kaiser grundsätzlich natürlich allen Anlaß, gerade die zu »seiner« Religion konvertierten Bürger in besonderem Maße vor möglichen gewalttätigen Übergriffen von seiten der Juden zu schützen.

Ähnlich muß auch das Beschneidungsverbot bei nichtjüdischen Sklaven ganz in Kontinuität zu der auch vor 312/3 im Römischen Reich bestehenden Rechtslage gesehen werden.[74] Hier wie dort war man im imperium Romanum nach den Erfahrungen des ersten und zweiten Jahrhunderts schon unter dem

---

[70] So G. Stemberger, Juden und Christen, 238. Auch die Datierung 357 wird diskutiert; vgl. K.L. Noethlichs, Maßnahmen, 279 Anm. 436.

[71] CTh 16, 8, 7: Si quis lege venerabili constituta ex Christiano Iudaeus effectus sacrilegis coetibus adgregetur, com accusatio fuerit conprobata, facultates eius dominio iussimus vindicari. (888 Mommsen, 152 Linder): »Wenn jemand nach dem Inkrafttreten dieses ehrwürdigen Gesetzes von einem Christen zu einem Juden geworden ist und sich deren gottlosen Zusammenkünften anschließt, soll, sobald die Anklage überprüft wurde (und sich als berechtigt erwiesen hat), das Vermögen des Betreffenden entsprechend Unserem Befehl dem Eigentum der Staatskasse zugesprochen werden.« (20 Frohne).

[72] Für die hier nicht eigens zu behandelnde vorkonstantinische Zeit siehe die Arbeit von S.L. Guterman, Religious Toleration and Persecution in Ancient Rome, London 1951, bes. 144-149.

[73] Vgl. K.L. Noethlichs, Maßnahmen, 31.

[74] »Iudaei si alienae nationis comparatos servos circumciderint, aut deportantur aut capite puniuntur.« Paulus, sent. V 22, 4. Text mit engl. Übersetzung bei A. Linder, Jews, 118.

Gesichtspunkt der innenpolitischen Stabilität nicht darauf erpicht, die »Entstehung« von Proselyten untätig zuzulassen.[75]

Das Mischehenverbot wiederum wäre meines Erachtens falsch verstanden, wollte man es ausschließlich unter dem Gesichtspunkt christlicher Abgrenzungsstrategien oder von Versuchen einer Isolierungspolitik gegenüber den Juden her sehen; die Mischehe war bekanntlich auch jüdischerseits nicht unproblematisch, wie die Tradition eigentlich seit Nehemia ganz deutlich zeigt.[76] Zudem muß man den Anlaß des Gesetzes CTh 16, 8, 6 beachten: die konkrete Zusammenhang war die »Abwerbung« von weiblichen Arbeitskräften aus einer kaiserlichen Weberei. Eine generelle und gezielte Separationspolitik sollte man hier nicht unterstellen.

Beim Verbot des jüdischen Erwerbs nichtjüdischer Sklaven unter Konstantius II. handelt es sich wohl um ein zum Schutze christlicher Sklaven (möglicherweise unter dem Einfluß des Eusebius von Caearea)[77] eingeführtes Gesetz, eine Art Versuch, das faktisch wohl kaum je befolgte Beschneidungsverbot an Nichtjuden nun wirksam durchzusetzen. Allerdings scheint auch die Maßnahme Konstantius II. in der Praxis nicht sonderlich erfolgreich gewesen zu sein; die Thematik sollte die Gesetzgebung jedenfalls noch bis weit ins nächste Jahrhundert hinein beschäftigen.[78]

Diese teilweise restriktiven Judengesetze aus der konstantinischen und nachkonstantinischen Ära, die allerdings natürlich auch unter dem Aspekt des Schutzes der Christen gesehen werden müssen, halten sich nun mit den die Juden bevorteilenden oder schützenden Bestimmungen wie etwa der der Freistellung der jüdischen Geistlichen von den Verpflichtungen der Kurie ungefähr die Waage.

Dabei muß beachtet werden, daß ein Gesetz wie CTh 16, 8, 2 einerseits ganz analog zu den die christlichen Kleriker betreffenden Regelungen gestaltet ist, andererseits de facto eine wichtige politische Stärkung der jüdischen Selbstverwaltung bedeutet,[79] insofern gerade die an Patriarchat und Älteste gebun-

---

[75] Für die Juden hatte die Beschneidung von Sklaven natürlich nicht nur »missionarische«, sondern auch praktische Gründe: Sie waren dann besser »verwendbar«. So durften zum Beispiel nur Beschnittene bestimmte Speisen und Getränke herrichten und reichen (vgl. hierzu B. Blumenkranz, Klio 39 [1961] 227-233, bes. 228). Umgekehrt durften jüdische Sklaven unter keinen Umständen an »Ungläubige«, Heiden oder Christen, verkauft werden: j AZ I 1,39b.

[76] Esr 9f.; Neh 13,23-30; hierauf hat jüngst K.L. Noethlichs, Judentum, 80, noch einmal nachdrücklich hingewiesen.

[77] S.o.S. 231f.

[78] Vgl. CTh 3, 1, 5 ([384] siehe oben Anm. 67) und CTh 16, 9, 4 aus dem Jahre 417: Ein Jude darf einen christlichen Sklaven weder kaufen noch als Geschenk annehmen. Ähnlich CTh 16, 9, 5 aus dem Jahre 423.

[79] Darauf hat G. Stemberger, Juden und Christen, 242, hingewiesen.

denen jüdischen Geistlichen unter Konstantin von den kurialen Verpflichtungen befreit werden.[80]

Eine mit der christlichen Reichsregierung einsetzende dezidiert antijüdische Gesetzgebung im imperium Romanum ist somit nicht zu diagnostizieren.[81] Der Status des Judentums als *religio licita* bleibt prinzipiell erhalten. Erst in theodosianischer Zeit setzen, allerdings bei gleichzeitiger Fortführung einer grundsätzlichen relativen Toleranz,[82] eine Anzahl repressiver Maßnahmen ein, die in konstantinischer Zeit so nicht feststellbar sind.[83] Doch auch hier wechseln Verbote und Restriktionen auf der einen Seite mit regelrechten Sicherheitsgarantien für Juden auf der anderen. Von einem Angriff des christlich regierten römischen Staates gegen das Judentum kann also auch hier keinesfalls die Rede sein:[84] explizite Schutzbestimmungen für Synagogen zeigen vielmehr, daß der Staat gegen den gelegentlich auf Synagogen übergreifenden christlichen Pöbel auf Seiten der Rechtsordnung steht.[85]

Einen ernsten Krisenpunkt für die Juden im Römischen Reich stellt somit eigentlich erst das Jahr 423 dar, in dem die staatlichen Schutzbestimmungen für Synagogen aufgeweicht werden und der Neubau von Synagogen verboten wird.[86] Nun wird den Juden auch die (kostspielige und lastenreiche) »Ehre«

---

[80] Deshalb vermag ich das Votum von S. Grayzel, JQR 59 (1968/9) 95 (ähnlich schon J.E. Seaver, Persecution of the Jews in the Roman Empire 300-425, Univ. of Kansas 1952), nicht zu teilen, nach welchem unter Konstantins Einführung des Christentums als dominierender Religion bewußte Anstrengungen einhergegangen seien, die relative Autonomie des Judentums zu beeinträchtigen: Das Gegenteil ist im Blick auf CTh 16, 8, 2 der Fall.

[81] Zum hier im Blick auf CTh erhobenen Befund kommt hinzu, daß in den (allerdings oft ohnehin nur schwer auf eine konkrete historische Situation zu beziehenden) rabbinischen Texten eine Klage über Zwangsmaßnahmen unter Konstantin und Konstantius II. nicht nachzuweisen ist, wie schon S. Lieberman gesehen hat (JQR 36 [1945f.] 349f.). M. Avi-Yonahs (Geschichte der Juden im Zeitalter des Talmud, Berlin 1962, 167) Verweis auf MidrPs 5,6 ist historisch kaum einer konkreten Situation zuzuordnen, wie G. Stemberger, l.c. 47f. gezeigt hat.

[82] CTh 16, 8, 8 bestätigt die Gültigkeit der Entscheidungen jüdischer Gerichte (natürlich auch hier angelehnt an die *audientia episcopalis* der Bischöfe), CTh 16, 8, 9 die grundsätzliche Versammlungsfreiheit für Juden.

[83] Prinzipielles Mischehenverbot: CTh 3, 7, 2; Verpflichtung von Juden (und Samaritanern) als *navicularii*, verbunden mit der Belastung jüdischer Vermögen: CTh 13, 5, 18. – Zur Judengesetzgebung Theodosius' siehe K.L. Noethlichs, Maßnahmen, 182-189; zur Religionspolitik Theodosius' R. Klein, Eos 82 (1994) 85-121, hierin zur Judenpolitik 97-98, zum »Fall Kallinikum« 115-117. Klein diagnostiziert bei Theodosius im Blick auf die Juden einen »Kompromiß zwischen persönlicher Verachtung ihrer Lehre und einer Tolerierung der Gemeinden aus politischen Gründen, wie dies auch bei seinen Vorgängern, mochten sie Heiden oder Christen gewesen sein, festzustellen war.« (L.c. 98).

[84] So G. Stemberger, l.c. 246.

[85] So schon 373: CTh 7, 8, 2.

[86] CTh 16, 8, 25 und 16, 8, 26.

der *munera* der Kurie neu eingeschärft.[87] Fünf Jahre zuvor hatten allzu oft von christlicher Seite unternommene Bestrebungen, Juden grundsätzlich aus dem Bereich des öffentlichen Dienstes fernzuhalten, erstmals Gesetzesform erreicht.[88] In diesen Zeitraum fällt auch der Prozeß der Auflösung des jüdischen Patriarchats zwischen 415 und 429.

Vergleicht man diese negativ zu beurteilende Rechtssituation der Juden um das Jahr 420 mit der konstantinischen und nachkonstantinischen Gesetzgebung, so fällt stärker der Bruch zwischen beiden ins Auge, weniger die Kontinuität. Dies sollte davor immerhin warnen, die Diskriminierungen und Rechtsbenachteiligungen der Juden im 5. (und 6.) Jahrhundert[89] allzu geradlinig mit dem Phänomen der »Konstantinischen Wende« beziehungsweise der konstantinischen und nachkonstantinischen Religionspolitik oder mit den die Juden betreffenden theologischen Optionen der Bischöfe um Konstantin, etwa des Eusebius von Caesrea, zu erklären. Die hinter der jeweiligen Bestimmung stehende gesetzgeberische Motivation, die hinter ihr stehenden Einflußnahmen, die Herkunft der sich in ihr ausprägenden politischen (und theologischen) Ideen müssen je *im einzelnen* geprüft werden, wenn ein genaueres Verständnis jener im Blick auf den weiteren geschichtlichen Verlauf so verhängnisvollen Entwicklung ermöglicht werden soll.

---

[87] Ebd.

[88] CTh 16, 8, 24. – Vgl. hierzu noch einmal G. Stemberger, Juden und Christen, 242f.

[89] Siehe hierzu S. Grayzel, JQR 59 (1968/9) 93-117.

7. Traditionsgeschichtlicher Rückblick

Abschließend sollen die erarbeiteten Aspekte zur Frage der Stellung Eusebs zu den Juden mit den Euseb vorliegenden, von ihm übernommenen und dabei auch weitergeführten christlichen apologetischen Traditionen zusammenfassend verglichen werden.[1] Hierbei lassen die besondere Wertschätzung, die Euseb als Enkelschüler in seinen Schriften dem großen Caesarener Schulhaupt Origenes erweist,[2] wie auch die lokalgeschichtliche Koinzidenz beider Theologen[3] eine gesonderte Behandlung der Origenesrezeption Eusebs angemessen erscheinen.

7.1. Euseb und die Juden vor dem Hintergrund der christlichen apologetischen Tradition

Die scharf antijüdischen Traditionen des Barnabasbriefes,[4] die bei anderen Autoren der Alten Kirche durchaus nachzuweisen sind,[5] spielen bei Eusebius eine geringe Rolle.[6] Allenfalls könnte man in der streng christologischen

---

[1] Zu den wichtigen jüdischen apologetischen Traditionen, auf denen Euseb fußt und die er wiederum selbständig verarbeitet, ist in den Exkursen über Euseb und Josephus wie über Euseb und Philo das Nötige gesagt worden.

[2] Man denke allein an das ganze Buch VI der Kirchengeschichte; vgl. R. van den Broek, Ter Herkenning 13 (1985) 80f. und C. Kannengießer, Eusebius of Caesarea, Origenist, in: Eusebius, Christianty, and Judaism, ed. H.W. Attridge/G. Hata, StPB 42, Leiden 1992, 435-466.

[3] Zu Caesarea am Meer zur Zeit des Origenes wie des Euseb s.o. in Kapitel 2 dieser Arbeit.

[4] Ed. K. Wengst, SUC, Darmstadt 1984 103-195 und die Ausgabe SC 172, ed. R.A. Kraft/ P. Prigent, Paris 1971; vgl. dazu die Arbeiten von J. Carleton Paget,The Epistle of Barnabas. Outlook and Background, WUNT 2/64, Tübingen 1994 und K. Wengst, Tradition und Theologie des Barnabasbriefes, Berlin 1971.

[5] H. Schreckenberg, Die christlichen Adversos-Iudaeos-Texte und ihr literarisches und historisches Umfeld (1.-11. Jhdt.), EHS.T 172, Frankfurt/M. u.a. ³1994, nennt Justin, Irenäus, Clemens Alexandrinus, Tertullian und Origenes. Ob Clemens Alexandrinus und v.a. Origenes in dieser Reihe zu Recht genannt sind, ist mit fraglich, zu letzterem s.u. unter 7.2.

[6] Eus., H.e. III 25, 4 zählt den Barnabasbrief ἐν τοῖς νόθοις: zu den unechten (Schriften) (252, 1 Schwartz).

Auslegung des AT eine Parallele zwischen beiden namhaft machen, wobei auch hier sogleich daran zu erinnern wäre, daß Euseb, anders als Barn, mit der Allegorese viel sparsamer umgeht und dem Alten Testament auch eine (relative) eigene Dignität zubilligen kann.[7] Die Auffassungen des Barn, daß der Bund Gottes mit Israel auf Grund der Unwürdigkeit der Juden gar nicht erst zustande gekommen sei,[8] daß das mosaische Gesetz zu keinem Zeitpunkt echte Gültigkeit hatte[9] und daß die Heiligen Schriften der Juden jenen eigentlich nie gehört hätten,[10] sind in der Theologie Eusebs undenkbar.

Im Blick auf die Apologie des Aristides war bereits auf die mögliche Verbindung zwischen dessen Unterteilung der Menschheitsgeschichte in vier Gruppen und der Eusebschen Konzeption von Hebräern – Heiden – Juden – Christen aufmerksam gemacht worden.[11] Ferner ist zu beachten, daß Aristides (auch wenn er das Bestrafungsmotiv gleichfalls bedenkenlos auf die Juden anwendet) insgesamt eine hohe Meinung von den Juden hat, was er vor allem mit deren Monotheismus und sittlichem Lebenswandel begründet[12] – eine offensichtliche Parallele zu einschlägigen Aussagen im apologetischen Doppelwerk.[13] Die Distanz zur jüdischen Kultpraxis ist bei Aristides klar zu spüren: Die Juden sind aus seiner Sicht mit ihrem Festhalten am Gesetz vom Weg der echten Gottesverehrung abgeirrt – ein Motiv, das sich in praktisch allen christlichen Texten, die sich mit den Juden auseinandersetzen, findet.

Ergiebiger ist die Frage nach dem Verhältnis Eusebs zu dem von ihm ja hoch geschätzten Justin[14] und dessen Stellung zu den Juden. Immerhin handelt es sich bei Justins Dialog mit dem Juden Tryphon[15] um die älteste

---

[7] S.o.S. 191.

[8] Barn 14, 1.

[9] Barn 4, 6b-8.

[10] Barn 9, 4.

[11] S.o. S. 129f.

[12] Arist., Apol. XIV (zitiert oben S. 129 Anm. 416).

[13] D.e. IV 1, 2; P.e. VII 7, 3; IX 10, 6.

[14] H.e. IV 18, 1: »Justin hat uns sehr viele und höchst nützliche Denkmäler seines gebildeten, auf die Religion gerichteten Geistes hinterlassen«: Πλεῖστα δὲ οὗτος καταλέλοιπεν ἡμῖν πεπαιδευμένης διανοίας καὶ περὶ τὰ θεῖα ἐσπουδακυίας ὑπομνήματα, πάσης ὠφελείας ἔμπλεα (364, 3f. Schwartz). H.e. IV 18, 10: »Soviel muß notwendigerweise gesagt werden, um die Lernbegierigen dazu zu bringen, sich eifrig mit seinen (sc.: Justins) Schriften zu befassen«: καὶ ταῦτα δὲ ἀναγκαίως εἰρήσθω εἰς προτροπὴν τοῦ μετὰ σπουδῆς τοὺς φιλομαθεῖς καὶ τοὺς τούτου περιέπειν λόγους. (368, 1 Schwartz). – Zum Thema Justin und die Juden zuletzt M. Mach, Justin Martyr's Dialogus cum Tryphone Iudaeo and the Development of Christian Anti-Judaism, in: Contra Iudaeos. Ancient and Medieval Polemics between Christians and Jews, ed. O. Limor/G.G. Stroumsa, TSMJ 10, Tübingen 1996, 27-47. Siehe auch R. Wilde, The Treatment of the Jews in the Greek Christian Writers of the First Three Centuries, PatSt 81, Cleveland 1984, 98-130.

[15] Ed. M. Marcovich, PTS 47, Berlin New York 1997. Die Apologien sind ebenfalls von

erhaltene christliche Schrift, die sich fast ausschließlich der christlich-jüdischen Kontroverse widmet. Für beide, Justin wie Euseb, ist die Betonung der Gemeinsamkeit von Christen und Juden im Monotheismus selbstverständlich: der Gott der Juden ist kein anderer als der der Christen.[16] Der entscheidende Dissens liegt für Justin wie für Euseb in der Frage der Menschwerdung Gottes beziehungsweise der Messianität Jesu[17] und der damit verbundenen Anerkennung der Teilhabe *aller* Menschen am göttlichen Heil. Hier versuchen beide, ihren christlichen Standpunkt gegen dem jüdischen durch eine immense Anhäufung von Testimonien aus der Schrift als den richtigen zu beweisen. Deshalb ist die offensichtlichste Parallele zwischen Justins Texten und Eusebs Demonstratio evangelica die Tatsache, daß beide Autoren ihre Schriften im wesentlichen als Bibelzitatensammlung anordnen. Die Exegese der alttestamentlichen Bücher soll den »Beweis« für die Richtigkeit des Christentums und für den Irrtum des Judentums tragen. Schlicht auf den Zeitfaktor zurückzuführen ist dabei die gut zu beobachtende Tatsache, daß die streng christologische Exegese des Alten Testament bei Euseb schon mit viel größerer Selbstverständlichkeit etabliert ist als bei Justin.[18]

Betrachtet man das von beiden Autoren in der Auseinandersetzung mit den Juden eingesetzte Argumentationsmaterial im einzelnen, so fallen folgende Gemeinsamkeiten auf: Bei Justin wie bei Eusebius finden sich Verhältnisbestimmungen von Christentum und Judentum, die an ein Substitutionsmodell denken lassen[19] neben solchen, die eine *Ausdehnung* des Heilsbereiches

---

M. Marcovich neu ediert, PTS 38, Berlin New York 1994. Eine ältere Edition des Dialogs: E.J. Goodspeed, Die ältesten Apologeten, Göttingen 1984 (ND der Ausgabe Göttingen 1914), 90-265.

[16] Justin, Dial. 11, 1: »Wir halten dafür, daß unser Gott kein anderer ist als der eure« ... : οὐδὲ ἄλλον μὲν ἡμῶν, ἄλλον δὲ ὑμῶν ἡγούμεθα θεόν, ... (87, 3 Marcovich). – Zu Euseb siehe oben S. 79f. 160f. – So erklärt es sich auch, daß für die Beziehungen zwischen Christen und Juden hin und wieder Termini Gebrauch finden, die Verwandtschaftsverhältnisse anzeigen: Bei Justin sind die Juden »Brüder« der Christen (Dial. 96, 2), bei Euseb die Synagoge »Mutter« der Kirche (D.e. IX 17, 12).

[17] Justin, Dial. 68, 1: »Und Tryphon sagte: Du unternimmst es, eine fast unglaubliche und unmögliche Sache zu beweisen, daß Gott geboren werden und Mensch werden wollte, ... : Καὶ ὁ Τρύφων· Ἄπιστον γὰρ καὶ ἀδύνατον σχεδὸν πρᾶγμα ἐπιχειρεῖς ἀποδεικνύναι, ὅτι θεὸς ὑπέμεινε γεννηθῆναι καὶ ἄνθρωπος γενέσθαι. (187, 1f. Marcovich). Zu Euseb siehe D.e. IV 1, 2.

[18] So auch C. Markschies, Der Mensch Jesus Christus im Angesicht Gottes. Zwei Modelle des Verständnisses von Jesaja 52,13-53,12 in der patristischen Literatur und deren Entwicklung, in: Der leidende Gottesknecht. Jesaja 53 und seine Wirkungsgeschichte, hg. B. Janowski und P. Stuhlmacher, FAT 14, Tübingen 1996, 242, am Beispiel der Justinschen und Eusebschen Exegese von Jes 53, 8.

[19] Justin, Dial. 24, 2: »Alle, die wollen, beschneidet Jesus Christus mit steinernen Messern, wie einst verkündet worden ist, damit ein gerechtes Geschlecht der Wahrheit folgt und Frieden hält, ein Volk, das den Glauben bewahrt«: Ἰησοῦς Χριστὸς πάντας τοὺς βουλομένους περιτέμνει, ὥσπερ ἄνωθεν ἐκηρύσσετο, πετρίναις μαχαίραις,

vom Judentum auf alle Völker ins Auge fassen;[20] für beide ist dabei die
Zustimmung der Juden zum in Christus gekommenen Heil, die Anerkennung
der Messianität Jesu die *conditio sine qua non* für den (Wieder)eintritt der
Juden in diesen eigentlich von ihnen ausgegangenen Heilsbereich.[21] Damit ist
aber auch klar, daß beide nicht von einer prinzipiellen und endgültigen Verwerfung Israels ausgehen, sondern die eschatologische Hoffnung auf Bekehrung Israels bleibt.[22]

Beide bedienen sich des jüdisch-christlichen Altersbeweises, aber während
Justin das höhere Alter des Mose gegenüber den Griechen lediglich behauptet,
beweist Euseb es in langen Argumentationsgängen und bietet zudem eine
dezidiert christliche Überformung, indem er die Hebräer als »Protochristen«
darstellt.[23]

Das Motiv des Mordes an Christus und den Propheten wie auch das
Bestrafungsmotiv finden sich bei Justin wie bei Euseb,[24] bei beiden wird es
bedenkenlos auf die Juden angewendet. Bei Justin spielt es, auf das Textganze
des Dialogs gesehen, eine geringere Rolle als bei Euseb in Demonstratio
evangelica und Kirchengeschichte; aber bei Eusebius wiederum wird es erkennbar nicht ausschließlich auf Juden angewendet, sondern auf alle Menschen
(einschließlich der Christen). Während also bei Justin das Bestrafungsmotiv

---

    ἵνα γένηται ἔθνος δίκαιον, λαὸς φυλάσσων πίστιν, ἀντιλαμβανόμενος ἀληθείας
καὶ φυλάσσων εἰρήνην. (109, 6-9 Marcovich). Vgl. auch Dial. 119, 4. 6; 120, 1f.; 135,
3. – Zu Euseb siehe oben S. 212f.

[20] Justin, Dial. 124, 1: »Und nachdem ich sah, wie sie sich erregten darüber, daß ich gesagt
hatte, auch wir seien Kinder Gottes, kam ich ihren Fragen zuvor und sagte: ›Hört,
Männer! Der Heilige Geist erklärt von diesem Volk, daß alle Söhne des Höchsten
seien, und daß dieser Christus selber in ihrer Versammlung anwesend sein werde, um
das Urteil zu fällen über jedes Geschlecht der Menschen‹«: Καὶ ἐπειδὴ εἶδον αὐτοὺς
συνταραχθέντας ἐπὶ τῷ εἰπεῖν με καὶ θεοῦ τέκνα εἶναι ἡμᾶς, προλαβὼν τὸ
ἀνερωτηθῆναι εἶπον· Ἀκούσατε, ἦ ἄνδρες, πῶς τὸ ἅγιον πνεῦμα λέγει περὶ τοῦ
λαοῦ τούτου, ὅτι υἱοὶ ὑψίστου πάντες εἰσὶ καὶ ἐν τῇ συναγωγῇ αὐτῶν παρέσται
αὐτὸς οὗτος ὁ Χριστός, τὴν κρίσιν ἀπὸ παντὸς γένους ἀνθρώπων ποιούμενος.
(284, 1-5 Marcovich). Vgl. Dial. 11, 1; 121, 4; 123, 6; 140, 1. – Zu Euseb siehe oben S.
168.

[21] Justin, Dial. 141, 2: »Daher können alle, die wollen, an der Barmherzigkeit bei Gott
teilhaben, wenn sie sich bekehren«:Ὥστε, ἐὰν μετανοήσωσι, πάντες <οἱ> βουλόμενοι
τυχεῖν τοῦ παρὰ τοῦ θεοῦ ἐλέους δύνανται, ... (312, 13f. Marcovich). Vgl. auch Dial.
119, 1-3. – Zu Euseb siehe oben S. 153f.

[22] Für Justin denke man nur an den Schluß des Dialogs (Dial. 142, 2), der mit einem
Aufruf an die Juden zur Umkehr endet; vgl. weiter Dial. 130, 1. Für Euseb v.a. D.e. I
1, 11 (siehe oben S. 153 Anm. 92).

[23] Just., 1Apol. 44, 8: »Denn Mose <und Platon> sind älter als alle Schriftsteller der
Hellenen«: πρεσβύτερος γὰρ Μωσῆς <καὶ Πλάτωνος> καὶ πάντων τῶν ἐν Ἕλλησι
συγγραφέων. (PTS 38, 94, 20f. Marcovich). Zu Eusebs Konzept s.o.S. 114f.

[24] Justin, Dial. 16, 2-4; 17, 1; 40, 2. 5; 46, 2; 52, 4; 87, 3; 133, 6. – Zu Euseb siehe oben
S. 137.

integraler Bestandteil seiner Auseinandersetzung mit den Juden ist,[25] ist es bei Euseb integraler Bestandteil seiner universalen Theologie der Heilsgeschichte und wird erst von daher *auch* in der Kontroverse mit den Juden eingesetzt. In diesen Zusammenhang gehört natürlich auch die weltgeschichtliche Hebräer-Heiden-Juden-Christen-Differenzierung, die bei Euseb ein höchst gewichtiges, konzeptionell grundlegendes Argument darstellt, welches bei Justin fehlt.[26]

Für beide christlichen Denker ist die Tora vom Sinai prinzipiell abgetan, aber Euseb betont stärker als Justin den pädagogisch-sittlichen Wert des mosaischen Gesetzes als Vorbereitung auf das Kommen Christi.[27] Für beide ist daneben aber auch die Kontinuität zwischen mosaischem Gesetz und »Gesetz Christi«[28] im Blick, vor allem hinsichtlich der sittlich-moralischen (philosophisch begründbaren) Bestimmungen.[29] Das Zeremonialgesetz beurteilen beide im Grunde negativ: Euseb aber sieht in dem Festhalten *der Juden* an der Tora *nicht allein* einen Abfall vom göttlichen Heilsweg, einen »Gesetzesbruch«,[30] sondern auch ein entscheidendes jüdisches Identifikationsmerkmal. So kann er von der Beschneidung durchaus positiv als jüdisches Siegel der Abkommenschaft von Abraham reden,[31] während für Justin die Beschneidung grundsätzlich als überflüssig angesehen wird und negativ zu werten ist.[32]

Für Euseb wie für Justin sind mit dem Untergang des Jerusalemer Tempels der jüdischen Religion wichtige Grundlagen irreversibel entzogen.[33] Aber mehr

---

[25]   H. Schreckenberg, l.c. 197f. notiert meines Erachtens zu Recht, daß Justin das Bestrafungsmotiv maßvoll einsetze und es noch nicht zu einer vollständigen Straftheologie entwickelt habe.

[26]   Wobei man allerdings sehen muß, daß die theologische Idee, die Vorväter des Mose hätten auch schon (wie nun die Christen!) ohne das mosaische Gesetz in gottgefälliger Weise gelebt, bei Justin leicht nachzuweisen ist: Dial. 45, 3f.

[27]   Bei Justin spielt der pädagogische Wert des Gesetzes auch eine Rolle, aber er interpretiert ihn antijüdisch: Das Gesetz ist Strafmittel gegen jüdische Halsstarrigkeit (Dial. 18, 2); für Euseb hat das Gesetz eine (wenn auch zeitlich begrenzte) propädeutische Funktion auf das Kommen Christi: Es soll durch das Vorbild des jüdischen Volkes das sittliche Niveau der Völker heben (H.e. I 2, 23).

[28]   Vgl. Dial. 18, 3; für Euseb siehe oben S. 158f.

[29]   Vgl. Dial. 45, 3; 47, 2; auf diesen Aspekt bei Justin hat H. Schreckenberg, l.c. 194 nachhaltig aufmerksam gemacht: Er redet davon, daß Justin bestimmte Teile des vorchristlichen jüdischen Gesetzes, denen eine »naturgesetzliche« Funktion zukommt, für die Kirche übernehmen und erhalten wolle. Für die Kontinuität zwischen mosaischem Gesetz und Gesetz Christi bei Euseb siehe oben S. 158f.

[30]   Dies ist freilich *auch* bei Euseb belegt: D.e. I 6, 39: παρανομοῦντας (29, 2 Heikel). Für Justin Dial. 18, 2: διὰ τὰς ἀνομίας ὑμῶν (PTS 47, 99, 9 Marcovich).

[31]   D.e. I 6, 5 (zitiert oben S. 80 Anm. 142).

[32]   Dial. 19, 3: »Ihr, die ihr fleischlich beschnitten seid, braucht unsere Beschneidung, wir aber, die wir diese haben, brauchen jene in keiner Hinsicht«: Καὶ ὑμεῖς μέν, οἱ τὴν σάρκα περιτετμημένοι, χρῄζετε τῆς ἡμετέρας περιτομῆς, ἡμεῖς δέ, ταύτην ἔχοντες, οὐδὲν ἐκείνης δεόμεθα. (100, 9f. Marcovich); vgl. auch Dial. 19, 3-6; 23, 1; 27, 5; 92, 2f.

[33]   Justin, 1Apol 37; Dial. 52, 4; 87, 3.

als Justin betont Eusebius, seiner »Geschichtstheologie« entsprechend,[34] den ruinösen Zustand der politischen Lage der Juden seiner Gegenwart. Das überrascht, bedenkt man, daß Euseb zu Anfang des vierten Jahrhunderts zu einem solchen Argument faktisch deutlich weniger Anlaß hatte als Justin nach dem Bar-Kochba-Aufstand. Aber Euseb »beweist«, seinen theologischen Prämissen entsprechend, viel stärker als Justin die Richtigkeit des Christentums eben auch aus dem faktischen Verlauf von Geschichte.

Für Justin spielt, anders als für Euseb, der Vorwurf gegenwärtiger Bedrängungen von Christen durch Juden eine ziemlich große Rolle,[35] unabhängig davon, wie man zu seiner Notiz über christliche Martyrien zur Zeit des Bar-Kochba-Aufstandes[36] stehen mag. Vielleicht hängt es hiermit zusammen, daß der Ton Justins gegenüber den Juden im Ganzen schärfer ist als bei Eusebius; Justin nennt die Juden »Gehilfen der Dämonen und des Heeres des Teufels«,[37] eine bei Euseb so nicht denkbare Wendung.

Eine *direkte* literarische Abhängigkeit Eusebs von Justin wird man nur an einer Stelle begründet vermuten können: Die Schriftzitatenreihe D.e. V entspricht nämlich nicht nur in Auswahl, sondern weitgehend auch in der Reihenfolge den Kapiteln 59-62 des Dialogs mit Tryphon.[38] Ansonsten ist Euseb gegenüber Justin literarisch völlig eigenständig,[39] wenn er auch dessen Texte, Argumente und Motive gegenüber den Juden kennt und zum Teil, wenn auch unter gewichtigen inhaltlichen Veränderungen, rezipiert.

Die Euseb bekannten Bücher des Miltiades gegen die Juden[40] sind verloren. Der ihm bekannte (vermutlich in den quartodezimanischen Streit eingreifende) Text des Melito von Sardes περὶ τοῦ πάσχα[41] ist nicht erhalten. Die erhaltene beziehungsweise rekonstruierte Osterhomilie des Melito,[42] unrühm-

---

[34] Siehe D.e. VI 13, 17; 18, 23; VIII 2, 112f.; 3, 10.

[35] Justin, 1Apol 36; Dial. 123, 4.

[36] Justin, 1Apol 31.

[37] Justin, Dial. 131, 2: ...ὑπὸ τῶν δαιμονίων καὶ τῆς στρατιᾶς τοῦ διαβόλου, διὰ τῆς ὑφ' ὑμῶν ἐκείνοις γεγενημένης ὑπηρεσίας, ... (296, 13-15 Marcovich).

[38] D.e. V 9, 5 – Dial. 56; D.e. V 13, 3 – Dial. 59; D.e. V 19, 2 – Dial. 60. 62: Es geht um den Beweis, daß bei den berichteten Erscheinungen nicht ein Engel gesprochen habe (wie die Juden interpretieren), sondern ein »zweiter Herr«. Auswahl und Reihenfolge der Belegtexte sind bei Justin und Euseb gleich: Gen 18, 19; Ex 6, 2-4; Jos 5, 13-15. Euseb wird den Justinschen Dialog (neben anderen Texten) als Zitatensteinbruch verwendet haben – ein für ihn ganz typisches Verfahren.

[39] Die von Heikel in der GCS-Edition der D.e. (l.c. 526) angegebenen Parallelen zwischen D.e. und 1Apol sind (außer D.e. III 2, 33/1Apol 32, 1-3: Es geht hier um die Begrenzung des mosaischen Gesetzes, belegt mit Gen 49, 10) nicht genau genug, um hier eine Abhängigkeit zu postulieren.

[40] H.e. V 17, 5.

[41] H.e. IV 26, 2 (380, 25f. Schwartz).

[42] Ed. O. Perler, SC 123, Paris 1966.

liches Zeugnis eines frühen altkirchlichen Antijudaismus,[43] wird von Euseb nicht genannt und spielt in seinem Konzept keine Rolle, ebensowenig die Fragmente des Apollinarios von Hierapolis.[44] Minucius Felix, Tertullian und Irenäus von Lyon spielen in der Frage nach den traditionsgeschichtlichen Hintergründen der Aussagen Eusebs zu den Juden keine Rolle.[45] Die apologetischen Texte eines Tatian und Theophilus von Antiochien[46] geben für die Frage einer Verhältnisbestimmung von Christentum und Judentum kaum etwas, die eines Athenagoras[47] nichts her.

Clemens von Alexandrien, sonst eine viel zitierte Quelle Eusebs, auch hinsichtlich der Philo- und Josephusbenutzung, hat mit Euseb den Kontakt zu einem »hebräischen« Lehrer gemeinsam,[48] ferner ähnelt seine Unterteilung der Menschheit in drei Gruppen Griechen-Juden-Christen[49] teilweise dem Konzept Eusebs,[50] vor allem aber scheint die deutliche Bevorzugung der Juden vor

---

[43] Hier begegnet bekanntlich zum ersten Male *explizit* der Gottesmordvorwurf gegen die Juden (der Sache nach schon in der Apologie des Aristides, siehe oben S. 128f.): »Der Gott ist getötet, der König Israels beseitigt von der Hand Israels«: Ὁ θεὸς πεφόνευται. Ὁ βασιλεὺς τοῦ Ἰσραὴλ ἀνήρεται ὑπὸ δεξιᾶς Ἰσραηλίτιδος ... , (Hom. 96 [735-737 Perler]); vgl. hierzu D. Satran, Anti-Jewish Polemic in the *Peri Pascha* of Melito of Sardes: The Problem of Social Context, in: Contra Iudaeos. Ancient and Medieval Polemics between Christians and Jews, ed. O. Limor/G.G. Stroumsa, TSMJ 10, Tübingen 1996, 49-58; S.G. Wilson, Passover, Easter, and Anti-Judaism: Melito of Sardes and Others, in: »To See Ourselves As The Others See Us«. Christians, Jews, and »Others« in Late Antiquity, ed. J. Neusner/E.S. Frerichs, Chico 1985, 337-353 sowie E. Werner, HUCA 37 (1966) 191-210.

[44] Ediert ebd. (Anm. 42).

[45] In Minucius Felix »Octavian« spielt das geschichtliche Unglück der Juden nur ganz am Rande eine Rolle, und Euseb erwähnt den (schon früh kaum noch rezipierten) lateinischen Text nirgends. Tertullians Traktat Adversus Iudaeos spielt bei Euseb keine Rolle. Er kennt das Apologeticum in griechischer Übersetzung (H.e. II 2, 4; 25, 4; III 20, 7; III 33, 3; V 5, 5), geht aber nicht auf die die Juden betreffenden Stellen dieses Textes ein. Irenäus hängt selber sehr stark von Justin ab und ist mehr am Kampf gegen die Häretiker interessiert als an der Auseinandersetzung mit den Juden. H. Schreckenberg, l.c. 208, diagnostiziert bei Irenäus treffend eine »kühle, leidenschaftslos-distanzierte Sicht des Judentums«.

[46] Tatian, Oratio ad Graecos, ed. M. Marcovich, PTS 43, Berlin New York 1995 (hierzu L.W. Barnard, TRE 3 [1978] 378-380); Theophil von Antiochien, Ad Autolycum, ed. M. Marcovich, PTS 44, Berlin New York 1995 (hierzu L.W. Barnard, l.c. 382f.).

[47] Athenagoras, Legatio pro Christianos, ed. J. Geffcken, in: ders., Zwei griechische Apologeten, Hildesheim 1970 (ND der Ausgabe Leipzig 1907), 120-154 (hierzu L.W. Barnard, l.c. 380-382).

[48] Strom. I 1, 11.

[49] Strom. VI 5, 42.

[50] Man muß aber hier unbedingt auch den Unterschied sehen. Er liegt nicht allein in der Eusebschen Hebräer-Juden-Differenzierung, sondern v.a. darin, daß für Clemens hinter den drei Gruppen drei »Bündnisse« Gottes mit den Menschen stehen (Strom. VI 5, 42), also auch mit den Griechen/Heiden – ein für Euseb so nicht nachweisbarer und

den Heiden mit Eusebs Ansatz vergleichbar. Auf der anderen Seite muß man
sagen, daß es auf weite Strecken an antijüdischer Polemik bei Clemens ebenso
fehlt wie an einer Auseinandersetzung mit jüdischen Argumenten, so daß man
ihn als mögliche Quelle für die Kontroversen Eusebs mit den Juden keinesfalls
zu hoch einschätzen darf.

Zu veranschlagen wäre noch Eusebs Aufbauen auf den chronistischen
Arbeiten eines Julius Africanus, aber dies ist nicht spezifisch relevant für die
Frage nach den Juden in der Theologie beider, zudem wird Africanus bekanntlich von Euseb theologisch kritisiert, seine Chronistenarbeit vom Caesarener
nur in abgewandelter Form fortgeführt.[51]

Euseb übernimmt zahlreiche Elemente aus der älteren christlichen apologetischen Tradition, besonders aus Justin, verliert dabei aber an keiner Stelle
seine Selbständigkeit in Auswahl, Anordnung, Ergänzung und Interpretation
des Materials. Er zeigt sich, was die Frage nach der theologischen Verhältnisbestimmung von Christen und Juden angeht, als Rezeptor ihm vorliegender
Traditionen wie als eigenständiger, die Entwicklung weiterführender theologischer Denker.

7.2. Euseb und die Juden vor dem Hintergrund der origeneischen Tradition

Der Vergleich zwischen Origenes, dessen exegetische und sonstige Werke ganz
allgemein einen starken Einfluß nicht nur auf die griechischsprachige Nachwelt ausgeübt haben, und Eusebius von Caesarea im Blick auf die Juden ist
nicht allein wegen der Enkelschülerschaft Eusebs und wegen lokaler Koinzidenz vielversprechend, sondern auch, weil die theologische Auseinandersetzung mit den Juden im Werk des Origenes[52] eine ähnliche große Rolle spielt
wie in den Arbeiten Eusebs.

---

angesichts seiner strengen und stark wertenden Teilung zwischen Griechen und Juden
auch nicht zu erwartender Gedanke. – Zur apologetischen Methode des Clemens vgl.
J. Bernard, Die apologetische Methode bei Clemens von Alexandrien. Apologetik als
Entfaltung der Theologie, EThSt 21, Leipzig 1966.

[51] Siehe hierzu oben S. 50 Anm. 91.

[52] Lit.: H. Bietenhard, Caesarea, Origenes und die Juden, FDV 1972, Stuttgart 1974;
N.R.M. de Lange, Origen and the Jews. Studies in Jewish-Christian Relations in
Third-Century Palestine, UCOP 25, Cambridge 1976; G. Sgherri, Chiesa e sinagoga
nelle opere di Origine, SMP 13, Mailand 1982; R. Wilde, The Treatment of the Jews
in the Greek Christian Writers in the First Three Centuries, PatSt 81, Cleveland 1984,
181-209; R. van den Broek, Origenes en de joden, in: Ter Herkenning 13 (1985) 80-91;
H. Schreckenberg, l.c. 228-235; H.-J. Vogt, Die Juden beim späten Origenes, in:
Christlicher Antijudaismus und jüdischer Antipaganismus, hg. H. Frohnhofen, Hamburger Theologische Studien 3, Hamburg 1990, 152-169; C.P. Bammel, Die Juden im
Römerbriefkommentar des Origenes, ebd., 145-151; J.A. McGuckin, Origen on the

Beiden gemeinsam ist zunächst die direkte und rege wissenschaftliche Auseinandersetzung mit jüdischen Lehrern,[53] und, vermutlich in Zusammenhang hiermit, eine zumindest nominelle Wertschätzung der hebräischen Sprache und der hebräischen Überlieferung des biblischen Textes,[54] einmal ganz abgesehen von der schwierigen Frage nach der tatsächlichen hebräischen Sprachkompetenz bei beiden.[55]

Weiter fällt bei beiden das starke Bewußtsein für die Herkunft des Christentums aus dem Judentum und damit für das wechselseitige Aufeinanderbezogensein beider Religionen auf, das dazu führt, daß Origenes von der Synagoge als Schwester[56] oder älterem Bruder[57] der Kirche reden, Euseb wiederum die Synagoge als Mutter der Kirche[58] bezeichnen kann. Sicher steht auch der insgesamt doch sehr moderate Ton, der von beiden (bei aller Differenz in der Sache) gegenüber den Juden angeschlagen wird,[59] in Zusammenhang mit eben diesem gut ausgeprägten theologischen Bewußtsein. Wie für Origenes deutlich ist, daß der Reichtum der Heiden allein aus dem der Juden als dem Gottesvolk resultiert,[60] so formuliert Euseb, daß das Heil von den

---

Jews, in: Christianity and Judaism. Papers Read at the 1991 Summer Meeting and the 1992 Winter Meeting of the Ecclesiastical History Society, ed. D. Wood, SCH(L) 29, Oxford 1992, 15-32; J.S. O'Leary, Origène face à l'altérité juive, in: Comprendre et Interpréter. La paradigma herméneutique de raison, ed. J. Greisch, Paris 1993, 51-82.

[53] Orig., Cels. I 53. 55; In Ez. X 3; In Mt. XI 9; In Joh. I 34; Ep. 1, 4. 6-8. 12; Hom. in Gen. II 2; III 1; XII 4; Hom. in Lev. III 3; für Eusebius von Caesarea zum Beispiel Is. I 83; II 15; Ecl. IV 4. 27, vgl. hierzu auch S. Krauss, JQR 6 (1893/4) 82-88.

[54] Natürlich steht auch das ganze Unternehmen der Hexapla in einem Zusammenhang mit den jüdisch-christlichen Kontroversen um das rechte Verständnis der Heiligen Schriften: man will eine »Objektivierung« der Textauslegung erreichen, man will jüdischen Argumenten, die auf den hebräischen Bibeltext verweisen, adäquat begegnen können und man will nicht zuletzt die Christen, die möglicherweise in eine exegetische Auseinandersetzung mit Juden geraten, mit einer hieb- und stichfesten Argumentationsbasis ausstatten. – Euseb argumentiert, wie gezeigt, ständig mit der Hexapla – aus den gleichen Gründen. – Über das origeneische Erbe des Eusebius im Blick auf den alttestamentlichen Text siehe E. Ulrich, The Old Testament Text of Eusebius: The Heritage of Origen, in: Eusebius, Christianity, and Judaism, ed. W.H. Attridge/G. Hata, StPB 42, Leiden 1992, 543-562.

[55] Siehe hierzu oben S. 192-201.

[56] Orig., Hom. in Cant. II 13: »sorores sunt, ecclesia et synagoga« ... (GCS Origenes 8, 45, 24 Baehrens).

[57] Orig., Cant. II: ... »possumus dicere sponsam quidem esse ex gentibus ecclesiam, fratrem vero eius priorem populum et fratrem, ut res indicat, seniorem.« (GCS Origenes 8, 168, 21f. Baehrens).

[58] Eus., D.e. IX 17, 12.

[59] Für Origenes darf man sich in diesem Punkte nicht allein auf die gewiß bisweilen harsche Polemik gegen die Juden konzentrieren, sondern muß auch das mithören, was er über die endzeitliche Errettung Israels und über die Herkunft des Heils für die Heiden aus Israel sagt: Man vgl. in diesem Sinne die Stellenauswahl bei H. Bietenhard l.c. 48-51 mit der l.c. 61-72. Für Euseb siehe in dieser Arbeit unter 5.5.2.

Hebräern (und damit eben auch über die Juden) zu uns kam.[61] Beide behalten im Anschluß an Paulus die heilsgeschichtliche Reihenfolge »zuerst den Juden, dann aber auch den Griechen« bewußt bei,[62] nehmen sie also sehr ernst. Neben diesem heilsgeschichtlichen Vorrang Israels betonen beide auch die sittlich-moralische Höherwertigkeit des Judentums gegenüber den Heiden.[63] Insofern sich die Christen von der Genealogie her (wenigstens in ihrer Mehrheit) dem Heidentum verdanken, theologisch aber dem Judentum, kann das Christentum bei beiden auch als »dritter Weg« zwischen Heidentum und Judentum angesehen werden,[64] bei Euseb wird dieses origeneische Motiv allerdings, hier weit über Origenes hinausgehend, in einen globalen weltgeschichtlichen Rahmen, in einen Gesamtentwurf hineingestellt. Für beide ist dabei der theologische Aspekt, also der der Kontinuität zwischen jüdisch-hebräischer und christlicher Gottesverehrung, deutlich der dominierende.

Sieht man sich die Argumentationsgänge gegenüber den Juden bei Origenes und bei Eusebius etwas genauer an, so fallen folgende weitere Gemeinsamkeiten auf: für beide ist völlig unstreitig, daß Juden wie Christen an ein und denselben Gott glauben,[65] für beide ist klar, daß die alles entscheidende Differenz zwischen Juden und Christen in der Annahme oder Nichtannahme Jesu als des in den alttestamentlichen Schriften verheißenen Christus besteht, und beide optieren in dieser entscheidenden Frage natürlich für die christliche Antwort.[66] Dabei hat die Christologie bei beiden Denkern einen univer-

---

[60] Orig., Comm. in Rom VIII 9: »Weil er (sc.: der »Teil« Israels) verstoßen und verschmäht wurde, war es notwendig, daß ein anderer Anteil des Herrn auf Erden die Herrlichkeit, die Bundesschließungen, die Gesetzgebung und die verschiedenen Verrichtungen des Gottesdienstes (vgl. Röm 9,4) – in all dem bestand ja der Reichtum für den Anteil des Herrn – übernahm und Anteil des Herrn anstelle des Anteils, der Anstoß genommen hatte, genannt wurde. Darum wird »ihr Versagen zum Reichtum für die Welt«. Jetzt nämlich ist nicht mehr das eine Volk der Hebräer, sondern die ganze Welt der Anteil des Herrn geworden.« : necessarium fuit, ut illa refutata ac repudiata esset alia pars Domini super terram, quae gloriam et testamenta et legislationem et obsequia cultus Dei – quae omnia divitiae erant partis Domini – susciperet et pars Domini pro illa parte, quae offenderat, vocaretur. Idcirco »delictum illorum« fuit »divitiae mundi«. Nunc enim iam non una Hebraeorum gens, sed totus mundus pars Domini effecta est, ... (FC 2/4, 272, 18-24 Heither).

[61] P.e. VII 1, 3.

[62] Orig., Comm. in Rom I 14; II 7. Zu Euseb s.o. S. 148.

[63] Origenes v.a. in seiner »Apologie des Judentums« in Contra Celsum; zu Euseb siehe oben S. 147f.

[64] Hierauf hat C. Kannengießer aufmerksam gemacht, l.c. 446.

[65] Orig., Cels. VI 29: εἴτε γὰρ Ἰουδαίοις διαλεγόμενοι εἴτε καθ' ἑαυτοὺς ὄντες ἕνα καὶ τὸν αὐτὸν ἴσμεν ὅν καὶ πάλαι ἔσεβον Ἰουδαῖοι καὶ νῦν σέβειν ἐπαγγέλλονται θεόν, οὐδαμῶς εἰς αὐτὸν ἀσεβοῦντες. (GCS Origenes 2, 99, 23-26 Koetschau); zu Euseb s.o. S. 79f. 160f.

[66] Orig., Hom. in Ez IV 1: »Auch die armseligen Juden bekennen, daß dies über die Gegenwart Christi auszusagen sei, aber sie ignorieren dummerweise die Person, weil sie

salisierenden Zug: es handelt sich für sie in Christus um das *allen* Menschen verbürgte, *allen* zugute kommende göttliche Heil.[67] Damit ist im Grunde auch klar, daß beide keine endgültige Verwerfung der Juden vertreten. Origenes bringt dabei seine Hoffnung auf eine endzeitliche Errettung Israels an zahlreichen Stellen seines Werkes, deutlicher als nach ihm Eusebius, explizit zum Ausdruck. Für ihn wird dann, wenn einmal die Fülle der Heiden zum Heil eingegangen sein wird, auch Israel endzeitlich *durch den Glauben* zum Heil kommen, es wird dann die Fülle des Teils des Herrn vervollständigen.[68]

---

die Dinge als unerfüllt ansehen, die gesagt sind.«: Confitentur et miserabiles Iudaei haec de Christi praesentia praedicari, sed stulte ignorant personam, cum videant impleta, quae dicta sunt. (GCS Origenes 8, 362, 15-17 Baehrens). – Zu Euseb s.o.S. 160.

[67] Orig., Comm. in Rom. VIII 9: »So macht das Heilswirken des allmächtigen und guten Gottes das Versagen der einen fruchtbar für die anderen, so wie es in der Gegenwart das Versagen Israels zum Reichtum der Welt macht und ihr Geschwächtsein zum Reichtum der Heiden. Ob der für alle das Heil wirkende Herr auch aus dem Versagen der Heiden, die mit Notwendigkeit versagen, etwas Ähnliches macht, ob er auch daraus anderen Reichtum gewährt, das soll der Leser bei sich überlegen. Offenbar sollte das nicht etwas Besonderes nur für Israel gewesen sein, sondern die Gerechtigkeit des gerechten und guten Gottes sollte über allen walten.« : et ita omnipotentis et boni Dei dispensatio delicta aliorum fructuosa aliis efficit, sicut in praesenti delicta Israel divitias mundi facit et deminutionem eorum divitias gentium. Iam sane si et ex gentium delictis, quae necessario delinquunt, tale aliquid faciat omnium dispensator et aliquibus ex eis divitias conferat, ne hoc quasi speciale solius Israel fuisse videatur, sed aequitas apud iustum et bonum Deum super omnibus habeatur, etiam tu apud temet ipsum qui legis requirito. (FC 2/4, 274, 21-29 Heither); zu Euseb s.o.S. 167.

[68] Orig., Comm. in Rom. VIII 9: »Jetzt wird zwar so lange, bis alle Heiden zum Heil kommen, der Reichtum Gottes gesammelt aus der Menge der Glaubenden, doch solange Israel im Unglauben verharrt, kann man nicht sagen, daß der Anteil Gottes in seiner ganzen Fülle voll ist. Zur Vollendung des Ganzen fehlt nämlich das Volk Israel. Wenn aber die Fülle der Heidenvölker mit hinzugekommen sein wird, dann wird auch Israel in der letzten Zeit durch den Glauben zum Heil kommen. Es wird das Volk sein, das das erste war, aber als letztes kommt und so gewissermaßen das Erbe und den Anteil des Herrn ganz erfüllt. Darum nennt man es »Fülle«, denn was am Anteil des Herrn fehlte, wird es zuletzt erfüllen«: Nunc quidem, donec omnes gentes veniunt ad salutem, congregantur divitiae Dei ex credentium multitudine; sed donec Israel in incredulitate persistit, nondum plenitudo portionis Domini dicetur esse completa. Deest enim ad integrum populus Israel. Cum vero plenitudo gentium subintraverit et Israel in novissimo tempore per fidem venerit ad salutem, ipse erit populus, qui prior quidam fuerat, sed novissimus veniens ipsam quodammodo haereditatis et portionis Domini plenitudinem complebit. Et ideo »plenitudo« appellatur, quia, quod deerat in portione Dei, in novissimis ipse complebit; ... (274, 11-21 Heither). – Ein kurzer vergleichender Blick auf die Auslegung von Röm 9-11 bei beiden Theologen wird durch den Umstand erschwert, daß bei Origenes im Römerbriefkommentar eine in sich geschlossene Auslegung des paulinischen Textes vorliegt, während wir bei Euseb nur verschiedentliche Rückgriffe auf Röm 9-11 haben, vor allem in jenem polemischen Teil der Auseinandersetzung mit den Juden in der Demonstratio evangelica (D.e. II 3) und an einigen Stellen der alttestamentlichen Kommentare. Trotzdem lassen sich einige Par-

Das mosaische Gesetz ist für beide Theologen zwar mit dem Untergang des Jerusalemer Tempels ersichtlich (eigentlich für alle Menschen erkennbar) abgetan, und beide polemisieren gegen christlicherseits unternommene Versuche, die Tora in die Glaubenslehre zu integrieren; aber sie sehen das Gesetz vom Sinai gleichwohl positiv, billigen ihm eine heilsgeschichtlich unerläßliche moralisch-sittliche Funktion für die Zeit zwischen Mose und Christus zu,[69] und sie sehen es nicht als verworfen, sondern als in Christus, dem neuen Gesetzgeber, aufgehoben an.[70]

Eusebius stimmt mit Origenes darin überein, daß Juden und Christen auf die gleichen Heiligen Schriften zurückgreifen, und für beide gilt, daß diese zunächst die Heiligen Schriften der Juden, dann aber *auch* die der Christen sind.[71] In der Exegese der alttestamentlichen Schriften arbeiten beide mit der

---

allelen namhaft machen: unter dem »Rest« Israels verstehen beide zunächst »diejenigen, die als Beschnittene zum Glauben gekommen sind«. (Orig., Comm. in Rom. VIII 7: eos, qui ex circumcisione crediderunt, ... [FC 2/4, 244, 29 Heither]. Zu Euseb s.o. S. 151f. 208), wobei bei beiden zunächst die Apostel als Beispiele genannt sind. Für beide sind die Verheißungen Israels auf die Heiden übergegangen. Für beide dient dies gemäß Röm 11, 11 dazu, die Juden zum »Nacheifern« zu reizen. Aber Eusebius bezieht etwa das Jesajazitat Jes 1, 9 in Röm 9, 29 polemisch auf »das ganze jüdische Volk« (D.e. II 3, 57; zitiert oben S. 205 Anm. 350), während Origenes es nicht auf das Volk Israels bezieht, ohne sogleich den Gedanken der Errettung des »Restes« auszuformulieren: Wenn dieser Rest nicht gerettet würde, so sagt Origenes, dann *wäre* das Volk untergegangen wie Sodom (Comm. in Rom VII 19). Diesen Gedanken läßt Euseb in D.e. II 3 nicht anklingen. Etwas anders stehen die Dinge im Jesajakommentar: Hier redet Euseb von der Vereinigung der »Schar der alten Heiligen Gottes« mit dem »durch Christus angehefteten Volk der Heiden« (Is. II 50; zitiert oben S. 206 Anm. 352), jedoch ist auch hier dieser Aspekt weniger breit ausgeprägt als bei Origenes. Hier scheint die entscheidende Differenz zu liegen: Origenes artikuliert die Aussage der endzeitlichen Errettung Israels in viel stärkerem Maße als Eusebius. Trotzdem nötigt der Befund meines Erachtens nicht dazu, ein völlig unterschiedliches Verständnis von Röm 9-11 bei beiden Theologen anzunehmen; man muß unbedingt den unterschiedlichen Impetus und die Verschiedenheit des literarischen Genre sehen: Während Origenes einen Kommentar schreibt und dabei um ein rechtes Verständnis des Apostels ringt, geht es Euseb in D.e. II 3 um eine Kontroverse, um Widerlegung der von den Juden erhobenen Einwände und um »Beweisführung« zugunsten des Christentums. Daß er auch anders mit Röm 9-11 umgehen kann, klingt Is. II 50 wenigstens an. Der Eindruck, daß Origenes viel stärker um ein Gesamtverständnis des Römerbriefes bemüht ist, während Euseb den Text eher eklektisch rezipiert, einzelne Sätze oder Passagen aus ihm als Argumentarsenal herbeizieht, sollte mithin nicht ohne Beachtung der unterschiedlichen Textgenres gewürdigt werden.

[69] Orig., Comm. in Rom. II 7 sagt, daß die Juden Gott näher kennen als die Heiden, denn sie kennen durch das Gesetz Gottes Willen.

[70] Orig., Comm. in Rom. III 6: »Er ist auch das Gesetz, aus dem alle unter dem Gesetz stehen. Er kommt zum Gericht nicht als einer, der unter dem Gesetz steht, sondern als das Gesetz selber«: Ipse est lex, ex qua omnes in lege sunt. Venit ergo ad iudicium, non tamquam qui in lege sit, sed tamquam qui lex sit. (FC 2/2, 88, 28 – 90, 2 Heither). Zu Euseb siehe oben S. 158f.

[71] Orig., Cels. I 44; II 50; V 60.

Unterscheidung von übertragenem und wörtlichem Schriftsinn, wobei letzterer bei Eusebius eine erkennbar größere Rolle spielt;[72] die christologische Auslegung auf dem Wege der Interpretation κατὰ διάνοιαν ist beiden völlig selbstverständlich. Es ist offensichtlich, daß beide sich gerade in dieser Art der Auslegung mit Juden auseinandersetzen, die ein wörtlicheres Verständnis der Texte präferieren: bei beiden ist eine entsprechende Kritik an jüdischen Auslegern gut belegt.[73] Trotzdem läßt sich gerade Euseb auf den Wortsinn des Textes stärker ein als Origenes, vielleicht, um auf diese Weise eine bessere Basis für die Auseinandersetzung mit den jüdischen Auslegern zu gewinnen. In jedem Falle stimmen beide darin überein, daß der Unterschied zwischen Judentum und Christentum faktisch auf eine Differenz in der Auslegung der Heiligen Schriften zurückzuführen ist.[74]

Geschichtstheologisch arbeiten beide mit dem Bestrafungsmotiv, das völlig bedenkenlos auf die Juden angewendet wird. Der Untergang Jerusalems ist gedeutet als die für alle (eigentlich auch für die Juden) sichtbare Strafe für den Mord an Jesus und dabei auch als die unzweideutige Auflösung des jüdischen Kultes.[75] Dabei greifen beide Caesarener Theologen in diesem Zusammenhang auf die Texte des Juden Josephus zurück, die sie, teils in Kontinuität zu den Ideen des Josephus, teils in christlicher »Uminterpretation«, als Beweismittel mit anführen.[76] Mit Origenes hat Euseb auch gemeinsam, daß beide die (jeweils) gegenwärtige Lage der zeitgenössischen Juden, gerade im Hinblick auf den Verlust Jerusalems, in dunklen Farben malen,[77] wobei aus dem Ton der entsprechenden Schilderungen eher Mitleid denn Häme spricht.[78] Beide Theo-

---

[72] Vgl. oben S. 186. – Zum Vergleich Origenes-Euseb in der Exegese siehe auch L. Perrone, Eusebius of Caesarea as a Christian Writer, in: Caesarea Maritima. A Retrospective after two Millennia, ed. H. Raban/K.G. Holum, DMOA 21, Leiden 1996, 529f.

[73] Origenes nennt das wörtliche Schriftverständnis der Juden geradezu den »sensum Iudaicum« (Orig., Hom. in Jos. VII 5 [GCS Origenes 7, 331, 24f. Baehrens]; vgl. auch Princ. II 11, 2 und zum Ganzen R. van den Broek, Ter Herkenning 13 [1985] 87), eine Einschätzung, die auch den einschlägigen Voten des Eusebius (vgl. oben S. 227) zugrunde zu liegen scheint.

[74] Hierauf hat N.R.M. de Lange hingewiesen: L.c. 82.

[75] Orig., Comm. in Mt XVI 3; zu Euseb s.o.S. 149.

[76] Orig., Comm. in Mt X 17; zu Euseb s.o.S. 104.

[77] Orig., Cels. II 8; IV 73; VI 80; Hom. in Jos. II 1; zu Euseb siehe oben S. 108.

[78] Orig., Comm. in Rom VII 13: »Denn alle, die durch Mose aus Ägypten ausgezogen waren, fielen in der Wüste. Ihre Nachkommen jedoch, die das Land der Verheißung in Besitz nahmen, ziehen gar jetzt noch in der Fremde als Verbannte umher«: Omnes enim illi, qui per Moysen exierant de Aegypto, ceciderunt in deserto. Posteri vero eorum, qui terram repromissionis acceperunt, etiam nunc vagantur ab ea exsules et extorres. (FC 2/4, 134, 22-25 Heither). – Mitleid des Origenes gegenüber den Niederlagen der Juden diagnostiziert auch H. Schreckenberg, l.c. 233. Für Euseb vgl. oben S. 139.

logen warnen in diesem Zusammenhang dann auch die christliche Kirche eindringlich davor, sich in irgendeiner Weise eine Selbstgerechtigkeit gegenüber den Juden zuschulden kommen zu lassen.[79] Für Euseb muß man hierbei allerdings konzedieren, daß diese Warnung in einer gewissen Spannung zu dem aus seinem heilsgeschichtlichen Ansatz resultierenden Triumphalismus steht, die zumindest manche Passagen seiner historisch-theologischen Interpretation der geschichtlichen Niederlagen des Judentums beziehungsweise der »Siege« der Kirche eignet.[80]

Eine wörtlich-direkte literarische Abhängigkeit von Texten des Origenes ist in Praeparatio und Demonstratio evangelica kaum zu erweisen;[81] etwas anders verhält es sich mit den Kommentaren, in denen Euseb wohl doch stark auf den Auslegungen des Lehrers seines Lehrers Pamphilus fußt.[82] Die aufgeführten inhaltlichen Gemeinsamkeiten zwischen Origenes und Euseb zeigen aber: auch in seinem apologetischen Doppelwerk ist Euseb – bei aller Eigenständigkeit – von Origenes beeinflußt, zeigt er sich im Grunde als »Origenist«,[83]

---

[79]   Orig., Hom. in Jer XII 12: »Wenn einer nun das Judentum betrachtet und es mit dem früheren (Zustand) vergleicht, wird er sehen, auf welche Weise die Herde des Herrn zerschlagen wurde. Denn dieses war einst die Herde des Herrn, und weil sie sich selbst unwürdig machten, wurde das Wort zu den Heiden gewendet. Wenn nun jene Herde zerschlagen wurde, müssen dann nicht wir, der wilde Ölbaum, der wider seine Natur in den edlen Ölbaum der Väter eingepfropft wurde, uns mehr fürchten, damit nicht etwa auch diese Herde des Herrn zerschlagen wird?«: ἐὰν ἴδῃ νῦν τις τὰ Ἰουδαϊκὰ καὶ συγκρίνῃ αὐτὰ τοῖς ἀρχαίοις, ὄψεται τίνα τρόπον »συνετρίβη τὸ ποίμνιον κυρίου«. ἦν γὰρ τοῦτό ποτε ποίμνιον κυρίου, καὶ ἐπεὶ ἀναξίους ἔκριναν ἑαυτούς, ἐστράφη ὁ λόγος εἰς τὰ ἔθνη. εἰ οὖν ἐκεῖνο τὸ ποίμνιον συνετρίβη τοῦ κυρίου, ἡμεῖς ἡ ἀγριέλαιος, ἡ παρὰ φύσιν ἑαυτῆς ἐγκεντριζόμενη εἰς τὴν καλλιέλαιον τῶν πατέρων, οὐ πλέον ὀφείλομεν φοβεῖσθαι, μήποτε συντριβῇ καὶ τοῦτο »τὸ ποίμνιον τοῦ κυρίου«; (GCS Origenes 3, 101, 5-13 Klostermann; ich bediene mich der Übersetzung von H. Bietenhard, l.c. 70). Vgl. auch Orig., Hom. in Jud. II 3; Hom in Jer. V 4; XIII 1. Zu Euseb ist hier an die Anwendung des Bestrafungsmotivs auch auf die christliche Kirche zu denken.

[80]   Siehe hierzu oben S. 118. 213.

[81]   In der Praeparatio evangelica finden sich nur ein einziges Zitat aus Contra Celsum: P.e. I 2, 4 (Cels. I 9), sowie zwei aus den Genesiskommentarfragmenten: P.e. VII 20, 1-9; P.e. VI 11, 1-81. In der Demonstratio evangelica finden sich eine Anzahl Anklänge an Origenestexte, v.a. an Cels. und Princ. (D.e. IV 2, 1 / Cels. III 41; D.e. IV 3, 4f. / Princ. II 4f. und IV 28; D.e. IV 7, 2 / Cels. V 5; D.e. IV 8, 1 / Cels. V 11; D.e. IV 15, 55 / Cels. I 56; D.e. V prooem. 31 / Cels. I 36 und III 3), aber hier handelt es sich durchweg um einzelne »Versatzstücke« aus der Text- und Zitatensammlung des Eusebius, nirgends folgt er Origenes über eine längere Strecke seines eigenen Werkes.

[82]   S.o.S. 201 Anm. 331.

[83]   Eben dies gibt auch der Titel des Aufsatzes von C. Kannengießer, l.c., gut wieder – C. Kannengießer bestimmt Zusammenhang und Differenz zwischen Eusebs apologetischem Doppelwerk und Origenes' Schrift gegen Celsus völlig zu Recht wie folgt: »With the double apology, the *Preparation* and the *Demonstration*, Eusebius took his start at the point where Origen had arrived in *Contra Celsum* (l.c. 444, Kursivdruck Kannengießer).

auch, was die Fragen nach der Stellung zu und nach der Auseinandersetzung mit den Juden angeht.

Wie steht es aber nun mit Unterschieden zwischen beiden Denkern in der Frage nach den Juden? Im Bereich der Eschatologie vertritt Origenes sicher ein offeneres Modell als Eusebius. Zwar hält keiner von beiden die Juden für prinzipiell verloren; aber Origenes geht sehr viel deutlicher von der Hoffnung auf eine endzeitliche Wiedervereinigung von Kirche und Synagoge aus und von der engerichtlichen Rettung Israels aus,[84] und zudem wandelt er ja bekanntlich in *De Prinicipiis* ohnehin hart am Rande der ihm postum dann auch tatsächlich zum häresiologischen Verhängnis werdenden Apokatastasislehre.[85] Andererseits darf nicht übersehen werden, daß er des öfteren betont, daß zunächst den Juden der Reichtum Gottes genommen und den Christen gegeben wurde[86] und daher an eine endzeitliche Errettung des *christusgläubig gewordenen* Israel zu denken sei.[87] Euseb hingegen vertritt, anders als Origenes, völlig klar und unzweifelhaft einen doppelten Ausgang des Gerichts;[88] und in diesem werden für ihn nur diejenigen Juden des Heils teilhaftig, die dem Kriterium der Zustimmung zum in Christus gekommenen Heil entsprechen. Bei Euseb wird der Gedanke des Glaubens als *Bedingung* der Heilsteilhabe viel deutlicher unterstrichen als bei Origenes.

Ein weiterer Unterschied zwischen beiden besteht in der Tatsache, daß die für Eusebs Konzept so dominierende Hebräer-Juden-Differenzierung bei Origenes fehlt oder nur an ganz wenigen Stellen anklingt, während sie bei Euseb streng systematisch ausgeführt ist und so das ganze apologetische Doppelwerk bis in den Aufbau hinein nachhaltig bestimmt.[89]

Auch der bei Euseb hin und wieder zu diagnostizierende triumphalistische Zug ist in den Werken des Origenes so nicht feststellbar.

Man mag sich abschließend fragen, ob die ganz offensichtlichen Gemeinsamkeiten zwischen Origenes und Euseb in der Frage nach ihrer beider Stellung zu den Juden über die in dieser Frage zwischen beiden bestehenden Unterschiede in so deutlichem Maße dominieren, daß das in der wissenschaftlichen Diskussion eigentlich ziemlich einhellig vertretene Urteil, Origenes sei

---

[84] Orig., Hom. in Ez I 2; Comm. in Rom VIII 9; Hom. in Ier. IV 6; V 4. – Zum Verständnis von Röm 9-11 bei beiden siehe Anm. 68.

[85] Orig., Princ. I 6, 1: »Jedenfalls glauben wir, daß Gottes Güte durch seinen Christus die ganze Schöpfung zu einem einzigen Ende führen wird, in dem auch die Feinde unterworfen werden.« : In unum sane finem putamus quod bonitas dei per Christum suum universam revocet creaturam, subactis ac subditis etiam inimicis. (214 f. Görgemanns/Karpp); Vgl. auch Princ. III 6, 1f.

[86] Orig., Comm. in Rom VIII 9 (zitiert oben Anm. 60).

[87] S.o. Anm. 68.

[88] Ps. XCIV 8 (PG 23, 1216). Hierauf hat T.D. Barnes, Constantine and Eusebius, Cambridge/Mass. 1980, 101, hingewiesen.

[89] Siehe hierzu oben S. 121-125.

sicher *kein* Judenfeind gewesen,[90] auch auf Eusebius angewendet werden müßte.

Euseb übernimmt und verändert die origeneische Tradition.[91] Er zeigt sich dabei abermals einerseits als treuer Bewahrer der auf ihn gekommenen kirchlichen Überlieferungen, andererseits aber auch als selbständig weiterdenkender und -entwickelnder Theologe, der aus der Tradition ein eigenes, für seine Zeit angemessenes Verständnis zu gewinnen sucht. Eine historisch-theologische Würdigung Eusebs wird stets beide Aspekte gleichgewichtig zum Ausdruck zu bringen versuchen.

---

[90] Vgl. H. Bietenhard, l.c. 72; in der gleichen Linie auch H. Schreckenberg, l.c. 234; H.-J. Vogt, l.c. 168f.; C.P. Bammel, l.c. 145-151 und T. Heither, FC 2/1, Freiburg 1990, 48. Ein abgewogenes Urteil bei R. van den Broek, Ter Herkenning 13 (1985) 90. – Negativer urteilen hingegen J.S. O'Leary, l.c. 51-82, und auch N.R.M. de Lange: »Da er (sc.: Origenes) persönlich mit Juden *befreundet* war, läßt sich aus seiner Juden-*feindlichkeit* erkennen, wie sehr sich diese Einstellung zur Konvention und zum Dogma verhärtet hatte.« (TRE 3 [1978] 135; Kursivdruck Vf.).

[91] Es ergibt sich hiermit für das Verhältnis Origenes-Euseb in der Stellung zu den Juden ein ähnliches Ergebnis wie das von T.D. Barnes (l.c. 94-99) und C. Kannengießer (l.c. 459f.) für die Apologetik und Exegese herausgearbeitete.

8. Schlußüberlegungen

Die vorgelegte Untersuchung über die Rolle der Juden in der Theologie Eusebs hat einen hier nur noch knapp zusammenzufassenden, vielschichtigen und auch ambivalenten Befund ergeben:

Bei der Analyse des historischen Kontextes der Eusebschriften hatte sich gezeigt, daß wir im Caesarea zur Zeit Eusebs ein intellektuelles, von geistiger Vitalität und Gelehrsamkeit geprägtes Klima voraussetzen müssen, das sich durch zahlreiche Möglichkeiten und Formen sozialer Kommunikation und durch dynamische und spannungsvolle Konkurrenzlagen auszeichnete.[1] In diesem Milieu kommt es auch zwischen Christen und Juden immer wieder zu theologischen Kontroversen, die gekennzeichnet sind vom Bestreben um klare Profilierung eigener Positionalität, auch in Auseinandersetzung mit und in Abgrenzung von Andersdenkenden, ohne daß hierbei in irgendeiner Weise Feindschaftsverhältnisse unterstellt werden dürften. Im Gegenteil: Das Milieu zeigt sich geprägt von einer Atmosphäre relativer »Toleranz«[2], wie wir sie in den vielen Beispielen des Aufeinandertreffens verschiedener Religionen in späteren Jahrhunderten so kaum mehr kennen.

Nur vor diesem Hintergrund sind die Schriften Eusebs angemessen zu verstehen und zu deuten. Dies gilt auch für das nur auf den ersten Blick »theoretisch« und abstrakt wirkende, breit angelegte apologetische Doppelwerk,[3] welches Euseb als eine Art Summe seiner historiographischen und apologetischen Arbeit angesehen hat. Dieses aus Praeparatio und Demonstratio evangelica bestehende Hauptwerk ist eine argumentativ-»beweisende« Gesamtdarstellung des vom Logos-Christus ausgehenden und auf den Logos-Christus zulaufenden Heilshandeln Gottes in der Geschichte, wobei der erste Teil für die Anfänger im Christentum die Überlegenheit der alttestamentlich-jüdischen Glaubensvorstellungen und Schriften gegenüber denen der Heiden darstellt, der zweite hingegen in Abgrenzung von und in Auseinandersetzung mit den Juden die Heiligen Schriften der Juden für Fortgeschrittene im Christentum konsequent als Beweis und Vorankündigung für Gottes universales, jeden Partikularismus aufhebendes Heilshandeln in Christus auslegt. Beachtet man diese doppelte Stoßrichtung, so wird für die Frage nach der Rolle der Juden in der Theologie des Eusebius sowohl die hohe Wertschätzung der jüdischen Traditionen als auch die Abgrenzung von ihnen deutlich.

---

[1] Siehe hierzu oben S. 7-27.

Eben dies schlägt sich terminologisch nieder in der vierfachen begrifflichen Differenzierung von Hebräern, Heiden, Juden und Christen, die das gesamte Doppelwerk durchzieht.[4] Hiermit etabliert Eusebius mit der Größe der gesetzesfreien Urreligion der »Hebräer« einen klassischen apologetischen Altersbeweis für das Christentum, wobei aber wichtig ist, daß die Kontinuität von den Hebräern zu den Christen während der heilsgeschichtlichen Phase von der Moseoffenbarung bis zum Kommen Christi allein durch die Gerechten beziehungsweise Gesetzestreuen unter den Juden gewährleistet werde konnte. Wiewohl seit dem Kommen Christi die Urreligion der Hebräer bei den Christen wiederentstanden ist, kann Eusebius unter den Juden auch nach Christus vereinzelt »Hebräer« ausmachen, also eine bleibende Kontinuität von »Hebräern« und einzelnen Juden feststellen, ein Befund, der abermals die Wertschätzung Eusebs für die Juden bei gleichzeitiger Abgrenzung von ihnen verdeutlicht, vor allem dann, wenn man das im Konzept Eusebs durchgängig negativ gezeichnete »polytheistische« Heidentum als Komplementärgruppe hinzuzieht.

Im theologischen Teil der Arbeit hat sich gezeigt, daß Eusebius, nicht zuletzt in Rezeption alttestamentlich-jüdischer Traditionen, ein Modell von Heilsgeschichte etabliert, in welchem alle Ereignisse der Geschichte in direkter und unmittelbarer Weise als Handeln Gottes qualifiziert werden können.[5] In diesem Zusammenhang versteht sich auch die Anwendung des Bestrafungsmotivs auf die Juden, das, wie schon der Einleitungssatz der Kirchengeschichte programmatisch feststellt, die militärischen und politischen Niederlagen der Juden als Strafe Gottes für deren Frevel an Christus interpretiert; andererseits zeigt sich auch, daß Euseb das Bestrafungsmotiv keineswegs ausschließlich auf die Juden anwendet, wenn er etwa die Diokletianische Verfolgung als Strafe Gottes gegen die Christen deutet. Es handelt sich also um ein allgemein gültiges, heute gewiß problematisch anmutendes theologisches Motiv, das man nicht allzu eng und jedenfalls nicht ausschließlich in vermeintlich antijüdischem Kontext verorten darf, wenn man auch auf der anderen Seite sagen muß, daß Euseb die Strafen Gottes gegen die Juden stark für seine argumentativen Interessen hinsichtlich der »Richtigkeit« des Christentums in Dienst genommen werden.

Der Untergang Jerusalems und des Tempels beweist für Eusebius, daß die jüdischen Religion, die in der Phase zwischen Mose und Christus eine unverzichtbare heilsgeschichtliche Funktion innehatte, *als jüdische Religion* für Gegenwart und Zukunft keine eigentliche Berechtigung mehr hat, wenn auch die Verheißungen Gottes an Israel nicht prinzipiell rückgängig gemacht sind, sondern im Sinne eines bleibenden Angebots zur Zuwendung zum Evangeli-

---

[2]   Siehe zu diesem Begriff oben S. 27 Anm. 116.
[3]   Siehe hierzu oben S. 29-48.
[4]   Siehe hierzu oben S. 57-131.
[5]   Siehe hierzu oben S. 133-160.

um von Jesus Christus weiterbestehen, welches für Euseb das Heil aller Völker, nicht nur das Israels, darstellt und wirkt.

In der Christologie Eusebs[6] lassen sich dementsprechend ein starkes soteriologisches Interesse und ein deutlich universalistischer impetus ausmachen, wobei zugleich festzustellen ist, daß er in der Eschatologie einen doppelten Ausgang des Gerichts lehrt, in dem die Zustimmung zum Heil in Jesus Christus bleibende Bedingung für die Heilsteilhabe ist.

Den Hauptargumentationsgang in der Demonstratio evangelica bilden die Exegesen Eusebs, in denen er eine ungeheure Fülle alttestamentlicher Schriftstellen als »Beweise« für das Gekommensein des Erlösers aufführt und interpretiert, zum Teil in Auseinandersetzung mit gegenläufigen jüdischen Interpretationen dieser Texte.[7] Wichtig ist hierbei der Befund, daß Euseb sich bemüht, seine Argumentation auf eine möglichst breite Basis auch der überlieferten Lesarten zu stellen, um auf etwaige Gegenargumente reagieren zu können; aus demselben Grunde zeigt sich bei ihm auch ein starkes Interesse am wörtlichen Schriftsinn, neben der in der christlichen Exegese generell üblichen Aufmerksamkeit für den (beziehungsweise die) übertragenen.

In der neutestamentlichen Exegese,[8] sofern sie die Frage nach den Juden betrifft, spielt der Text Römer 9-11 eine wichtige Rolle bei Euseb; allerdings dient auch dieser Text der Primärintention der »Evangelischen Beweisführung«; Euseb ringt nicht in demselben Maße wie Paulus mit der Frage nach der bleibenden Erwählung Israels.

Die Ausführungen Eusebs, besonders im apologetischen Doppelwerk, bieten eine grundsätzliche theologische Kritik an den Juden,[9] die sich inhaltlich auf zwei Hauptpunkte konzentriert: auf den des Heilspartikularismus und auf den des angeblich falschen Verständnisses der Heiligen Schriften. Über diese Kritik hinausgehende Diffamierungen und Diskreditierungen der Juden, wie sie in manchen Texten aus der Zeit der Alten Kirche geläufig sind, spielen demgegenüber bei Euseb keine Rolle. Seine Diktion ist durchgängig moderat.

Die Untersuchungen zu den einschlägigen bei Euseb überlieferten Konstantinbriefen haben gezeigt, daß die hier vereinzelt auftretende abschätzige Diktion gegenüber den Juden nicht Eusebius angelastet werden kann.[10] Zwischen Eusebscher Heilsgeschichtstheologie und offizieller Hoftheologie wird man auch nach der »Wende« unterscheiden müssen. Gesetzgeberische Repressionen gegen Juden lassen sich auch im christlich gewordenen Römischen Reich so nicht nachweisen, einmal ganz abgesehen von der Frage nach den Einflußnahmemöglichkeiten Eusebs auf eben diese Gesetzgebung.

---

[6] Siehe hierzu oben S. 160-172.
[7] Siehe hierzu oben S. 176-192.
[8] Siehe hierzu oben S. 201-212.
[9] Siehe hierzu oben S. 216-238.
[10] Siehe hierzu oben S. 239-254.

In der traditionsgeschichtlichen Analyse[11] schließlich ergab sich ein differenzierter Befund, der in der Haltung Eusebs zu den Juden sowohl deutliche Anlehnung an die apologetische und origeneische Tradition als auch eigenständige Weiterentwicklung und Ausprägung theologischer Optionen namhaft machen konnte.

Insgesamt könnte man formulieren: Durch die durchaus eigenständige Aufnahme und Weiterführung unterschiedlicher historischer und theologischer Traditionen und Einfügung derselben in ein Gesamtkonzept kommt Euseb zu einer Haltung gegenüber den Juden, die erstens von der Überzeugung ausgeht, daß in der Annahme oder Nichtannahme Jesu von Nazareth als des Christus das heilsentscheidende Kriterium für die Zuwendung zum Gotteswillen (Christen) oder für die Abwendung vom Gotteswillen (Juden) liegt; die aber zweitens von Eusebs heilsuniversalistischer Christologie und Soteriologie her prinzipiell offen wirkt; die drittens angesichts der immer wieder betonten heilsgeschichtlichen Kontinuität von Judentum und Christentum und nicht zuletzt hinsichtlich des hohen wissenschaftlich-bildungsmäßigen Standards seiner jüdischen Diskussionsgegner eine hohe Wertschätzung der Juden erkennen läßt; und die viertens vor allem auf Grund geschichtstheologischer Prämissen eine gewiß problematische »Falsifizierung« des Judentums angesichts dessen historisch-politischer und militärischer Niederlagen veranschlagt.

Die Integration dieser Grundzüge zu einem Konzept bei Euseb wirkt im Ganzen bisweilen heterogen und bleibt keineswegs ohne Spannungen und auch Widersprüchlichkeiten.

Gerade dieses Ergebnis aber sollte nun meines Erachtens davor warnen, Euseb von Caesarea allzu schnell und undifferenziert in eine übergeordnete, dann aber auch notgedrungen unscharfe historische Linie der dann in der Regel durchgängig negativ bewerteten Geschichte des Verhältnisses von Christen und Juden einzuzeichnen. Das schon eingangs stellvertretend für zahlreiche andere genannte Votum von N.R.M. De Lange, Eusebs Schriften seien »durchtränkt von antijüdischem Eifer«[12], scheint aber eben von einer solchen übergeordneten historischen Linie auszugehen.[13] Insofern sich diese nun an einem konkreten Beispiel aus der Zeit der Alten Kirche wenigstens in wichtigen Teilen nicht bestätigt, könnte die hier vorgelegte Untersuchung über »Euseb und die Juden« auch als Plädoyer dafür verstanden werden, daß an dem in der wissenschaftlichen Historiographie eigentlich ja unbestrittenen Grundsatz entschlossen festzuhalten sei, daß »Mikroskopie und Makroskopie einan-

---

[11] Siehe hierzu oben S. 255-270.

[12] TRE 4 (1978) 135.

[13] Ähnlich J.W. Parkes, SCH(L) 1 (1964) 73, der von einem vermeintlichen antiken christlichen Schwarz-Weiß-Bild von den Juden eine gerade Linie zu den in der Tat grauenhaften blutigen Exzessen des ersten Kreuzzuges zieht, dabei leider aber gar zu sehr selber ein Schwarz-Weiß-Bild (nämlich von den in der Geschichte verifizierbaren Beziehungen zwischen Christen und Juden) zeichnet.

der abwechseln müssen, wenn man zum Ziel gelangen (...) will«.[14] Trifft es nämlich zu, daß sich die bestehenden »großen Linien« des Verhältnisses von Christen und Juden in der Geschichte eben so nicht zeichnen lassen, dann könnte die kirchengeschichtliche Wissenschaft sich im besten Sinne veranlaßt sehen, wieder stärker der detaillierten Analyse kleinerer Ausschnitte (seien es einzelne Denker und deren Texte, seien es sozialgeschichtliche Konstellationen in ihren verschiedenen historischen Umfeldern, seien es lokalgeschichtliche Fragestellungen u.v.a.m.) ihre Aufmerksamkeit zu widmen.

Fragt man abschließend noch nach einigen über die historische Fragestellung dieser Arbeit und ihre Relevanz für die Kirchengeschichte hinaus möglicherweise zu ziehenden *applicationes*, so wäre auf folgende Punkte aufmerksam zu machen:

Auf der einen Seite hat sich gezeigt, daß die Christologie und die Soteriologie Eusebs gerade auf Grund ihres heilsuniversalistischen Ansatzes keine exkludierenden Aspekte beinhaltet; insofern kann und muß man davon ausgehen, daß Euseb auch die Juden nicht als prinzipiell verworfen, als endgültig vom Heilswillen Gottes ausgeschlossen ansieht. Man könnte und müßte im Blick auf Eusebs Texte im Gegenteil sogar fragen, ob eine solche Auffassung nicht die widersinnigste mögliche Konsequenz wäre, die gerade aus *dieser* Art von Christologie, wie man sie im apologetischen Doppelwerk studieren kann, gezogen werden könnte. Die Schriften Eusebs erwecken demgegenüber insgesamt eher den Eindruck, als habe gerade sein (teilweise in der Linie des Origenes) die Universalität des Heilswillens Gottes in Christus betonender Ansatz ihn vor solchen möglichen, in der spätantiken Gesellschaft ja bekanntlich nicht wenig verbreiteten antijudaistischen Tendenzen bewahrt. Hält man dies für möglich oder wahrscheinlich, dann würde dies im Blick auf das historische Beispiel Eusebs in einer sehr grundsätzlichen Weise bedeuten, daß ein Gespräch, daß eine christliche Auseinandersetzung mit dem Judentum, daß ein christlich-jüdischer Dialog jenseits der Christologie prinzipiell wenig aussichtsreich ist, und zwar sowohl im Blick auf die vermeintlichen »Erfolgsaussichten« solcher Gespräche als auch um der Mitte des eigenen christlichen (andere eben nie ausschließenden) Selbstverständnisses willen. Die vorgelegte kirchen- und theologiehistorische Untersuchung über »Euseb und die Juden« wäre dann womöglich auch für die gegenwärtige Situation des christlich-jüdischen Dialogs und seiner Problemlagen nicht ganz ohne Bedeutung.

Auf der anderen Seite hat sich gezeigt, daß Euseb da, wo er, übrigens in Aufnahme gerade jüdischer theologischer Traditionen, von den jeweiligen

---

[14] Ich bediene mich hier einer Formulierung von A.M. Ritter, der in einem völlig anderen Untersuchungszusammenhang auf eben diesen methodischen Grundsatz historischen Arbeitens noch einmal nachdrücklich aufmerksam gemacht hat. Das Zitat findet sich in seinem Aufsatz »Der gewonnene christologische Konsens zwischen orthodoxen Kirchen im Lichte der Kirchenvätertradition«, in: Logos. FS L. Abramowski, hg. von H.C. Brennecke/E.L. Grasmück/C. Markschies, BZNW 67, Berlin New York 1993, 462.

geschichtlichen Ereignissen auf das Wirken und auf den Heils- (oder Un-
heils-)willen Gottes schließen zu können meint, eine Tendenz entwickelt, die
seinem heilsgeschichtlichen christlichen Denken einen triumphalistischen Zug
und, angesichts der militärischen und politischen Niederlagen der Juden seit
70, seiner Bewertung des Judentums hin und wieder einen negativen impetus
verleiht. Zwar muß man hierbei im Blick behalten, daß das Motiv der sicheren
Identifizierbarkeit des Wirkens Gottes in den geschichtlichen Ereignissen bei
Euseb ganz grundsätzlich und keineswegs nur im Gegenüber zu den Juden
angewendet wird. Es bleibt allerdings zu konstatieren, daß sowohl der heilsgeschichtliche Triumphalismus als auch die teilweise negative Bewertung des
Judentums in Eusebs geschichtstheologischen Ausführungen die christolo-
gisch-soteriologischen Voraussetzungen seiner Texte im Grunde unterbietet.
Hält man dies für möglich oder für wahrscheinlich, so wäre das historische
Beispiel Eusebs in einer grundsätzlichen Weise als symptomatisch anzusehen,
insofern es ein Licht auf die heiklen Problemlagen wirft, in die man gerät,
wenn man Gottes Wirken allzu schnell unmittelbar an historischen Ereignissen (und ihren oft ja alles andere als eindeutigen Bewertungen) ablesen will.
Die hier vorgelegte Untersuchung über »Euseb und die Juden« könnte dann
dazu dienen, christlicherseits den offenbarungstheologischen Grundsatz neu
einzuschärfen, daß kein Ereignis in der Geschichte als unmittelbares Handeln
Gottes zu qualifizieren und zu deuten ist.

Zum dritten wirft die Beschäftigung mit der Einstellung eines Euseb von
Caesarea zu den Juden immerhin die Frage neu auf, ob und inwiefern es eine
legitime christliche theologische Kritik an den Juden und am Judentum geben
kann, die keine antijudaistischen Züge trägt. Signum und zugleich unaufgebbare
Prämisse einer solchen legitimen Kritik wäre dabei in jedem Falle die Einsicht
in die grundsätzliche Gleichwertigkeit beider Seiten und die unbedingte Sachlichkeit der Auseinandersetzung. Zu einer solchen Sachlichkeit kann nicht zuletzt die Historiographie beitragen, insofern die intensive historische Arbeit an
einzelnen ausgewählten Punkten der so hoch belasteten christlich-jüdischen
Geschichte immerhin doch Einlinigkeiten des Urteils vermeiden und Differenzierungen herauszuarbeiten geeignet ist. Diese so lapidar klingende Feststellung
könnte über die oben bereits angesprochenen Konsequenzen für die kirchengeschichtliche Forschung hinaus auch für das aktuelle christlich-jüdische Gespräch und nicht zuletzt für die immer neu virulente Frage nach dem Selbstver-
ständnis und Selbstverhältnis des Christentums als brisant erweisen, bedenkt
man, daß Historiographie ja niemals nur Rekonstruktion leistet (und damit der
»historischen Gerechtigkeit« Genüge zu tun sucht), sondern stets auch (mitun-
ter wirkmächtige) Traditionen setzt und von daher in ihrer Weise nicht nur
Gegenwart beleuchtet, sondern auch Zukunft antizipiert.[15]

---

[15] Vgl. hierzu die diesen Gedanken m.E. immer noch am eindrucksvollsten entfaltende
Sammlung von R. Koselleck, Vergangene Zukunft. Zur Semantik geschichtlicher
Zeiten, Frankfurt ²1984, hierin bes. den Beitrag Standortbildung und Zeitlichkeit. Ein
Beitrag zur historiographischen Erschließung der geschichtlichen Welt, 176-207.

Literaturverzeichnis

QUELLEN

AMBROSIUS VON MAILAND
De Cain et Abel, ed. C. Schenkl, CSEL 32/1, Wien 1896, 339-409.
De obitu Theodosii, ed. O. Faller, CSEL 73, Wien 1955, 371-401.
Epistula 74, ed. M. Zelzer, CSEL 82/3, Wien 1982, 54-73.
Explanatio psalmorum xii, ed. M. Petschenig, CSEL 64, Wien 1919.
Expositio Evangelii secundum Lucam, ed. M. Adriaen, CChr.SL 14, Turnhout
    1957, 1-400.

AMMIANUS MARCELLINUS
Römische Geschichte, lat. und deutsch, mit einem Kommentar versehen von
    W. Seyfarth, SQAW 21, vol. 1-2, Darmstadt ⁴1978, vol. 3-4 Berlin ³1986.

ARISTIDES
Apologia, ed. E. Hennecke, TU IV 3, Leipzig 1893.
The Apology of Aristides on Behalf of the Christians from a Syriac MS
    preserved on Mount Sinai, ed. J.R. Harris, with an appendix containing the
    main portion of the original Greek Text by J.A. Robinson, TaS I 1,
    Cambridge ²1893.

ATHANASIUS VON ALEXANDRIEN
De decretis Nicaenae synodi, in: Werke II 1. Die Apologien, ed. H.-G. Opitz,
    Berlin 1935, 1-45.
Werke III 1. Urkunden zum arianischen Streit (Urk. 1-34), ed. H.-G. Opitz,
    Berlin 1935.

ATHENAGORAS
Legatio pro Christanos, ed. J Geffcken, in: ders., Zwei griechische Apologeten,
    Hildesheim 1970 (ND der Ausgabe Leipzig 1907), 120-154.

AUGUSTINUS VON HIPPO
Adversos Iudaeos, PL 42, 51-64.
Die Judenpredigt Augustins, übersetzt und kommentiert von B. Blumen-
    kranz, Paris ²1973.
De civitate dei, ed. B. Dombart/A. Kalb, CChr.SL 47f., Turnhout 1955.
De vera religione, ed. K.-D. Daur, CChr.SL 32, Turnhout 1965, 187-260.

BARNABASBRIEF
Barnabasbrief, eingel., hg., übers. und erl. von K. Wengst, SUC, Darmstadt 1984, 103-195.
Épître de Barnabé, ed. R.A. Kraft/P. Prigent, SC 172, Paris 1971.

CLEMENS VON ALEXANDRIEN
Stromata: I-VI, ed. O. Stählin/E. Früchtel, GCS Clemens Alexandrinus 2, Berlin ³1960; VII-VIII, ed. O. Stählin/E. Früchtel, GCS Clemens Alexandrinus 3, Berlin ²1970.

CLEMENTINA
Recognitiones, ed. B. Rehm/G. Strecker, GCS Pseudoklementinen, Berlin ²1994.

CODEX THEODOSIANUS
Theodosiani libri xvi cum Constitutionibus Sirmondianis, ed. P. Krüger/Th. Mommsen, Berlin ²1954.
Codex Theodosianus 16, 8, 1-29, Iacobus Gothefredus, übers. und bearb. von R. Frohne, EHS.G 453, Bern u.a. 1991.

EGERIA
Itinerarium, ed. A. Francescini/R. Weber, CChr.SL 175, Turnhout 1965, 35-90.
Reisebericht, übers. und eingel. von G. Röwekamp, FC 20, Freiburg 1995.

EPIPHANIUS VON SALAMIS
De mensuris et ponderibus, ed. and transl. J.E. Dean, Chicago 1935.
De mensuris et ponderibus, PG 43, 237-294.
Panarion seu adversus lxxx haereses 34-64, ed. K. Holl, GCS Epiphanius 2, Leipzig 1922; haereses 65-80, ed. K. Holl, GCS Epiphanius 3, Leipzig 1933.
The Panarion of Epiphanius of Salamis, Book I (sects 1-46), transl. by F. Williams, NHS 35, Leiden 1987; Book II (sects 47-80 De Fide), transl. by F. Williams, NHS 36, Leiden 1994.

EUSEB VON CAESAREA
Chronicon, Die Chronik des Eusebius aus dem armenischen übersetzt, ed. J. Karst, GCS Euseb V, Leipzig 1911.
Eusebii Pamphili Chronicon bipartitum, nunc primum ex armeniaco textu in latinum conuersum, adnotationibus auctum, graecis fragmentis exornatum, Venedig 1818.
Die Chronik des Hieronymus, ed. R. Helm/U. Treu, GCS Euseb VII, Berlin ³1984.
Commentarius in Iesaiam, ed. J. Ziegler, GCS Euseb IX, Berlin 1975.
Commentarius in Psalmos, PG 23, 72-1396.
La chaîne Palestinienne sur le Psaume 118, ed. M. Harl, SC 189f., Paris 1972.
In Ps il, ed. R. Devreesse, in: RB 33 (1924) 78-81.
Contra Hieroclem, ed. É. des Places/M. Forrat, SC 333, Paris 1986.

Contra Marcellum, ed. E. Klostermann/G.C. Hansen, GCS Euseb IV, Berlin
²1972, 1-58.
De ecclesiastica theologia, ed. E. Klostermann/G.C. Hansen, GCS Euseb IV,
Berlin ²1972, 60-182.
De laudibus Constantini, ed. I.A. Heikel, GCS Euseb I, Leipzig 1902, 195-223.
In Praise of Constantine, translated by H.A. Drake, Berkeley u.a. 1976.
De martyribus Palaestinae, ed. E. Schwartz, GCS Euseb II 2, Leipzig 1908,
907-950.
Über die Märtyrer in Palästina, übersetzt von A. Bigelmair, BKV Euseb 1,
München 1913, 273-313.
De vita Constantini, ed. F. Winkelmann, GCS Euseb I 1, Berlin ²1991.
Über das Leben des Kaisers Konstantin, übersetzt von J.M. Pfättisch, BKV
Euseb 1, München 1913, 1-190.
Demonstratio evangelica, ed. I.A.Heikel, GCS Euseb VI, Leipzig 1913.
The Proof of the Gospel, translated by W. J. Ferrar, 2 vol., New York 1920.
Generalis elementaria introductio, PG 22, 1021-1261.
Historia ecclesiastica, ed. E. Schwartz, GCS Euseb II 1-3, 1903-1909.
Kirchengeschichte, hg. H. Kraft, übers. von P. Haeuser (in der 2. Aufl.
durchgesehen von A. Gärtner), Darmstadt 1984 (=München ²1981).
Onomasticon, ed. E. Klostermann, GCS Euseb III 1, Hildesheim 1966 (ND
der Ausgabe Leipzig 1904).
Praeparatio evangelica, ed. K. Mras/É. des Places, GCS Euseb VIII 1-2, Berlin
²1982-1983.
La Préparation Évangelique, SC 206 (P.e. I), ed. J. Sirinelli/É. des Places, Paris
1974; SC 228 (P.e. II-III) ed. É. des Places, Paris 1976; SC 262 (P.e. IV-V,1-
17), ed. O. Zink, Paris 1979; SC 266 (P.e. V,18-36 – VI), ed. É. des Places,
Paris 1980; SC 215 (P.e. VII), ed. G. Schroeder/É. des Places, Paris 1975; SC
369 (P.e.VIII-X), ed. G. Schroeder/É. des Places, Paris 1991; SC 292 (P.e.
XI), ed. G. Favrelle, Paris 1982; SC 307 (P.e. XII-XIII), ed. É. des Places,
Paris 1983, SC 338 (P.e. XIV-XV), ed. É. des Places, Paris 1987.
Eusebii Pamphili evangelicae praeparationis libri XV, ed. E.H. Gifford, 4 vol.,
Oxford 1903.
Scholia in Lucam (fragmenta in catenis), PG 24, 529-605.
Theophanie, ed. H. Gressmann/A. Laminski, GCS Euseb III 2 (gr. Fragm.
und dt. Übersetzung der syrischen Überlieferung), Berlin ²1991.

EUTROPIUS
Breviarium ab urbe condita, ed. C. Santini, BSGRT, Leipzig 1979.

EXPOSITIO TOTIUS MUNDI
Expositio totius mundi et gentium, ed. J. Rougé, SC 124, Paris 1966.

(PS?) GREGOR VON NYSSA
In luciferam sanctam domini resurrectionem (=In Christi resurrectionem V),
ed. E. Gebhardt, in: Gregorii Nysseni Opera, ed. W. Jaeger/H. Langerbeck,
vol. IX, Leiden 1967, 315-319.

GREGOR THAUMATURGOS
In Origenem oratio panegyrica, ed. H. Crouzel, SC 148, Paris 1969.

HIERONYMUS
Apologia adversus libros Rufini, ed. P. Lardet, SC 303, Paris 1983.
Commentariorum im Amos prophetam libri III, ed. M. Adriaen, CChr.SL 76, Turnhout 1969, 211-351.
Commentariorum in Isaiam libri I-XI, ed. M. Adriaen, CChr.SL 73, Turnhout 1963.
Commentariorum in Osee libri III, ed. M. Adriaen, CChr.SL 76, Turnhout 1969, 1-158.
De viris illustribus, ed. A. Cesera-Gastaldo, BiblPatr 12, Florenz 1988.
Epistula 34, ed. I. Hilberg, CSEL 54, Wien ²1996, 259-264.
Epistula 112, ed. I. Hilberg, CSEL 55, Wien ²1996, 367-393.
Epistula 121, ed. I. Hilberg, CSEL 56/1, Wien ²1996, 3-55.

HILARIUS VON POITIERS
Tractatus in psalmum 51, ed. A. Zingerle, CSEL 22, Wien 1891, 96-117.

(PS.) HIPPOLYT
Oratio de consummatione mundi, ed. H. Achelis, GCS Hippolyt I 2, Leipzig 1897, 289-309.

ISIDOR VON SEVILLA
Etymologiarum sive Originum libri xx, PL 82, 74-727.
Etymologiarum sive Originum libri xx, 2 vol., ed. W.M. Lindsay, SCBO, Oxford 1962 (=¹1911).

ITINERARIUM BURDIGALENSE
Itinerarium Burdigalense, ed. P. Geyer/O. Cuntz, CChr.SL 175, Turnhout 1965, 1-26.

JOHANNES CHRYSOSTOMUS
Adversus Iudaeos Orationes, PG 48, 843-942.
Acht Reden gegen Juden, eingel. und erl. von R. Brändle, übers. von V. Jegher-Bucher, BGL 41, Stuttgart 1995.
Expositiones in psalmos 4-12, PG 55, 39-154.

JOSEPHUS FLAVIUS
Antiquitates Iudaicae, ed. B. Niese, Flavii Iosephi Opera I (Ant. I-V); II (Ant. VI-X); III (Ant. XI-XV); IV (Ant. XVI-XX et vita), Berlin ²1955.
Des Flavius Josephus Jüdische Altertümer, übers. H. Clementz, I (Ant. I-X); II (Ant. XI-XX), Wiesbaden ⁸1989.
De Bello Iudaico, ed. und übersetzt von O. Michel/O. Bauernfeind, 3 vol., Darmstadt ³1982-¹1969.
Contra Apionem, ed. B. Niese, Flavii Iosephi Opera V, Berlin ²1955.
Contre Apion, ed. T. Reinach/L. Blum, CUFr, Paris 1930.

(PS.) JULIUS PAULUS
Sententiarum receptarum libri quinque qui uulgo Iulio Paulo adhuc tribuuntur, in: Fontes Iuris Romani anteiustiniani II, ed. J. Baviera, Florenz ²1968, 321-417.

JUSTIN MARTYR
Apologia maior (= I Apol.), ed. M. Marcovich, Iustini Martyris apologiae pro Christianis, PTS 38, Berlin New York 1994, 31-133.
Apologia minor (= II Apol.), ed. M. Marcovich, Iustini Martyris apologiae pro Christianis, PTS 38, Berlin New York 1994, 135-159.
Dialogus cum Tryphone, ed. M. Marcovich, PTS 47, Berlin New York 1997.

(PS.) JUSTIN
Cohortatio ad Graecos, ed. M. Marcovich, PTS 32, Berlin New York 1990, 23-78.
Ad Graecos De vera religione (bisher »Cohortatio ad Graecos«): Einleitung und Kommentar von C. Riedweg, 2 vols., SBA 25, Basel 1994.

LACTANTIUS
Divinae institutiones, ed. S. Brandt, CSEL 19/1, Wien 1890, 1-672.

LIBANIUS
Oratio XXXI, in: Libanii Opera, Vol. III: Orationes XXVI-L, ed. R. Foerster, BSGRT, Leipzig 1906, 119-146.

MELITO VON SARDES
Sur la Pâque, ed. O. Perler, SC 123, Paris 1966.

MIDRASHIM
Midrash Rabbah, ed. Rom, Wilna 1887.
Debarim Rabbah, ed. S. Lieberman, Jerusalem ²1964.

ORIGENES
Commentarii in epistulam ad Romanos, Kritische Ausgabe der Übersetzung Rufins, hg. von C.P. Hammond-Bammel: I-III, AGLB 16, Freiburg 1990.
Römerbriefkommentar, übersetzt und eingel. von Th. Heither, FC 2/1 (Comm. in Rom. I-II), Freiburg 1990; FC 2/2 (Comm. in Rom III-IV), Freiburg 1992; FC 2/3 (Comm. in Rom. V-VI), Freiburg 1993; FC 2/4 (Comm. in Rom VII-VIII), Freiburg 1994; FC 2/5 (Comm. in Rom. IX-X), Freiburg 1996.
Commentariorum series in Mt., ed. E. Benz/E. Klostermann/L. Früchtel/U. Treu, GCS Origenes 10-12, Berlin 1933-²1976.
Commentarius in Canticum Canticorum, ed. W.A. Baehrens, GCS Origenes 8, Leipzig 1925, 61-241.
Contra Celsum I-IV, ed. P. Koetschau, GCS Origenes I, Leipzig 1899, 49-374. V-VIII, ed. P. Koetschau, GCS Origenes II, Leipzig 1899, 1-293.
Contre Celse, SC 132 (Cels. I-II), ed. H. Borret, Paris 1967; SC 136 (Cels. III-

IV), ed. H. Borret, Paris 1968; SC 147 (Cels. V-VI), ed. H. Borret, Paris 1969; SC 150 (Cels. VII-VIII), ed. H. Borret, Paris 1969; SC 227 (Introduction générale, tables et index), Paris 1976.

De principiis libri iv. Vier Bücher von den Prinzipien, hg., übers. und mit kritischen Anm. versehen von H. Görgemanns und H. Karpp, Darmstadt ³1992.

Epistula ad Iulium Africanum, ed. N. de Lange, SC 302, Paris 1983, 522-573.

Exhortatio ad martyrium, ed. P. Koetschau, GCS Origenes 1, Leipzig 1899, 3-47.

Aufforderung zum Martyrium, eingeleitet, übersetzt und mit Anmerkungen versehen von E. Früchtel, BGL 5, Stuttgart 1974, 81-137.

Homiliae ii in Canticum canticorum, GCS Origenes 8, ed. W.A. Baehrens, Leipzig 1925, 27-60.

Homiliae xiii in Exodum, ed. W.A. Baehrens, GCS Origenes 6, Leipzig 1920, 145-279.

Homiliae xiv in Ezechielem, ed. W.A. Baehrens, GCS Origenes 8, Leipzig 1925, 319-454.

Homiliae xvi in Genesim, ed. W.A. Baehrens, GCS Origenes 6, Leipzig 1920, 1-144.

Homélies sur la Genèse, ed. H. de Lubac/L. Doutreleau, SC 7, Paris ²1976.

Homiliae xx in Ieremiam graecae, GCS Origenes 3, ed. E. Klostermann, Leipzig 1901, 1-194.

Homiliae xxvi in Iesu Nave, ed. W.A. Baehrens, GCS Origenes 7, Leipzig 1921, 286-463.

Homiliae xvi in Leviticum, ed. W.A. Baehrens, GCS Origenes 6, Leipzig 1920, 280-507.

Homiliae xxviii in Numeros, ed. W.A. Baehrens, GCS Origenes 7, Leipzig 1921, 3-285.

Homiliae v in Ps xxxvi, PG 12, 1319-1368.

Selecta in Exodum, PG 12, 281-297.

PATRUM NICAENORUM NOMINA
Patrum nicaenorum nomina latine graece coptice syriace arabice armeniace, ed. H. Gelzer/H. Hilgenfeld/O. Cuntz, Stuttgart Leipzig 1995 (mit einem Nachwort von C. Markschies versehener Nachdruck der Auflage ¹1898).

PHILO VON ALEXANDRIEN
De agricultura, ed. P. Wendland, in: Philonis Alexandrini opera II, Berlin 1897, 95-132.

De agricultura, ed. J. Pouilloux, Les œuvres de Philon d'Alexandrie 9, Paris 1961.

De confusione linguarum, ed. P. Wendland, in: Philonis Alexandrini opera II, Berlin 1897, 229-267.

De confusione linguarum, ed. J.G. Kahn, Les œuvres de Philon d'Alexandrie 13, Paris 1963.

De migratione Abrahami, ed. P. Wendland, in: Philonis Alexandrini opera II, Berlin 1897, 286-314.

De migratione Abrahami, ed. J. Cazeaux, Les œuvres de Philon d'Alexandrie 14, Paris 1965.

De opificio mundi, ed. L. Cohn, in: Philonis Alexandrini opera I, Berlin 1896, 1-60.

De opificio mundi, ed. R. Arnaldez, Les œuvres de Philon d'Alexandrie 1, Paris 1961.

De plantatione, ed. P. Wendland, in: Philonis Alexandrini opera II, Berlin 1897, 133-169.

De plantatione, ed. J. Pouilloux, Les œuvres de Philon d'Alexandrie 10, Paris 1963.

De providentia, ed. M. Hadas-Lebel, Les œuvres de Philon d'Alexandrie 35, Paris 1973.

De specialibus legibus, ed. L. Cohn, in: Philonis Alexandrini opera V, Berlin 1906, 1-265.

De specialibus legibus I-II, ed. S. Daniel, Les œuvres de Philon d'Alexandrie 24, Paris 1975.

De specialibus legibus III-IV, ed. A. Mosès, Les œuvres de Philon d'Alexandrie 25, Paris 1970.

De vita contemplativa, ed. L. Cohn/S. Reiter, Berlin 1915, 46-71.

De vita contemplativa, ed. F. Daumas/P. Miquel, Les œuvres de Philon d'Alexandrie 29, Paris 1963.

About the contemplative life or the fourth book of the treatise concerning virtues, ed. F.C. Conybaere, New York 1987 (ND der Ausgabe Oxford 1895).

De vita Mosis, ed. L. Cohn, in: Philonis Alexandrini opera VI, Berlin 1902, 119-268.

De vita Mosis, ed. R. Arnaldez/C. Mondésert/J. Pouilloux/P. Savinel, Les œuvres de Philon d'Alexandrie 22, Paris 1967.

Legatio ad Gaium, ed. L. Cohn/S. Reiter, in: Philonis Alexandrini opera VI, Berlin 1915, 155-223.

Legatio ad Gaium, ed. A. Pelletier, Les œuvres de Philon d'Alexandrie 32, Paris 1972.

Quod omnis probus liber sit, ed. L. Cohn/S. Reiter, in: Philonis Alexandrini opera VI, Berlin 1915, 1-45.

Quod omnis probus liber sit, ed. M. Petit, Les œuvres de Philon d'Alexandrie 28, Paris 1974.

PHOTIOS
Bibliothecae Codices 1-84, ed. R. Henry, CBy, Paris 1959.

PLATON
Alkibiades I, in: Opera II, ed. J. Burnet, SCBO, Oxford [12]1964 (=[1]1901), 103a-135e.

Alkibiades I, in: Werke I, hg. G. Eichler, bearb. H. Hofmann, Darmstadt ²1990, 103a-135e.

Epinomis, in: Opera V, ed. J. Burnet, SCBO, Oxford ⁹1962 (=¹1907), 973a-992d.

Epinomis, ed. O. Specchia, CuSc, Florenz 1967.

Epistolai, in: Opera V, ed. J. Burnet, SCBO, Oxford ⁹1962 (=¹1907), 309a-363e.

Epistolai, in: Werke V, hg. G. Eigler, bearb. D. Kurz, Darmstadt ²1990, 310b-363e.

Nomoi, in: Opera V, ed. J. Burnet, SCBO, Oxford ⁹1962 (=¹1907), 624a-969d.

Nomoi, in: Werke VIII 1 und 2, hg. G. Eigler, bearb. K. Schöpsdau, Darmstadt ²1990, 624a-969d.

Phaidon, in: Opera I, ed. J. Burnet, SCBO, Oxford 1961 (=1900), 57a-118a.

Phaidon, in: Werke III, hg. G. Eichler, bearb. D. Kurz, Darmstadt ²1990, 57a-118a.

Phaidros, in: Opera II, ed. J. Burnet, SCBO, Oxford ¹¹1964 (=¹1901), 227a-279c.

Phaidros, in: Werke V, hg. G. Eichler, bearb. D. Kurz, Darmstadt ²1990, 227a-279c.

Politeia, in: Opera, ed. J. Burnet, SCBO, Oxford ¹⁴1958 (=¹1902), 327a-621d.

Politeia, in: Werke IV, hg. G. Eigler, bearb. D. Kurz, Darmstadt ²1990, 327a-621d.

Politikos, in: Opera I, ed. J. Burnet, SCBO, Oxford 1961 (=1900), 257a-311c.

Politikos, in: Werke VI, hg. G. Eigler, bearb. P. Staudacher, Darmstadt ²1990, 257a-311c.

Timaios, in: Opera IV, ed. J. Burnet, SCBO, Oxford ¹⁶1962 (=¹1902), 17a-92c.

Timaios, in: Werke VII, hg. G. Eigler, bearb. K. Widdra, Darmstadt ²1990, 17a-92c.

SOZOMENOS
Historia ecclesiastica, ed. J. Bidez/G.C. Hansen, GCS.NF 4, Berlin 1995.

TALMUD BAVLI
Bar Ilan University, Responsa Version 3.0 (CD ROM), Tel Aviv 1994.

Aboda zara. Vom Götzendienst, in: Der babylonische Talmud VII. hg., übers. und mit Erklärungen versehen von L. Goldschmidt, Leipzig 1933, 793-1047.

Berakhoth. Von den Segenssprüchen, in: Der babylonische Talmud I, hg., übers. und mit Erklärungen versehen von L. Goldschmidt, Leipzig 1933, 1-240.

Megilla. Von der Esterrolle, in: Der babylonische Talmud III, hg., übers. und mit Erklärungen versehen von L. Goldschmidt, Leipzig 1933, 529-670.

Moed qatan. Vom Halbfest, in: Der babylonische Talmud III, hg., übers. und mit Erklärungen versehen von L. Goldschmidt, Leipzig 1933, 671-779.

Sota. Von der Ehebruchsverdächtigen, in: Der babylonische Talmud V, hg., übers. und mit Erklärungen versehen von L. Goldschmidt, Leipzig 1933, 163-360.

Sukkah. Von der Festhütte, in: Der babylonische Talmud III, hg., übers. und mit Erklärungen versehen von L. Goldschmidt, Leipzig 1933, 3-163.

TALMUD YERUSHALMI

Synopse zum Talmud Yerushalmi. Band I/1-2 Ordnung Zera'im: Berakhot und Pe'a, hg. v. Peter Schäfer und Hans-Jürgen Becker, Tübingen 1991.

Synopse zum Talmud Yerushalmi. Band IV Ordnung Neziqin. Ordnung Toharot: Nidda, hg. v. Peter Schäfer und Hans-Jürgen Becker, Tübingen 1995.

Avoda Zara. Götzendienst, Übersetzung des Talmud Yerushalmi IV/7, übersetzt von G.A. Wewers, Tübingen 1980.

Bavot. Pforten, Bava Qamma. Erste Pforte; Bava Mesia. Mittlere Pforte; Bava Batra. Letzte Pforte, Übersetzung des Talmud Yerushalmi IV/1-3, übersetzt von G.A. Wewers, Tübingen 1982.

Berakhoth, Der Jerusalemer Talmud in deutscher Übersetzung I, übersetzt von C. Horowitz, Tübingen 1975.

Demai. Zweifelhaftes, Übersetzung des Talmud Yerushalmi III/3, übersetzt von G.A. Wewers (+) und F.G. Hüttenmeister, Tübingen 1995.

Megilla. Schriftrolle, Übersetzung des Talmud Yerushalmi II/10, übersetzt von F.G. Hüttenmeister, Tübingen 1987.

Pea. Ackererde, Übersetzung des Talmud Yerushalmi I/2, übersetzt von G.A. Wewers, Tübingen 1986.

Sanhedrin. Gerichtshof, Übersetzung des Talmud Yerushalmi IV/4, übersetzt von G.A. Wewers, Tübingen 1981.

Sheqalim. Shekelsteuer, Übersetzung des Talmud Yerushalmi II/5, übersetzt von F.G. Hüttenmeister, Tübingen 1990.

Yoma. Versöhnungstag, Übersetzung des Talmud Yerushalmi II/4, übersetzt von F. Avemarie, Tübingen 1995.

TATIAN

Oratio ad Graecos, ed. M. Marcovich, PTS 43, Berlin New York 1995.

TERTULLIAN

Ad nationes libri II, ed. J.G.Ph. Borleffs, CChr.SL 1, Turnhout 1954, 11-75.

Le premier livre Ad Nationes de Tertullien, ed. A. Schneider, BHRom 9, Rom 1968.

Adversus Marcionem, ed. A. Kroyman, CChr.SL 1, Turnhout 1954, 441-726.

Scorpiace, ed. A. Reifferscheid/G. Wissowa, CChr.SL 2, Turnhout 1954, 1069-1097.

THEOPHILUS

Ad Autolycum, ed. M. Marcovich, PTS 44, Berlin New York 1995.

VENANTIUS FORTUNATUS

Vita S. Hilarii, ed. B. Krusch, MGH.aa IV 2, Berlin 1885, 1-11.

VICTORIN VON PETTAU
Commentarii in apocalypsin editio Victorini, ed. J. Haussleiter, CSEL 49, Wien 1916, 14-154.
Sur l'apocalypse, ed. M. Dulaey, SC 423, Paris 1997.

SEKUNDÄRLITERATUR

Abel, E.L., The Roots of Anti-Semitism, London 1975.
Altaner, B., Augustin und Philo von Alexandrien. Eine quellenkritische Untersuchung, in: ZKT 65 (1941) 81-90.
Alvarez, J., St. Augustine and Antisemitism, in: StPatr 9 (1966) 340-349.
Amir, Y., Die hellenistische Gestalt des Judentums bei Philon von Alexandrien, FJCD 5, Neukirchen 1983.
Andresen, C., »Siegreiche Kirche« im Aufstieg des Christentums. Untersuchungen zu Eusebius von Caesarea und Dionysios von Alexandrien, in: ANRW II 23,1 (1979) 387-459.
[Anonymus], Rez.: The Proof of the Gospel, being the Demonstratio evangelica, by W.J. Ferrar, London 1920, in: Month. 138 (1921) 183f.
Ariel, D.T., The Coins, in: Excavations at Caesarea Maritima 1975, 1976, 1979 – Final Report, ed L.I. Levine/E. Netzer, Qedem 21, Jerusalem 1986, 137-148.
Avi-Yonah, M., Geschichte der Juden im Zeitalter des Talmud, Berlin 1962.
– Art.: The Excavation of the Synagogue, in: The New Encyclopaedia of Archaeological Excavations in the Holy Land, ed. E.Stern, Jerusalem 1993, 278f.

Bacharach, B.S., The Jewish Community of the Later Roman Empire as Seen in the Codex Theodosianus, in: To See Ourselves as Others See Us: Christians, Jews, »Others« in Late Antiquity, ed. J. Neusner/E.S. Frerichs, SPSHS, Chico/Cal. 1985, 399-421.
Bacher, W., Die Gelehrten von Caesarea, in: MGWJ 45 (1901) 298-310.
– Zur Geschichte der Schulen Palästina's im 3. und 4. Jahrhundert, in: MGWJ 43 (1899) 345-360.
Baer, Y.F., Israel, the Christian Church, and the Roman Empire, in: ScrHie 7 (1961) 79-149.
Bammel, C.P., Die Hexapla des Origenes. Die Hebraica Ueritas im Streit der Meinungen, in: Aug. 28 (1988) 125-149 [wiederabgedruckt in: *dies.*, Tradition and Exegesis in Early Christian Writers, London 1995, no. X].
– Die Juden im Römerbriefkommentar des Origenes, in: Christlicher Antijudaismus und jüdischer Antipaganismus, hg. H. Frohnhofen, Hamburger Theologische Studien 3, Hamburg 1990, 145-151 [wiederabgedruckt in: *dies.*, Tradition and Exegesis in Early Christian Writers, London 1995, no. XIII].

Bardy, G., Melchisédech dans la tradition patristique I, in: RB 35 (1926) 496-509.

– Melchisédech dans la tradition patristique II, in: RB 36 (1927) 25-45.

Barnard, L. W., Art.: Apologetik I, in: TRE 3 (1978) 371-411.

Barnes, T. D., Constantine and Eusebius, Cambridge/Mass. 1981.

– Tertullian, Oxford ²1985.

Barthélemy, D., Est-ce Hoshaya Rabba qui censure le ›Commentaire Allégorique‹? A partir des retouches faites aux citations bibliques, in: Actes du Colloque National du C.N.R.S. de Lyon 11-15 Septembre 1966 sur Philon d'Alexandrie, ed. R. Arnaldez u.a., Paris 1967, 45-78.

Beebe, H. K., Caesarea Maritima: Its Strategic and Political Significance to Rome, in: JNES 42 (1983) 195-207.

Ben-Zvi, I., A Lamp with a Samaritan Inscription, in: IEJ 11 (1961) 139-142.

Benz, E., Christus und Sokrates in der alten Kirche (Ein Beitrag zum altkirchlichen Verständnis des Märtyrers und des Martyriums), in: ZNW 43 (1950/51) 195-224.

Berag, D./Porat, Y./Netzer, E., The Synagogue at 'En-Gedi, in: Ancient Synagogues Revealed, ed. L.I. Levine, The Israel Exploration Society, Jerusalem 1981, 116-119.

Berkhof, H., Die Theologie des Eusebius von Caesarea, Amsterdam 1939.

Bernard, J., Die apologetische Methode bei Klemens von Alexandrien. Apologetik als Entfaltung der Theologie, EThSt 21, Leipzig 1966.

Beskow, P., Rex Gloriae. The Kingship of Christ in the Early Church, Stockholm u.a. 1962.

Beyschlag, K., Grundriß der Dogmengeschichte. Band 1: Gott und Welt, Darmstadt ²1988.

Bienert, W., Der älteste nichtchristliche Jesusbericht. Josephus über Jesus. Unter besonderer Berücksichtigung des altrussischen »Josephus«, TABG 9, Halle 1936.

Bietenhard, H., Caesarea, Origenes und die Juden, FDV 1972, Stuttgart u.a. 1974.

Bloch, R., Israélite, juif, hébreu, in: CSion 5 (1951) 11-31. 258-280.

Blumenkranz, B., Vie et survie de la polémique antijuive, in: StPatr 1 (1957) 460-476.

– Augustin et le Juifs. Augustin et le Judaisme, in: RechAug 1 (1958) 225-241.

– Christlich-jüdische Missionskonkurrenz, in: Klio 39 (1961) 227-233.

Böhm, T., Theoria – Unendlichkeit – Aufstieg. Philosophische Implikationen zu De Vita Moysis von Gregor von Nyssa, SVigChr 35, Leiden 1996.

Bomstadt, R. G., Governing Ideas of the Jewish War of Flavius Josephus, Diss. Yale 1979.

Bonfils, G. de, Gli schiavi degli ebrei nella legislazione del IV secolo. Storia di un divieto, Bari 1992.

Bovon, F., L'Histoire Ecclésiastique d'Eusèbe de Césarée et l'histoire du salut, in: Oikonomia. Heilsgeschichte als Thema der Theologie, FS O. Cullmann, hg. von F. Christ, Hamburg 1967, 129-139.

Bowman, J., Samaritanische Probleme. Studien zum Verhältnis von Samaritanern, Judentum und Urchristentum, FDV 1959, Stuttgart u.a. 1967.

Braude, W.F., Jewish Proselytizing, Providence 1940.

Brennecke, H.C., Der Absolutheitsanspruch des Christentums und die religiösen Angebote der Alten Welt, in: Pluralismus und Identität, hg. J. Mehlhausen, Gütersloh 1995, 380-397.

– Frömmigkeits- und kirchengeschichtliche Aspekte zum Synkretismus, in: Im Schmelztiegel der Religionen. Konturen des modernen Synkretismus, hg. von V. Drehsen/W. Sparn, Gütersloh 1996, 121-142.

Broek, R. van den, Origenes en de joden, in: Ter Herkenning 13 (1985) 80-91.

Broshi, M., The Population of Western Palestine in the Roman-Byzantine Period, BASOR 236 (1979) 1-10.

Brox, N., »Non ulla gens non christiana« (zu Tertullian, ad nat. 1, 8, 9f.), in: VigChr 27 (1973) 46-49.

Bruns, J.E., Philo Christianus. The Debris of a Legend, in: HThR 66 (1973) 141-145.

– The »Agreement of Moses and Jesus« in the ›Demonstratio evangelica‹ of Eusebius, in: VigChr 31 (1977) 117-125.

Burckhardt, J., Die Zeit Constantins des Großen, Berlin o.J. (ND der Auflage Leipzig ²1880).

Cadiou, R., La bibliothèque de Césarée et la formation des chaines, in: RevSR 16 (1936) 474-483.

Campenhausen, H. von, Die Entstehung der Heilsgeschichte. Der Aufbau des christlichen Geschichtsbildes in der Theologie des ersten und zweiten Jahrhunderts, in: Saec. 21 (1970) 189-212.

Carleton Paget, J., The Epistle of Barnabas. Outlook and Background, WUNT 2/64, Tübingen 1994.

– Anti-Judaism and Early Christian Identity, in: ZAC 1 (1997) 195-225.

Chadwick, H., Early Christian Thought and Classical Tradition, Oxford 1984 (ND der Ausgabe Oxford 1966).

Chesnut, G.F., The First Christian Histories. Eusebius, Socrates, Sozomen, Theodoret, and Evagrius, Paris 1977.

Cohen, J.M., A Samaritan Chronicle. A Source-Critical analysis of the Life and Times of the Great Samaritan Reformer, Baba Rabbah, StPB 30, Leiden 1981.

Collinet, P. Histoire de l'école de droit de Beyrouth. Études historiques sur le droit de Justinien 12, Paris 1925.

Colpe, C., Von der Logoslehre des Philon zu der des Clemens von Alexandrien, in: Kerygma und Logos. Beiträge zu den geistesgeschichtlichen Beziehungen zwischen Antike und Christentum. FS C. Andresen, hg. von A.M. Ritter, Göttingen 1979, 89-107.

Courcelle, P., Saint Augustin a-t-il lu Philon d'Alexandrie? in: REA 63 (1961) 78-85.

Dan, Y., The City in Eretz-Israel During the Late Roman and Byzantine Periods (hebr.), Jerusalem 1984.

Daniélou, J., Bulletin d'histoire des origines chrétiennes, in: RSR 55 (1967) 88-151.

Doergens, H., Eusebius von Caesarea, der Vater der Kirchengeschichte, in: ThGl 29 (1937) 446-448.

Dörrie, H., Emanation. Ein philosophisches Wort im spätantiken Denken, in: Parusia. Studien zur Philosophie Platons und zur Problemgeschichte des Platonismus, FS J. Hirschberger, Frankfurt 1965, 119-141.

Dörries, H., Konstantinische Wende und Glaubensfreiheit, in: ders., Wort und Stunde I, Göttingen 1966, 1-117.

Dothan, M., The Synagogue at Hammath-Tiberias, in: Ancient Synagogues Revealed, ed. L.I. Levine, The Israel Exploration Society, Jerusalem 1981, 63-69.

Drecoll, V.H., Die Entwicklung der Trinitätslehre des Basilius von Cäsarea. Sein Weg vom Homöusianer zum Neunizäner, FKDG 16, Göttingen 1996.

Droge, A.J., The Apologetic Dimensions of the Ecclesiastical History, in: Eusebius, Christianity, and Judaism, ed. H.W. Attridge/G. Hata, StPB 42, Leiden 1992, 492-509.

Drummond, J., Philo Judaeus, or the Jewish-Alexandrian Philosophy in its Development and Completion I, Amsterdam 1969 (ND der Ausgabe London 1888).

Eissfeldt, O., Art.: Dura-Europos, in: RAC 4 (1959) 358-370.

Elsas, C., Das Judentum als philosophische Religion bei Philo von Alexandrien, in: Altes Testament – Frühjudentum – Gnosis. Neue Studien zu »Gnosis und Bibel«, ed. K.-W. Tröger, Gütersloh 1980, 195-220.

Farandos, G.D., Kosmos und Logos bei Philon von Alexandrien, Elementa 4, Amsterdam 1976.

Fascher, E., Jerusalems Untergang in der urchristlichen und altkirchlichen Überlieferung, in: ThLZ 89 (1964) 81-98.

Feige, G., Die Lehre Markells von Ankyra in der Darstellung seiner Gegner, EThS 58, Leipzig 1991.

Feldman, L.H., Jew and Gentile in the Ancient World. Attitudes and Interactions from Alexander to Justinian, Princeton 1993.

– Flavius Josephus Revisited: The Man, His Writings, and His Significance, in: ANRW II 21, 2 (1984) 763-862.

Foakes-Jackson, F.J., Rez. The Proof of the Gospel, being the Demonstratio evangelica, by W.J. Ferrar, London 1920, in: Theol. 5,26 (1922) 102-104.

Freudenthal, J., Hellenistische Studien 1 und 2. Alexander Polyhistor und die von ihm erhaltenen Reste judäischer und samaritanischer Geschichtswerke, Breslau 1875.

Gabalda, J., Rez. von GCS Euseb VI. Die Demonstratio evangelica, ed. I. Heikel, Leipzig 1913, in: RB.NS 11 (1914) 145f.

Geffcken, J., Zwei griechische Apologeten, Hildesheim 1970 (ND der Ausgabe Leipzig 1907).

Gerber, C., Ein Bild des Judentums für Nichtjuden von Flavius Josephus. Untersuchungen zu seiner Schrift Contra Apionem, Diss. München 1996.

Gödecke, M., Geschichte als Mythos. Eusebs »Kirchengeschichte«, EHS.T 307. Frankfurt/M. u.a. 1987.

Goehring, J.E., The Origins of Monasticism, in: Eusebius, Christianity, and Judaism, ed. H.W. Attridge/G. Hata, StPB 42, Leiden 1992, 235-255.

Goodenough, E.R., An Introduction to Philo Iudaeus, Oxford ²1962.

Gorday, P., Principles of Patristic Exegesis. Romans 9-11 in Origen, John Chrysostom, and Augustine, SBEC 4, New York Toronto 1983.

– Paul in Eusebius and Other Early Christian Liteature, in: Eusebius, Christianity, and Judaism, ed. H.W. Attrdige/G. Hata, StPB 42, Leiden 1992, 139-165.

Gothefredus, Iacobus, Codex Theodosianus 16,8,1-29. Über Juden, Himmelsverehrer und Samaritaner, übers. und bearb. von R. Frohne, EHS.G 453, Bern u.a. 1991.

Grant, R.M., Eusebius as Church Historian, Oxford 1980.

– Eusebius, Josephus and the Fate of the Jews, in: SBL.SPS 17 (1979) 69-86.

Grayzel, S., The Jews and the Roman Law, in: JQR 59 (1968/9) 93-117.

Greive, H., Geschichte des modernen Antisemitismus in Deutschland, Darmstadt 1988.

Gülzow, H., Soziale Gegebenheiten der altchristlichen Mission, in: Die alte Kirche: KGMG 1, hg. von H. Frohnes/U.W. Knorr, München 1974, 189-226.

Gustafsson, B., Eusebius' Principles in handling his Sources, in: StPatr 4,2 (1961) 429-441.

Guterman, S.L., Religious Toleration and Persecution in Ancient Rome, London 1951.

Hamburger, A., A Graeco-Samaritan Amulet from Caesarea, in: IEJ 9 (1959) 114-116.

Handrick, T., Das Bild des Märtyrers in den historischen Schriften des Eusebius von Caesarea. Die »erste Verfolgung« in Chronik und Kirchengeschichte, in: StPatr 19 (1989) 72-79.

Harl, M., L'histoire de l'humanité racontée par un écrivain chrétien au début du IVe siècle, in: REG 75 (1962) 522-531.

Harnack, A. von, Mission und Ausbreitung des Christentums, Leipzig ⁴1924.

– Der jüdische Geschichtsschreiber Josephus und Jesus-Christus, in: IMW 7 (1913) 1037-1068.

Harvey, G., The True Israel. Uses of the Names Jew, Hebrew and Israel in Ancient Jewish and Early Christian Literature, AGJU 35, Leiden u.a. 1996.

Hauck, A., Apologetik in der alten Kirche, Leipzig 1918.

Henry, P., Recherches sur la Préparation Évangélique d'Eusèbe de Césarée et l'édition perdue des œuvres de Plotin publiée par Esutaochius, Paris 1935.

Herford, R.T., Christianity in Talmud and Midrash, New York 1966 (ND der Auflage London ¹1903).

Hilgert, E., Bibliographia Philoniana 1935-1981, in: ANRW II 21,1 (1984) 47-97.

Hoek, A. van den, Clement of Alexandria and his Use of Philo in the Stromateis: An Early Christian Reshaping of a Jewish Model, SVigChr 3, Leiden 1988.

Hollerich, M.J., The Godly Polity in the Light of Prophecy: A Study of Eusebius of Caesarea's Commentary on Isaiah, Diss. Chicago 1986.

– Religion and Politics in the Writings of Eusebius: Reassessing the First Court Theologian, in: ChH 59 (1990) 309-325.

– Eusebius as Polemical Interpreter of Scripture, in: Eusebius, Christianity, and Judaism, ed. H.W. Attridge/G. Hata, StPB 42, Leiden 1992, 585-615.

Holum, G.K./Raban, A., Art.: The Joint Expedition's Excavations, Excavations in the 1980s and 1990s, and Summary, in: The New Encyclopaedia of Archaeological Excavations in the Holy Land, ed. E. Stern, The Israel Exploration Society, Jerusalem 1993, 282-286.

Horsley, R., Jesus and Judaism: Christian Perspectives, in: Eusebius, Christianity, and Judaism, ed. H.W. Attridge/G. Hata, StPB 42, Leiden 1992, 53-79.

Hruby, K., Juden und Judentum bei den Kirchenvätern, SKJ 2, Zürich 1971.

– Die Stellung der jüdischen Gesetzeslehrer zur werdenden Kirche, SKJ 4, Zürich 1971.

Hüttenmeister, F., Die antiken Synagogen in Israel. Teil 1: Die jüdischen Synagogen, Lehrhäuser und Gerichtshöfe, BTAVO.B 12/1, Wiesbaden 1977.

Humphrey, J.H., Roman Circuses, London 1986.

Jenkins, R.G., The Biblical Text of the Commentaries of Eusebius and Jerome on Isaiah, in: Abr.-n. 22 (1983/4) 64-78.

Kadman, L., The Coins of Caesarea Maritima, CNP 2, Tel Aviv 1957.

Kannengießer, C., Eusebius of Caesarea, Origenist, in: Eusebius, Christianity, and Judaism, ed. H.W. Attridge/G. Hata, StPB 42, Leiden 1992, 435-466.

Kinzig, W., Novitas Christiana. Die Idee des Fortschritts in der Alten Kirche bis Eusebius, FKDG 57, Göttingen 1994.

– Der »Sitz im Leben« der Apologie in der Alten Kirche, in: ZKG 100 (1989) 292-317.

– Non-Separation: Closeness and Co-Operation between Jews and Christians in the Fourth Century, in: VigChr 45 (1991) 27-53.

– Philosemitismus. Teil I: Zur Geschichte des Begriffs, in: ZKG 105 (1994) 202-228.

– Philosemitismus. Teil II: Zur historiographischen Verwendung des Begriffs, in: ZKG 105 (1994) 361-383.

Kippenberg, H.G., Garizim und Synagoge, RVV 30, Berlin/New York 1971.

Klein, R., Theodosius der Große und die christliche Kirche, in: Eos 82 (1944) 85-121.

König-Ockenfels, D., Christliche Deutung der Weltgeschichte bei Euseb von Caesarea, in: Saec. 27 (1976), 348-365.

Koetschau, P., Rez.von GCS Euseb VI. Die demonstratio evangelica, ed. von I.A. Heikel, Leipzig 1913, in: ThLZ 41 (1916) 433-438.

Kötting, B., Die Entwicklung im Osten bis Justinian, in: Kirche und Synagoge. Handbuch zur Geschichte von Christen und Juden, Bd. 1, hg. von K.H. Rengstorf/S. von Kortzfleisch, Stuttgart 1968, 136-174.

Koselleck, R., Vergangene Zukunft. Zur Semantik geschichtlicher Zeiten, Frankfurt/M. ²1984.

Kofsky, A., Eusebius of Caesarea and the Christian-Jewish Polemic, in: Contra Iudaeos. Ancient and Medieval Polemics between Chjristians and Jews, ed. O. Limor/G.G. Stroumsa, TSMJ 10, Tübingen 1996, 59-83.

Kraeling, C.H., The Christian Building: The Excavations at Dura Europos. Final Report VIII/2, ed. C.B. Welles, New York 1967.

Kraemer, R.S., Monastic Jewish Women in Graeco-Roman Egypt: Philo Iudaeus on the Therapeutrides, in: Signs 14 (1989) 342-370.

Kraus, W., Das Volk Gottes. Zur Grundlegung der Ekklesiologie bei Paulus, WUNT 85, Tübingen 1996.

Krauss, S., The Jewish-Christian Controversy from the earliest times to 1789, vol. I: History, edited and revised by W. Horbury, TSAJ 56, Tübingen 1996.

– The Jews in the Works of the Church Fathers I-III, in: JQR 5 (1892/3) 122-157.

– The Jews in the Works of the Church Fathers IV-VI, in: JQR 6 (1893/4) 82-99. 225-261.

Krieger, K.-S., Geschichtsschreibung als Apologetik bei Josephus, TANZ 9, Tübingen 1994.

Lachs, S.T., Rabbi Abbahu and the Minim, in: JQR 60 (1970) 197-212.

Lange, N.R.M. de, Origen and the Jews. Studies in Jewish-Christian Relations in Third-Century Palestine, UCOP 25, Cambridge 1976.

– Art.: Antisemitismus IV. Alte Kirche, in: TRE 3 (1978) 128-137.

Lapin, H., Jewish and Christian Academies in Roman Palestine: Some Preliminary Observations, in: Caesarea Maritima. A Retrospecive after two Millennia, ed. H. Raban/K.G. Holum, DMOA 21, Leiden 1996, 496-512.

Leeb, R., Konstantin und Christus, AKG 58, Berlin New York 1992.

LeQuien, M., Oriens christianus, 3 vol., Graz 1958 (ND der Ausgabe Paris 1740).

Levey, I.M., Caesarea and the Jews, in: The Joint Expedition to Caesarea Maritima 1: Studies in the History of Caesarea Maritima, BASOR.S 19 (1975) 43-78.

Levine, L.I., Caesarea under Roman Rule, SJLA 7, Leiden 1975.
- R. Abbahu of Caesarea, in: Christianity, Judaism, and other Greco-Roman Cults, Studies for M. Smith IV, ed. J. Neusner, SJLA 12, Leiden 1975, 56-76.
- Excavations at Horvat ha-'Amudim, in: Ancient Synagogues Revealed, ed. L.I. Levine, The Israel Exploration Society, Jerusalem 1981, 78-81.
- The Archaeological Finds and Their Relationship to the History of the City, in: Excavations at Caesarea Maritima. 1975, 1976, 1979 – Final Report, ed. L.I.Levine/E.Netzer, Qedem 21, Jerusalem 1986, 178-186.
- Synagogue Officials. The Evidence from Caesarea and Ist Implications for Palestine and the Diaspora, in: Caesarea Maritima. A Retrospecive after two Millennia, ed. H. Raban/K.G. Holum, DMOA 21, Leiden 1996, 392-400.
Lieberman, S., Greek in Jewish Palestine. Studies in the Life and Manners of Jewish Palestine in the II-IV Centuries C.E., New York ²1965.
- The Martyrs of Caesarea, in: AIPh 7 (1939-1944) 395-446.
- The Martyrs of Caesarea, in: JQR 36 (1945/6) 239-253.
- Palestine in the Third and Fourth Centuries, in: JQR 36 (1945/6) 329-370; 37 (1946/7) 31-54 (wiederabgedruckt in: ders., Texts and Studies, New York 1974, 112-177).
- How Much Greek in Jewish Palestine? in: Biblical and Other Studies, ed. A. Altmann, Cambridge 1963, 123-141.
Lifschitz, B., Inscriptions grecques de Césarée en Palestine, in: RB 68 (1961) 115-126.
- Inscriptions de Césarée de Palestine, in: RB 72 (1965) 98-107.
- Inscriptions de Césarée, in: RB 74 (1967) 50-59.
- Césarée de Palestine, son histoire et ses institutions, in: ANRW II.8 (1977) 490-518.
Lindemann, A., Der jüdische Jesus als der Christus der Kirche. Historische Beobachtungen am Neuen Testament, in: EvTh 55 (1995) 28-49.
Linder, A., The Jews in Imperial Legislation, Detroit Jerusalem 1987.
Lohse, E., Synagoge des Satans und Gemeinde Gottes. Zum Verhältnis von Juden und Christen nach der Offenbarung des Johannes, FDV 1989, Münster/W. 1992.
Lorenz, R., Arius judaizans? Untersuchungen zur dogmengeschichtlichen Einordnung des Arius, FKDG 31, Göttingen 1979.
Lovsky, F., L'antisémitisme chrétien, Paris 1970.
Lubheid, C., Eusebius of Caesarea and the Nicene Creed, in: IThQ 39 (1972) 299-305.
Lucas, L., Zur Geschichte der Juden im vierten Jahrhundert, Hildesheim 1985 (ND der Ausgabe Berlin 1910).
Lucchesi, E., L'usage de Philon dans l'œuvre exégétique de Saint Ambroise: une »Quellenforschung« relative aux Commentaires d'Ambroise sur la Genèse, ALGHJ 9, Leiden 1977.

Lucius, E., Die Therapeuten und ihre Stellung in der Geschichte der Askese: Eine kritische Untersuchung der Schrift De vita contemplativa, Straßburg 1879.

MacDonald, J., The Theology of the Samaritans, NTLi, London 1964.

Mach, M., Justin Martyr's *Dialogus cum Tryphone Iudaeo* and the Development of Christian Anti-Judaism, in: Contra Iudaeos. Ancient and Medieval Polemics between Christians and Jews, ed. O. Limor/G.G. Stroumsa, TSMJ 10, Tübingen 1996, 27-47.

Maier, J., Jesus von Nazareth in der talmudischen Überlieferung, EdF 82, Darmstadt ²1992.

– Jüdische Auseinandersetzung mit dem Christentum in der Antike, EdF 177, Darmstadt 1982.

Markschies, C., Der Mensch Jesus Christus im Angesicht Gottes. Zwei Modelle des Verständnisses von Jesaja 52,13 – 53,12 in der patristischen Literatur und deren Entwicklung, in: Der leidende Gottesknecht. Jesaja 53 und seine Wirkungsgeschichte, hg. B. Janowski/P. Stuhlmacher, FAT 14, Tübingen 1996, 197-248.

– Für die Gemeinde im Ganzen nicht geeignet? Überlegungen zu Absicht und Wirkung der Predigten des Origenes, in: ZThK 94 (1997) 39-68.

– Rez.: R. Leeb, Konstantin und Christus, AKG 58, Berlin New York 1992, in: ThLZ 119 (1994) 145-148.

Martin, C., Le »Testimonium Flavianum«. Vers une solution définitive? in: RBPH 20 (1941) 409-465.

Mayer, G., Art.: Josephus Flavius, in: TRE 17 (1988) 258-264.

McGuckin, J.A., Caesarea Maritima As Origen Knew It, in: Origeniana Quinta: Papers of the 5th International Origen Congress, 14.-18. Aug. 1989, Louvain 1992, 3-25.

– Origen on the Jews, in: Christianity and Judaism. Papers Read at the 1991 Summer Meeting and the 1992 Winter Meeting of the Ecclesiastical History Society, ed. D. Wood, SCH(L) 29, Oxford 1992, 15-32.

Meijering, E.P., Zehn Jahre Forschung zum Thema Platonismus und Kirchenväter, in: ThR 36 (1971) 303-320.

Meyers, E.M., The Synagogue at Horvat Shema', in: Ancient Synagogues Revealed, ed. L.I. Levine, The Israel Exploration Society, Jerusalem 1981, 70-74.

Millar, F., The Jews of the Graeco-Roman Diaspora Between Paganism and Christianity, AD 312-438, in: The Jews Among Pagans and Christians in the Roman Empire, ed. J. Lieu/J. North/T. Rajak, London New York 1992, 97-123.

Möhle, A., Der Jesajakommentar des Eusebios von Kaisareia fast vollständig wieder aufgefunden, in: ZNW 33 (1934) 87-89.

Momigliano, A., Pagan and Christian Historiography in the Fourth Century A.D., in: The Conflict between Paganism and Christianity in the Fourth

Century, ed. A. Momigliano, Oxford 1963, 79-99.

Montgomery, J.A., The Samaritans. The Earliest Jewish Sect. Their History, Theology and Literature, New York 1968 (ND der 1. Aufl. Philadelphia 1907).

Mosshammer, A.A., The »Chronicle« of Eusebius and the Greek Chronographic Tradition, London 1979.

Mras, K., Ein Vorwort zur neuen Eusebius-Ausgabe (mit Ausblicken auf die spätere Gräcität), in: RMP 92 (1944) 217-236.

— Die Stellung der Praeparatio Evangelica des Eusebius im antiken Schrifttum, in: AÖAW.PH 93 (1956) 209-217.

Murray, R., Jews, Hebrews and Christians: Some Needed Distinctions, in: NT 24 (1982) 194-208.

Nautin, P., Origène. Sa vie et son œuvre, Cant 1, Paris 1977.

Neusner, J., Aphrarat and Judaism. The Christian-Jewish Argument in Forth-Century Iran, StPB 19, Leiden 1971.

— Judaism in Society. The Evidence of the Yerushalmi, Chicago 1983.

Nipperdey, T./Rürup, R., Art.: Antisemitismus, in: Geschichtliche Grundbegriffe. Historisches Lexikon zur politisch-sozialen Sprache in Deutschland I, hg. O. Brunner/W. Conze/R. Koselleck, Stuttgart 1972, 129-153.

Nirschl, J., Die Therapeuten, Mainz 1890.

Noethlichs, K.L., Die gesetzgeberischen Maßnahmen der christlichen Kaiser des vierten Jahrhunderts gegen Häretiker, Heiden und Juden, Diss. Köln 1971.

— Das Judentum und der römische Staat. Minderheitenpolitik im antiken Rom, Darmstadt 1996.

Norden, E., Josephus und Tacitus über Jesus Christus und seine messianische Prophetie, in: NJKA 31 (1913) 637-666.

O'Leary, J.S., Origène face à l'altérite juive, in: Comprendre et Interpréter. La paradigme herméneutique de la raison, ed. J. Greisch, Paris 1993, 51-82.

Opitz, H.-G., Euseb von Caesarea als Theologe, in: ZNW 34 (1935) 1-19.

Parkes, J., The Conflict of the Church and the Synagogue. A Study in the Origins of Antisemitism, London 1934.

— Jews and Christians in the Constantinian Empire, in: SCH(L) 1 (1964) 69-79.

Pasquali, G., Rez. von GCS Euseb I. Über das Leben Konstantins. Constantins Rede an die Heilige Versammlung. Tricennatsrede an Constantin, ed. I. Heikel, Leipzig 1902, in: GGA 171 (1909) 259-286.

Perlitz, G., Rabbi Abahu. Charakter- und Lebensbild eines palästinensischen Amoräers, in: MGWJ 36 (1887) 60-88. 119-126. 269-274. 310-320.

Perrone, L., Eusebius of Caesarea as a Christian Writer, in: Caesarea Maritima. A Retrospecive after two Millennia, ed. H. Raban/K.G. Holum, DMOA

21, Leiden 1996, 515-530.

Piétri. C./Markschies C., Theologische Diskussionen zur Zeit Konstantins: Arius, der »arianische Streit« und das Konzil von Nizäa, die nachnizänischen Auseinandersetzungen bis 337, in: Geschichte des Christentums 2. Das Entstehen der einen Christenheit, ed. C. (+) und L. Piétri, Freiburg u.a. 1996, 271-344.

Pilhofer, P., Presbyteron kreitton. Der Altersbeweis der jüdischen und christlichen Apologeten und seine Vorgeschichte, WUNT 2/39, Tübingen 1990.

Places, É. des, Eusèbe de Césarée commentateur: Platonisme et Écriture sainte, ThH 63, Paris 1982.

Preuschen, E., Rez. von GCS Euseb VI. Die Demonstratio evangelica, ed. I. Heikel, Leipzig 1913, in: BPW 37 (1917) 1014-1017.

Rabello, A.M., The Legal Condition of the Jews in the Roman Empire, in: ANRW II 13 (1980) 662-762.

Reeg, G., Die antiken Synagogen in Israel. Teil 2: Die samaritanischen Synagogen, BTAVO.B 12/2, Wiesbaden 1977.

Reichardt, K.D., Die Judengesetzgebung im Codex Theodosianus, in: Kairos 20 (1978) 16-39.

Ringel, J., Césarée de Palestine: Etude historique et archéologique, Paris 1975.

Ritter, A.M., Erwägungen zum Antisemitismus in der Alten Kirche: Johannes Chrysostomus, »Acht Reden wider die Juden«, in: Bleibendes im Wandel der Kirchengeschichte. Kirchenhistorische Studien, hg. B. Moeller/G. Ruhbach, Tübingen 1973, 71-91.

– Platonismus und Christentum in der Spätantike, in: ThR 49 (1984) 31-56.

– Dogma und Lehre in der Alten Kirche, in: HDThG 1 (²1988) 99-283.

– Chrysostomus und die Juden – neu überlegt, in: KuI 5 (1990) 109-122.

– Der gewonnene christologische Konsens zwischen orthodoxen Kirchen im Lichte der Kirchenvätertradition, in: Logos, FS L. Abramowski, hg. H.C. Brennecke/E.L. Grasmück/C. Markschies, BZNW 67, Berlin New York 1993, 452-471.

Rokeah, D., Jews, Christians and Pagans in Conflict, StPB 33, Leiden 1982.

Rondeau, J.-M./Kirchmeyer, J., Art.: Eusèbe de Césarée, in: DSp 4,2 (1961) 1688-1691.

– Une nouvelle preuve de l'influence littéraire d'Eusèbe de Césarée sur Athanase: l'interprétation des psaumes, in: RSR 56 (1968) 385-434.

Ruether, R., Nächstenliebe und Brudermord. Die theologischen Wurzeln des Antisemitismus, ACJD 7, München 1978.

Ruhbach, G., Apologetik und Geschichte. Untersuchungen zur Theologie Eusebs von Caesarea. Diss. masch. Heidelberg 1962.

Runia, D.T., Philo in Early Christian Literature. A Survey, CRI 3, 3, Assen 1993.

– Philo an the Church Fathers. A Collection of Papers, SVigChr 32, Leiden 1995.

– Caesarea Maritima and the Survival of Hellenistic-Jewish Literature, in: Caesarea Maritima. A Retrospecive after two Millennia, ed. H. Raban/ K.G. Holum, DMOA 21, Leiden 1996, 476-495.

Sandmel, S., Philo Judaeus: An Introduction to the Man, his Writings, and his Significance, in: ANRW II 21, 1 (1984) 3-46.

Sanford, E.M., Propaganda and Censorship in the Transmission of Josephus, in: TPAPA 66 (1935) 127-145.

Sant, C., The Old Testament Interpretation of Eusebius of Caesarea, Diss. Rom 1964.

– Interpretatio Veteri Testamenti in Eusebio Caesarensi, in: VD 45 (1967) 79-90.

Satran, D., Anti-Jewish Polemic in the *Peri Pascha* of Melito of Sardis: The Problem of Social Context, in: Contra Iudaeos. Ancient and Medieval Polemics between Christians and Jews, ed.O. Limor/G.G. Stroumsa, TSMJ 10, Tübingen 1996, 49-58.

Savon, H., Saint Ambrose devant l'exégèse de Philon le Juif, 2 vols., Paris 1977.

Schalit, A., Die Erhebung Vespasians nach Flavius Josephus, Talmud und Midrasch. Zur Geschichte einer messianischen Prophetie, in: ANRW II 2 (1975) 207-327.

Schemmel, F., Die Schule in Caesarea in Palästina, in: PhWS 45 (1925) 1277-1280.

Schlosser, H., Art.: Moses, in: LCI 3 (1971) 282-298.

Schneider, A., Le premier livre *ad nationes* de Tertullien, Rom 1968.

Schoeps, H.J., Die Tempelzerstörung des Jahres 70 in der jüdischen Religionsgeschichte. Ursachen – Folgen – Überwindung, in: ders., Aus frühchristlicher Zeit. Religionsgeschichtliche Untersuchungen, Tübingen 1950, 144-183.

Schreckenberg, H., Die Flavius-Josephus-Tradition in Antike und Mittelalter, ALGHJ 5, Leiden 1972.

– Rezeptionsgeschichtliche und textkritische Untersuchungen zu Flavius Josephus, ALGHJ 10, Leiden 1977.

– Die christlichen Adversos-Judaeos-Texte und ihr literarisches und historisches Umfeld (1.-11. Jh.), EHS.T 172, Frankfurt u.a. [3]1994.

– Josephus und die christliche Wirkungsgeschichte seines »Bellum Iudaicum«, in: ANRW II 21,2 (1984) 1106-1217.

Schwartz, E., Eusebios von Cäsarea, in: ders., Griechische Geschichtsschreiber, hg. von der Kommission für spätantike Religionsgeschichte bei der Deutschen Akademie der Wissenschaften zu Berlin, Leipzig [2]1959, 495-598 [= PWRE 6 (1909) 1370-1439].

Schwartz, J., Philon et l'apologétique chrétienne du second siècle, in: Hommages à André Dupont-Sommer, ed. A. Caquot/M. Philonenko, Paris 1971, 497-507.

Seaver, J.E., Persecution of the Jews in the Roman Empire (300-425), Univ. of

Kansas 1952.

Seeberg, B., Die Geschichtstheologie Justins des Märtyrers, in: ZKG 58 (1939) 1-81.

Seibt, K., Die Lehre des Markell von Ankyra, AKG 59, Berlin New York 1994.

Sgherri, G., Chiesa e Sinagoga nelle opere di Origene, SMP 13, Mailand 1982.

Siegfried, C., Philo von Alexandria als Ausleger des Alten Testaments. Die griechischen und jüdischen Bildungsgrundlagen und die allegorische Schriftauslegung Philo's; das sprachliche Material und die Literatur an sich selbst und nach seinem geschichtlichen Einfluß betrachtet, Aalen 1970 (ND der Ausgabe Jena 1875).

Simon, M., Verus Israel: Étude sur les relations entre les chrétiens et juifs dans l'empire romain (135-425), Paris ²1964.

– Melchisédech dans la polémique entre Juifs et chrétiens et dans la légende, in: RHPhR 17 (1937) 58-93.

– La polémique antijuive de S. Jean Chrysostome et le mouvement judaisant d'Antioche, in: AIPh 4 (1936) 403-429.

Simonetti, M., Esegesi e ideologia nel *Commento a Isaia* di Eusebio, in: RSLR 19 (1983) 3-44.

– Eusebio tra ebrei e giudei, in: ASEs 14 (1997) 121-134.

Sirinelli, J., Les vues historiques d'Eusèbe de Césarée durant la période prénicéenne, Paris 1961.

– Quelques allusions à Melchisédech dans l'œuvre d'Eusèbe de Césarée, in: StPatr 6 (1962) 232-247.

Skarsaune, O., Art.: Justin der Märtyrer, in: TRE 17 (1988) 471-478.

Snyder, G.F., Ante pacem. Archaeological evidence of Church Life Before Constantine, Macon 1985.

Sonne, I., The Use of Rabbinic Literature as Historical Sources, in: JQR 36 (1945/6) 147-169.

Stead, C., Divine Substance, Oxford 1977.

– Philosophie und Theologie I: Die Zeit der Alten Kirche, ThW 14,4, Stuttgart 1990.

– Die Aufnahme des philosophischen Gottesbegriffes in der frühchristlichen Theologie: W. Pannenbergs These neu bedacht, in: ThR 51 (1986) 349-371.

Stemberger, G., Juden und Christen im Heiligen Land. Palästina unter Konstantin und Theodosius, München 1987.

Stenhouse, P., The Samaritan Chronicles, in: The Samaritans, ed. A.D. Crown, Tübingen 1989, 218-265.

Stevenson, J., Studies in Eusebius, Cambridge 1929.

Sussmann, V., Caesarea Illuminated by Its Lamps, in: Caesarea Maritima. A Retrospecive after two Millennia, ed. H. Raban/K.G. Holum, DMOA 21, Leiden 1996, 346-358.

Taylor, M.S., Anti-Judaism and Early Christian Identity. A Critique of the Scholarly Consensus, StPB 46, Leiden 1995.

Tetz, M., Christenvolk und Abrahamsverheißung. Zum »kirchengeschichtlichen« Programm des Eusebius von Caesarea, in: Jenseitsvorstellungen in Antike und Christentum. Gedenkschrift für A. Stuiber, hg. von T. Klauser u.a., JAC.E 9, Münster/W. 1982, 30-46.

Timpe, D., Was ist Kirchengeschichte? Zum Gattungscharakter der Historia ecclesiastica des Eusebius, in: FS R. Werner, hg. von W. Dahlheim u.a., Xenia 22, Konstanz 1988, 171-204.

Thraede, K., Art.: Erfinder II (geistesgeschichtlich), in: RAC 5 (1962), 1191-1278.

Tomson, P.J., The Names Israel and Jew in Ancient Judaism and in the New Testament, in: Bijdr. 47 (1986) 120-140. 266-289.

Ulrich, E., The Old Testament Text of Eusebius: The Heritage of Origen, in: Eusebius, Christianity, and Judaism, ed. W.A. Attridge/G. Hata, StPB 42, Leiden 1992, 543-562.

Ulrich, J., Euseb, HistEccl III, 14-20 und die Frage nach der Christenverfolgung unter Domitian, in: ZNW 87 (1996) 269-289.

– Art.: Eusebius von Caesarea, in: LACL (1998) 57-61 [im Druck].

– Rez.: V.H. Drecoll, Die Entwicklung der Trinitätslehre des Basilius von Cäsarea. Sein Weg vom Homöusianer zum Neunizäner, FKDG 66, Göttingen 1996, in: ThLZ 122 (1998) 158-160.

Ungern-Sternberg, A. von, Der traditionelle alttestamentliche Schriftbeweis »De Christo« und »De Evangelio« in der alten Kirche bis zur Zeit Eusebs von Caesarea, Halle 1913.

Vinzent, M., Asterius von Kappadokien. Die theologischen Fragmente, SVigChr 20, Leiden 1993.

Völker, W., Von welchen Tendenzen ließ sich Eusebius bei Abfassung seiner Kirchengeschichte leiten? in: VigChr 4 (1950) 157-180.

Vogt, H.-J., Die Juden beim späten Origenes, in: Christlicher Antijudiasmus und jüdischer Antipaganismus, hg. H. Frohnhofen, Hamburger Theologische Studien 3, Hamburg 1990, 152-169.

Wallace-Hadrill, D.S., Eusebius of Caesarea, London 1960.

– An Analysis of Some Quotations from the First Gospel in Eusebius' Demonstratio Evangelica, in: JThS.NS 1 (1950) 168-175.

– The Eusebian Chronicle: The Extent and Date of Composition of ist Early Editions, in: JThS.NS 6 (1955) 248-253.

– Eusebius of Caesarea and the »Testimonium Flavianum« (Josephus, »Antiquities« XVIII, 63f.), in: JEH 25 (1974) 353-362.

– Eusebius of Caesarea's Commentary on Luke: Its Origen and Early History, in: HTR 67 (1974) 55-63.

– Art.: Eusebius von Caesarea, in: TRE 10 (1982) 537-543.

Waszink, J.H., Bemerkungen zu Justins Lehre vom Logos Spermatikos, in:

Mullus. FS T. Klauser, hg. von A. Stuiber/A. Herrmann, JAC.E 1, Münster 1964, 380-390.

Weiss, Z., The Jews and the Games in Roman Caesarea, in: Caesarea Maritima. A Retro-spective after two Millennia, ed. H. Raban/K.G. Holum, DMOA 21, Leiden 1996, 443-453.

Wendland, P., Philos Schrift über die Vorsehung, Berlin 1892.

– Die Therapeuten und die philonische Schrift vom beschaulichen Leben, in: JCPh.S 22 (1896) 695-772.

Wengst, K., Tradition und Theologie des Barnabasbriefes, Berlin 1971.

Werner, E., Melito of Sardes, the first Poet of Deicide, in: HUCA 37 (1966) 191-210.

Weymann, C., Rez. von GCS Euseb VI. Die Demonstratio evangelica, ed. I. Heikel, Leipzig 1913, in: HJ 35 (1914) 192f. und ByZ 23 (1914-1919) 287-289.

Wifstrand, A., L'église ancienne et la culture grecque, Paris 1962.

Wilde, R., The Treatment of the Jews in the Greek Christian Writers of the First Three Centuries, PatSt 81, Cleveland 1984.

Wilken, R.L., Judaism and the Early Christian Mind. A Study of Cyril of Alexandria's Exegesis and Theology, New Haven 1971.

– John Chrysostom and the Jews. Rhetoric and Reality in Late Fourth Century. Berkeley 1983.

Wilkinson, J., Christian Pilgrims in Jerusalem During the Byzantine Period, in: PEQ 108 (1976) 75-101.

Williams, L., Adversos Iudaeos. A Bird's Eye View of Christian Apologiae until the Renessaince, Cambridge 1935.

Williams, R., Arius. Heresy and Tradition, London 1987.

– Art.: Origenes/Origenismus, in: TRE 25 (1996) 397-420.

Wilson, S.G., Passover, Easter, and Anti-Judaism: Melito of Sardis and Others, in: »To See Ourselves As Others See Us«. Christians, Jews, and Others in Late Antiquity, ed. J. Neusner/E.S. Frerichs, Chico 1985, 337-353.

Winkelmann, F., Euseb von Kaisareia. Der Vater der Kirchengeschichte, Berlin 1991.

– Geschichte des frühen Christentums, München 1996.

– Zur Geschichte des Authentizitätsproblems der Vita Constantini, in: Klio 40 (1962) 187-243.

– Zur Geschichtstheorie der griechischen Kirchenhistoriker, in: Acta conventus XI »Eirene«, ed. C. Kumaniecki, Warschau 1971, 413-420.

– Annotationes zu einer neuen Edition der Tricennatsreden Eusebs und der Oratio ad sanctum coetum in GCS (CPG 3498. 3497), in: Antidoron I. Hommage à Maurits Geerard, Wetteren 1984, 1-7.

– Ivar August Heikels Korrespondenz mit Hermann Diels, Adolf Harnack und Ulrich von Wilamowitz-Moellendorff, in: Klio 67 (1985) 568-587.

Winston, D., Logos and Mystical Theology in Philo of Alexandria, Cincinnati 1985.

Wischmeyer, W., Von Golgatha zum Ponte Molle. Studien zur Sozialgeschichte der Kirche im dritten Jahrhundert, FKDG 49, Göttingen 1992.

Wohleb, L., Das Testimonium Flavianum, in: RQ 35 (1927) 151-169.

Wolf, C.U., Eusebius of Caesarea and the Onomasticon, in: BA 27 (1964) 66-96.

Wolfson, H.A., Philo. Foundations of Religious Philosophy in Judaism, Christianity, and Islam, 2 vol., Cambridge/Mass. ⁴1968.

Wyrwa, D., Über die Begegnung des biblischen Glaubens mit dem griechischen Geist, in: ZThK 88 (1991) 29-67.

Zangenberg, J., ΣΑΜΑΡΕΙΑ. Antike Quellen zur Geschichte und Kultur der Samaritaner in deutscher Übersetzung, TANZ 15, Tübingen 1994.

Ziebritzki, H., Heiliger Geist und Weltseele. Das Problem der dritten Hypostase bei Origenes, Plotin und ihren Vorläufern, BHTh 84, Tübingen 1994.

Zöckler, O., Geschichte der Apologie des Christentums, Gütersloh 1907.

Register

1. Moderne Autoren

2. Stellenregister

Generalis elementaria introductio

Patristische Texte und Studien (PTS)

HERAUSGEGEBEN VON MIROSLAV MARCOVICH:

Hippolytus Refutatio omnium haeresium

1986. 23 x 15,5 cm. XVI, 541 Seiten. Leinen. • ISBN 3-11-008751-0 (PTS 25)

Das zehnbändige Meisterwerk des Heiligen Hippolyt, Refutatio omnium haeresium, wurde zwischen 222-235 n.Chr. auf Griechisch geschrieben.

Athenagoras, Legatio pro Christianis

1990. 23 x 15,5 cm. XII, 158 Seiten. Leinen. • ISBN 3-11-011881-5 (PTS 31)

Das „Plädoyer für die Christen" des Athenagoras (ca. 177 n.Chr.) ist die philosophischste der noch vorhandenen christlichen Apologien.

Pseudo-Iustinus, Cohortatio ad Graecos / De monarchia / Oratio ad Graecos

1990. 23 x 15,5 cm. X, 161 Seiten. Leinen. • ISBN 3-11-012135-2 (PTS 32)

Kritische Ausgabe von drei späteren griechischen Apologien (3. Jahrhundert), die Justin, dem Märtyrer, zugeschrieben worden sind.

Iustini Martyris Apologiae pro Christianis

1994. 23 x 15,5 cm. XII, 211 Seiten. Leinen. • ISBN 3-11-014180-9 (PTS 38)

Kritische Ausgabe der Apologia Maior und Apologia Minor (ca. 150 n.Chr.) Justins des Märtyrers.

Tatiani Oratio ad Graecos / Theophili Antiocheni ad Autolycum

1995. 23 x 15,5 cm. XII, 117 und X, 192 Seiten. Leinen.
• ISBN 3-11-014406-9 (PTS 43/44)

Kritische Ausgabe der Apologie des Tatian und der drei Abhandlungen des Theophilus an Autolycus.

Iustini Martyris Dialogus cum Tryphone

1997. 23 x 15,5 cm. XV, 339 Seiten. Leinen. • ISBN 3-11-015738-1 (PTS 47)

Kritische Ausgabe des Dialogs von Justin dem Märtyrer mit Tryphon, bestehend aus Einleitung, griechischem Text und einem Index locorum et nominum.

WALTER DE GRUYTER GMBH & CO
Genthiner Straße 13 · D–10785 Berlin
Tel. +49 (0)30 2 60 05–0
Fax +49 (0)30 2 60 05–251
Internet: www.deGruyter.de

de Gruyter
Berlin · New York